中共如东县委
如东县人民政府 主办
如东县档案局（馆） 编

大事如东

DASHI RUDONG

回眸“十二五”

方志出版社

序

坚定发展自信　奋力赶超先进

中共如东县委书记：潘建华

如东县人民政府县长：沈峻峰

2016年，是“十三五”的开局之年。这一年，我们全面加大项目建设力度，不断优化投资环境，一批重大项目落户投产，项目建设绩效位列全市第一方阵。这一年，我们全面加大服务企业力度，重视实业、尊重企业家，骨干企业运行态势良好，两家企业主板上市，五家企业新三板挂牌，工业应税销售迈上千亿元台阶。这一年，我们全面加大改革创新力度，有序推进重点领域各项改革，深入实施创新驱动发展战略，体制机制优势和综合竞争力不断增强。这一年，我们全面加大城乡统筹建设力度，积极开展“六城联创”和“特色镇村”建设，全县生态环境持续向好，交通基础设施提档升级，城乡面貌焕然一新。这一年，我们全面加大民生保障力度，加快发展社会事业，公共服务能力持续增强，保障体系逐步健全，民生福祉不断提升。这些成绩的取得，凝聚着全县人民的智慧和汗水，在此，向全县人民表示崇高的敬意和衷心的感谢！

2017年，是实施“十三五”规划的重要一年。我们将和大家一起，围绕落实“五位一体”总体布局、“四个全面”战略布局和“五大发展理念”，在更高起点抓好项目建设，加速项目集聚，培育经济增长新动能；更深层次推动改革创新，优化体制机制，增添经济社会发展新活力；更高质量建设城乡基础设施，抓好省优秀管理城市创建、“三河六岸”整治、美丽乡村建设等工作，打造宜居宜业城乡新环境；更高标准保障和改善民生，不断增加居民收入，让全县人民共享发展新成果；更大力度推进生态文明建设，切实做好生态保护、环境治理等工作，努力让如东的天更蓝、地更绿、水更清！

新的起点开启了新的征程，新的年景孕育着新的希望。让我们携起手来，凝心聚力、求真务实，以奋发昂扬的斗志和只争朝夕的精神，为加快建设“强富美高”新如东再谱新篇章！

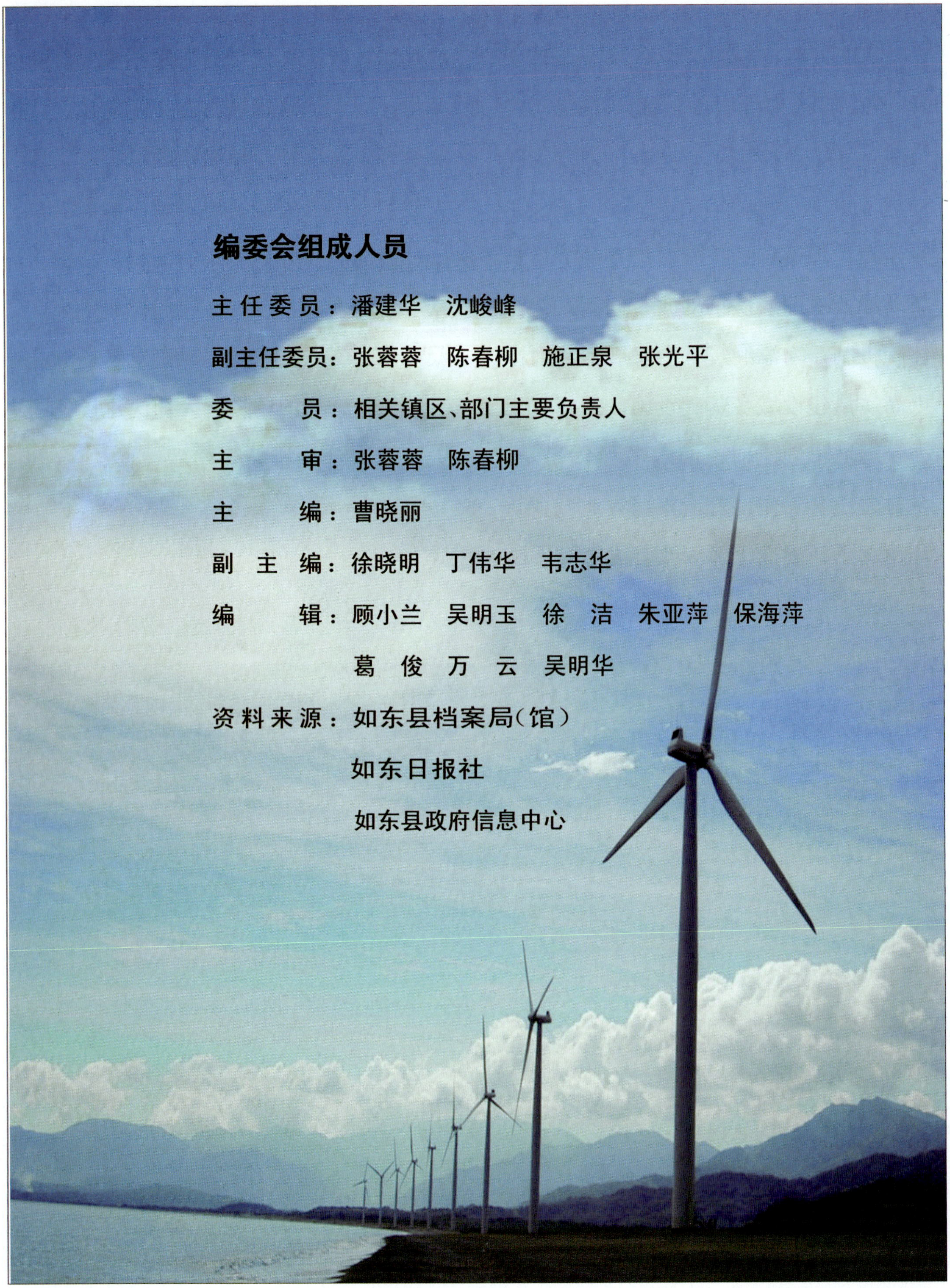

2011年5月，中国老年学会授予如东县“中国长寿之乡”称号

2011年7月，国家能源局、财政部、农业部授予如东县“绿色能源示范县’称号

2012年12月25日，江苏省海洋与渔业局受江苏省政府委托，正式将洋口港人工岛命名为“阳光岛”

2014年1月16日，海洋铁路正式开通，圆了几代如东人的铁路梦

2014年3月，住房和城乡建设部、国家文物局公布第六批中国历史文化名镇和名村名单，栟茶镇位列其中

2011年5月，中国老年学会授予如东县“中国长寿之乡”称号

2011年7月，国家能源局、财政部、农业部授予如东县“绿色能源示范县’称号

2012年12月25日，江苏省海洋与渔业局受江苏省政府委托，正式将洋口港人工岛命名为“阳光岛”

2014年1月16日，海洋铁路正式开通，圆了几代如东人的铁路梦

2014年3月，住房和城乡建设部、国家文物局公布第六批中国历史文化名镇和名村名单，栟茶镇位列其中

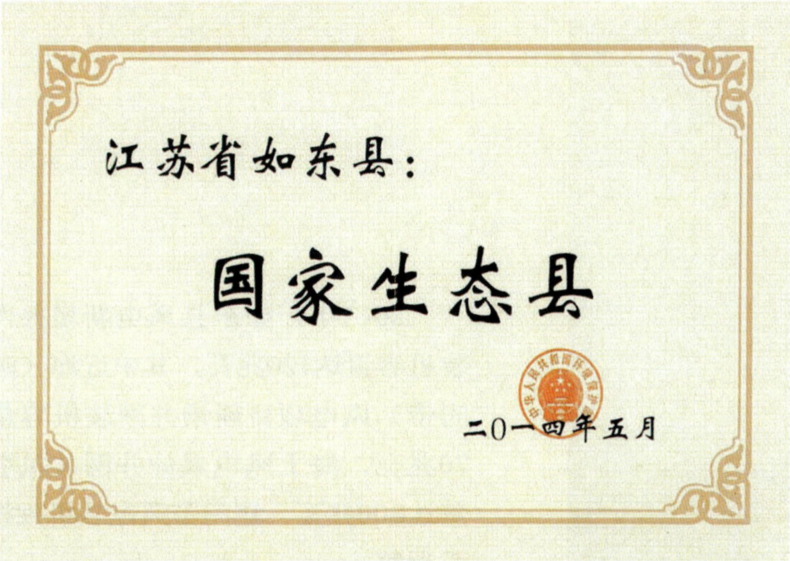

2014 年 5 月，中华人民共和国环境保护部授予如东县“国家生态县”称号

2014年8月10日，国务院以国函2014（107）号文《国务院关于同意江苏如东洋口港口岸对外开放的批复》，同意如东洋口港对外实现一类口岸开放

锡通高速公路入口

2014年，如东县风电新增并网装机容量达120兆瓦，其中近海（潮间带）风电项目新增并网装机容量70兆瓦，海上风电累计并网装机容量达300兆瓦，潮间带风电装机规模亚洲第一

在2014年第十四届全国县域经济与县域基本竞争力百强县(市)榜单中，如东县排名第58位。图为如东县城一景

作为中国迄今为止建造难度最大的离岸型深水港——洋口港的建设，获得国家科技进步一等奖

2015年2月6日中午12时，通洋高速如东东收费站，随着起落杆抬起，一辆车牌号为苏F668HJ的奥迪轿车驶上通洋高速公路。通洋高速公路的通车，结束了如东不通高速的历史。图为通洋高速鸟瞰图

2015年2月12日下午，随着最后一根缆绳上岸系妥，来自卡塔尔的“莎格兰”号成为中石油江苏LNG接收站接卸的第100条LNG船舶。图为如东县有关领导登船祝贺

2015年，如东县被文化部命名为2014–2016年度中国民间文化艺术之乡

2015年，如东县被农业部、国家安全生产监督管理总局表彰为全国平安渔业示范县

正大集团
CP GROUP

南通正大有限公司

1990年中国改革开放的第一个“敲门人”，世界500强企业正大集团与南通东正农工商有限公司合资成立了南通正大有限公司，成为如东县乃至江苏省第一家大型现代化农牧企业。

27年来，公司秉承正大集团“利国、利民、利企业”的经营宗旨，“绿色、安全、健康”的产品理念，“做世界厨房，人类能源供应者”的企业愿景，在集团和地方政府领导、社会各界、广大客户的关怀支持下，走过了从无到有、从小到大、从弱到强的创业历程，各项事业得到勃勃发展，经营业绩节节攀升，产品质量屡获殊荣，成为江苏规模最大、产业最广的饲料和畜禽生产基地，取得了显著的社会效益和经济效益，为今后的持续发展打下坚实基础。

展望未来，我们满怀憧憬，公司将一如既往，依靠正大集团的雄厚实力和优势，顺应时代发展要求，加快产业转型升级的步伐，在继续做大做强传统饲料产业，畜禽产业、水产事业的同时，完善向食品事业全产链战略布局，凝心聚力，创新跨越，撸起袖子加油干，与广大客户心手相连，协同前行，为推动地方农牧食品业向前发展，努力实现属于南通正大的光荣与梦想。

江苏卜蜂饲料科技有限公司

BFSLKJ

董事长：于国祥

江苏卜蜂饲料科技有限公司是由多年从事饲料行业的精英联合创建的一家大型饲料企业，公司位于如东县马塘镇马西工业园188号，占地面积58亩，设计7条生产线，年产能24万吨，一期工程投资8000多万元，建成两条虾蟹料生产线、一条鱼料生产线、一条畜禽全价料生产线、一座畜禽复合预混料生产车间，公司拥有专业配方师、国家执业兽医师、高级生产管理师、高级饲料检验化验员数名，生产设备选用国内知名品牌，检验化验设备与技术达到国内先进水平，企业以“客户的满意是企业永恒的追求”为宗旨，在保证产品品质的同时向广大养殖户提供饲养管理、生物安全、疾病防治的技术支持，生产的产品无论是畜禽料还是水产料在行业中比较，产品适口性好，生长速度快，养殖成本低，得到广大养殖户的好评，被评定为南通市农业产业化龙头企业，公司与高等院校加强校企合作，不断开发新产品投放市场，为广大养殖户提供货真价实的产品，降低养殖成本，提高养殖效益，共同为养殖事业做出贡献。

化验室

成品库

猪系列饲料

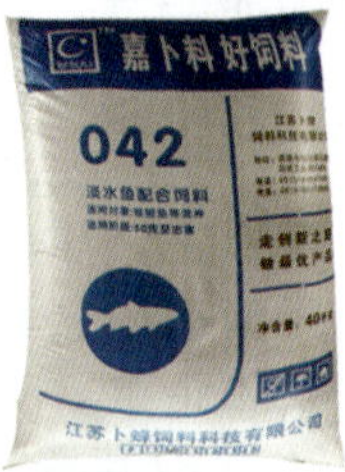

鱼系列饲料

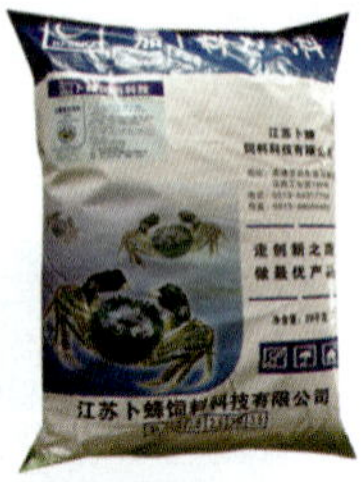

蟹系列饲料

虾系列饲料

鸡系列饲料

大鱼牌水泥 DAYUPAI

洋口港® yangkougang

南通万豪建材科技有限公司
南通万洋混凝土有限公司

南通万豪建材科技有限公司原为南坎水泥厂，创建于1970年，曾改名如东县第一水泥厂、如东县大宇水泥厂，位于大豫镇张謇北路40号。2002年改制为有限公司，2008年更名为南通万豪建材科技有限公司。经过40多年的不断改造扩建，企业占地面积5.78公顷，总资产达到1.6184亿元，形成年产水泥100万吨、矿粉30万吨规模。公司拥有员工110人，其中具有大专以上学历人员40人，各类专业技术人员35人，具有高级职称工程技术人员2人，工程师、助理工程师6人，外聘专家5人，技术等级工20多人，企业先后申报南通市工程技术研究中心、南通市技术研究中心，具备研发、试验、生产的能力。公司主导产品为通用硅酸盐水泥、矿渣微粉类产品，获得国家生产许可证办公室颁发的52.5级通用水泥的生产许可证，通过了ISO9001质量保证体系和ISO14001环境管理体系认证，通过了国家标准化良好行为企业验收。产品性能指标均严格执行GB175-2007国家标准进行检测，达到“双确保”方可出厂，确保各项性能指标均在受控范围以内，确保出厂产品合格率100%。水泥品质经省、市、县质量技术监督局抽查检验，均高于标准，连续数年被江苏省建材产品质量检验评估站评为“水泥品质指标检验大对比优胜单位”、“江苏省质量检测中心水泥品质指标大对比全优单位”，产品质量稳步提高，“大鱼”牌水泥获江苏省质量信用产品，南通名牌产品、南通市知名商标、江苏省著名商标。

公司始终秉持“诚信赢天下、品质铸未来”的企业精神，坚持“细心、耐心、真心、热心、诚心”的“五心”服务理念，恪守“严守标准，履行合同，产品优质，信誉至上”的价值追求，欢迎各界人士光临惠顾。

抢购热线：84507065　13862781979

地址：如东县大豫镇张謇北路40号

网址：www.ntdysn.com

南通万洋混凝土有限公司成立于2005年11月，初创地为大豫镇北首，当时由日本客商、南通万豪建材科技有限公司、南通万得纺器有限公司组建成立的中外合资企业。2013年2月，企业在如东经济开发区征地4公顷，异地扩建新厂区，注册资金558万美元，职工85人，其中工程技术人员14人，公司主导产品为商品混凝土。公司设备精良，拥有大型商品混凝土搅拌站3套，全自动化电脑控制生产流程系统、全自动恒温实验养护室。运输施工设备齐全，拥有各类型号泵车7辆，起重机4台，装载机3辆，混凝土搅拌车24辆，固定资产8000余万元，形成年生产商品混凝土60万立方米的生产能力。公司于2006年7月份投产后，商品混凝土用于江苏龙源风电发电基础工程、洋口港陆岛通道接岸引堤工程，县城大型地下室人防工程以及桥梁、厂房、学校、公寓、商品房建设。

公司始终秉持“诚信赢天下、品质铸未来”的企业精神，坚持“细心、耐心、真心、热心、诚心”的“五心”服务理念，恪守“严守标准，履行合同，产品优质，信誉至上”的价值追求，欢迎各界人士光临惠顾。

地址：江苏省如东经济开发区黄河路北侧、洋口运河东侧　服务热线：0513—84154489

中船重工(重庆)海装风电设备有限公司

2009 年 7 月 11 日，时任中共中央政治局常委、国务院副总理，现任中共中央政治局常委、国务院总理李克强视察海装公司

中船重工（重庆）海装风电设备有限公司成立于 2004 年 1 月 9 日，隶属于中国船舶重工集团公司，是国家海上风力发电工程技术研究中心平台建设单位，专业从事风电装备研制及其系统总成、新能源投资开发建设和风电场工程技术服务的高新技术企业。

公司秉承大集团、大产业、大战略、大联动的战略方针，奠定了南北布局、陆海并举、国内外市场并进的发展格局，形成了重庆、内蒙、新疆、江苏、甘肃、云南、大连及海外风机制造维护基地，建立了包括所有关重部件在内的近乎完整的优质配套链，广泛与中国华能、华电、国电、大唐、中广核、中电投等重要客户建立了稳定的战略合作关系，已成为中国风电装备的重要供应商。

2015 年，海装风电超额完成"十二五"规划目标，成为中国风电整机厂商前五强、全球陆上风电整机厂商前十强。HZ111-2.0 风电机组跻身"2015 年全球风机成交量 TOP10 机型"。海装风电是"全球新能源企业 500 强"，正在为 100 多个风场提供优质运维服务，能为全球客户提供整体解决方案。

海装风电全面落实"责任为重、质量为本、创新为先、服务为要"的行动纲领，助力公司在"十三五"期间发展成为中国最强风电集团。

2014 年 7 月 3 日，中央政治局常委，中央纪律检查委员会书记王岐山在内蒙古海装风电设备有限公司考察

国家海上风力发电工程技术研究中心

江苏海装风电设备有限公司

2015年4月7日，中国船舶重工集团公司党组书记、董事长胡问鸣到海装风电视察工作

江苏海装风电设备有限公司，是中船重工（重庆）海装风电设备有限公司的全资子公司，于2009年12月21日注册成立，注册资本人民币1亿元。江苏海装位于如东经济开发区工业园区牡丹江路139号，占地面积85.6亩，新建面积约13054平方米，具备年产50万KW风力发电机组产能，主要从事5MW、2MW海上及陆上风电机组的总装集成、运营维护与售后服务，重点致力于海上机组的总装，产品以出口机组、海上机组为主，主要辐射海外及我国华东、华南和华中地区。

2016年4月27日，国资委驻中船重工集团监事会主席董树奎，中船重工（重庆）海装风电设备有限公司董事长孙建中视察江苏海装

2016年2月23日，南通市市委副书记、市长韩立明视察江苏海装

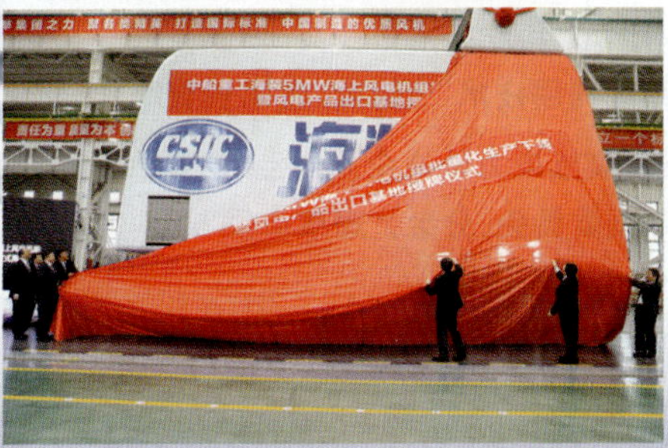

2016年10月15日，中船重工（重庆）海装风电设备有限公司在江苏如东隆重举行中船重工海装5MW海上风电机组批量化生产下线暨风电产品出口基地授牌仪式。

2016年12月13日，江苏省人民政府副省长马秋林视察江苏海装

江苏宾城电力建设有限公司

第十届全国政协副主席李蒙会见董事长曹炳成

该公司前身为南通市宾城水电安装工程有限公司，始建于 1992 年 4 月。2004 年 11 月，经级机关批准，成立为南通宾城送变电工程有限公司，取得送变电工程承装类三级、承修类三级、承试类四级资质，并取得企业等级分别为：电力工程施工总承包三级、通信工程施工总承包三级、输变电工程专业承包二级。公司成立后，发扬“团结奋进”、开拓创新，追求卓越、诚信敬业的企业精神，连续多年被南通市授予“重合同守信用 AAA 等级”称号，并先后通过行业“三标”认证，其中 2005 年 6 月通过质量管理体系认证，2007 年 3 月分别通过职业健康安全理体系认证和环境管理体系认证。

公司注册资金 5038 万元，至 2016 年底，资产总额 4696 万元，负债总额 2097 万元，净资产达 2869 万元。2005 年，公司新征土地 1. 33 公顷，建成 5000 多平方米厂房和相配套的附属设施共投资 700 多万元。公司施工机具设备可保障 5 个施工班组同时展开 110 千伏以下工程范围的作业施工。

公司坚持“质量第一、技术一流”的经营理念，积累丰富的工程施工经验和管理经验。工程施工技术不断提升，工程合格率均为 100% 年。2008 年，公司中标实施的 35 千伏江苏龙源如东风电特许权二期工程获得国家电力集团“中国电力优质工程奖”。2009 年底，在山东济南配合电力部门成功完成跨 1680 米黄河的高难度线路安装工程，受到业主高度评价，当地新闻媒体连续报道，令当地供电部门和同行业所信服。2010 年，荣获南通市“科学技术进步奖、海滩架线潮能利用技术”三等奖，如东县“科学技术进步奖、海滩架线潮能利用技术”三等奖，董事长曹炳成荣获南通市“科学技术进步奖、海滩架线潮能利用技术”三等奖第二名。2011 年获江苏省承装修电力设施企业协会“理事单位”，2014 年，企业取得送变电工程专业承包二级资质，江苏省装修行业协会智能消防电子专业委员会（分会）“理事单位”。

地址：江苏省如东县掘港友谊西路 175 号

电话：13806270599　15262742139

传真：0513-80860669

南通韵顺电力安装有限公司

诚信为本，质量第一，安全至上

抢修车

南通韵顺电力安装有限公司位于江苏省如东县掘港镇迎丰路 41 号，成立于 1998 年 10 月，系专业的电力设施承装承修公司。注册资本金为 1000 万元。公司经营范围是：许可经营项目：电力设施的承装承修（具体类别和等级按《电力设施许可证》核定的范围经营）。一般经营项目：电气工程项目咨询、设计；室内水电安装；电力变压器、电线、电缆、高低压成套电器柜、电力物资、电脑耗材批发、零售；脚手架搭建；电网等。公司持有国家能源局江苏省监管办公室颁发的承装、承修五级电力设施许可证；持有省住建厅颁发的输变电工程专业承包叁级资质和相应的安全生产许可证；持有质量 / 环境 / 职业健康安全管理体系认证证书。公司下设综合事务部、财务部、工程部、经营部等部门。现有职工 89 人。公司拥有二级建造师六人、技经人员二十多人、现场管理人员二十多人，技术工人二十多人以及安全员、材料员、质量员、施工员、资料员等，人员技术力量较强。

公司拥有起重机械及大型牵引设备等 23 台。安全工器具 140 套，施工工器具齐全充足。公司承接的主要代表工程有：如东县大豫镇新建 400V 线路工程、如东县大豫镇线路施工改造工程、、河口镇农村低压电网维修工程、河口镇优质稻米基地供电杆线路迁移工程、敬老院配电房及发电机组安装工程、敬老院变压器迁移工程、技防工程接电项目、中天物流园 10KV 杆线迁移工程、河口镇于港小学配变工程、如东县大豫镇幼儿园 400V 线路迁移工程、如东县大豫镇丁店幼儿园配电等工程。在此基础上，公司为了增加企业积累，适应市场竞争，积极组织施工队伍外出泰兴、盐城等地开拓电建市场，公司凭借着优良的工程质量和信誉，先后承接了泰兴市线路施工改造工程、农村低压电网维修工程等线路改造及低压台片维修任务，并受到了业主的高度赞誉。

公司先后获得江苏省工程建设监督管理办公室颁发的“江苏省重质量守信誉诚信施工单位”；“江苏省安全文明施工先进单位”；“江苏省电力建设优秀施工企业”；“江苏省优秀民营企业”等荣誉。

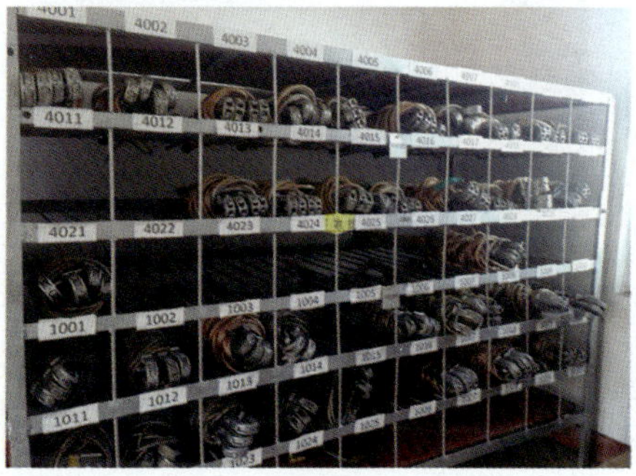

工器具

晨曦微露，我们抢在用电低谷开始检修
只为减少停电对您的影响

南通韵顺电力安装有限公司欢迎您

立　杆

阳光下，稻田里。均有我们电力工人的足迹

深夜抢修。无论白天黑夜，不管严寒酷暑，
哪里有需要，哪里就有我们的身影

海云轩家纺
HaiYunXuan
HomeTextile

公司简介 COMPANY PROFILE

江苏海云轩家纺是一家从事坯布生产、印染、家用纺织品研发、设计、生产、销售一条龙新型企业。公司为水星、罗莱、富安娜等100多家知名品牌家纺的面料供应商。总占地面积数百亩、建筑面积5万平方米，现有员工2000多人。公司先后通过ISO9001国际认证体系和IS014001国际环境管理体系等多项认证。作为一家服务型企业，向客户提供专业、快捷、高效、优质的服务，公司通过进大型市场树立形象、在中心城市建立工厂直营店及通过全国各地加盟商运作使海云轩家纺产品迅速占领市场，国内网点500多家。公司秉承“质量第一，诚实守信，开拓创新”的企业精神，以敢为人先的经营思路开创局面，年生产能力超10亿元。

网 址：www.haiyunxuan.com
电 话：0513-84536000
传 真：0513-84116030
地 址：江苏省南通市如东工业新区渭河路18号

江苏海云轩家纺有限公司
Jiangsu Hai Yunxuan Textile Co. Ltd.

江苏省凌洋农业发展有限公司

江苏省凌洋农业发展有限公司地处南黄海之滨，位于江苏省鱼米之乡如东县，为江苏省沿海开发集团有限公司所属全资企业。

2012年，本公司由创立于1996年10月位于如东县洋口镇凌洋垦区内的原江苏省凌洋农业发展有限公司和创立于1999年的位于如东县大豫镇东安闸的江苏省宁港滩涂开发有限公司合并而成。

公司注册资本1000万元，固定资产8094万元，现有员工22名。

公司现有各类土地面积3.2万亩，可发包面积22002亩，公司水、电、路配套齐全，现已形成海、淡水养殖、河蟹生态育苗、农田种植、紫菜加工与蚊蛤暂养殖四大板块。其中农田种植4121亩，淡水池塘8183亩，海水养殖池塘5250亩，河蟹生态育苗4137亩，紫菜加工与蚊蛤暂养311亩。公司年产各类农作物4500吨，成鱼2750吨，梭子蟹150吨，脊尾白虾700吨，河蟹大眼幼体60吨，暂养出口蚊蛤4000吨，加工紫菜近万箱。年产值近2亿元。2015年全公司实现发包收入2420万元。

凌洋公司将在省沿海开发集团公司正确领导下，进一步发挥土地资源优势，以人为本，稳步发展，科学种植，健康养殖，优质服务，与进区发展的新老客户及关心支持凌洋公司的社会各界人士，同心协力打造一个富足、和谐、发展的新凌洋。

江苏省凌洋农业发展有限公司
地址：临海高等级公路洋口段153.5km处
电话：0513-84807782

江苏省宁港滩涂开发有限公司
地址：如东县大豫镇东安闸南首(东安科技园区)
电话：0513-84260985

江苏省洋口港

海鲜商贸城

港城幼儿院

污水处理厂

“十二五”时期，是洋口港开发建设不平凡的五年。在县委、县政府的坚强领导下，全区以招商引资为龙头、以项目建设为中心、以基础投入为重点，锐意进取、奋力作为，港口开发呈现出较好的发展态势，进入了投入与产出并举的新阶段，为“十三五”进一步发展奠定了坚实的基础。

（一）立足培育“大产业”，项目建设有了新进展。围绕“3+1”产业定位，发挥港口优势，以基础液体化工原料仓储基地建设作为产业链发展的源头，以大项目的落户实现临港产业质的突破。五年来累计完成外资注册9.37万美元，外资到账4.79万美元，市外民资498321万元。台中化化工新材料基地项目、振戎国际仓储、中广核海上风电、正盛化工新材料等一批项目相继落户。爱森聚丙烯酰胺、科益聚丙烯酰胺、领先汽车保养用品、杭氧空分、中石油LNG二期、台中化液化品仓储、锦辰汽车配件等项目加快建设。江苏LNG接收站成功投产以来，累计安全靠泊LNG船舶109艘，接卸LNG1010万吨，成为华东地区重要的能源供应基地，洋口深水海港的等级优势日益彰显。

（二）全面实施“大建设”，承载功能有了新提升。按照“超前规划、分步实施、全面配套”的总体思路，以大视野、大气魄和大手笔强势推进港、产、城的协调规划和融合开发。完成港产城一体化战略规划，阳光岛规划修编和码头布置调整获得部省联合批复，启动临港工业区和阳光岛相关专项规划编制，形成了初步成果。五年来，港区工程投入18亿元以上，涵盖了码头、港池、道路、桥梁、管道、河道、绿化、围垦、供电、内部设施等十个大类。岛上码头建设加速推进，园区配套设施全面增强，新城开发步伐不断加快。

（三）致力推动“大开放”，园区质态有了新突破。不断加大规划审批力度和加快口岸开放进程，是港口开发提速发展的前提和保证。经过前后五年的不懈努力和积极争取，2014年8月10日，国务院正式批复洋口港为国家一类口岸并于2015年12月16日正式对外开放。

经 济 开 发 区

洋口港省级开发区申报、洋口港滩涂综合开发试验区建设取得新的突破。烂沙洋北水道15万吨级航道工程获得交通部补助资金，洋口港铁路货运站及周边道路完工，临海高等级公路全线通车，通洋高速一期建成通车，港城快速通道将于年内实现基本通车。全面承接27个县级行政部门的151项行政管理权限，港区政务环境进一步优化。省洋口港开发建设联席会议第一次和第二次会议先后在南京召开，有效畅通了港口重大事项在省级部门的沟通争取渠道。

（四）坚定构建“大保障”，造血功能有了新增强。财政金融工作是洋口港开发建设的命脉所在，也是港口跨越发展的坚强保障。五年来，全区累计完成一般预算收入20.62亿元，财政收入连年递进式增长，对全县贡献份额逐年呈上升趋势。积极探索投融资新方式，拓宽投融资新渠道，截止目前，为洋口港基础设施建设提供了有力的支撑。在县委、县政府的大力支持和具体指导下，洋口港建设发展公司顺利受让县日泰公司所持洋口港投资公司50.1%的股权。同时，全面优化区内6家公司要素资源，整合打造总资产108亿、净资产50亿、年利润过亿的集团公司，为未来洋口港可持续发展奠定坚实的运行基础。

（五）聚力推进“大融合”，统筹发展有了新改善。不断理顺优化区镇管理体制，积聚发展要素，有效整合资源，形成了发展合力。五年来，全区累计农业项目投入约4亿元，农村基础设施投入7930万元，社会事业民生工程投入2.435亿元，促进园区与农村互动并进，港口开发反哺农业发展，在全县乃至全市起到了较好的引领示范作用。扎实推进社会管理创新。在全县率先村村建成社区管理服务平台。实施重大项目社会稳定风险评估，保障了港口建设稳步推进。不断完善区镇考核督查、创先争优、项目推进等各项制度，领导牵头和团队专人负责相结合的推进机制逐步建立。创先争优和目标责任意识显著增强，区党工委被评为“全国先进基层党组织”。强化涉港工程、岛桥安全、海洋渔业、危险化学品生产及运输等防范措施和应急管理，建立了全方位的防控体系，“绿色港区”打造成效明显。

LNG码头和10万吨石化码头

沧海之变

江苏省如东

县委书记潘建华、县长沈峻峰调研开发区企业

开发区领导调研企业

开发区领导调研企业

2016年，在县委、县政府的正确领导下，全区上下按照“三主”定位，“三高”要求，坚持“目标在争先、思路在转型、重点在产业、举措在投入、关键在队伍”的工作思路，积极推进科学发展、协调发展、创新发展、内涵发展，全区经济社会呈现出稳中求进、稳中有为的发展态势，全面完成全年各项目标任务。

招商引资力度更大，项目中心进一步凸显。今年以来，我区猛攻招商引资，突出项目为王，全面掀起攻招商引项目的热潮。全年实现注册外资11982万美元，外资到账6006万美元。一是招商扇面不断拓展。我区建立了全员大招商机制，持续深耕上海等重点区域，展开高频次、大面积地外出招商。进一步加大盯、粘、抢力度，与先进地区园区、央企、国企、外企、世界500强展开积极对接，洽谈的项目层次更高、质量更好，在手在谈项目已有40多个，形成了由点及面的立体化招商体系。二是产业招商不断深化。围绕新能源、机械装备制造、生命安全防护、汽车电子及零部件、食品等五大主导产业精准发力。现代服务业、新兴产业招商势头良好，现代服务业片区正在开展合作洽谈，引进了明安物流、众磊医疗、上海电气运维培训中心等服务业项目及上海红时、上海阜兴等一批基金平台，汇鑫商务中心、中天科技产业园商务中心等亿元服务业项目实现新开工。三是项目建设不断提速。制定了18条项目建设工作制度，提升服务水平，强化责任倒逼，严肃考核问责，不断提高组织推进程度。

企业运行质态良好，产业基础进一步夯实。牢固树立“一切为了企业，为了企业的一切”发展理念，积极推进企业转型，努力实现扩量提质，推动经济发展迈上新台阶。一是工业经济难中求进。今年以来，在宏观经济面临下行压力的不利条件下，不遗余力帮助企业化解资金、人才等要素制约，助推企业健康有序发展，全年规模企业应税销售平均增幅仍达到8%，5家企业跻身10亿元企业行列，全年工业应税销售将突破200亿元，同比增长11.7%。二是企业上市步伐加快。引导企业由资产经营向资本经营转型，企业上市步伐不断加快。诺德新材料、都市牧歌绒业、攀柔莎日化用品等企业实现“新三板”上市，如通股份主板已经过会，强生安全进入主板上市轨道，锵尼玛新材料、海力风电、恒辉安全等一大批企业正在准备主板、“新三板”、创业板上市工作。三是科技进步引领转型。引导企业积极开发新产品、研发新技术、改进新工艺、上线新装备，凯爱瑞食品、景田纯净水、绿源亚克

开发区领导调研企业

经济开发区

力板材、诺德新材料等一批项目实现技改扩建。亿能彩钢国家级彩钢板检测检验室建设加快推进，全区新增产学研合作单位5家，新增市级以上工程技术中心3家。积极组织科技申报，全区获批专利90多项，海宝新能源列入省科技成果转化项目，国家级科技孵化器、国家火炬特色产业基地创建成功，新宇科创园获批省级科技创业众创集聚区，扶海青年互联网创业孵化园获批省级众创空间。

园区配套全面提速，承载能力进一步增强。以形象功能“双提升”行动计划为抓手，全年园区建设投入超5亿元，进一步加快基础设施及综合配套功能建设，大力提升承载能力，加快建设县城新区。

从严治党落到实处，党风廉政建设进一步加强。按照党风廉政建设目标责任制要求，区领导班子全体深入落实全面从严治党要求，始终坚持守纪律、讲规矩，不断加强党的思想、组织、作风、人才队伍和反腐倡廉建设，为全区经济社会发展提供了坚强保证。

江苏海力风电设备科技有限公司投入800万元用于研发，新产品已获12项专利，并获得省科技进步三等奖

中国汽车电子硅谷—大唐恩智浦半导体有限公司

2016年2月23日，南通市市委副书记、市长韩立明视察江苏海装

江苏省如东沿海经济开发区

总规划面积26平方公里，地处江苏沿海开发、长三角一体化发展、上海“两个中心”建设等三大国家战略复合地带。“倚江、傍海、靠上海”，是如东沿海经济开发区洋口化学工业园最大的区位优势。

着力推进区内各项基础设施建设，各项基础设施和公用工程全面配套到位，具有极强的项目承载力。

拥有良好的政策环境、服务环境、人文环境和生活环境，是投资兴业的理想选址。

为南通沿海地区首家百亿级滨海园区，是南通沿海最大的经济板块。目前已获得省新型工业化示范基地、江苏省两化融合试验区、省高分子材料科技产业园、省特色产业集群；目前正在创建省级开发区、国家新型工业化产业示范基地。

一、独特的区位优势

沿海经济开发区洋口化学工业园位于中国最具活力的长三角地区，靠江、靠海、靠上海，与城市群有合适的距离。地处长江入海口北岸，东濒黄海，南临长江，西接苏中腹地，北接亚欧大陆桥，具有独特的海、陆运输优势。随着沪崇启大通道、海洋铁路、通洋高速、临海高等级公路等重大交通工程的全面建成，开发区交通更加便捷，集疏运体系更加完善，可以更为全面地接受上海等地资金流、信息流、技术流、人才流的辐射。

公路：临海高等级公路穿开发区而过，经沪崇启大通道进入上海浦东1.5小时车程；向西40公里接入沿海高速；向东南25公里接入通洋高速；向南10公里接入启扬高速（目前已进入拆迁阶段，预计2017年建成通车）；向南40公里接入宁启高速；向东30公里接入锡通高速，通过苏通大桥接入沿江高速、苏嘉杭高速。

航运：开发区内现有300-500吨内河码头，连接四条五级航道，直通长江铁路：海洋铁路已竣工通车，横贯开发区至洋口港，并规划在开发区内设立专门化学品货场。

航空：距开发区50公里的南通兴东机场每天有航班至国内主要城市；距开发区200公里半径内的国际机场有上海浦东机场、虹桥机场。

开发区以精细化学工业及配套产业为一体，目前进区企业129家，拥有东瑞制药、九九久科技、海正药业、华海药业、长青农化、精华制药等上市公司项目23个，德国巴斯夫、韩国SK、中化国际等世界500强企业3家，上市辅导期企业6家。重点发展化学药、植保化工、化工新材料和新能源等高新技术化学制造业，具备完善配套的物流体系、密切合作的产学研体系、高关联度的产业链体系。作为长三角地区最具生命活力、发展张力和核心竞争力的专业载体，享誉全国精细化工界。

产业规划：大力发展新医药、新材料、新能源等战略性新兴产业；着力发展现有农药、医药产业的补链项目，以及医药制剂项目，共同打造一座国际水准的集研发、生产、供应为一体的精细化工产业基地。

中心商务区：规划面积20平方公里，是开发最早、最为成熟的区域，基础设施齐全、城市功能完备、综合环境优越、经济社会繁荣。集中布局社会事务区、商务区、公共事业区、生活区四大功能区域，开工建设了城区主干道、污水管网、供电设施、自来水管道改造等市政工程，客运中心、公安大楼、中心医院等各项社会事业项目已全面投入使用。同时，三美美苑、海正如苑、优嘉商务中心、泊洋商务中心等新城商业地产项目的陆续建成推动着主城区的迅速成长。化工园区已配套建成8万多平方米的职工生活公寓，目前已入住企业员工5000多人。

江苏省如东小洋口旅游度假区

小洋口旅游度假区2013年1月获批省级旅游度假区，是南通市首家省级旅游度假区，规划面积40平方公里，省批准面积16.98平方
，香港保华集团（洋通公司）投资160亿元开发建设的小洋口健康产业园，位于度假区核心位置，总规划面积11.5平方公里。区内现
眼温泉：42度碳酸氢钠泉、76度芒硝泉和92度重碳酸盐泉。目前洋通公司已组建了院士工作站（汪集 院士），专门从事温泉地热能
发。依托温泉资源，区内建成金蛤岛度假村、林克斯温泉酒店、小洋口乡村俱乐部等旅游项目，区内拥有全省最大的人工中心渔港
停靠渔船3000艘，其中本地渔船近1000艘，年产海产品60万吨），以及湿地、生态防护林带、风电等特色景观。

如东循环经济产业园

5月17日，循环经济产业园举办60万羽蛋鸡场及蛋制品加工项目开工仪式

如东循环经济产业园位于江苏省如东县东南沿海地段，地处长江三角洲北翼，东临黄海，南接长江，距县城20公里，与30万吨级深水海港—洋口港相距仅12公里，是江苏沿海开发的重点区域之一。随着苏通大桥、崇启大桥、临海高等级公路等重大交通工程的建成，该园区已全面融入上海1小时经济圈，成为"T"字形长江黄金水道北岸的重要经济增长点。

园区成立于2012年1月，行政区域面积228平方公里，海岸线36公里、滩涂16万亩。园区由东凌库区产业园、进口再生资源加工区、大豫镇组成。东凌库区产业园以东凌水库为核心，初步形成总面积约为16.7平方公里的旅游度假区框架，规划发展以现代农业观光、风情度假、特色体验为主题的"农业+旅游"产业。进口再生资源加工区是江苏省唯一一家纳入进口废电线电缆、废电机、废五金

东凌水库航拍图

电器圈区管理的国家级试点园区；获批第四批国家“城市矿产”示范基地；通过“圈区管理”验收。大豫镇以大豫工业集中区、老兵房工业集中区为核心，突出发展新能源、劳护用品、电光源制造、食品加工、机械制造等产业。

2016年，全区实现地区生产总值59.89亿元，公共财政预算收入1.66亿元，获县考核“兴财杯”银杯、“新农杯”银杯、获“优秀学习型乡镇”、“江苏省放心消费创建先进区域”称号。

5月21日，中共如东县大豫镇第四次党员代表大会召开

8月3日，如东县大豫镇爱心助困协会揭牌仪式

醉美樱花

水美乡村

江苏省如东高新

生命健康产业园开园仪式首批21家高新企业率先入驻

如东高新区，原为掘港镇，2015年撤镇建区，为如东县城所在地，是全县的经济、政治、文化中心。区辖258.7平方公里，城区规划面积120平方公里，建成区面积30平方公里。现有工业企业1000多家，其中规模以上企业138家，亿元企业52家，10亿元以上企业2家；共有服务业企业800多家，其中规模以上服务业企业32家，重点服务业企业23家。先后跻身经济总量全国千强区、中国投资环境百强区行列。

半导体显示屏产业园

“十二五”期间，如东高新区始终把招商引资作为经济工作的生命线来抓，始终坚持产业化招商方向不动摇，系统把握宏观微观产业发展方向，着力瞄准重点区域和新兴产业，全面提升招商引资的精准度和达成度。在国内外经济环境趋紧，投资活跃程度明显下降的形势下，成功引进了英国泰莱、联亿电子、松野新能源车辆、梦琦锐数码印染、锐盛布业、炫昱实业、正大科技饲料、欧锐幕墙、辉煌彩钢、刚正薄板、海尔斯药业、爱普医疗等20多个重点亿元项目，成功打造了智能机电、高端织品、生物医药、功能材料等四大产业板块，建成了亚洲最大的膳食纤维、抗肿瘤药、核苷酸类、酵母类生物制品生产企业，成

科创园

技术产业开发区

为亚洲最大的毛巾研发、生产、加工中心和世界最大的安全防护用品生产基地。

“十三五”期间，如东高新区将牢固树立并切实贯彻创新、协调、绿色、开放、共享的发展理念，紧紧围绕建设长三角地区自主创新示范区这一核心目标，坚持高端引领、集约发展、辐射带动的原则，更加突出“一核两园四片区”载体平台的集聚效应，以营造适宜产业创新和人才发展的创新创业生态为主线，全力推进产业集群共生、产城融合深化，努力把高新区建设成为区域创新发展的引领者和高新技术成果转化的新高地。到“十三五”期末，力争人均GDP力争达到18万元，工业应税销售力争达到400亿，服务业应税销售达到400亿元，高新技术企业数突破30家，高新技术产值突破200亿元。

平湖映佳居

汽车城

农业园区智能温室

生命健康产业园

栟茶镇

栟茶，地处如东西北，是远近闻名的全国重点镇，国家级生态镇，中国历史文化名镇，在江海平原上有着鱼米之乡、教育之乡、海鲜之乡、长寿之乡的美誉。这里海陆相依、人杰地灵、民风淳朴、崇文重教、书香四溢、贤哲荟萃。史上从这里走出的学界名流、政界要人数百人。其中有：国际级的版画大师、国家作家协会、美术家协会、书法家协会会员、中国工程院院士、军界将校、全国政协副主席、全国人民代表大会农业与农村委员会副主任。

今天的栟茶，发展势头迅猛，是长三角北翼最具发展潜力的新型小城镇。境内水陆交通便捷，海洋铁路横贯东西，且设有客运、货运站点。省道221线、225线、临海高速公路穿境而过。四纵三横镇核心区道路构成纵横交错的立体交通网络，并形成三星机械园、兴镇工业园两大工业园区，茗海花苑、茗都华庭、栟中北大园等21.3万㎡高品位商住楼，高矗林立，鳞次栉比。枫林大润发、好润多等大型超市布局合理。老镇区三里长的青石板街与明清时期古民居交相辉映，彰显古镇文化的厚重。老街美食：一柱楼烧饼、卢扣包子、青园食斋，其味美妙绝伦，蜚声海外。栟茶高级中学高考录取率省内名列前茅，享誉全

园。投资近八千万元百年老校栟茶小学新校区投入使用。二等甲级医院县第三人民医院医疗设备先进，医术精湛，服务辐射周边两市三县近40万人。医养一体、设施高档的阳光福利中心已投入运营。境内空气清新、舒爽宜人，森林覆盖率近30%，污水集中处理率75%，生活垃圾无害化处理率100%。占地40余亩的市民文化广场，夜晚灯光灿烂、莺歌燕舞；鑫华园“农家乐”庄园游客络绎不绝，3A级的佛教文化园“寿圣禅寺”主体结构已封顶。

这里被人们誉为最适宜休闲的地方、最适宜读书的地方、最适宜养老的地方、最适宜创业的地方。2016年经济总量超三十亿，围绕“打造四张名片，建设五彩栟茶”的目标，这座滨海小城将成为投资者的沃土，宜居宜旅的福地。

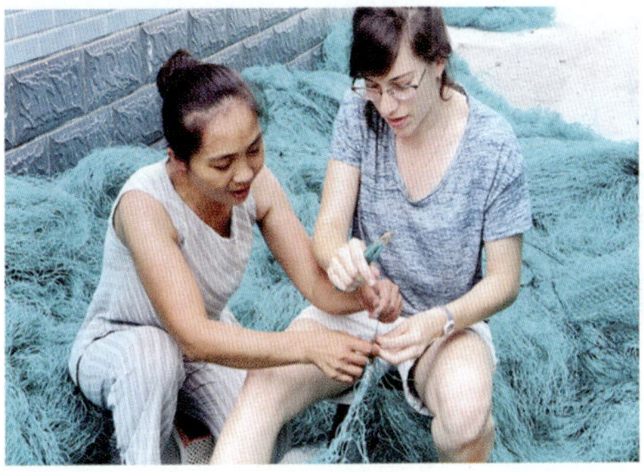

马 塘 镇

党委书记： 顾 锐

镇长： 杨雪松

2016 年，全镇上下紧紧围绕“夯实基础、项目主导、突破重点、全面提升”的工作思路，积极适应新常态牢抓住项目建设这一核心，较好地完成了全年各项目标任务，在全县年度考核中，喜获 2 金 1 银 4 铜，其民生投入、城镇建设和建筑业经济荣获金杯，生态文明荣获银杯，财政收入、项目建设、农业经济、综合保障荣获铜杯，实现了“十三五”良好开局。

经济发展稳中有进。全年实现财政总收入 2.39 亿元，一般预算收入 1.26 亿元，实现现价工业产值 7亿元，工业应税销售 32.7 亿元，完成固定资产投资 14.94 亿元。工业亿元项目江苏力腾机械及服务业亿项目江东盐业开工建设，鑫斯达机械及诺嘉机械等多个高科技企业竣工投产，年销售均超 2000 万元。

农村面貌焕然一新。大力发展设施农业，总投资 4800 万元的天辰菌业有望成为全省最大的香菇生产地。不断完善基础设施，新建水泥路 120 公里，新建桥梁 23 座，拆坝建涵 65 座，基础设施覆盖全镇 80% 的深化面源污染治理工作，有效遏制了直排现象，建成畜禽粪污处置中心及洁美沼气发电项目，治理率达以上。

镇区形象明显提升。马塘幼儿园交付使用，马塘初中主体结构竣工验收，育英路南延工程顺利通车，市大桥西连接线工程接近尾声，房地产项目文景佳苑、学林南苑一期工程交付使用，文豪佳苑完成主体结构南绿化景观工程及晓塘公园着手实施。

民生福祉持续增进。建立健全“救助标准调整机制”和“救急难”长效机制，深入开展扶贫帮困活动，改升级马塘镇敬老院、潮桥小学综合楼、马丰小学教学楼及邱升中学教师周转房，新建 4 个标准化居家养老务站、6 个村综合文化服务中心，成功创建 5 个省示范村卫生室。

村公共服务中心

集居点

马塘小学

江苏力腾机械有限公司

江苏勃实纸业有限公司

江苏鑫斯达精密机械有限公司
江苏诺嘉机械有限公司

农业园天辰菌业

学林南苑

文锦佳苑

马塘小学附属幼儿园

江蘇省文明镇——岔河

龙河湾生态文化园

党委书记：李健

镇长：徐敏

岔河，形成于唐代中叶，是一个具有千年历史的文明古镇，地处如东中西部，面积141平方公里，常住人口近10万。

岔河，区位优势明显，是如东中西部地区的交通枢纽，苏225线、334线两条省道及其复线、苴东线贯穿全境，形成三横两纵的快速路网格局。扬启高速（出口）和九洋河、如泰运河穿越腹地。

岔河，工业经济活跃，优势产品众多，铁链加工、纺织服装、粮油饲料、健身器材、机械电子为主的产业板块特色鲜明；农业稳步发展，高效设施项目、标准化示范基地规模效应凸显；城镇面貌日新月异，规划提升、布局优化，服务设施日臻完善。2016年，实现地区生产总值65亿元，实现工业应税销售54.5亿元，一般财政预算收入1.54亿元，城镇居民人均可支配收入37216元，农村居民人均纯收入19345元，三次产业结构优化为8.37：50.65：40.98。

岔河，是全国重点镇、国家千强镇、南通市级中心镇，先后被授予国家生态镇、江苏省文明镇、江苏省教育现代化乡镇、江苏省织造之乡、南通市新型小城镇、南通市文明城镇、南通市民营经济先进乡镇、南通市人民满意公务员集体等多项荣誉称号。

广场舞

镇老年舞蹈队参与公安部到岔河派出所慰问演出

全民运动会表演

南通仟仟惠家化有限公司

南通巴大饲料有限公司

中华药业(南通)有限公司

兴河工业园区

南通怡园针织有限公司

如东县铁链厂有限公司

南通振雄电子有限公司

古坝小学

岔河自来水增压站

在水一方生态园

千年古镇——丰利镇

党委书记：耿卫东

镇长：於锋

丰利镇地处如东中部腹地，是一座千年文化古镇，是"江苏省文明乡镇"，由原来的六乡一镇经多次撤并而成，总面积154.4平方公里，拥有海岸线6.8公里，10万亩滩涂，辖行政村20个、社区1个，村民小组517个，实有耕地7792公顷，总户数2.93万户，总人口8 万余人。

丰利，通江达海，交通便捷顺畅。临海铁路、G328线、S221线、S225线和建设中的洋骑线高等级公路穿境而过，东拓南延的南环路作为洋骑线的连接线即将开工建设，距扬启高速出口仅8公里，与苏通大桥沪通大桥相接，距南通兴东机场仅40公里，纳入上海市1.5小时经济圈。

丰利，底蕴深厚。悠久的文化底蕴，孕育了文明的丰利人，这里有传承文明的"文园"，有传递文明的"醉枫庐"，有播撒文明的"悟园"。丰利的教育源远流长，百年丰小，独创珠心算特色，2016年，在世界珠心算联合会第六届珠心算比赛中，实现个人和团体"双突破"，丰利小学获团体全能特等奖，创造了江苏珠心算发展史上的新高度。

丰利，人文荟萃。古有郑板桥来吟诗作画，张謇兴办教育，创办丰利小学。今有丁杰、徐善华一代画家，闻名中外。国家非物质文化遗产——跳马伕已成为丰利镇的一个文化符号，多次进京表演。始建于唐朝的大圣寺获批复建，已初具规模。丰利文园博物馆、如东图书馆丰利分馆正常开放，古丰社区健身俱乐部、丰利京剧戏迷票友协会、兰花协会、雀舌协会、乒乓球协会等群团组织活动丰富。

丰利，投资福地。机械、建材、纺织、食品等已形成产业链。枫发工业集中区，位于镇政府西首，规划科学，布局合理，基础设施配套完善，基本上形成了轻工机械制造、纺织服装加工的两个产业布局，前景广阔，是投资兴业的福地。沿海特色养殖园区，利用海洋滩涂优势，年养殖紫菜4.6万亩，年产量14万标箱。凹桥村、环渔村、环农村发展的南美白对虾、河豚、锦鲤、刺参等特种养殖业速度迅猛，已达到一定规模。江海文化产业园，以古镇开发为主体，以大圣寺为杠杆，以丰利特色商品为亮点，逐步形成集聚氛围。丰利镇机械成套设备和健身器材工业园，园区充分依托洋骑线的交通区位优势，重点发展化工机械成套设备和物流服务业，着力打造以丰利机械厂为龙头的机械成套设备和健身器材工业园。

丰利镇将紧紧围绕"四个全面"战略布局，牢固树立"创新、协调、绿色、开放、共享"五大发展理念，按照"规划先行、项目引领、产业富民、文化塑镇"发展战略，撸起袖子加油干，顽强拼搏，克难奋进，建设"强富美高"新丰利！

丰利机械厂

大圣寺规划图

江苏省健身器材之乡——新店镇

如东信昌玻璃制品有限公司

尤力体育2016年新三板挂牌上市

江苏松柏纺织品有限公司

新店镇，南接通如高速，北依洋口港，西邻沈海高速白蒲出口。S225 线（复线）、新白连接线、汤丁公路和江海河、九洋河、飞跃河等穿越腹地。苏通长江大桥贯通后，新店融入上海 1 小时经济圈。

新店，由原新店镇和汤园乡合并而成，辖区面积 80.96 平方公里，人口 4 万人，辖 10 个行政村和 2 个社区居委会。

新店，以工业立镇，拥有沿洋兴公路布局的工业集中区老区、沿飞跃路布局的健身器材产业园、沿 S225 复线布局的机械电子工业新区 3 大工业载体，形成以健身器材、机械制造等为主导产业的发展格局。是南通市平安乡镇、南通市文明乡镇、南通市信用乡镇、江苏省健身器材之乡、江苏省环境优美乡镇、江苏省卫生镇和中国产业集群经济示范镇。

如东县新店镇幼儿园

国家级生态镇 江苏省文明镇 江苏省卫生镇

——双甸镇

党委书记：康 徐

镇 长：秦 刚

双甸镇地处如东西大门，是江苏省重点中心镇、江苏省文明镇、江苏省生态镇，中国最具投资潜力500强乡镇。全镇总面积120平方公里，人口近8万人，所辖3个居委会、13个行政村。全镇地势平坦，土壤肥沃，物产丰富，商贸发达，是江苏著名的坯布之乡、渔米之乡、绿化之乡和长寿之乡。

双甸镇作为农业大镇，不断加强镇村基础设施建设，引领农业企业做大做强，全力推进农业产业化经营和城乡建设统筹发展。全镇工业经济飞速提升，形成以宇迪光学为龙头，以纺织为主体，集服装生产、健身器材、生物制药、劳保用品、轻工机械等六大主导创业的工业结构，镇村面貌不断呈现新形象。全镇各项社会事业惠民利民，"霜桥之梦"文化艺术节品牌叫响县内外，群众文化生活丰富多彩。

"十三五"期间，双甸镇将以项目建设为主线，以财政增收、城乡统筹为重点，以开放创新、政务服务、廉政建设为保障，解放思想、苦拼实干，不断加快工业大镇、农业强镇、三产旺镇、宜居新镇"四镇同建"步伐，全面建成更高水平小康社会，积极开启基本实现现代化新征程，谱写经济强、百姓富、环境美、社会文明程度高的双甸新篇章。

晨 练

小镇卫士

明珠花苑

宇迪之光

写意农庄

双甸风貌

袁庄镇

党委书记、人大主席：陈威涛

党委副书记、镇长：殷海燕

袁庄镇位于如东西北腹地，地处如皋、海安、如东三县交汇处。全镇总面积 97 平方公里，辖 11 个行政村，153 个村民小组，截至 2016 年底，总人口 5.79 万人。袁庄镇交通便捷，江海河运畅通，海洋铁路、S355 省道、海启高速（建设中）穿境而过，西接 G15 沿海高速、新长铁路、宁启铁路，距如皋高铁站 15 分钟路程，是如东连接苏中的西北门户。袁庄镇是“全国环境优美乡镇”、“江苏区域教育现代化先进乡镇”、“江苏省体育先进乡镇”、“江苏门业之乡”。从这里先后走六位共和国将军，是远近闻名的“将军故里”。

袁庄镇依托丰富的资源，围绕“做强传统工业，打造特色农业，构建和谐袁庄”的战略，全力推进经济结构调整和经济增长方式的转变，拥有现代船舶修造、纺织服装生产、防盗门窗制造三大支柱产业，产品远销世界各地。2016 年，地区生产总值 29.3 亿元，规模以上工业总产值 26.18 亿元，工业应税销售 18.17 亿元，公共财政预算收入 5910 万元，千万元以上工业项目投入 4 亿元。农村经济持续发展，粮食稳定增产，是全国著名的商品粮生产基地和无公害出口蔬菜基地。现建有孙庄村、时桥村 2 个千亩农业园区，建设粮食全产业链联盟，打造戴南村、小康村优质稻米生产基地，培植赵港村山羊养殖、时桥村蛋禽养殖、孙庄村出口蔬菜等特色村。镇内拥有“通天”草鸡蛋、“康氏”羊肉、“常竹”大米、“晶艺源”藿香茶、“袁海”无公害葡萄等省市知名商标，拥有市级以上农业龙头企业三家。

袁庄人文荟萃，民风淳朴，明礼诚信，治安优良，经济快速发展，人民安居乐业，热忱欢迎前来投资兴业！

党委书记陈威涛洽谈亿元项目

袁庄镇第十九届人民代表大会第一次会议

袁庄镇广场舞大赛

袁庄镇新建居民小区

如东县河口镇

河口镇第十八届人民代表大会第一次会议

河口镇纪念建党95周年暨”两学一做“”七一“表彰大会

河口镇位于如东县西部，东临洋口镇、南与双甸镇及岔河镇毗邻、西接袁庄镇、北依栟茶镇。2016年，河口镇总面积116.1平方公里，辖行政村11个、居委会2个，耕地面积5282公顷。年末总户数2.12万户，总人口6.35 万人，非农业人口2.9　万人，出生373人，死亡631人，人口自然增长率-4 ‰。镇区规划区面积2000平方公里，镇区建成面积6.4平方公里，建成区常住人口数1.29万人。2016年，河口镇主动应对经济社会发展中各项挑战，顺利开启了“十三五”新篇章。全年实现地区生产总值49.5亿元，同比增长10.5 %；公共财政预算收入2.4亿元，同比增长10%。在全县综合考核中，获得“综合优胜杯”金杯、“综合保障先进单位”金杯、“项目建设杯”金杯、“工业发展杯”金杯、“兴财杯”金杯、“服务业发展杯”金杯、“创新杯”金杯、“生态文明杯”金杯、“民生杯”银杯、“开放杯”铜杯。

河口镇“爱岗敬业 无私奉献”道德讲堂

河口镇第十一届全民运动会

河口镇”成才发展 争先创优“青年干部座谈会

河口镇2016-2017年度党员干部冬训文艺专场演出

编印说明

一、《大事如东（回眸“十二五”）》以马克思主义、列宁主义、毛泽东思想、邓小平理论、“三个代表”重要思想和科学发展观为指导，深入贯彻习近平总书记系列重要讲话精神，坚持辩证唯物主义和历史唯物主义的立场、观点，存真求实、客观全面记述如东各行各业发展变化的大事。

二、《大事如东（回眸“十二五”）》以时间为顺序，以图文并茂的形式，详实地记载 “十二五”期间（2011--2015 年）如东发生的大事、要事，真实反映如东人民在县委、县政府的领导下，在政治、经济、文化和社会各个领域取得的丰硕成果，旨在为广大读者了解如东工作动态和发展状况，总结经验、指导工作提供系统的信息服务，是记录历史、传承历史、弘扬历史、宣传如东、推介如东不可或缺的重要载体，具有政府公报的职能。

三、《大事如东（回眸“十二五”）》在大事记的基础上，增加了“荣誉集锦”等栏目，使全书内容更丰富，史料更详实，更具可读性和保存价值。

四、《大事如东（回眸“十二五”）》的文字和图片资料，主要来源如东县档案局（馆）馆藏资料和如东县政府网站、《如东年鉴》的部分内容，同时摘录了《人民日报》、人民网、央广网、《新华日报》、新华网、《如东日报》、如东新媒体网等媒体的一些资料。因本书是一部资料汇编，属社会公益性出版物，故不一一署名。

五、参与本书彩页宣传和特别鸣谢的单位，均是经过编辑部精心遴选、各单位自愿参与的。这些参与单位是如东经济和社会建设中的中坚力量，是如东发展史上应当浓墨重彩大书特书的典型代表。入选本书，是社会各界对这些单位的充分肯定，更是这些单位值得荣耀的辉煌一页，具有名垂史册的重大历史意义。

六、所有参与彩页宣传和特别鸣谢单位的排序，均不分先后。

目　录

中共如东县委
如东县人民政府　主办
如东县档案局（馆）　编

大事如东

DASHI RUDONG

（回眸"十二五"）

方志出版社 Publishing House of Local Record

如东县档案局（馆）

编

地址：如东县掘港街道富春江路1号县行政中心

电话：0513-84512024

0513-81996266

网址：www.rddaxx.gov.cn

大事回眸 2011年 Dashi huimou

2011 年大事记

1 月

★4 日，县总工会召开十五届四次全委（扩大）会议，动员全县广大职工围绕中心，服务大局，为实现县委、县政府工作目标作出新贡献。县委常委、纪委书记陈跃生对县总工会 2010 年的工作给予充分肯定，他要求各级工会组织更好地承担党联系职工群众的桥梁纽带、职工权益的代表者和维护者的职责；进一步使职工群众切实感受到党的关怀与温暖；为推进工会工作创新发展提供有力支撑。副县长姜晓静参加会议。

★5 日，县人大常委会副主任徐志平、杨成泉率领相关工作人员，前往县行政中心和雷迪森大酒店，检查两会期间的会场准备和人大代表的食宿安排等情况。

★5 日，如东县召开海洋渔业安全生产监管工作现场会，副县长于立忠要求各地、各部门加强组织协调，强化整体联动，扎实推进海洋渔业安全生产监管工作规范化。

★6 日，政协如东县第十三届委员会第四次会议隆重开幕。县委书记周铁根致开幕词，县政协主席徐建华作政协工作报告。县政协副主席桑圣权作提案工作报告。会议应到委员 274 名，实到委员 262 名，符合法定开会人数。会议由县政协副主席童玉林主持。出席大会的有县委、县人大、县政府领导，县四套班子老领导、县政协历届秘书长，县级机关各部门和有关单位的主要负责人，各镇党委书记列席会议；应邀全程列席本次大会的驻如东的市政协委员，各镇党委分管党务、统战的副书记，政协各参加单位的主要负责人，县政协机关干部。

★6 日，县政协召开十三届十九次常委会议，协商增补县政协委员事宜。会议由县政协主席徐建华主持，县政协领导王志荣、童玉林、桑健、余科、桑圣权、周福林，秘书长於小卫出席会议。

★6 日，县十五届人大四次会议召开秘书处全体工作人员会议，县人大常委会副主任徐志平出席会议，他要求全体工作人员统一思想认识、明确工作职责，以饱满的热情、务实的作风，扎实做好各项服务工作，确保圆满完成大会各项议程。

★7 日，如东县第十五届人民代表大会第四次会议隆重开幕。会议听取县长詹立风所作的《政府工作报告》；听取了县发改委主任潘友兵《关于如东县 2010 年国民经济和社会发展计划执行情况和编制 2011 年国民经济和社会发展计划（草案）的报告》；听取了《关于“十二五”规划纲要（草案）编制情况的报告》；听取了县政协副主席、财政局局长余科《关于如东县 2010 年财政预算执行情况和编制 2011 年财政预算（草案）的报告》。县人大常委会主任张桂英主持会议。本次大会的执行主席是周铁根、张桂英、徐建华、潘建华、任新峰、邱荣林、张正权、卜其银、吴春华、陈斌、周潮清、周载群、谢骏、胡斌、石磊。参加县政协第十三届如东县委员会第四次会议的政协委员、县级机关各部门主要负责人，以及曾在县四套班子任职离休后享受地市级政治生活待遇的老领导、老同志列席了会议。

★7 日，县第十五届人大第四次会议举行主席团第一次会议，确定大会主席团常务主席为周铁根、张桂英、徐志平、杨成泉、沈更生、蔡瑞平、冒亚平。会议由县人大常委会主任张桂英主持。县委书记周铁根在会上作重要讲话，他要求主席团全体成员高度重视，认真听取、审议“一府两院”的工作报告和“十二五”规划纲要（草案），积极建言献策，凝心聚力，负重拼搏，引导人大代表积极履行好权利，确保圆满完成大会各项任务。

★7 日，县第十五届人大第四次会议召开各代表团带队人员会议，要求进一步统一思想，明确大会任务和会议纪律，确保会议各项议程顺利进行，圆满完成大会各项任务。县人大常委会主任张桂英主持会议，她通报了这次会议的指导思想、重要任务和主要特点。县人大常委会副主任，各团带队人员参加会议。

★7 日，县第十五届人民代表大会第四次会议举行预备会议。会议报告县第十五届人大第四次会议代表和县人民政府副县长变动的相关情况，表决通过了大会议程（草案）、大会主席团和秘书长名单（草案）、大会议案审查委员会名单（草案）、大会计划与预算审查委员会名单（草案）。会议由本次大会秘书长、县人大常委会副主任徐志平主持。

★8 日，县政协第十三届委员会第四次会议举行第二次大会。会议由县政协主席徐建华主持。八位委员分别围绕如何推进如东县沿海大开发，做强文化产业，加快建设现代农业，促进中小型企业转型升级，积极推进基本药物制度的实施等问题建言，积极参政议政。县委书记周铁根对委员们的提案给予高度肯定，他说，提案真正体现了委员们强烈的社会责任感和对如东经济社会发展的关心、关注，希望委员们借助普遍的代表性，影响广大的人民群众，共同参与未来如东的建设和发展。县领导潘建华、顾淑英、徐守宏、刘才盛、于立忠、姜晓静、卢瑞华、洪大林、蒋树建出席会议。

★8 日，县委书记周铁根参加双甸代表团讨论活动。周铁根认真听取了双甸代表团对县政府序列三个报告和“十二五”规划纲要（草案）的审议，并与代表们就经济社会发展大计进行了深入交流。周铁根最后希望与会代表充分发挥自身的影响力，大力宣传会议精神，以进一步统一全县上下的思想认识，齐心协力把如东建设好、发展好，奋力开创经济社会发展的崭新局面。 县委常委、政法委书记陈建华参加讨论。

★8 日，县人大常委会主任张桂英到曹埠代表团，听取代表讨论县政府序列三个工作报告和“十二五”规划纲要（草案）以及对县政府工作的建议、意见。张桂英同时要求相关挂钩部门一如既往，全力以赴地为曹埠镇发展提供服务。代表们还认真拟写议案和建议、批评、意见，并讨论了大会选举办法（草案）。

★8 日，出席县十五届人大四次会议的代表集中视察城市交通建设的新变化。 县人大常委会主任张桂英及县领导周建飞、徐志平、杨成泉、沈更生、蔡瑞平、冒亚平等参加了视察活动。

★8 日，县长詹立风参加掘港代表团的讨论。他要求掘港镇充分发挥地处县城的优势，自我加压，确定好今年的发展目标，力争各项工作在全县起到引领作用。县领导童玉林参加讨论。

★8 日，县政协主席徐建华来到政协岔河组，认真听取政协委员们在协商讨论县政府序列三个报告和“十二五”规划纲要（草案）报告时提出的意见、建议。他要求委员们在“十二五”期间，围绕全县总体奋斗目标，结合岔河镇的实际，勇于创新，加强各组联系，关注民情，积极反映社会热点、难点问题，为推进现代化、建设新如东做出应有的贡献。

★8 日，县政协召开十三届二十次常委会，听取各组对县委领导开幕讲话、常委会报告和提案工作报告讨论情况的汇报；听取各组提案、社情民意初审情况的汇报；讨论《大会决议》（草案），提交各小组讨论；协商选举办法，酝酿提名增补副主席候选人和政协常委候选人，提交各小组讨论。会议由县政协主席徐建华主持，县政协副主席王志荣、童玉林、桑健、桑圣权出席会议。

★9 日，县委书记周铁根参加苴镇代表团讨论，寄语与会代表抢抓区镇一体化机遇，发挥优势，创新开拓，真正把如东经济开发区打造成新的经济增长板块，为“推进现代化、建设新如东”增添更大的贡献份额。

★9 日，县第十五届人大第四次会议举行第二次大会，会议听取了县人大常委会、县人民法院、县人民检察院的工作报告，表彰了优秀代表建议和优秀承办单位，通过大会选举办法（草案）。县人大常委会主任张桂英作县人大常委会工作报告。本次会议的执行主席是：杨成泉、沈更生、冒亚平、陈跃生、陈昌龙、陆锡泉、丁越、高春明、张卫东、樊重念、周春霖、施永平、姜建新、戴威威、龚建新。

★9 日，县第十五届人民代表大会第四次会议召开主席团第三次会议。 会议由县人大常委会党组书记、大会主席团常务主席张桂英主持。会议听取了各代表团对大会六个工作报告和“十二五”规划纲要（草案）审议情况的汇报。会议还听取和通过了计划与预算审查委员会主任委员杨成泉所作的《关于如东县 2010 年国民经济、社会发展计划和财政预算执行情况及 2011 年国民经济、社会发展计划和财政预算（草案）的审查报告》（草案）；听取了议案审查委员会主任委员徐志平所作的议案审查的报告（草案）；讨论了大会各项决议（草案）。县政府县长、副县长，法院院长、检察院检察长、发改委主任、财政局局长、各代表团团长列席会议。

★9 日，政协如东县第十三届委员会第四次会议圆满完成各项议程后胜利闭幕。闭幕大会由县政协主席徐建华主持。县政协副主席冯力如宣读了《中国人民政治协商会议第十三届江苏省如东县委员会第四次会议决议》。全体与会委员经过认真审议，以举手表决的方式通过了大会决议。县政协副主席余科作闭幕讲话。出席闭幕大会的有县委、县人大、县政府领导，县四套班子老领导，县政协历届秘书长，县级机关各部门和有关单位的主要负责人，各镇党委书记列席会议，应邀列席大会的还有在如东的市政协委员，各镇党委分管党务、统战的副书记，政协各参加单位的主要负责人，县政协机关干部。

★9 日，政协如东县第十三届委员会第四次会议举行第四次大会，进行大会选举。县政协副主席童玉林宣读《政协如东县第十三届委员会第四次会议选举办法》。经出席会议全体委员举手表决通过，补选冯力如为政协如东县第十三届委员会副主席，吴凤俊为政协如东县第十三届委员会常务委员。大会由县政协主席徐建华主持。

★10 日，如东县第十五届人民代表大会第四次会议圆满完成预定的各项议程胜利闭幕。会议以无记名投票方式，选举周铁根为县十五届人大常委会主任。县委书记、县人大常委会主任周铁根发表重要讲话， 周铁根对张桂英在县人大常委会工作 11 年来所作的贡献表示感谢，他希望常委会组成人员和全体代表一如继往地支持她的工作，认真听取她的意见和建议，努力把工作做好，在推进经济社会发展和加强常委会自身建设方面取得更大成绩。周铁根同时表示，将不遗余力地履行好县委书记和县人大常委会主任双重职责，统筹好县委和县人大两方面的工作，紧紧依靠全体人大代表和全县人民，为“推进现代化、建设新如东”做出自己应有的贡献，不辜负组织的重托和全体代表的殷切希望。本次大会的执行主席是徐志平、蔡瑞平、周建飞、陈建华、蔡建华、潘金环、赵美祥、顾建国、钱汉东、陆美蓉、翁仕英、管怀虎、王亚平、黄继石、施新民。

★10 日，在如东县召开的全县广播电视工作汇报会上，县委书记、县人大常委会主任周铁根寄语广电人围绕中心，关注民生，全力打造人民满意的广电新形象。会议由县委常委、宣传部部长陈昌龙主持。县长詹立风、县人大常委会党组书记张桂英、县政协主席徐建华，县领导冒亚平、姜晓静、桑圣权出席会议。

★10 日，县第十五届人民代表大会第四次会议召开主席团第四次会议，听取各代表团对议案审查报告、各项决议草案及酝酿候选人的意见。会议确定了正式候选人，并通过了监票人名单（草案）。 县人大常委会党组书记、大会主席团常务主席张桂英主持会议。

★10 日，如东县召开 2011 年度全县安全生产工作会议暨贯彻国务院 23 号文件动员大会。县长詹立风要求各地各部门认真学习贯彻《国务院关于进一步加强企业安全生产工作的通知》精神，狠抓各行业的安全监管工作，确保全县安全生产工作落到实处。副县长刘才盛希望相关部门高度重视，要注重严格执法与加强服务相结合、全面检查与重点监管相结合，增强安全监管工作的实效，同时加强企业主责任体制，进一步推动安全生产工作的扎实开展。大会表彰了 2010 年度全县安全生产工作先进单位和个人。会议由县委常委、常务副县长顾淑英主持，县领导徐守宏、于立忠、姜晓静、卢瑞华出席会议。

★10 日，县十五届人大四次会议召开第三次大会，会议由县人大常委会副主任蔡瑞平主持，县人大常委会副主任徐志平作大会议案审查报告（草案）。全体代表经过认真审议，《关于如东县人民政府工作报告的决议》；通过了《关于如东县国民经济和社会发展第十二个五年规划纲要的决议》；通过了《关于如东县 2010 年国民经济和社会发展计划执行情况与 2011 年国民经济和社会发展计划的决议》；通过了《关于如东县 2010 年县级财政预算执行情况与 2011 年财政预算报告的决议》；通过了《关于如东县人大常委会工作报告的决议》；通过了《关于如东县人民法院工作报告的决议》；通过了《关于如东县人民检察院工作报告的决议》。

★11 日，市委常委、组织部部长郭腊军在县委书记、县人大常委会主任周铁根，县委副书记潘建华，县委常委、组织部部长任新峰的陪同下，先后来到建设中的洋口港和县规划展览馆，详细了解洋口港区发展规划、建设进程、特色产业发展以及如东县城市建设等情况。

★11 日，如东县召开全县基层单位创设监督委员会工作推进会议，今年春节前，如东县基层单位将全面完成监督委员会建设。县委常委、纪委书记陈跃生要求广大基层单位高点定位、用心谋划、规范运作、雷厉风行，务必于春节之前全面完成建设工作。县教育局和丰利镇相关负责人作了试点经验汇报。

★11 日，如东县召开网吧“单改连”安全生产工作会议，从本月下旬开始，如东县将利用 3 个月的时间，使全县 57 家个体经营网吧转化为连锁经营门店，实现规模化、连锁化、品牌化发展。副县长姜晓静希望网吧业主积极响应，优化管理举措，提升网吧行业形象；相关部门要扶持一批有实力并能承担社会责任的大型网吧连锁企业。

★12 日，如东县召开深入学习中共十七届五中全会精神大党课暨农村党员干部冬训动员大会，县委书记、县人大常委会主任周铁根号召全县广大党员干部，深入贯彻落实科学发展观，按照县委十二届十三次全会和县十五届人大四次会议作出的部署，开拓创新，实干苦干，争先进位，推动“十二五”良好开局。会议由县委副书记、县长詹立风主持，就认真组织开展好今年的冬训工作，他要求高度重视，精心组织；严格要求，确保实效；结合实际，放大成效。县领导张桂英、潘建华、顾淑英、陈昌龙、徐守宏、任新峰、蔡建华、于立忠、姜晓静出席会议。市委宣讲团、南通大学法政与管理学院党委书记臧乃康教授为与会人员作专题辅导。各镇（区）、村（居）设分会场收看了大会实况。

★12 日，江苏省交通工程建设局副局长黄健、缪玉玲到如东县视察通洋高速公路建设筹备情况。县委常委、副县长徐守宏陪同视察。

★12 日，市考核组一行到如东县检查党政领导科技进步与人才工作目标责任制落实情况，认为如东县委、县政府的决策、举措务实，有前瞻性，科技与人才工作能够狠抓落实，紧跟大局。县长詹立风汇报了 2010 年如东县科技进步与人才工作目标责任制的落实情况。县委书记、县人大常委会主任周铁根到会并讲话，他说，“十二五”期间，如东县将进一步抓好和落实科技进步与人才工作，大力实施“科技驱动”战略，努力提升科技与人才对如东县经济发展的贡献份额，加快转型升级进程。县领导潘建华、任新峰、刘才盛出席会议。

★12 日，如东县召开全县行政服务工作会议。县长詹立风对 2010 年如东县行政服务工作取得的新业绩表示充分肯定，要求行政服务中心加强服务体系建设，强化权力监督，全力构建阳光中心，打造如东投资环境的新形象，全力推进行政服务的各项工作。县委书记、县人大常委会主任周铁根出席会议，他要求行政服务中心要深化对行政服务工作重要性的认识；行政服务工作要以新的举措来提升行政服务工作；要加强窗口建设，加强协调配合，加强监督检查，以新的合力来保障行政服务工作。县委常委、常务副县长顾淑英参加会议。

★12 日，南通市委宣讲团成员、南通大学教授臧乃康到如东县作中共十七届五中全会精神专题报告。县委常委、宣传部部长陈昌龙主持报告会。他要求各镇（区）认真组织广大党员干部深入学习、深刻领会和全面把握全会精神实质，精心组织，切实抓好宣讲工作。县领导潘建华、蔡建华出席报告会。

★13 日，如东县召开全县城乡规划委员会第一次会议就县城泰山路东侧等 8 个重点规划进行了专题讨论。县长詹立风强调，今年，如东县将按照统筹城乡发展的要求，全面推进城乡规划体系建设，推进村庄和农民集居点规划建设。围绕新版城市规划法总规和控规要求，统筹项目安排，要坚持以新版规划为执行依据，确立规划执行的刚性。县领导徐守宏、蔡瑞平、于立忠、姜晓静、童玉林出席会议。

★13 日，县委副书记潘建华、副县长姜晓静带领相关部门负责人，赴苴镇慰问当地低保户、优抚对象、百岁老人、老党员、特困职工等弱势群体，给他们带去节日的问候。

★13 日，省脱贫攻坚工程验收组在省委农工办扶贫开发处调研员季仲新的带领下，对如东县脱贫攻坚工程进行验收。验收组认真听取了县委常委、纪委书记陈跃生关于如东县脱贫攻坚工作情况的汇报，并深入大豫、丰利、栟茶三镇实地察看脱贫攻坚情况。副县长于立忠陪同验收。

★13 日，沿海经济开发区邀请区内 64 位企业业主座谈，县委常委、沿海经济开发区党工委书记陈建华要求区内企业加快转型升级步伐，勇担社会责任，共同把园区建设成为江苏沿海最具活力、最有潜力的经济增长极。

★14 日，如东县召开 2011 年“扫黄打非”工作电视电话会议。县委副书记潘建华要求以强烈的责任意识，抓好打击政治性非法信息的出版与传播，肃清淫秽色情等音像制品的制售，扫除假出版物、假记者和记者站、假新闻，遏制侵犯知识产权的盗版行为等四项工作。县委常委、宣传部部长陈昌龙主持会议，副县长姜晓静出席会议。

★14 日，县委常委、常务副县长顾淑英带领相关部门负责人前往岔河镇，给该镇敬老院老人、新中国成立前老党员、百岁老人及低保户，送去节日的问候。

★14 日，省总工会副主席张鸿生、省总工会组织部副部长李林森到如东县慰问特困职工和困难省劳模，为他们送去节日的温暖。县委常委、纪委书记陈跃生，副县长姜晓静陪同慰问。

★14 日，2010 至 2011 年度如东县党员冬训助农大集暨集中“三下乡”活动启动仪式在栟茶中学体育馆内举行。市委宣传部副部长黄振平充分肯定了如东县冬训所取得的实效，他希望如东县今后进一步丰富冬训和“三下乡”的内容和形式，实实在在丰富农村精神文化生活，构建社会主义和谐新农村。县委常委、宣传部部长陈昌龙宣布党员冬训助农大集暨集中“三下乡”活动正式启动，县政协副主席桑圣权出席启动仪式。

★15 日，如东县召开市政交通建设工作会议。县长詹立风出席会议，他对如东县市政、交通工作取得的成绩给予充分肯定，要求相关部门要加快推进城市和交通基础设施建设；要分阶段、分步骤确定工作量，严密组织实施，强势推进。县领导徐守宏、蔡瑞平、于立忠、童玉林出席会议。

★17日，如东县组织收看中纪委、中组部“严肃换届纪律保证换届风清气正”视频会议实况。县委书记、县人大常委会主任周铁根，县委常委、纪委书记陈跃生，各区党工委书记、镇党委书记、部分镇镇长参加了会议。周铁根要求县、镇两级党组织认真贯彻落实这次视频会议精神，高度重视和防范换届工作的不正之风，结合实际制订实施方案，要在党委的领导下，切实履行职责，并加强与纪检机关配合，坚持教育、警示、预防在先，做到严明纪律、严肃教育、严格监督、严厉查处，用铁的纪律确保换届工作顺利进行。

★17日，县委书记、县人大常委会主任周铁根到双甸镇曙光村的南通鑫盛生猪养殖有限公司，和养殖场负责人面对面聊养猪，话发展。周铁根还看望慰问了双甸镇百岁老人、老党员和贫困学生代表，并给镇敬老院的老人送去党和政府的关心和温暖。县政协副主席余科陪同调研、慰问。

★17日，县人大常委会党组书记张桂英、副县长刘才盛一行前往曹埠镇，慰问贫困户和孤寡老人，并送上慰问金和慰问品。

★17日，县委常委、宣传部部长陈昌龙，县政协副主席桑圣权与组织部、宣传部、民政局等部门负责人，专程赶到袁庄镇，亲切看望和慰问老党员和特困群众代表。

★17日，县委常委、宣传部部长陈昌龙与袁庄镇部分骨干企业负责人进行“面对面”的对话。他提出，党委、政府及各相关部门要用服务的提质增效助推企业又好又快发展。县领导桑圣权参加了活动。

★17日，县领导陈建华、童玉林带领民政、教育、人社等部门的工作人员，赴洋口镇慰问困难群众和百岁老人。

★17日，洋口镇召开创先争优总评会。县委常委、政法委书记陈建华充分肯定了洋口镇前期创先争优活动和公开承诺环节取得的实效，要求该镇把创先争优作为服务群众的经常性机制，多办群众欢迎的实事好事，充分调动党员干部的积极性，利用党组织和党员创先争优来带动整个单位，使党组织和党员的争创目标与本单位的发展目标相统一。陈建华还与县政协副主席童玉林前往洋口镇狼山鸡场调研党员冬训工作。

★17日，县委常委、副县长徐守宏带领安监、公安、交通、监察等部门负责人，到栟茶、洋口两个镇对重点行业、重点企业开展节前安全生产检查。

★17日，如东县召开全县服务业部门工作会议，副县长刘才盛要求各部门、各单位坚持高点定位，真抓实干，奋力开创服务业发展的新局面，不断提升服务业对全县经济社会发展的贡献份额。县政协副主席桑健出席会议。

★17日，副县长于立忠、县检察院检察长顾祖林前往农村冬训活动挂钩联系点大豫镇，调研水利基本建设情况。

★17日，如东县召开学校红十字工作会议。副县长姜晓静参加会议，她要求相关单位齐抓共管，结合学校实际强化活动，同时不断提升学校红十字工作者的素质水平，提高创新工作的能力，推动如东县红十字教育有序高效进行。

★17日和18日，县人大常委会副主任杨成泉带领教育、人社、计生等相关部门负责人，慰问了丰利镇的特困户、军转干部、百岁老人、困难学生等弱势群体，给他们带去节日的问候，并送上慰问金和慰问品。

★18日，县委书记、县人大常委会主任周铁根，县长詹立风等四套班子领导向县慈善会捐款，用实际行动倡议社会各界人士关爱困难群众和弱势群体。

★18日，县政府与中国民生银行南通分行举行中小微企业融资合作签约仪式。县长詹立风和中国民生银行南通分行行长张静共同签署了合作协议。县委常委、常务副县长顾淑英出席签约仪式。

★19日，县长詹立风到掘港镇走访特困家庭和敬老院，问疾苦、嘘寒暖，为弱势群体送去党和政府的浓浓关爱；深入企业调研，询发展大计，解发展难题，使企业进一步坚定了加快发展的信心和决心。

★19日，县政协主席徐建华与县领导蔡瑞平、冯力如来到马塘镇，就快达农化股份有限公司近期发展情况展开调研；他同时还慰问了新中国成立前老党员、孤寡老人和部分困难群众。

★19日，由南通市城乡建设局副局长何益军带领的考核组一行，对如东县2010年度区域供水工作进行考核。考核组对如东县2010年度区域供水工作给予充分肯定，希望如东县围绕区域供水全覆盖的要求，整合现有水厂资源，强化项目工程管理，把这项民心工程办实办好。副县长于立忠参加了活动。

★20日，县领导潘建华、陈建华、蔡瑞平、余科慰问了部分原四套班子老领导，给他们送去慰问金以及新春的祝福。

★20日，县委常委、常务副县长顾淑英，带领县发改委、监察、安监、总工会和公安等部门负责人，冒雪前往马塘镇和如东经济开发区检查节前安全生产工作。

★20 日，县委常委、县人武部政委蔡建华，县人大常委会副主任徐志平带领县法院、民政等部门的负责人，到河口镇慰问老人，为他们送上了慰问金及御寒物品。

★20 日，副县长姜晓静带领公安、工商、教育卫生等部门的负责人，到河口和袁庄两个镇检查安全生产工作。姜晓静要求相关部门加大春节前交通安全、食品安全及烟花爆竹的检查监管力度，确保群众过一个安全、文明、祥和的春节。

★21 日，副县长于立忠带领相关部门的负责人到大豫镇检查节前安全生产。于立忠要求各地各部门从稳定发展大局的高度，牢固确立安全第一的理念，严格按照属地负责的原则，严格排查隐患，落实整改措施，同时制订应急预案，加大执法力度，确保社会平安、人民群众财产安全。

★21 日，副县长、县公安局局长卢瑞华带领安监、经信委等部门的负责人，到新店、岔河、双甸三个镇开展节前安全生产检查。卢瑞华要求各镇加强对所管辖生产经营单位的巡查监管，加大对道路交通安全、特别是危桥、重点路段的巡查力度，并督促生产经营单位做好自身安全隐患的排查，确保安全无事故。

★22 日，县委常委、政法委书记陈建华到沿海经济开发区，亲切慰问驻守在这里的公安、武警和消防部队官兵。

★22 日，县领导徐守宏、于立忠、王志荣走访慰问了邱荣林、何瑞虎、徐汝舟、陆锡泉、吴剑坤、王祖光等原四套班子老领导。

★23 日，省委常委、组织部部长石泰峰，副省长史和平在市委书记罗一民、市长丁大卫，县委书记周铁根、县长詹立风的陪同下，专程前往如东县马塘镇，走访慰问部分大学生村官、优抚对象、敬老院老人及老党员，向他们送去新年的祝福。省交通运输厅、总工会、经信委、民政厅负责人，市委常委、组织部部长郭腊军，市委常委、市委秘书长黄巍东，市人大常委会副主任陆玉明，县领导潘建华、任新峰、于立忠等陪同慰问。

★23 日，省交通厅厅长游庆仲在县委书记周铁根、县长詹立风的陪同下，视察如东县交通工作。周铁根表示，如东县将把交通工作作为一项重点工作来抓，力争通过 3 至 5 年时间，打造全市交通状况最好的县份。县委常委、副县长徐守宏陪同视察。

★23 日，县委书记周铁根在洋口港开发建设前线指挥部办公会议上强调，今年要继续强势推进洋口港“三大会战”，确保洋口港开发建设顺利推进。县长詹立风，县领导潘建华、周建飞、顾淑英、沈更生、洪大林、桑健等出席会议，并听取了洋口港太阳岛及临港工业区一期规划建设情况、10 万吨级石化码头项目配套用地相关情况等汇报。

★23 日，如东县举行各界人士迎春茶话会。县委书记、县人大常委会主任周铁根，县长詹立风等县领导和全县各界人士欢聚一堂，畅叙深厚友情，共话如东发展。县领导潘建华、沈更生、姜晓静、王志荣、童玉林、桑健、桑圣权、冯力如参加茶话会。

★23 日，县委书记、县人大常委会主任周铁根，县委常委、常务副县长顾淑英，县政协副主席冯力如亲切看望慰问了县四套班子部分老领导，祝他们新春愉快、健康长寿。

★23 日，副县长于立忠带领相关部门的负责人，赴大豫镇慰问了当地的新中国成立前老党员，百岁老人，见义勇为积极分子和敬老院的老人，向他们送去节日的问候。

★24 日，全国政协培训基地暨江苏如东特奥运动综合训练基地项目在中天黄海大酒店正式签约，在未来五年如东县将建成全国政协培训基地和特奥运动综合基地。县委书记、县人大常委会主任周铁根向香港东部集团国际投资有限公司董事局主席丁勇介绍了如东县近年来的经济发展状况。县领导潘建华、徐守宏、刘才盛出席签约仪式。

★24 日，县政协主席徐建华，县领导周建飞、姜晓静、童玉林慰问了部分离退休老干部，向他们致以新春祝福和亲切慰问。

★24 日，县委常委、洋口港经济开发区党工委书记周建飞慰问了长沙镇敬老院的孤寡老人、新中国成立前老党员和部分低保户，向他们送去慰问品以及党和政府的关怀。

★24 日，如东县召开 2011 年全县教育行政工作会议。副县长姜晓静充分肯定了“十一五”期间教育教学工作取得的喜人成绩，就“十二五”开局之年全县的教育工作进行了部署。县委常委、宣传部部长陈昌龙出席会议，并强调在推进现代化，建设新如东的重要节点上，教育系统要继续弘扬“四个特别”的如东教育精神，实现教育科学可持续发展。县领导冒亚平、桑圣权参加会议。

★24 日，如东县召开全县粮食工作会议。副县长刘才盛充分肯定了全县粮食系统近年来取得的成绩，要求如东县粮食系统加大粮食购销调控力度，确保粮食稳定供给，推进粮食产业转型升级，加强粮食基础设施建设，有效提高粮食流通现代化水平。县领导杨成泉、王志荣出席会议。

★25日，“快达”中国驰名商标揭牌仪式暨利尔化学和快达农化重组成功庆祝宴会在雷迪森大酒店举行，县委书记、县人大常委会主任周铁根与四川久远投资控股集团总经理、利尔化学股份有限公司董事长黄晓忠共同为中国驰名商标——“快达”揭牌。县委副书记、县长詹立风在揭牌仪式上致辞。揭牌仪式由县委副书记潘建华主持。县人大常委会党组书记张桂英、县政协主席徐建华等四套班子领导参加了活动。

★25日，县长詹立风，县委常委、宣传部部长陈昌龙，县人大常委会副主任徐志平、副县长刘才盛、县政协副主席桑健亲切看望慰问了四套班子部分老领导，祝他们新春愉快、健康长寿。

★25日，县红十字会会长、副县长姜晓静一行，带着价值5万元的救助物资来到大豫镇一门闸村，向在2010年7月龙卷风中受灾的村民送去温暖。

★26日，县第十五届人大常委会召开第二十二次会议。会议表决通过关于接受周载群、周春霖、戴威威、管怀虎辞去县十五届人大常委会委员职务请求的决定；表决通过县人大常委会主任周铁根提请的《县人大常委会关于提请张卫东等同志职务任免的议案》、县长詹立风提请的《县政府关于提请许建等同志职务任免的议案》；表决通过2011年接受人大评议部门为县安监局、县住建局、县民政局；表决通过县人大常委会2011年工作要点。县委书记、县人大常委会主任周铁根出席会议，他要求新一年的人大工作紧紧围绕“推进现代化、建设新如东”这一主题履行职责，抓好落实，做到勤奋学习、富于创新、务实作风，既要当好政府的参谋，又要创新工作的方式方法，增强实际工作的推动效果。会议由县人大常委会副主任徐志平主持，副主任杨成泉、沈更生、蔡瑞平、冒亚平出席会议，县人大常委会党组书记张桂英、县长詹立风、县人民法院院长，相关部门负责人、县人大机关工作人员列席会议。

★26日，县领导任新峰、蔡建华、卢瑞华、桑圣权亲切看望了县四套班子部分老领导，给他们送去新春的祝福。

★26日，县委常委、宣传部部长陈昌龙在县老龄办、民政局、掘港镇相关负责人的陪同下，慰问了如东县的3位百岁老人。由此，全县“百税”贺“百岁”爱心敬老活动正式启动，并纳入了当年冬训活动的内容之一。

★26日，南通军分区参谋长杨增平代表南通军分区党委到如东慰问“海防模范女炮排”。县委常委、县人武部政委蔡建华向军分区领导汇报了女炮排的工作、训练情况。杨增平鼓励女炮排的队员们继续发扬优良传统、加强训练、保持荣誉，不断提高军政素质，并要求她们在全县民兵预备役人员中模范带头，在如东经济社会建设中勇立新功，积极传承新时期如东精神，做一朵永远绽放的“海防花”。

★27日，如东县召开全县四季度金融工作会议部署2011年全县金融信贷工作。县委常委、常务副县长顾淑英充分肯定了全县金融工作的成绩，要求各金融部门在“十二五”开局之年，增强发展意识，改善金融环境，不断提升服务效能，快速提升存贷款总量，扩大工业贷款占比，全面建立保障机制，切实发挥金融对地方经济发展的支撑保障作用，为实现全县经济社会平稳较快发展做出更大的贡献。县政协副主席桑健参加会议。

★27日，县委政法委对新任职的14名镇区政法委员进行了专题培训。县委常委、政法委书记陈建华要求各镇区新任职的政法委员充分认识新形势下所肩负的重任，切实增强工作的责任感、紧迫感，牢固树立大局意识、学习意识和实干意识，不断提升做好政法工作的能力和素质；充分认识基层政法工作的全局性、丰富性、关联性和基础性，全面把握社会矛盾化解、社会管理创新、夯实基层基础等政法工作的关键和重点，全力推进平安如东、法治如东建设。

★28日，县委、县政府在北京钓鱼台国宾馆举办新闻发布会，公布如东县首支公司债券——2011年如东县东泰社会发展投资有限责任公司公司债券获准正式发行。县长詹立风主持新闻发布会。县委书记、县人大常委会主任周铁根发表了热情洋溢的致辞，向来宾介绍了如东经济社会发展概况、自然条件、资源优势和产业基础。宏源证券股份有限公司副总裁杨玉成代表承销机构讲话。县领导周建飞、顾淑英、余科，以及中石油、新加坡金鹰集团、洋口港投资开发有限公司等国内、外跨国企业的代表，国内知名金融、证券机构负责人，中央电视台、新华社、中新社、经济日报、中国证券报等国家级媒体记者及人民网、新华网、凤凰网、搜狐等知名网站的记者参加新闻发布会。

★29日，县委、县政府召开全县综合表彰大会。县委副书记潘建华宣读了《关于表彰2010年度先进集体和先进个人的决定》。县委书记、县人大常委会主任周铁根出席会议，他代表县四套班子向2010年全县各条战线涌现的先进集体和先进个人致以崇高的敬意，要求各地、各部门、各单位和广大干部群众把学赶先进真正体现在行动上，以先进典型为榜样，高点定位，奋力拼搏，苦干实干，不断加快现代化新如东的建设步伐。会议由县长詹立风主持。县人大常委会党组书记张桂英、县政协主席徐建华等四套班子全体领导，各镇（区）主要负责人、县级机关各部门和县各直属单位中层以上干部等出席会议。各镇（区）设分会场，观看了大会实况。

★29 日，如东县召开中共如东县第十二届纪律检查委员会召开第六次全体会议，县委常委、纪委书记陈跃生回顾总结了 2010 年全县党风廉政建设和反腐败工作，研究部署 2011 年的工作任务。县委书记、县人大常委会主任周铁根出席会议并作重要讲话。周铁根充分肯定了 2010 年全县反腐倡廉建设各项工作，强调，全县各级党组织要认真贯彻落实中央新修订的《关于落实党风廉政建设责任制的规定》，切实强化责任追究，着力解决党风廉政建设中存在的突出问题，促进各项事业的全面协调可持续发展。会议传达学习了十七届中央纪委六次全会、十一届省纪委七次全会和十届市纪委六次全会精神，审议并通过了中共如东县第十二届纪律检查委员会第六次全体会议工作报告及决议。县领导詹立风、张桂英、徐建华、潘建华、周建飞、顾淑英、陈昌龙、陈建华、徐守宏、任新峰、蔡建华、卢瑞华出席会议。

★29 日，如东县举行中国共产党如东县第十二届纪律检查委员会第六次全体会议。 全会认真学习了胡锦涛总书记在十七届中央纪委六次全会上的重要讲话和贺国强同志的工作报告，认真学习了罗志军在十一届省纪委七次全会上的讲话和弘强的工作报告，以及罗一民在十届市纪委六次全会上的讲话和王正宇的工作报告。中共如东县委书记周铁根在全会上作重要讲话。全会审议通过了陈跃生代表县纪委常委会所作的题为《坚持改革创新，服务科学发展，为“推进现代化，建设新如东”提供坚强有力的保证》的工作报告。

★30 日，县委书记、县人大常委会主任周铁根走访慰问县信访、交巡警大队和巡防大队工作人员，感谢他们为维护如东社会稳定、保卫人民生命财产安全、化解社会矛盾纠纷、促进公平正义所做的贡献，祝愿他们在新的一年里取得更大的成绩。县领导顾淑英、陈建华、卢瑞华陪同慰问。

★30 日，县委书记、县人大常委会主任周铁根分别来到县人武部、县武警中队、消防大队和边防大队，亲切看望部队官兵，向他们致以新春的祝福。县领导陈建华、蔡建华陪同慰问。

★30 日，县长詹立风带领县公安、安监、交通、消防等部门负责人，前往超市、车站、加油站等人流密集区和安全防范重点部位，深入检查节前安全生产工作。副县长刘才盛参加检查活动。

★本周，县人大常委会副主任、县侨联主席沈更生率领县侨办、侨联人员走访慰问了全县 40 多户老年、困难、重点侨眷。

★30 日，如东县举行麻风病康复新村落成庆典。副县长姜晓静出席新村落成庆典，向村民们送去节日的祝福。

★31 日，县委副书记、县长詹立风带着全县人民的鱼水深情，先后前往空军某部驻如雷达站和东凌港边防派出所，代表县委、县政府向部队广大官兵表示亲切慰问，并致以新春的祝福。副县长于立忠、卢瑞华参加慰问。

★31 日，县委常委、常务副县长顾淑英带领县物价、交通、质监、工商等单位负责人，前往汽车客运站、亚萍购物广场、掘港中心市场、文峰大世界等公共消费场所，对节前的物价水平和市场安全进行检查。

★31 日，市文广新局局长陈亮来到大豫镇徐征村，为村里的老党员和困难群众送去新春祝福。县委常委、宣传部部长陈昌龙陪同慰问。

2 月

★4 日，洋口镇举办“情系家乡，共建洋口”新春联谊会，100 多名洋口籍在外成功人士欢聚一堂，共商家乡强镇富民大计。省司法厅厅长缪蒂生、市十届人大常委会副主任张毓余等 100 多人在参观沿海经济开发区、沿海旅游经济开发区、县围垦史纪念馆、小洋口乡村俱乐部后表示，将积极为家乡建设献计献策，为提升洋口镇在外的知名度和美誉度不遗余力。县领导陈建华、蔡瑞平、童玉林参加了活动。

★5 日，如东县举行 2011 年春节联谊会，在外工作的如东籍党政军领导、在如东投资的企业家代表、县四套班子全体领导以及各镇区、相关部门负责人欢聚一堂，同叙桑梓情谊，共谋发展大计。联谊会由县委副书记、县长詹立风主持。县委书记、县人大常委会主任周铁根致辞，他代表县四套班子及如东百万人民向嘉宾们致以诚挚的祝福。河南省政协副主席张亚忠，江苏省委委员、省信访局正厅级巡视员张云泉代表如东籍在外人士发言。与会人员参观了县城城市交通建设成果。

★9 日，县委书记、县人大常委会主任周铁根，县人大常委会党组书记张桂英和县政协主席徐建华等四套班子领导，先后到中天科技集团、“九九久科技”和

“辉煌彩钢”走访慰问，看望投身在经济建设一线的干部职工，并希望企业在长远规划、科技创新与企业文化上下功夫，不断做大做强，在所涉及的领域中争做龙头。县领导潘建华、顾淑英、刘才盛陪同走访。

★9 日，县委、县政府召开 2010 年洋口港开发建设总结表彰大会，县委书记、县人大常委会主任周铁根要求全县上下继续发扬“科学、开拓、拼搏、奉献”的洋口港精神，解放思想，负重奋进，努力开创洋口港开发建设新局面，为推进现代化、建设新如东，争当江苏沿海开发第一县做出新的更大的贡献。县委副书记潘建华主持会议。县委常委、洋口港经济开发区党工委书记周建飞对 2010 年港口开发建设工作进行总结点评，并对 2011 年港口开发建设工作进行部署。县领导顾淑英、沈更生、桑健出席会议。

★9 日，县委常委、纪委书记陈跃生到县城规划区内违法建筑集中清查整治领导组办公室，对 2011 年的整治工作进行部署。

★10 日，县委、县政府召开全县招商引资暨工业经济转型升级动员大会，县委书记、县人大常委会主任周铁根要求各镇区、各部门和各企业家以坚定的信心、百倍的努力、昂扬的斗志、务实的作风，创新解难，苦干实干，切实把招商引资做实做好，把工业经济做大做强，为全面完成全年目标任务，推进现代化、建设新如东，开创“十二五”发展新局面做出新的更大的贡献。会议由县委副书记潘建华主持，县领导顾淑英、刘才盛分别就招商引资、工业经济转型升级工作作动员讲话。县四套班子全体在家领导出席会议。

★10 日，如东县新春首场大型人力资源交流洽谈会在县第一职业高级中学举行，约 140 家企业提供了 5000 多个职位，吸引近 6000 名求职者前来应聘。县委常委、常务副县长顾淑英到现场视察，详细了解招聘会的各项组织工作，并鼓励求职者脚踏实地，不断学习、充实自我，增强对如东经济社会发展的信心。

★10 日，县委、县政府举行 2011 年全县企业家新春联谊会。县委书记、县人大常委会主任周铁根，县人大常委会党组书记张桂英等县四套班子领导与来自全县 50 强企业业主欢聚一堂，喜贺兔年新春，共话跨越发展。县委常委、常务副县长顾淑英简要介绍了如东县 2010 年经济社会发展情况。“中天科技”“九九久科技”“通用机械”等企业负责人汇报了 2011 年及“十二五”企业的发展规划。

★11 日，如东县召开建筑业工作会议。副县长于立忠回顾总结了“十一五”及去年全县建筑业工作，对“十二五”及当年的工作作动员部署。县委书记、县人大常委会主任周铁根出席会议。会议由县委常委、常务副县长顾淑英主持，省住房和城乡建设厅副厅长、建管局局长徐学军和市住房和城乡建设局局长陈本高分别作重要讲话。县人大常委会党组书记张桂英，县政协主席徐建华，县领导蔡瑞平、童玉林出席会议。

★11 日，如东县召开全县国税工作会议。县委书记、县人大常委会主任周铁根对国税系统过去一年取得的成绩予以充分肯定，要求全体国税干部增强依法征税意识，不断改进和创新征税方式方法，进一步延伸服务触角，使纳税服务更好地融入企业、融入经济社会发展主战场深入推进学习培训、绩效管理和廉政建设，聚精会神抓落实，一门心思求突破，开创“十二五”国税事业发展新局面。县领导潘建华、顾淑英、杨成泉、桑健、余科出席会议。

★12 日，县委书记、县人大常委会主任周铁根在调研如东县城建规划工作时强调，各相关部门要进一步统一思想，充分认识做好城市建设工作的重要意义，大力推进城市开发建设和功能完善，加快建设特色鲜明的现代滨海城市。县领导蔡瑞平、于立忠、童玉林陪同调研。

★14 日，如东县召开全县公安工作会议。副县长、县公安局局长卢瑞华回顾总结了 2010 年公安工作，并对 2011 年工作进行部署。县委书记、县人大常委会主任周铁根出席会议，他对公安机关去年工作取得的成绩予以充分肯定。周铁根要求全体公安民警认清社会安全稳定的严峻形势，牢牢把握“推进现代化、建设新如东”的内涵，增强公安工作的责任感，结合自身职能，细化工作内容，并适应经济社会发展转型升级的要求，以服务民生为根本点，真正为百姓着想，善于做群众工作，实现公安工作管理创新。市公安局副局长吴勉信，县领导陈建华、徐志平、于立忠、童玉林出席会议。

★14 日，县委、县政府召开 S223 北延、S225 南延、中天大道东延工程建设动员会，县委常委、副县长徐守宏要求相关部门在一个月内完成“三线”征地拆迁任务，确保年底前建成通车。县领导蔡瑞平、童玉林出席动员会。

★15 日，县领导周建飞在洋口港 LNG 项目航道水域安全管理动员大会上要求各相关部门及沿海相关镇，全力以赴做好洋口港航道清障工作，确保洋口港 LNG 项目航道水域安全。

★16 日，如东县召开 2011 年全县财政系统工作会议，县长詹立风对 2010 年全县财政工作所取得的成绩给予了充分的肯定，他要求全县财政系统认真落实财政政策，狠抓收入征管，优化财政支出结构，强化财政监督，深入财政改革，不断推进财政科学化精细化管理，努力为“十二五”时期财政事业发展开好局、起好步。县政协副主席余科主持会议，县委常委、常务副县长顾淑英出席会议。

★16 日，如东县召开全县司法行政暨大调解工作会议，县委常委、县委政法委书记陈建华要求如东县司法行政工作要以创新试点当先锋为总要求，以争当全县社会管理创新试点工作排头兵、争当全省司法行政系统排头兵为总目标，提升化解矛盾纠纷成效，增强服务方式转变能力，加强特殊人群的管理创新，做好各项民生工作，营造学法、用法、守法的社会环境。县领导徐志平、童玉林出席会议。

★16 日，由省委政法委研究室主任陈春贵带队的调研组一行到如东县开展为切实落实中央和省关于做好新形势下群众工作推动社会管理创新的指示，专题调研。县委常委、政法委书记陈建华剖析了如东县近年来政法综治工作中遇到的社会管理问题，介绍了如东县建立完善矛盾纠纷调处、社区管理服务、基层基础阵地建设、人防物防治安体系等机制，形成融打击、防范、管理、调解、服务于一体的政法工作新格局。副县长、县公安局局长卢瑞华参加了活动。

★17 日，县红十字会召开第四次会员代表大会，选举姜晓静为县红十字会第四届理事会会长，汤晓燕为常务副会长。县委书记、县人大常委会主任、县红十字会名誉会长周铁根希望全县广大红十字会员，进一步解放思想、与时俱进、开拓创新，推动如东县红十字会事业快速发展。会议由县委副书记潘建华主持，县长、县红十字会名誉会长詹立风致开幕词。市政府副秘书长、市红十字会副会长薛谦到会祝贺。县领导张桂英、徐建华、陈跃生、徐志平、桑圣权出席会议。

★17 日，如东县召开海洋铁路站前广场及道路建设工作会议，会议由县委常委周建飞主持。县委常委、副县长徐守宏作动员讲话。县长詹立风要求各相关单位和部门全面认识海洋铁路站前广场及道路建设的重要意义，确保高标准、高质量地建设好站前广场及道路。县委书记、县人大常委会主任周铁根出席会议，他要求各相关单位和部门统一思想，提高认识，加强协调，形成合力，确保 9 月底前与铁路一期工程同步建成运行。县领导潘建华、杨成泉、于立忠、余科出席会议。

★18 日，沭阳县委书记蒋建明带领沭阳县党政代表团到如东县考察学习。在县委书记、县人大常委会主任周铁根，县长詹立风及县领导张桂英、姜晓静的陪同下，考察团先后参观了南通大东有限公司、南通神东实业木屋产业园。周铁根向代表团详细介绍了如东县近年来经济社会发展情况，及如东县加快要素集聚，大力推进招商引资、项目建设和载体配套的做法和经验。

★18 日，县委书记、县人大常委会主任周铁根，县长詹立风在建设、规划部门相关负责人的陪同下，对县城重点市政工程部分待建项目的选址、建设方案等进行调研，并要求相关部门高点定位、科学规划，不断加快完善县城交通网络体系。县领导蔡瑞平、于立忠、童玉林陪同调研。

★18 日，如东县召开全县党建工作会议。县委书记、县人大常委会主任周铁根要求全县上下突出重点，创新亮点，高点定位，严格要求，使新时期的党建工作增强战斗力，永葆先进性。会议由县委副书记潘建华主持。县领导周建飞、陈跃生、陈昌龙、陈建华、任新峰、童玉林参加会议。

★18 日，县委、县政府召开社会管理创新工作推进大会预备会。县委副书记、县长詹立风要求相关部门和单位充分认识社会管理创新工作的重要性和必要性，切实破解影响社会和谐稳定的体制性、机制性、保障性难题，从整体上推进社会管理理念、政策法规体系、体制机制和方法手段创新，扎实做好社会管理创新工作。县领导潘建华、顾淑英、陈跃生、陈昌龙、陈建华、徐志平、于立忠、姜晓静、卢瑞华、童玉林出席会议。

★19 日，县委、县政府召开全县交通运输工作会议。县委副书记、县长詹立风要求各镇区、各相关部门和全县交通运输系统的广大干部群众抢抓机遇、正视压力，准确把握当前交通建设面临的新形势，高起点定位，高标准要求，全力推动交通事业实现跨越式发展。市交通局副局长何锦泉，县领导徐守宏、蔡瑞平、童玉林出席会议。

★19 日，如东县召开如东摄影界 2011 年新春联谊会。县政协副主席桑圣权要求全县摄影工作者紧扣全县中心工作，为如东经济快速发展和全县文化大发展、大繁荣做出应有的贡献。

★19 至 20 日，贵州省绥阳县县委书记、县政协主席袁竞率领党政代表团到如东县，就如东县经济社会和园区建设发展经验学习考察。县委书记、县人大常委会主任周铁根围绕“东方深水大港，绿色能源之都，黄海旅游胜地”三张名片的打造，介绍了如东县“十一五”经济社会的发展情况；围绕“推进现代化，建设新如东”，介绍了如东县“十二五”经济社会的发展工作思路。县领导潘建华、顾淑英、陈建华、沈更生参加会议或陪同考察。

★21 日，如东县召开全县住房和建设工作会议，提出 2011 年住房和建设工作目标。副县长于立忠要求住建系统认清形势，锁定目标，增强城市建设的责任感和使命感；要创新举措，强化落实，不断加强现代化城市建设的力度；各相关部门要切实配合，发挥部门联动作用，全力夺取“十二五”开局建设事业的新胜利。县领导蔡瑞平、童玉林出席会议。

★22日，省社会矛盾纠纷调处成功率考组对如东县2010年社会矛盾纠纷调处工作进行考核验收。在听取了县委常委、政法委书记陈建华关于如东县社会矛盾纠纷调处工作的汇报后，考评组一行对如东县在组织建设、矛盾纠纷化解机制、专业调处机制等方面取得的成绩给予充分肯定。

★23日，如东县对全县专业招商人员进行了专题培训。县委常委、常务副县长顾淑英要求全体专业招商人员加强学习，努力创新招商引资新方式，不断提升整体素质、服务水平、互动力度和实际效果，实现招商引资新突破。

★24日，如东县召开县城市管理暨城乡环境综合整治工作会议。副县长于立忠要求如东县城管工作要认清形势，把握机遇，增强城市管理和城乡环境综合整治工作的紧迫感和使命感；明确任务，突出重点，努力实现城市管理和城乡环境综合整治工作的新跨越；加强领导，精心运行，确保城市管理和城乡综合整治工作取得实效。南通市城管局党组副书记、副局长倪建斌出席会议并讲话，县领导蔡瑞平、童玉林出席会议。

★25日，上海市地震局局长张骏和上海爱家集团董事长、总裁李笙安一行到如东县考察投资环境。县领导周铁根、潘建华接待了考察团一行。

★26日，东安科技园区与江苏亚太再生资源科技有限公司就创建如东进口再生资源加工区举行签约仪式。县委书记、县人大常委会主任周铁根出席签约仪式，他要求东安科技园区、大豫镇及有关部门，积极支持如东进口再生资源加工区建设，为投资方提供优质服务，创造良好的内外环境，协助业主按照国家相关规范做好园区专项规划、区域环评的编制和报批，基础建设的报建及建设过程中的各项服务，加快园区招商引资，督促进区项目加强环保投入，确保园区零排放、零污染，使如东进口再生资源加工区成为如东县经济发展新的增长极。县长詹立风为签约双方见证，县领导张桂英、潘建华、顾淑英、徐守宏、于立忠出席签约仪式。

★26日，如东县召开关心下一代工作会议。县委常委、组织部部长任新峰出席会议，他要求相关部门努力提高认识水平、工作质量和创新能力，把青少年的思想道德教育放在重要位置，全方位构建青少年健康成长的良好环境，为培育新一代如东人，建设新如东做出新的贡献。副县长姜晓静主持会议。

★26日，如东县召开省市劳模推荐评选工作会议。副县长姜晓静出席会议，她要求各单位和部门把劳模推荐评选过程作为宣传劳模先进事迹、弘扬劳模精神的过程；将全县各行各业的优秀杰出代表推荐评选出来，用劳模精神激励全县人民在新的起点上奋力开创“十二五”发展新局面。

★28日，如东县召开全县人力资源和社会保障工作会议。县委常委、常务副县长顾淑英充分肯定了全县人力资源和社会保障工作取得的成绩，她要求人社系统认真贯彻落实“民生为本、人才优先”的工作方针，坚持城乡统筹、普惠共享、协调发展，深入推进城乡统筹就业，加快完善社会保障体系，大力加强人才队伍建设，为“推进现代化、建设新如东”提供有力保障。县领导杨成泉、童玉林出席会议。

★28日，如东县召开全县人口和计生工作会议。县委常委、宣传部部长陈昌龙指出，加强计生队伍建设，进一步强化以人为本理念，创新工作思路和工作方法，为实现“十二五”人口计生工作良好开局，建设新如东创造良好的人口环境。副县长姜晓静宣读了《关于表彰全县人口和计划生育工作先进集体和先进个人的决定》《关于表彰人口计生“新农村新家庭”建设示范镇、示范村和示范户的决定》《县人口计生领导小组关于表彰人口计生系统先进集体和先进个人的决定》。南通市人口计生委主任顾绮，县领导冒亚平、桑圣权出席会议。

★28日，如东县共青团县委召开十四届五次全体（扩大）会议，对加强新一年共青团建设作出全面部署。副县长姜晓静对2010年全县共青团工作取得的成绩表示肯定，要求各级团组织全面引领广大青年投身如东县“十二五”大发展，进一步发挥团组织职能，保持“戒骄戒躁、着眼长远”的工作作风，积极探索新形势下的团组织建设和队伍建设，在为青少年服务中提升共青团的吸引力、凝聚力和执行力。县政协副主席童玉林参加会议。会议增补了2名团县委十四届委员。

3月

★1日，省供销合作总社理事会主任袁静波一行到如东县调研供销工作。县委书记、县人大常委会主任周铁根向袁静波介绍了近年来如东经济社会发展情况和供销社改革发展情况，袁静波对如东县委、县政府支持供销合作社组织实施省政府“为农服务工程”，强势推进为农服务社建设的经验做法给予高度评价。副县长刘才盛陪同调研。

★1 日，如东县举办全县民营经济工作培训班，副县长刘才盛要求各镇区分管负责人提高认识，迅速形成高效运转的工作机制；要宣传党委、政府关于发展民营经济方面的方针政策、法律、法规；多措并举，加大招商力度，提高招商引资水平，突出招商实效；围绕农业产业化经营、新兴产业和现有产品上下延伸拓展空间，推进全县民营经济工作再上新台阶。

★2 日，如东县召开农林工作会议，明确“十二五”农业和农林各项事业发展目标，部署 2011 年工作任务。县委常委、副县长徐守宏要求农林系统认真总结和分析全县农村工作取得的新成效，进一步抓好粮油等主要农产品的种植和秸秆综合利用工作，强化动物疫病防控、农业技术指导和信息服务，同时严格落实各项惠农政策，为现代农业和新农村建设提供有力保障。县政协副主席桑圣权出席会议。

★2 日，县委常委、副县长徐守宏，县人大常委会副主任杨成泉带领规划、交通、铁路办的负责人前往栟茶、长沙、苴镇三镇督查海洋铁路站前广场及道路建设推进工作。

★3 日，如东县召开一季度农业农村工作会议，对 2011 年项目农业、农村河道疏浚、环境“四位一体”长效管理和绿化造林等工作作出部署。县委常委、副县长徐守宏要求各地、各相关部门突出重点、咬紧序时，加大农业农村重点工作的组织推进力度；创新机制、集中精力、统筹兼顾，狠抓当前有利时机，精诚团结，推动如东县农业农村跨越发展。县领导杨成泉、洪大林、桑健出席会议。

★4 日，县政协召开十三届十三次主席会议，听取提案工作情况汇报，协商确定 10 个提案为今年重点提案；听取联组共建试点准备工作情况汇报；协商确定“主席接待日”和“委员约谈日”有关活动实施方案；听取《如东大观》精编本启动工作的情况汇报；关于乡镇政协工委组织建设前期工作情况的通报；主席会议成员还抽取了政协知识竞赛各类获奖名单。县政协主席徐建华要求政协相关部门加强与提案人的沟通联系，充分发挥政协委员在本职工作中的带头作用、政协工作中的主体作用和界别群众中的代表作用，全面提升各委组的履职活力和整体水平。县政协全体副主席出席会议。

★4 日，县委常委、常务副县长顾淑英率财政、商务等部门的负责人到曹埠镇进行专题调研。

★4 日，县妇联召开十三届八次执委（扩大）会议，学习领会县委十二届十三次全会和省、市妇联执委会议精神。副县长姜晓静要求全县各级妇联切实把握全会要求，充分发挥责任优势，注重工作实效，积极参与社会管理创新工作；切实加强自身建设，以建设学习型组织为抓手，围绕“温暖之家”和“坚强阵地”目标，不断提升妇联组织的凝聚力和影响力。

★6 日，由江苏省美术家协会、江苏省青年联合会文化艺术界别委员会联合主办的如东籍优秀青年画家罗拥军画展在南通中心美术馆内举行。市委常委、组织部部长郭腊军，县委书记、县人大常委会主任周铁根出席开幕式。

★6 日，如东县召开海洋渔业暨安全生产工作会议，县委常委、副县长徐守宏出席会议，他要求各地区和相关部门科学分析形势，增强发展信心和决心，进一步加大产业引导、科技支撑、资金扶持的力度，切实抓牢安全生产的各项管理措施，不断聚集推动海洋渔业及安全生产工作开展的强大合力。会议表彰了 2010 年度海洋渔业安全生产先进集体和个人，沿海各镇还向主管部门递交了海洋渔业安全生产责任状。

★6 日，如东县在苴镇金凤村召开“岗村共建”暨巾帼牵手 SYB（创办你的企业）导师行动推进会，女企业家沈新美与 5 名女大学生结对签约，帮助她们增强创业意识、提高创业能力。副县长姜晓静希望广大妇女切实承担起时代赋予的光荣使命，心系全局，立足本职，在平凡岗位上再创佳绩；主动融入，积极作为，在促进和谐中再展风采；加强学习，历练提升，在队伍建设中再添活力。

★7 日，县政协主席徐建华在沿海经济开发区调研，他要求园区要不断加强基础配套设施建设，提升服务水平，打造一流的载体平台，为全县经济发展再立新功。县领导王志荣、桑健、桑圣权、冯力如等参加调研。

★7 日，团县委联合洋口港经济开发区在洋口港新城区开展“建设生态文明，共建绿色港城”春季植树活动。团市委副书记赵新叶，县领导周建飞、徐守宏参加了活动。徐守宏希望全县广大青少年增强保护环境、美化家园的意识，为推动如东县经济与社会、人与自然和谐发展发挥重要作用。

★7 日，如东县召开全县农机工作会议。县委常委、副县长徐守宏要求各级农机部门加强组织领导，结合各地实际创新工作方式。各镇要出台细化目标，深入落实上级扶持政策，加强考核，改善条件，全力加强队伍建设，通过做好农民购机补贴、秸秆还田及综合利用、农机合作组织建设和农机安全监管工作，为实现“十二五”良好开局奠定基础。

★8 日，民生银行南京分行行长胡庆华到如东县考察中小微企业融资战略合作情况。县委书记、县人大常委会主任周铁根对民生银行在双甸镇实行的中小微企业贷款的做法给予肯定，表示将在全县范围内推广，他同时希望民生银行能增加在如东县的授信额度。县委常委、常务副县长顾淑英陪同考察。

★8 日，省农科院沿江农科所专家一行 24 人来到曹埠镇芦笋种植基地实地考察。县领导杨成泉参加了活动。

★9 日，政协如东县委员会原主席、离休干部王冠军同志的遗体告别仪式在县殡仪馆举行。市县各级领导、王冠军生前亲朋好友几百人聚集松鹤厅，沉痛缅怀这位生前功勋卓著的党员干部。县委书记、县人大常委会主任周铁根致悼词。县政协主席徐建华主持告别仪式。县四套班子领导、南通市各市县政协的负责人，县级机关负责人、王冠军的生前友好参加了遗体告别仪式。外交部亚洲司原司长、驻巴基斯坦大使也专门发来唁电。

★1 日至 10 日，县委副书记、县长詹立风带领如东县经贸考察团赴泰国正大集团参观考察，考察期间，如东县与泰国正大集团签订了肉鸡一条龙及工厂化养虾项目合作框架协议书。正大集团董事长谢国民会见詹立风一行。谢国民表示，正大集团非常希望与如东在发展现代农业和实现农业产业化经营方面开展合作。他相信在长期友好合作的基础上，如东与正大集团之间的合作一定会开创新的局面。县委常委、纪委书记陈跃生参加了考察活动。

★10 日，江苏省检察院副检察长陈剑虹及南通市检察院检察长赵志凯一行到如东县调研检调对接及文化育检工作。在县领导张桂英、徐建华、潘建华、陈建华、于立忠的陪同下，陈剑虹一行视察了如东县检察院检调对接案件办理中心、案件监督管理中心及办案工作区，参观了该院独具特色的文化展示区，对如东县检察院取得的各项成果给予充分肯定。

★11 日，江苏省蚕种管理所所长、党支部书记唐国强带队到如东县，代表省蚕种管理所与如东县签订《农业科研教学推广单位“挂县强农富民”服务协议》，帮助如东县搞好蚕桑产业规划、开展技术培训、开拓产品市场等，以提高如东县蚕桑产业的规模和层次，促进农业增效农民增收。县领导徐守宏、洪大林、桑圣权出席协议签订仪式。

★12 日，由省科协科普部副部长夏跃率领的省检查验收专家组一行到如东县验收创建全国科普示范县工作，对如东县创建工作给予高度评价。县长詹立风在会上致辞。县委常委、纪委书记陈跃生汇报了如东县创建情况。验收组还先后考察了曹埠镇科普惠农服务站和十里墩村科普示范基地葡萄园。县领导冒亚平、刘才盛、桑健参加了活动。

★13 日，如东县召开全县重点工作督查推进会。县委书记、县人大常委会主任周铁根要求各地各部门，围绕全年各项工作目标任务，从头抓紧，狠抓落实，确保各项重点指标实现首季“开门红”。会议由县长詹立风主持，他要求各地对照全年目标任务和县委、县政府的工作要求，认真分析今年以来工作的薄弱环节，有针对性地改进方法，用心做事，责任到人，严格考核，推动各项经济指标全面达到或超过序时进度。县四套班子领导、各镇（区）主要负责人、县级机关部门负责人、各驻如银行负责人出席会议。

★13 日，青海省海南藏族自治州党政代表团在贵德县副县长蒋树建的陪同下，专程到如东县考察学习。代表团一行详细了解了如东县近年来经济社会发展情况，在县委常委、常务副县长顾淑英的陪同下，参观了如东规划展览馆以及建设中的洋口港。

★13 日，如东县召开全县广播电视工作会议。县委常委、宣传部部长陈昌龙要求全县广播电视系统围绕市场，深化改革，夯实基础，优化服务，奋力开启广播电视工作新征程。会议表彰了 2010 年度广播电视工作先进集体和先进个人。

★13 日，如东县召开新提拔副科职领导干部谈心会。县委常委、组织部部长任新峰勉励新提拔的领导干部把这次任职作为全面锻炼自己、提高自己的良好机遇，在快转角色中高标履职，立足岗位创先争优，踏踏实实干出新的成绩，不辜负组织的信任与厚望，不辜负群众的支持与期盼。

★13 日，县国土资源局召开国土资源管理暨国土系统党风廉政建设工作会议，对 2011 年的国土资源管理工作及党风廉政建设和反腐败工作进行部署。副县长于立忠要求县国土系统围绕发展大局，规范用地行为，用好存量土地和增减挂钩政策，节约集约利用土地，坚持依法行政，强化土地利用管理，打击违法用地行为，确保国家土地督察零失分。

★14 日，来自贵州省绥阳县的 27 名领导干部，将赴如东县相关镇（区）和部门挂职一个月。县委、县政府举行欢迎仪式，就挂职情况进行对接。县委常委、宣传部部长陈昌龙出席欢迎仪式，他要求各挂职单位提高认识，认真对待，做到在生活上关心、工作上同心、协作上交心，使两地干部在交流中得到全面提升，同时要放大挂职交流的成果，确保此次挂职交流活动圆满成功，取得实效。欢迎仪式由县委常委、组织部部长任新峰主持。绥阳县委常委、组织部部长王晓旭，绥阳县委常委、宣传部部长张志强参加了活动。

★14 日，副县长刘才盛带领经信委、供电部门有关负责人，前往县内部分重点用电大户企业检查，希望这些企业能够抢抓当前用电宽松的时机，加足马力，抓紧生产，力争实现首季开门红。

★15 日，县委、县政府在上海成功举办江苏如东（上海）投资环境说明暨项目集中签约仪式。会议由县委常委、洋口港经济开发区党工委书记周建飞主持。县委书记、县人大常委会主任周铁根发表了热情洋溢的致辞，县委常委、常务副县长顾淑英在会上作投资环境说明。来自上海、香港及加拿大等国家和地区的 26 个投资项目进行了集中签约，总投资达 40 亿元，涉及港口及新能源开发、机械电子、精细化工、房地产开发等产业。县政协主席徐建华，县领导杨成泉、桑健参加了活动。

★15 日，县委书记、县人大常委会主任周铁根在上海接受了人民日报、新华社、中新社、东方卫视等国内主流媒体记者的专访，着重就“十二五”期间如东沿海开发规划进行阐述。

★15 日，泰国正大集团中国区资深副董事长谢毅、霍尔锋一行到如东县考察，就肉鸡一条龙、工厂化养虾、农业综合开发等项目合作事宜进行深入洽谈。县长詹立风在项目合作洽谈会上介绍了如东县经济社会发展情况。谢毅一行先后参观考察了如东规划展览馆、东凌垦区、洋口港、掘苴垦区和小洋口区域。县领导陈跃生、徐守宏陪同考察。

★15 日，如东县召开 2011 年全县民政暨双拥工作会议。县委常委、政法委书记陈建华寄语民政系统紧扣县情，凸显“以人为本”的理念，树立“服务为先”的理念，坚持“和谐为纲”的理念；突出重点，扎实推进社会管理创新的各项举措；强化责任，围绕推进军事变革，大力支持驻如部队，加强军事能力建设，为双拥创建提供强有力的保障。县领导蔡建华、徐志平、于立忠、童玉林出席会议。

★16 日，团市委书记张军一行到如东县调研。在县委常委、纪委书记陈跃生的陪同下，张军先后前往如东振新颜料有限公司及马塘镇大学生村干拓展中心调研。

★17 日，县委召开全县镇党委换届工作动员大会。县委书记、县人大常委会主任周铁根指出，要坚持用科学发展观统揽换届工作，认真落实中组部提出的发扬民主、推进改革、严肃纪律三项关键举措，进一步强调换届纪律、加强全程监督、严厉查处整治，确保换届顺利进行、风清气正，为推动科学发展选优配强镇党委领导班子。县委常委、纪委书记陈跃生对严肃换届纪律提出要求。县委常委、组织部部长任新峰对换届工作作了业务辅导。县委副书记潘建华主持会议并对贯彻落实会议精神提出要求。

★17 日，如东县召开全县“放心肉”工作会议。副县长刘才盛要求各镇和各相关部门围绕民生，突出重点，把握大局，创新举措，从讲政治、讲大局、讲责任、讲纪律的角度，尽责尽力把“放心肉”工程抓实抓好。

★18 日，由县旅游局、商务局、沿海经济开发区和县旅游协会联合主办的 2011 如东旅游美食文化节在人民公园门前广场隆重开幕。副县长刘才盛出席开幕式并讲话。他说，这是全国各地美食在如东的第一次展示，也为如东县弘扬海派文化，让海派文化、海鲜文化和各地饮食文化进行相互交流，取长补短，提高如东美食文化的档次。市旅游局副局长陈金元，县领导潘建华、杨成泉、桑健出席开幕式。

★18 日，洋口港经济开发区召开江苏 LNG 接收站码头海事综合应急预案评审会，邀请省、市专家对应急预案和配套管理文件进行评审。县委常委、洋口港经济开发区党工委书记周建飞参加评审会，他要求项目实施单位要加强预案的宣传与培训，定期组织演练，根据项目运行的实际情况及时修改预案，并希望省市安监、海事等部门对江苏 LNG 接收站码头海事应急预案编制加强指导，确保江苏 LNG 接收站码头安全运行。

★18 日，如东县召开全县统计工作会议。县委常委、常务副县长顾淑英要求各级统计部门以争创一流为目标，以创新发展为动力，以依法统计为保障，确保统计数据真实准确、完整、及时，当好政府决策的参谋，为经济社会发展提供优质服务。县领导杨成泉、桑健出席会议。

★18 日，如东县召开全县水务工作会议。县委常委、纪委书记陈跃生要求各与会人员明确新形势下水利工作的战略地位，从保障全县经济社会发展和服务沿海开发考虑，增强责任感和使命感；强化领导，突出重点，狠抓落实，认真编报水利工程规划项目，大力推进农田水利设施建设；强化合力，创新解难，快速推进，把水利建设的各项工作任务分解落实到人，严格管理、考核、奖惩机制，努力开创如东县水务工作的新局面。

★19 日，县委召开全县镇党委换届督查工作会议，对全县镇党委换届督查工作进行具体部署。县委常委、组织部部长任新峰要求坚决贯彻落实中央和省、市、县委关于严肃换届纪律的要求，加大宣传指导力度，加强换届纪律监督，为换届工作顺利进行营造风清气正的良好环境，确保全县镇党委换届工作圆满完成。

★20 日，在县委书记、县人大常委会主任周铁根，县长詹立风，县委常委、洋口港经济开发区党工委书记周建飞的陪同下，中国石油天然气股份有限公司副总裁李华林到如东县视察。

★20 日，按照县委统一部署和要求，长沙镇召开党委换届工作动员大会，全体班子成员、各党组织书记、各党组织联络员和换届工作领导组及工作班子成员参加会议。县委常委周建飞作动员讲话，他要求该镇党委立足“十二五”发展全局，充分认识搞好镇党委换届工作的重大意义；突出发扬民主重点，着力提升镇党委换届工作的科学化水平；切实加强组织领导，确保镇党委换届工作健康有序开展。

★20日，县委常委、纪委书记陈跃生带领组织、纪检等部门到曹埠镇督查党委换届选举的筹备工作。陈跃生对该镇的前期准备工作表示满意，要求曹埠镇在党委换届选举工作中，既要充分发扬民主，又要认真严肃党委换届纪律，真正把能力强、水平高、群众信得过的人选进领导班子，确保选举工作圆满成功。

★21日，如东县哲学社会科学界联合会成立暨第一次代表大会在县行政中心报告厅隆重举行。南通市委常委、宣传部部长、市社科联主席张小平和县委书记、县人大常委会主任周铁根共同为如东县社科联揭牌。市社科联党组书记陈冬梅致贺辞。会议选举产生了县社科联第一届理事会，张新华当选为县社科联主席，王军当选为县社科联专职副主席，白银东、钱小梅、张海城、薛志林、李维彬、丁晓飞、吴金明、郭 勇、周建国、王必东等10人当选为县社科联兼职副主席。大会由县委常委、宣传部部长陈昌龙主持。县委副书记潘建华宣读了《中共如东县委关于成立如东县哲学社会科学界联合会的通知》。市委宣传部副部长黄振平和县领导詹立风、张桂英、冒亚平、姜晓静、桑圣权参加了会议。

★21日，南通市委宣传部副部长黄振平和县委副书记、县长詹立风共同为如东县重点打造的宣传文化品牌——“扶海大学堂”揭牌。这是如东县进一步深化“学习型、创新型”如东建设、助推全县经济社会又好又快发展的又一新举措。市委常委、宣传部部长、市社科联主席张小平，市社科联党组书记陈冬梅和县领导周铁根、张桂英、潘建华、冒亚平、姜晓静、桑圣权参加揭牌仪式。揭牌仪式由县委常委、宣传部部长陈昌龙主持。

★21日，市委常委、宣传部部长张小平一行到如东县调研时，要求如东县按照“加快现代化，再创新辉煌”的全市工作思路，高点定位，创新举措，狠抓重点工作的推进落实，谋求经济社会又好又快发展。县委书记、县人大常委会主任周铁根向张小平一行介绍了如东县城市建设、交通规划及港口产业发展情况。县领导潘建华、陈昌龙、姜晓静陪同调研。

★21日，县委书记、县人大常委会主任周铁根在双甸、岔河、马塘三个镇调研时要求，克服困难、凝心聚力，按照序时目标，全力做好各项重点工作，确保一季度实现“开门红”。县领导余科陪同调研。

★21日，县长詹立风在掘港镇督查镇党委换届工作时强调，要坚持正确用人导向，严肃组织人事工作纪律，确保换届环境风清气正，保证换届工作圆满成功，为“十二五”时期科学发展、社会和谐提供坚强组织保障。

★21日，县委常委、宣传部部长陈昌龙先后前往马塘镇和袁庄镇，督查指导镇党委换届选举工作。他要求镇党委认真做好干部思想政治工作，全面把握干部的思想动态，充分发扬党员的民主权利，把政治素质高、议事能力强、党性原则强的党员代表推选出来，要把严肃换届纪律贯穿于整个换届工作的全过程，严格按程序办事，做到步骤规范化，努力营造风清气正的换届环境，同时还要以这次换届选举为契机，充分调动班子成员的积极性，把全体党员干部的智慧和精力集中到抓当前、谋发展上来。

★22日，县委书记、县人大常委会主任周铁根在如东经济开发区和掘港镇调研，他要求务必以冲刺全年的拼劲干当前、求突破，以一季度的开门红确保全年目标的顺利实现。县委副书记潘建华陪同调研。

★22日，县委书记、县人大常委会主任周铁根专程前往袁庄镇、河口镇、栟茶镇，调研、督查当前重点工作推进情况，周铁根要求各镇牢牢把握招商引资、项目建设等工作重点，努力拼抢当前，确保各项经济指标实现首季“开门红”。

★22日，如东县召开人大代表建议、政协委员提案交办会议，专题部署有关办理工作。县委常委、常务副县长顾淑英要求各承办单位高度重视，加大办理的力度，重点抓好沿海开发、港口建设、改善民生以及推进城市建设、改善城乡面貌和加大凸显工业主体方面的建议、提案的办理。在办理工作中要积极与代表、委员沟通，与所提问题涉及地区群众、单位沟通，倾听民意，提高办理工作的实际效果，确保每一件建议、提案都能够办理落实，并在6月30日之前将答复意见全部反馈给代表和委员。县领导沈更生、桑圣权出席会议并就办理工作提出具体意见。

★22日，如东县召开全县食品药品安全工作会议。副县长姜晓静回顾总结了“十一五”以来全县食品药品安全工作情况，并就“十二五”工作进行了详细部署。县委常委、宣传部部长陈昌龙出席会议并讲话，要求各单位务必认清形势、加强居安思危的忧患意识；切实增强有效监管责任意识，始终保持齐抓共管态势，突破重点难点，严格督查考核，确保全县人民群众饮食用药安全。副县长刘才盛出席会议。

★22日，副县长洪大林在第十九届“世界水日”和第二十四届“中国水周”开始的第一天，发表电视讲话，号召全县上下进一步提高对水资源有限性和稀缺性的认识，合理开发、利用、节约和保护水资源，实现人水和谐相处。

★23日，由省委组织部副部长赵永贤率领的省严肃换届纪律检查组，在市委常委、组织部部长郭腊军，市委组织部副部长王亚雄等陪同下，到如东县检查党委换届工作。县委书记、县人大常委会主任周铁根就近年来县域经济发展以及严肃党委换届纪律工作情况向检查组一行作了汇报。县委副书记、县长詹立风，县委副书记潘建华，县委常委、纪委书记陈跃生，县委常委、组织部部长任新峰等陪同检查。

★23 日，如东县召开通洋高速公路如东段征地拆迁动员会。副县长于立忠作动员讲话，他要求沿途各镇及相关部门在确保群众合法权益不受损害的前提下，有序推进拆迁让地工作。县长詹立风出席会议，他要求沿途各镇及相关部门迅速启动征拆工作，增强机遇意识、责任意识、大局意识，树立为群众和重点工程服务的理念，明确责任，严格政策，确保优质、高效地完成通洋高速征地拆迁任务，为“推进现代化、建设新如东”做出新的更大的贡献。县领导蔡瑞平、童玉林出席会议。

★23 日，如东县召开全县农资市场综合整治暨动物防疫工作会议。副县长洪大林要求进一步加强农资市场综合整治，提高动物疫病防治水平，为促进农业稳定发展、农民持续增收提供重要保障。

★24 日，县委、县政府召开全县社会管理创新工作推进大会。县委常委、政法委书记陈建华提出，2011 年全县政法工作的主要目标是：围绕创建江苏省平安县、法治县和南通市长安建设先进县目标，实现四个“着力提升”。县委书记、县人大常委会主任周铁根充分肯定了全县政法工作在过去一年取得的成绩。他指出，深入推进社会管理创新是今明两年全县工作大局中的一项重要工作，全县上下要从创新理念思路、方式方法、体制机制等方面入手，大胆创新，率先而为，基本建立与“建设新如东”相适应的社会管理长效新机制，走出一条具有如东特色的社会管理创新之路。会议由县委副书记、县长詹立风主持。副县长于立忠宣读了县委、县政府关于表彰 2010 年度政法工作先进集体和先进个人的决定。县领导张桂英、潘建华、周建飞、陈跃生、陈昌龙、任新峰、蔡建华、徐志平、杨成泉、沈更生、蔡瑞平、刘才盛、姜晓静、洪大林、王志荣、童玉林、桑健、余科、桑圣权、冯力如出席会议。

★24 日，县委召开中心组学习（扩大）会暨全县党务公开工作推进会. 县委书记、县人大常委会主任周铁根要求认真学习贯彻党风廉政建设责任制的最新精神，高度重视基层党务公开工作，一着不让地抓好当前经济社会发展的各项重点工作。县委常委、纪委书记陈跃生对党中央、国务院 2010 年颁布的《关于实行党风廉政建设责任制的规定》（简称《规定》），从修订的背景、基本思路、主要内容等方面进行了解读，并对全县党务公开工作作出点评和部署。会议由县委副书记潘建华主持，他要求与会人员认真贯彻落实会议精神，真正学好《规定》的内容，在狠抓落实上务求取得实效，对照《规定》查找问题、夯实基础，最大限度地增强党的工作的透明度，促进党风、政风和干部作风的进一步转变。县领导詹立风、张桂英、周建飞、陈昌龙、陈建华、徐志平、杨成泉、沈更生、蔡瑞平、刘才盛、于立忠、姜晓静、洪大林、王志荣、童玉林、桑健、余科、桑圣权、冯力如出席会议。

★24 日，县委书记、县人大常委会主任周铁根在洋口港经济开发区和大豫镇调研，他要求高起点、高定位做好“十二五”时期规划，抢抓机遇，凝心聚力，埋头苦干，实现经济社会跨越式发展。县委常委、洋口港经济开发区党工委书记周建飞汇报了一季度港口开发建设以及工作机制情况。

★24 日，如东县召开全县卫生工作会议暨实施基本药物制度动员。副县长姜晓静指出基本药物制度是指政府举办的基层医疗卫生机构必须全部配备使用基本药物；这些药品实行全省统一招标采购和配送，并实行零差率销售；财政采取“补运行，不补差价”的方式，给予财政补助；在医保和新农合上基本药物的报销比例要高于非基本药物。县委常委、宣传部部长陈昌龙要求全县上下进一步增强加快卫生事业改革与发展的责任感和紧迫感，客观总结成绩，把握医改特点；统筹卫生大局，加快惠民行动；创先创新创优，打造医改精品，以更加坚定的决心、更加有为的姿态服务经济社会发展，服务全县百万群众的健康需求。县领导桑圣权出席会议。

★24 日，中共栟茶镇第十五次党员代表大会圆满闭幕。县委常委、组织部部长任新峰勉励该镇新一届党委班子紧紧围绕县委提出的“推进现代化，建设新如东”的总体目标，解放思想、创新思路，突出科学发展主题，突出加快转变经济发展方式主线，继往开来，乘势而上，加快基本现代化建设，使千年古镇不断焕发生机、彰显魅力。

★25 日，由省城市规划设计部门承担的海洋铁路如东站站前广场及栟茶客货站站前广场规划设计方案，接受县领导和相关部门专家的集体评审。县委书记、县人大常委会主任周铁根，县长詹立风以及县领导周建飞、杨成泉、蔡瑞平、于立忠、童玉林对规划设计方案的整体效果一致给予好评，并分别对不足之处提出了修改完善的建议。

★25 日，县人大常委会召开第二十三次会议。会议以无记名投票的方式分别通过县委书记、县人大常委会主任周铁根，县人民法院院长蒋明华，县人民检察院检察长顾祖林提请的人事任免议案；表决通过关于加快推进城乡公共交通事业发展的决议；表决通过关于同意将2011年度房屋征收计划列入县国民经济和社会发展年度计划的决定。会议听取和审议了副县长于立忠代表县政府所作的《关于城乡公共交通发展情况的工作报告》和县人大常委会专题调查组的调查报告。会议听取和审议了副县长于立忠代表县政府所作的《关于提请县人大常委会审议将2011年度房屋征收计划列入县国民经济和社会发展年度计划的报告》。县人大常委会副主任徐志平、蔡瑞平分别主持会议。县人大常委会党组书记张桂英列席会议，县人大常委会副主任沈更生、冒亚平出席会议。

★25日，南通市人大常委会副主任宋飞、王平率部分市人大常委会委员，到如东县视察海洋渔业安全生产工作。视察组一行在县委书记、县人大常委会主任周铁根，县长詹立风，县人大常委会副主任杨成泉的陪同下，视察了如东县海上搜救指挥中心和长沙镇三民出海卡口。詹立风代表县政府向视察组汇报了如东县海洋渔业安全生产工作。

★25日，中共双甸镇第十五次党员代表大会圆满落幕。县政协副主席余科对双甸镇新一届党委班子提出殷切希望。

★26日，由全市十佳社科专家、高校学者、各县市社科联负责人组成的南通市社科骨干研修班，在市社科联党组书记陈冬梅的率领下到如东县考察。县委书记、县人大常委会主任周铁根向研修班学员们重点介绍了“十一五”期间如东经济社会发展取得的成就，并就如东县“十二五”规划目标及“推进现代化，建设新如东”的战略举措进行了阐述。县领导陈昌龙、姜晓静陪同考察。

★26日，县委书记、县人大常委会主任周铁根前往沿海经济开发区、沿海旅游经济开发区、洋口镇调研、督查当前重点工作推进情况，他要求小洋口地区的“一镇两区”班子成员埋头苦干加快落实，快速推进现有规划，实现小洋口地区在全县率先发展、率先繁荣。县委常委、政法委书记、沿海经济开发区党工委书记陈建华陪同调研。

★26日，中共苴镇第十三次党员代表大会圆满闭幕。县委副书记潘建华希望苴镇党委以党员代表大会的召开为动力，抓住区镇一体化整合优势，突出工业主体，努力发展现代农业，搞好区域规划，努力加强班子执政能力建设，提高执政水平，不断推动苴镇经济社会的跨越发展、科学发展、和谐发展。

★26日，中共长沙镇第五次党员代表大会圆满闭幕。县委常委、洋口港经济开发区党工委书记周建飞要求长沙全镇上下全面实施“项目牵动、招商先行、效能给力、以港兴城、和谐共享”五大战略，加快经济结构调整转型，引导企业和生产要素向园区集中，全力创建“经济繁荣、文明和谐、生态宜居、管理创新、人才活力”的新型城镇，为如东打造江苏沿海新的增长极作出更大贡献。

★26日，中共马塘镇第十四次党员代表大会胜利召开。县委常委、宣传部部长陈昌龙勉励马塘镇新一届党委发扬一马当先的马塘精神，突出创业、招商、引才，突出工业经济主体，突出新农村建设，突出民生工程，为推进现代化、建设新如东做出新的贡献。

★26日，中共丰利镇第十二次党员代表大会圆满闭幕。县委常委、组织部部长任新峰勉励该镇新一届党委班子要注重项目建设、城镇开发、惠民富民，加大对社会事业的投入，注重党的建设和班子自身建设，在新的起点上推进丰利新的跨越。

★26日，中共河口镇第十三次党员代表大会圆满闭幕。县委常委、县人武部政委蔡建华对河口镇新一届党委班子提出殷切希望。

★27日，中共洋口镇第三次党员代表大会圆满落幕。县委常委、政法委书记陈建华希望洋口镇党委以换届为契机，进一步明确指导思想，理清发展思路，依托区位优势，整合各类资源，争创区域发展新特色，加强自身建设，坚持勤政廉政，实现执政能力新提升。

★27日，掘港镇第十七届人民代表大会第四次会议隆重召开。县人大常委会副主任杨成泉出席会议。

★28日，县人大召开住建、安监、民政三部门评议培训动员会。县人大常委会副主任徐志平要求县、镇人大在评议中要把贯彻落实党的方针政策和县委的重大工作部署，履行职责、依法行政、勤政廉政、服务和保障如东县经济社会发展等方面的情况作为评议的重点；在评议时坚持实事求是；被评部门要正确处理好评议工作和本职工作的关系，使评议工作科学规范、有序进行。县人大常委会副主任杨成泉、沈更生、蔡瑞平、冒亚平出席会议。

★30日，由市编办副主任陆国强带领的市编办评估工作组，对如东县政府机构改革情况进行评估检查。县委常委、组织部部长任新峰就如东县政府机构改革工作情况作了汇报。评估组希望如东县继续在“控制总量、限制增量、盘活存量”上深入研究，努力强化机构编制调控与管理，为开启基本现代化建设新征程提供体制机制保障。

4月

★2日，如东县召开2011年县城开发建设指挥部

第一次会议，部署下一阶段的有关工作。县长詹立风出席会议，他强调，加快城市开发建设是当前全局工作的重点之一，相关部门要明确时间、明确任务、明确责任，将任务层层细化分解到个人，着力提升开发建设和组织推进水平，加快推进安置房和保障性住房建设；指挥部要切实履行好重大政策、重大项目的综合协调职责，同时各部门要上下联动，配合协作，确保房屋征收工作有序进行。县领导顾淑英、陈跃生、蔡瑞平、于立忠、卢瑞华、童玉林出席会议。

★2 日，南京军区政委陈国令向纪晓飞颁授二级英模奖章和荣誉证书。南通市委常委、宣传部部长张小平，县委副书记潘建华应邀出席命名大会，潘建华表示，将以此次会议的宣传和报道为契机，号召全社会弘扬纪晓飞见义勇为的精神，为如东“十二五”经济社会发展注入强大的精神动力。

★2 日，如东县召开企业家座谈会。会议由副县长刘才盛主持，16 家“用电大户”企业主要负责人与县相关部门负责人就目前企业运营过程中面临的问题及未来企业对改善市场环境、提高产能、增加用电量有何预期等展开讨论。

★5 日，全国政协副主席李金华回到家乡如东，在市政协副主席陈宋义和县委书记、县人大常委会主任周铁根，县长詹立风，县领导周建飞、余科等陪同下，视察了位于河口镇的江苏中天科技集团普缆生产车间，并与企业负责人展开座谈，详细了解企业的生产经营状况。

★5 日，县委常委、宣传部部长陈昌龙率领县发改委、江苏中天科技股份有限公司等相关方面负责人，赴陕西省旬邑县开展对口扶贫活动，并举行了捐资仪式。捐赠仪式上，陈昌龙详细介绍了如东县经济社会发展以及两县对口合作情况。旬邑县副县长房晓飞代表旬邑县委、县政府向如东县长期以来对旬邑建设发展所给予的关心支持表示衷心感谢。

★8 日，县委、县政府在杭州成功举办江苏如东（杭州）投资环境说明会，来自美国、加拿大、新加坡、土耳其等国家和中国香港、台湾地区企业界的精英，长三角地区商界的知名人士和企业老总，浙江地区知名媒体记者，以及部分如东在浙江地区的人士代表等近 250 人出席了说明会。会议由县委常委、常务副县长顾淑英主持。县长詹立风发表了热情洋溢的致辞。县委常委、洋口港经济开发区党工委书记周建飞作投资环境说明。县领导杨成泉、桑健，县相关部门及各镇区主要负责人参加了活动。

★8 日，财政部原部长、国务院发展研究中心原副主任金人庆一行到如东县视察洋口港开发建设情况。省政协副主席包国新，县领导潘建华、余科陪同考察。潘建华向金人庆详细介绍了洋口港的建设情况，以及太阳岛二期发展和液化品码头建设规划。

★8 日，由副市长杨展里带领的市医改办一行到如东县督查医改工作。副县长姜晓静就如东县基本药物制度实施进展、实施过程中遇到的困难和问题进行了汇报。杨展里一行充分肯定了如东县基本药物制度建设。

★9 日，由中国石油天然气集团公司党组成员、副总经理、中国石油天然气股份有限公司副总裁廖永远率领的中石油天然气集团高层负责人一行 17 人，在县领导周铁根、潘建华、周建飞的陪同下，前往洋口港太阳岛，视察江苏 LNG 接收站项目建设进展情况。

★本周，如东县召开行政服务工作点评会。县委常委、县行政服务中心党工委书记周建飞对一季度行政服务工作进行了点评，他要求各部门、各窗口单位奋力打造全省一流全市领先行政服务新平台，更好地服务发展、服务企业、服务基层、服务群众。县委常委、常务副县长顾淑英指出，行政服务工作是一个地区对外展示形象的窗口，是一个地区经济社会发展的无形资产，也是一个地区招商引资的名片。各部门、各窗口单位要紧紧围绕县委、县政府的工作部署，强化领导、落实责任、齐抓共管，切实提高行政服务管理水平。

★10 日，如东县召开全县重点工作督查推进会。县委书记、县人大常委会主任周铁根出席会议，他要求全县上下，切实增强责任意识、忧患意识和拼抢意识，实干苦干，加大重点工作推进和服务力度，着力谋求更大突破，确保上半年主要经济指标实现“双过半”，为完成年度目标和“推进现代化、建设新如东”打下坚实基础。县长詹立风主持会议，他要求各级、各地强化目标意识，按照“双过半”的任务、要求，倒轧时间；增强工作合力，聚焦重点、难点，加强部门之间的会办，加快重点工作的推进；创新工作举措，千方百计化解工作中的难题，全力营造紧张快干的良好工作局面。县四套班子领导、各部门负责人、各镇（区）党政主要领导出席会议。

★11 日，全县 16 个重点项目举行集中开工仪式，计划总投资 29.047 亿元。沿海经济开发区举行江苏中润氟化学科技有限公司项目开工仪式。县委书记、县人大常委会主任周铁根致辞。副市长徐辉出席开工仪式并讲话。开工仪式由县委常委、政法委书记、沿海经济开发区党工委书记陈建华主持。苏州市政协副主席、工商联会长姚东明，常熟市副市长李志宇分别致辞。国家海洋局东海分局局长张惠荣，苏州市人大常委会副主任、市总工会主席金明，福建省原漳州地委书记张文良，苏州市原市委副书记、政协原主席冯瑞渡，常熟市人大常委会主任戈炳根；县委副书记、县长詹立风，县人大常委会党组书记张桂英，县委常委、常务副县长顾淑英，县人大常委会副主任杨成泉，副县长刘才盛，县政协副主席桑健出席开工仪式。江苏LNG配送中心项目和南通市蓝翔电动车辆项目，在洋口港临港工业区顺利开工，县委书记、县人大常委会主任周铁根，县委副书记、县长詹立风，县领导张桂英、周建飞、杨成泉、桑健出席开工仪式。总投资超亿元的南通新港电缆材料有限公司、江苏沈李生物科技有限公司落户如东经济开发区。县委副书记潘建华在项目开工仪式上要求如东经济开发区和相关部门竭尽全力提供热情周到、高效便捷的服务，力促项目快建设、快投产、快见效。副县长姜晓静出席开工仪式。如东天益纺织有限公司高档面料生产项目在岔河工业集中区举行开工典礼，县委常委、常务副县长顾淑英出席并致辞。县政协副主席王志荣出席开工典礼。南通杰尔机械有限公司在袁庄镇工业集中区举行项目开工仪式，县领导陈昌龙、桑圣权参加了活动。南通神雨绿色药业有限公司在沿海经济开发区举行环保型生物农药搬迁扩建项目开工仪式。县领导陈建华、蔡瑞平、童玉林、冯力如出席了开工仪式。总投资1.6亿元的南通晟宏鼎船舶设备科技有限公司船舶配套设备生产项目在掘港镇破土动工。县委常委、组织部部长任新峰，县人大常委会副主任沈更生等出席开工仪式。

如东宇嘉纺织有限公司在河口镇开工建设。县人大常委会副主任徐志平出席开工仪式。南通宝鹏健身器材科技有限公司落户新店镇健身器材产业园并举行项目开工仪式。县人大常委会副主任冒亚平出席开工仪式。曹埠镇举行曹埠商贸城开工典礼，副县长刘才盛出席开工仪式。南通金斯顿防护用品有限公司在东安科技园区开工。副县长于立忠出席开工仪式。南通光阳针业有限公司和南通市新昊纺织有限公司在双甸镇工业园区集中举行开工仪式，副县长洪大林、县政协副主席余科到场祝贺。

★11日，县规划局组织召开海洋铁路如东客运站、栟茶客货站站前广场及周边地区规划方案评审会。与会专家经过认真评审，原则通过规划方案。县领导周建飞、蔡瑞平、于立忠、童玉林出席评审会。

★11日，如东县2011年第一期基层团干部培训班开班，旨在进一步提高如东县基层团干部的思想素质和业务水平。县委常委、纪委书记陈跃生到会并讲话，他要求要着力加强团的基层组织建设，不断提高共青团组织对广大青年的影响力，并切实加强团的作风建设，塑造新时期团干部的良好形象。

★11日，如东县召开如东科技城建设交流推进会。县委常委、组织部部长任新峰出席会议，他希望项目投资方在不断完善建设规划的基础上，加快建设步伐，创新体制机制、加大招商力度、加强形象宣传，同时县级各相关部门要联动推进，为项目顺利推进营造良好氛围。

★12日，如东县人大常委会原副主任、离休干部（享受地市级待遇）赵赴前同志遗体告别仪式在掘港殡仪馆举行。县委副书记潘建华介绍了赵赴前同志生平。仪式由县人大常委会副主任徐志平主持，县领导周铁根、詹立风、张桂英、沈更生、蔡瑞平、冒亚平，县四套班子老领导、相关部门和镇区负责人、赵赴前同志生前好友以及亲属参加了遗体告别仪式。

★12日，南通市原市委书记朱剑等南通市原地市职老干部到如东县参观考察，对如东“十一五”发展成就及举全县之力开发建设洋口港给予高度评价。县委书记、县人大常委会主任周铁根，县长詹立风，县人大常委会党组书记张桂英，县领导潘建华、周建飞、任新峰、冒亚平、童玉林陪同参观考察。周铁根还向朱剑等老领导汇报了如东县经济社会发展情况及“十二五”如东发展规划。

★12日，四川郫县专门组团到如东县考察学习社会管理创新工作，县委常委、常务副县长顾淑英，县委常委、政法委书记陈建华分别介绍了如东县经济社会发展和社会管理创新的有关情况。郫县县委常委、常务副县长连华认为如东县社会管理创新工作基础实、机制优、合力强、效果好，将认真学习借鉴成功经验，推动社会管理创新工作取得新突破。县委常委、宣传部部长陈昌龙参加了接待活动。

★12日，在副县长姜晓静的带领下，如东经济开发区组织各村主要干部、农村工作局全体工作人员到海门专题学习新农村建设经验。

★13日，如东县在马塘镇尊三村召开农村残疾人扶贫基地建设现场会。副县长于立忠出席会议，他要求各地和相关部门树立扶助重于救助的观念，增强残疾人的自信心，以残疾人基地建设为平台，积极探索建立适合本地发展的扶贫基地模式；县、镇两级都要对基地建设给予资金扶助，不断增加扶贫基地的数量和扶持项目，将经济效益好、发展较快的扶持项目优先安排在扶贫基地，为扶贫基地建设创造良好的发展环境，同时鼓励社会各界积极参与，为残疾人摆脱贫困、实现人生价值创造有利条件。

★13日，如东县召开廉政建设暨纠风工作会议。县委副书记、县长詹立风要求各地、各部门、各单位深入加强廉政以及机关作风建设各项工作，健全完善体制机制建设，强化监督管理，努力为全县经济社会发展提供清正廉明的政风环境。县领导顾淑英、刘才盛、于立忠、洪大林出席会议。

★13 日，如东县召开社会稳定风险评估工作推进暨维稳工作培训会。省维稳办处长杨广学、市维稳办处长保国祥对与会人员进行了相关业务培训。副县长、县公安局局长卢瑞华作动员讲话。县委常委、政法委书记陈建华要求各成员单位不断提高认识，增强忧患意识；建立一套规范的工作机制，做到应评尽评；最大程度地对广大人民群众敞开心扉；注重维护民利，及时反映民意；不打法律“擦边球”，不碰法律“高压线”；保障有序开展，强力推进。

★14 日，为期一个月的第二批绥阳县干部赴如东挂职学习结束。县委副书记、县长詹立风与绥阳县委副书记、县长覃儒方共同为象征两地友谊长存的“山海情深”友谊石揭幕。在总结交流会上，27 位挂职干部畅谈了在如东一个月的工作经验和体会。县委副书记潘建华对此次挂职活动的成功开展表示祝贺。县领导顾淑英、任新峰，绥阳县委副书记钟方伟参加了活动。

★15 日，省交通运输厅副厅长、省铁路办副主任张晓铃，率领省铁路办以及宁启复线电气化工程建设指挥部相关负责人，在县委书记、县人大常委会主任周铁根，县领导杨成泉的陪同下，前往海洋铁路铺轨现场以及建设中的如东火车站，视察海洋铁路建设情况。张晓铃对海洋铁路工程建设质量和进度给予高度评价，并希望施工单位和相关部门保持高昂的工作激情，抓好安全生产和质量管理，继续快速推进施工建设，加强沟通协调，切实解决施工中遇到的困难和问题，确保海洋铁路 10 月份开通运营。

★15 日，县人大常委会召开第六十六次主任会议，听取和审议县文广传媒中心（集团）主任、董事长张光平所作的关于全县广电事业发展和贯彻实施《中华人民共和国广告法》情况的汇报。县人大常委会党组书记张桂英对全县广电事业发展和贯彻实施《中华人民共和国广告法》取得的成绩予以充分肯定。会议由县人大常委会副主任冒亚平主持。县人大常委会副主任徐志平、杨成泉、沈更生、蔡瑞平，副县长姜晓静出席会议并讲话。

★15 日，如东县召开全县大学生村官创先争优活动动员暨联谊会换届大会，对全县大学生村官开展“学习张广秀，创先争优见行动”主题活动进行动员部署。县委常委、组织部部长任新峰勉励全县大学生村官以主题实践活动为契机，进一步开拓进取，争当先进村官，争创优秀业绩，为奋力推进农村基本现代化注入新活力。

★16 日，由中国人民大学教授、知名礼仪专家金正昆主讲的“文明礼仪伴我行”报告会在如东高级中学海韵馆礼堂内举行，这是如东县“扶海大学堂”创办以来的首场报告会。县委常委、宣传部部长陈昌龙主持报告会，他希望广大市民大力弘扬和践行“厚德笃行、扶海越江”的新时期如东精神，为巩固省级文明城市创建成果、“推进现代化、建设新如东”做出贡献。县领导顾淑英、沈更生、刘才盛出席报告会。

★16 日，在县领导顾淑英、桑健等陪同下，江苏远东石材产业园有限公司董事长王宁书带领来自上海、福建、天津、温州、苏州等省市的 30 多位全国石材业顶级企业家到洋口港考察，表示将投资洋口港，打造国际型石材产业。

★17 日，南开大学与南通维立科化工有限公司举行产学研合作签约仪式，中国工程院院士、博士生导师、农药国家工程研究中心（天津）主任李正名、副县长刘才盛共同为产学研基地揭牌。

★18 日，市人大常委会人事代表委员会有关负责人前往掘港镇调研，对该镇“代表之家”建设给予充分肯定。县人大常委会副主任徐志平陪同调研。

★19 日，新加坡金鹰国际集团主席陈江和携夫人黄瑞娥及公司高层主管一行专程到如东县，在县委书记、县人大常委会主任周铁根，县委常委、洋口港经济开发区党工委书记周建飞的陪同下，陈江和一行考察洋口港开发建设以及江苏 LNG 项目和粘胶纤维项目的进展情况。县领导于立忠参加部分活动。

★19 日，新改版的“如东县政风行风热线”开播。县长詹立风走进如东人民广播电台直播室参与节目，他在节目开播动员讲话中指出，“896 政风行风热线”运行 7 年来，在解决百姓民生民计、推动政府职能改革、促进干部作风转变、优化经济发展环境等各方面发挥了积极作用。詹立风在节目中对热心听众提出的关于农村路桥建设、高层消防安全、农村医疗保险、党风廉政建设等方面的问题作了认真解答。

★19 日，如东县召开全县科技创新（防震减灾）业务培训会。会议对高新科技、防震减灾、科技成果与知识产权管理等业务知识进行培训。副县长刘才盛作动员讲话，他希望各镇区相关负责人通过培训，为基层科技创新工作打开新局面；结合工作实际需要，积极创设出良好的重视科技氛围；努力打造想干事、能干事、干成事的队伍，全力推动全县科技创新工作再上新台阶。

★19 日至 20 日，《南通如东洋口港 LNG 码头船舶污染海洋环境风险与防治能力评估报告》、洋口港区蓝沙洋北水道一期航道工程和 LNG 项目接收站配套码头工程通航安全，分别通过了专家验收。至此，江苏 LNG 项目第一条 LNG 船舶靠港前所涉及的 20 多个专项验收已全部结束。县委副书记、县长詹立风，县领导周建飞、沈更生参加了验收活动。

★20 日，南通市委和县委在河口镇举行王野翔同志诞辰一百周年座谈会，深切缅怀王野翔同志为新民主主义革命和社会主义建设事业建立的历史功勋。县委副书记潘建华作王野翔同志生平事迹介绍。市委常委、政法委书记陈斌在座谈会上讲话。朱剑、李明勋、朱文涛、陈华汝等市老领导，市委组织部副部长王亚雄，县委常委、政法委书记陈建华，县委常委、组织部部长任新峰等市县领导，王野翔同志的亲属，以及曾与王野翔共同奋斗的老同志、老部下代表出席座谈会。

★20日，“野翔扶困助学奖励金”第八次颁奖仪式在河口镇烈士小学举行。市老领导朱剑、李明勋、朱文涛、陈华汝等，王野翔之子王乃熊，县委副书记潘建华，县委常委、组织部部长任新峰为11名品学兼优的贫困生发放奖学金。

★20日，县委、县政府召开农村违法建筑整治工作推进会。县委常委、纪委书记、县农村违法建筑整治工作组组长陈跃生对前一阶段整治工作进行回顾和评析。会议要求各镇（区）及相关部门强化领导、严格责任，确保在6月底前全面完成农村违法建筑整治工作任务。

★20日，如东县召开到村任职县级机关青年干部和大学生村党组织书记工作推进会。县委常委、组织部部长任新峰勉励他们在发展农业、服务农村、造福农民的实践中充分发挥聪明才智，争做农村基本现代化建设的领头雁。

★20日，市委常委、市政法委书记陈斌调研如东县社会管理创新工作，对如东县社会管理创新工作取得的成绩给予肯定，并寄语如东县进一步加大创新力度，构建具有如东特色的社会管理创新新格局。县长詹立风介绍了如东县开展社会管理创新工作的相关情况。县委常委、政法委书记陈建华介绍了县创新办推进社会管理创新工作情况。县委副书记潘建华，副县长于立忠、卢瑞华陪同视察。

★21日，县委、县政府召开全县社会事业工作推进大会。县委书记、县人大常委会主任周铁根对社会事业工作高度重视，要求各地、各部门以项目建设为抓手，创新工作思路，密切配合，整体联动，形成强大合力，全面提升社会事业的整体发展水平。县委常委、宣传部部长陈昌龙回顾了“十一五”期间如东县社会事业发展所取得的新业绩，并对“十二五”以及今年的社会事业工作进行部署。县长詹立风出席会议，他要求各地、各部门要把项目建设作为社会事业发展的重要抓手，以项目化的运作方式推动社会事业的发展，通过项目建设把县委、县政府的政策决策转化成一个个群众满意的民心工程，各部门要进一步增强工作合力，通过强化组织领导、人才支撑、投入保障和宣传发动，努力夯实社会事业发展的坚实基础。副县长姜晓静主持会议。县委副书记潘建华，县领导顾淑英、沈更生、冯力如参加会议。

★21日，盐城市副市长谷家栋带领盐城市环保工作考察团到如东县，考察学习如东县在化工园区环境保护、治理方面先进的理念和做法。县委常委、县委政法委书记、沿海经济开发区党工委书记陈建华介绍了如东县沿海经济开发区发展情况。交流会后，盐城市代表团先后来到沿海经济开发区视频监控中心、东瑞医药（南通）有限公司、江苏新农化工有限公司实地考察。

★21日，县领导蔡瑞平、于立忠率领审计、监察、财政等相关部门负责人，视察苏225线、苴东线等交通重点工程和引江区域供水通洋线输水工程实施进展情况。

★22日，如东县召开全县重点项目督查会办会。县长詹立风要求各相关部门进一步创新思维，优化服务，强抓落实，以最快的速度、最高的效率合力化解重点项目建设中遇到的各类难题。会议由县委常委、常务副县长顾淑英主持。县领导刘才盛、于立忠出席会议。

★22日，如东县召开全县一季度金融工作例会。县委常委、常务副县长顾淑英要求金融系统各单位不断强化经济金融互动的紧迫感和责任感；创新奋进，不断提升金融工作的创造力和驱动力；要创建优良金融环境，激活良性互动机制，严格考核奖惩，确保金融信贷工作实现双过半。县人大常委会副主任杨成泉参加会议。

★22日，南通市政府教育督导室检查组到如东县检查督导中等职业教育工作。副县长姜晓静向检查组汇报了如东县中等职业教育督导自评情况。检查组还分别召开人大代表、政协委员，教师、学生座谈会，了解如东县职业教育情况。

★24日，县委书记、县人大常委会主任周铁根赴马塘、岔河调研，要求各镇全力以赴、攻坚克难，按照序时目标，全力做好各项重点工作。

★本周，县委组织部、县经信委专程组织全县优秀企业家代表赴沪进行健康体检。在欢送仪式上，县委常委、组织部部长任新峰充分肯定了企业家们为加快工业经济发展、推动如东经济建设所作出的贡献。他勉励企业家们，要以此次体检活动为动力，进一步提高促进企业做大做强的积极性，大力推进转型升级，加大人才引进培养力度，不断增强企业核心竞争力，为推进现代化、建设新如东作出更大的贡献。任新峰表示，县委、县政府还将通过系列活动，进一步加强企业家人才队伍建设，为企业家的发展营造一个良好的发展环境，促进全社会来尊重、爱护企业家。

★本周，市人大代表委员会相关负责人在视察大豫镇人大工作时，对该镇“双五”工程给予高度评价。县领导徐志平陪同调研。

★本周，县人大常委会副主任杨成泉带领县人大财经工委等部门负责人赴双甸、袁庄、曹埠等镇调研，围绕对县住建局、安监局和民政局三家部门的工作评议，以及《中华人民共和国科学技术进步法》的贯彻实施情况开展座谈活动。

★25 日，如东县举行县人民法院社会管理创新司法服务超市揭牌暨全县社会管理创新第二次现场推进会。县委书记、县人大常委会主任周铁根，南通市中级人民法院院长马志相共同为如东法院社会管理创新司法服务超市揭牌。周铁根要求各镇、各部门和相关单位，提高思想认识，进一步增强做好社会管理创新工作的责任感和紧迫感，以切实解决事关百姓切身利益的问题为出发点和落脚点，在“回应群众需求”“化解民怨”“保障民安”、“维护民权”等重点领域，提高社会管理科学化水平，深入推进全县社会管理创新，为如东基本现代化建设创造平安和谐的社会环境。县委常委、政法委书记陈建华主持会议，县人大常委会副主任徐志平、副县长卢瑞华、县政协副主席童玉林参加现场会。

★25 日，县委书记、县人大常委会主任周铁根前往双甸、栟茶，调研两镇招商引资、项目建设和财政收入等重点工作，要求两镇加强谋划，狠抓重点，将潜在优势转化成发展优势，确保全面、超额完成上半年的各项目标任务。县领导余科参加调研。

★25 日，县委常委、洋口港经济开发区党工委书记周建飞在火车站站前广场、道路建设现场办公会上要求相关部门，咬定既定目标，高质量推进火车站站前广场、道路建设，确保今年海洽会前海洋铁路全面通车。

★26 日，2011 年县内就业双向选择招聘会在如东第一职业教育中心校大礼堂内举行，县长詹立风、副县长姜晓静前往招聘会现场视察。

★26 日，县委常委、县纪委书记陈跃生带领县委办、农办等部门负责人到如东经济开发区（苴镇）检查了解三峡移民工作。陈跃生在充分肯定如东经济开发区（苴镇）三峡移民工作的同时，要求镇区党委、政府要充分认识移民工作的重要性和长期性，要进一步强化组织领导，切实解决目前移民土地、生活等方面的问题，真心实意地引导移民致富，加快三峡移民融入如东经济社会的进程。

★27 日，县长詹立风前往县自来水公司，调研如东县引江区域供水工程推进情况。詹立风对如东县引江区域供水工程推进进展给予充分肯定，认为整体规划和实施措施十分到位。詹立风要求县自来水公司进一步完善引江区域供水工程的整体规划工作，在确保社会效益的同时争取更多的经济效益，将供水管网延伸至更多的乡镇，扩大经营的覆盖面，进一步改善服务、提高效率，更好地为基层服务。副县长于立忠陪同调研。

★27 日，省发改委基础产业处处长赵良元到洋口港就如东县沿海开发进行调研。赵良元一行视察了江苏 LNG 项目部、洋通公司，了解 LNG 开车前的准备及今后的发展规划，听取了洋口港经济开发区、县发改委有关负责人关于如东县沿海开发，特别是洋口港开发建设的情况汇报。县委常委、洋口港经济开发区党工委书记周建飞陪同调研。

★27 日，由县体育局、县人力资源和社会保障局、县创新研究会筹办的“医保杯”如东县首届健身舞比赛在浅水湾公园举行。县领导陈昌龙、姜晓静观看了比赛。

★27 日，县政法系统“扶海法治大讲堂”首场法制报告和“扶海法治辩论赛”首轮两场预赛拉开了全县政法机关“扶海法治论坛”系列活动的帷幕。县领导陈建华、卢瑞华观看了辩论赛。

★27 日，县人大常委会副主任蔡瑞平、冒亚平分赴洋口镇、沿海经济开发区和新店镇，就科技进步法执法情况开展调研，对住建、安监、民政三部门的评议工作进行座谈。

★27 日，副县长刘才盛带领环保、安监、公安、消防等部门前往沿海经济开发区、曹埠镇、掘港镇检查节前企业安全生产工作情况。

★27 日，由省经济和信息化委员会、省中小企业局和省中小企业发展中心主办，县经济和信息化委员会、县中小企业局承办的江苏省中小企业竞争力大讲堂·国家银河培训省有关人员来到如东县。大讲堂由深圳市中商国际管理研究院副院长、执行力研究所所长高岩主讲，主要围绕“创新领导力与高效执行力”展开。副县长刘才盛到会并讲话，他要求与会人员以此次报告会为契机，不断创新技术，提高竞争力，做好企业、产业、载体和品牌的转型升级，促进全县经济社会又好又快发展。

★27 日，如东县召开全县为农服务社建设工作会议，副县长于立忠要求按照“政府引导、多方参与、整合资源、市场运作”的原则，全面提升全县镇村为农服务社建设的覆盖率，加快构建“连接城乡、布局合理、功能完善、运转高效”的农村社区综合服务网络。

★28 日，省委宣讲团在如东县举行贯彻“六个注重”，实施“八项工程”，推进“两个率先”报告会。县委书记、县人大常委会主任周铁根主持报告会，要求全县上下进一步强化机遇意识、责任意识、忧患意识，紧紧围绕“十二五”发展的主题主线，牢牢抓住重要战略机遇期，切实在加快转变经济发展方式上动脑筋、下功夫，更加注重以创新驱动提升发展竞争力，以结构调整增强发展协调性、可持续性，以深化改革开放增添科学发展新动力，以解决民生突出问题提高人民生活水平，以加强社会管理创新促进社会和谐稳定，在新的起点上不断开创科学发展新局面。县四套班子领导、各镇区和县级机关各部门主要负责人聆听报告会。

★28日，县青年人才集体婚礼庆典仪式在县行政中心广场隆重举行。十对新人踏上红地毯，迈入婚姻的殿堂。县委书记、县人大常委会主任周铁根为新人致证婚词。县委副书记、县长詹立风为新人颁发了纪念品。县人大常委会党组书记张桂英，县委副书记潘建华，县领导陈建华、任新峰、徐志平、姜晓静、童玉林出席庆典仪式。

★28日，县长詹立风在洋口镇和沿海旅游经济开发区调研时强调，不断理清发展思路，紧紧抓住重点领域的建设，高起点规划，高标准实施，保证小洋口地区健康、繁荣发展。

★28日，县长詹立风带着安监、消防、公安、海洋渔业等部门负责人前往沿海经济开发区部分化工企业以及洋口镇下海卡口，就安全生产开展专项督查。

★27日，如东县召开全县招商引资推进会。县委常委、常务副县长顾淑英要求各镇区紧紧咬定双过半目标，创新举措，攻坚克难，迅速发起二季度招商引资的强大攻势。

★28日，市综治办主任助理曹明冲带领督查组到如东县，就社会管理创新工作推进情况进行专项督查。县委常委、政法委书记陈建华介绍了如东县开展社会管理创新工作的相关情况。督查组对如东县社会管理创新工作取得的成绩表示肯定，认为如东社会管理创新在全市先行一步，运作规范、机制成熟、成效明显，探索新形势下社会管理创新所形成的模式、方法和经验值得在全市范围内总结推广。

★29日，如东县举行庆“五一”劳模座谈会暨省、市劳模赴南通领奖欢送会。县委书记、县人大常委会主任周铁根代表县委、县人大、县政府和县政协，向在平凡岗位做出不平凡业绩的劳模和广大劳动者致以节日的问候和衷心感谢。副县长姜晓静主持座谈会，县人大常委会党组书记张桂英，县领导周建飞、陈昌龙、冒亚平、童玉林出席会议。

★29日，全县公开选拔科级后备干部考试面试举行，来自各机关单位、镇（区）的近400名中层及中层以上干部参加了面试。县委常委、组织部部长任新峰视察了面试考场。

★29日，县人大常委会召开第68次主任会议，专题听取县政府关于生态县创建工作情况汇报。会议听取了副县长于立忠关于生态县创建工作情况汇报。县人大常委会副主任徐志平建议政府和相关部门做好宣传造势工作，增强群众参与创建的意识；加快构建生态体系；创新长效管理工作机制，建设现代生态如东。会议由县人大常委会副主任蔡瑞平主持。县人大常委会副主任杨成泉、沈更生出席会议。

5月

★3日，县委书记、县人大常委会主任周铁根前往如东经济开发区调研，他要求该区上下以更为强烈的使命感和紧迫感，踏实苦干，谋求当前招商引资、项目建设等重点工作新突破，全力以赴推进海洋铁路站前广场、道路建设，确保今年海洽会前海洋铁路全面通车。县委副书记潘建华，县委常委、洋口港经济开发区党工委书记周建飞陪同调研。

★3日，洋口港经济开发区召开1至4月份工作点评会。县领导周建飞要求全区上下牢牢锁定上半年工作目标任务，坚定信心，鼓足干劲，奋力攻坚，确保涉港各项工作快见成效。

★3日，如东县召开县级机关公务员公开选调工作会议。任新峰要求各选调单位深刻认识开展此次选调的重要意义，切实增强政治意识、大局意识、责任意识，精心组织、规范操作，确保选调工作圆满成功。

★3日，如东县召开干线公路“迎国检”工作推进会。县领导童玉林要求各镇（区）及相关部门紧紧围绕“零失分”的奋斗目标，扎实举措、查漏补缺，确保路域环境整治效果到位，以崭新的姿态迎接全国干线公路养护管理检查。

★4日，县委常委、常务副县长顾淑英带领发改委、公安、安监、监察、总工会等部门负责人，前往马塘、岔河、洋口港等重点单位开展安全生产大检查。

★4日，如东县召开全县产业经济双过半动员会。副县长刘才盛要求各地、各部门创新举措，狠抓重点，求真务实，努力把增量经济的达产达效措施落到实处，实现产业经济序时进度和运行质量的新突破。

★4日，副县长姜晓静带领工商、安监、教育等部门负责人，前往栟茶镇、如东经济开发区检查安全生产工作。

★4日，副县长洪大林率安监、公安、农委等部门负责人，前往位于河口镇的“中天科技”和“久艳服饰”等单位，要求他们严格落实各项安全生产措施，完善安全应急预案。

★4日，如东县举行“建功立业十二五，青春奉献新如东”青年演讲比赛。县领导陈昌龙、沈更生、童玉林参加活动，并为获奖选手颁奖。

★5 日，如东县召开全县生态县创建决战动员大会。县长詹立风号召全县上下，以高度的责任感、高度负责的精神和更加有力的措施，全力做好国家生态县创建各项工作，确保年底如期实现创建目标，努力从根本上改善全县生态环境质量，不断提升经济、社会、生态全面协调可持续发展水平。会议由县委常委、常务副县长顾淑英主持，副县长于立忠作动员报告。县领导蔡瑞平、刘才盛、姜晓静、桑健出席会议。

★5 日，副县长、县公安局局长卢瑞华带领经信委、安监、供电等部门负责人，对双甸、丰利、新店部分企业进行了安全生产大检查。

★5 日，省海洋与渔业局副局长沈毅一行到如东县签订东凌试验场海域使用和高涂置换协议。在副县长洪大林的陪同下，沈毅一行还参观了东凌垦区、如东万亩海参现代渔业园区、苴镇何丫村白对虾养殖区。沈毅希望如东县充分发挥海洋资源优势，进一步提高现代渔业基地建设的标准与水平，确保渔业经济持续稳定发展。

★6 日，省委组织部部务委员、省委党的建设工作领导小组办公室副主任袁功民率领调研组到如东县，就县委贯彻落实中共十七届四中全会精神以及《中共中央关于加强和改进新形势下党的建设若干重大问题的决定》和省委《意见》的有关情况展开调研。县委书记、县人大常委会主任周铁根介绍了如东县经济社会发展和党建工作相关情况。调研组对如东县党建工作取得的成绩给予充分肯定，认为如东以新思路、新理念推进学习型政党建设，以新举措推进党建制度建设，以新机制推进非公企业党组织建设，以新方法、新模式推进基层党建工作，真正实现了“立足发展抓党建、抓好党建促发展”，一些做法值得总结和借鉴。南通市委组织部副部长、市委“两新”工委书记黄卫成，县委副书记潘建华，县领导周建飞、陈昌龙、任新峰陪同调研。

★6 日，省安全生产监督管理局局长王向明在副市长徐辉、市安监局局长倪建明以及县长詹立风，县领导周建飞、刘才盛等陪同下，到如东县调研基层安监机构和队伍建设。县长詹立风汇报了今年以来如东县的安全生产工作情况。王向明对如东县 2011 年以来的安全生产工作给予充分肯定。

★7 日，县领导蔡瑞平、于立忠、童玉林带领县住建、国土、供电等相关部门负责人以及掘港镇相关负责人，检查县在建及规划中的安置小区工程建设情况。

★本周，洋口港经济开发区召开 1 至 4 月份工作点评会，县领导周建飞要求全区上下牢牢锁定上半年工作目标任务，坚定信心，鼓足干劲，奋力攻坚，确保涉港各项工作快见成效。

★本周，县人大常委会副主任杨成泉带领县人大财经工委一行到县审计局调研，听取如东县 2010 年开展同级审计的工作情况和今年重点工作安排。

★8 日，县政府举行 2011 年县城工业企业退城进区集中签约仪式，东升艾克等 4 家企业的主要负责人与掘港镇政府签订协议，将企业搬至掘港镇工业新区。县委常委、常务副县长顾淑英，副县长刘才盛出席签约仪式。

★9 日，南通大学技术转移中心如东工作站揭牌仪式暨最新科技成果信息发布会举行。南通大学副校长丁斐和副县长刘才盛共同为工作站揭牌。

★10 日，县委、县政府召开全县重点工作督查推进会。县委书记、县人大常委会主任周铁根动员全县上下咬定目标，积极作为，砥砺奋进，加大各项重点工作推进力度，为实现“双过半”任务而奋力冲刺。县领导周建飞、顾淑英、刘才盛、于立忠分别就 4 月份港口开发、招商引资和财政收入、工业经济和项目建设、国土和城建交通等重点工作进行了交流和点评。会议由县委副书记、县长詹立风主持。他要求各镇（区）、各单位进一步增强紧迫意识，务求实效；聚焦工作重点和难点，把精干力量放在项目推进上；创新工作思路，力争圆满完成“双过半”任务。县四套班子全体在家领导，相关部门及各镇（区）主要负责人出席会议。

★10 日，全市检察机关延伸法律监督触角现场推进会在如东县召开，县人民检察院检察长顾祖林介绍了如东县检察机关近年来在深入推动延伸法律监督触角工作方面的措施及经验。市人民检察院检察长赵志凯对如东县检察机关延伸法律监督触角，设立派驻乡镇检察室等工作给予充分肯定，并要求各地学习如东先进经验，积极参与社会管理创新，维护社会和谐稳定。与会人员在县委常委、政法委书记陈建华的陪同下参观了位于马塘镇的县人民检察院第一检察室。

★本周，县人大评议机关部门暨执法检查组近日到栟茶、河口两个镇调研。县人大常委会副主任沈更生要求县、镇人大代表真正发挥好履职、监督作用，使评议工作真评、真议、真改、真效；政府和企业要加快科技创新，推动区域经济发展和社会进步。

★本周，市农委主任朱瑞琴一行在县政协副主席桑圣权的陪同下，前往江苏宝宝集团有限公司专题调研科技创新情况。

★11 日，沿海经济开发区召开党风廉政警示教育大会。县委常委、政法委书记、沿海经济开发区党工委书记陈建华要求园区广大党员干部自觉抵制腐朽思想和不良风气的侵蚀，着力营造“以廉为荣，以贪为耻”的浓厚氛围，为全区跨越发展营造风清气正的政治环境。

★11 日，县政府召开紧急会议，全面部署当前抗旱减灾工作。副县长于立忠要求各地、各相关部门迅速行动，以抗大旱、抗长旱的坚强意志和充分准备，扎实做好各项抗旱工作，迎接夏收夏种的到来。于立忠还就禁止秸秆焚烧和综合利用、农村环境长效管理达标乡镇创建等工作进行了部署。副县长洪大林出席会议并讲话。

★10 日，在县委副书记潘建华的带领下，县四套班子领导和县级机关部门副科职以上领导干部在县革命烈士陵园集体重温入党誓词。县委书记、县人大常委会主任周铁根要求全体党员干部深入学习贯彻《廉政准则》，切实做好勤廉表率；切实履行“一岗双职”；切实做到奋发有为。活动由县委副书记、县长詹立风主持。

★11 日，由副市长孙金华带领的南通市“十一五”妇女儿童发展规划实施情况终期评估督查组来如东县进行督查，对如东县“十一五”期间妇女儿童事业所取得的发展给予肯定。副县长姜晓静汇报了如东县实施“十一五”妇女儿童发展规划的情况。副县长洪大林参加了活动。

★12 日，县委副书记、县长詹立风在县住建、规划、国土和掘港镇相关负责人的陪同下，视察市政工程在建情况，他要求相关部门抢抓时间，配优力量，加强协调，加快推进各市政工程的建设进度。县领导蔡瑞平、于立忠陪同视察。

★12 日，由县委宣传部、红十字会、卫生局、教育局、文广传媒中心、文广新局、团县委、文联主办的书画义卖募捐暨卫生服务活动在县文峰广场举行。县委副书记潘建华，县领导顾淑英、徐志平、姜晓静视察了活动现场。

★12 日，县委常委、纪委书记陈跃生到县文广传媒中心，视察了解新改版的“如东县政风行风热线”节目开播运行情况。陈跃生对新改版的“如东县政风行风热线”开播运行情况表示满意，并给予高度评价。

★12 日，由县委组织部精心打造的“如东大学生村官讲坛”正式开讲，为大学生村官提供了开眼界、增见识、长才干的崭新平台。县委常委、组织部部长任新峰希望大学生村官充分利用讲坛这一优质载体汲取新理念、新思想，分享新感悟、新经验，做到学以养德、学以励志、学以修身、学以致用，更好地服务于新农村建设，服务于“推进现代化，建设新如东”的战略目标。市委党校教授季建林做了主题为“做好群众工作，促进社会和谐”的专题讲座。

★12 日，如东县集邮协会召开第四届代表大会。经过 60 多名会员投票选举，产生了新一届理事会，副县长刘才盛、县政协副主席余科当选为理事会名誉会长。

★12 日，县财政局召开民主评议政风行风工作动员暨 5·10 思廉日廉政教育大会。县政协副主席余科为全体人员作了一堂生动的廉政教育课，他要求广大财政系统干部切实加强自身修养，进一步完善制度，强化监督，坚持开门评议，突出结果运用，建立长效机制，切实将民主评议政风行风工作推向深入，为圆满完成县委、县政府下达的全年财政工作任务提供坚强保证。

★13 日，如东县召开人民币流通满意工程汇报会。中国人民银行如东支行、中国农业银行如东县支行等银行向部分人大代表、政协委员汇报了人民币流通满意工程实施情况。县人大常委会副主任蔡瑞平要求各银行继续创新宣传，规范服务，优化“满意工程”基础设施，加快“满意工程”队伍建设，确保全县有一个良好的人民币流通环境。

★15 日，总投资 150 亿元的洋口港石材产业项目在上海西郊宾馆成功签约。县委书记、县人大常委会主任周铁根，县委副书记、县长詹立风，县委常委、洋口港经济开发区党工委书记周建飞出席签约仪式。

★15 日，，由县政府残疾人工作委员会主办，县残联、人社局承办的县首届残疾人职业技能竞赛在第一职业高级中学举行。县领导徐志平、于立忠、王志荣观摩了比赛现场。

★16 日，县领导周建飞到如东经济开发区督查海洋铁路站前广场及 223 线北延等重点工程建设情况。

★16 日，如东县举行首届数据库商函与营销论坛。不同行业专家就数据库营销的优势特点、发展趋势和运作程序展开研讨。副县长刘才盛希望与会企业家认真学习和掌握数据库商函在企业营销管理中的应用，建立各自相对稳定的消费群体，不断开拓市场，扩大销售，促进全县工业经济平稳快速发展。

★16 日至 17 日，南京水利科学院院长、党委书记、中国工程院院士张建云一行到如东县考察，对如东县近年来经济社会发展取得的成绩予以高度评价，并对今后的合作发展表现出浓厚兴趣。县委副书记潘建华向张建云一行介绍了如东县“十一五”经济社会发展概况、“十二五”发展规划和战略目标。县委常委、常务副县长顾淑英主持座谈会。副市长、南京水科院副院长孙金华，县领导周建飞、洪大林会见了张建云一行。

★18 日，县委、县政府在苏州成功举办江苏如东（苏州）投资环境说明暨项目集中签约仪式，共集中签约 19 个项目，总投资额 29 亿元。会议由县委副书记、县长詹立风主持。县委书记、县人大常委会主任周铁根发表了热情洋溢的致辞，他真诚希望大家能进一步了解如东、关注如东、投资如东、兴业如东，他诚邀各位嘉宾来如东走一走、看一看，并通过大家引领更多的朋友莅临如东，参观考察，投资兴业，共谋发展。县委常委、洋口港经济开发区党工委书记周建飞作投资环境说明。县领导顾淑英、陈建华、杨成泉参加投资环境说明会。

★18 日，中央电视台《新闻联播》栏目在头条位置播出以如东风电发展成功做法为主要内容的中国风电发展提速新闻。县委书记、县人大常委会主任周铁根接受《新闻联播》记者专访，重点介绍了如东县破解风电并网难题，通过绿色能源建设带动如东经济发展、加快全县经济结构调整的成功做法。

★18 日，如东县在苏州举办投资环境说明会。县委书记、县人大常委会主任周铁根接受了江苏卫视、现代快报、苏州电视台、苏州日报等知名媒体记者的专访。

★18 日，县实验幼儿园西园区内彩旗飘展、人潮涌动。幼儿代表和老师们通过表演童话剧、团体操、配乐诗朗诵等节目，欢庆幼儿园 60 岁生日。县领导陈昌龙、冒亚平出席庆典活动，并为见证幼儿园发展的园庆纪念树“快乐树”揭牌。

★18 日，马塘镇乡村少年宫在马塘小学落成。市文明办未成年人思想道德建设处处长陈全红和副县长姜晓静为该少年宫揭牌。县委常委、宣传部部长陈昌龙要求各镇和教育部门建立投入保障机制和长效运转机制，加快乡村少年宫建设，确保年底每镇都建成一家，在注重道德教育、养成教育、体验教育和实践教育的同时，充分利用共青团、妇联、科协、文联等社会团体的资源，实现各方共建、资源共享、百花齐放，真正实现在普及中提高，在创新中发展。

★18 日，如东县城市公交开通仪式在县行政中心举行。副县长于立忠希望交通、城管、交警等部门进一步加强行业监管，规范运营行为；牢固树立“安全第一、以人为本”的理念，努力构建和谐运输格局，为广大人民群众提供“便利、安全、优质”的运输服务。县人大常委会副主任蔡瑞平宣布城市公交“开通”。县政协副主席童玉林出席启动仪式。

★19 日，县委、县政府召开迎峰度夏有序用电工作会议。副县长刘才盛出席会议并为新成立的电力行政执法办公室揭牌。他希望各重点骨干企业从稳定经济社会发展大局出发，配合迎峰度夏有序用电工作；各镇区加强领导，落实责任，主动协调有序用电、电力设施保护中有关矛盾和问题；相关部门加强执法力度，维护电网安全稳定运行。

★19 日，如东县召开秸秆禁烧利用暨“四位一体”长效管理推进电视电话会议。副县长于立忠对两项工作一并作部署，要求各镇、各相关部门切实增强做好秸秆禁烧与综合利用工作的责任感和紧迫感；堵疏并举，全面落实秸秆禁烧与综合利用的各项关键措施；狠抓落实，努力形成推进秸秆禁烧与综合利用工作的强大合力。县委常委、纪委书记陈跃生要求各镇、各相关部门全面落实好秸秆禁烧与综合利用的关键举措，全力确保秸秆禁烧与综合利用工作取得实效。会议由副县长洪大林主持。

★19 日，县委组织部召开机关选派和大学生村干部代表工作交流会。县委常委、组织部部长任新峰寄语他们努力适应新形势，向最好最棒的目标挑战自我、磨砺自我，做人民群众信得过的村干部、带头人。

★20 日，江苏如东融兴村镇银行正式开业，为如东县经济社会发展注入新的活力。县委副书记潘建华致辞。县委常委、常务副县长顾淑英主持，县领导陈建华、杨成泉、桑健参加开业仪式。

★20 日，洋口港区海上综合应急演习在中石油江苏 LNG 接收站码头及附近海域举行。县委常委、洋口港经济开发区党工委书记周建飞，副县长刘才盛参加了演习活动。

★20 日，如东心理健康咨询指导中心正式挂牌。县领导陈昌龙、陈建华共同为如东心理健康咨询指导中心揭牌，县领导冒亚平、姜晓静、桑圣权出席揭牌仪式，寄语指导中心办出特色、办出成效。

★20 日，全县城乡规划干部专题培训班正式开班。县委常委、组织部部长任新峰希望城乡规划战线的同志科学思维、科学决策、科学实施城乡规划，不断吸收城乡规划新理念，全力提升规划的精致性，维护规划的权威性，为推动如东的大建设和大发展做出新的业绩。副县长于立忠主持开班仪式。

★22 日，县委、县政府专题召开全县基层医疗卫生机构综合改革推进会。县委副书记、县长詹立风要求各镇及相关部门紧密结合如东实际，进一步统一思想、明确目标、突出重点，扎实做好全县公立医疗卫生机构综合改革工作，为全面推进基本药物制度、增强医疗卫生事业发展活力提供有力保障。副县长姜晓静通报了目前全县医改工作情况。县领导顾淑英、陈昌龙及各镇、各相关部门分管负责人出席会议。

★22 日，县委、县政府召开“不给别人添麻烦”公民文明素质提升行动暨文明、卫生城市复检迎查动员会。县委副书记、县长詹立风要求各地、各部门科学引导、全民参与、重点突破、统筹推进，全面提升文明、卫生城市创建层次和水平。会议由副县长于立忠主持。县委常委、宣传部长陈昌龙作动员报告。县领导冒亚平、姜晓静、桑圣权出席会议。

★23 日，县委书记、县人大常委会主任周铁根在县交通运输局相关负责人陪同下，视察临海高等级公路、苴东线、苏 225 线等在建交通重点工程，并详细了解工程建设进展，要求相关部门和建设施工单位认真查找推进过程中存在的问题，瞄准序时，通力合作，加速推进交通基础设施建设，加快建成新如东现代化交通体系。

★23 日，如东县召开纪念全县第一个党支部——下漫灶支部建立 85 周年座谈会。县委副书记潘建华到会并讲话，他说，通过这次活动，我们认识到在任何时候任何情况下一定要坚持党的领导，要继承和发展党的光荣传统，进一步加强和改善党的自身建设，作为基层党的组织要贯彻好、落实好、执行好科学发展观，使我们党有战斗力、凝聚力。

★24 日，中国石油和化学工业联合会会长李勇武一行前往太阳岛江苏 LNG 项目建设现场，视察项目建设情况。县委书记、县人大常委会主任周铁根向李勇武介绍了如东的地域、经济社会以及洋口港开发建设等方面的情况。县委常委、洋口港经济开发区党工委书记周建飞陪同视察。

★24 日，南通市基地型化工项目专家团一行 15 人在副市长徐辉的陪同下考察洋口港。县长詹立风向专家们介绍了洋口港的产业布局和发展远景。县领导顾淑英、刘才盛陪同考察。

★24 日，南通市第六届“五月风”文艺展示月系列活动——南通北三县（市）书法联展首展开幕式在如东县举行。县委副书记潘建华出席开幕式并致辞，他说，在纪念中国共产党成立 90 周年的日子里，举办书法联展活动，有利于促进书法艺术区域交流，增进了解、提高技艺、扩大影响。他希望如东的书法家们抢抓机遇、谦虚学习、不断创新。县领导沈更生、余科参加活动。

★24 日，掘港镇召开生态环境保护和建设工作暨国家生态镇复检迎查决战动员大会。副县长于立忠要求认清当前形势，明确工作目标，加强组织领导，猛攻重点、难点，抓好生态创建工作，确保各项任务圆满完成。

★26 日，县委、县政府在广州举办如东（广州）投资环境说明会暨项目集中签约仪式，共集中签约 8 个项目，总投资额约 13 亿元。会议由县委副书记、县长詹立风主持。县委书记、县人大常委会主任周铁根发表了热情洋溢的致辞。县委常委、常务副县长顾淑英作投资环境说明。县领导周建飞、任新峰、杨成泉、冒亚平、姜晓静、桑健参加了活动。

★26 日，县委书记、县人大常委会主任周铁根在广州，就如东的发展优势、如何依托港口优势承接珠三角的产业集群、打造怎样的投资环境等，接受广东卫视、广州日报等珠三角地区媒体记者的采访。

★26 日，市委常委、副市长秦厚德到如东县调研项目农业发展情况，要求如东县加快农村基础设施建设，突出现代农业发展，实现农民增产增收。在县领导陈跃生、洪大林、桑圣权的陪同下，秦厚德前往重点农业项目现场实地调研，详细了解每个项目的规模和发展经营状况。

★27 日，在县委副书记潘建华的陪同下，中国外交笔会会长、外交部前副部长、前中国驻德国和奥地利大使王殊，携《江苏外事》顾问团一行专程到洋口港考察。

★27 日，如东县举行全县保障性住房公开配租仪式。在县领导蔡瑞平、于立忠、童玉林以及县纪检、检察部门相关人员的监督下，6 户低保户拿到廉租房的钥匙。

★27 日，如东县召开关于砖瓦厂周边 3 号地块等项目规划设计方案评审。会议还通过了县公安局行政办公大楼、县城浅水湾南侧地块的规划评审。县领导蔡瑞平、于立忠、童玉林参加会议。

★27 日，县人大常委会副主任蔡瑞平带领环境资源城乡建设工委人员，专题视察调研了县地方海事处强化船舶污染防治，积极投身生态县建设工作。

★28 日，浙江华海药业股份有限公司与县沿海经济开发区正式签约，“华海药业”成为沿海经济开发区接纳落户的第 12 家上市企业。县长詹立风出席签约仪式。县委常委、政法委书记、沿海经济开发区党工委书记陈建华致辞。

★28 日，南京航空航天大学和县政府及沿海经济开发区举行合作签约仪式，共同建设南京航空航天大学产学研合作基地、学生实践与创业基地、MPA 研究生培养基地和技术转移服务中心。县领导陈建华与南京航空航天大学副校长聂宏为基地揭牌，副县长刘才盛与聂宏签订框架性协议。

★28 日，县安委会召开“安全生产月”活动动员会，组织骨干企业负责人进行安全培训。副县长刘才盛要求各地、各部门认真谋划部署，制订切实可行的活动方案，规划好重点宣传活动，全面推动全年各项安全生产工作的落实。

★28 日，南通引江区域供水通洋线（通如合建段）输水工程在通州区兴仁镇破土动工。副市长朱晋、副县长于立忠出席开工典礼。

★29 日，南通市委原书记陈根兴、南通市政协原主席程亚民、南通市政协原副主席储长林专程到如东县视察。县委书记、县人大常委会主任周铁根，县长詹立风，县人大常委会党组书记张桂英及县领导周建飞会见了市老领导一行。

★29 日，由县创新办、民政局、妇联、教育局、财政局、慈善会主办，安利南通分公司协办的“共享阳光”关爱孤儿大型公益活动正式启动，县政府向全县 91 名受助儿童发放儿童福利证和 2011 年上半年基本生活费。副县长于立忠出席启动仪式。

★30 日，南通市委副书记、代市长张国华在县委书记、县人大常委会主任周铁根，县长詹立风的陪同下，在如东县调研。张国华对如东县经济社会发展取得的成绩予以充分肯定，要求如东县发挥洋口港的龙头带动作用，不断提升如东沿海开发的综合影响力，为南通沿海开发做出示范。县委副书记潘建华及县领导周建飞、顾淑英参加了调研活动。

★30 日，县第十五届人大常委会召开第二十五次会议。会议听取和审议了副县长刘才盛代表县政府所作的关于贯彻落实科技进步法情况的工作报告；听取和审议了县民政局、安监局、住建局迎接人大评议工作报告，并进行满意度测评。县人大常委会副主任冒亚平代表县人大常委会执法检查组作了关于科技进步法执法检查情况的报告。会议还根据县长詹立风提请的人事任免议案，任命肖斌为县监察局局长。会议由县人大常委会副主任徐志平主持。县委书记、县人大常委会主任周铁根，县人大常委会副主任杨成泉、沈更生、蔡瑞平、冒亚平出席会议。县人大常委会党组书记张桂英列席会议。

★30 日，洋口港 10 万吨级石化码头开工建设，这是江苏省已批复的最大规模的石化码头，标志着洋口港自开港以来正式进入商业运营期，它将为如东、南通乃至于江苏省石化产业的快速发展和区域经济腾飞创造极为有利的基础条件，对如东临港产业的布局和发展将产生积极影响。县领导周建飞出席开工典礼。

★30 日，如东县召开学习宣传贯彻《江苏省新型农村合作医疗条例》动员大会。副县长姜晓静要求各镇、相关部门、各定点医疗机构组织好学习贯彻工作，深入基层，加大宣传；卫生、行政、县合管办、财政、人社、物价、民政等部门要明确各自的职责，相互协作，确保条例有效实施。

★30 日，如东县召开控烟工作暨卫生系统创建无烟单位动员大会。副县长姜晓静动员卫生系统进一步增强控烟工作的责任感，采取有力措施，力争 8 月底前全面建成无烟单位；县爱卫会成员单位要发挥带头作用，重点在各机关企事业单位宣传烟草危害知识，及时劝阻烟民的吸烟行为。

★30 日，县水务系统以“水利的春天，廉洁的岗位”为主题，开展廉政教育情境党课暨综合艺术比赛活动。副县长洪大林要求该系统坚持廉政教育常抓不懈，形成反腐倡廉工作长效机制。

★31 日，如东县召开社会管理创新工作第三次现场推进会，并成立全省首家县级社区矫正执法大队。县委副书记潘建华、南通市司法局局长张武林共同为如东社区矫正执法大队揭牌。县委常委、政法委书记陈建华对前一阶段的社会管理创新工作进行点评，并部署了下一阶段的工作。潘建华要求各镇、各部门树立执政为民、公平正义、依法行政、服务管理的理念，夯实基层基础工作，突出重点，完善机制，切实解决事关百姓切身利益的问题，深入推进全县社会管理创新，为如东基本现代化建设创造平安和谐的社会环境。会议由副县长于立忠主持，县领导徐志平、卢瑞华、童玉林参加会议。

★31 日，如东县召开各镇区政法委员工作交流会。会议要求政法综治部门充分发挥政法综治工作在推进社会管理创新中的主导作用，用新的理念、新的方法破解社会管理中出现的新矛盾、新问题。县委常委、政法委书记陈建华出席会议。

★31 日，副县长于立忠前往骨肉瘤疾病患者严嘉仪的家中，给她送去贫困家庭儿童重大疾病慈善救助金。于立忠详细询问了严嘉仪的病情和生活学习情况，鼓励她勇敢地与病魔斗争，积极配合治疗。

★31 日，如东县召开全县防汛防旱工作会议，深入分析当前防汛防旱形势，并对 2011 年防汛防旱工作进行全面部署。副县长洪大林要求各镇区、各单位充分认识 2011 年防汛防旱工作的重要性和紧迫性，坚持防汛抗旱两手抓，切实抓好应急物资等关键措施的落实，坚决杜绝形式主义，及早着手，明确责任，严格落实，确保各项预案真正落到实处。

★31 日，如东县召开 2011 伏季休渔暨海洋渔业安全生产工作会议。副县长洪大林要求各镇区、各部门落实好防火防盗防台风措施，严格执行首报、安检等工作制度，做好“平安渔业示范县”创建和“安全生产月”等各项活动，达到确保应休渔船全部按时进港休渔，确保无渔船违规事件发生，确保渔港无安全事故发生，确保渔区社会稳定的“四个确保”总体工作目标。

★31 日至 6 月 1 日，《新华日报》、江苏电视台等多家省级媒体记者来如东县采访报道创先争优活动先进典型吴迪富。在与各家媒体记者座谈时，县委副书记潘建华指出坚持走自主创新之路，认真落实好科学发展观，是全县企业在转型升级过程中取得长足进步的重要基石。他希望各家媒体紧紧抓住企业家以及企业发展的典型意义，深度挖掘企业成长的宝贵经验，加强宣传报道，使这一典型在更大的范围内得到广泛认可。县领导陈昌龙、任新峰参加了与媒体记者的座谈。

6 月

★1 日，县委书记、县人大常委会主任周铁根，县长詹立风前往如东县实验小学、掘港小学、“中坤苑”

新苗幼儿园，与小朋友们共庆节日，并向全县儿童表示节日的祝贺，向广大少年儿童教育工作者表示诚挚的慰问。县领导陈昌龙、冒亚平、姜晓静、桑圣权参加活动。

★1 日，县卫生局开展《江苏省新型农村合作医疗条例》学习宣传暨现场义诊活动。县领导陈昌龙、冒亚平、姜晓静、桑圣权视察了活动现场。

★8 日，县政协农业组委员在政协副主席桑健、冯力如的带领下，对如东县现代渔业园区建设情况进行了视察。委员们对如东现代渔业园区开发建设工作给予充分肯定，纷纷为加快现代渔业园区建设进程建言献策，并就进一步加强组织领导、完善机制、政策扶持、协调服务等提出了建议。

★9 日，如东县召开全县商品房价格备案暨商品房销售明码标价工作会议。从 6 月 10 日起，如东县对普通商品房实行价格备案制度。副县长于立忠要求，各开发企业及相关部门进一步提高对实行商品房价格备案暨商品房销售明码标价制度的重要性的认识，开展多种形式的宣传，依法保障消费者的合法权益，努力增强社会责任感。

★10 日，如东县召开全县内部审计工作会议。县委常委、常务副县长顾淑英指出，全县上下对内部审计工作的意识不断深化，内审队伍和制度不断得到健全完善，如东县内审工作逐步走向法制化、制度化和规范化的轨道，审计人和被审计人的服务对接也有了明显改善，严肃了各项纪律，保证了有序运行，为领导的决策提供了依据。

★11 日，市委常委、副市长秦厚德带领各县（市）区相关部门的领导，在县委副书记潘建华的陪同下，到如东县检查指导“三夏”工作推进情况。县领导陈跃生、于立忠、洪大林参加会议。

★11 日，如东县非物质文化遗产保护成果展示及“美在民间”——如东民间手工艺制作与展示活动在县文化馆展出，引来众多市民驻足观赏。副县长姜晓静观看了展品，并观看了“如东县庆祝建党九十周年美术作品展”。

★12 日，如东县开展县安全生产宣传咨询周活动，现场通过宣传展板、发放宣传资料等方式，向群众宣传安全生产法律法规，安全生产、应急救援知识以及安全发展理念等知识。副县长刘才盛察看宣传现场。

★13 日，县政府在文峰大世界广场举行宣传周活动启动仪式，倡导市民关注食品安全。县委副书记潘建华宣布宣传周活动正式启动。副县长姜晓静作动员讲话，她要求各地、各部门大力营造全社会支持参与食品安全工作的良好氛围，进一步普及食品安全知识，提高全社会的食品安全意识，把宣传周活动作为“推进现代化，建设新如东”的重要抓手，确保活动取得实效。县领导陈昌龙、冒亚平、桑圣权出席启动仪式。如东人民广播电台同期对启动仪式进行了现场直播。

★13 日，县城亚萍广场南侧地块现场指挥部召开推进会议，专题部署该地块征收范围内各单位房屋征收工作。副县长于立忠要求相关单位充分认识该地块征收的意义，选配强有力的工作班子，时间上从紧，政策上从严；要按照国有资产处置的要求严肃纪律、理清账目，确保不流失、不挪用。

★14 日，省人民检察院副检察长严明到如东县调研检察工作。在市人民检察院检察长赵志凯，县委副书记潘建华，县委常委、洋口港经济开发区党工委书记周建飞的陪同下，严明一行视察了建设中的洋口港。他要求如东县检察机关，紧紧围绕党委政府中心工作，深刻认识新形势下强化法律监督的重要性，增强责任感和使命感，为经济升级转型营造良好的法治环境；推进社会管理创新工作，结合本地实际，力争形成品牌，创出特色，构筑全方位的工作格局；大力加强队伍专业化建设，完善对自身执法活动的监督制约机制，做到从严治检，廉洁从检，真正让检察权在阳光下运行。

★14 日，全市政风行风热线“四位一体”现场观摩暨推进会在如东县召开。会议要求学习如东“四位一体”经验，将“政风行风热线”真正建设成为纠正行业不正之风的“监督岗”、为人民群众办事的“服务台”、化解社会矛盾的“减压阀”、群众与部门间的“连心桥”。南通市纪委常委、监察局副局长陈锋认为如东县的“四位一体”工作起步早、工作实，真正达到了省纪委、省纠风办的要求。县委常委、常务副县长顾淑英，县委常委、县纪委书记陈跃生出席会议。与会人员观看了如东县“政风行风热线”集锦并作交流发言。

★14 日，如东县召开全县招商引资推进会，县委常委、常务副县长顾淑英要求各镇区咬定目标任务，创新招商方式，确保招商引资顺利实现“双过半”。

★14 日， 如东县召开全县建筑企业银企合作恳谈会。副县长于立忠要求建管和金融部门充分认识金融支持对建筑业发展的巨大推动作用，创新工作方式，加大推进力度，加强银企合作，积极为建筑企业融资和银行拓展金融服务开辟更加便捷的通道，不断提高建筑企业与金融机构的融合度，为全县建筑业发展注入强大的资金活力。全县各建筑企业在提高自身业务竞争力的同时，要更加注重提升自身信誉度，以良好的信誉争取金融部门更多支持。

★14 日，副县长姜晓静带领卫生、工商、质检等部门的相关负责人，检查如东县食品安全情况。姜晓静要求无论是在食品的来源、保质期还是食品添加剂的添加方面，都要严格把关，从源头上抓好食品安全，营造良好的食品安全氛围，让老百姓吃得放心。

★15 日，县委组织部、县人社局举行 46 名高学历人才与全县 41 家用人单位签订“就业协议”签约仪式，标志着如东县连续四年高学历人才招录工作取得圆满成功。县委副书记潘建华在县情•政策环境说明会上向高学历人才介绍了如东县基本概况、发展现状、未来潜力以及高学历人才引进政策。县委常委、组织部部长任新峰主持县情•政策环境说明会。县领导徐志平、姜晓静、童玉林等参加了活动。

★15 日，由新华社、人民日报社等主流媒体组成的采访团对如东县沿海开发取得的成绩进行采访报道。县领导周建飞向采访团介绍了如东县沿海开发的有关情况。县领导顾淑英、陈昌龙会见了采访团一行。

★16 日，如东县召开全县宣传思想文化重点工程推进会，总结交流上半年宣传思想文化工作亮点，并对下半年重点工作作出部署。县委常委、宣传部部长陈昌龙要求各镇区对宣传思想文化工作保持充分的感情、热情和激情，继续深入群众、贴近群众、依靠群众，主动积极有效作为，服务全县发展大局。

★17 日，如东县召开重点工作督查推进会。县长詹立风要求各地、各部门找准坐标，瞄准指标，冲刺目标，坚定信心，团结协作，集中精力，全力以赴，确保顺利完成“双过半”目标任务。县领导周建飞、顾淑英、刘才盛、于立忠、洪大林分别就港口开发、招商引资和财政收入、工业经济和项目建设、城市和交通基础设施建设以及农业、农村等重点工作作了专题汇报。县领导潘建华主持会议，他要求全县上下坚定信心，认清差距，求真务实，团结协作，勇于担当，以勇争一流的精神全力推进上半年各项工作。县四套班子领导，县重点经济部门主要负责人，各镇（区）主要负责人参加了会议。

★17 日，如东县举行洋口港首艘 LNG 船舶安全进出港作业总结会。与会人员对洋口港首艘 LNG 船舶——“阿尔雷卡亚”轮进出港作业过程进行了总结评估。县领导周建飞对各相关单位卓有成效的工作给予高度评价，同时要求各单位及时总结此次 LNG 船舶进出港作业过程中的成功经验和好的做法，并将其融入到今后的监管方案中，建立和健全 LNG 船舶安全监管的长效管理机制，相关服务部门要充分体现主体责任、弥补不足，进一步做好自身工作，为下阶段 LNG 船舶安全监管工作打下坚实基础。

★17 日，如东县“扶海大学堂”邀请著名军旅作家王树增作革命战争与革命的英雄主义专题报告。报告会由县委常委、宣传部部长陈昌龙主持。县领导顾淑英、陈跃生、蔡瑞平、冒亚平、刘才盛、姜晓静、洪大林、童玉林、桑圣权出席报告会。

★18 日，县委召开全县领导干部会议，宣布中共江苏省委、南通市委关于如东县主要负责同志职务调整的决定：詹立风同志任中共如东县委书记；周铁根同志调任无锡市委常委、纪委书记，不再担任如东县委书记、常委、委员，县人大常委会主任职务；潘建华同志提名为如东县人民政府县长候选人，兼任县政协党组书记。南通市委常委、组织部部长韩立明在会上作重要讲话。原如东县委书记，现无锡市委常委、纪委书记周铁根在讲话中表示，坚决拥护省委、市委决定，完全赞成詹立风同志接任如东县委书记。县委书记、县长詹立风在讲话中表示，韩立明部长代表市委的重要讲话，充分体现了市委对如东的关心厚爱和厚望，要深刻领会好、认真贯彻落实好。县委副书记潘建华在会上表示，完全拥护省市委的决定，坚决服从组织的安排。市委组织部副部长、市委两新工委书记黄卫成主持会议，并宣布省委、市委决定。县四套班子领导，各镇区党政主要负责人，县级机关各部门、各单位主要负责人，原四套班子部分老领导出席会议。

★18 日，“平安海洋、诚信海洋”建设启动仪式暨第三届南通如东放鱼节活动在洋口港海域举行。县领导潘建华宣布活动正式启动，他希望社会各界、涉海部门和用海单位在今后的生产、生活中切实做到科学用海、依法用海、平安用海、和谐用海，为促进如东县海洋事业的可持续发展做出更加积极的贡献。启动仪式由县领导于立忠主持，县委书记、县长詹立风，县领导周建飞、杨成泉、桑健参加了活动。

★19 日，县委召开会议，对中共如东县第十三次代表大会代表选举工作进行专题部署。县领导任新峰要求各选举单位成立专门的领导小组和工作机构，加强组织领导，以党章为准则，严格按照《中国共产党地方组织选举工作条例》《中国共产党基层组织选举工作暂行条例》等党内法规，突出选举工作重点，充分发扬党内民主，把握关键环节，认真执行民主集中制原则，严格选举程序，严肃选举纪律，确保代表质量，努力营造风清气正的选举环境。

★20 日，由县委宣传部、县级机关党工委、县旅游局、县机关事务管理局、县文联联合主办的“党旗颂”县级机关书画摄影展在县行政中心大楼正厅展出。县领导陈昌龙、刘才盛、冒亚平、桑圣权以及主承办单位的负责同志、部分作者、机关干部职工、县老年大学书画摄影班的学员观看了展览。

★20 日，县十五届人大召开第七十次主任会议，听取并审议副县长姜晓静关于如东县学前教育情况的报告。县人大常委会副主任徐志平要求各级政府和教育部门进一步加强学前教育工作，认真研究和破解工作中的难点，理顺体制和机制。创造学前教育的良好环境，使全社会都来关心支持学前教育。县人大常委会副主任杨成泉、沈更生、蔡瑞平、冒亚平出席会议。

★21日，龙源江苏如东150兆瓦海上（潮间带）示范风电场在如东县环港外滩开工，标志着江苏风电从陆上向海上大规模拓展。国家能源局副局长刘琦宣布项目开工，并与中国国电集团公司副总经理米树华，省政府副秘书长徐立，市委副书记、代市长张国华，龙源电力集团股份有限公司总经理谢长军，省发改委副主任李玉琦，县委副书记潘建华共同启动项目开工仪式。市委常委陈照煌，县委常委、常务副县长顾淑英以及国家、省、市、县相关职能部门领导参加开工仪式。

★21日， 由县老年大学、县老年书画研究会、县文化馆联合举办的为庆祝中国共产党建党90周年和县老年书画研究会成立10周年书画作品展在县文化馆开幕。县领导陈昌龙出席书画展，

★21日，县人大常委会召开第71次主任会议，听取县农委负责人关于如东县实施《中华人民共和国动物防疫法》《中华人民共和国农产品质量安全法》《中华人民共和国种子法》的有关情况报告。会议由县人大常委会副主任杨成泉主持。县人大常委会副主任徐志平、沈更生、蔡瑞平、冒亚平出席会议。

★21日，县规划局组织对县城砖瓦厂周边1号地块政府保障性住房规划方案进行评审。副县长于立忠要求各部门为工程开工建设创造良好条件；规划设计单位要根据专家的意见对规划文本进一步进行优化，使其风格设计、景观绿化、生活设施更加符合人居的需要。县领导蔡瑞平、童玉林出席评审会。

★21日，县政协召开十三届二十三次常委会议。会议听取了县发改委相关负责人关于《如东县国民经济和社会发展第十二个五年规划纲要》的解读报告，听取了县委党校常务副校长吴金明关于中共十七届五中全会与“十二五”规划专题讲座，并协商通过相关人事任免。县政协领导童玉林、王志荣、桑健、余科、桑圣权、冯力如出席会议。

★22日，县领导陈建华、卢瑞华率领县法院、公安等部门负责人，到洋口镇调研、指导社会稳定工作，洋口镇党委、政府的主要人同志分别汇报了当前该镇存在的企业倒闭导致拖欠农民工工资、渔民定刺网作业等6个方面的群体性信访问题。

★22日，由南京军区选培办、县人武部主办的2011年江苏省普通高校招生国防生政策宣传咨询现场会在如东高级中学举行，省军区选培办主任张德智就国防生相关政策作了详细解读。南通军分区政治部副主任刘端，县委常委、人武部政委蔡建华参加了活动。

★21日，县委常委、人武部政委蔡建华带领县委组织部的人员冒雨到河口镇慰问。该镇共有228名新中国成立前老党员，蔡建华一行先后走访慰问了4名20世纪40年代入党的老同志，蔡建华要求镇、村领导及老党员家属照顾好老人的生活，让老人们度过幸福、愉快的晚年。

★22日，县委副书记周建飞、副县长洪大林赴长沙镇慰问老党员。

★22日，县委常委、政法委书记陈建华，县政协副主席童玉林率领县委组织部相关人员到洋口镇开展“七一”慰问活动。

★22日，市委宣传部副部长徐仁祥率市督查组一行到如东县检查关于严肃党委换届纪律工作情况。县委常委、组织部部长任新峰汇报如东县严肃党委换届纪律的工作。

★22日，县人大常委会副主任杨成泉慰问丰利镇环农村马群山、双沟门村葛长银等4名困难老党员，给他们送去了党和政府的温暖。

★22日，县人大常委会副主任蔡瑞平和县政协副主席冯力如专程到马塘镇登门看望4名困难老党员。

★23日，市委常委陈照煌到如东县督查指导党委换届工作。他充分肯定如东县相关工作，认为如东县委对换届工作高度重视，组织严密，工作扎实，换届风气、社会反响较好。县委书记詹立风汇报如东县党委换届工作情况。县委副书记周建飞，县委常委、组织部部长任新峰分别交流了换届经验。县人大常委会副主任冒亚平参加活动。

★23日，县委副书记、代县长潘建华前往如东经济开发区走访慰问老党员，向他们送去节日问候。

★23日，县委常委、副县长陈昌龙，县委常委、宣传部部长杨中坚赴袁庄镇，慰问部分优秀党员及生活困难的老党员，把党的温暖和节日的问候送到他们的心坎上。

★23日，由县安全生产委员会主办的全县“安全在我心中”演讲比赛在县行政中心会议厅举行。副县长洪大林希望通过这样的比赛能够增强全社会的安全意识，提高安全防范能力，以更加务实的态度、更加扎实的作风做好安全生产工作，促进社会和谐。县领导陈昌龙、杨成泉、桑健观看了比赛并为获奖选手颁奖。

★23日，县委常委、组织部部长任新峰到栟茶镇，看望老党员。任新峰对老党员为祖国解放和社会主义建设做出的贡献表示感谢，嘱咐镇村领导，对老同志要经常登门看望。

★23日，县住建局召开接受人大评议整改动员会。

县人大常委会副主任蔡瑞平要求住建系统全体同志严格按照“五明确一公开”的要求，认真落实整改方案，真正达到“评议促发展、评议促提升”的目的。县人大常委会副主任冒亚平出席会议。

★23 日，县人大常委会副主任冒亚平带领县组织部和新店镇主要领导慰问该镇 4 位新中国成立前入党的困难老党员。

★23 日，省政协人口资源环境委员会副主任、省委农村工作领导小组副组长宣荣一行 8 人，到如东县专题调研陆源污染防治工作。副县长于立忠汇报如东县沿海产业布局、陆源污染防治和生态海洋建设情况。调研会由县政协副主席童玉林主持，县政协副主席冯力如出席活动。

★24 日，县第十五届人大常委会举行第二十六次会议。会议经过票决，任命潘建华、陈昌龙、张蓉蓉、王智等四人为县人民政府副县长，潘建华同志代理县人民政府县长职务。同意接受周铁根同志辞去如东县第十五届人民代表大会常务委员会主任职务的请求；同意接受詹立风同志辞去如东县人民政府县长职务的请求；同意接受刘才盛同志辞去如东县人民政府副县长职务的请求。会议由县人大常委会副主任徐志平主持。县委书记詹立风向县人大常委会提出了《县政府关于提请潘建华等同志任职的议案》。县人大常委会副主任杨成泉、沈更生、蔡瑞平、冒亚平出席会议。

★24 日，县委书记詹立风前往掘港镇走访慰问老党员，向他们送去节日问候和组织关怀。

★24 日，县政协、县委统战部、县工商联邀请县四套班子部分领导、部分党外老领导和各界人士代表，欢聚一堂，共同庆祝中国共产党成立 90 周年华诞。会议由县政协副主席童玉林主持，县委常委、组织部部长任新峰作如东县党的建设和发展历程的专题报告。县委副书记周建飞出席座谈会，他指出，全县统一战线要以庆祝中国共产党成立 90 周年为新起点，发挥好参政议政、民主监督的作用，在推动统一战线中有新的作为；发挥好建言献策、模范带头的质量，在推动跨越发展中有新的贡献；发挥好联系各界、协调各方的优势，在促进社会和谐中有新的成效，努力形成统一战线广大成员凝心聚力、和衷共济，致力于如东建设的新局面。县政协副主席桑健、桑圣权、冯力如出席座谈会。

★24 日，县委常委、常务副县长顾淑英，副县长张蓉蓉赴岔河镇慰问老党员，向他们送去节日的问候。

★24 日，副县长于立忠带领相关部门负责人，前往大豫镇慰问老党员和部分困难党员。

★24 日，全国海域动态监管电视电话会议在南通召开。会上，副县长洪大林汇报如东县海域动态监管建设情况。国家海洋局海域管理司司长于青松要求沿海各县市，学习先进单位管理经验，进一步完善监管网络，加强队伍建设，不断巩固和提升海域使用动态监管水平。

★25 日，县第十二届委员会召开第十四次全体会议，听取和审议县委常委会关于县第十三次党代会筹备工作情况的报告，研究召开县第十三次党代会有关问题。县委书记詹立风主持会议，并通报了县第十三次党代会筹备工作情况。会议还审议并表决通过了县委和县纪委工作报告，县第十三次党代会的主要任务和主要议程，中共如东县第十三届县委委员、县委候补委员、县纪委委员和出席市第十一次党代会代表候选人初步人选名单。

★本周，青海省人大常委会副主任昂毛一行到如东县考察沿海旅游开发，先后参观了海印寺、沿海旅游接待中心、风电场、观海长廊等小洋口沿海景观。县人大常委会副主任冒亚平向昂毛一行详细介绍了如东县沿海开发全力打造的“东方深水大港、绿色能源之都、黄海旅游胜地”三张名片。南通市人大常委会副主任吴晓春陪同考察。

★26 日，由省政府办公厅、环保厅、发改委、监察厅、安监局等部门负责人组成的调研组，到如东县调研沿海经济开发区环境保护工作。调研组一行听取了副县长于立忠关于沿海经济开发区环境保护情况的汇报。省政府办公厅副主任谢润盛希望如东县在搞好沿海开发的同时，一方面要增强忧患意识，做到开发和保护并举，高度重视海洋环保的规划；另一方面要海陆并举，加强对污染源的监控，实行化工企业集中管理，不断提升园区环境管理水平。

★26 日，县城亚萍广场南侧地块房屋征收行政帮扶推进会在会议中心召开。副县长于立忠要求相关部门明确责任、密切配合，严格把握政策，积极稳妥推进征收帮扶工作，确保 7 月 4 日前完成入室评估。县领导蔡瑞平、童玉林出席会议。

★27 日，县卫生系统组织开展庆祝中国共产党成立九十周年暨第九届文化节文艺展演。县委副书记、代县长潘建华，县领导顾淑英、陈昌龙、陈建华、刘才盛、杨中坚、沈更生、冒亚平、张蓉蓉、姜晓静、王智、童玉林、桑圣权观看了演出。

★27 日，县委组织部开展“知党史、强党性、创先进、作表率”主题教育活动。任新峰要求全体组工干部从党史中汲取智慧和力量，运用党的历史经验推进组织工作改革创新，自觉增强党性，争做新时期优秀组工干部。

★27 日，县委常委、纪委书记刘才盛前往曹埠镇亲切慰问堤南社区陈翠连和跨岸村朱宏祥两位新中国成立前老党员。

★27 日，副县长王智、县政协副主席余科到双甸镇慰问贫困老党员。

★28 日，中共如东县第十三次代表大会隆重召开。大会由潘建华主持。詹立风代表县第十二届委员会作工作报告。曾担任过县级领导及享受地市级待遇的离退休老领导、县四套班子中非党员领导干部，在职副处级领导中的非县党代表，非县党代表的县级机关党政主要负责人及其他相关人员列席会议。大会执行主席（按姓氏笔画为序）为：任新峰、刘才盛、杨小军、杨中坚、陈昌龙、陈建华、周建飞、顾淑英、徐志平、童玉林、詹立风、蔡建华、潘建华。

★28 日，詹立风主持召开中共如东县第十三次代表大会代表团召集人会议。詹立风要求全体与会人员以高度的政治责任感参加大会，开好大会，严格按照党章各项规定，在讨论工作报告、酝酿候选人和选举时充分发扬民主，选举中一定要按党性原则办事，体现选举人的意志，要加强组织纪律性，做好保卫保密工作，严格遵守会议的有关规章制度。詹立风、潘建华、周建飞、陈昌龙、陈建华、任新峰、刘才盛、杨中坚、徐志平、童玉林，代表团召集人和有关工作人员出席会议。

★28 日，中共如东县第十三次代表大会举行预备会议，詹立风主持会议。周建飞作筹备工作报告。任新峰作代表资格审查报告。潘建华出席会议。

★28 日，詹立风参加掘港代表团审议县委、县纪委工作报告时，对于掘港镇今后的发展提出明确要求，希望代表们创新思维、勇于担当，当好全县经济社会发展排头兵。

★28 日，潘建华在参加如东经济开发区（苴镇）代表团审议时要求认真贯彻落实县第十三次党代会精神，努力当好全县开发开放的排头兵。

★28 日，市委常委陈照煌到大豫镇一门闸村亲切慰问了新中国成立前老党员曹怀德。县领导顾淑英、冒亚平同志陪同慰问。

★28 日，刘才盛代表县纪律检查委员会向县第十三次党代会作工作报告。

★29 日，中共如东县第十三次代表大会举行第二次大会。詹立风出席大会并作动员讲话，他要求全体代表把握重点，认真贯彻党的民主集中制原则，正确行使代表权力。大会选举要严肃纪律，把握选举要求，慎重填写选票，严格遵守纪律，确保圆满完成大会确定的选举任务。会议由潘建华主持。

★29 日，詹立风参加新店代表团审议县委、县纪委工作报告时，要求新店镇进一步明确目标定位，突出工作重点，凝心聚力谋发展，希望代表们敢于担当、敢于负责，当好全县经济发展的“领头雁”。 詹立风还到丰利、袁庄、马塘、双甸和洋口、沿海旅游代表团参加审议。冒亚平参加活动。

★30 日，中国共产党如东县第十三次代表大会历时 3 天，经过全体代表共同努力，圆满完成了各项预定议程，胜利闭幕。詹立风主持了第四次大会，到会的 348 名代表以举手表决的方式，一致通过了中国共产党如东县第十三次代表大会关于十二届县委工作报告的决议和县纪律检查委员会工作报告的决议。詹立风发表了热情洋溢的讲话。大会的执行主席是：詹立风、潘建华、周建飞、顾淑英、陈昌龙、陈建华、任新峰、蔡建华、刘才盛、杨中坚、杨小军、徐志平、童玉林，主席团其他成员在主席台就坐。

★30 日，中共如东县第十三届委员会召开第一次全体会议，选举产生新一届县委常委，他们是：詹立风、潘建华、周建飞、顾淑英、陈昌龙、陈建华、任新峰、蔡建华、刘才盛、杨中坚、杨小军。詹立风当选为新一届县委书记，潘建华、周建飞当选为县委副书记。会议还通过了县纪委第一次全委会选举结果。

★30 日，县第十三届纪律检查委员会召开第一次全体会议。经无记名投票和中共如东县第十三届委员会第一次会议通过，刘才盛、肖斌、万继红、倪岳兵、蔡向阳、周梁、戴新国当选为县纪律检查委员会常务委员会委员，刘才盛为县纪委书记，肖斌、万继红为副书记。

★30 日，由县委宣传部、县文广新局主办的“党旗耀江海”如东县庆祝中国共产党建党九十周年大型文艺晚会在如东高级中学激情上演。县委副书记、代县长潘建华，县领导顾淑英、陈昌龙、刘才盛、杨中坚、沈更生、冒亚平、于立忠、王智、桑圣权等与 1000 多名观众一同观看了演出。

7 月

★1 日，如东县召开庆祝中国共产党成立九十周年大会。县委书记詹立风作重要讲话，他要求全县各级党组织都要坚持以创先争优活动为抓手，切实抓好党员的思想建设、能力建设、廉政建设、作风建设，切实做到解放思想要走在前，加快发展要干在前，为民服务要跑在前，廉洁公正要行在前。会议由县委副书记、代县长潘建华主持。县委常委、组织部部长任新峰宣读了《中共如东县委关于表彰全县先进基层党组织、优秀共产党员和优秀党务工作者的决定》。出席会议的有：全体县领导；各镇党委书记、分管党务工作的副书记；各区党工委书记；县级机关各部门主要负责人及中层以上党员干部。各镇（区）机关全体工作人员、企事业单位负责人；各村（居）党组织书记、全体定编干部、农村党员代表、入党积极分子代表。

★1 日，由县委、县政府主办的庆祝建党 90 周年暨风范人物颁奖晚会在县高级中学隆重举行。县四套班子领导与现场近千名各界群众共同庆贺中国共产党九十华诞。县委书记詹立风发表了热情洋溢的讲话。他希望全县各级党组织和广大党员干部更加自觉地把思想和行动统一到县委的决策上来，更加主动地把聪明才智运用到加快如东发展上来，以百名风范人物为榜样，学赶先进、扎实工作、奋发有为，为圆满实现县第十三次党代会确定的各项目标任务而努力奋斗。县委副书记、代县长潘建华以及县领导顾淑英、陈昌龙、陈建华、任新峰、蔡建华、刘才盛、杨中坚、杨小军、徐志平、童玉林等为获奖代表颁奖。

★1 日，县老年大学举办“颂党恩·桑榆情”庆祝建党九十周年大会。县委常委、纪委书记刘才盛高度赞扬了县老年大学在建校 23 年以来取得的办学成果，希望县老年大学在新形势和新要求下巩固现有的办学成果，进一步提高办学水平，把老年大学真正建成传播先进思想文化，提高老年人生活质量的重要阵地。

★本周，美国新泽西威廉帕特森大学版画系主任教授、威廉帕特森大学中国艺术中心主任，南京艺术学院、安徽大学特聘客座教授丛志远先生在县人大常委会副主任、县侨联主席沈更生的陪同下，参观县规划展览馆和洋口港开发建设现场。县委书记詹立风亲切看望丛志远教授。

★2 日，县纪委、监察局在县党风廉政建设中心集中学习县十三次党代会精神。县委常委、纪委书记刘才盛要求各级纪检监察组织和纪检监察干部把监督检查县第十三次党代会精神贯彻落实情况摆在首要位置，并认真贯彻落实全省纪检监察机关查办案件工作座谈会精神，严格依纪依法，安全文明办案，为全县科学发展大局营造清廉的政治环境。

★2 日，由无锡恒生富通置业有限公司投资约 6 亿元开发的服务业项目，正式落户新店镇，并举行签约仪式。县领导冒亚平、于立忠出席签约仪式。

★4 日， 省委书记罗志军在市委书记丁大卫，市委副书记、代市长张国华，县委书记詹立风，县委副书记、代县长潘建华等陪同下，带领全省沿海地区发展工作推进会全体与会人员到如东县参观洋口港。弘强、李云峰、杨卫泽、杨新力、蒋宏坤以及省人大、省政府、省政协领导，南通、盐城、连云港沿海三市，其他省辖市及省有关部门主要领导参加参观考察。县委常委、常务副县长顾淑英陪同参观。

★5 日，如东县召开全县反偷渡综合治理工作会议。县委常委、政法委书记陈建华要求各级、相关部门和武警如东县边防大队，在专项打击的基础上，不断完善反偷渡综合治理工作各项举措，坚决遏制如东县偷渡案件高发态势，牢牢掌握反偷渡综合治理工作主动权，切实消除偷渡现象的发生，以维护如东县经济社会的持续发展和稳定和谐。副县长、县公安局局长卢瑞华主持会议。

★5 日，县人大常委会副主任沈更生率县经信委、发改委有关负责人，前往江苏宇迪光学股份公司调研。

★5 日，副县长姜晓静做客“如东县政风行风热线”节目，就市民关心的教育、卫生、广电、文化、体育、计生等社会问题，接受群众咨询投诉，在线与网民互动交流。

★6 日，如东县举行渔业船舶安全检查记录簿试点工作动员会暨安全检查人员培训班，由农业部东海区渔政局主持的渔业船舶安全检查记录簿试点工作在如东县正式启动，来自南通沿海各县市的渔业安全检查人员接受了培训。县委常委、副县长陈昌龙在动员会上致辞，他表示如东县将严格按照要求统一思想、细化措施、强化落实，切实把海洋渔业安全生产工作提升到更高的水平，努力促进全县海洋渔业经济再上新台阶。副县长洪大林以及农业部东海区渔政局副局长宋志俊、江苏省海洋与渔业局副局长夏前宝、南通市海洋与渔业局局长葛海祥、海安县人民政府副县长彭为杰出席会议。

★6 日，如东县在县中医院开展儿童先天性心脏病救治筛查工作，来自南通市第一人民医院的心血管专家为先天性心脏病患儿开展前期诊断工作。副县长姜晓静到救治筛查现场视察。

★5 日至 6 日，县人大常委会副主任杨成泉、沈更生、冒亚平分赴各镇区和机关，就上半年工业经济运行情况进行调研。

★6 日，上海浦发集团董事长曹耳东在如东县考察。县委副书记周建飞向曹耳东一行介绍了如东县良好的区位、交通、资源优势和投资环境，希望在洋口港建设中看到浦发集团的身影。

★6 日，南京审计学院政治与行政学院在江苏省洋口港经济开发区建立学生实践基地。县委副书记、洋口港经济开发区党工委书记周建飞希望双方以实践基地为载体，推动南京审计学院与洋口港经济开发区在科研、人才培养等更多领域的交流与合作。

★6 日，如东县召开社会事业调研座谈会。副县长姜晓静认真听取了各部门积极运用市场化手段推进社会事业发展的设想和建议。副县长王智指出，在“十二五”期间要运用品牌优势推进市场化运作，将资源特色进行引导、推介，强化项目运行过程中的服务和监管，提升市场化运作水平。县委常委、宣传部部长杨中坚出席座谈会，他说，未来五年如东县要优化配置、整合资源、拓宽思路、加强监管，创造公平、公正的竞争环境，推进社会事业的良性发展。

★6 日，县人大常委会副主任杨成泉率领人大财经委、内司委负责人到县国税局调研。

★6 日，县侨办、侨联热情接待了回乡探亲的旅美侨胞、美国西部银行 NFG 风险投资高级副总裁仲建国博士夫妇及女儿。县领导沈更生向仲建国夫妇详细介绍了刚刚闭幕的如东县第十三次党代会精神和家乡“十一五”建设的辉煌成果以及“十二五”目标远景规划，通报了“美国仲建国奖学金”发放使用情况。

★6 日，副县长王智到县旅游局调研。县旅游局负责人汇报了如东县旅游业基本情况。王智与县内部分海产品企业、旅行社、景区及饭店负责人交流座谈。

★7 日，县委、县政府召开庆祝残疾人保障法实施 20 周年暨先进典型表彰大会。县委常委、副县长陈昌龙要求各镇区党委政府、各部门、各单位要始终把残疾人事业摆在重要位置，积极弘扬慈善助残文化，鼓励吸引更多的社会力量参与扶残助残，让更多的人理解、尊重残疾人。县委副书记、代县长潘建华，县领导陈昌龙、任新峰、冒亚平、童玉林为获奖单位和个人颁发了奖杯和奖牌。

★7 日，县委副书记周建飞、副县长王智前往沿海旅游经济开发区调研，要求该区围绕创建国家级生态旅游度假区的目标，在完善总体规划、加快基础配套、吸引战略投资、创新体制机制上下功夫、求突破，全力打造“海之城、生态城、休闲城”，叫响黄海旅游胜地品牌。

★7 日，县人大常委会副主任杨成泉带领人大调研组一行 5 人到县地税局调研工作。

★8 日，县委副书记周建飞，县委常委、组织部部长任新峰，副县长张蓉蓉在如东经济开发区和东安科技园区调研时要求两大经济载体发挥各自优势，聚力沿海开发，谋求跨越发展。

★8 日，县委常委、常务副县长顾淑英，南通市统计局局长毛卫华为“如东县普查中心”揭牌，标志着如东县普查中心正式成立。

★8 日，6 名海归人才与江苏中天科技股份有限公司、县能源局成功签约。海外高学历人才在南通洽谈期间，参观考察了如东展区，对如东县的县情特点、产业基础、投资环境和人才政策以及巨大的发展潜力和美好的发展前景作了深入的了解。市委常委、组织部长韩立明等市领导在县委常委、组织部部长任新峰的陪同下参观了如东县展区。

★8 日，县委宣传部召开专题讲座，集中学习胡锦涛总书记在庆祝中国共产党成立 90 周年大会上的重要讲话精神。县委党校常务副校长吴金明从胡锦涛讲话引起的热烈社会反响、讲话深邃的思想内涵以及让历史启迪未来这三方面对胡锦涛总书记的“七一”讲话进行了深入解读分析。县委常委、宣传部部长杨中坚出席讲座。

★8 日，全县社会管理创新工作第四次现场推进会在双甸镇举行，会议总结推广了双甸镇社会管理工作经验，动员全县上下进一步创新惠民之举，强化落实之功，加快形成具有如东特色的基层社会管理创新工作模式。会议由副县长于立忠主持，县领导卢瑞华、童玉林参加了会议。

★8 日至 9 日，苏中地区第 27 届统计信息交流年会在如东县召开。县委常委、常务副县长顾淑英出席会议并讲话，她高度评价了统计工作在社会经济和各项事业发展中的重要性，希望统计工作者不断改进工作方法和思路，积极探索统计工作的新点子和新路子，推动和支撑社会经济向前进步。南通市统计局局长毛卫华参加会议。

★9 日，由县文化广电传媒中心与县文学艺术界联合会主办的首届青年歌手大奖赛进入总决赛。县委常委、宣传部部长杨中坚为金奖选手颁奖。

★8 日至 10 日，美籍华人程显志先生应县侨联邀请到如东参观考察。县领导沈更生向程显志详细介绍了如东的招才引智政策，陪同参观了洋口港开发建设现场，并就一半导体芯片研发项目与县经济开发区等单位进行了洽谈。

★11 日，张家港市委常委、张家港保税区党工委副书记、管委会副主任徐仲高一行在县委书记詹立风，县委副书记、代县长潘建华等县领导的陪同下到如东县参观考察，双方就进一步加强产业转移、项目合作等方面作了交流。詹立风向徐仲高一行介绍了如东县经济社会发展以及沿海开发情况。副县长张蓉蓉陪同考察。

★11 日，副市长沈振新到如东县调研社会管理创新工作，他勉励如东县继续大胆创新，在“实”“广”“久”字上做文章，为全市社会管理创新工作提供更多新经验。县委副书记、代县长潘建华主持召开如东县社会管理创新工作情况汇报会。县领导陈建华、于立忠、卢瑞华、童玉林陪同调研。

★11 日，如东县召开全县项目党建动员大会，临海高等级公路（如东段）工程项目联合党委同时宣告成立。市委“两新”工委副书记蒋建指出，这标志着如东项目党建工作迈出了坚实的第一步，标志着我市党建工作又有了新探索。县委常委、副县长陈昌龙主持会议，县委常委、组织部部长任新峰在会上指出，将“党组织建在项目上”，做到哪里有项目，哪里就有党组织，哪里就有党的工作，实现党的工作全覆盖，加强党对项目建设的领导和指导，发挥党组织的政治核心和战斗堡垒作用。

★12 日，为庆祝中国共产党成立 90 周年，讴歌党的丰功伟绩和如东县经济社会发展的辉煌成就，县委组织部、县委宣传部、县级机关党工委、县文联、县文广新局联合举办的“党旗礼赞”诗歌征集朗诵艺术大赛落下帷幕。县领导顾淑英、陈昌龙、任新峰、刘才盛、杨小军、冒亚平、姜晓静、王智、童玉林出席晚会，并为获奖作者和单位颁奖。

★12 日，南通法院驻如东经济开发区外向型经济服务站、知识产权巡回审判点正式成立，县委常委、政法委书记陈建华，县人民法院院长蒋明华为站点揭牌。

★12 日，省中小企业局副局长陆元刚就建立全省重点产业集群有关事宜来如东县调研。副县长张蓉蓉陪同调研。

★13 日，县教育局召开 2011 年人大代表建议、政协委员提案答复情况汇报会。县政协副主席桑圣权充分肯定了县教育局对人大代表建议、政协委员提案的办理情况。他希望教育系统要以办理建议、提案为契机，使如东县教育教学工作再上新台阶，不断提高人民群众对教育的满意度。

★14 日，县委常委、副县长陈昌龙到新店镇、双甸镇和洋口外闸检查指导抗灾救灾，要求各涉农部门和镇村干部深入一线，帮助群众解决灾后补救中遇到的难题，将雨涝灾害带来的损失降低到最低。

★13 日，县领导杨中坚、王智到县文广新局调研，视察部分重点文化项目，听取全县文化改革与发展工作专题汇报。

★14 日，市委常委、纪委书记庄中秋到如东县调研。他充分肯定如东经济社会发展成就和反腐倡廉建设，希望如东县乘势而上，高点定位，合力推动如东“十二五”科学发展、跨越发展。在县委书记詹立风，县委副书记、洋口港经济开发区党工委书记周建飞，县委常委、纪委书记刘才盛的陪同下，庄中秋实地考察了县党风廉政教育中心、县规划展览馆和建设中的洋口港。詹立风主持召开调研座谈会，介绍了如东县“十二五”经济社会发展的工作思路。

★14 日，县委常委、宣传部部长杨中坚视察县文广传媒中心，他充分肯定了县文广传媒中心取得的成绩，希望中心以市场机制激发活力，努力推进改革力度；利用媒体平台，关注民生，贴近群众，对内加强舆论引导，对外加强形象宣传。他寄语该中心紧紧围绕县委、县政府工作重点，认真做好舆论引导，积极推进事业建设，不断提高宣传质量和水平。

★14 日，县人大常委会召开第 73 次主任会议，听取县人民检察院关于队伍建设情况汇报。县人大常委会副主任徐志平希望县检察院在队伍建设上突出政治立检，严抓队伍思想政治素质建设，强化立检为公、执检为民意识，业务强检，进一步加强检察官执法办案能力。县人大常委会副主任杨成泉、沈更生、蔡瑞平、冒亚平出席会议。

★14 日，如东县召开青园路示范路创建暨三元世纪城改造整治“百日会战”推进会。副县长于立忠要求参与创建和整治的各成员单位围绕要求和部署，针对违章建筑、交通秩序、住宅小区环境、户外广告设施等重点区域，深入开展市容环境整治，提高督查督办的力度，确保创建和整治取得实效，使整治工程成为惠民、利民的实事工程、德政工程，做到让群众满意。

★14 日，南通市工业经济运行例会在如东县召开。副县长张蓉蓉要求如东县相关部门积极学习借鉴其他兄弟县市区在项目建设、经济运行等方面的好的做法，并有效运用到今后的工作中，努力为南通经济的发展增加份额。

★14 日，南通市年中安全生产目标考核组对如东县 2011 年上半年安全生产情况进行检查。副县长张蓉蓉在汇报会上表示，下一阶段，如东县将进一步健全安全生产“责任网”，加强“打非”、“治违”及重点行业（领域）的专项整理，确保全县安全生产形势持续稳定好转。

★14 日，省旅游局副局长李明耀一行到如东县调研旅游开发工作，并在市县相关部门领导的陪同下，参观了沿海旅游经济开发区的观海长廊、温泉会所。副县长王智陪同调研。

★15 日，如东县召开四套班子领导调研成果交流会，县委书记詹立风主持会议，他要求参与调研的县四套班子领导，突破重点赶超争先，狠抓落实谋求发展，全力推动如东县经济社会又好又快发展。詹立风还就近期如东县即将开展的以“领导干部下基层了解民意、破解发展难题、化解社会矛盾、促进干群关系融洽、促进基层发展稳定、促进机关作风转变”为主题的“三解三促”活动进行了部署。

★15 日，县委书记詹立风主持召开县委中心组学习会，集中学习胡锦涛总书记在庆祝中国共产党成立 90 周年大会上的讲话精神。詹立风强调，学习贯彻胡锦涛总书记重要讲话精神，是当前和今后一个时期各级党组织和广大党员干部的一项重大政治任务，全县上下要把思想和行动统一到总书记重要讲话精神上来，把智慧和力量凝聚到县第十三次党代会确定的各项目标任务上来，以高度的责任感和使命感，全力推进如东县经济社会发展不断迈上新的台阶。

★15 日，南通市廉政勤政好干部先进事迹报告团到如东县，为广大党员干部做事迹报告。县委常委、纪委书记刘才盛希望广大党员干部自觉以“廉政勤政好干部”先进典型为榜样，把学习先进典型的思想收获和政治热情，转化为做好本职工作的强大动力，为如东县加快建设现代化新如东做出更大的贡献。

★15 日，县卫生局召开人大代表建议、政协委员提案答复见面会。县人大常委会副主任冒亚平希望县卫生局与人大代表、政协委员保持联系，积极听取意见，把卫生事业办出成效，提高群众满意度。

★15 至 16 日，无锡市委常委、纪委书记周铁根带领无锡市纪委领导到如东县调研，南通市委常委、纪委书记庄中秋，县委书记詹立风，县委副书记、代县长潘建华，县领导刘才盛、徐志平等陪同调研。

★16 日，县行政服务中心召开上半年行政服务工作点评会。县委副书记、代县长潘建华要求县行政服务中心创新工作机制，强化服务意识，提高服务效能，合力谋求下半年行政服务工作新突破。县委常委、常务副县长顾淑英对上半年行政服务工作进行点评。

★16 日，县摄影家协会召开第六次代表大会。县人大常委会副主任沈更生出席会议，他希望新一届理事会服从和服务于全县中心工作，加大对摄影人才的培养，带领广大摄影家和摄影爱好者深入生活，多出精品，推动如东摄影事业大发展、大繁荣。省摄影家协会副主席、市摄影家协会主席、市记协副主席梁玉飞到会祝贺。

★17 日，县委工作会议在县行政中心召开。会议的主要任务是，深入贯彻落实省委十一届十次全会，省、市沿海开发工作推进会议和县第十三次党代会精神，总结上半年工作，研究部署下半年工作，动员全县上下进一步聚焦项目，轧紧时间，奋力拼抢，全力赶超，确保全面完成全年各项目标任务。县委书记詹立风作工作报告。会议由县委副书记、代县长潘建华主持。县委委员、县纪委委员；县人大、县政府、县政协领导成员，县法院院长、县检察院检察长；各镇党委书记、镇长、人大主席，各区党工委书记、管委会主任，各镇（区）招商引资、项目建设、工业经济分管负责人；县级机关各部门和县直属单位中层以上干部；县 50 强企业负责人；原四套班子老领导和享受地市级待遇的老干部代表出席会议。洋口港经济开发区、沿海经济开发区、如东经济开发区、岔河镇、掘港镇、河口镇 6 家单位的主要负责人作交流发言。

★18 日，县委副书记、洋口港经济开发区党工委书记周建飞在该区党政联席会议上要求全区上下，进一步放大港口集聚和辐射效应，重点围绕建成能源、石化、冶金、船舶海工、现代物流五大产业基地的目标，坚持以工兴港，推进集聚发展。

★18 日，副县长张蓉蓉到县质监局调研。县质监局负责人从职能概况、队伍建设、服务举措等方面汇报了质监工作情况。张蓉蓉要求该局继续以质量强县工作为抓手，深入推进名牌战略，重点抓好食品安全和特种设备安全，在公共检验检测平台建设中抓住重心、抓准关键，全面加快平台基础建设和装备更新速度。

★19 日，中铁上海工程局有限公司董事长荣树森、总经理孔遁、党委书记梁永兴一行来如东县考察。在县委书记詹立风，县委副书记、代县长潘建华，县领导顾淑英、陈昌龙的陪同下，荣树森一行考察了洋口港、临海高等级公路（如东段）项目施工现场，他们认为如东拥有优越的海洋资源，发展前景广阔，今后，将加大与如东在市政、交通工程建设方面的合作，将企业在施工技术和资金方面的优势转化为生产力，通过合作实现双赢。

★19 日，如东县召开全县安全生产工作会议，副县长张蓉蓉分析了上半年安全生产形势并部署下半年安全生产工作。县委副书记、代县长潘建华出席会议，他要求建立健全安全生产责任体系；以积极的心态去抓安全生产；要使安全生产贯穿于全年工作的始终；要形成工作合力，促进全县安全生产形势持续稳定好转。会议由县领导顾淑英主持。县领导陈昌龙、于立忠、姜晓静、卢瑞华、王智出席会议。

★19 日，县委组织部召开会议学习贯彻胡锦涛总书记“七一”重要讲话精神。县委常委、组织部部长任新峰要求组织部门和组工干部，以改革创新精神，扎实工作，开拓进取，切实提高组织工作科学化水平，为加快建设现代化新如东提供坚强组织保证。

★19 日，南通军分区参谋长杨增平一行检查如东县基层民兵武装和规范化建设情况。县委常委、县人武部政委蔡建华汇报了如东县上半年基层人武工作。

★19 日，副县长张蓉蓉前往如东供电公司，就公司如何服务全县经济发展、做好全县电力保障工作进行调研。

★20 日，省委副书记、省长李学勇到洋口港视察。在市委书记丁大卫，县委书记詹立风，县委副书记、代县长潘建华的陪同下，李学勇一行登上太阳岛。詹立风向李学勇介绍了如东沿海开发的相关情况。省政府秘书长樊金龙，省政府研究室主任徐山瀑，省财政厅厅长潘永和，省交通厅厅长游庆仲，副市长孙金华，县委副书记、洋口港经济开发区党工委书记周建飞，县委常委、常务副县长顾淑英参加活动。

★20日，在省人大常委会副主任、民建省委主委赵龙，省政府副省长、民盟省委主委曹卫星，省政协副主席、省委统战部部长罗一民的带领下，全省党外人士暑期研讨班成员到如东县调研。县委副书记、代县长潘建华介绍了如东县沿海开发的有关情况。县领导周建飞、徐志平、于立忠、桑健陪同调研。

★20日，如东县召开动员会，对全县领导干部下基层“三解三促”活动（即了解民情民意、破解发展难题、化解社会矛盾，促进干群关系融洽、促进基层发展稳定、促进机关作风转变）进行部署。县委常委、政法委书记陈建华要求参加“三解三促”活动的领导干部紧扣下访主题，着力在解决问题上下功夫，注重听民意、暖民心、解民忧；注重求真务实，实事求是地对待问题，全面深入地分析问题，真心实意地解决问题；同时强化组织领导，各镇（区）要主动与挂钩部门做好衔接工作，领导干部要自觉维护好自身形象，确保活动取得实效。县委常委、组织部部长任新峰出席会议并提出具体要求。

★20日，南通海关党组书记、关长陶建明一行到如东县调研，详细了解洋口港开发建设和海关大楼建设情况。陶建明一行在县人大常委会副主任沈更生、副县长张蓉蓉的陪同下，先后参观了洋通公司展厅和建设中的海关大楼，就大楼的施工、装修设计、人员设置等问题与县领导交换了意见和建议。

★20日，县政协召开委组负责人会议。县委副书记、代县长、县政协党组书记潘建华要求各委组要明确履职方向，强化履职意识，把思想统一到县委、县政府重要决策部署上来，强化目标意识和争先意识。县政协领导童玉林、桑健、桑圣权、冯力如出席会议。

★20日，如东县召开全县“强村行动”动员大会暨村党组织书记培训班开班仪式。县委常委、副县长陈昌龙要求各地、各部门铆足干劲、奋力前行，不断开创如东县农业农村工作新的局面。副县长洪大林出席会议。

★20日，县委常委、副县长陈昌龙到县农机局调研全县农机化工作情况。

★20日，县人大常委会副主任徐志平、蔡瑞平、冒亚平及人大各工委主任，调研沿海经济开发区经济发展情况。

★21日，县委常委、副县长陈昌龙在调研海洋铁路建设情况时要求，优质高效推进工程建设，确保10月份海洽会召开前竣工通车。县人大常委会副主任杨成泉陪同调研。

★21日，如东县召开社科联会员单位联席会议，学习贯彻胡锦涛总书记“七一”重要讲话精神。县人大常委会副主任冒亚平出席会议，他希望全县各社科团体及社科工作者切实增强社科研究的针对性和实效性，积极探索创新，同时加强自身建设，努力提升社科团体的凝聚力和推动力。

★21日，盐城市副市长张庆奎带领全市服务沿海发展挂职干部到如东县调研，一致认为如东的沿海开发起点高、手笔大、亮点多，为全省沿海开发发挥了引领带动作用，值得盐城各县市认真学习和借鉴。南通市副市长孙金华、县领导洪大林陪同调研。

★22日，如东国税局召开上半年工作情况汇报会，听取特邀行风监督员和企业家代表对今后工作的建议和要求。县委常委、常务副县长顾淑英对国税部门上半年工作取得的成绩予以肯定，要求该系统谋求组织收入取得新突破；谋求服务发展再创新业绩；谋求管理水平实现新提升；谋求队伍建设展现新面貌。县政协副主席桑健出席会议。

★22日，由县委组织部、团县委举办的“建功立业十二五·青春奉献新如东”千名如东籍大学生看家乡、知家乡、建家乡主题活动，在浅水湾水上公园举行启动仪式。县委常委、组织部部长任新峰在启动仪式上希望有更多的如东籍大学生投身到“推进现代化，建设新如东”的伟大征程中来，通过看如东、知如东、建如东，把家乡作为自己施展才干、实现抱负的舞台。县人大常委会副主任徐志平、县政协副主席童玉林出席启动仪式。

★22日，如东县召开文明城市复检迎查重点工程推进会。县委常委、宣传部部长杨中坚出席会议，他要求与会的部门、镇区咬紧时间节点，组成专门的工作班子，全面细致地准备好各项台账资料，强化宣传，发动群众积极投身文明城市创建，着力解决群众反映强烈的突出问题，努力提升城市功能品味，确保以最优的形象、最佳的业绩迎接复检验收。

★23日，岔河镇召开学习贯彻胡锦涛总书记建党90周年重要讲话辅导报告会。县委常委、镇党委书记杨小军要求全镇上下继续深入学习贯彻胡锦涛总书记讲话精神，联系实际，学用结合，扎实工作，切实提高执行力，践行科学发展观，建设幸福岔河。

★23日，县书法家协会召开第六次会员代表大会，大会选举产生新一届理事会成员，谢骏当选为主席，潘宗和、孙德庚被聘为名誉主席。县人大常委会副主任冒亚平出席会议，他希望全县书法工作者树立终身学习的理念，培养发现更多书法新人，坚持普及与提高并进，善于继承借鉴、勇于开拓创新，建立德艺双馨的书法家队伍，为如东文艺事业发展再创辉煌。

★23日，在无锡市如东商会考察交流会上，副县长张蓉蓉真诚希望无锡市如东商会发挥桥梁作用，形成“跨乡共建”的良好局面。无锡市如东商会考察团在听取了掘港镇和县招商局负责人对如东县经济发展及招商引资情况的介绍后表示，家乡优势明显，将不遗余力地为家乡经济发展发挥桥梁媒介作用。县政协副主席、县工商联会长桑健希望无锡市如东商会注重组织建设，充分发挥协调、示范、带头作用，把如东的地域优势、资源优势介绍给朋友。

★24日，岔河镇组织该镇4个老干部支部的115名离退休老干部集中观摩了全镇项目建设情况。县委常委、镇党委书记杨小军参加了观摩活动，他希望老同志们发挥余热，一如既往地关心全镇各项事业的发展，为岔河镇早日实现小康再作贡献。

★24日，省侨联秘书长、文化联络部部长蓝晓霜，省华侨经济文化交流中心处长朱小竹，到如东县考察洋口港开发建设情况。在县人大常委会副主任、县侨联主席沈更生陪同考察。

★25日，市委常委、纪委书记庄中秋在全县领导干部警示教育大会上，要求全县广大党员干部要认真吸取徐建华、徐守宏违纪违法案件的教训，正确行使好手中的权力。县委书记詹立风要求与会人员迅速传达、贯彻好本次会议精神；就党风廉政建设责任制落实情况、廉洁自律规定的执行情况等内容，认真开展“回头看”自查活动；各镇区、各部门要组织召开一次民主生活会，切实把思想和行动统一到加快发展上来。市纪委副书记陈勇结合两起典型案例作了深刻的剖析，并告诫广大党员干部要牢记沉痛教训，切实从思想和行动上把好廉洁从政关。市纪委常委葛维先，县四套班子领导，县法院院长，县检察院检察长，各镇区党（工）委负责人，县级机关各部门副科职以上领导干部参加了会议。

★25日，南通市纪委副书记陈勇带领巡查组到如东县，对如东县2011年党风廉政建设责任制落实情况进行巡查。县委常委、纪委书记刘才盛汇报上半年如东县党风廉政建设情况。县委书记詹立风表示，目前如东县正处于迈入基本现代化进程的关键期和长三角一体化战略、江苏沿海开发战略实施的机遇期，大力加强党风廉政建设将有利于增强干部的责任心和进取心，有利于营造如东县风清气正的良好发展环境，从而推动全县经济社会又好又快发展。

★25日，如东县2011年夏季人力资源交流洽谈会在县第一职业教育中心校举行。县委副书记、代县长潘建华，县领导顾淑英、任新峰、张蓉蓉、王智视察洽谈会现场。

★26日，全县农业农村重点工作座谈会在掘港镇召开。县委常委、副县长陈昌龙在认真听取发言后，要求各乡镇坚定信心，抢抓机遇，更好地谋划推进全县农业农村重点工作，切实加快农业现代化进程，不断推动县域经济发展。副县长洪大林出席会议。

★26日，县委常委、纪委书记刘才盛，县政协副主席冯力如率领发改委、经信委、国土、工商等部门负责人，到曹埠镇调研。刘才盛对曹埠镇以项目建设为中心推进各项重点工作表示肯定，他要求该镇进一步加强新镇区建设，以城镇化建设为龙头，形成产业互动格局，同时进一步加大招商引资、项目建设推进力度，加大现有企业品牌建设，加快转型跨越步伐，确保完成全年目标任务。

★27日，如东县召开全县招商引资暨民营经济工作点评推进会。副县长张蓉蓉出席会议，她要求各镇区，创新招商方式，提升招商质效，加快签约项目的落户，为全县经济增长提供强有力的后劲。

★27日至30日，县委书记詹立风率队参加在香港举办的江苏省苏港现代服务业合作推介会和南通市沿海开发成果汇报暨项目专题发布会。会上，如东县人民政府分别与中石油昆仑能源公司、香港万都石油有限公司签订了LNG综合物流项目和天然气化工产业项目，两个项目合计投资超过100亿元。县委副书记、代县长潘建华代表县政府参加签约仪式。

★27日，县政协调研组到如东经济开发区调研园区经济建设情况。 县政协副主席冯力如要求如东经济开发区在全县经济建设中继续挑大梁，领跑五大经济板块，在全市争先跃位，在“推进现代化，建设新如东”的宏伟目标中，再作新贡献。

★28日，县委常委、宣传部部长杨中坚与县文明办、县教育局相关负责人前往马塘、岔河、丰利、沿海经济开发区等镇区，调研乡村少年宫建设和未成年人思想道德建设情况。

★28日，南通市社科联党组书记、副主席陈冬梅一行到如东县调研社科工作。县委常委、宣传部部长杨中坚陪同调研。县社科联负责人汇报了如东县社科联成立以来的工作情况。市调研组一行检查了如东县社科普及示范基地创建情况，实地察看了如东旅游接待中心、南通市中小学生素质实践基地。

★28日，县文化广电传媒中心举办人大代表建议、政协委员提案答复见面会，答复县十五届人大四次会议和县政协第十三届委员会第四次会议上，代表、委员们提出的建议和议案。县领导冒亚平、桑圣权出席会议。

★29日，县第十五届人大常委会召开第二十七次会议。会议听取并审议了县政府关于2011年上半年国民经济、社会发展计划执行情况的报告；听取并审议县政府关于 2010 年县本级财政决算（草案）和 2011 年上半年财政预算执行情况的报告；听取并审议县政府关于同级审计工作情况的报告；听取并审议副县长张蓉蓉代表县政府作的关于加快经济发展方式转变、促进工业经济转型升级的工作报告。会议还听取县人大常委会调查组关于 2011 年上半年国民经济、社会发展计划和财政预算执行情况的调查报告，关于加快经济发展方式转变、促进工业转型升级情况的调查报告。表决通过了县人大常委会关于批准如东县 2010 年县本级财政预算的决定。县委常委、常务副县长顾淑英列席会议。县人大常委会副主任徐志平、杨成泉、沈更生、蔡瑞平、冒亚平出席会议。

★29 日，如东县召开的全县农业农村重点工作推进会。县委常委、副县长陈昌龙出席会议，他要求各地，牢牢把握“加快农业基本现代化建设”这条主线，重点围绕“内省、突破、创新、管理、互动”五个方面，抓实抓好完成全年各项目标任务的新举措，奋力实现农业农村工作在全市“保三争二”的目标。会议由副县长洪大林主持。县领导桑健、桑圣权出席会议。

★29 日，如东县召开全县三季度工业经济运行推进会。副县长张蓉蓉强调，各镇区务必进一步增强目标意识、赶超意识，突出工作重点，狠抓措施落实，确保三季度工业经济各项运行指标全面达序时，为完成全年目标任务奠定坚实基础。

★30 日，栟茶镇在昆山举办投资恳谈会。昆山市委常委毛国建，台商协会、温州商会、江西商会代表以及栟茶镇在苏州的成功创业人士 20 多人参加会议。县人大常委会副主任沈更生在恳谈会上致辞。

★30 日至 31 日，南通市副市长徐辉到岔河镇南桥村、振兴村驻点调研。他围绕改善群众生活、加强新农村建设、支持中小企业发展等问题，踏田头、访农户、进企业、下车间，并与部分党员、大学生村官、种养大户、企业职工、个体私营企业主座谈。

8 月

★1 日，县委副书记、代县长潘建华，县领导陈昌龙、陈建华、蔡建华、徐志平、卢瑞华赴驻如东部队，亲切看望部队官兵，向他们致以节日的问候。

★1 日，沿海经济开发区举行“政银企保”合作座谈会。县委常委、政法委书记、沿海经济开发区党工委书记陈建华希望企业要有更加长远的目光，银行要强化金融扶持服务。他同时表示，政府将会为企业和银行搭好台，促进双方互利共赢，通过加强银企间的合作，进一步促进工业经济转型升级，为实现“江苏沿海第一区”做出更大的贡献。

★1 日，如东县召开如东企业家以商引商座谈会，19 位热衷于如东招商引资的企业家坦诚相见，纷纷就如何引领如东产业经济转型跨越献计献策。副县长张蓉蓉出席会议，她表示，如东将高度重视现有企业的规模培育，通过各种有效手段鼓励企业技改，并全力做好服务工作，化解企业发展难题。

★2 日，县委书记詹立风主持召开县委常委民主生活会，提出今后工作的努力方向和举措：“坚持以科学发展观为指导，牢牢锁定‘推进现代化，建设新如东’的总体目标，求真务实，艰苦奋斗，推动如东经济社会更好更快发展，努力让发展成果普惠于民。”潘建华、周建飞、顾淑英、陈昌龙、陈建华、任新峰、刘才盛、杨中坚、杨小军参加民主生活会。县领导徐志平、童玉林列席会议。

★2 日，县委副书记、代县长潘建华在县行政中心会议厅会见日本爱媛县今治市市长菅良二，双方就加强经贸合作，扩大交往领域进行了深入交流。潘建华向菅良二一行介绍了如东经济社会发展概况。县政协副主席桑健参加会见。

★2 日，省委第二巡视组一行 7 人在组长韩波的率领下到如东县考察。韩波一行在县委副书记、洋口港经济开发区党工委书记周建飞的陪同下考察了洋口港。周建飞向巡视组详细介绍了洋口港的产业规划和定位、中石油 LNG 项目的建设投产情况。

★2 日，全县党建带团建“三结对三争创”活动推进会暨镇团委集中换届动员大会在大豫镇召开。县委常委、组织部部长任新峰要求各级党组织，建立工作机制，落实保障措施，并做好对团干部的选拔配备工作，加强对团干部的培养锻炼和教育培训，不断壮大基层团组织的力量。

★2 日，北京大学中国经济研究中心主任姚洋带领北京大学国家发展研究院“地方政府与园区经济发展”专题调研组到如东县调研。县委常委、宣传部部长杨中坚陪同调研。

★2 日，副县长王智一行前往曹埠镇文化活动中心调研。他要求曹埠镇不断加大对文化的硬件建设，尽快建成镇文化活动广场，为农村居民文化体育活动提供良好的场所。

★2 日至 3 日，台湾中石化副总经理彭普明、王克舜等高层领导就建立台湾中石化（洋口港）产品基地项目到洋口港考察。县委书记詹立风向台湾客人介绍了如东县经济社会发展情况及如东县的“三张名片”，县委副书记、洋口港经济开发区党工委书记周建飞和该区相关负责人与台湾客商就投资细节进行了深入磋商。县委副书记、代县长潘建华，县领导顾淑英、沈更生、张蓉蓉、余科出席洽谈会。

★3日，省发改委在如东县主持召开海洋铁路资金筹措座谈会，省财政厅、省铁路办、江苏交通控股有限公司、南通市的相关负责人参加会议。与会人员听取了县委副书记周建飞关于海洋铁路建设的情况汇报。县委副书记、代县长潘建华感谢省市部门对如东铁路建设给予的关心和支持，并恳请省政府最大化地化解资金难题，在支持江苏沿海开发的政策层面进行资金扶持。南通市副市长孙金华出席座谈会并讲话，县委常委、副县长陈昌龙参加活动，并陪同省发改委、铁路办的负责人参观了海洋铁路和洋口港建设现场。

★4日，浙江海正集团与如东县沿海经济开发区举行项目签约仪式，这标志着投资超10亿元的海正药业南通公司、海正化工南通公司正式落户如东县。县委书记詹立风，县委副书记周建飞，县委常委、常务副县长顾淑英，副县长张蓉蓉出席签约仪式。县委常委、政法委书记、沿海经济开发区党工委书记陈建华对海正的落户表示热烈欢迎，他要求县级机关各相关部门和沿海经济开发区本着亲商、爱商的宗旨，在项目报批、行政许可、基础设施建设过程中，给予周到、热忱的服务；他希望海正集团要务实、高效、有序地推进项目，确保早开工、早投产、早见效。

★4日，由中国石油化学工业开发股份有限公司在洋口港经济开发区投资205亿元的台湾中石化（洋口港）产品基地项目签署合作框架协议。县委书记詹立风出席签字仪式。县委副书记周建飞，县领导张蓉蓉、余科参加签约活动。

★5日，县委书记詹立风前往掘港镇调研，要求掘港镇牢牢把握加快转变经济发展方式主线，进一步加大项目建设力度，大力推进城市开发建设，全面加快富民强村进程。

★5日，如东县召开《公路安全保护条例》宣传贯彻暨225省道如东段改建工程安全专项整治工作会议。县委常委、副县长陈昌龙要求相关镇和部门迅速营造专项整治工作的氛围，突出重点，落实责任，形成上下联动的整治合力，真正做到有工作部署，有推进措施，有检验标准，有追究办法，确保整治工作取得实效。

★5日，全市检察机关社会管理创新现场观摩暨检察长座谈会在如东县召开。与会人员在县委常委、政法委书记陈建华的陪同下，实地参观了地处马塘镇的如东县第一检察室，听取了县检察院“三大平台”的建设情况汇报。南通市检察院党组书记、检察长赵志凯要求全市各检察机关自觉提升工作标杆，以奋发有为的工作激情，切实有效的扎实举措，投入社会管理创新，推动这项工作再上新台阶。

★5日，县委常委、宣传部部长杨中坚与县教育局、文明办相关负责人前往新店、双甸、河口、栟茶等镇，调研社会事业和文明城市迎查复检工作。

★5日，县城管局召开政风行风汇报会，县人大常委会副主任徐志平、杨成泉、沈更生、蔡瑞平、冒亚平出席会议。

★5日，南通神东实业木屋产业园彩旗飘飘，一片热闹的景象。同济大学建筑工程系与南通神东实业有限公司联合成立的“同济—南通神东实业木结构科研中心”在产业园举行签约揭牌仪式。副县长于立忠出席揭牌仪式，他代表县委、县政府对同济—南通神东实业木结构科研中心的成立表示祝贺。

★5日，副县长王智到洋口港经济开发区对服务业发展情况及三产发展项目进行调研。希望落户洋口港经济开发区的服务业项目加快发展速度，力争成为全县服务业发展的标杆。

★6日，县委、县政府召开全县机关作风建设大会，县委书记詹立风出席会议并讲话。他动员全县上下以更加饱满的热情、更加开阔的思路、更加务实的举措、更加优良的作风，全力保障如东县经济社会发展各项目标任务的快落实，确保实现县委工作会议提出的赶超发展目标。会议由县委副书记、代县长潘建华主持。县委常委、纪委书记刘才盛宣读《关于加强全县督查工作的实施意见》。会议采取电视直播方式进行，在县行政中心设主会场，各镇区设分会场，在主会场与会的对象有县四套班子领导，县级机关各单位主要负责人，部分县级机关中层以上干部，各镇党委书记，各区党工委书记、管委会主任，县级机关作风建设领导小组成员等。在分会场参加会议的对象有各镇镇长，镇、区机关的全体人员，驻镇单位的主要负责人，各村定编干部，老干部代表，企业负责人代表。

★6日，县政府召开全县工业项目建设推进会。副县长张蓉蓉对上一阶段工业项目建设情况表示肯定，她要求各镇区对所有园区企业坚持属地管理机制，杜绝管理与服务的盲区，为在谈、在建和已建项目形成一条龙系统化服务机制，多引进高新产业、新兴产业项目，提高项目的质量指标。

★7日，由国家防汛抗旱总指挥部督察专员李坤刚率领的工作组，到如东县检查指导防台防汛工作。工作组一行在县委书记詹立风以及县领导陈昌龙、洪大林等陪同下，实地查看了沿海海堤和相关重点区域的防护准备工作并听取汇报。

★8日，县委书记詹立风前往洋口港经济开发区调研，要求该区咬定目标，勇挑重担，突出重点，狠抓落实，争当全省全市沿海开发排头兵。县委副书记、洋口港经济开发区党工委书记周建飞表示，开发区将全力落实洋口港开发建设当前各项重点工作，用实际行动向县委、县政府汇报。县领导余科陪同调研。

★8日，2011年如东县“全民健身日”“南通体育日”启动仪式暨全民健身新优节目大展示活动在如东高级中学体育馆举行。县委常委、宣传部部长杨中坚宣布活动正式启动，副县长王智作动员讲话。县领导冒亚平、桑圣权出席启动仪式。

★9日，如东县召开全县金融工作座谈会暨第三季度金融工作推进会。县委常委、常务副县长顾淑英主持会议，她要求相关部门放大土地资源、抵押资本优势，保证所有融资平台和中小企业资金的需求，促进全县经济发展。副县长张蓉蓉出席会议。

★9日，县政府召开全县建设工程质量安全管理工作会议。副县长于立忠要求相关单位和部门要认清形势，切实增强建设工程质量安全管理的危机意识，严格落实各方责任，着力消除建设工程质量安全管理薄弱环节，围绕密切结合市场培育，严格落实相关法律法规，充分发挥职能联动优势等内容，强化举措，创新监管方式，提升建设工程质量安全监督管理效能，确保建设工程质量安全管理工作抓出成效。

★10日，如东县召开专题会议，就群众事务党员干部代理工作进行动员部署。 县委常委、组织部部长任新峰要求各地、各部门常抱敬民之心，勇当为民之责，做到不作秀，不刮风，不搞形式主义，以高度负责的态度、求真务实的作风、一抓到底的干劲，切实把这项工作做实做细，做出成效，为加快建设现代化新如东作贡献。

★10日，县委常委、宣传部部长杨中坚在县城管局调研时要求，务必以更高的标准、更大的力度，扎实深入地推进各项环境整治工作，确保文明卫生城市复检不失分、得高分。

★11日，县委、县政府召开全县重点工作督查推进会。县委书记詹立风要求各地、各部门突出招商引资、项目建设、财政收入、基础设施与城市建设等重点工作，对照目标抓落实，确保完成全年目标任务。副县长于立忠、张蓉蓉分别通报了今年以来城市开发建设及招商引资、项目建设、工业经济推进情况等方面的工作。会议由县委副书记、代县长潘建华主持，他要求全县上下增强危机意识，用谦虚谨慎的态度，聚焦难点，突破重点，通力合作，确保完成全年各项目标任务。

★12日，省卫生厅副厅长、省中医药管理局局长陈亦江与省、市相关部门领导到如东县视察中医院整体迁建工作。县委书记詹立风、副县长姜晓静等陪同视察。

★12日，洋口港开发建设一线优秀党员群体先进事迹报告会在县行政中心会议厅举行。市委组织部副部长曹金海向洋口港经济开发区党工委颁发了“全国先进基层党组织”奖牌和证书，县委副书记、洋口港经济开发区党工委书记周建飞接过奖牌和证书。县委常委、组织部部长任新峰在致辞中说，洋口港开发建设一线的党员群体是当代共产党人的杰出代表，是创先争优的优秀典型，是值得全县广大党员干部学习的身边榜样。在如东的县四套班子领导，县法院院长、检察院检察长，各镇（区）党（工）委书记、各区管委会主任，各镇（区）分管党务负责人、组织委员，县级机关各部门中层以上干部聆听了报告会。

★12日，如东县召开“税企心桥”如东地税局大企业挂钩服务启动仪式。县委常委、常务副县长顾淑英希望地税部门高点定位，创新创造，建立和完善助推发展的体制和机制，和大企业加强合作，真正在税务与企业之间架起沟通的桥梁，将“税企心桥”打造成服务全县经济社会发展的品牌。县领导王志荣参加活动。

★12日，由台湾东海冷冻食品有限公司董事长黄廖美淑率领的台湾农产品加工考察团一行到如东县，就农产品加工项目落户进行初步洽谈。县委常委、副县长陈昌龙致欢迎辞，他向考察团成员介绍了如东县近年来的经济社会发展概况以及农产品发展上特有的优势，并欢迎他们在充分考察了解如东的投资环境之后将项目落户如东。县领导桑圣权主持推介会。

★12日，县委组织部在行政中心多功能会议厅，举行2011年新录用公务员上岗宣誓仪式，127名新录用公务员面对神圣的国徽庄严宣誓：“为加快建设现代化新如东而努力奋斗！”县委常委、组织部部长任新峰要求新录用公务员树立强烈的责任意识，扬鞭奋蹄，勇于担当，在基层沉下身，静下心，在服务基层民众中改进作风、增强党性、提升境界。

★13日，县委常委、副县长陈昌龙，县政协副主席童玉林视察临海高等级公路如东段建设情况，并慰问一线施工人员，要求他们以一流的质量，加快推进工程建设。

★16日，如东县扶贫协会召开欢送国华新生座谈会。市慈善总会会长程亚民向7名学生分别捐赠了500元助学金，并叮嘱他们牢记重托，刻苦学习，培养能力，提升自身素质。县委常委、副县长陈昌龙，副县长姜晓静出席座谈会。

★16日，如东县召开创建省级“平安农机示范县”推进会，县委常委、副县长陈昌龙要求各镇（区）、各单位，进一步研究落实农机安全生产措施，确保年内建成省“平安农机示范县”。副县长洪大林主持会议。

★16日，全国台湾同胞投资企业联谊会常务副会长、南通市台资企业协会会长刘璟芳到如东县调研。县委常委、纪委书记刘才盛介绍如东县经济社会发展情况，希望台资企业协会介绍更多的台湾企业来如东县投资兴业。刘璟芳表示将在台湾和台资企业中大力宣传如东的创业环境，在如东的台资企业要加强与台办和台资企业协会的联系，并积极宣传如东优越的投资环境，吸引更多的台胞到如东投资兴业。

★17日，市政协副主席张庆平、张永凯、赵闻斌一行到如东县，就加快培育和发展全市战略性新兴产业课题调研。县委常委、常务副县长顾淑英汇报如东县战略性新兴产业发展现状、产业培育和发展中存在的问题及对策。县委副书记、代县长潘建华，县政协副主席童玉林、冯力如出席会议。

★17日，县委政法委与南通大学政治学院正式建立校地合作关系。在校地合作签约仪式上，县委常委、政法委书记陈建华和南通大学政治学院院长顾玉平分别代表合作双方在合约上签字。

★18日，南通市人大常委会副主任王平一行到如东县调研城乡医疗制度改革情况。 县领导顾淑英、姜晓静分别汇报如东县城乡医疗制度改革情况和存在问题。县人大常委会副主任冒亚平出席汇报会。

★18日，如东县举办正科级后备干部中国浦东干部学院培训班和副科级后备干部军事化集训班开班典礼。县委常委、组织部部长任新峰要求科级后备干部着眼全局、深化认识，以第一人称的姿态搞好培训，以第一任务的摆位提升能力水平，以第一危机的紧迫来落实强能要求，注重养德、勤学、善谋、历练，注重谋全局、谋大势、谋规律、谋策略，在实践历练中增长才干。

★18日，如东县召开电力工作领导小组会议。副县长张蓉蓉出席会议，她要求各部门和乡镇加强包干负责、属地管理、职权捆绑、奖惩结合的方法，积极配合好专项整治行动，进一步加强电力保护工作的组织领导，依靠强有力的行政推动，促进电网建设、规范电力市场秩序，努力完成今年电力工作各项目标任务，确保经济社会平稳发展。

★19日，岔河镇文联第二次代表会议召开，选举产生新一届委员会。县委常委、岔河镇党委书记杨小军出席会议。

★20日，县领导周建飞、任新峰、于立忠、卢瑞华以及县总工会负责人，带着防暑降温用品，慰问高温下奋战在一线的广大劳动者。

★22日，交通运输部人事劳动司机构编制管理处处长时骏、交通运输部公安局政治部主任张京蒲一行专程到洋口港，就建立洋口港区港口公安派出机构进行考察。县委书记詹立风感谢交通运输部对洋口港开发建设的关心和支持，表示将加快洋口港开发建设步伐，尽快形成港区与产业相配套的良好发展局面。县委副书记、洋口港经济开发区党工委书记周建飞向时骏一行介绍了太阳岛和江苏LNG接收站。县委副书记、代县长潘建华，县领导顾淑英、于立忠陪同考察。

★22日，在国家海洋局海域和海岛管理司海域论证监管处处长张志华的带领下，国家海洋局两名年轻公务员到如东县进行为期三个月的实践锻炼。县委副书记、代县长潘建华表示，国家海洋局选派干部到如东实践锻炼是对如东的信任和支持，如东一定会热情服务，倾心帮助，创造最好的工作环境、生活环境，使两名选派干部尽快进入角色，充分施展自己的聪明才智。县委常委、副县长陈昌龙参加活动。

★本周，副县长王智带领县发改委、县服务业办公室相关负责人，对全县服务业重点项目建设进行专题调研。

★23日，如东县召开县级机关和县属事业单位中层干部竞争上岗，选派县级机关领导干部到基层一线挂职锻炼动员会议。会议由县委常委、常务副县长顾淑英主持，县委常委、组织部部长任新峰对相关工作作具体部署。县委副书记、代县长潘建华出席会议并作动员讲话。他要求县级机关和县属事业单位严格把好竞争上岗的重要环节，建立健全干部选拔任用机制，确保县级机关和县属事业单位中层干部竞争上岗以及选派县级机关领导干部到基层一线挂职工作有序推进，为推进现代化、建设新如东提供有力的组织保证。

★23日，市委常委、副市长秦厚德一行到如东县调研农业农村工作，要求如东县以项目建设为抓手，全面推进农业转型升级。县委常委、副县长陈昌龙向秦厚德一行汇报今年以来如东县农业农村工作情况。县委副书记、代县长潘建华表示，如东县将进一步转变观念，用先进的市场化理念发展农业产业，精致化管理，建立健全现代农业产业体系，把农业发展成果更多地惠及民生。县领导洪大林、桑圣权陪同调研。

★23日，县人大常委会召开主任会议，听取县气象部门服务地方经济社会发展情况的工作汇报。县人大常委会副主任徐志平希望气象部门完善预测预报业务平台建设，着力提升预测预报的准确性，同时，加大气象队伍培训，进一步发挥气象部门服务地方经济社会发展的作用。会议由县人大常委会副主任杨成泉主持，县人大常委会副主任沈更生、蔡瑞平、冒亚平参加会议，县委常委、副县长陈昌龙列席会议。

★23日，市委宣传部部长章树山到如东县调研文明创建和文化宣传工作，对如东县工作给予充分肯定。县委常委、宣传部部长杨中坚介绍了如东县宣传思想文化工作。

★23 日，如东县召开全县服务业发展工作推进会。会议总结如东县上半年服务业发展概况。副县长王智要求各镇区要强化目标意识，统一思想，创新工作举措，狠抓落实，为实现全县服务业跨越发展努力奋斗。

★24 日，全国政协常委、全国政协社会和法制委员会副主任、省政协理论研究会四届五次理事会会长许仲林带领省政协理论研究会四届五次理事会暨第四次理论研讨会成员到洋口港参观视察。县委副书记、代县长、县政协党组书记潘建华在洋通公司展厅向许仲林一行详细介绍了洋口港的开发建设情况。潘建华表示将加快洋口港开发建设步伐，完善港区功能，尽快形成港区与产业配套的良好发展局面。市政协主席王德忠，县政协副主席童玉林陪同视察。

★24 日，县委副书记、代县长潘建华在县交通运输局调研，充分肯定了县交通运输部门的工作，并要求，进一步完善交通运输规划，加快推进在建工程，为全县经济社会发展创造优良的条件。县领导陈昌龙、蔡瑞平、童玉林陪同调研。

★23 日，副县长、县公安局局长卢瑞华，县华艳丝绸公司董事长顾从华和丰利派出所民警共同捐资 6000 元，资助丰利镇双灰山村 24 组贫困大学生张迎庆完成学业。

★24 日，如东县召开全县重点项目督查会办会。副县长张蓉蓉要求各相关部门进一步创新思维，主动服务，狠抓落实，营造服务重点项目的良好氛围，最大程度化解重点项目建设中遇到的各类难题。

★25 日，如东县召开全县园区招商工作座谈会。县委副书记、代县长潘建华要求各招商载体牢固树立园区是如东经济发展希望所在的理念，围绕各自的主导产业、特色产业，打造招商的亮点和品牌，大力提升要素集聚能力和综合竞争能力，充分发挥龙头引领作用，推动如东经济的又好又快发展。会议由副县长张蓉蓉主持。

★25 日，东安科技园区举行项目开工典礼，由浙江籍客商杨俊华投资兴办的江苏锃锝家具有限公司大型家具制造项目落户园区。县委常委、组织部部长任新峰出席项目开工典礼，他希望锃锝公司抓住机遇、乘势而上，加快施工进度，确保项目早日达产、早出效益。同时要求县相关部门主动做好服务保障工作，东安科技园区要不断完善基础设施配套，提升公共服务水平，全面开创园区跨越发展新局面。

★26 日，江苏省如东高级中学召开教职工大会。南通市委组织部副部长王亚雄宣读南通市委组织部《关于如东高级中学人事任免的决定》。县委书记詹立风出席会议并讲话。他希望新任领导班子要紧紧围绕科学发展这一主题，认真总结办学经验和特色优势，在新的起点上开创学校发展新局面；要重点强化自身建设，坚持团队引领，进一步增强班子的凝聚力和战斗力；要在优化管理模式、培优教师队伍、营造育人环境、提升教学质量上下功夫，争取早日将如东高级中学建设成为江苏省五星级普通高中，推动全县教育事业又好又快发展。县委常委、宣传部长杨中坚主持会议。

★26 日，如东县召开党外干部座谈会。县委常委、纪委书记刘才盛要求各级党组织关心党外干部，为党外干部的成长发挥积极作用，创造良好的条件，为推进现代化、建设新如东和构建和谐社会提供良好的组织和干部保障。

★27 日，由中国农药工业协会和如东沿海经济开发区联合主办的 2011 全国农药工业行业“责任关怀”培训交流暨江苏省如东沿海经济开发区“责任关怀”启动仪式在如东县举行。县委常委、政法委书记、沿海经济开发区党工委书记陈建华在会上致辞。他指出，开展“责任关怀”是化工企业义不容辞的责任，全面落实履行“责任关怀”承诺，将沿海经济开发区建成资源更节约、环境更友好、发展更和谐、人民群众更满意的现代化园区。

★28 日，县委、县政府召开全县沿海开发暨五大园区建设推进会。县委副书记、代县长潘建华传达省、市沿海开发会议主要精神，并就下一步沿海开发和五大载体建设工作作出具体部署。县委书记詹立风出席会议并讲话，他说，加快沿海开发是难得机遇、也是严峻挑战，更是我们肩负的历史责任，各地、各部门、各单位要紧扣“争当江苏沿海开发第一县”目标，形成更强的工作合力、争取更大的政策支持、强化更多的人才支撑、锤炼更实的工作作风，推动全县沿海开发新突破。会议由县委副书记、洋口港经济开发区党工委书记周建飞主持，县沿海开发领导小组各成员单位向县政府递交了责任状。县四套班子领导，县沿海开发领导小组各成员单位主要负责人、分管负责人及相关业务负责人，五大园区党政班子全体成员、中层干部及相关业务人员，沿海前沿镇班子成员及相关业务负责人，其他各镇党政主要负责人及招商引资分管负责人，县级机关各部门主要负责人出席会议。

★28 日， 如东县健身器材业商会召开第二届会员大会，选举产生县健身器材业商会第二届理事、会长、副会长、秘书长。县政协副主席、工商联主席桑健参加会议，他要求健身器材业商会加强自身建设，营造行业之间健康有序竞争和发展的良好氛围；坚持服务立会，积极引导会员企业转变生产方式，优化产业结构转型升级。同时利用商会载体，努力为企业排忧解难，进一步增强商会的凝聚力和竞争力。

★29日，如东经济开发区与霍尼韦尔生命集团举行签约仪式，该集团安全防护设备项目落户如东经济开发区。县委副书记、代县长潘建华要求如东经济开发区做好项目服务工作，争取使这一项目早开工、早建设、早投产。他同时勉励霍尼韦尔生命安全集团的高级主管齐心协力，共同做好安全防护设备项目的前期准备工作，争取使项目早投产，早出效益。副县长张蓉蓉参加签约仪式。

★29日，如东县举行2011年新招录大学生村官上岗培训开班仪式暨全县“十佳”大学生村官表彰大会。县委常委、组织部部长任新峰出席会议并讲话，他要求大学生村官胸怀全局，满怀激情，切实增强到村任职工作的责任感和使命感；珍惜机遇，向下扎根，努力为新农村建设伟大事业贡献青春才华。同时，各镇及县级机关相关部门要统一认识，真情关爱，抓好培训教育、明确岗位职责、拓宽成长渠道、从严监督管理，确保大学生村官到村任职工作扎实推进取得实效。

★29日，如东县召开纪检监察系统“严执纪、优环境、铸品牌、促发展”主题实践活动动员大会。县委常委、纪委书记刘才盛要求全县各级纪检监察组织和广大纪检监察干部围绕“抓项目、搞服务、优环境”，以加强机关作风建设为抓手，以实施“六大工程”为载体，主动融入中心，全力服务发展大局，以反腐倡廉建设新成效，加快现代化新如东的建设进程。

★30日，如东县召开洋口港开发建设前线指挥部办公会议。县委书记詹立风要求，解放思想、着眼长远、凝心聚力，强势推进洋口港开发建设。县委副书记、代县长潘建华，县领导周建飞、顾淑英、张蓉蓉、洪大林、桑健、余科出席会议。

★30日，如东县举行县级机关领导干部赴基层一线挂职出征仪式。39人赴镇、村挂职，25人赴县房屋征收办公室挂职。县委书记詹立风在出征仪式上指出，选派县级机关领导干部赴基层一线挂职是县委锻炼、培养、使用干部的重要途径。他希望挂职干部珍惜机会，加强调查研究，善于发现、思索、研究问题，通过努力来解决问题。要密切联系基层干部群众，树立良好的工作作风，要廉洁自律。出征仪式由县委副书记周建飞主持，县委常委、组织部部长任新峰宣读了挂职干部和挂职单位名单。

★30日，县红十字会举行“红十字博爱助学款”发放仪式，40名家庭困难的莘莘学子获得助学款。县委常委、常务副县长顾淑英寄语学子们珍惜来之不易的学习环境和受助机会，用顽强拼搏的精神应对暂时的困难，把感恩之情转化为刻苦学习、奋发向上的动力，以实际行动回报家乡、回报社会。县领导杨成泉、童玉林出席发放仪式。

★30日，县委常委、纪委书记刘才盛检查县城规划区内违法建筑清查整治工作。他要求进一步抓好宣传教育工作，进一步抓好责任制的落实，抓好整治成效的巩固，认真开展巡查监管，迅速、及时拆除、处置好新的违法建设，防止违法建筑回潮。

★31日，上海浦东新区副区长陆月星和县委副书记、代县长潘建华共同启动水晶球，如东科技城正式开工。项目将建成省级一流的科技创新创业示范区、人才技术高地的集聚地、现代服务业的样板区、城市现代化的先导区。上海浦东发展有限公司总裁、党委副书记孙童致辞，他说，浦发集团有信心、有决心精心组织、精心设计、精心施工，优质高效地将工程项目建设好。潘建华在开工仪式上讲话，他指出，建设如东科技城是坚持以科技创新为驱动、加快转变经济发展方式的一个重大举措，对于增强如东县科技创新能力，加快发展新兴产业，优化产业结构，提升城市竞争力具有十分重要的战略意义。县委常委、组织部部长任新峰主持开工仪式，省侨办副主任季俊秋，省旅游局副局长汤永林，南通市规划局局长马啸平，上海浦东发展有限公司副总裁郭亚兵，南京财经大学副校长许承明，市公安局副局长王华，市外事办副主任王浦坚，市侨办副主任金志伟，副县长于立忠、张蓉蓉，南通东筑实业有限公司董事长方伟华等出席开工仪式。

★本周，县规划局组织专家对如东经济开发区公租房、栟茶华盛财富中心、县中医院迁建工程等三个项目的规划方案进行评审。副县长于立忠要求规划设计单位准确定位，注重整体风格协调和功能配置，确保设计方案高标准、高质量完成。县领导蔡瑞平、童玉林出席评审会。

★31日，县纪委召开评议大会， 对住建、城管、交通等12家具有行政执法职能的部门，进行政风行风建设现场民主评议。 县委常委、纪委书记刘才盛要求12家被评议部门以此次评议为契机，找准工作作风、行业风气、政风建设等方面存在的问题，着力做好整改提高工作，确保政风行风民主评议取得实效。

★31日至9月2日，县委常委、副县长陈昌龙，副县长洪大林率领县“两办”和农口各部门负责人，对各镇项目农业推进情况进行督查。

9 月

★1 日，南通市委政法委书记曹斌一行到如东县调研政法综治和社会管理创新工作。县委副书记、代县长潘建华从港口开发、城乡一体化建设等方面介绍了如东县经济社会发展情况。县委常委、政法委书记陈建华汇报如东县政法工作。副县长于立忠陪同调研。

★2 日，如东县召开“第五届中国如东沿海经济合作洽谈会”动员会议，部署相关筹备工作。县委常委、常务副县长顾淑英对相关筹备工作作具体部署，并作动员讲话。县委副书记、洋口港经济开发区党工委书记周建飞出席会议，他要求相关筹备部门进一步从思想上重视，消除各种消极思想，高标准做好筹备工作，尽早部署，细化衔接，周密组织，并与当前各项重点工作相结合，确保第五届“海洽会”取得圆满成功。县领导陈昌龙、陈建华、杨中坚、于立忠、张蓉蓉、卢瑞华出席会议。

★2 日，如东县召开当前社会矛盾化解督办会。县委常委、政法委书记陈建华要求各地绷紧“居安思危”之弦，抓牢“清源固本”之器，强化“责任落实”之功，建立和完善滚动排查、下访巡查、挂牌督查、风险评估、重点管控、应急处置、预警防范、司法救助和责任问责机制，全力做好矛盾化解、维护稳定、社会管理工作，保障全县社会大局持续平稳。会议由副县长、县公安局局长卢瑞华主持。

★2 日，如东县保障性住房（首批公租房）——花苑小区人才公寓举行公开配租仪式。县委常委、组织部部长任新峰希望各用人单位倡导服务出发展软环境、服务出人才竞争力的理念，建立有利于高学历人才干好本职、发挥专长、服务发展的成长机制；各位高学历人才要以当天的活动为新的起点，坚定信心，开启创新创业新的征程。县领导蔡瑞平、于立忠参加仪式。

★3 日，由县民政局、教育局、县慈善会共同主办的“慈善·福彩”助学金发放仪式在如东高级中学举办。县委常委、副县长陈昌龙希望这些学生能够在正视困难中树立大志，在体味关爱中坚定信念，在接受哺育中锻炼成才，在懂得感恩中回报社会，立志做一个对社会有用的人。县政协副主席童玉林参加活动。

★3 日，南通市扶持经济薄弱村工作座谈会在如东县召开，各县、市、区就如何在“十二五”期间消除经济薄弱村展开探讨。县委常委、副县长陈昌龙出席会议。

★4 日，菲律宾前驻华大使周清琦、省侨联主席郁美兰到如东参观考察。在县委常委、副县长陈昌龙，县人大常委会副主任、侨联主席沈更生的陪同下，周清琦、郁美兰参观了县城规划展览馆和黄海大桥，并登上洋口港观景平台巡视了太阳岛全貌，了解中石油江苏 LNG 接收站工程运行情况。

★5 日，县委副书记、代县长潘建华，县委常委、宣传部部长杨中坚以及县教育局相关负责人到如东高级中学和掘港虫宾山小学，在教师节即将来临之际，慰问了一线教师代表。

★5 日，如东县召开铁路建设工作推进会。县委常委、副县长陈昌龙要求各单位克服一切困难，轧紧进度，同时，时刻牢记安全和质量，凝心聚力确保海洋铁路的顺利通车。

★5 日，为期一周的县级机关挂职领导干部房屋征收政策培训班正式开班。副县长于立忠要求全体人员端正认识、加强学习、深入一线、迅速转变角色，融入到征收团队中去；身下心下，苦干实干，做到政策研究透、工作效率高、团结协作强、精神面貌好、社会形象佳。县人大常委会副主任蔡瑞平、县政协副主席童玉林出席开班仪式。

★6 日，县委常委、宣传部部长杨中坚在县教育局负责人的陪同下，前往掘港、袁庄、栟茶等镇，看望慰问部分中小学教师代表。

★6 日，如东县召开全县工业经济冲刺三季度推进会。副县长张蓉蓉出席会议，她要求各镇区明确目标任务，细化指标分解，确保工业投入、税统销售、科技创新等各项指标序时达标。

★7 日，如东县召开砖瓦企业关闭拆除工作现场推进会。副县长于立忠要求各镇区学习和借鉴经济开发区、双甸等镇区的做法和经验，因地制宜制订有效方案。相关部门要齐心协力、攻坚克难，协助各镇区做好砖瓦窑关闭拆除工作，确保圆满完成今明两年的关闭拆除任务。

★本周，南京海关监管处处长王童欣、南通海关副关长徐建忠一行到东安科技园区进行现场办公，表示将全力支持如东建好国家级如东进口再生资源加工区。县领导任新峰、张蓉蓉参加活动。

★本周，如东县召开县城规划区内违法建筑集中整治工作推进会，县委常委、纪委书记刘才盛要求在责任制的落实上进一步抓平衡，在协同配合的水平上进一步抓提高，在责任追究上进一步抓落实，在宣传教育上进一步抓深化。

★7 日，新疆喀什地区疏附县县委副书记王凌泉到如东县考察。县委常委、宣传部部长杨中坚向王凌泉一行介绍了如东县近年来抢抓江苏沿海开发机遇、大力推进港口建设，并以港口开发为引领，加大城市、交通等基础设施建设，促进和带动全县经济社会发展的主要情况。

★7 日，副县长卢瑞华到丰利镇凌河小学慰问丰利镇的特困教师和优秀教师代表，他勉励丰利镇的教师继续发扬无私奉献、艰苦奋斗的精神，为全镇的教育事业继续做出更大的贡献。

★8 日，在县领导周建飞的陪同下，中国农业发展银行江苏分行行长石晶莹一行到洋口港视察。

★8 日，县领导周建飞前往长沙镇慰问教师，希望长沙镇教育界人士全力支持洋口港开发，继续办好人民教育。

★8 日，中石油江苏液化天然气有限公司领导张成伟一行到洋口港经济开发区座谈，对接“海洽会”召开事宜。 张成伟向县领导周建飞介绍了中石油江苏液化天然气有限公司运营情况。

★8 日，如东县召开信访维稳工作会议。县委常委、常务副县长顾淑英要求各相关单位以强烈的政治意识全力做好信访维稳工作，以严明的工作责任落实各项举措，以高效的组织领导确保完成阶段性组织任务。副县长、县公安局局长卢瑞华主持会议，县人大常委会副主任徐志平出席会议。

★8 日，县领导沈更生在栟茶茗海中学与部分教师代表进行座谈，并向两名困难教师发放慰问金。

★8 日，如东县召开 2011 年度企业上市联席会议第一次会议。18 家联席会议成员单位分别就与各自职能相关的上市和拟上市企业涉及问题进行了重点解答和讨论。 副县长张蓉蓉要求各相关职能部门提高对企业上市工作的服务意识，着重为进入上市轨道的 4 家企业提供优质服务。

★8 日，副县长姜晓静专程到马塘镇亲切慰问一线教师代表，并和他们座谈，征求对如东教育事业的建议和意见。

★8 日，县工商联（总商会）会长例会在南通久和药业有限公司召开。县政协副主席、工商联会长桑健要求与会代表通过换届调整更好地增加工商联的工作活力，他希望企业家们多谏言献策，在做大做强自身企业的同时，发挥龙头企业的支撑作用，为如东经济社会发展多作贡献。

★7 日至 9 日，如东县国家生态县创建工作迈出喜人步伐。省环保厅组成的专家考核组对如东县国家生态县创建工作予以高度评价，一致同意通过省级考核。省环保厅副厅长赵挺、副市长朱晋对如东县下阶段创建工作提出明确要求。县委副书记、代县长潘建华表示，如东县将以通过省级验收为契机，坚持多渠道投入，全力推进环境基础设施建设；多形式宣传，不断提升创建工作的知晓率、参与度；多方位并举，打造亮点、培育特色，力求国家生态县创建工作得到进一步巩固、完善和提高。县领导蔡瑞平、于立忠、洪大林、童玉林、桑圣权参加了考核验收活动。

★9 日，全县庆祝第 27 个教师节报告会暨高考表彰庆典在如东高级中学举行。县委副书记、代县长潘建华代表县四套班子领导向全县广大教育工作者致以节日的问候。副县长姜晓静宣读县委、县政府给如东教育系统的嘉奖令。县领导顾淑英、任新峰、刘才盛、杨中坚、徐志平、杨成泉、沈更生、冒亚平、卢瑞华、王智、童玉林、桑圣权出席报告会。

★9 日，县领导杨小军、徐志平、王志荣前往岔河镇慰问老师。杨小军希望广大教师立足岗位，提升素质，为如东教育争作贡献。

★本周，副市长徐辉带领市安监、海洋渔业、海事等部门负责人来到如东县，就洋口港 LNG 船舶运输安全召开专题协调会。副县长张蓉蓉出席协调会。

★13 日，如东县召开全县重点工作督查推进会。县委书记詹立风要求各地、各部门以时不我待的赶超意识，以争分夺秒的拼抢劲头，抓重点，克难点，创亮点，全力发起冲刺全年目标的强大攻势。会议由县委副书记周建飞主持。县四套班子领导出席会议。

★14 日，无锡市副市长陈金虎一行到如东县考察。县委书记詹立风、县委副书记周建飞陪同参观了黄海大桥、太阳岛。詹立风向陈金虎一行详细介绍了洋口港的开发历程、发展规划、发展方向，以及洋口港的建设对南通和江苏沿海经济发展所具有的重要战略意义。

★14 日，无锡市侨联主席冯雷率无锡市侨联考察团一行 18 人，到如东县参观考察。县人大常委会副主任、县侨联主席沈更生向冯雷一行介绍了如东县近年来抢抓江苏沿海开发机遇、大力推进港口建设，并以港口开发为引领，加大城市、交通等基础设施建设，促进和带动全县经济社会发展的情况。县委常委、组织部部长任新峰看望了冯雷一行。

★15 日，县人大常委会副主任徐志平一行在县司法局调研如东县 “五五”普法工作成效和 “六五”普法规划情况。

★16 日，东海渔区开渔的第一天。县委常委、副县长陈昌龙，副县长洪大林率领县海洋渔业、安监、公安、农机、监察等部门的负责人，前往如东县沿海 6 镇对海洋渔业安全生产情况进行突击检查。

★16 日，新店镇文联成立。这是继岔河镇之后全县成立的第二家镇级文联。市文联副主席王法、县政协副主席桑圣权为镇文联揭牌。

★17 日，县政协副主席童玉林一行走访社会法制组委员，听取他们对县委、县政府，及政协工作的意见、建议。

★19 日，如东县召开农渔业招商引资暨项目建设推进会。县委常委、副县长陈昌龙要求动员全县上下抢抓秋播前的关键时机，迅速掀起农渔业招商引资热潮，在秋播前规划、落实一批农渔业项目。县领导洪大林主持会议，县领导杨成泉、桑健、桑圣权出席会议。

★19 日，如泰现代农业产业园区第一个大型农业产业化项目--总投资 8000 万元的江苏银树食品有限公司项目正式开工建设，2012 年 2 月达产后可年产速冻蔬菜 5 万吨，成为如东县最大的速冻蔬菜加工龙头企业。县委常委、副县长陈昌龙在开工仪式上致辞。县领导杨成泉、洪大林、桑健、桑圣权出席仪式。

★19 日，如东县召开海洋渔业安全生产工作会议。县委常委、副县长陈昌龙要求各相关负责人切实增强做好海洋渔业安全生产工作的紧迫感，解决思想认识、安全设施、落实责任、资金投入不到位等突出问题，强化组织领导、隐患整改、整治监管、责任追究工作举措，有效提高海洋渔业安全生产工作水平。县领导洪大林主持会议，县领导杨成泉、桑健、桑圣权出席会议。

★20 日，县人大常委会副主任徐志平带领人大相关工委负责人，视察企业工资集体协商工作。县政协副主席桑健出席会议。

★21 日，省纪委党风室主任李苏建一行到如东县，调研县委权力公开透明运行试点工作。县委常委、纪委书记刘才盛汇报了如东县县委权力公开透明运行工作进展。县委副书记周建飞陪同调研。

★21 日，如东县召开迎接第五届“海洽会“环境整治会议，县委常委、常务副县长顾淑英要求相关镇区和部门集中精力，采取扎实有效的措施，按序时完成环境整治任务，为“海洽会”召开营造良好的氛围。

★21 日，南通市老干部创先争优事迹宣讲团到如东县宣讲。县委常委、组织部部长任新峰出席宣讲活动，他要求各镇、各部门从各自实际和离退休党员干部队伍特点出发，充分调动老同志的积极性和主动性，推动离退休干部党组织和党员创先争优活动抓紧抓好、抓出实效。

★21 日，如东县召开窗口单位和服务行业“为民服务创先争优”推进会。县委常委、组织部部长任新峰要求各相关单位加强党性教育、业务培训、技能比武，规范服务行为、优化服务流程、加强服务监督，确保活动取得实效。

★20 日，县政协副主席桑圣权一行对民政局承办的 “关于筹划建设上规模、分档次、产业化老年公寓的建议”的办理情况进行督查。

★21 日，湖南省株洲县县委副书记黄亮文带领株洲党政代表团到如东县考察。县委常委、常务副县长顾淑英向黄亮文一行详细介绍了县行政服务中心的运行模式及近年来的特色工作做法。县委副书记、洋口港经济开发区党工委书记、县行政服务中心党工委书记周建飞陪同黄亮文一行参观了如东城市规划展览馆和洋口港太阳岛。

★22 日，如东县举行“临海公路党旗红”活动启动仪式。市委组织部副部长、市委“两新”工委书记黄卫成出席仪式并讲话，他希望如东县进一步加强对“项目党建”工作的研究和思考，不断创新载体、创新举措，切实提高“项目党建”工作成效，倾力打造全市，乃至全省、全国的党建工作品牌。县委副书记周建飞在启动仪式上要求临海高等级公路（如东段）工程项目党组织在项目建设过程中充分发挥战斗堡垒作用，努力把党的政治优势和组织优势转化为推进工程项目建设的强大力量争当工程项目建设的“排头兵”和“顶梁柱”，又好又快推进工程项目建设。中铁上海工程局党委书记梁永兴，中铁上海工程局党委副书记、纪委书记易铁军，市交通局副局长王开亮，市委“两新”工委副书记、市委组织部部务委员、组织处处长蒋建等领导出席启动仪式并为“共产党员先锋队”“青年突击队”授旗。县委常委、组织部部长任新峰主持启动仪式。

★22 日，如东县召开全县机关党建工作会议。县委常委、组织部部长任新峰要求全县机关党建工作服务中心，建设队伍，在改革创新中提高机关党建工作科学化水平。

★22 日，部分县政协委员来到县公安局，督查“关于加强全县电动助力车管控”的重点提案承办情况。委员们对公安机关积极履行职责，办理提案取得的成绩表示满意。希望县公安机关进一步巩固整治成果，建立长效机制，加强源头宣传，提高百姓交通的安全意识，减少交通事故发生。县领导卢瑞华、桑健出席重点提案督办汇报会。

★22 日，江苏省召开严厉打击“地沟油”违法犯罪专项工作电视电话会议，副县长王智带领相关部门负责人收看了会议实况。

★23 日，县委县政府召开全县机构编制核查工作动员会，对全县机构编制核查工作进行部署。县委常委、组织部部长任新峰要求各部门、各单位准确把握机构编制核查工作的目标任务，通过核查，做到机构编制底数清、人员编制性质清、财政供养人数清、主管部门归属清，更好地为经济社会发展提供机构编制保障。会议还传达了县委副书记、代县长潘建华关于机构编制核查工作的重要批示。他要求各级各部门进一步增强机构编制意识，加强机构编制管理，执行机构编制纪律，不断提升机构编制工作水平。

★23 日，如东县召开全县第五次社会管理创新工作推进暨深化现代技防县建设动员会。县委常委、政法委书记陈建华对教育系统社会管理创新工作取得的成绩予以充分肯定，要求各地、各部门建立起“全面覆盖、资源共享、城乡一体、高效实用”的现代防控体系，促进全县整体的长安，真正实现从源头上解决人民群众所关心的社会治安稳定问题。会议由副县长卢瑞华主持。

★26 日，南通市人大常委会党组副书记、副主任宋飞和副主任陆玉明等，到如东县视察城乡居民饮用长江水情况。县委副书记、代县长潘建华，县委常委、副县长陈昌龙，县人大常委会副主任徐志平、蔡瑞平陪同视察。潘建华汇报如东县城乡居民饮用长江水工作。

★26日，县人大常委会副主任杨成泉一行到县供电公司调研供电服务工作。他希望今后供电公司要进一步放大工作亮点，确保重点工程多、行风抓得紧、社会反响大；要进一步正视存在问题，完善协调机制，加强有序用电，衔接好工程规划；要进一步采纳建议，在对条对块的一致性上下功夫，合理制定电网建设规划，支持地方经济建设和社会发展。

★26日，中国蚕学会理事长、国家蚕桑产业体系首席科学家鲁成一行，到如东县就蚕桑技术创新工作进行调研。副县长洪大林就如东县蚕桑技术创新工作作了汇报。

★27日，市高效设施农业现场推进会在如东县召开，各县市区农林部门负责人参加会议。县领导陈昌龙、洪大林、桑圣权出席会议。

★27日，县第十五届人大常委会举行第二十八次会议，通过《如东县人大常委会关于实施法制宣传教育第六个五年规划的决议》，对住建、民政、安监三部门人大评议整改工作进行审议并开展满意度测评。会议还通过了县法院、检察院相关人事任免决定。县人大常委会副主任徐志平主持会议。县人大常委会副主任杨成泉、沈更生、蔡瑞平、冒亚平出席会议。副县长张蓉蓉、卢瑞华，县人民法院院长、检察院检察长、相关部门负责人及部分县人大代表列席会议。

★27日，政协如东县委员会第十三届二十四次常委会在县行政中心多功能会议厅举行，会议协商通过了“突出五大园区 加快如东经济发展”的建议案。政协副主席冯力如主持会议，政协副主席王志荣、桑健、余科出席会议。

★28日，省环保厅厅长陈蒙蒙一行在县委副书记、代县长潘建华，县委副书记、洋口港经济开发区党工委书记周建飞，县委常委、政法委书记、沿海经济开发区党工委书记陈建华及市县环保局有关负责人的陪同下到如东县参观考察。

★28日，县政协、县委统战部举行全县各界人士茶话会，邀请部分老领导和社会各界人士共度国庆佳节，为如东经济和社会发展建言献策。县委常委、常务副县长顾淑英通报2011年以来经济社会发展情况。县委副书记、代县长、县政协党组书记潘建华感谢各界人士提出的建议和意见，表示将认真吸纳大家的真知灼见。要求全县上下要高点定位、追赶跨越，努力实现全县经济社会“十二五”发展目标。政协要凝心聚力、增进和谐、维护稳定，积极参政议政，保障全县经济社会又好又快发展。会议由县政协副主席童玉林主持，县政协副主席桑健、余科、桑圣权、冯力如出席会议。

★28日，如东县召开经济社会发展情况报告会。县委副书记、代县长潘建华向全县老干部代表报告全县经济社会发展情况。并代表县四套班子向全县的老干部、老同志致以节日的问候。报告会由县委常委、组织部部长任新峰主持。他还向老干部通报了县、镇两级换届选举的情况。

★28日，南通鸿泰钢管科技有限公司、江苏科瑞鑫风电工程项目在洋口港举行开工典礼。县委副书记周建飞出席开工典礼并讲话。

★28日，中旺包装材料有限公司在栟茶镇工业集中区举行开工仪式，县领导陈昌龙、沈更生出席开工仪式。

★28日，县委常委、副县长陈昌龙带领安监、民政、交通等部门的负责人，到栟茶、袁庄对重点交通工程施工、骨干企业安全生产工作进行专项检查。

★28日，总投资3.5亿元的江东金具设备有限公司搬迁扩产项目和投资600万美元的易买得购物中心项目在河口镇开工。县委常委、副县长陈昌龙出席开工典礼。

★28日，沿海经济开发区、洋口镇6个项目举行集中开工仪式。县委常委、县政法委书记、沿海经济开发区党工委书记陈建华，县人大常委会副主任蔡瑞平，县政协副主席童玉林分别为这6个项目致辞，并培土奠基。

★28日，江苏雄慧铝制品有限公司在大豫镇开工。县委常委、组织部部长任新峰出席开工典礼。

★28日，南通海大生物科技有限公司水产饲料项目在东安科技园区举行开工典礼。县委常委、组织部部长任新峰出席开工典礼。

★28日，南通天秣实业有限公司混凝土项目在双甸镇举行开工典礼，县委常委、县人武部政委蔡建华出席开工典礼并讲话。

★28日，落户曹埠工业园区的江苏鸿的实业有限公司和南通永润建筑装饰有限公司举行开工典礼。县领导刘才盛、冯力如出席开工仪式。

★28日，江苏美洁源新材料科技有限公司和南通雄飞装饰有限公司分别在袁庄镇工业集中区举行开工仪式。县委常委、宣传部部长杨中坚，县政协副主席桑圣权出席开工仪式。

★28人，如东县岔河油米有限公司粮食加工及仓储项目和南通锦海针织制衣有限公司高档羊绒衫项目举行开工典礼。县委常委、岔河镇党委书记杨小军、县政协副主席王志荣出席开工典礼并致辞。

★28日，江苏黄海汽配股份有限公司退城扩产工程、苏鸿化纤机械南通有限公司、江苏海盛纤维有限公司分别开工建设。县人大常委会副主任徐志平出席开工仪式。

★28日，落户新店镇工业集中区的如东天宏太阳能科技有限公司和南通蔓藤萝纺织有限公司喷气织机项目举行开工庆典。县人大常委会副主任冒亚平、副县长洪大林出席开工庆典。

★28 日，江苏锵尼玛新材料有限公司、江苏骏源新材料公司和开发区公租房项目分别举行开工典礼。副县长张蓉蓉出席 3 个项目的开工典礼。

★28 日，江苏鸿燊物流有限公司物流项目在马塘镇马西村举行开工典礼。副县长姜晓静出席开工典礼。

★28 日，南通威司特安全用品有限公司手套项目和南通森世机械有限公司机床变速箱生产项目在丰利镇工业集中区开工，副县长卢瑞华出席开工仪式。

★29 日，如东县召开全县财税工作推进会，县委副书记、代县长潘建华要求各镇区、各部门正视当前收入面临的严峻形势，奋力冲刺四季度，确保完成全年 25 亿元财税任务。会议由县委常委、常务副县长顾淑英主持。

★29 日，如东产学研合作对接洽谈会暨项目签约仪式在雷迪森大酒店举行，浙江大学、上海交通大学等 9 所高校与 9 家企业现场签订科技成果项目转化协议。县委副书记、代县长潘建华致欢迎辞。副县长张蓉蓉介绍了如东县科技工作、产业发展情况。县领导冒亚平、桑健出席签约仪式。

★29 日，县委副书记、代县长潘建华率领安监、公安、消防、交通等部门负责人，在掘港镇检查节日前安全生产工作情况。 副县长张蓉蓉陪同检查。

★29 日，县委副书记、代县长潘建华会见乐天玛特中国总裁具滋英一行。 具滋英首先向潘建华介绍了乐天玛特在中国的投资和经营情况。潘建华对乐天玛特在如东开设门店表示热烈欢迎，对企业将会担负对如东的社会责任表示感激和敬佩。他希望乐天玛特能够树立起良好的企业形象，政府也会对乐天玛特的发展提供一切可能的支持。副县长王智陪同会见。

★29 日，团县委举办新任团干部培训班，组织团干部集中学习了共青团基本知识、如何开展各项工作等内容。 县委常委、组织部部长任新峰出席培训班开班仪式，他希望广大团干部认真学习贯彻“七一”重要讲话精神，切实做好建组织、抓基层、用好新媒体三项工作，认清当前发展形势，为全县经济建设做出贡献。

★30 日，县城砖瓦厂 1 号地块政府保障性住房项目举行开工仪式，标志着如东县保障性安居工程实质性启动。县委副书记、代县长潘建华出席开工仪式并致辞。他要求有关部门和单位明确责任，认真做好项目的规划、建设和管理等各项工作，确保工程经得起时间和人民群众的检验在确保质量和安全的前提下使工程如期推进、按时竣工，让居民尽快搬进新家，及早得到实惠。县领导蔡瑞平、于立忠、童玉林出席开工仪式。

10 月

★9 月 20 日至 10 月 1 日，县委书记詹立风与国家和省有关部门领导及专家去巴西就赛得利集团投资如东县洋口港经济开发区年产 40 万吨溶解浆、20 万吨差别化纤维项目有关情况进行了考察、洽谈，并与国家、省有关部门的领导就项目咨询、审批事项进行商定。

★历时 1 周，全县政法机关举行扶海法治辩论赛决赛。 县委常委、政法委书记陈建华希望全县政法部门以这次辩论赛为契机，认真总结经验和不足，健全完善练兵机制，大力度地培养和打造好政法队伍，全力推动如东县法治建设在更高水平、更高层次上又好又快发展。县领导徐志平、卢瑞华、童玉林出席活动。

★10 月 7 日，县委书记詹立风以及县领导顾淑英、张蓉蓉前往掘港镇和如东经济开发区，调研项目建设、工业经济运行、财政收入等各项重点工作推进情况。

★30 日，如东县召开团干部座谈会。 县委常委、组织部部长任新峰对共青团建设提出了有理想、勤学习、重实践、敢创新、谦虚谨慎、廉洁自律的要求。

★7 日，县发改委召开冲刺四季度动员大会。县委常委、常务副县长顾淑英要求发改委要以高度的责任感，加快推进项目建设，加大向重大项目倾斜的力度，切实抓好载体建设与队伍建设，奋力冲刺全年目标任务。

★8 日，如东县召开当前政法维稳重点工作部署会，县委常委、政法委书记陈建华指，出将“解民忧、化民怨、保民安”作为深入推进政法维稳工作、促进社会和谐稳定的核心，切实做好当前涉法涉诉案件化解、政法部门领导干部下基层和打黑除恶专项斗争等项重点工作。 副县长、县公安局局长卢瑞华就深入推进打黑除恶专项斗争和海洽会维稳工作的了专题部署。

★9 日，如东县召开 2011 年征兵工作会议。县委副书记、代县长潘建华要求相关部门和镇区坚持高标准、严要求，保质保量完成征兵任务。会议由县委常委、县人武部政委蔡建华主持。县委常委、副县长陈昌龙就征兵工作提出具体要求。

★10 日，县政府召开国家生态县创建突出问题整改暨迎接国家技术评估电视电话会议。县委副书记、代县长潘建华要求全县上下全力以赴，积极排查整改当前存在的突出问题，攻坚克难，全面做好迎接国家技术评估的各项准备。会议由副县长于立忠主持，县领导顾淑英、陈昌龙、姜晓静、洪大林出席会议。

★10日，市委宣传部副部长、市文明办主任叶晓平带领市测评组，到如东县考察创建江苏省文明城市工作情况。 县委副书记、代县长潘建华详细介绍了如东县创建江苏省文明城市的情况。县委常委、宣传部部长杨中坚出席汇报会。

★10日，县委常委、常务副县长顾淑英到大豫镇专程调研该镇财政收入情况，并就四季度冲刺全年财政税收任务提出意见。

★10日，如东县召开重大动物疫病秋季防疫动员会议。县委常委、副县长陈昌龙要求各地集中力量、多措并举抓好防疫工作真正做到应防尽防，提高防疫的质量。

★10日，如东县召开县域统战工作应用课题研讨暨大统战联席会。 县委常委、纪委书记刘才盛要求统战系统深刻认识新形势下统战工作的重要地位，切实加强党对统战工作的领导，将统战工作摆上位，抓机制，抓队伍，不断开创统战工作新局面，为构建和谐的现代化新如东做出新的更大的贡献。县政协副主席桑健出席会议。

★11日，在县委书记詹立风的陪同下，中组部原部长、全国党建研究会顾问张全景一行到如东县视察。詹立风详细介绍了洋口港开发进程、发展规划及临港特色产业发展情况。中组部党建读物出版社原社长李平安，江苏党建学会会长、省委组织部原副部长柯广坚，南通市人大常委会党组书记、副主任黄利金，南通市委组织部副部长王亚雄，县委副书记、洋口港经济开发区党工委书记周建飞，县委常委、组织部部长任新峰陪同视察。

★11日，市人大常委会副主任陆玉明专程到如东县，与市人大代表进行座谈，听取经济社会发展的建议和呼声。 县人大常委会副主任蔡瑞平参加接待活动。

★12日，市委常委、副市长秦厚德在县委书记詹立风，县委副书记、代县长潘建华，县委常委、副县长陈昌龙的陪同下，专题调研农渔业项目建设情况。他希望如东县进一步加快农渔业项目推进速度，在做好配套服务的同时，规范建设、做大规模，力争早出形象、早见成效，在全市发挥好示范和带动作用。

★12日，县委书记詹立风和县委副书记、代县长潘建华督查如东县交通重点工程和城建工作情况，听取相关部门汇报并前往临海高等级公路建设现场查看。县委副书记、代县长潘建华对交通重点工程的拆迁征地、土方供应、管线布置、绿化配套等相关工作提出具体要求，同时要求交通部门和施工单位排除困难，确保重点工程按计划顺利实施。县领导陈昌龙、于立忠、童玉林参加督查。

★19日，县领导杨成泉、卢瑞华组织发改委、物价局、人寿公司、盐务局、开发局、体育局等与丰利镇挂钩部门，交流驻点调研成果和办十件实事进展情况。

★18日至20日，美籍华人、原上海莱迪思半导体有限公司总经理程显志先生率其团队核心成员，来如东就一半导体芯片项目进行考察洽谈。 县领导沈更生向程显志一行介绍了如东经济社会发展情况，并陪同考察了沿海经济开发区、洋口港经济开发区、如东科技城。

★20日，全县秸秆禁烧禁抛暨综合利用工作会议召开。县委常委、副县长陈昌龙要求各级、各相关部门明确分工，加强配合，做到“宣传发动、责任落实、督查督改”全覆盖，在禁烧禁抛的基础上，将秸秆的简单利用向能源化、饲料化、肥料化、草制品加工等综合利用方向发展。副县长洪大林主持会议。

★20日，如东县召开2011年征兵宣传工作会议。县委常委、人武部政委蔡建华出席会议，他要求各地、各部门不断完善征兵宣传工作机制，加大宣传力度、扩大宣传影响，激发广大适龄青年应征热情，确保圆满完成今冬征兵工作任务。

★20日，省建设厅城市建设与管理处副调研员夏明一行到如东县，检查青园北路市容管理示范路的创建工作。 副县长于立忠表示，全县上下将会以此次创建为抓手，进一步优化城市功能布局，打造更多的城市亮点和精品；对创建过程中存在的问题，县政府将组织各相关部门于近期整改到位。

★20日，工信部规划司副司长刘贤利到如东县考察。 刘贤利一行在副县长张蓉蓉的陪同下先后参观洋口港以及龙源环港风电场。

★20日，副县长姜晓静前往位于县城泰山路的如东第一职业教育中心校迁建工地，了解工程进展情况，要求参建各方加强协调，轧紧序时，确保学校明年9月整体搬迁到位。

★21日，省教育厅副厅长朱卫国到如东县，调研校园安全管理以及社会管理创新工作。 在县委常委、政法委书记陈建华的陪同下，朱卫国前往县校园安全视频监控中心，详细了解了监控指挥工作流程。

★21日，县城大东通用及周边地块房屋征收集中签约正式启动。 在签约现场，副县长于立忠代表县政府感谢广大被征收户对城建工作的支持，并要求现场指挥部继续做好已签约被征收户的后续服务，真正实现“征收一片、造福一片”的目标。

★22日，如东县召开文明城市创建工作推进会。县委常委、宣传部部长杨中坚希望各重点责任单位充分认识文明城市创建的重要性，立足自身，主动出击，以创建为抓手，解决好当前存在的问题；要迅速行动，务求实效，确保一周时间内城市、社区面貌能得到明显改善；要对照详细任务分解表，逐项排查，同时突出重点，齐抓共管，全面推进文明城市创建工作。

★24 日，县委书记詹立风、副县长张蓉蓉前往曹埠镇调研，詹立风要求该镇“真”字当头抓项目，好中求快促推进，确保落户项目尽快形成经济增长点。

★24 日，市案件评查组到如东县检查案件评查工作情况，对如东涉法涉诉信访和执法监督工作给予充分肯定，认为所抽查的十个案件事实清楚、依据充分、执法规范。 副县长卢瑞华陪同检查。

★25 日，如东县召开《如东县 2011-2020 年服务业中长期发展规划》编制汇报会。 在听取了江苏省社会科学院经济研究所专家对“规划”的具体阐述后，县委副书记、代县长潘建华对“规划”文本内容的修改提出了具体的要求。县委书记詹立风肯定了“规划”的可行性。他建议专家对“规划”中提出的未来十年如东县服务业占国民经济总量的比重要求的准确性进行深入研究和论证；进一步加大“规划”中关于如东县个性产业的基础和优势、未来支柱和特色产业阐述的篇幅；在考虑各种业态的同时，要体现出如东县的特色产业，重点在港口物流业、旅游业、传统服务业三块加重笔墨，通过数据等量化分析来描绘出如东县服务业未来的发展蓝图。县领导顾淑英、杨成泉对“规划”的编制分别提出了具体的要求。会议由副县长王智主持，县领导周建飞、杨小军、王志荣出席了会议。

★25 日，县委、县政府召开全县农村基础设施惠民工程动员大会，决定今后五年，每年拿出 4 亿元，并且将保持较大增长幅度，用于加快以农村路、桥、水为主体的基础设施建设，彻底解决农村路难行、桥不通、水利设施老化的问题。县委常委、副县长陈昌龙作动员报告。县委书记詹立风出席会议，他要求全县上下鼓足干劲，咬紧目标，攻坚克难，通过 3 至 5 年的努力，推动如东县农村基础设施旧貌换新颜。会议由县委副书记、代县长潘建华主持，他要求各地、各部门加强组织推进，强化统筹协调，增强推进合力，确保惠民工程各项任务落到实处。县领导杨小军、蔡瑞平、于立忠、洪大林、桑健出席会议。

★25 日，交通运输部长江航运公安局南通分局港口派出所、海门派出所成立暨揭牌仪式在洋口港举行，副市长孙金华，县委书记詹立风共同为两派出所揭牌，这标志着洋口港有了港口专业公安队伍，洋口港开发建设有了保驾护航的钢铁长城。县委副书记、洋口港经济开发区党工委书记周建飞衷心感谢交通运输部长江航运公安局对洋口港开发建设的支持，他表示如东将不辜负交通运输部对洋口港的关心和支持，加快基础设施建设，促进产业项目落户，如期实现港口发展目标。交通运输部长江航运管理局局长唐冠军，南通市委常委、政法委书记曹斌，长江航运公安局局长罗心发，县委常委、政法委书记陈建华，县政协副主席余科以及江苏省海事局、南通市港口管理局、启东市、海门市相关领导出席揭牌仪式。

★25 日，华港集团江苏华港燃气洋口港 LNG 加注站投产仪式在洋口港举行，这标志着江苏 LNG 项目建设工程取得实质性进展。县委副书记、洋口港经济开发区党工委书记周建飞对项目的顺利投产表示祝贺，他希望加注站全体员工充分利用资源优势，抓住发展机遇，提升服务品质；洋口港经济开发区和县相关部门要继续提供高效优质服务，为企业的发展壮大和全县经济社会的跨越发展做贡献。

★25 日，南通市国税局党组书记、局长凌曙明带领局党组成员和相关工作人员，到如东县进行党风廉政教育培训。 在县委常委、纪委书记刘才盛的陪同下，学员们还参观了以“扶海清风”为主题的反腐倡廉主题教育展。

★25 日，县文广传媒中心召开新闻记者“走基层、转作风、改文风”工作推进会，县委常委、宣传部部长杨中坚出席会议。他要求新闻工作者进一步深入基层，反映群众的所思所想，践行求真务实的作风，培养清新活泼朴实的文风，从而实现最佳的新闻宣传效果，努力为全县政治、经济、社会又好又快发展，为全面建设和谐如东做出更大的贡献。

★25 日，县人大常委会组织部分人大代表视察县残疾儿童康复中心和掘港镇残疾人托养中心。 县人大常委会副主任徐志平希望，进一步加大宣传残疾人事业，营造助残扶残的良好社会风尚；扎实推进残疾人社会保障体系和服务体系建设，切实做好残疾人生活保障、康复、教育、就业等工作切实推进残疾人社会保障体系和服务体系建设。

★26 日，如东县举行江苏省如东现代渔业产业园区揭牌暨海参投苗仪式。省海洋渔业局副局长张建军，县委副书记、代县长潘建华为江苏省如东现代渔业产业园区揭牌。 仪式由县委常委、副县长陈昌龙主持，县人大常委会副主任杨成泉出席仪式。

★26 日，县委常委、政法委书记陈建华到县人民法院，专题调研涉诉信访案件化解工作。他要求县人民法院按照省、市相关要求，围绕“减少存量、控制增量、降低总量”的工作目标，切实把涉法涉诉信访案件处理解决好；同时坚持标准不降低，不仅要“办完”，更要“办好”，确保案件经得起法律和时间的考验；还要多措并举抓源头，既要及时化解积案，更要加大源头治理，将维稳关口前移，预防和减少新案的产生。

★26日，省水利厅副厅长李亚平带领省水利工程建设局、省水利工程质量监督中心站，市县发改委、水利部门以及工程建设、设计、监理、施工、检测、运行管理等单位的代表及专家对如东县海堤达标项目掘苴新闸和东安新闸工程进行验收。县委书记詹立风陪同省水利厅副厅长李亚平等参观了洋口港开发建设现场。县委常委、副县长陈昌龙，副县长洪大林陪同专家一行查看工程现场。

★26日，虫宾山小学师生与县老年大学学员齐聚一堂，共同庆祝掘港镇三元社区校外教育辅导站成立20周年。 县委常委、组织部部长任新峰肯定了三元社区校外教育辅导站20年来取得的成绩。市关工委名誉主任朱文涛，县领导杨中坚、姜晓静出席会议并观看文艺演出。

★26日，南通军分区参谋长杨增平大校，在县人武部部长吴风俊的陪同下，到掘港镇检查指导冬季征兵目测初检工作。

★26日、27日，县人大常委会副主任蔡瑞平带领部分人大常委前往交通局视察S225省道整治工作。 蔡瑞平希望有关部门和沿线各镇充分认识整治工作的重要性，层层落实责任制，建立好长效管理机制，确保整治工作落到实处。县委常委、副县长陈昌龙表示，11月底，225省道如东段必须完成辅导设置以及违章建筑全面清查工作，依照有关规定，将沿线的违章全部清除。

★27日，在南通市国际交流协会会长朱剑的陪同下，日本名古屋银行会长加藤千麿一行到洋口港访问。县委副书记周建飞在洋口港会见加藤千麿一行，并陪同来宾们参观洋口港开发建设现场。

★27日，县政府召开金融工作例会，县委常委、常务副县长顾淑英要求进一步扶持中小企业，支持地方发展，防止发展中的资金断裂。

★27日，如东县首届高技能人才职业技能大赛在县第一职业高级中学举行。县委常委、组织部部长任新峰出席比赛开幕式并致辞。他强调，要牢牢把握“技能培养、考核评价、岗位使用、竞赛选拔、技术交流、表彰激励、合理流动、社会保障”等八个环节，加强高技能人才队伍建设。县人大常委会副主任冒亚平宣布大赛开幕。

★27日，如东县召开征兵政审联审暨业务培训工作会议。县委常委、县人武部政委蔡建华要求各地充分认清今年征兵工作的严峻形势，全力做好应征青年的政治审查工作，把思想要求上进、现实表现良好、文化程度高的青年送到部队。

★27日，县人大常委会副主任杨成泉在视察商贸流通和市场建设工作时要求相关部门，科学规划，调优结构，着力提升如东县商贸流通业的发展水平。

★28日，海安县委常委、组织部部长顾国标带领海安县四套班子老领导到如东县参观。在洋口港太阳岛，县委副书记、代县长潘建华向老领导详细介绍了洋口港港区发展规划和建设进程。县领导顾淑英、刘才盛、沈更生、冯力如陪同考察。

★28日，如东县2011年中层干部跨部门竞岗面试工作在县青少年宫展开，来自全县47家党政机关和事业单位的64位中层干部参加面试，共同角逐县住建局、卫生局等单位的20个中层正职职位。县领导周建飞、顾淑英、任新峰到现场巡视。

★28日，如东县召开社会管理创新舆论宣传工作座谈会，如东县决定在全社会开展“如东县社会管理创新工作宣传月”活动。县委常委、县政法委书记陈建华，县委常委、宣传部部长杨中坚参加会议，要求各与会部门要把此次社会管理创新活动的各项要求与年初既定的目标结合起来，对照任务分解认真落实，合理安排，细化方案，确保每项任务落实到位，取得实效。

★28日，县委常委、宣传部部长杨中坚带领交通、住建、城管等相关部门负责人，对省文明城市创建工作进行督查，并召开相关部门负责人会议。

★28日，县政府举行全县危险化学品应急救援演练。本次演练旨在提高应急队伍的救援保障能力，保证沿海经济开发区园区生产企业人民生命财产的安全。副县长张蓉蓉担任演练现场总指挥，各镇区安全生产负责人观摩了演练。

★29日，市商务局副局长羌毅一行视察洋口港经济开发区时希望洋口港经济开发区为全市招商引资挑重担。县委副书记、洋口港经济开发区党工委书记周建飞向羌毅一行介绍洋口港经济开发区招商引资情况。

★30日，中央国家机关工委副书记邵旭军到洋口港视察。在市委副书记陈斌和县委副书记、代县长潘建华等市县领导陪同下，邵旭军一行登上太阳岛。潘建华向邵旭军详细介绍了洋口港开发建设进程。县领导周建飞、任新峰陪同视察。

★30日，“服务科学发展，关注民情民生——政风行风热线”大型现场直播活动在县实验小学门前举行。县委常委、纪委书记刘才盛出席活动，他强调，政风行风热线是联系政府、媒体和人民群众的桥梁，政府要知民情、知民意、解民忧，真心实意为民办实事、办好事。县委常委、常务副县长顾淑英要求，各上线单位严格按照程序，将问题妥善解决到位，真正做到事事有着落，件件有回音，以实际成效取信于民。

★31 日，中国国电集团公司 1 亿千瓦装机暨风电装机突破 1000 万千瓦授牌仪式在江苏海上龙源风力发电有限公司如东试验风电场举行。中国国电集团公司党组副书记、总经理朱永芃，市委书记丁大卫、副市长徐辉、县委书记詹立风等领导共同启动了国内首个海上示范风电项目龙源如东风电 150 兆瓦风电场 15 号机组，共同见证中国国电集团公司 1 亿千瓦装机暨风电装机突破 1000 万千瓦这一重要时刻。詹立风在仪式上发表了热情洋溢的讲话。他希望龙源电力进一步加大在如东的绿色能源项目投入，为如东的沿海大开发、建设江苏“海上三峡”做出新的贡献。丁大卫高度肯定国电对南通的支持。朱永芃向龙源电力集团颁发了风电装机突破 1000 万千瓦的荣誉牌。国家电监会、国电集团公司有关部门和省、市相关部门的领导及县委副书记、代县长潘建华，县委常委、常务副县长顾淑英参加授牌仪式。

11 月

★1 日，市委副书记陈斌，市委常委、组织部部长韩立明一行到如东县调研党建创新工作，并召开如东、海安、如皋北三县党建工作座谈会。陈斌要求各地要以新思路破解新问题，以新举措实现新目标，扎实有效地推进党的建设的理念创新，全面开创党建工作新局面。县委书记詹立风汇报如东县党建工作情况。他说，近年来，如东县党建工作始终以“紧扣中心、服务发展”为主题，以改革为主线、扎实工作，注重实效，圆满完成了各项工作，党建工作在服务科学发展中实现科学发展，为加快建设现代化新如东提供了坚强的保障。县委副书记、代县长潘建华，县领导周建飞、任新峰、刘才盛、杨中坚陪同调研。

★1 日，县人大常委会副主任徐志平赴青园居民区航运巷，检查该路段创建情况。徐志平仔细检查了该路段施工情况以及路面、墙面清洁状况，要求该路段相关负责人与各相关部门积极对接，把事情办好、办实。

★1 日，县人大常委会副主任蔡瑞平一行到县征收办调研房屋征收工作。蔡瑞平要求征收办进一步完善体制机制，强化计划征收，加强组织协调，加大宣传、督查、配合的力度，积极营造依法征收氛围，不断总结经验，进一步抓好遗留问题的处理，确保征收工作平稳有序推进。

★2 日，由省委统战部、省工商联组织的江苏“民营企业家沿海行”到如东县开展活动。在省委统战部副部长、省工商联党组书记邵军带领下，40 多名知名民营企业家走进洋口港参观考察。县委副书记、洋口港经济开发区党工委书记周建飞向企业家们介绍了如东沿海开发的基本情况。市政协副主席、工商联主席徐守铭、市委统战部部长殷雄，县委常委杨小军、县人大常委会副主任沈更生、副县长王智陪同参观。

★2 日，由县文明办和县关工委联合举办的全县校外教育辅导站工作培训班正式开班，对 14 个镇的校外辅导总站进行授牌。县委常委、组织部部长任新峰希望各镇以此次培训班为契机，不断提高办站水平和质量，努力开创全县校外教育辅导站建设的新局面。副县长姜晓静出席会议。

★2 日，由大豫镇引进的江苏杉汇肉制品有限公司在东安科技园区开工建设。县委常委、组织部部长任新峰出席开工仪式，他希望投资方抓紧时间，加快建设，尽快投产。同时要求县相关部门、大豫镇和东安科技园区加强服务，为项目的早日达产提供良好的内外环境。县领导桑圣权出席了开工仪式。

★2 日，县人大督办代表重点建议、常委会决议汇报会在城管局召开，县城管、交通、住建相关部门负责人参加会议。县人大常委会副主任蔡瑞平就各部门的办理情况给予肯定，他要求各部门要巩固成果，查找不足。城管部门要强化职能，建立和完善第一责任人制度，不断提高城管执法的能力，加强队伍建设。

★2 日，由省爱卫办副主任陈晓进、省工商局信息中心副主任陈学军组成的江苏省卫生镇考核评估组，一致同意栟茶镇通过江苏省卫生镇考核评估，这是全县首个获此殊荣的乡镇。副县长姜晓静出席活动。

★3 日，县委、县政府召开 2012 年度全县重点党报党刊征订、发行工作会议。县委常委、宣传部部长杨中坚在会议上强调，党报党刊发行工作是一项严肃的政治任务，各镇区、机关各部门要强化组织领导，为党报党刊发行营造良好环境，切实保证订阅经费，规范发行秩序，坚持和推广“财政划拨、集订分送”等行之有效的做法。

★3 日，县人大常委会副主任杨成泉带领县人大相关工委负责人，视察位于掘苴新闸东侧的万亩海参现代渔业园区和位于大豫镇的海畅现代渔业产业园区、裕丰林综合渔业科技园区，对近年来如东县现代渔业产业园区建设表示肯定。

★4 日，全县工业经济冲刺全年目标任务推进会在县行政中心召开。县委副书记、代县长潘建华要求全县各地、各部门进一步解放思想，认真分析当前局势，牢固树立发展理念，冲刺全年目标任务。副县长张蓉蓉主持会议。

★4 日，县政府召开全县节能工作会议，县委副书记、代县长潘建华要求各地、各部门、各企业加快结构调整和转型升级步伐，坚持在发展中节能，以节能促进科学发展。副县长张蓉蓉通报了"十一五"以来全县节能工作基本情况，并就 "十二五"及当前节能任务落实提出要求。

★4日，《百家讲坛》著名主讲人纪连海走进"扶海大讲堂"，作了题为《明朝吏治与清官》的专题报告，他通过分析明朝的吏治特点，以史为鉴，阐述其可供当下党风廉政建设借鉴的意义。县委副书记周建飞主持报告会。他希望全县党员干部要多读点历史，学习先贤，立足实践。要从历史中汲取经验和智慧，把历史的经验教训与个人的思想和工作实际结合起来，进一步端正思想，增强历史责任感，勤勉履职，为加快建设现代化新如东作出新的更大贡献。

★4日至5日，由省国土资源厅监察室主任赵一农带领的省保障性住房建设项目检查组到如东县检查指导保障性住房建设工作。县领导刘才盛、于立忠陪同检查。

★5日，县委副书记、代县长潘建华以及县领导陈昌龙、蔡建华、徐志平、童玉林等，专程前往县征兵体检站，视察征兵体检工作，亲切看望参加体检的应征青年和医务人员。

★5日，县个体私营经济协会召开第七次代表大会。大会审议并通过县个体私营经济协会第六届理事会工作报告以及修订后的《如东县个体私营经济协会章程》，选举县领导杨成泉、张蓉蓉、桑健为新一任个私协会名誉会长，如东县工商局局长朱桂泉为新一任个私协会会长。 县领导杨成泉、桑健出席大会。

★7日，全国政协副主席李金华回到家乡如东，在南通市政协副主席赵闻斌、县委书记詹立风、县政协副主席余科等市县领导陪同下，视察了正在建设中的海洋铁路如东站。

★7日，中国老年学学会正式授予如东县"中国长寿之乡"称号，如东由此成为中国长寿大家庭中的第21名成员。中国老年学学会会长李本公向如东县颁发 "中国长寿之乡" 匾牌，县委副书记、代县长潘建华接牌。县领导顾淑英、陈昌龙、陈建华、任新峰等为"十大寿星"和"十大百岁夫妇"颁奖。

★7日，以《远航的风帆》为主题的第五届中国沿海经济合作洽谈会开幕式，第四届"中国十大寿星"、第二届"中国十大百岁夫妇"排行榜揭榜，"中国长寿之乡"颁牌文艺晚会浓情上演，来自前线文工团的艺术家们与如东本土演艺人员携手演出，为如东人民献上了一场精彩绝伦的视听盛宴。县委副书记、代县长潘建华在晚会上致辞，并宣布第五届中国如东沿海经济合作洽谈会开幕。县四套班子领导观看晚会。

★7日，县委、县政府举行第五届海洽会招待晚宴，与中外客商畅谈合作之谊，共谋发展大计。县委副书记、代县长潘建华致辞。他表示"海洽会"已成为如东广交朋友、增进友谊和对外开放的重要窗口。如东将以此次"海洽会"的举办为契机，进一步加大宣传推介力度，不断优化发展环境，与海内外广大投资者和创业者一道，精诚合作、携手并进，为如东发展和江苏沿海开发作出新的贡献，共同开创更加美好的明天！县四套班子领导出席招待晚宴。

★7日，参加第四届中国"十大寿星"、第二届中国"十大百岁夫妻"评选揭榜暨"中国长寿之乡"颁牌盛典的全国各省、区老龄工作专家，在县委常委、副县长陈昌龙的陪同下，兴致勃勃地参观了洋口港。

★8日，洋口港标志性工程、如东有史以来单体投入量最大的产业项目——中石油江苏液化天然气项目年产350万吨一期工程隆重举行投产仪式。标志着洋口港临港产业实现了历史性突破，以洋口港开发建设为龙头的如东沿海开发全面驶入快车道。县委书记詹立风在投产仪式上致欢迎辞，对长期以来关心、支持、帮助中石油江苏液化天然气项目成功实施的领导、专家和各界朋友表示衷心的感谢。市委副书记、代市长张国华希望项目业主单位进一步抢抓机遇，加快项目后续工程及配套工程的推进，同时利用中国石油的实力和LNG产业的影响力，吸引、促进和推介更多的产业链前延后伸项目投资南通及如东。副省长史和平作重要讲话。他说，省委、省政府将一如既往地关注、支持洋口港的开发建设，支持中石油在江苏省的发展。江苏省和南通市、如东县将努力为项目的高效运营创造更加有利的条件和更加优越的环境，和中石油携手合作，把洋口港区打造成一流的现代能源与石化基地，带动和促进江苏沿海地区大开发、大开放、大发展。中国石油天然气股份有限公司副总裁李华林宣读了江苏省省长李学勇、湖南省省长徐守盛发来的贺信。全国政协副主席李金华，江苏省副省长史和平，省政协副主席包国新，中国石油天然气集团公司董事长、党组书记蒋洁敏等领导为项目投产剪彩。县四套班子领导出席项目投产仪式。

★8日，全国政协副主席李金华、江苏省副省长史和平、中国石油天然气集团公司董事长蒋洁敏等领导视察位于太阳岛的中石油LNG接收站。

★8日，如东县召开第五届"海洽会"投资环境推介暨项目集中签约仪式，34个项目进行了集中签约，总投资约295亿元人民币，其中外资项目9个，投资6亿美元，内资项目25个，投资257亿元人民币，签约项目涉及能源、精细化工、石化、冶金、机械以及房地产开发、软件服务外包、旅游开发等产业。签约仪式由县委常委、常务副县长顾淑英主持。县委副书记、代县长潘建华发表了热情洋溢的致辞，他代表县四套班子领导向与会领导和嘉宾表示热烈的欢迎和衷心的感谢。副县长张蓉蓉就如东三张靓丽名片、五大发展优势和五个特色园区载体作投资环境说明。来自美国、法国、日本、土耳其、印度、阿联酋、新加坡、泰国等国家及中国香港、台湾、长三角、珠三角和环勃海湾等地区的部分世界500强企业、跨国公司、国有大型企业，国内外上市公司企业主和商界知名人士，县四套班子全体领导出席签约仪式。

★8日，兵房天主堂举行开堂典礼。 县委副书记、代县长潘建华在开堂典礼上发表讲话，他指出，宗教事业是坚持以人为本、和谐社会的重要组成部分。他望兵房天主堂及广大信徒以此为契机，继续发扬爱国爱教传统，为如东跨越发展、科学发展、和谐发展作出新的更大贡献。省宗教局副局长顾传勇、省委统战部副巡视员陶勇、中国天主教爱国会副主席沈斌、省天主教爱国会副主席孙祥麟，市委统战部副部长、市民族宗教局局长马建清、市民族宗教局副局长保朴，县领导刘才盛、徐志平、童玉林、姜晓静出席开堂典礼。

★8日，在如东县隆重庆祝第五届如东沿海经济洽谈会开幕之际，江苏杭氧润华气体有限公司年产20万吨LNG冷能空分项目、太阳岛基础设施建设三期工程项目、洋口港石材产业园项目、南通金泰钢管项目和江苏豪威富精密管股份有限公司年产15万吨精密管项目在洋口港经济开发区集中开工。县委常委、常务副县长顾淑英，县人大常委会副主任沈更生、副县长洪大林、县政协副主席桑健为项目开工培土奠基。

★8日，参加全市旅游项目建设现场推进会的代表在副市长沈振新的带领下，参观如东沿海旅游经济开发区几大特色景点。听取了副县长王志关于如东县沿海旅游项目开发建设情况的汇报。沈振新充分肯定如东县旅游项目建设的成绩。他希望如东县紧紧抓住江苏沿海大开发的良好机遇，统筹开发旅游资源，提高旅游业整体服务水平，使“黄海旅游胜地”这个品牌更加亮丽，从而促使旅游经济成为如东重要的经济增长点。

★9日，如东县召开铁路护路及维稳工作会议。县人大常委会副主任杨成泉希望相关部门要从讲政治、讲大局、保稳定、促发展的高度，充分认识海洋铁路建设维稳工作面临的形势，采取有力措施化解矛盾，杜绝重大突发性群体事件的发生，按科学发展观的要求，确保海洋铁路建设的质量安全，维护社会和谐稳定。

★10日，县委政法委召开全县社会管理创新（综治和长安建设）、法治县创建考核迎查工作任务交办会。县委常委、政法委书记陈建华要求与会的单位和部门进一步领会会议精神，切实增强做好迎查工作的紧迫感和责任感，瞄准目标，明确责任，狠抓落实，确保各项基础工作落到实处，顺利通过年终的考核验收。会议由副县长卢瑞华主持。

★10日，按照市委总体安排和部署，市委宣讲团成员、市委宣传部副部长黄振平到如东县宣讲和解读中共十七届六中全会精神、省委十一届十二次全会和市委常委会精神。 报告会由县委常委、宣传部部长杨中坚主持。他要求与会人员深入学习领会，准确把握精神实质；切实搞好宣讲，迅速掀起学习热潮；立足如东实际，扎实推进文化建设。

★10日，县政协副主席童玉林、冯力如带领县政协相关人员，视察长沙、大豫两个镇城乡饮水安全工作。童玉林希望相关部门彻底理顺体制与机制的关系，明确责任，对照时序，依法治水。

★11日，如东县召开农业农村“五个一”、农村基础设施惠民工程现场推进会。县委常委、副县长陈昌龙要求各地和相关部门，认真学习其他县市大力培植高效农业、积极推进农村基础设施建设的先进经验和有效措施，加快以农村路、桥、水为主体的基础设施建设，大力引领农业发展，促进农业增效、农民增收。

★11日，县委常委、宣传部部长杨中坚带领公安、城管、安监等部门人员，督查省文明城市创建情况。他要求下一步大力度推进环境整治，各部门要对照创建要求，抓紧时间，迅速行动，加大巡查力度，确保顺利通过省文明城市创建验收。

★12日，由省委政法委组织，人民日报、新华日报、江苏法治报、江苏卫视等媒体的9名记者参加的“社会管理创新环省行”大型新闻行动组，到如东县进行专题采访。 县委常委、政法委书记陈建华介绍了如东县社会管理创新情况。

★13日，如东县召开全县重点工作督查推进会。县委书记詹立风传达省第十二次党代会精神，并要求全县各级党组织认真学习和深刻领会省第十二次党代会精神，以省第十二次党代会精神为指引，扎实推进全县八项主要工程，全面加快现代化新如东建设步伐。会议由县委副书记、代县长潘建华主持。县四套班子领导、各镇(区)党政主要负责人和机关部门负责人出席会议。

★13日，如东县举行“青春邀约”单身青年联谊会暨首届如东青年文化节。县委常委、组织部部长任新峰致开幕词并宣布活动开幕。他说，在推动科学发展，建设现代化新如东的进程中，县委、县政府不仅创造事业留人、待遇留人的环境，还创造感情留人的氛围，希望广大青年将组织的关爱化作奋进的动力，在实现如东跨越发展的伟大征程中谱写辉煌的乐章。县领导徐志平、姜晓静、桑健出席活动。

★14日，省住建厅组织考评组对如东县城建档案馆的目标管理工作进行考评。副县长于立忠表示，将以本次升级为契机，进一步注重依法治档，提高城建档案现代化管理水平，拓展渠道丰富馆藏，为城乡建设事业提供优质服务。

★15日，如东县与江苏农林职业技术学院签署科技、人才全面合作协议。副县长洪大林介绍如东县农业基础、发展方向、优惠政策等。副县长于立忠主持签署仪式并表示，如东将充分利用这一平台资源，及时提供相应的科研场地和经费，积极推动双方产学研深层次合作，努力实现携手发展、合作共赢。县领导桑圣权出席签署仪式。

★15日，市、县科技局在天一紫菜交易市场，举行“强农惠民”送科技下乡和科技服务超市如东分店培训活动。市科技局还向科技服务超市赠送了办公设备。副县长张蓉蓉出席活动。

★16日，全县县管领导班子及领导干部考察动员会议在县行政中心报告厅举行。县委常委、组织部部长任新峰出席会议并讲话，他深刻阐述了做好干部考察工作的重要意义，要求各考察组准确把握此次干部考察工作的基本要求、程序环节和步骤安排，并就考察内容、考察方式以及考察时间进行了具体部署。

★17日，如东县召开迎接江苏省文明城市测评重点工作督查推进会。县委常委、常务副县长顾淑英实地查看了少年宫、光荣院、南市场等测评必查点位。她要求，进一步把创建省文明城市测评的要求明确到位，把责任落实到位，把压力传递到位，迅速在全县形成万众一心、攻坚克难、务求必胜的临战态势，抓紧有限时间，全力以赴打好创建攻坚战、冲刺战，确保顺利通过省测评组的检查验收。 县领导陈昌龙、杨中坚、于立忠、卢瑞华、王智出席会议并陪同检查。

★17日，省司法厅在如东县召开社区矫正、安置帮教工作座谈会，就《省综治委关于进一步加强刑满释放解除劳教人员安置帮教工作的实施意见（征求意见稿）》《省综治委关于进一步加强全省社区矫正工作的意见（征求意见稿）》进行交流探讨，广泛征求意见。副县长于立忠参加座谈活动。

★18日，江苏长青农化南通有限公司年产2万吨农药制剂及农药原药项目开工暨全县24个重大项目集中开工仪式在沿海经济开发区举行。南通市委常委、常务副市长陈照煌，县委书记詹立风，县委副书记、代县长潘建华及县领导顾淑英、陈建华、童玉林等为项目奠基培土。

★18日，王之江、潘君骅、傅依备3位院士及其科研团体走进如东，县委副书记、代县长潘建华围绕海洋资源发展潜力，新材料、风电新能源等新兴产业发展，高端人才集聚与储备、产业转型升级等几个方面和他们畅谈如东的发展前景。副县长张蓉蓉向院士及团体介绍了如东经济社会发展情况。

★18日，县人大、政协部分领导和相关人员在县司法局、教育局、法院、调处中心等单位视察如东县法治建设工作情况。 县委常委、县委政法委书记陈建华就如东县法治建设工作作了介绍。县人大常委会副主任蔡瑞平强调，如东县法治建设要不断完善工作机制，全面实施社会管理创新，扎实开展“六五”普法活动，深化法治宣传教育，着力提高全民法律意识。县领导冒亚平、童玉林、冯力如参加视察。

★18日，县委常委、纪委书记刘才盛在掘港镇调研统战工作时要求该镇发挥统战优势，凝聚统战力量，促进经济社会和谐发展。

★18日，县人大常委会副主任沈更生率县人大民宗侨台工委、县外侨办负责人检查了解栟茶镇贯彻落实《中华人民共和国归侨侨眷权益保护法》情况。

★18日，江海文艺志愿者服务队如东分队成立典礼暨文学艺术走进校园大型系列活动在长沙初中举行。 副县长王智肯定县文联在满足人民精神文化需求、营造良好社会氛围、建设文化如东等方面所取得的成绩。县领导冒亚平、姜晓静出席活动并为县文学创作基地揭牌。

★18日，如东县召开丰五线引江区域供水工程建设动员会。 副县长于立忠要求住建等工程主体施工部门高度重视，加强监管，确保工程质量达到标准，拆迁补偿标准统一；各相关镇区和部门要明确责任，互相配合，把任务层层分解落实，严格考核机制，明确时间节点，确保工程按序时完成。

★18日，县中医院与南通第一人民医院建立友好协作医院揭牌仪式在中医院举行。 市卫生局局长蒋志群、副县长姜晓静为协作医院揭牌。

★19日，如东县召开全县化工生产企业专项整治工作。县委副书记、代县长潘建华要求加快推进全县园区外化工生产企业专项整治工作步伐，确保2012年年底前全县区外无化工生产企业。副县长于立忠主持会议，副县长张蓉蓉作动员讲话。

★19日，县侨办、侨联接待了回乡探亲的大豫籍旅美侨胞、上海百运纳米材料科技有限公司董事长徐卫博士。 县人大常委会副主任、县侨联主席沈更生向徐卫介绍了近年来如东县经济社会发展情况，尤其是洋口港开发建设情况，感谢广大海外侨胞对家乡建设的关心支持，希望徐卫宣传家乡、宣传洋口港，并择机回乡投资发展。

★20日，市政协秘书长施文彬一行到如东县专题调研农业特色产业基地建设情况。县委常委、副县长陈昌龙介绍了如东县农业特色产业基地建设的基本情况。县政协副主席童玉林、桑圣权参加调研活动。

★20日，全市组织工作务虚会在如东县召开。会议学习贯彻省市党代会精神，认真谋划明年组织工作。县委常委、组织部部长任新峰在会上作了《大力实施党建工作创新工程 不断提高组织工作科学化水平》的发言。

★21日，省委宣讲团到如东县作省第十二次党代会精神报告。省委宣讲团成员、省政府研究室副主任郑炎作宣讲报告。县委副书记、代县长潘建华主持报告会，要求各地、各部门以学习贯彻省党代会精神为动力，全力以赴抓当前，聚精会神谋长远，推动经济社会又好又快发展。

★21日，县纪委内部刊物《扶海清风》正式创刊。县委常委、纪委书记刘才盛在首发式上要求全县各级党政组织充分运用好《扶海清风》这一宣传载体，引导广大干部群众把党风廉政建设和反腐败斗争引向深入，为加快建设现代化新如东提供坚强的政治保证。

★22日，如东县召开迎接省文明城市测评验收紧急会议。县委副书记、代县长潘建华要求各镇区、各部门进一步查漏补缺，确保通过省文明城市创建验收。县委常委、宣传部部长杨中坚对前一阶段创建工作做了简要的介绍。县四套班子主要领导参加了会议。

★22日，县十五届人大常委会召开第二十九次会议。会议听取并审议县政府常务副县长顾淑英所作的关于代表建议、常委会决议和审议意见办理落实情况的工作报告和县人大常委会关于代表建议、常委会决议和审议意见办理落实情况的调查报告。会议听取和审议了县政府关于2010年度财政资金项目支出绩效评价情况的工作报告和县人大常委会的调查报告。会议还通过县人大常委会关于表彰优秀建议和优秀承办单位的决定和县镇人大换届选举的有关事项。会议由县人大常委会副主任徐志平主持。他希望相关责任部门和单位认识再提高，继续办好代表建议、人大常委会决议和审议意见，强化宗旨意识、责任意识；制度再完善，措施再扎实，加大协调、督查、督办力度，确保办理工作取得新的成效。县人大常委会副主任沈更生、蔡瑞平、冒亚平出席会议。

★22日、23日，县委书记詹立风赴大豫、掘港、河口、袁庄、丰利以及如东经济开发区等镇（区），调研工业经济运行、项目建设、财政收入等各项重点工作推进情况，并视察部分重点企业和在建项目。

★22日，国家安监总局领导到如东县督导调研。县委常委、政法委书记陈建华陪同调研组一行参观了新农合化工有限公司乙基氯化物车间，详细查阅了安全生产台账。县领导张蓉蓉出席汇报会。

★23日，县委副书记、代县长潘建华带领公安、城管、住建、工商、掘港镇等相关部门和单位负责人集中检查县城文明城市创建工作。县领导杨中坚、于立忠、张蓉蓉、王智陪同检查。

★23日，由省委组织部、省经信委联合组织的江苏省第39期企业高级职业经理人任职资格培训（如东）班开班。开学典礼由副县长张蓉蓉主持。

★23日，国家安监总局行业监管二司副巡视员赵瑞华一行到如东县考核“全国平安渔业示范县”创建工作和秋冬季渔业安全生产工作。县委常委、副县长陈昌龙汇报了如东县海洋渔业经济发展、平安渔业创建、当前渔业安全管理等方面的工作。

★23至24日，江苏省政协副主席陈宝田一行到如东县调研优化沿海开发产业布局情况。陈宝田一行在县领导顾淑英、沈更生等陪同下，来到洋口港太阳岛现场踏勘，顾淑英汇报了洋口港开发建设情况。县委副书记、代县长潘建华向陈宝田一行详细汇报了如东县围绕沿海地区优势产业培育和发展所采取的措施。南通市政协副主席陈德新，县领导童玉林、冯力如等陪同调研。

★24日，县委书记詹立风带领县发改委、经信委的相关负责人前往马塘镇、双甸镇调研，要求两镇激发斗志，狠抓落实，高标准冲刺全年目标，高起点筹划明年，以经济社会的加快发展、和谐发展赢得上级放心，百姓满意。

★24日，如东县召开老区促进会成立20周年、扶贫开发协会成立15周年总结表彰会议。县委常委、副县长陈昌龙出席活动并讲话。他充分肯定了老促会和扶贫开发协会在服从大局、服务中心方面取得的成效。希望老同志们继续发挥好宣传教育、调研参谋、协调促办、牵线搭桥的作用，为老区发展、加大社会扶贫力度做出新的贡献。

★24日，县委常委、纪委书记刘才盛到如东经济开发区对重点工作推进、统战、纪检、党风廉政建设等工作进行调研。

★24日，县规划局组织专家对如东县两地块的规划设计方案进行评审。县领导蔡瑞平、于立忠、童玉林出席评审会，并要求规划设计单位要兼顾到周边地块的整体协调性，尤其是通用地块更要严格按照拆迁安置的需要，做到定位、定性、定量。相关职能部门要制定严格的奖惩措施，全力督促开发建设单位抢抓有利时机及早开工。

★24日，省人口计生委检查组到如东县评估验收人口和计划生育依法行政、群众自治、诚信计生创建工作，认为如东县人口和计划生育工作领导重视、机制灵活、方法得当、成效明显，许多举措值得在全省推广。副县长姜晓静陪同验收。

★25日，如东县杂技艺术学校举行新建工程开工典礼，新的杂技艺校将成为如东县文化对外展示的重要窗口。副县长王智要求相关部门树立政治意识和责任意识，主动服务、靠前服务，确保工程顺利实施。县委常委、宣传部部长杨中坚宣布工程开工。县领导冒亚平、童玉林出席开工典礼。

★27日，如东县举办首届高技能人才职业技能大赛。181名参赛选手参加了钳工、车工、化学检验工、客房服务、餐厅服务等五个工种的竞赛。县领导任新峰、冒亚平、童玉林出席活动并为获奖者颁奖。

★27日，江苏虹宇塑料科技有限公司电子塑料项目在东安科技园区举行开工典礼。副县长张蓉蓉出席开工典礼并致辞，她要求大豫镇和东安科技园区管委会用诚心、优质、贴心的服务，帮助企业快建设，早投产，使之成为东安科技园区的骨干企业，为促进如东经济发展作贡献。

★28日，省政协委员、扬州市政协常委、民进扬州市委副主委、扬州市社保中心主任余珽率领民进扬州市委员会部分人大代表、政协委员及市委委员到如东县考察。在县政协副主席桑圣权的陪同下，余珽一行先后参观如东县洋口港、一职中新校区建设工地以及城市规划展览馆。

★29日，如东县举行县中医院整体迁建工程奠基仪式。县委书记詹立风致辞。江苏省卫生厅副厅长、省中医药局局长陈亦江在仪式上讲话。他希望县中医院以全新的办院理念，统筹规划，充分发挥中医药在预防、保健、养生、康复等方面的作用，同时做好中医药进农村、进社区、进家庭的工作。奠基仪式由县委副书记、代县长潘建华主持。南通市副市长杨展里宣布工程奠基培土。省中医药局综合业务处处长朱敏，省人民医院副院长王水，省人民医院党支部书记徐良，南通市卫生局局长蒋志群，县委副书记、洋口港经济开发区党工委书记周建飞，县委常委、宣传部部长杨中坚，县人大常委会副主任冒亚平、副县长姜晓静、政协副主席桑圣权出席活动。

★29日，省卫生厅副厅长陈华带领省文明城市创建测评工作组听取如东县关于文明城市创建工作的汇报，从而结束了对如东县为期四天的文明城市创建的相关测评工作。县委书记詹立风出席汇报会，县委副书记、代县长潘建华代表县委、县政府向检查组作汇报，县委常委、宣传部部长杨中坚主持汇报会。

★29日，县委常委、纪委书记刘才盛到中国人民银行如东支行、县检察院等六家单位调研廉政教育和文化建设。

★30日，南通市2011年安全生产目标考核组一行到如东县调研。副县长张蓉蓉向考核组汇报了如东县今年安全生产工作。

12月

★1日，如东县召开全县县镇两级人大换届选举工作会议。县委书记詹立风要求各级党委政府坚持党的领导，牢牢把握换届选举的正确方向，各级党委政府、各相关部门要发挥好总揽全局、协调各方的作用，推动换届选举顺利进行，要统筹换届选举和各项工作，全力冲刺全年目标任务，确保全县经济社会发展在新的起点上实现新跨越。会议由县委副书记周建飞主持，县领导任新峰、刘才盛、杨中坚、徐志平、蔡瑞平、冒亚平参加会议。

★1日，临海高等级公路工程建设推进会在如东县召开。省交通厅党组成员、副厅长钱国超在会上要求，沿线各县市和公路建设者要把质量放在首位，强化质量意识，实施严格监管，加强施工组织和施工中的质量控制，提高施工的科技水平。建成一个代表江苏“十二五”时期公路建设新水平的示范工程、安全工程、廉洁工程、一个经得起历史检验的优质工程。南通市政府副秘书长倪永平出席会议并致欢迎辞，县委常委、副县长陈昌龙出席会议。与会代表还参观了如东段5标段和3标段的工地现场。

★1日，国家旅游局副局长祝善忠在副县长王智的陪同下考察如东县沿海旅游经济开发区。

★2日，无锡市政协主席、党组书记贡培兴，无锡市委常委、纪委书记周铁根，无锡市政协副主席林国忠一行到如东县调研。南通市政协主席王德忠，县委书记詹立风，县委副书记、代县长潘建华，县委副书记周建飞，县领导陈昌龙、刘才盛、杨小军、童玉林、冯力如陪同调研。

★2日，如东县召开LNG船舶进出洋口港总结推进会。江苏LNG公司总结了LNG船舶靠泊洋口港期间安全管理情况，南通市港口局沿海引航船、南通市安监局、洋口港经济开发区总结汇报了相关工作，南通海事局局长周竹山，江苏海事局处长孔玉祥在会上提出要求。县委副书记、洋口港经济开发区党工委书记周建飞要求，不断强化航道清障管理，加大宣传引导力度，完善航道发展规划，配合航道执法管理；不断强化码头安全监管，完善码头作业安全生产责任体系，加强部门配合，形成共管合力。会议由县委常委、副县长陈昌龙主持，他希望相关服务部门充分发挥各自职能作用，凝心聚力，整体联动，建立健全 LNG 船舶安全监管的长效管理机制和操作规范，有效保障 LNG 船航行和作业安全 。

★2 日，县领导张蓉蓉、桑健带领县委统战部、工商联全体干部、非公有制经济代表 30 多人，在如东分会场收看全国非公有制经济先进典型事迹报告会实况。

★3 日，县体育总会、县钓鱼协会举行“海之舟”杯钓鱼比赛。 县政协副主席桑圣权参加开竿仪式。

★4 日，由省农委农经处处长蔡国新带队的省一事一议财政奖补项目实施情况检查验收组到如东县检查。县委常委、副县长陈昌龙就如东县 2011 年度一事一议财政奖补项目实施情况作了汇报。

★5 日，如东县召开农业、农村重点工作交办会议。县委常委、副县长陈昌龙要求各地、各部门全力以赴、有效落实，确保完成年底各项重点工作；精心策划、统筹安排，认真做好明年新农村工作会议各项准备工作；夯实保障、狠抓落实，确保完成布置的各项工作任务。

★6 日，县人武部召开 2011 年定兵会议。经过前期的体检、政审工作，此次会议审核通过兵员 450 人。南通军分区副司令燕殿寿，县委常委、人武部政委蔡建华参加会议。

★6 日，南通市化治办组织对如东县新一轮化工专项整治工作进行督查。 副县长张蓉蓉代表县政府作专项整治工作情况汇报。

★7 日，南通市中级人民法院和团市委联合为获得 2009——2010 年度全国“青年文明号”称号的如东县人民法院栟茶人民法庭举行揭牌仪式。最高人民法院党组成员、政治部主任周泽民授牌并作重要讲话，县委书记、县人大常委会党组书记詹立风致辞。最高人民法院政治部宣教部部长董文濮，省法院党组书记、院长公丕祥，南通市委常委、政法委书记曹斌，共青团江苏省委副书记张国梁，市中院党组书记、院长马志相，县委副书记、代县长潘建华，县领导陈建华、任新峰、徐志平出席表彰会。

★8 日，由南通市政府、中国医药企业管理协会主办的国家化学原料药基地建设高端论坛在如东县举行。县委常委、政法委书记、沿海经济开发区党工委书记陈建华就“国家化学原料药基地建设”作主题发言。县委副书记、代县长潘建华主持会议，他表示，如东县将以此次高端论坛的召开为契机，进一步推进县内特色产业发展、加快沿海开发进程，推动国家级特色化学原料药基地建设，共同促进中国医药产业更好更快发展。

★8 日，市考核组对如东县 2011 年度农村环境“四位一体”长效管理工作进行检查考评，给予充分肯定。县委常委、副县长陈昌龙向市考核组汇报了如东县农村环境“四位一体”长效管理工作情况。副县长洪大林出席会议。

★8 日，省、市综合执法考评组到如东县检查文化行政综合执法工作。 考评组对如东县文化行政综合执法工作取得的成绩给予肯定。副县长姜晓静陪同检查。

★9 日，如东县有线数字电视城乡一体化整转顺利通过省验收组验收。验收组先后到岔河广电站、县文广传媒中心网络中心现场检查。他们一致认为，如东县在有线数字电视城乡一体化整转基本实现了国家广电总局提出的“早日实现广播影视公共服务城乡均等化”的目标。验收组希望如东县不断加快“三网合一”，通过数字化整转提升网络建设，牢固树立服务意识，为江苏实现“两个率先”的发展要求做贡献。副县长姜晓静陪同验收。

★10 日，湖南省旅游局局长杨光荣带领湖南旅游业专家到如东县考察，为如东旅游产业发展出谋划策。在县委书记詹立风、副县长王智的陪同下，杨光荣一行先后参观小洋口风景区、小洋口乡村俱乐部、海印寺、建设中的洋口港、浅水湾公园以及县规划展览馆。

★10 日，中国水产科学研究院科研成果转化示范基地正式落户如东裕丰林现代渔业产业园区。农业部党组成员、劳动人事司司长梁田庚，县委副书记、代县长潘建华共同为科研成果转化示范基地揭牌。 县委常委、副县长陈昌龙主持揭牌仪式。中国水产科学研究院院长张显良出席揭牌仪式。

★10 日，如东县举行 2011 年县级机关中层干部开放式竞争上岗笔试。 县委常委、组织部部长任新峰到考点巡视，他指出，竞争上岗是激发干部活力和潜力的重要举措，今后要通过每 3 至 4 年一次的干部调整，不断优化干部队伍的结构和素质，把最优秀的人才安排到经济发展的最前沿。

★10 日，县委宣传部、县文联、南通浅水湾房地产开发有限公司、县摄影家协会联合举办“浅水湾”《城市新风 • 美好家园》摄影图片展暨颁奖仪式。 县人大常委会副主任沈更生出席颁奖仪式。

★11 日，如东县召开重点工作督查推进会。县委书记詹立风要求全县上下强化目标意识、责任意识、大局意识，全力以赴确保完成全年各项目标任务。会议由县委副书记、代县长潘建华主持，他要求各地、各部门勇挑重担，认真落实会议精神，在重大项目推进上争取时间和进度，加快特色产业园区、基地建设，做强融资平台，积极筹措资金保障民生，确保社会和谐稳定。

★11 日，由盐城市委常委、东台市委书记张礼祥和东台市市长葛启发率领的党政代表团到如东县考察。县委书记詹立风以及县领导周建飞、陈建华、张蓉蓉等热情接待代表团一行。 县委书记詹立风向代表团介绍了如东县经济社会发展概况，并重点介绍了洋口港目前的开发情况。

★13 日，由县教育局、民政局、老年协会共同主办的《百岁风采》——“关爱百岁老人、采访百岁老人”征文活动圆满落幕。县委常委、副县长陈昌龙出席活动，他对《百岁风采》一书给予高度评价，希望相关部门不断加强舆论宣传，整合各方资源，切实推进长寿研究活动的开展，不断提升全县老龄事业的水平。

★14 日，县委、县政府专题召开全县维稳工作推进会，县委常委、政法委书记陈建华要求各镇（区）以社会管理创新工作为抓手，进一步强化维稳举措、统筹维稳力量，开展新一轮滚动式、铺毯式矛盾纠纷大排查、大化解，确保如东县持久和谐稳定的良好局面。

★14 日，省海洋渔业指挥部负责人程建新到对口帮扶的大豫镇止马洼村委会，向该村捐赠 10 万元，帮助其对棉场河南路进行硬质化改造，改善村民生产生活环境，美化村容村貌。县委常委、副县长陈昌龙出席捐赠仪式。

★15 日，县纪委、县纠风办在青少年宫多功能厅举行 2011 年度政风行风建设重点评议单位质询大会，县水务、文广新、地税、消防大队等 13 家重点评议单位的主要负责人走上讲台，接受质询。副县长姜晓静出席会议，她要求相关单位对群众反映强烈、可以立即解决、短期就能见效的问题，要立即整改，立竿见影，不得以任何借口推诿扯皮；要建立整改工作通报制度，定期以适当方式向群众通报整改进展情况，接受群众监督，听取群众意见，以显著的成效取信于民。

★15 日，县政协组织政协委员听取全县文化、广电工作情况汇报，对文化、广电工作近年来取得的成绩予以充分肯定。 县政协副主席桑圣权、冯力如参加调研活动。

★16 日，省委第四巡视组在组长、省纪委原常委张明亚的带领下，到如东县视察“江苏国信”在如东投资项目。县委书记詹立风向巡视组汇报了如东县 2011 年以来经济社会发展和洋口港开发建设情况，并陪同巡视组视察“江苏国信”参与投资的江苏 LNG 接收站和东凌风力发电项目。 江苏省国信资产管理集团有限公司董事长、党委书记董启彬，县委副书记、洋口港经济开发区党工委书记周建飞，县政协副主席余科陪同视察。

★16 日，县委召开全县挂职干部座谈会，县委书记詹立风听取挂职干部三个月来的基层工作心得，希望他们定下心来，扎根基层，到人民群众最需要的地方去，为他们办实事、办好事。县委常委、组织部部长任新峰主持座谈会，县委副书记周建飞参加会议。

★16 日，南通大学技术转移中心如东工作站校企对接洽谈会在南通大学举行。副县长张蓉蓉介绍如东县的经济社会发展概况以及科技创新情况。她希望南通大学的专家教授多到如东走走看看，将更多的技术人才输送到如东。

★16 日，省高效植保机械科技创新中心科技成果汇报会在如东县举行。农业部农机化管理司，中国农机化协会，中国农业机械工业协会，省、市农机、科技部门领导出席会议。 副县长洪大林出席汇报会，他表示，如东县将以发展特色农机为抓手，深化产学研合作，培植植保机械科技先导性产业，做大做强规模企业，进一步推动全县农机科技进步，加快生态农业发展。

★17 日，县委、县政府召开专题会议，围绕事关如东县经济社会发展的沿海开发、工业经济、财政工作、城市开发建设等 13 项 24 个重要课题，四套班子领导交流讨论调研成果，科学确定了明年的工作目标和思路。县委书记、县人大常委会党组书记詹立风主持会议，并作重要讲话。他要求各地、各部门积极作为，全力拼抢，统筹安排好年前各项工作，抓紧、抓实、抓牢各项重点工作，向全面实现年初既定目标发起最终冲刺！县级机关部门主要负责人、各镇（区）党政主要负责同志参加会议。

★17 日，由南通市委政法委副书记陈慧宇率领的社会管理创新考评组一行到如东县考评。考评组分别按照书面审核、现场考核、依法行政考核、公正司法和法治系列创建等几部分，对如东县社会管理创新和长安法制建设进行测评，并听取相关汇报。县委副书记、代县长潘建华出席汇报会。县委常委、政法委书记陈建华汇报了 2011 年如东县社会管理创新相关工作情况。

★18 日，马塘中学隆重举行庆典活动，喜迎六十周年华诞。县委书记詹立风在庆典活动上致辞。江苏省人民政府副省长曹卫星、江苏省教育厅、北京大学、清华大学、南京大学等领导和单位发来贺信。县委副书记、代县长潘建华，县委副书记周建飞及县领导杨中坚、冒亚平、张蓉蓉、姜晓静、童玉林、桑圣权出席校庆活动。

★18 日，“中国优质河蟹苗种第一县”揭牌仪式在县海洋渔业局举行，中国渔业协会河蟹分会正式授予如东县“中国优质河蟹苗种第一县”荣誉称号。 县委常委、副县长陈昌龙出席揭牌仪式，南通燕春育苗场等 5 家企业还接受了中国渔业协会河蟹分会颁发的“中国优秀河蟹苗种生长基地”牌匾。

★19 日，市检查组到如东县检查今年双拥工作落实情况，对如东县双拥工作取得的成绩表示肯定，要求如东县进一步促进双拥工作制度化、常效化、社会化，努力争当双拥工作排头兵。县委常委、副县长陈昌龙做了专题汇报。

★19 日，南通市委统战部部长殷雄一行到如东县调研。殷雄对如东县统战工作取得的实效予以肯定。他希望如东县统战部门继续围绕经济社会发展大局，在社会管理创新、文化发展繁荣方面发挥统战优势。县领导刘才盛、童玉林陪同调研。

★19 日，由中华文化促进会旅游文化研究中心、国际休闲产业促进会设立的“中国旅游文化木业产业园”，在南通神东实业有限公司举行揭牌仪式。中华文化促进会旅游文化研究中心主任王立祥，县委常委、宣传部部长杨中坚为“中国旅游文化木业产业园”揭牌。市旅游局局长戴平宣读了省旅游局的贺信。副县长王智主持揭牌仪式，县领导冒亚平、桑健出席活动。

★20 日，在县委副书记、洋口港经济开发区党工委书记周建飞，县领导沈更生的陪同下，中科院院士王颖带领“中国海陆交互作用带环境特征、相宜利用与学科发展”学科发展战略研究项目调研组到如东县调研。

★20 日，由省交通厅公路局、市交通局以及如东县检察、财政、审计等相关部门专业技术人员组成的交工验收委员会，对 225 省道如东段改扩建工程一期（S221 至 X303 段）进行交工验收，并同意该工程通过验收。县委常委、副县长陈昌龙出席验收汇报会，他要求交通主管部门今后继续加强公路建后养护工作，做到建管并重，进一步提高公路安全系数，保证道路完好、通畅。

★20 日，如东县举行第四届如东县政府文学艺术奖颁奖大会。县委常委、宣传部部长杨中坚希望广大文艺工作者以颁奖仪式为新起点，围绕中心，积极创作高水平、高质量的文艺精品；各级有关部门要健全机制，为文艺工作者搭建平台，激发其文艺创作热情，为建设文化强县和全县经济社会转型跨越做出新贡献。县领导冒亚平、王智、童玉林出席颁奖大会。

★21 日，政协如东县委员会召开第十三届二十五次常委会。会议听取县政府对政协十三届四次会议以来提案办理以及对 2011 年县政协《关于突出五大园区建设，加快如东经济发展的建议案》采纳落实情况的通报，听取县委党校常务副校长吴金明关于中共十七届六中全会精神的学习辅导讲座，并表决通过《关于撤销徐建华政协第十三届如东县委员会主席职务及其委员资格的决定》。副县长张蓉蓉列席会议并作汇报。县政协副主席童玉林传达了省政协工作会议和省、市、县（市、区）政协主席座谈会精神，并就提案和建议案办理工作进行点评。县政协副主席王志荣、桑健、冯力如等出席会议。

★21 日，全市高效设施农业推进会在如东县召开。会议要求以项目农业为龙头、以园区建设为载体、以科技进步为支撑，全力推进高效设施农业上水平、强特色、增效益。县委常委、副县长陈昌龙详细介绍如东县高效设施农业工作发展情况。市委常委、副市长秦厚德要求各地、各部门深刻认识，坚定信心，在新的平台上谋求高效设施农业的新发展；突出重点，狠抓关键，全力推进高效设施农业工作；加强领导，狠抓落实，增强高效设施农业发展活力。县领导杨小军、桑圣权参加了活动。

★21 日，全国政法工作电视电话会议结束后，县委政法委迅速召开专题讨论会，就如何贯彻此次会议精神、做好明年政法工作进行部署。县委常委、政法委书记陈建华指出，明年如东县要进一步确立以人为本、注重民生的社会管理新理念，加快由防控型管理向服务型管理转变。

★22 日，三一集团董事长梁稳根在南通市代市长张国华、县委书记詹立风等领导的陪同下，到如东县参观考察。梁稳根一行实地考察了如东经济开发区、洋口港太阳岛以及如东城市规划展览馆，对如东的投资环境表示满意。县委副书记、代县长潘建华，县委副书记、洋口港经济开发区党工委书记周建飞和副县长张蓉蓉陪同考察。

★22 日，如东县举行 2011 年房地产开发项目推介会，隆重推出县城区域内四大房地产开发地块。来自江苏、上海等地的 70 多家房地产开发企业参加了推介会。县委副书记、代县长潘建华在推介会上致辞。副县长于立忠详细介绍了如东县的投资环境。县领导蔡瑞平、童玉林出席推介会。

★22 日，县委常委、政法委书记陈建华与市妇联副主席钮曦为如东县婚姻家庭纠纷调解中心揭牌，标志着如东县婚姻家庭纠纷调解工作有了崭新的实体平台。

★22 日，甘肃省康乐县副县长李轶前带领康乐人力资源工作考察团到如东县考察，并举行康乐、如东人力资源交流合作项目签约仪式。副县长王智表示，如东县将以此为契机，通过积极营造和谐用人环境，努力提供优质就业服务，在有效缓解本地企业“招工难”的同时，让包括康乐在内的众多外来务工人员在如实现稳定、满意和充满希望的就业。

★23 日，如东县民间文艺演出团体联谊会、如东县现代民间绘画研究会召开成立大会。副县长王智要求民间文化工作者抢抓机遇，务实创新，履职尽能，争当推进如东文化建设的生力军、先行者和推动者，服务促进全县民间文化事业建设。

★24日，县政府招商顾问、县三外及商贸流通重点企业负责人、县五十强企业负责人、县委县政府相关领导、各镇区相关负责人欢聚一堂，举行2011年圣诞联谊会，共度圣诞节。 联谊会由副县长王智主持，副县长张蓉蓉介绍如东县开放型经济的运行情况。县委副书记、代县长潘建华为2011年度十大招商引资优秀企业家颁发荣誉证书。县领导周建飞、陈建华、杨小军、童玉林出席联谊会。

★24日，如东县侨商会举行成立大会。 县人大常委会副主任、县侨联主席沈更生代表县侨商会筹备组作《如东县侨商会筹备工作报告》。南通大东有限公司总经理高军当选县侨商会首届会长。县侨商会聘请任新峰、刘才盛、沈更生、张蓉蓉、桑健等为名誉会长；聘请薛济萍、沙晓林、林水柳等为荣誉会长。县委副书记周建飞要求县侨商会切实维护侨商权益，在全县范围内进一步形成爱侨商、亲侨商、护侨商的浓烈氛围，切实加强为侨商服务，为如东经济建设服务，为“推进现代化、建设新如东”做出新的更大的贡献。省侨联经济科技部部长、省侨商总会副会长兼秘书长李正新，县委常委、组织部部长任新峰为如东县侨商会揭牌。

★24日，如东县召开农业农村重点工作现场观摩推进会。县委常委、副县长陈昌龙对全县农业农村重点工作的进程和质量表示肯定，他要求全县上下牢牢把握“加快农业农村基本现代化建设”这条主线，各地各部门全力抓好基础设施建设、高效农业园区建设等当前各项重点工作，扎实推进农业农村工作。县领导蔡瑞平、童玉林、桑圣权出席会议。

★26日，县第十五届人大常委会举行第三十次会议。 会议补选南通市委副书记、代市长张国华，如东县委书记詹立风为第十三届南通市人大代表；接受顾淑英同志辞去县人民政府副县长职务的请求，接受卢瑞华同志辞去县人民政府副县长、县公安局局长职务的请求；会议审议了县委副书记、代县长潘建华提请的县政府关于程军同志担任县人民政府副县长、县公安局局长任职的议案，票决任命程军同志为县人民政府副县长、县公安局局长；会议还通过了关于召开如东县第十六届人民代表大会第一次会议的决定（草案），决定于2012年3月24日到28日在掘港召开如东县第十六届人民代表大会第一次会议。会议由县人大常委会副主任徐志平主持，县人大常委会副主任杨成泉、沈更生、蔡瑞平、冒亚平出席会议。

★26日，县政府召开全县服务业部门工作总结交流会。 副县长王智要求如东县明年的服务业发展工作围绕加快发展这一主线和主旋律，围绕“两年超海安”的要求，确定服务业位次大幅前移的具体发展目标，自我加压，确保必成指标必须完成，加压指标突破完成。各相关部门和相关企业要进一步求真务实，真抓实干，要出实招，确保见实效。

★27日，如东县召开老干部座谈会。老干部们听取了如东县今年经济、社会发展情况和明年工作思路、目标，并围绕港口建设、城市交通建设、新农村建设献计献策。县委副书记、代县长潘建华介绍了如东县经济、社会发展情况。县委书记詹立风认真听取了老领导的意见和建议后表示，全县上下将解放思想抢机遇，实干苦干谋发展，创新解难促转型，一方面狠抓当前，以求真务实的工作作风，确保全面完成全年各项目标任务；一方面着眼长远，抓好影响如东长远发展的重大工作和项目，为如东县今后快速发展打下良好基础。县领导周建飞、陈昌龙、任新峰、蔡建华、杨中坚、杨小军、徐志平、于立忠、张蓉蓉、王智、童玉林参加座谈会。

★27日，县委召开专题会议对镇人大、政府换届拟提拔结构性人选进行二轮署名民主推荐。县委书记詹立风主持会议。他要求参加推荐的同志以长远和大局的眼光来对待这次推荐，充分认识培养选拔青年干部的战略意义，进一步解放思想，破除论资排辈、求全责备观念，实事求是、客观公正地进行评价和推荐。县委常委、组织部部长任新峰就二轮推荐工作作了情况说明。

★27日，由南通市政府副秘书长宗剑峰带领的考核组到如东县，对2011年如东质量工作进行考核验收。副县长张蓉蓉汇报2011年如东县质量强县工作情况。考核组成员对如东县质量工作给予充分肯定，认为如东县主动介入，各级政府组织体系健全，基础工作扎实，名牌战略和标准化战略实施卓有成效，质量服务民生工作到位，很多经验值得在南通推广。

★28日，县工商业联合会（总商会）召开第十次会员代表大会。会议听取并审议通过县政协副主席、县工商联主席桑健代表县工商联（总商会）九届执委会所作的题为《服务全县发展大局，共谋科学发展，努力开创新形势下工商联工作新局面》的工作报告。县委书记詹立风对县工商联过去五年来的工作表示充分肯定，他要求企业家们要拓宽视野，从如东基本现代化建设大局的高度去担当企业发展的责任，做坚持科学发展的引领者；坚持“商行天下”与“善行天下”有机统一，积极投身于社会公益事业。县工商联要密切联系非公有制经济人士，树立服务意识，转变工作作风，不断提高服务企业、服务大局的能力和水平，努力使工商联的各项工作有序开展。南通市政协副主席、市工商联主席徐守铭出席会议，他要求县工商联（总商会）不断开拓创新、强化服务，为如东县经济跨越发展、社会和谐进步作出更大贡献。市委统战部副部长、市工商联党组书记姚国钧，县委副书记、代县长潘建华，县委副书记周建飞，县领导任新峰、刘才盛、徐志平、沈更生、张蓉蓉、童玉林出席会议。

★28 日，全国首批以身份证号作为卡号的集信息记录、电子凭证、信息查询与金融服务功能于一体的社会保障卡正式诞生。县委书记詹立风在发行仪式上讲话，他说，社会保障卡的发行，标志着如东县社会保障信息化建设工作进入了一个全新阶段。它将为人社部门、银行、参保者搭建一个三方合一的服务平台，有利于人社部门不断提升工作效率和服务质量，满足广大群众更高层次的社会保障需求。县委副书记、代县长潘建华主持活动，他希望县人社局、县建行等部门以本次首发仪式为契机，以便民利民服务为根本，加大推广力度，加快发行使用，积极拓展功能，完善服务内涵，努力把社会保障卡打造成政府与老百姓之间的“连心卡”、老百姓享受社会公共服务的“贴心卡”、使用安全便捷的“放心卡”。省人社厅信息中心主任张斌峰，市人社局、省市建行相关负责人，县委常委、政法委书记陈建华等出席活动。

★29 日，如东县召开镇党委书记管党述职评议会议，各镇党委书记就管党工作向县委述职，并接受评议。县委书记詹立风对述职情况进行点评。述职评议会由县委常委、组织部部长任新峰主持，县委副书记、代县长潘建华，县领导周建飞、陈昌龙、刘才盛、杨中坚、杨小军、于立忠、张蓉蓉、王智等参加会议。会上，与会县委委员、候补委员对各镇党委书记管党述职情况进行了测评。

★29 日，如东县迎来了 2010 年至 2011 年度全省法治县（市、区）创建工作综合考评。县委书记詹立风，县委副书记、代县长潘建华，县委常委、政法委书记陈建华接受了省考评组的约谈。 潘建华对近年来如东县开展法治县创建所做的工作作了简要回顾。陈建华就 2010 年至 2011 年如东县法治县创建情况作详细汇报。考评组对如东县的法治县创建工作表示充分肯定，希望如东县一如既往扎实推进法治建设工作，将法治创建品牌做亮做响。县领导徐志平、童玉林及各创建责任单位主要负责人参加汇报会。

★29 日，如东县召开“五五”普法总结表彰暨“六五”普法动员大会。县委书记詹立风充分肯定了如东县“五五”普法工作取得的成绩。他指出，全县上下要深刻把握当前的新形势新要求，准确把握开展“六五”普法的工作重点，围绕经济转型升级、保障民众权益、社会管理创新、保障民众权益推进普法工作，切实提高“六五”普法工作的实效。县委副书记、代县长潘建华主持会议并强调，各地各部门要按照“六五”普法规划，各司其职，充分调动广大人民群众学法用法的积极性，在新的起点上推进法治如东建设。副县长于立忠宣读了县委、县政府关于“五五”普法工作的表彰决定，公布了 2006 年至 2010 年全县法制宣传教育先进集体、先进个人名单。县领导杨中坚、徐志平、童玉林参加会议。

★30 日，如东县召开涉法涉诉信访案件化解汇报会。 县委常委、政法委书记陈建华要求县人民法院继续强化政治责任意识，认真做好整个涉法涉诉信访案件化解问题，对已承诺的案件继续关注，对未化解的案件加紧处理，同时将有可能越级上访的案件控制在源头，化解在基层，案件处理过程中要强化法律效果和社会效果的和谐统一。

★30 日，县政协会同人武部联合邀请南京海军指挥学院教授张晓林作了题为《南海及周边安全形势》的报告会。县领导蔡建华、童玉林、桑健、桑圣权、冯力如参加报告会。

★31 日，如东县国税局传出令人振奋的喜讯，单月一般预算收入突破 8000 万元，全年总收入达到 18.03 亿元，全年增值税增幅超全省平均。县委书记詹立风和县委副书记、代县长潘建华等县领导专程到该局表示祝贺和慰问，对该局取得的成绩予以充分肯定。

★31 日，在县住建局召开的全系统工作会议上，副县长于立忠希望住建系统新一年里，要在机制、体制等方面进一步大胆创新，把区域供水、污水管网建设、保障性住房建设、老小区改造、公园绿化等民生工程放在 2012 年各项工作的首位，进一步加快城市基础设施及房产开发的节奏，着力破解房屋征收、筹资融资等方面的难题，加强城乡建设的互动与统筹，进一步推进城乡一体化进程。县人大常委会副主任蔡瑞平出席会议。

大事回眸 2012年 Dashi huimou

2012 年大事记

1 月

★3 日，县委副书记周建飞组织县发改委、财政、交通、统计、科技、住建等部门负责人，召开贯彻落实省、市、县党代会精神目标任务分解（讨论）会。

★3 日，县委召集重点镇区和相关部门负责人，就大会工作报告（征求意见稿）广泛征求建议、意见。 征求意见会由县委副书记周建飞主持。与会人员对工作报告征求意见稿给予高度评价，一致认为征求意见稿对过去一年的总结实事求是，恰如其分；对今年的谋划定位准确，鼓舞人心，特别是“争位争先争贡献，求实务实抓落实”（“三争三实”）这一主题的提出，对凝聚人心，跨越赶超，实现新的奋斗目标具有强大的感召力。结合如东实际，与会人员还对征求意见稿中的不足之处提出了修改完善意见。

★4 日，如东县召开全县领导干部大会，集中宣布镇人大、政府换届及有关领导班子人事调整方案，并进行集体谈话。县委书记詹立风在大会上讲话，就当前党风廉政建设中存在的突出问题进行警示教育，进一步动员全县上下扎实推进如东县机关作风建设，不断优化发展软环境，为加快建设现代化新如东提供坚强的组织保障。会议由县委副书记、代县长潘建华主持。他要求各级领导班子和领导干部正确对待调整，讲政治、顾大局、守纪律，服从组织安排，真正把思想统一到县委决定上来；各部门要以此次人事调整为契机，强化领导班子和干部队伍建设，真正使组织优势转化为发展优势，组织活力转化为发展活力。县委常委、组织部部长任新峰宣布县委关于人事调整的决定。县四套班子全体领导参加会议。

★6 日，中共如东县委十三届二次全体（扩大）会议在县行政中心会议厅隆重召开，会议的主要任务是，深入贯彻中共十七届六中全会、省市党代会和中央、省经济工作会议精神，认真总结去年，科学谋划今年，动员全县上下抢抓机遇、乘势而上，高点定位、狠抓落实，全力拼抢、争创一流，不断开创现代化建设新局面，为实现“两年赶超、五年争先”目标奠定坚实的基础，以优异的成绩迎接党的十八大胜利召开。县委副书记、代县长潘建华主持大会。县委书记詹立风代表县委向大会作工作报告。大会审议并通过《中共如东县第十三届委员会第二次全体会议决议》。

★5 日，南通市红十字会在县行政中心广场举行 2012 年南通市红十字会博爱送万家启动暨如东县红十字会助困款物发放仪式。 县委副书记、代县长、县红十字会名誉会长潘建华感谢市红十字会对如东慈善事业的大力支持，他要求县红十字会在救助物资的发放中要坚持“公开、公平、公正”的原则，严格按照救灾款物分配、发放程序进行规范操作，并监督好款物的流向，各镇要在春节前把物资及时发放到困难群众手中，确保他们度过一个欢乐祥和的春节。副县长姜晓静主持启动仪式，南通市红十字会名誉副会长李炎、南通市红十字会常务副会长倪瑾、县领导徐志平出席活动。

★6 日，如东县召开深入学习中共十七届六中全会精神大党课暨农村党员干部冬训动员大会，要求全县党员干部本着冬训与重点工作同部署、同推进、同检查的原则，统筹安排好冬训的各个环节，切实做到内容不减、程序不少、要求不降，有力有序推进冬训工作开展。县委书记詹立风，县委副书记、代县长潘建华等四套班子领导出席会议。

★7 日，如东县召开全县行政服务工作总结表彰大会，县委书记詹立风寄语县行政服务中心，紧紧围绕县委十三届二次全体（扩大）会议提出的“争先争位争贡献、求实务实抓落实”的总体要求，坚定信心，创优服务，以更加有力的实际行动服务好业主和群众，服务、服从好全县招商引资、项目建设和港口开发等中心工作和全局工作，为加快转型跨越发展，实现县域经济的赶超做出更大贡献。县委副书记、县行政服务中心党工委书记周建飞对 2011 年全县行政服务工作进行了深入点评，对 2012 年工作进行了全面部署。县委副书记、代县长潘建华主持会议，并对 2012 年行政服务工作提出要求。会议表彰了 2011 年四季度行政服务先进集体和先进个人。

★8 日，县政府在县汽车站东门广场举行 2012 年春运启动仪式，标志着一年一度的春运正式拉开帷幕。启动仪式上，县委常委、副县长陈昌龙要求交通、公安、城管等相关部门进一步突出源头治理，全面消除交通安全隐患；着力强化通行秩序维护；确保恶劣天气道路畅通；积极提供便民利民服务；坚决杜绝重特大道路交通事故发生。

★8日，岔河镇邀请县委党校常务副校长吴金明为全镇参加今年冬训的5000多名党员、干部作深刻领会中共十七届六中全会精神、建设文化强县、推动文化大发展、大繁荣的辅导报告。县委常委、岔河镇党委书记杨小军出席活动。

★9日，南通市第十三届人大第五次会议隆重开幕。如东代表团在华通大酒店专题审议了市政府工作报告。县委书记詹立风在审议时作重要发言，表示如东将深入学习、贯彻报告精神，高点定位，狠抓落实，以争当江苏沿海开发第一县的勇气和跨越赶超的志气，全力推进经济社会又好又快发展，为南通实现“八个领先”增添贡献份额。市委副书记、代市长张国华参加审议活动，发表了热情洋溢的讲话。副市长徐辉、市级机关有关部门主要负责人，潘建华、周建飞、任新峰等县领导、市人大代表参加审议活动。

★9日，如东县召开全县反腐倡廉建设情况通报会。县委常委、纪委书记刘才盛向部分人大代表、政协委员、特邀监察员、老干部代表以及新闻媒体通报了过去一年党风廉政建设和反腐败工作情况。

★9日，县委常委、宣传部部长杨中坚到岔河、袁庄两个镇视察党员冬训工作，对冬训开展情况表示满意。

★9日，县委常委、宣传部部长杨中坚到袁庄镇慰问老党员、百岁老人和困难学生。

★10日，县委常委、纪委书记刘才盛带领县民政局、教育局、公安局、总工会、计生委等部门负责人一同前往曹埠镇，慰问贫困户和孤寡老人，并送上慰问金和慰问品。

★10日，县教育局召开全县教育行政工作会议，回顾总结2011年教育工作，明确2012年工作目标，全面部署今年教育工作。副县长姜晓静出席会议。

★11日，如东县召开安全生产工作会议。副县长张蓉蓉分析总结了2011年全县安全生产形势。县委副书记、代县长潘建华要求各地各部门，时刻绷紧安全生产意识，通过大面积的宣传与培训，让全体社会成员掌握安全知识；要进一步强化安全生产措施，针对未按照法律规定而从事生产的企业，必须严肃处理；要全面落实安全生产责任，牵头部门要充分发挥好组织、协调、指挥的作用，相关配合部门要积极主动加以配合，决不含糊。县委常委、副县长陈昌龙主持会议。副县长于立忠、姜晓静、洪大林、蒋树建、王智出席会议。全县各镇区、部门负责人递交了安全生产责任状。

★12日，国家能源局石油天然气司副司长胡卫平在南通市副市长孙金华，县委副书记、代县长潘建华的陪同下，到洋口港考察。县领导周建飞、张蓉蓉陪同考察。

★12日，如东县召开全县维稳工作会议，分析当前维稳工作形势，研究部署春节和“两会”期间的维稳工作。县委常委、政法委书记陈建华要求与会的各镇区、各部门，带着强烈的责任感做好稳定工作，以严明的责任落实各项工作举措，毫不松懈地抓好各类矛盾纠纷的排查化解和源头预防，全面强化领导，建立健全机制，增强协调联动，确保高效、有力地完成好维稳工作任务。副县长于立忠出席会议。

★12日，县委常委、政法委书记陈建华率领民政、组织等部门到沿海经济开发区（洋口镇）开展春节慰问活动。

★12日，由县委宣传部主办、双甸镇党委政府承办的2011至2012年度冬训大集暨集中“三下乡”活动启动仪式在双甸镇高前村公共服务中心举行。市委宣传部副部长黄振平出席启动仪式并讲话。县委常委、宣传部部长杨中坚宣布冬训大集暨集中“三下乡”活动启动，并向文化服务、理论宣讲、技术服务、医疗服务、生活服务5支冬训助农惠民小分队授牌。省冬训巡查组第三组领队、省委宣传部调研员赵清林现场观摩后给予充分肯定。

★13日，如东县组织相关单位主要负责人，收看全国安全生产电视电话会议。县委副书记、代县长潘建华收听收看了会议实况。

★13日，县委常委、副县长陈昌龙率领县公安、安监、农委、海洋渔业、农机等部门负责人到洋口港经济开发区和大豫镇检查安全生产工作。

★13日，县委常委、副县长陈昌龙带领县委组织部、县人社局、民政局、总工会等部门负责人一同前往栟茶镇，慰问困难群众，并送上慰问金和慰问品。

★13日，沿海经济开发区举办2012年企业家新春联谊会。县委常委、政法委书记陈建华对各企业家表示感谢，鼓励园区企业家进一步增强机遇意识、进取意识和责任意识，为如东经济发展注入新的活力。

★13日，县领导蔡瑞平、姜晓静，率领县委组织部、县总工会、县民政局、县公安局、县教育局、县专门办、县计生委和县人社局的负责人前往马塘镇慰问困难人员。

★14日，如东县召开全县民政暨“双拥”工作会议，县委常委、副县长陈昌龙要求全县民政系统，紧紧围绕保障和改善民生、加强和创新社会管理，大力推进双拥优抚安置工作，切实增强民生保障能力，提升民生幸福指数。县领导徐志平、童玉林出席会议。

★14 日，市政协副主席陈德新到如东县慰问困难群众和老党员，并为他们送去慰问金和慰问品。县政协副主席童玉林陪同慰问。

★15 日，县委副书记、代县长潘建华和副县长张蓉蓉率县安监、公安、消防等部门的负责人，前往沿海经济开发区检查春节前安全生产工作情况。

★15 日，县委副书记、代县长潘建华和副县长张蓉蓉率县民政、人社、教育以及总工会等相关部门负责人在节前赴苴镇开展“送温暖”活动。

★16 日，县委书记詹立风，县委常委、副县长陈昌龙，副县长、县公安局局长程军等带着慰问金、慰问品，亲切看望慰问一线公安干警、驻如东部队官兵和掘港镇部分困难家庭、百岁老人，将党和政府的关怀送到他们心头。

★16 日，副市长杨展里率领县卫生、红十字会相关负责人到长沙镇滨海村如东麻风病康复新村，慰问居住康复村的麻风病患者，为老人们送去寒冬的融融暖意。 副县长姜晓静陪同慰问，并代表县红十字会送上棉被、食用油、大米等价值 4000 元的慰问物资和 2000 元慰问金。

★16 日，如东县召开全县粮食工作会议。副县长王智到会并讲话，他要求各粮食储备库和粮油企业要真抓实干，审时度势，以强化储备为基础，以产业经营为抓手，奋力推进全县粮食经济发展跃上新台阶。

★17 日，县政协、县委统战部召开全县各界人士“迎新春、话发展”茶话会。县委书记詹立风，县委副书记、代县长潘建华等县领导，与来自全县各条战线的代表欢聚一堂，共谋发展，畅叙情谊，喜迎新春。潘建华向各界人士通报了 2011 年全县经济社会发展情况。詹立风对各界人士为全县经济社会发展所作的贡献表示感谢。县委副书记周建飞主持茶话会。县领导任新峰、刘才盛、沈更生、姜晓静、童玉林、桑健、余科、桑圣权、冯力如参加茶话会。

★17 日，县委副书记、代县长潘建华，县委常委、副县长陈昌龙，副县长、县公安局局长程军带领人武部、民政、财政等部门的人员，走访慰问驻如东部队官兵，感谢子弟兵对地方经济社会建设的大力支持和无私奉献，向他们致以新春佳节的美好祝福。

★17 日，县领导周建飞、杨小军、王志荣一同到掘港镇，慰问老干部，并送上慰问金与慰问品。

★17 日，县委常委、副县长陈昌龙，县人大常委会副主任冒亚平一行，走访慰问了原县政协副主席屈群，县人大常委会原副主任潘金环、何九林、何文林，并送去慰问金。

★17 日，县委常委、组织部部长任新峰率领县民政、公安、总工会、教育等部门负责人，走访慰问大豫镇百岁老人、老党员和敬老院孤寡老人，并送去慰问金和慰问品。

★17 日，副县长洪大林带领县安监、农林等部门负责人，到新店镇检查企业安全生产工作。

★18 日，如东县召开全县综合表彰暨招商引资、工业经济工作会议。县委副书记、代县长潘建华作招商引资、项目建设、工业经济动员报告。县委书记詹立风对 2011 年全县各条战线涌现的先进集体和先进个人致以崇高的敬意。他希望全县上下学先进、赶先进、当先进，激发全县上下跨越赶超的高昂斗志；形成全县上下“争位争先争贡献”的生动局面；确保实现全县经济工作首季“开门红”。县委副书记周建飞主持会议并宣读县委、县政府表彰决定。县四套班子全体领导出席会议。

★18 日，市政协主席王德忠走访慰问了如东县岔河镇兴发村困难群众，并送去慰问金。县委书记詹立风和县委常委、岔河镇党委书记杨小军陪同慰问。

★18 日，县委副书记、代县长潘建华和县领导刘才盛、徐志平、王智、桑健等，专程走访慰问了部分原四套班子老领导、老同志，向他们送去节日的问候和美好祝福。

★18 日，如东县召开全县广播电视工作汇报会。县委常委、宣传部部长杨中坚主持会议。县委副书记周建飞对 2012 年来全县广播电视事业发展取得的成绩予以充分肯定，他要求广电系统正确把握好公益性和经营性的双重体制，把握好政治性和经济性双重属性，把握好社会性和经济性的双重效益，高点定位谋发展、齐心协力促发展、苦练内功求发展，力争新一年广电事业更上新台阶。县领导冒亚平、姜晓静、桑圣权出席活动。

★18 日，市纪委副书记陈锋带领督查组，到如东县督查维稳工作。 县委常委、政法委书记陈建华汇报如东县相关情况。督查组认为如东县维稳工作行动迅速、措施扎实、成效显著，希望如东县进一步深化排查、明确责任，确保社会大局稳定，经济社会平稳较快发展。副县长、县公安局局长程军出席会议。

★20 日，县第十五届人大常委会举行第三十一次会议。 会议接受蒋明华辞去如东县人民法院院长职务的请求，会议审议了如东县人大常委会主任会议关于提请王震谷等同志职务任免的议案，审议了县委副书记、代县长潘建华提请的县政府关于沈俊峰等同志职务任免的议案，票决任命沈俊峰、张栩龙同志为县人民政府副县长、娄宏春同志为如东县人民法院副院长，会议决定娄宏春同志为如东县人民法院代院长；会议还通过了其他人事任免事项。会议听取和初审了县政府关于2012年国民经济和社会发展计划（草案）的报告；听取和初审了县政府关于2012年全县财政预算与县级部门财政预算（草案）的报告。县委书记、县人大常委会党组书记詹立风要求新上任的领导同志认真贯彻县委、县政府的决策部署，进一步增强责任意识、紧迫意识，全力推进集聚发展、协调发展、和谐发展；要坚持依法行政、公正司法，不断提升法治水平，工作中规范履职行为，坚持科学决策、民主决策、依法决策，自觉接受人大和社会监督，实行决策论证制和责任制，重大事务必须集体讨论，将重大决策失误降到最低限度；牢记宗旨、勤政为民，努力当好人民公仆，要集中精力抓发展，真心诚意为群众办好事办实事，以实实在在的业绩来实现人生的价值，赢得组织和群众的认可，树立为民、务实、清廉的良好形象，为如东县实现“两年赶超、五年争先”目标作出不懈努力。会议由县人大常委会副主任徐志平主持，县人大常委会副主任杨成泉、沈更生、蔡瑞平、冒亚平出席会议。

★1月26日，县委、县政府举办2012年春节联谊会，在外的如东籍党政军各级领导、知名企业家、学者名流以及曾在如东工作过的部分老领导等各界人士欢聚一堂，同贺龙年新春、共话如东发展。联谊会由县委副书记、代县长潘建华主持，县四套班子全体领导向来宾们拜年。县委书记詹立风致辞，他向来宾们介绍了2011年如东县经济社会发展情况及2012年工作目标和举措。与会嘉宾还一同观看了《港口新城 如日东升》宣传片。县四套班子全体领导和各区党工委书记、管委会主任，各镇党委书记、镇长，部分机关部门负责人出席联谊会。

★28日，县委常委、副县长陈昌龙带领县交通部门负责人先后到临海高等级公路（如东段）施工现场和三标段预制场，慰问奋战在一线的建设者。

★29日，县委书记詹立风，县委副书记、代县长潘建华等四套班子领导，先后到中天科技集团、“九九久科技”和“通用机械”走访慰问，看望投身在经济建设一线的干部职工，并希望企业在长远规划、科技创新与企业文化上下工夫，不断做大做强，在所涉及的领域中争做龙头。县领导周建飞、沈峻峰、徐志平、童玉林、张栩龙等陪同慰问。

★29日，县委副书记周建飞和县委常委、组织部部长任新峰，前往负责临海高等级公路（如东段）工程建设的中铁南通投资公司，给员工送上新春祝福，并鼓励他们积极探索项目党建新途径，确保工程优良、队伍优秀。

★29日，县委常委、副县长陈昌龙，县政协副主席桑圣权带领县农委、农办相关负责人督察掘港镇重点农业项目推进情况。

★29日，县委常委、纪委书记刘才盛在检查违法建筑清查整治工作时，要求继续保持高压态势，坚决打击违法建设行为，全面提升城市品位和管理水平。

★30日，如东县召开全县金融工作会议上。县委副书记、代县长潘建华寄语各金融服务部门创新思维，提升服务，不遗余力为助推发展提供强大支撑。县领导沈峻峰、张栩龙出席会议并讲话。

★30日，县委常委、副县长陈昌龙率县海洋渔业局、农委等部门负责人，赴大豫、丰利、岔河、马塘等镇，调研重点农业项目以及农业基础设施建设情况。

★31日，如东县召开住房和城乡建设暨建筑业工作会议。副县长于立忠、姜晓静要求住建系统广大干部职工立足经济社会发展大局，坚定信心，迎难而上，努力推进城乡建设事业更好、更快发展；全县建筑业要在认清形势中争取主动，在全面提升中跨越发展，在优化环境中做大做强。县人大常委会副主任蔡瑞平宣读了2011年度建筑业先进集体、先进个人名单。县政协副主席童玉林出席会议。

2月

★3日，县委、县政府召开全县沿海开发工作推进暨2011年洋口港开发建设表彰大会，对2011年洋口港开发建设工作先进集体和先进个人进行表彰，号召全县上下以“三争三实”为统揽，做足“争、抢、快”三篇文章，整体联动，蓄势发力，全力谋求沿海开发的新突破、争创发展的新优势，为实现“两年赶超、五年争先”目标做出新的更大的贡献。县委副书记、代县长潘建华总结点评了2011年全县沿海开发工作。县委书记詹立风出席会议并讲话。他强调要做到能快则快、又好又快，做足“争、抢、快”三篇文章，全力谋求沿海开发的新突破。会议由县委副书记周建飞主持，并就如何贯彻落实会议精神提出具体要求。县委常委、常务副县长沈峻峰宣读了《县委、县政府关于表彰2011年洋口港开发建设工作先进集体和先进个人的决定》。县四套班子领导，洋口港前线指挥部和县沿海开发领导组成员单位负责人，县级机关各部门主要负责人，五大园区中层以上干部，沿海前沿镇班子成员，其他镇党委书记、镇长以及分管招商引资的负责人，相关企业负责人出席会议。

★3日，如东县召开2012年企业家新春座谈会。县委书记詹立风通报了2011年全县经济社会发展情况。詹立风要求，高度重视企业发展和企业家成长，不断简化企业审评程序，提高政府工作效能，尽心竭力为企业和企业家提供服务。他希望企业家们增强信心、抢抓机遇、勇于创新，以诚信开拓市场、以品牌树立形象、以人才推动进步，做大做强企业，为如东县跨越发展再立新功。县委副书记周建飞主持会议。县委副书记、代县长潘建华，县领导沈峻峰、陈建华、任新峰、张蓉蓉、王智、张栩龙等出席会议。

★3 日，市政府副秘书长薛谦一行专题到如东县调研，对如东县养老服务业发展取得的成效予以充分肯定。县委常委、副县长陈昌龙汇报如东县养老服务业发展的有关情况，表示如东县将深入贯彻落实市委、市政府“六个注重”“八项工程”“八个领先”精神，大力推进民生幸福工程，统筹城乡养老服务体系建设，加快发展居家养老服务。

★3 日，全市县乡人大换届选举介绍代表候选人工作现场观摩会在如东县召开。 市人大常委会副主任徐永兵在会上就如何搞好代表候选人的宣传，特别就组织开展好代表候选人与选民见面工作提出具体要求。县人大常委会副主任徐志平出席会议。

★4 日，如东县召开全县国税工作会议。县委副书记、代县长潘建华对过去一年全县国税系统取得的成绩予以充分肯定，要求全体国税干部在新的一年里坚定信心，提振精神。要把强化征管作为永恒的主题，创新体制机制，推动传统税收管理向现代化税收管理加快转型，全面提升组织收入的工作质效。要在提升能力上下功夫，尽快适应税制发生重大变革的新形势，更好地服务于纳税人，服务于地方经济的发展。县领导沈峻峰、徐志平、桑健出席会议。会议表彰了 2011 年度全县国税工作先进集体和先进个人。

★4 日，县委副书记、代县长潘建华接待了纳米比亚知名侨领、南通世界通商总会常务副会长、纳米比亚中国工商联合总会副会长、纳米比亚华人爱心组织主席、纳米比亚（中国）矿产投资开发公司董事长黄跃权，南通世界通商总会常务副会长张志高一行。 潘建华详细了解了黄跃权先生在纳创业、发展情况，希望他们充分发挥身在海外的优势，为如东招商引资、名优产品打入南部非洲市场，多做牵线搭桥的工作，并欢迎他们来如东投资发展，实现共富双赢。县人大常委会副主任、县侨联主席沈更生向黄跃权先生介绍了如东经济社会事业发展情况和洋口港开发建设的最新成果。

★4 日，如东县召开农业农村工作例会。 县委常委、副县长陈昌龙组织与会人员学习领会中央刚刚下达的“1 号文件”精神。他要求全县上下认真做好各项重点工作，并为即将召开的全县农业农村工作会议做好充分准备。县领导桑圣权参加会议。

★6 日，三一如东工业园投资项目签约仪式在长沙三一工业城举行，湖南省委副书记、省长徐守盛，副省长、省政府秘书长盛茂林，南通市委书记丁大卫，市委常委、常务副市长陈照煌，市委常委、秘书长黄巍东，县委书记詹立风，县委副书记、代县长潘建华，三一集团董事长梁稳根、总裁唐修国，以及湖南省、南通市、如东县和三一集团等相关领导共同出席签约仪式。三一集团董事长梁稳根在签约仪式上致辞，并介绍了合作项目概况。县委书记詹立风在签约仪式上致辞，他表示，如东县委、县政府将把服务好、支持好项目建设和企业发展作为最大的责任，竭尽全力为项目快启动、快建设、快见效创造优越的环境。真诚希望三一集团按照高定位和高标准，加快推进工业园建设，确保项目早见效、早收益，早日实现销售超百亿的目标。市委书记丁大卫出席签约仪式并讲话。湖南省副省长、省政府秘书长盛茂林代表湖南省委、省政府对项目的成功签约表示祝贺。签约仪式由三一重工总裁向文波主持。县委副书记、代县长潘建华和三一集团总裁唐修国签订双方合作协议。湖南省政府副秘书长、办公厅主任戴道晋，省经信委主任谢超英、省商务厅厅长谢建辉、长沙市委副书记、市长张剑飞，县领导周建飞、张蓉蓉、张栩龙等出席签约仪式。

★6 日，市委书记丁大卫，市委常委、常务副市长陈照煌，市委常委、秘书长黄巍东，县委书记詹立风，县委副书记、代县长潘建华等市县领导赴湖南省株洲市参观考察。丁大卫表示，株洲城市建设规划起点高、建设水平高、管理水平高，值得南通市学习借鉴。株洲市委书记陈君文，市委副书记、市长王群等陪同考察。 株洲市领导王志刚、蔡典维，如东县领导周建飞、张蓉蓉、张栩龙等参加考察。

★6 日，县委常委、政法委书记陈建华主持召开全县“风险评估”工程座谈会。 陈建华要求，2012 年要把社会稳定风险评估作为惠民实事的重点工程来推进，做到稳评工作全覆盖。在项目审批中，要将“稳评”嵌入行政审批的流程，形成项目公示、征集民意、专家论证、化解矛盾、作出结论、跟踪考核的科学流程，完善项目报备、检查通报、档案管理、全员培训、专家库、考核督查等制度。

★6 日，中国浦东干部学院中国特色社会主义研究院执行院长、中国浦东干部学院机关党委专职副书记刘靖北一行到如东县考察非公企业党建工作。 刘靖北一行在县委常委、组织部部长任新峰的陪同下参观了宇迪光学、世纪燎原两个企业，了解企业的运行和党建工作的基本情况。

★7日，县领导沈峻峰到栟茶镇调研社会经济发展工作。 他要求栟茶镇在周边镇四面花开的局面下，扬长避短，高标定位、高点规划，以城镇建设为发展突破口，围绕名镇、名人、名校三个核心，进一步加大招商引资的力度，推动栟茶镇当前的社会经济发展。

★8日，洋口港经济开发区召开2011年工作总结暨2012年工作动员会议。县委书记詹立风动员园区上下目标同向、工作同步，抢抓机遇，真抓实干，全面开拓洋口港开发建设的新局面，争当江苏沿海开发第一区。县领导张蓉蓉在会议上作工作报告和动员，洋口港经济开发区相关部门领导递交了责任状，县领导余科及洋口港经济开发区全员出席会议。

★8日，全县公安工作会议召开。副县长、县公安局局长程军回顾总结了2011年公安工作，并对2012年工作进行具体部署。县委常委、政法委书记陈建华出席会议，他要求全体公安民警强化政治认识，着力提升区域维稳水平、防范打击水平、矛盾化解水平、处置工作水平；坚持发展为先，创新服务理念、拓展服务领域、提升服务效能；突出重点项目，确保社会管理创新有新突破；加强组织保障，努力打造一支高素质的公安队伍。南通市公安局副局长何峰，县领导于立忠、徐志平、童玉林出席会议。

★9日，如东县召开全县地税工作会议。县委副书记、代县长潘建华要求地税系统以“文化引领、机制革新”为主题，以全面推进税源专业化管理为契机，以打造全省样板工程为目标，整合配优资源，加速转型升级，激发内生动力，在提高收入量质、提升征管质效、推进信息管税、增强团队素质、推进创新争优等方面实现新突破。县领导沈峻峰、冒亚平、桑健出席会议。

★9日，县总工会召开十五届五次全委（扩大）会议，全面回顾2011年工会工作，研究确定2012年工会工作面临的形势及任务。 县委常委、组织部部长任新峰出席会议。他充分肯定了县总工会一年来的各项工作，并要求县总工会在做好2012年工作的同时积极探索，更好地认识和融入大局、贴近基层和职工、创新思路和方法，推动经济发展、促进社会和谐。大会还选举陶卫忠为县总工会主席。

★9日，岔河镇召开2011年度先进集体和先进个人表彰大会。 县委常委、岔河镇党委书记杨小军指出，重奖工业经济突出企业是把岔河优惠政策真正落到实处的切实举措，让投资者和企业真正感受到岔河优良的投资环境，同时鼓励企业加快发展，做大做强，上档升级，多创效益，为“推进现代化、建设新岔河”勇当排头兵、争做新贡献。

★10日，县委常委、政法委书记陈建华组织县公安局、检察院、法院、教育局、文广传媒中心（集团）等部门负责人，召开2012“平安出行”工程座谈会。陈建华要求各相关职能部门通过进社区、进村庄、进工厂、进企业，实现社会管理创新工作全覆盖，进一步提升调处一体化新平台，健全司法救助新机制，把“平安出行”的各项工作落到实处。

★10日，如东县召开工业经济首季开门红推进会。副县长张栩龙要求各镇区及相关部门明确任务，采取有针对性的工作措施，确保首季开门红任务圆满完成。县委常委、常务副县长沈峻峰要求各镇区及相关部门正确分析和研判当前形势，咬紧目标，落实责任，优化服务，提高效率，一着不让地抓好各项目标任务的完成，确保实现工业经济首季开门红。县政协副主席桑健出席会议。

★10日，县妇联召开十三届十次执委（扩大）会议，替补、增补第十三届执委委员6名。 县委常委、组织部部长任新峰要求妇联大胆创新，激发妇女工作的生机和活力，推进妇联工作社会化、项目化和品牌化，努力打造全县妇女儿童的坚强阵地和温暖之家。

★10日，县纪委举办第二轮首期领导干部廉政教育培训班。县委常委、纪委书记刘才盛作专题廉政教育报告。他认真分析了当前反腐败斗争的总体形势，要求全体学员以身作则、廉洁自律、作好表率，切实做到思想纯洁、队伍纯洁、作风纯洁。

★10日，县政协召开十三届二十六次常委会。 会议协商通过了关于召开县政协十四届一次会议的决定和议程草案、关于县政协十三届委员会常委会工作报告草案和人事任免的决定草案；会议表彰2011年度政协工作先进集体、优秀委员、反映社情民意先进个人以及承办政协委员提案先进单位、优秀提案。会议由县政协副主席童玉林主持，县政协副主席王志荣、桑健、余科、桑圣权、冯力如参加会议。

★11日，如东县召开全县人力资源和社会保障工作会议。县领导沈峻峰充分肯定了人社部门过去一年的工作，他要求各地人社系统齐心聚力，找准定位，突出重点，整体推进，把全县人力资源和社会保障工作推上新台阶。县领导蔡瑞平、童玉林出席会议。

★2月13日，县委常委、宣传部部长杨中坚带领县委宣传部、县教育局相关领导前往如东高级中学、实验中学、掘港小学调研。

★15日，振戎洋口（中国）能源投资有限公司成立暨合资经营项目签约仪式在雷迪森大酒店举行。南通市委常委、常务副市长陈照煌，县委书记詹立风出席签约仪式。 县委副书记周建飞主持签约仪式，县领导张蓉蓉致辞，县领导沈峻峰、徐志平、童玉林、余科出席签约活动。

★16 日，如东县召开全县政法工作暨社会管理创新工程推进会议。县委常委、政法委书记陈建华总结了 2011 年全县政法和社会管理创新工作，提出 2012 年如东县将以“社会矛盾化解、社会管理创新、公正廉洁执法”三项重点工作为着力点，聚焦社会管理创新“五项重点”和“十大工程”，为“推进现代化，建设新如东”创造和谐稳定的社会环境、公平正义的法治环境、优质高效的服务环境。县委书记詹立风充分肯定了过去一年全县政法工作取得的成绩。他说，一要把维护社会政治稳定放在首位，依法稳妥处理各类可能出现的敏感案件、事件。二要主动服务，找准工作的切入点和结合点。三要把维护群众利益作为根本出发点，扎实推进严格执法、公正司法、全民守法。会议由县委副书记、代县长潘建华主持，他要求各地、各部门围绕今年政法和社会管理创新的总体要求和目标定位，结合实际，对照自身工作职能，切实解决社会服务管理方面的薄弱环节和突出问题，不断推进社会管理创新向纵深发展。县领导于立忠、徐志平、程军、童玉林出席会议。

★16 日，如东县召开招商引资工作推进会。副县长张栩龙作动员讲话，他要求各招商人员把握招商方向；拓宽招商渠道；加大招引力度。县委副书记周建飞就如何提高对招商引资工作认识、提高招商引资成功率和提高招商引资工作能力提出了明确要求。

★16 日，曹埠镇孙窑社区的 6100 名选民代表认真聆听县委常委、纪委书记刘才盛，镇人大主席何永华、直港村团支部书记李丹丹和东晨服饰总经理杨红梅 4 位人大代表候选人的竞选演说。刘才盛说，将把工作重心更多倾向于民生，通过深入基层、调查研究，满足百姓最急切的需求，诚挚的话语受到选民的好评。

★16 日，副市长沈振新到如东县调研工业集中区建设及重大项目落户情况。 在市商务局局长顾淑英，县领导杨小军、王智的陪同下，沈振新走访了岔河镇银河工业区多家棉纱批发企业。沈振新一行还前往洋口港经济开发区调研，县领导张蓉蓉介绍了洋口港口岸开放报批以及重大项目落户情况。

★17 日，如东县专题召开 2012 年度全县党建工作会议，全面总结 2011 年党建工作，动员各级党组织和广大党员干部，服务大局、改革创新，全面做好 2012 年党建工作，着力提升党的建设科学化水平，为实现“两年赶超、五年争先”目标提供坚强的思想、组织和政治保证。县委常委、组织部部长任新峰，县委常委、宣传部部长杨中坚，县委统战部部长吴鼎皋分别就 2012 年的组织、宣传、统战工作进行部署。县委书记詹立风出席会议并讲话。他强调，党建工作，事关全局事关根本，全县各级党组织要切实明确责任，狠抓落实；细化项目，有效推进；开拓创新，创树品牌，确保党建工作创新工程各项任务落到实处、走在全市前列。县委副书记周建飞主持会议，并就如何贯彻落实会议精神提出明确要求。县委副书记、代县长潘建华等县四套班子领导出席会议。各镇党委书记还向县委书记詹立风递交了《如东县镇人大、政府严肃换届纪律责任书》。

★17 日，如东县召开中共如东县第十三届纪律检查委员会第二次会议。县委书记詹立风要求全县各级党委、政府和纪检监察组织要紧紧围绕“三争三实”的工作要求，坚持惩防并举，更加注重预防，着力建设“诚信如东” “效能如东”“清廉如东”，为实现“两年赶超、五年争先”目标提供坚强的纪律保障。 县委常委、纪委书记刘才盛代表中共如东县纪律检查委员会常务委员会向第二次全体会议作题为《厉行监督检查，服务“三争三实”，为建设现代化新如东提供坚强的纪律保证》的工作报告。会议审议通过了县纪委十三届二次全会工作报告和会议决议。县四套班子主要领导，县委常委参加会议。

★17 日，如东县召开村庄环境整治工作推进会。县委常委、副县长陈昌龙要求全县村庄环境整治工作要切实做到“快” “好” “统” “实” “考”五个字。

★17 日，县侨联接待了旅美侨胞、上海百运纳米材料科技有限公司董事长徐卫博士。 县人大常委会副主任、县侨联主席沈更生向徐卫博士介绍了 2011 年如东县经济社会发展概况，特别介绍了实现“两年赶超、五年争先”目标的提出和实施工作，期望得到海内外如东人的共同关注和关心。

★18 日，如东县召开全县交通运输工作会议。 县委副书记、代县长潘建华要求县交通运输系统围绕全年工作目标，轧紧时间部署，加速推进工程建设；各镇区要真正把加强以交通为重点的基础设施建设摆在突出位置，动员各方面力量参与和支持交通建设；各相关部门要加强沟通联系，解决重大交通运输工作推进过程中遇到的困难和问题，形成全县上下联动，左右协调，共同推进交通运输事业发展的强大动力。县领导陈昌龙、蔡瑞平、童玉林等出席会议。

★18 日，南通市科技进步与人才工作考核组对如东县科技进步与人才工作进行考核。 副县长张栩龙代表县政府作党政领导科技进步与人才工作情况汇报。县委常委、常务副县长沈峻峰出席汇报会。

★2 月 19 日，县委书记詹立风、县委副书记周建飞带领规划、国土等相关部门负责人，到循环经济产业园（大豫镇）调研，了解区镇合一后该区各项工作开展情况，要求高起点筹划，竭尽全力做好项目储备工作，为全年发展增添后劲。

★19日，如东县召开服务业经济工作会议。副县长王智回顾总结了2011年如东县服务业工作情况，并就如何加快2012年服务业发展作出具体部署。县委副书记、代县长潘建华要求各地、各部门用全球的视野、开放的理念发展现代服务业，在发展方式上，注重集聚化、注重品牌、注重特色化；在服务业的门类选择上，重点发展现代物流业、旅游业、外包服务业；在服务业的实现路径上，注重招商引资、招才引智以及在策划上下工夫；在服务业的保障措施上，要加强领导、加强考核、加强激励，以促进现代服务业又好又快发展。县领导冒亚平、桑健出席会议。

★19日，县侨联接待了旅美侨胞、苏州百咨信息技术有限公司副总经理兼总构架师汤洪清博士。县人大常委会副主任、县侨联主席沈更生亲切询问了汤洪清刚刚参加的由南通市委组织部主办的江海英才计划答辩会的情况。沈更生祝愿他能如愿入选江海英才计划，并希望他多宣传如东、宣传洋口港，为家乡建设贡献力量。

★19日，县摄影家协会召开2012如东摄影界新春联谊会。县政协副主席桑圣权希望县摄影家协会带领全县摄影工作者，紧扣时代脉搏，用摄影艺术讴歌时代主旋律，为如东经济快速发展和全县文化大发展、大繁荣做出应有贡献。

★20日，县委副书记周建飞，县委常委、常务副县长沈峻峰和副县长张栩龙前往栟茶镇，走访了老镇区东、西石板街和部分居民，调研城镇建设和社会经济发展情况。

★20日，县委政法委召开专题会议，县委常委、政法委书记陈建华详细部署事关民生的“十大工程”推进措施。研究县委政法委、县公安局、县文广传媒中心落实“十大工程”之一的“文明交通，平安出行”工程实施方案。

★21日，县委书记詹立风带领相关部门，视察了县城长江路、掘苴河桥、新光安置区、砖瓦厂地块保障房等县城重点市政工程和房地产开发项目。詹立风要求相关部门以“争位争先争贡献，求实务实抓落实”统揽全局，高标准做细、做实规划工作，在具体实施有关项目时要落实责任到人、加快建设步伐，规划、国土、建设等部门还要加强协调配合，形成齐抓共管的有效工作机制，为如东县实现“两年赶超、五年争先”再作贡献。县领导沈峻峰、于立忠、蔡瑞平、童玉林陪同视察。

★22日，南通市政协主席王德忠带领专题调研组到如东县，就“加强产业领军型人才队伍建设”情况开展调研。县领导沈峻峰、陈建华、任新峰、童玉林、冯力如陪同调研。

★23日，中组部基层组织建设年调研组来如东县调研，中组部党建研究所副巡视员彭立兵一行先后视察了洋口港太阳岛、全国先进党组织——洋口港经济开发区党工委和临海高等级公路（如东）段工程项目联合党委。县委书记詹立风向彭立兵一行介绍了洋口港开发建设的有关情况。县领导周建飞、任新峰、张蓉蓉陪同调研。

★23日，如东县召开全县海洋与渔业暨安全生产工作会议。县委常委、副县长陈昌龙要求如东县根据自身的特点，扬长避短、突出重点、奋发有为，在科学分析中准确把握形势，在突出重点中打造亮点特色，在凝心聚力中提升工作质态，加快发展现代高效规模渔业，加快实现由海洋与渔业大县向海洋与渔业强县的历史性跨越。副县长洪大林参加活动。

★20日至24日，受日本三菱商事和楠桥株式会社邀请，县委副书记、代县长潘建华率洋口港经济开发区、如东经济开发区、掘港镇、商务局等部门负责人，组团前往日本，就如东县主导产业及洋口港的发展规划开展专题推介和系列招商活动。

★24日，县检察院召开2011年总结表彰大会，回顾2011年工作并研究部署2012年工作。县委常委、政法委书记陈建华出席会议，他认为一年来县检察院充分发挥职能作用，深入推进社会管理创新。他要求检察院继续强化责任感和使命感，履行好维稳第一责任，切实维护社会政治大局稳定；要围绕发展大局，主动服务经济发展，积极营造和谐环境，切实维护公平正义；还要发挥主力军作用，为深化推进社会管理创新工程做出更大贡献。县领导童玉林出席会议。

★24日，如东县举行全省第一家县级能源协会成立暨第一届会员代表大会，陆茵当选为第一届会长。县委常委、常务副县长沈峻峰要求能源协会积极发挥参谋助手的作用，完善能源发展规划，针对能源产业发展中存在的热点难点问题，广泛调研和论证，同时积极发挥桥梁纽带作用，推动全县能源行业的发展，真正叫响“绿色能源之都”的品牌。副县长张栩龙出席大会。

★24日，县委、县政府召开风电企业座谈会，就如何科学配置资源、用资源换产业和加强国有企业与地方企业联合等进行座谈。县委常委、常务副县长沈峻峰希望各风电企业，创新管理理念，加快项目建设，正确处理好风电场建设与配套产业发展关系，促进风电场建设与风电装备制造业同步协调发展，加快形成具有如东特色的风电产业链。

★24日，县级机关后备干部房屋征收政策培训班在南通军分区教导队举行。县领导于立忠要求被抽调干部把思想认识统一到县委、县政府的重大决策上来，集中精力投身于房屋征收工作，迅速进入工作角色，充分发挥自身优势和特长，全面提升适岗履职能力，为城建事业贡献一份力量。

★26 日，如东县召开全县司法行政工作会议，就 2012 年工作进行具体部署。县委常委、政法委书记陈建华到会并讲话。他指出，司法行政系统作为全县社会管理创新工程的主力军，要进一步把准角色定位，积极率先作为，扎实推进大调解防控、调解、处置、帮扶、监督“五位一体”工程，切实加强对特殊人群的管理，深入开展“六五”普法工作，充分发挥法律工作者参与维稳的优势，并紧扣基层基础、目标考核、队伍建设，努力走出一条具有司法行政工作特色的社会管理新路。县领导于立忠、童玉林出席会议。

★27 日，县委、县政府专题召开生态县创建工作迎查冲刺会。县委常委、副县长于立忠主持会议，并就迎查准备工作进行部署。县委副书记、代县长潘建华强调，生态环境保护和建设事关全县经济社会的集聚发展、协调发展、和谐发展，是一项系统工程。各地、各部门务必提高认识，强化领导，狠抓落实，把创建工作置于当前工作的第一位，迅速进入一级战备状态，查问题、堵漏洞、补差距，进一步完善基础设施、配足管理力量、健全管理制度，逐步解决群众普遍关心、反映强烈的突出问题。要严明纪律动真抓，强化督查考核，严格责任追究。县人大常委会副主任蔡瑞平出席会议。

★27 日，共青团如东县委召开十四届委员会六次全体（扩大）会议，增补 11 人为共青团如东县委第十四届委员，并表彰了 2011 年度共青团工作先进集体和先进个人。 县委常委、组织部部长任新峰出席会议，他充分肯定了团县委 2011 年的工作成绩，勉励各级团组织和广大团干部团结带领广大团员青年，注重思想引领，突出重点领域，立足干事创业，以青年的激情点燃赶超的希望，以创新的作为成就领先的目标，为推进“十二五”发展，打造江苏沿海开发第一县做出新的更大的贡献。

★27 日，县委组织部召开专题会议，学习贯彻落实全市党建工作创新工程交流汇报会和全市组织工作会议精神，并就全县基层党建标准化建设进行部署。 县委常委、组织部部长任新峰强调，要以《如东县实施党建工作创新工程四年行动计划》为抓手，以开展基层组织建设年为契机，以改革创新为动力，统筹推进干部队伍、人才队伍建设，全面加强基层组织建设和组织部门自身建设。

★27 日，县征收办举行“四讲四比”主题教育活动暨歌咏比赛。县领导于立忠、蔡瑞平、童玉林观看比赛并为获奖小组颁奖。

★28 日，县名特优农副产品展销中心揭牌仪式在中央广场举行，县委书记詹立风，县委副书记、代县长潘建华为展销中心揭牌。县委常委、副县长陈昌龙致辞，他指出展销中心的建成为全县农产品搭建了展示、展销、流通、合作的优质平台，为加快全县现代农业发展步伐，提升农业产业化发展水平，提高农产品市场化、商品化程度，促进农业增效、农民增收有着非常重要的意义。他希望展销中心成为助农增收的平台，为如东县加快实现农业大县向农业强县跨越做贡献。县委副书记周建飞等县四套班子全体领导出席揭牌仪式。

★28 日，县委、县政府举办 2012 年全县农村工作会议招待晚宴，宴请奋战在农村工作一线的镇区全体与会人员。 县委副书记周建飞在晚宴上致辞。他说，近年来，如东县始终坚持农业的基础地位不动摇，始终坚持推进农村现代化、促进农民增收不动摇，全县农业和农村工作硕果累累、精彩纷呈。此次全县农村工作会议的召开唱响了如东县农业和农村工作“春天的故事”。在县委、县政府的正确领导和与会人员的继续拼搏下，按照县委提出的“争位争先争贡献，求实务实抓落实”的要求，如东县农业和农村工作将续写新篇章、创造新辉煌。县委常委、副县长陈昌龙主持晚宴，县四套班子领导出席晚宴。

★28 日，如东县举行农渔业项目集中签约仪式。各镇（区）与香港、上海等地客商签署 16 个农渔业项目，总投资 6.923 亿元。 县四套班子领导出席签约仪式。

★29 日，县委、县政府召开全县农村工作会议，回顾总结 2011 年全县“三农”工作情况，全面部署 2012 年各项目标任务，动员全县上下进一步解放思想、创新思路，凝心聚力、锐意进取，深入推进农村建设各项工作，为实现农业现代化和城乡一体化发展奠定坚实基础。县委副书记、代县长潘建华回顾总结了过去一年全县农村建设工作。对照 2012 年工作目标，潘建华要求突出重点，抓好落实，进一步提升“三农”工作水平。潘建华还就如何注重科技创新、加快土地流转、整合扶持要素、完善服务体系、加强队伍建设等作出部署。县委书记詹立风出席会议并讲话。他充分肯定了一年来全县农村建设取得的成绩，并代表县四套班子领导向长期奋战在农村基层一线的广大干部和群众表示感谢。詹立风指出，当前，如东县已经进入了“推进现代化、建设新如东”的新阶段，农业农村工作必须放在全县经济社会发展大局中去统筹、去谋划，必须借助全县大开发、大发展、大开放之势，谋取更快更好地发展，全县上下一定要充分认识做好农业农村工作的重要性和加快推进农业农村现代化的重大意义，切实增强推进农业农村现代化的紧迫性和责任感。他希望全县上下以“三争三实”为统领，进一步解放思想、开拓进取、扎实工作，为早日实现农业农村基本现代化做出应有贡献。会议由县委常委、副县长陈昌龙主持。县委常委、组织部部长任新峰宣读 2011 年优秀村党组织书记名单。县委副书记周建飞及县四套班子全体领导出席会议。

★29 日，省“思源工程——生育关怀行动”前往双甸镇绿野富硒玉米专业合作社，调研计生困难家庭帮扶情况。 省计划生育协会领导对合作社的做法给予肯定，表示将尽可能给予资金扶持，把合作社做成全省计划生育扶持特困家庭、计划生育空巢家庭和计划生育帮扶家庭的亮点。副县长姜晓静陪同调研。

3 月

★3 月 1 日，县委、县政府在栟茶镇市民广场举行“如东县农村数字电影放映工程暨栟茶镇固定放映点”启动仪式。 副县长王智要求各镇确保完成行政村一村一月放映一场数字电影、固定点每周一场数字电影的任务。县委常委、宣传部部长杨中坚要求将全县农村数字电影全覆盖这项惠民工程落到实处。

★2 日，县委在栟茶镇召开常委（扩大）会议，共同研究和探讨如何深入推进小城镇开发，加快栟茶这一千年古镇建设速度。县委书记詹立风出席会议，他要求各相关部门和栟茶镇主动对接，狠抓落实，确保千年古镇焕发新颜，全力推动如东经济社会加快发展。县委副书记、代县长潘建华在讲话时要求栟茶镇抢抓机遇，高点定位，科学规划，合理布局，认真落实好各项工作举措，为今后全县其他镇的小城镇建设探索新路子。

★2 日，全市竞技体育工作会议在如东县召开。会议要求 2012 年全市人才输送人数达到全省输送总人数的 10%，创建国家级后备人才基地不少于 4 个，力争多人获得伦敦运动会的入场券并争金夺牌。 副县长王智出席会议。

★3 日，县委、县政府举办的 2012 年如东在沪医学专家联谊会在上海举行，来自上海的如东籍医学领导、专家、教授，与县四套班子领导、卫生系统相关人员，欢聚一堂，畅叙乡情，共谋发展。联谊会由副县长姜晓静主持。县委常委、宣传部部长杨中坚致辞，他指出，此次联谊活动给大家提供了一个加深了解、增进友谊的平台，希望医学专家们多提意见，进一步推动如东卫生事业的发展。县委副书记、代县长潘建华介绍了如东经济社会发展概况。他希望嘉宾们能够最大限度地盘活卫生界现有人才，借助各自的专业优势、影响力，更好地整合医疗资源为如东卫生事业提供帮助，定期或不定期地为家乡提供义诊、咨询服务，使如东百姓同样享受到优质的医疗资源。县领导冒亚平、桑圣权出席联谊会。

★3 日，丰利镇隆重举办创先争优成果展暨首届“天之蓝杯”“六十佳功臣”颁奖典礼。 县委常委、组织部部长任新峰希望丰利镇以此次活动为契机，以创先争优为总缆，以“三争三实”为总要求，乘势而上，难中求进，促进经济的发展。

★3 月 5 日，市绿化造林工作检查组一行到如东县检查绿化造林工作。 县委常委、副县长陈昌龙汇报了如东县绿化造林进展。

★5 日，县委常委、组织部部长任新峰带领相关部门，专程慰问了全国“三八”红旗手季敦英和陈娟，送上县委、县政府的关心和祝福。

★6 日，市委常委、纪委书记庄中秋到如东县，专题调研洋口港开发建设及重点项目推进情况，他要求如东县坚持咬住发展不放松、保驾护航不放松、争先进位不放松，奋力拼抢，苦干实干，实现后来者居上的目标。在县委书记詹立风，县委常委、纪委书记刘才盛的陪同下，庄中秋一行首先前往中天科技集团。在汇报会上，詹立风和县委常委、副县长、洋口港经济开发区党工委书记张蓉蓉分别汇报了如东经济社会发展、洋口港涉港重大规划研究审批以及重点工程、项目推进情况。

★6 日，县政府召开座谈会，邀请县四套班子老领导对《政府工作报告》征求意见稿进行“把脉”。 座谈会上，翁士豪、鲍国余等十多位县四套班子老领导对《政府工作报告》征求意见稿予以高度评价，一致认为征求意见稿对本届政府工作的总结实事求是，恰如其分；对新一届政府工作提出的目标任务，定位准确，鼓舞人心，特别是对今年工作的谋划，思路明晰，措施扎实，对如东实现跨越赶超的奋斗目标具有很强的现实意义。县委副书记、代县长潘建华主持会议，对老领导付出的辛勤努力表示感谢，同时表示将根据老领导所提的建议、意见，进一步修改完善《政府工作报告》，在“两会”期间向全县人民交上一份满意的答卷。县政府班子成员出席会议。

★6 日，省政府妇儿工委办公室主任、省妇联副厅级协调员陈秀云带领省、市妇联同志到如东县开展“下基层、访妇情、办实事”活动。在副县长姜晓静的陪同下，陈秀云一行先后看望了马塘镇和苴镇的 2 名贫困妇代会主任和 2 名贫困全国“三八”红旗手。会议由县委常委、组织部部长任新峰主持。县委副书记周建飞到会并讲话，他要求与会代表振奋精神，以昂扬的斗志投身现代化建设；要提升素质，树立终身学习的理念，以过硬的本领投身现代化建设；要凝心聚力，深入基层，以切实的行动投身现代化建设，真正发挥妇女“半边天”的作用。

★7 日，县委书记詹立风，县领导沈峻峰、张蓉蓉、张栩龙一行前往上海三一重机有限公司考察生产建设情况及临港产业园发展规划。詹立风一行在考察时，感受到三一重工发展的巨大潜力。他表示，将借鉴上海三一重机有限公司建设、规划发展理念，加快推进三一如东工业园的建设步伐，把三一如东工业园建成三一重工在长三角的又一个亮丽的示范窗口，国际一流的重装制造基地，使之早出成果、早出效益。

★7 日，由省农委副主任李俊超带队的省农委春季农业生产督查指导组到如东县督查指导春季农业生产工作。 县委常委、副县长陈昌龙详细汇报了如东县夏熟生产与田间管理、春耕备耕、强农惠农政策落实、当前春季农业生产以及农业园区建设与管理情况。

★7 日，县侨联召开六届三次委员（扩大）会议。县委常委、组织部部长任新峰出席会议并讲话。他要求全县各镇（区）党委高度重视和关心侨联工作，积极帮助解决侨联工作中的实际困难，努力为侨联组织发挥作用创造良好的环境和条件。会议听取并审议了县人大常委会副主任、县侨联主席沈更生代表县侨联第六届委员会所作的《以“两个并重”为指针，以“三争三实”为统揽，为实现如东“两年赶超、五年争先”目标贡献力量》的工作报告，通过了关于《如东县侨联第六届委员会工作报告》（审议稿）的决议。

★7 日，如东县召开商贸流通经济工作暨“放心肉”工作会议，全面总结和部署商贸流通工作。副县长王智出席会议，他要求全县商贸流通系统增强信心，不断加快商贸流通业发展的水平，突出区域化、特色化、多元化、规模化、品牌化和利民化等方面的提升，着力保障市场建设和企业引进培育，通过严格责任落实和强化督查考核，有效保障商贸流通业的健康有序发展。

★8 日，由县委、县政府主办，县妇联承办的如东县首届“十大女杰”表彰大会在行政中心会议厅隆重举行。县委书记詹立风发来贺信。他在贺信中指出，妇女是推动经济发展和社会进步的重要力量，今后一段时期，如东处于跨越赶超的关键时期，希望各级党政组织加大支持力度，积极推动全县妇女事业的发展；各级妇联组织加强自身建设，不断增强服务发展的能力；广大妇女同志积极提升自身素质，为实现如东跨越发展做出更大贡献。县委副书记、代县长潘建华出席表彰大会并致辞。他代表县委、县人大、县政府、县政协向受到表彰的“十大女杰”和获得提名奖的同志表示祝贺，向全县 53 万妇女同志致以节日的问候和良好的祝愿。县委常委、组织部部长任新峰宣读《关于表彰如东县“十大女杰”的决定》。县委副书记、代县长潘建华，南通市妇联党组副书记、副主席蔡莉及县领导任新峰、徐志平、姜晓静、童玉林等为获得表彰的同志颁奖。大会宣讲了部分“十大女杰”事迹。

★8 日，县委副书记、代县长潘建华带领住建、规划、国土、掘港镇等部门，对城市建设工作情况进行视察。潘建华希望各部门进一步增强目标意识，要按照既定目标，高标准推进各项城建工程；要加强和规范项目工程建设管理，向精细化、科学化转变；要立足于“早”，超前论证和规划；相关部门要加强协调和沟通，形成整体合力，全面加快城市建设步伐。县领导于立忠、蔡瑞平、童玉林陪同视察。

★8 日，如东县召开全县卫生工作会议。副县长姜晓静表示，2012 年全县将进一步深化基层卫生综合改革，把“一镇一公立医院”建设摆在重要位置，加快镇村卫生一体化进程；进一步提高新农合筹资标准，全年人均筹资不低于 305 元，同时确保异地就医联网即时结报率不低于 70%；加大公共场所控烟力度，努力争创省级“农民健康促进行动”示范县、示范镇，强化县城创卫长效管理机制，力争新增省级卫生镇 1 个、卫生村 14 个。同时，还将开展新一轮放心酒店创建和完善区域医疗机构设置规划工作。县委常委、宣传部部长杨中坚要求各镇区、各相关部门营造良好环境，为卫生人才和技术的引进创造有利条件，促进如东县医疗技术服务水平提档升级；着力研究和制定一系列民生新举措，出实招，使实劲，努力为全县百万群众撑起健康保护伞。县领导冒亚平出席会议。

★8 日，如东县召开的全县国土资源工作会议。县委常委、副县长于立忠要求各级和国土部门算好“资源账、效益账、政治账”，增强危机感、紧迫感、责任感。围绕发展大局，坚持一手抓资源保护、一手抓用地保障，科学处理保护与保障的关系，统筹谋划，整体推进，切实增强做好国土资源工作的主动性，严格规范土地管理秩序，积极维护好群众土地合法权益，全面提升管理水平和服务能力。

★9 日，如东县对新选举产生的 354 名人大代表开展专题培训活动。县委书记、县人大党组书记詹立风寄语人大代表切实增强责任感、使命感，积极建言献策，充分发挥作用，为加快建设现代化新如东贡献自己的智慧和力量。县人大常委会党组副书记、副主任徐志平从人民代表大会制度，人大代表的性质、地位、作用以及代表工作等方面，对第十六届人大代表进行了业务辅导。会议由县人大常委会副主任杨成泉主持。县人大领导沈更生、蔡瑞平、冒亚平出席会议。

★9日、10日，县委书记詹立风在马塘、河口、袁庄、双甸镇调研时要求，从头抓紧，瞄准全年序时，全力冲刺一季度，奋力实现“开门红”。

★9日，南通市文化市场管理工作会议在如东县召开。会议要求各县（市）区进一步提高做好全市文化市场管理和依法行政工作的责任感，以服务化管理促进发展，以规范化管理保障繁荣，推进文化市场平安、健康、规范、有序发展。县委常委、宣传部部长杨中坚表示，如东县将以此次会议为新的起点，认真贯彻落实好国家、省、市文化市场管理工作会议的精神，努力加强文化市场建设与管理，以优异的成绩迎接中共十八大的胜利召开。

★9日，县政协召开十三届二十七次常委会，就县政协十三届委员会提案工作报告和县政协十四届一次会议相关议题进行协商。 会议由县政协副主席童玉林主持，县政协副主席王志荣、桑健、桑圣权、冯力如出席会议。

★10日，如东县召开全县水务工作会议。县委常委、副县长陈昌龙就当前工作，要求水务部门要突破规划编制引领发展、突破重点工作提速发展、突破要素保障支撑发展，加强队伍建设，主动作为，围绕全年目标任务抓落实，确保抓出成效、抓出安全、抓出质量；各镇区要加大组织力度，提高工程质量，提升工程时效。会议表彰了2011年度水务工作先进集体和先进个人。

★10日，大豫镇召开第二届人民代表大会第一次会议。县领导徐志平出席会议。

★10日，县政协组织委员培训，经县各级组织挑选、协商的278名委员参加了培训，其中新任委员148名。 县政协副主席童玉林作动员讲话，他说，这次培训的主要目的是帮助新老委员熟悉了解政协的基本理论，全面了解全县经济社会事业的发展情况，尽快熟悉掌握政协提案办理的相关应用知识，进一步增强政协委员的政治意识、大局意识、责任意识和委员意识。他要求各新老委员提高认识，准确把握新形势下加强学习的重要性；把握重点，努力提高学习实效；注意方法，确保培训达到预期效果。

★12日，如东县召开全县村庄环境整治暨绿化造林现场推进会。县委副书记、代县长潘建华要求全县各地抓住当前的有利时机，加快绿化造林建设；要拓宽工作思路，创新机制，杜绝“林与地”权属不清，栽后无人管护的现象；要对照目标任务，多渠道筹集资金，确保各项工作有序推进；要加大宣传力度，发动广大群众，确保村庄绿化覆盖率达到35%。 县委常委、副县长陈昌龙主持会议。

★11日，县委、县政府召开全县沿海开发暨重点工作督查推进会，对首季开门红工作进行动员部署。县委书记詹立风要求各镇区、各部门负重拼搏、扎实工作，开拓进取、勇争一流，全力实现各项重点工作首季“开门红”，为全年工作争主动、全面完成今年各项目标任务打下坚实的基础。县委副书记周建飞传达了省沿海开发座谈会精神，对全县沿海开发推进情况进行了点评和部署。会议由县委副书记、代县长潘建华主持。县四套班子领导出席会议。

★12日，在第34个植树节来临之际，县人才办、团县委和循环经济产业园（大豫镇）共同启动“扎根家园，绿动如东”主题活动，推动高层次人才为建设生态如东、现代化如东贡献聪明才智。县委常委、组织部部长任新峰为“共青林·人才林”揭牌，并号召广大青年要树立高远之志，夯实成材之基，像“共青林”一样扎根家园，奉献如东，通过扎扎实实的创新、创业之路，推动如东跨越发展。

★12日，县人大常委会副主任徐志平主持召开县第十五届人大常委会第三十二次会议。 县人大常委会副主任杨成泉、沈更生、蔡瑞平、冒亚平出席会议，县委常委、常务副县长沈峻峰，县人民法院、人民检察院、县委组织部和人大机关负责人列席会议。

★12日，县委常委、纪委书记刘才盛带领安监局相关人员，前往马塘镇调研经济工作。

★12日，在掘港镇召开的第十八届人民代表大会第一次会议上，由应鹤鸣等代表提出的《关于“掘港中心市场搬迁”的议案》被列为大会1号议案，并经全体代表审议形成决议。这标志着解决县城中心市场交通堵塞、人流拥挤、设施老化、业态滞后等问题已经列入掘港镇党委、镇政府的重要议事日程。副县长于立忠参加会议。

★13日，如东县对行政审批“三集中、三到位”工作进行动员部署。 县委副书记周建飞要求各相关部门提高思想认识，明确责任，围绕深化行政审批制度的改革要求，进一步加大行政审批事项清理工作的力度，各部门依法梳理行政审批职权，加大进行职能归并，及时进驻行政服务中心，落实好授权责任，确保“三集中、三到位”工作推行到位，确保如东县行政服务实现“全省一流、全市领先”的目标。县领导刘才盛、沈更生、冯力如出席会议。

★13日，如东县召开人口计生工作会议。副县长姜晓静要求各地、各部门深化认识，坚定不移地抓好人口计生工作；开拓创新，综合治理，促进人口均衡发展；坚持以人为本，促进人口计生“世代服务中心”功能不断完善，提高全县人口计生工作水平。县政协副主席桑圣权出席会议。

★13 日，市人大教科文卫委员会在如东县召开“文化惠民”主题座谈会。县人大常委会副主任徐志平介绍了如东“文化惠民工程”。14 日，在县领导冒亚平、王智的陪同下，与会人员还参观了河口镇花园头居委会农家书屋、栟茶文化广场、文化活动中心等地。

★14 日，由中央综治办二室巡视员季勤担任组长的中央社会管理调研创新工作蹲点指导组，到如东县调研社会管理创新工作新亮点，为南通市创建社会管理创新示范城市做准备。在县领导陈建华、程军的陪同下，蹲点指导组参观了如东县司法超市、校园安保中心、社保管理中心，对如东县社会管理创新工作给予充分肯定，认为突出惠民，主题明确，给人耳目一新之感，将在更高层面推介如东的新方法、新亮点。他们同时希望如东县继续在整合资源上下工夫，不断打造工作亮点，全面提升社会管理科学化水平。

★14 日，县女领导干部联谊会正式成立并选举产生理事会会长、秘书长。全县 20 名正科职女干部出席。县委常委、组织部部长任新峰要求女干部加强学习历练，提升自身素质，加强交流联谊；相关部门要加强组织领导，为女性领导干部加快成长提供良好的氛围环境。副县长姜晓静主持会议。

★14 日，工商联（总商会）召开主席（会长）会议，为“两会”期间的专题协商发言和撰写提案、议案做准备。县委常委、纪委书记刘才盛寄语企业家们在参政议政、社会公益事业等多方面做好引领，在推进如东现代化建设中发挥更大作用。

★14 日，如东县召开全县招商引资推进会。要求各镇（区）坚定工作信心，咬定工作目标，创新招商方法，确保实现招商引资首季“开门红”。副县长张栩龙要求各镇（区）认真对照序时差距，加快工作节奏，提升招商引资实效，确保实现“开门红”；专业招商人员要不断加强业务学习，熟悉产业政策和本地产业发展情况，做到有目的、有选择地招商；充分发挥如东在外成功人士的作用，掌握更多的招商信息，为有效招商打下坚实基础。

★14 日至 15 日，回乡探亲的旅加侨胞陈坚（祖籍掘港镇）夫妇应邀考察洋口港。县人大常委会副主任、县侨联主席沈更生向陈坚夫妇介绍了近年来家乡的发展变化、洋口港发展规划和开发建设成果，希望他们发挥在外优势，积极宣传家乡、宣传洋口港，为家乡建设贡献力量。

★15 日，县委副书记周建飞视察海洋铁路栟茶站和如东站建设现场，详细了解站点建设具体进度和目前存在的困难，并对工程实施提出要求。

★15 日，由县委宣传部、如东县工商局、县消费者协会、县放心消费创建办公室主办的 3·15 消费与安全大型咨询服务活动在文峰大世界广场举行。副县长张栩龙视察活动现场，他希望有关部门立足职能、积极有为，营造更加注重民生、注重消费维权的市场环境，提升消费者满意指数；各行业、各企业要不断加强行业自律，自觉维护消费者合法权益；广大消费者要依法维护自身合法权益。

★15 日，副县长张栩龙带领安监、环保、工商、公安、消防、质量技术监督等部门的负责人，到快达农化、盛邦化工、宝湾利昌化工、九九久科技等企业调研安全生产工作。

★16 日，市委书记丁大卫在县委副书记、代县长潘建华和县领导周建飞、沈峻峰等陪同下，到沿海经济开发区调研如东县沿海开发项目建设及生态环保工作，要求如东县在紧抓产业项目发展的同时，全力将沿海经济开发区打造成生态环境保护的“样板”。市委常委、秘书长黄巍东和副市长徐辉参加调研。

★17 日，省科技厅副厅长李奇一行到如东县考察。县委副书记、代县长潘建华，县领导张栩龙陪同考察。

★本周，在县委常委、宣传部部长杨中坚等领导陪同下，《南通日报》总编辑康贻华率采访组一行 10 人到沿海经济开发区调研、采访。

★本周，如东县召开“十二五”水利发展规划审查会。省、市水利专家以及县住建局、交通运输局、规划局等单位代表，分别从各自职能角度提出修改意见。副县长洪大林主持会议。

★18 日，如东县各地举办重点项目集中开工仪式，南通刚正薄板有限公司（二期）和南通市恒兴机械有限公司两个大型制造业项目在掘港镇开工，县委书记詹立风，县领导刘才盛、于立忠、程军、冯力如等出席开工典礼。南通佳尔科生物科技有限公司、南通日之升高分子新材料科技有限公司、南通名泰化工有限公司等 3 个项目在沿海经济开发区相继开工。县委副书记、代县长潘建华及县领导陈建华、张栩龙、童玉林出席开工典礼。县委副书记周建飞、县领导张蓉蓉出席洋口港经济开发区洋口港内河港池项目一期工程开工典礼。江苏博文置业公司博苑豪庭、江苏东润新材料、宝隆数码影像材料南通公司等三个项目分别在如东经济开发区举行开工典礼。县领导沈峻峰、蔡瑞平分别参加三个项目的开工典礼。南通诺贝机械铸件有限公司在如东循环经济产业园（大豫镇）开工。县领导任新峰、杨成泉出席开工典礼。落户曹埠镇的南通傅恒机械制造有限公司举行开工仪式，县领导刘才盛、冯力如出席。总投资 1.3 亿元的岔河农贸市场暨弘韬佳苑项目举行开工典礼，县领导杨小军、徐志平出席开工典礼。江苏金牛能源设备有限公司在栟茶镇工业集中区举行项目开工仪式。县领导沈更生参加活动。新店镇举行“江苏久信环境科技项目”“南通恒生府邸房地产项目”开工仪式。县领导冒亚平为项目奠基培土。双甸镇在镇工业园区C区举行江苏英瑞柯机械制造有限公司和诺沃机械南通有限公司两个项目的集中开工典礼。副县长王智出席开工仪式并讲话。如东县塑料电子建材有限公司举行人工干燥隧道窑项目开工仪式，县政协副主席桑圣权参加开工仪式。

★19日，如东县举行抗日老战士免费体检暨慰问启动仪式。县委常委、副县长陈昌龙现场询问了老战士的生活情况，祝愿他们身体健康并递上慰问金。

★20日，省海洋与渔业局局长唐庆宁一行在县委书记詹立风及县领导陈昌龙、张蓉蓉等陪同下，到如东县调研省沿海开发重点项目建设情况并视察洋口港。詹立风向唐庆宁一行介绍了如东县经济社会发展以及沿海开发情况。

★20日，县司法行政系统“激情服务沿海开发，倾情奉献跨越发展”主题服务活动正式启动。县委副书记、代县长潘建华指出，此项活动的开展，充分彰显了服务发展、立足民生，助推和谐的特点，既是落实省司法厅法律服务“四万”工程具体举措，也是践行县委、县政府“三争三实”要求的具体实践。启动仪式由县委常委、政法委书记陈建华主持。市司法局副局长周锦南，县领导徐志平、童玉林等出席启动仪式。

★20日，全县党建工作创新工程暨基层组织建设年现场推进会在掘港镇召开，县委副书记周建飞要求各镇区及相关部门进一步提高党建科学化水平，为实现“两年赶超、五年争先”目标提供坚强组织保证。会议由县委常委、组织部部长任新峰主持，县领导刘才盛、杨中坚出席会议。

★20日，如东县召开全县农林工作会议。县委常委、副县长陈昌龙要求全县农林工作合力推进，在研判形势中确立农林工作的新定位；致力转型，在突破重点中谋求农业工作的新成效；全力服务，在有效服务中提升农林工作新质态。县领导桑圣权宣读2011年农业系统先进集体的表彰决定，副县长洪大林出席会议。

★20日，如东县召开春季重大动物疫病防控暨农资市场综合整治工作会议，要求4月20日前全面完成春季集中防疫任务。副县长洪大林宣读了《县政府关于表彰2011年度农资市场综合整治工作先进单位和先进个人等表彰决定》。

★21日，在县委书记詹立风，县委副书记、代县长潘建华和县领导陈昌龙、杨小军、洪大林的陪同下，市委常委、副市长秦厚德到如东县调研“三农”工作，并前往新店镇悦轩园大棚西瓜高效种植园区、岔河镇神农“在水一方”生态休闲项目、如东万亩海参现代渔业产业园区等6个现代农业项目实地视察。

★21日，全县首批党员教育培训基地授牌暨2012年度入党积极分子培训示范班开班仪式在县委党校举行。县委常委、组织部部长任新峰出席活动并讲话。他要求各级党组织、各党员教育培训基地牢固树立“围绕发展抓培训，抓好培训促发展”理念，科学制定培训规划，建立健全各项制度，有效整合优质资源，做到顺应时代要求、围绕基层实际、契合党员成长需求开展培训，确保党员教育培训工作取得明显实效。

★22日，政协如东县第十四届委员会第一次会议召开预备会议。 会议审议通过了大会主席团成员、大会秘书长建议名单，审议通过了主席团会议主持人建议名单，审议通过了大会议程，宣布主席团第一次会议通过的事项。会议由大会主席团常务主席童玉林主持，大会主席团常务主席陈建华、王志荣、桑健、余科、桑圣权、吴鼎皋等出席会议。

★22日，县第十四届委员会第一次会议举行主席团第一次会议。会议确定主席团常务主席为陈建华、童玉林、王志荣、桑健、余科、桑圣权、吴鼎皋。 会议由县领导陈建华主持。

★22日，县十六届人大一次会议秘书处召开全体工作人员会议。 县人大常委会党组副书记、副主任徐志平出席会议，要求全体工作人员充分认识开好本次人代会的重要意义，明确大会服务的各项职责，集中精力，到岗到位，以高度的责任感、严谨的态度，确保此次大会圆满召开。

★22日，县人大常委会副主任杨成泉率领相关工作人员，对人代会各会场布置、筹备情况进行检查。

★22日，县政府召开2012年全县特种设备安全监察工作会议暨电梯专项整治动员会。 副县长张栩龙出席会议，他强调特种设备的检查管理是全县安全生产工作的重要组成部分，住宅电梯的安全整治更是关系到百姓民生。他要求相关部门统一思想认识、齐心协力、齐抓共管，建立有效工作机制，形成强大的组织保障，通过提高专业化水平，加大宣传力度和业务辅导，切实把特种设备的安全监管工作落到实处。

★23日，政协第十四届如东县委员会第一次会议在县行政中心会议厅隆重开幕。县委书记、县人大常委会党组书记詹立风致开幕词，县政协副主席童玉林作十三届政协常委会工作报告，县政协副主席桑圣权作十三届政协提案工作报告。会议由县政协副主席王志荣主持。出席大会的有县委、县人大、县政府以及县法院、检察院的领导，县四套班子老领导、县政协历届退休秘书长、县十三届政协历任常务委员。县级机关各部门和有关单位的主要负责人，各镇党委书记、各开发区党工委书记列席会议。应邀全程列席大会的有不是县政协委员的驻如东市政协委员，各镇党委分管党务、统战工作的副书记，政协各参加单位的主要负责人，县政协机关干部。

★23 日，县第十六届人民代表大会第一次会议召开代表团带队人员会议。县委书记、县人大常委会党组书记詹立风阐述了会议的指导思想、重要任务和主要特点。县人大常委会党组副书记、副主任徐志平主持会议，县人大常委会副主任杨成泉、沈更生、蔡瑞平、冒亚平和各团带队人员参加会议。

★23 日，县第十六届人大一次会议召开党员代表大会。县人大常委会党组副书记、副主任徐志平宣读了县委关于建立县十六届人大一次会议临时党委的决定。县委书记、县人大常委会党组书记詹立风出席会议并讲话。詹立风要求党员代表充分认识开好此次人代会的重要意义，一要做积极参政议政的模范。二要做严格依法办事的模范。会议由县人大常委会副主任冒亚平主持。

★23 日，县第十六届人民代表大会第一次会议举行预备会议。会议听取县人大常委会党组副书记、副主任徐志平所作的关于县第十六届人大代表资格审查情况报告。表决通过了大会议程（草案）、大会主席团和秘书长名单（草案）、大会议案审查委员会名单（草案）、大会计划预算审查委员会名单（草案）。会议由县人大常委会副主任冒亚平主持。

★23 日，县十六届人民代表大会第一次会议召开主席团第一次会议。会议一致通过如东县第十六届人民代表大会第一次会议（主席团会议）日程（草案）；大会主席团常务主席名单（草案）；大会执行主席分组名单（草案）；大会副秘书长名单（草案）；议案截止时间的决定（草案）；讨论大会选举办法（草案）。决定大会议案截止时间为 3 月 25 日下午 5 点。会议由县人大常委会党组副书记、副主任徐志平主持。

★24 日，如东县第十六届人民代表大会第一次会议在县会议中心隆重开幕。会议听取了代县长潘建华所作的《政府工作报告》；听取了县发展和改革委员会主任周春霖所作的《关于如东县 2011 年国民经济、社会发展计划执行情况和 2012 年国民经济和社会发展计划（草案）的报告》；听取了县财政局局长罗晓东所作的《关于如东县 2011 年财政预算执行情况和 2012 年财政预算（草案）的报告》。县人大常委会党组副书记、副主任徐志平主持会议。大会主席团全体成员和县四套班子领导在主席台就坐。本次大会的执行主席是詹立风、徐志平、周建飞、陈昌龙、刘才盛、杨中坚。参加政协第十四届如东县委员会第一次会议的全体委员、县级机关各部门主要负责人，以及曾在县四套班子任职离休后享受地市级政治生活待遇的老领导、老同志列席会议。

★24 日，县委书记詹立风参加县人代会掘港镇代表团讨论活动，倾听代表们的意见和建议，共商如东县改革发展大计。他要求掘港镇继续围绕农村现代化、农业现代化、城乡一体化，充分发挥自身优势，在推进基本现代化进程中做出更好更大的贡献。

★24 日，县委副书记、代县长潘建华在苴镇代表团与代表们交流、探讨开发区发展、新农村建设、企业做大做强、教育现代化等重点、难点问题。

★24 日，县政协第十四届委员会第一次会议召开主席团常务主席会议。会议讨论“大会选举办法”（草案）；协商主席、副主席、秘书长、常委候选人名单；讨论大会选举工作人员建议名单；讨论“大会决议”（草案）。会议由县领导陈建华主持。

★24 日，政协如东县第十四届委员会第一次会议举行主席团第二次会议。会议协商通过了主席、副主席、秘书长、常务候选人名单；听取了各组讨论情况汇报；讨论通过大会选举办法（草案）；讨论通过了大会选举工作人员建议名单；讨论通过了《大会决议》（草案）。县委书记詹立风出席会议，代表县委作了候选人人事工作的说明。会议由县领导陈建华主持。

★24 日，县第十六届人民代表大会第一次会议召开主席团第二次会议。会议听取各代表团对大会选举办法（草案）讨论情况的汇报。主席团通过了大会选举办法（草案）。县人大常委会党组副书记、副主任徐志平主持会议。

★25 日，县第十六届人民代表大会第一次会议举行第二次大会，会议听取县人大常委会、县人民法院、县人民检察院工作报告，表彰优秀代表建议和优秀承办单位，通过大会选举办法（草案）。大会执行主席是：杨成泉、冒亚平、潘建华、陈建华、冯力如、邱荣林。县人大常委会副主任、大会主席团常务主席杨成泉主持会议。县人大常委会副主任徐志平代表县第十五届人大常委会作工作报告。县人常委会副主任沈更生宣读优秀代表建议和优秀承办单位表彰决定。大会通过如东县第十六届人民代表大会第一次会议选举办法。县委书记、县人大常委会党组书记詹立风作选举动员。大会观看了《如东县第十五届人大常委会工作回眸》电视专题片。县级机关有关部门负责人，出席政协如东县第十四届委员会第一次会议的全体委员列席本次大会。

★25 日，县第十六届人民代表大会第一次会议举行主席团第三次会议。会议听取主席团提名各类候选人名单及候选人情况的介绍，明确了代表联合提名的具体要求，通过了代表联合提名截止时间的决定（草案），并通报了代表视察参观的具体方案。县委书记、县人大常委会党组书记詹立风主持会议。

★25日，出席政协如东县第十四届委员会第一次会议的委员们从县会议中心出发，在县领导周建飞、陈建华、沈峻峰和张蓉蓉的带领下，视察了全县近年来城市、交通、铁路和洋口港建设成果，亲眼目睹全县经济社会发展的壮美画卷，亲身感受了如东县跨越发展的活力与潜力。县政协领导童玉林、王志荣、桑健、余科、桑圣权参加活动。

★26日，出席县第十六届人民代表大会第一次会议的代表们在县委书记、县人大常委会党组书记詹立风等领导的带领下，满怀喜悦，一路饱览了全县近年来经济社会发展的靓丽风景，感受着家乡发展的巨大变化和勃勃生机。

★26日，政协如东县第十四届委员会第一次会议举行第二次大会，围绕《政府工作报告》进行大会发言。县委副书记、代县长潘建华出席会议并讲话。潘建华表示，政府将加大对政协工作的支持，继续坚持重大决策的政治协商制度，自觉接受政协的民主监督，做好对政协委员提案、建议、意见的承办，为政协参政议政创造更好的环境。他希望广大政协委员积极建言献策，充分发挥桥梁纽带作用，把群众思想引导到经济发展上来、引导到县委、县政府中心工作上来，为如东经济社会跨越发展做出更大贡献。大会由县政协领导童玉林主持。县领导陈建华、沈峻峰、姜晓静、洪大林、蒋树健、王智、程军、张栩龙及县政协领导王志荣、桑健、余科、桑圣权出席会议。

★26日，政协如东县第十四届委员会第一次会议举行主席团第三次会议。 会议听取各小组审议讨论和酝酿协商的情况汇报；协商通过正式候选人；通过大会选举工作人员名单；通过了大会选举办法（草案）；通过了大会决议（草案）。会议由县领导陈建华主持。

★27日，县第十六届人民代表大会第一次会议举行第三次大会，会议选举县人大常委会组成人员，新一届县政府、县人民法院、县人民检察院领导。詹立风当选县第十六届人大常委会主任，潘建华当选如东县人民政府县长。大会的执行主席是：蔡瑞平、任新峰、蔡建华、杨小军、于立忠、张桂英（女）。大会主席团常务主席蔡瑞平主持大会。大会选举詹立风为县第十六届人大常委会主任，选举陈昌龙、沈更生 、冯力如、唐国均为县第十六届人大常委会副主任，选举产生县第十六届人大常委会委员26名；选举潘建华为新一届如东县人民政府县长，选举沈峻峰、姜晓静、王智、程军、张栩龙、江华为如东县人民政府副县长；选举娄宏春为如东县人民法院院长；选举顾祖林为如东县人民检察院检察长。县级机关有关部门负责人列席大会。

★27日，新当选的如东县人民政府县长潘建华接受本报记者专访时承诺，将带领全县人民加快建设“经济跨越发展、百姓安居乐业、社会和谐稳定”的现代化新如东。

★27日，政协如东县第十四届委员会第一次会议举行第三次大会。大会由童玉林主持。大会选举陈建华为县十四届政协主席，王志荣、桑健、余科、桑圣权、吴鼎皋为县十四届政协副主席，选举张俊为县十四届政协秘书长。大会选举产生了48名政协常委会委员。

★27日，政协如东县第十四届委员会第一次会议圆满完成各项预定议程后胜利闭幕。 闭幕大会由县政协十三届委员会副主席童玉林主持。县政协副主席吴鼎皋宣读《县政协关于表彰2011年度政协工作先进集体、优秀委员、反映社情民意先进个人的决定》，县政协副主席桑健宣读《中国人民政治协商会议江苏省如东县第十四届委员会第一次会议决议（草案）》，全体与会委员经过认真审议，一致鼓掌通过。县政协主席陈建华致闭幕词。陈建华指出，新的一届县政协任期，将是如东县经济社会发展进程中一个非常重要的历史时期，中共如东县第十三次党代会明确提出了“推进现代化，建设新如东”的宏伟目标，全体政协委员要紧紧围绕县委中心工作，按照“尽职不越位、帮忙不添乱、切实不表面”的要求，自觉维护核心，在坚持党的领导上要有更加鲜明的导向，竭力打造“责任政协”；主动服务中心，在紧扣发展主题上要有更加宽阔的眼界，倾力打造“务实政协”；真情反映民心，在构建和谐社会上要有更加深切的情怀，全力打造“亲民政协”；广泛凝聚人心，在促进民主团结上要有更加务实的举措，合力打造“和谐政协”；始终坚定信心，在加强自身建设上要有更严格的要求，聚力打造“活力政协”，努力探索出一条富有“如东特色、时代特征”的政协工作新路子。应邀出席闭幕大会的有县委、县人大、县政府领导，县四套班子老领导，县级机关各部门和有关单位负责人。

★27日，新成立的县沿海办正式对外办公，主要职能是统筹和推进全县沿海开发工作。县委副书记周建飞要求县沿海地区发展办公室要增强使命感，高点定位，在全县有位置，全市争一流，全省有影响。要扎实工作，重点抓好顶层设计、信息收集、工程推进、协调服务工作考核等工作。要重视学习、艰苦创业、有序运作，不辱使命，发挥作用。

★28日，如东县第十六届人民代表大会第一次会议，经过全体代表和与会同志的共同努力，圆满完成各项议程，在县会议中心胜利闭幕。县人大常委会副主任、大会主席团常务主席沈更生主持会议。大会通过《关于如东县人民政府工作报告的决议》；通过《关于如东县2011 年国民经济和社会发展计划执行情况与 2012 年国民经济和社会发展计划的决议》；通过《关于如东县2011 年财政预算执行情况与 2012 年财政预算的决议》；通过《关于如东县人大常委会工作报告的决议》；通过《关于如东县人民法院工作报告的决议》；通过《关于如东县人民检察院工作报告的决议》。会议以举手表决的方式，通过议案审查报告。县委书记、县人大常委会主任詹立风对大会的圆满成功表示祝贺。詹立风说，这次大会是一次承前启后、继往开来的大会，是一次凝心聚力、催人奋进的大会。会议的胜利召开必将极大地鼓舞全县百万人民齐心协力、团结拼搏，为推进现代化、建设新如东而努力奋斗！大会的执行主席是：沈更生、沈峻峰、张蓉蓉、唐国均、陈斌、沈秀梅。大会选举产生南通市第十四届人大代表 70 名。在主席台就坐的还有大会主席团全体成员和县四套班子领导。县级机关有关部门负责人列席会议。

★28 日，县第十六届人大常委会举行第一次会议，学习《中华人民共和国各级人民代表大会常务委员会监督法》、《常委会议事规则》和《常委会工作细则》，审议并通过了县人大常委会 2012 年工作要点、2012 年接受人大评议部门名单（草案）和如东县第十六届人大常委会代表资格审查委员会名单（草案）。县委书记、县人大常委会主任詹立风要求常委们识大体顾大局，加强调查研究，依法履行职责，同心同德，为如东经济社会发展作出贡献。县人大常委会副主任陈昌龙主持会议，县委副书记、县长潘建华，县人大常委会党组成员、县人民法院院长、县检察院检察长、人大机关有关工作人员列席会议。

★28 日，无锡市委常委、纪委书记周铁根和无锡市副市长陈金虎，率国土资源局、商务局、发改委、经信委等部门负责人到如东县考察，并就进一步加强两地区域合作相关事宜进行洽谈。县委书记、县人大常委会主任詹立风热情接待了考察组一行。县委副书记、县长潘建华在会上介绍了如东县近年来的发展情况、资源优势和产业特色。县领导周建飞、沈峻峰、江华参加座谈会。

★28 日，省边防总队参谋长陆俊峰一行到如东县专题考察边防机关建设用地选址情况。在县委书记、县人大常委会主任詹立风，县委常委、洋口港经济开发区党工委书记张蓉蓉的陪同下，陆俊峰一行实地考察了正在建设中的洋口港口岸商务区、临港工业区边检监护中队规划备选区、掘港边检用地规划备选区，詹立风向他详细介绍了洋口港开发推进情况、联检大楼建设进展、边检机关用房和监护中队选址情况。

★30 日，如东县在无锡举行投资环境说明会，进一步宣传推介如东，高起点承接产业转移，推动跨江合作深入发展。县委书记、县人大常委会主任詹立风在会上致辞。詹立风说，无锡经济发达，资本富集，拥有一大批实力雄厚的大企业大集团，是享誉海内外的现代大都市。如东与无锡友好合作源远流长。如东在无锡举办投资环境说明会，就是真诚地邀请广大客商到如东考察投资，进一步发展如东与无锡两地的经贸关系，推动全方位、多层次、宽领域的合作。副县长张栩龙从如东得天独厚的投资优势、功能完备的特色载体、最宜投资的合作项目等方面向与会嘉宾推介了如东的投资环境，他表示，如东县委、县政府将以更加开明开放的理念、务实创新的作风、亲商扶商富商的环境，竭诚为广大投资者提供最优质的服务，携手共同发展。无锡市委常委、纪委书记周铁根在会上致辞。县委副书记、县长潘建华主持活动。县领导周建飞、陈昌龙、杨中坚、杨小军、张蓉蓉、王智、江华参加活动。

★30 日，中国人民银行南通市中心支行到如东县调研金融服务实体经济水平情况，就金融如何提升服务中小微企业发展水平召开座谈会。县委常委、常务副县长沈峻峰在座谈会上提出，目前，如东县经济正处于打基础、求突破、扩总量、提质量的关键时期，各银行业金融机构要深刻分析本地经济发展特点，增强服务中小微企业的意识，创新服务办法，降低服务成本，提高服务效率，为如东县传统中小微企业转型升级提供帮助。调研组一行实地查看了强生光电集团、南通大东有限公司、如东通用机械有限公司 3 家企业。县领导张蓉蓉陪同参观，县领导冯力如、桑健出席座谈会。

★31 日，如东县与南通海事局签署落实《江苏海事局与南通市人民政府战略合作备忘录》议定书。 签署仪式上，县委书记、县人大常委会主任詹立风致辞，他对省、市海事部门一直以来对如东县沿海开发和港口建设方面的支持表示感谢，他说，此次的签署仪式标志着我们与海事部门的合作进入了一个新的阶段，希望今后在共同推进区域经济和港口建设、沿海开发上取得更好的发展。县长潘建华与南通市海事局局长周竹山共同签署了落实《江苏海事局与南通市人民政府战略合作备忘录》议定书。签署仪式由县委副书记周建飞主持，县领导沈峻峰、张蓉蓉、江华出席签署仪式。

★31 日，如东县召开全县“114”惠民模式启动暨村级公共服务中心建设推进会。 县委常委、组织部部长任新峰就“114”惠民模式的推行作了明确部署，县委副书记周建飞要求各基层党组织突出重点，不断强化服务型党组织和党员队伍建设的分类指导，农村党组织要深入推进“强村行动”，全面落实“四有一责”；非公有制企业党组织要努力构建和谐组织关系、和谐劳资关系、和谐社会关系；社区党组织要突出服务城镇发展、服务居民群众、推动和谐社区建设。

4月

★1日，沿海经济开发区召开综合表彰大会，并对新一年的工作任务进行部署。县政协主席陈建华出席会议并讲话，他希望沿海经济开发区审时度势，立足沿海开发的“前沿阵地”、县域经济的“发展高地”、特色鲜明的“人居福地”，切实增强赶超发展的责任感和紧迫感，在快速发展中争先进位。

★1日，县委宣传部、县公安局联合举办“扶海大学堂”——性格与命运的心理成因专题报告会，著名心理学专家刘锋受邀作专题报告。县委常委、宣传部部长杨中坚主持报告会，他希望与会人员以此次报告会为契机，进一步加强自我修养，不断完善个性品质，塑造完美健全的性格，以更加饱满的精神状态和更加过硬的心理素质，积极投入到当前和今后的各项工作中去，勇当“三争三实”排头兵，为实现“两年赶超、五年争先”目标做出新贡献。县委副书记、县长潘建华，县领导杨小军、唐国均、姜晓静出席报告会。

★5日，县委宣传部举办全县宣传委员培训班，县委常委、宣传部部长杨中坚要求与会人员充分利用学习来提升自己的工作能力，真诚做人，正派为官，务实办事，把全县宣传思想工作做实。

★6日，如东县在沿海经济开发区隆重举行江苏快达农化股份有限公司年产5万吨光气及光气化产品项目开工仪式暨全县重大项目集中开工活动，40个亿元以上重大项目集中开工，计划总投资138.8亿元。南通市委常委、政法委书记曹斌宣布项目开工。县委书记、县人大常委会主任詹立风致辞，他代表县委、县人大、县政府、县政协对江苏快达农化光气等40个重大项目的顺利开工表示热烈祝贺。开工仪式由县委副书记、县长潘建华主持。副县长张栩龙介绍了全县集中开工项目情况。县领导周建飞、陈昌龙、于立忠、唐国均等出席开工仪式。

★6日，回乡探亲的旅加侨胞、如东县旅居加拿大同乡会会长刘红霞应邀参观了洋口港。县人大常委会副主任、县侨联主席沈更生，向刘红霞详细介绍了如东县正在实施的以洋口港开发建设为龙头的沿海开发战略和洋口港开发建设最新成果，希望她在外积极宣传家乡、宣传洋口港，不断扩大家乡在海外的知名度和美誉度。

★7日，县政府召开一季度经济工作分析会，总结评点一季度经济运行“开门红”情况，研究部署二季度经济发展“双过半”工作。县委副书记、县长潘建华要求经济一线的职能部门切实增强加快发展的紧迫感、责任感，创新工作思路，优化服务举措，全力谋求经济工作取得新突破。会议由县委常委、常务副县长沈峻峰主持。副县长张栩龙就二季度工业经济运行等工作提出要求。

★7日，县四套班子分管交通运输工作的领导到县交通运输局专题调研，充分肯定了近年来交通运输工作取得的成绩，同时要求交通运输部门难中求进、勇挑重担，加快推进各项工程建设。县委常委、组织部部长任新峰希望交通运输部门坚定信心、创新举措、强化管理、彰显形象，确保各项交通工程的顺利推进，全力加快如东交通事业发展。县领导沈更生、王智、桑圣权参加调研。

★4月8日，国家发改委农经司副司长石波、省发改委副主任林一峰一行，到如东县考察全县经济发展工作。在县委书记、县人大常委会主任詹立风的陪同下，石波一行登上洋口港太阳岛。詹立风向石波一行介绍了洋口港开发建设情况，并着重汇报了中石油江苏LNG接收站项目运行、通洋高速公路与航道建设情况。县领导于立忠、张蓉蓉、江华陪同参观。

★8日，县委书记、县人大常委会主任詹立风在调研交通运输工作时要求，加快交通基础建设，完善公共交通服务，为全县经济社会发展提供强有力的通达保障。詹立风带领县领导任新峰、沈更生、王智、桑圣权深入临海高等级公路、丰利镇农桥改造工程、苴东线等施工现场调查研究，并听取了县交通运输局负责人关于全县综合交通运输规划、“十二五”交通运输规划基本情况及2012年以来交通运输重点工作开展情况的汇报。

★8日，如东县举行“学雷锋、继先烈、心向党、讲道德、见行动”活动暨“野翔扶困助学奖励金”颁奖仪式。市老领导朱剑、李明勋、朱文涛、陈华汝等，王野翔之子王乃熊，县委副书记周建飞及县领导任新峰、唐国均、姜晓静为29名品学兼优的贫困生、2名优秀教师发放奖励金。

★8日，县委、县政府召开农业农村工作例会，回顾总结今年以来重点工作推进情况，部署下一步工作。县农办、农委、供销总社等农口部门以及民政、残联等相关部门负责人参加例会。副县长洪大林出席会议，并就品牌农业建设、防汛防旱工作提出要求。会议由副县长江华主持，他还就如何贯彻落实会议精神提出明确要求。

★9日，省编办主任刘方到如东县调研机构编制核查试点工作，称赞如东县试点工作的开展为全省机构编制核查工作提供了宝贵经验。县委常委、组织部部长任新峰汇报了如东县机构编制核查试点工作情况。市委组织部常务副部长、编办主任黄卫成陪同调研。

★10 日，2012 年度“如东县政风行风热线”直播节目正式开播，县委副书记、县长潘建华走进直播室参与节目，并回答热心听众提问。在当天的直播中，群众通过热线电话、网络留言、现场提问等方式积极参与，潘建华现场共解答 9 个问题，涉及港口开发、社会保障、社会事业等方面，并表示对未能现场解答的提问将在直播结束后继续关注。江苏省监察厅副厅长刘井石，县委常委、纪委书记刘才盛，县人大常委会副主任唐国均参加了直播节目。

★10 日，如东县召开南通外向型农业综合开发区托管移交动员大会。 县委副书记周建飞作动员讲话，他要求各相关镇区、部门从战略的高度认清托管移交的重要意义，接受全局意识、执行能力的重大考验；要从细节着手，统筹推进，明确托管的范围，坚持紧凑安排、快速推进、和谐交接、妥善处置的原则，在规定时间内完成托管移交；要从大局出发，强化保障，有序推进，在推进过程中要强化纪律，确保南通外向型农业综合开发区托管移交工作顺利进行。会议由县委常委、常务副县长沈峻峰主持，县领导陈昌龙、任新峰、刘才盛出席会议。

★10 日，如东县在栟茶镇召开村庄环境整治工作现场推进会。县委常委、政法委书记于立忠出席会议。他要求，各镇（区）、各相关部门进一步提高思想认识，把村庄环境整治工作与“三解三促”“四有一责”相结合，进一步突出工作重点，特别要强化辖区范围内交通干道沿线村庄的环境整治工作。会议由副县长江华主持。他要求各镇（区）和有关部门把村庄环境整治与“生态县”创建、“四位一体”环境长效管理和农村绿化美化相结合，加快工作进度，提高村庄环境整治工作的实效。副县长洪大林出席会议。

★10 日，省委原书记、省人大常委会原主任陈焕友一行到如东县视察洋口港开发建设情况。县人大常委会副主任、党组副书记陈昌龙介绍了近年来洋口港的开发建设情况。县领导沈更生、张栩龙陪同视察。

★11 日，省委党校第四期省管干部进修班“江苏沿海开发战略”课题组到如东县调研。 在县委副书记周建飞，县委常委、宣传部部长杨中坚的陪同下，调研组一行参观了中石油 LNG 码头，并详细了解了洋口港建设过程和港口发展规划、产业功能定位、项目落户情况及开发前景等情况。他们表示，通过“江苏沿海开发战略”课题的研讨，将为洋口港的综合开发建设提供更有力的理论基础。

★11 日，出席南京、扬州、镇江、泰州、南通五市关工委工作研讨会的领导们到如东县参观。 县委常委、组织部部长任新峰陪同参观。

★11 日，全县污染减排领导组成员单位、县内部分重点企业负责人，收看了全省污染减排工作电视电话会议实况。 副县长王智要求与会人员突出抓好生活减排，全力做好结构减排，不断完善管理减排，集中精力，统筹规划，加快健全污染减排工程设施的步伐；强化督查考核，创新环保举措，强化组织协调，定期开展督查，对在建、建成的污染减排工程进行全面检查，全力做好污染减排工作，确保取得实效。

★12 日，县委副书记周建飞到大豫镇调研，他要求各镇注重招商引资，以商引商、以特招商，让越来越多的好项目落户如东。

★12 日，如东县“扶海女性学堂”经过精心筹备正式开讲。来自各镇区、机关、事业单位以及“巾帼文明岗”等近 300 名妇女代表聆听了首场报告。副县长姜晓静出席首场报告会，她希望广大女性干部以参加“扶海女性学堂”为契机，更加注重学习，勤于思考，把树立远大理想与脚踏实地做好当前工作相结合，努力增长才干，创造佳绩。

★13 日，全省机构编制核查工作现场推进会在如东县召开，进一步贯彻落实中央编办关于开展机构编制核查工作的文件精神，总结推广如东县开展机构编制核查试点工作经验，在全省推进机构编制核查工作。县委书记、县人大常委会主任詹立风致欢迎词。县委副书记、县长、县编委主任潘建华介绍了如东县机构编制核查工作经验。省编办主任刘方充分肯定了如东县机构编制核查试点工作情况。会议由省编办副主任周家新主持，南通市委组织部常务副部长、编办主任黄卫成，各省辖市编办负责人和督查处长、各市先行县编办主任、南通市各县（市、区）编委负责人及编办主任出席会议。

★13 日，县社科联召开一届二次理事会议。市委宣传部副部长、市社科联党组书记陈冬梅出席会议。她希望如东县社科联和社科工作者进一步发挥好社科界的自身优势和重要作用，为南通落实“八项工程”、实现“八个领先”做出新的更大的贡献。县委常委、宣传部部长杨中坚出席会议，他要求全县社科界高举旗帜、开拓创新，为加快建设现代化新如东做出新贡献，以优异的成绩迎接党的十八大胜利召开！副县长姜晓静宣读了县委关于调整县社科联部分兼职副主席建议名单。

★13 日，南通市“新农村新家庭新三年计划”推进会在如东县召开，对此项工作进行部署。 副县长姜晓静出席活动并致辞。

★14 日，省公安边防总队副总队长沈在平一行到如东县，就洋口港口岸开放联检部门之一的边检站建设事宜进行对接。 在县委书记、县人大常委会主任詹立风，县委常委、洋口港经济开发区党工委书记张蓉蓉的陪同下，沈在平一行实地视察了长沙港边防派出所、太阳岛综合服务中心、中石油 LNG 接收站等，詹立风向他详细介绍了洋口港开发推进情况、联检大楼建设进展、边检机关用房和监护中队选址情况。

★14 日至 15 日，由环保部生态司副司长、国家生态县技术评估组组长朱广庆带队的技术评估组到如东县进行国家生态县创建考评，决定准予如东县通过国家生态县技术评估。在县委书记、县人大常委会主任詹立风，县委副书记、县长潘建华和县领导任新峰、沈更生、王智的陪同下，朱广庆带领国家技术评估组展开评估。评估组还深入机关单位、乡镇、学校、居民社区等地，开展问卷调查，详细了解公众对生态县创建工作的知晓和满意情况。15 日召开的创建国家生态县技术评估反馈会上，潘建华代表县委、县政府向评估组汇报了如东县国家生态县创建工作。南通市副市长朱晋出席会议。

★16 日，市委常委、常务副市长陈照煌率队前往双甸镇高前村，调研“三解三促”工作。他希望高前村开动脑筋，因地制宜，加快实现基本现代化步伐，成为全县的先行村、全市的样板村。副县长江华陪同调研。

★17 日，“思源工程——生育关怀行动”如东县绿野富硒玉米种植帮扶基地在双甸镇举行揭牌仪式。县委常委、纪委书记刘才盛致辞。省人大常委会副主任、民建江苏省委主委、省计生协会会长赵龙，省人口计生委主任、省计生协常务副会长孙燕丽为项目帮扶基地揭牌。民建江苏省委副主委陶克中，省人口计生委副主任、省计生协副会长戴纪生，南通市副市长杨展里，南通市政协副主席、民建南通市主委赵闻斌参加揭牌仪式。

★17 日，如东县召开全县为农服务社建设管理工作会议。 副县长江华出席会议并讲话，他要求各相关部门充分发挥供销社工作人员懂经营会管理的优势，大力发展订单农业，促进优势农产品的流通；积极争取上级各项政策的扶持项目，抓住重点，把为农服务社办成为农服务的综合性服务平台。

★17 日，如东县召开残疾人工作会议。副县长江华出席会议并指出，全县残疾人工作者要进一步提高认识，增强做好新时期残疾人工作的责任感和使命感，努力完善残疾人社会保障机制，加强残疾人医疗康复和残疾预防工作，逐步实现残疾人“人人享有康复服务”的目标，确保通过今年省验收。

★19 日，江苏省沿海开发办公室副主任王由礼到如东县，视察盐土绿化示范工程和部省合作滩涂围垦项目建设推进情况。县委常委、纪委书记刘才盛汇报如东县相关工作推进情况。市沿海办主任尹建勇参加视察。

★19 日，青海省贵德县县长安木拉一行到如东县参观考察。安木拉表示，如东高远的战略眼光以及社会经济发展的一些重大举措，给贵德县经济社会发展提供了许多有益的启示和可供借鉴的经验。他希望贵德、如东两地加强交流，在产业发展、资源能源开发利用、劳动力转移、旅游等方面加强合作，促进两地共同发展。县领导刘才盛、蒋树建、桑健陪同考察。

★23 日，县委、县政府召开全县重点工作督查推进暨学习考察交流会。县委书记、县人大常委会主任詹立风要求全县各级党政组织和党员干部，通过这次对江苏沿海、辽东半岛地区的学习考察活动，要学习当地干部群众敢想敢干、跨越发展的先进经验，以更加饱满的精神、更加昂扬的斗志、更加务实的作风、更加扎实的举措，自觉地融入到沿海大开发中来，进一步增强加快发展的责任感和紧迫感，高标准、快节奏推进各项工作，奋力冲刺二季度，确保实现“时间过半、任务过半”。县委副书记、县长潘建华对落实这次考察学习成果、改进各项工作提出了要求。县领导陈建华、周建飞、陈昌龙、沈峻峰、任新峰、蔡建华、杨中坚、杨小军、于立忠、张蓉蓉、沈更生、唐国均、姜晓静、王智、张栩龙、王志荣、桑圣权，县各主要经济职能部门、各镇区主要负责人参加学习考察活动。

★24 日，如东县举行沿海旅游经济开发区总体规划暨洋通公司项目策划汇报会。县委书记、县人大常委会主任詹立风出席汇报会，他认为规划方案指导性很强，并希望设计方案要充分挖掘如东的旅游资源，做足海鲜这一文化，真正将如东打造成“天堂一般的家园”。会议由副县长王智主持，县委副书记、县长潘建华，县政协主席陈建华及县领导任新峰、冯力如出席会议。

★24 日，三一集团董事、高级副总裁毛中吾到如东县，就前期各项准备工作进行对接。县委书记、县人大常委会主任詹立风对毛中吾一行表示热烈欢迎。他表示，如东县委、县政府将提供更好、更优质的服务，与三一集团建立良好的合作伙伴关系，实现共赢。在詹立风和县领导沈峻峰、张蓉蓉的陪同下，毛中吾一行还实地考察了如东经济开发区、洋口港太阳岛以及县规划展览馆，对如东的投资环境表示满意。双方还就工业园周边基础配套设施等共同关心的问题进行了深入沟通交流。

★24 日，如东县召开全县城市管理工作会议。县委副书记、县长潘建华要求城管系统树立冠军意识、第一意识，围绕实现整洁、有序的城市环境这一目标，加大对县、镇、村三级市容环境、交通安全和违章建筑的整治；构建大城管的工作格局，建立城市管理指挥部，切实履行好日常的指导、交办、督查、整改、考核的职能；建立起责任明确的工作体系、动真碰硬的执法机制，从严管理，不断提升市民群众的满意度，全力打造百姓城管、法治城管、智慧城管和品质城管。会议由县领导杨中坚主持，县领导沈峻峰、蔡瑞平、桑圣权出席会议。

★24 日，县人大常委会组织对被提请任命的人员进行任前法律知识考试。县人大常委会党组副书记、副主任陈昌龙说，此次考试旨在强化干部的公权意识、法律意识和为民意识，提高他们的依法决策、依法行政、依法管理水平，有效推进依法治县进程。

★24 日，如东县召开全县农机购置补贴工作会议。副县长江华要求各镇、各部门高度重视，按照“尽职责、抓落实、求绩效”的要求，切实加强领导，明确责任，制定购置补贴工作各项规章制度，加强对补贴机具的监管，全面实施好农机购置补贴工作。

★25 日，如东县第十六届人大常委会举行第二次会议，审议通过《县政府关于提请王孝强等同志任职的议案》。 县长潘建华宣读了《县政府关于提请王孝强等同志任职的议案》，并提请如东县第十六届人大常委会审议，拟任命人员代表进行了供职发言。县委书记、县人大常委会主任詹立风向任职人员颁发了任命证书。县人大常委会党组副书记、副主任陈昌龙主持会议，县人大常委会副主任沈更生、冯力如、唐国均出席会议。

★25 日，如东县召开县委人才工作领导小组（扩大）会议。县委书记、县人大常委会主任詹立风要求全县上下以科学发展观为指导，解放思想、锐意创新，同心同德、扎实工作，形成尊重知识、尊重人才、尊重创造的良好氛围，积极开创全县人才工作新局面，为实现“两年赶超、五年争先”目标，加快建设现代化新如东提供强有力的人才支撑。会议由县委常委、常务副县长沈峻峰主持。县委常委、组织部部长任新峰通报了全县人才工作情况。

★25 日，如东县召开全县招商引资暨工业经济“双过半”动员会，县委副书记、县长潘建华要求全县上下，千方百计保运行、千方百计攻招商、千方百计抓项目、千方百计抓载体，奋力冲刺二季度，确保实现“双过半”。会议由县委副书记周建飞主持，县领导冯力如、张栩龙、王志荣出席会议。

★25 日，县委副书记周建飞深入到挂钩镇大豫，开展“三解三促”活动，帮助困难群众理思路、找问题、谋发展。周建飞要求大豫社区坚持把调整农业产业结构、壮大农村经济作为农民增收致富的重要途径，充分利用当地的发展优势，扩大蔬菜大棚和养殖业的发展规模，拓宽农民致富渠道，促进农民增产增收；继续抓好新农村建设工作，着力打造整洁优美的村容村貌，切实改善村居环境；继续加大投入，落实好为民办实事项目，促进村域经济的发展。

★25 日，县委副书记周建飞召集相关部门负责人就大豫镇东凌平原水库论证开发、推进方案展开讨论，初定“镇、区+公司”的运作实施方案，这标志着东凌平原水库项目进入实施阶段。

★25 日，县科协召开六届四次常委（扩大）会暨创建全国科普示范县表彰大会。县委常委、组织部部长任新峰要求各级科协组织和广大科技工作者紧密结合工作实际，找准科技工作与经济社会发展的最佳结合点和切入点，努力做优、做特、做亮工作；各级党委和政府要进一步加强和改善对科协工作的领导，为科协组织开展工作创造好环境和条件。会议由副县长张栩龙主持。县领导桑圣权出席会议。

★25 日，在县领导于立忠、张蓉蓉的陪同下，国家海洋局人事司常务副司长洪福忠到如东县参观视察。

★25 日，县人大召开 2012 年人大评议动员会，会议就如何组织县、镇人大代表对县规划局工作评议进行部署。 县人大常委会党组副书记、副主任陈昌龙要求参加评议的人大代表和接受评议的单位精心组织，统筹安排，明确责任，实事求是，在深入调研的基础上摸实情况，做到边评边改，确保评议工作取得实效，推动如东县城乡规划工作再上新台阶。会议由县人大常委会副主任沈更生主持，县人大常委会副主任唐国均出席会议。

★26 日，全国人大常委会原副委员长盛华仁携省人大常委会办公厅副巡视员文和生、市人大常委会副主任施建中一行，到如东县调研沿海开发建设情况。 县委书记、县人大常委会主任詹立风向盛华仁一行详细介绍了洋口港开发建设情况。县领导陈昌龙、张蓉蓉陪同调研。

★26 日，县委、县政府专题召开苴东线西段建设动员会，就工程实施方案进行具体部署。县领导任新峰要求沿线镇村和相关部门吃透政策、突出重点、密切配合，依法操作、阳光操作、友情操作，确保 6 月 20 日前完成征拆工作，7 月初施工队伍如期进场施工。

★26 日，县政协召开十四届一次常委会，会议学习《县政协常委会议议事规则》，听取政协提案委关于提案审理工作情况的报告，协商通过县政协 2012 年工作要点、提案委员会委员人事安排。县政协主席陈建华提出政协常委会建设的奋斗目标。县政协副主席王志荣、余科、桑圣权、吴鼎皋出席会议。

★26 日、27 日，县委书记詹立风到洋口港开发区

（长沙镇）卫海村开展“三解三促”活动。县委常委、洋口港经济开发区党工委书记张蓉蓉参加此次活动。

★27日，如东县召开一季度金融工作例会。县委常委、常务副县长沈峻峰出席会议，他肯定了前期金融机构对如东县经济发展的促进作用。沈峻峰指出，银行业和经济发展实体合作方式依旧有着很大的上升空间，双方要继续探索合作双赢的方法，共同促进全县经济有效发展。他希望银行部门继续加大对工业企业和社会事业支持，共同促进地方经济有效发展，实现互利双赢的目的。县领导冯力如出席会议。

★27日，省依法治省办公室专职副主任沈国新到如东县，就法治建设工作进行专题调研。调研中，沈国新一行实地参观了如东县司法服务超市、大调解中心和如东县保障卡管理部，并听取县委常委、政法委书记于立忠关于如东县法治建设情况介绍。县领导陈建华、唐国均、桑圣权陪同调研。

★27日，河海大学原校长张长宽教授带领中外专家到如东县调研沿海开发的相关情况。 南通市副市长孙金华，县领导张蓉蓉、洪大林一起陪同考察。

★28日 ，如东县隆重举行纪念建团九十周年“青春榜样”颁奖典礼，共同纪念中国共产主义青年团成立90周年和“五四”运动93周年，表彰如东县首届“青春榜样”。 县委常委、纪委书记刘才盛宣读了如东好青年“青春榜样”表彰决定。县委常委、组织部部长任新峰致辞。县委书记、县人大常委会主任詹立风，团市委书记张军及县领导陈昌龙、任新峰、刘才盛、张蓉蓉、王孝强、冯力如、桑健等为“青春榜样”颁奖。

★28日 ，由江苏省作家协会、中共南通市委宣传部、中共如东县委联合主办的刘剑波长篇非虚构作品《姥娘》研讨会在南京举行。省作协党组副书记张王飞，南通市委宣传部常务副部长陈慧宇，如东县委常委、宣传部部长杨中坚，及著名批评家王彬彬、黄发有等专家学者参加了研讨会。

★28日，岔河镇润川花园项目规划设计方案通过县规划局组织的技术评审。县领导杨小军、桑圣权出席评审会。

★28日，南通外向型农业综合开发区正式托管启动。县人大常委会党组副书记、副主任陈昌龙要求开发区上下锁定大目标不动摇、围绕扩总量不分神、依靠提质量不小气、注重抓落实不懈怠，努力将园区打造成绿色产业的创业之区、现代农业的示范之区、地绿水清的生态之区和海鲜海景的养生之区。

★29日，由县政府主办，县住建局、县房地产业协会承办的2012如东春季房地产展示交易会在人民公园广场举行。县委常委、常务副县长沈峻峰出席交易会开幕式并讲话。他希望通过消费者、开发商、房地产专家、房产服务、监管部门的平等交流，建立起畅达的信息沟通渠道。他同时要求主管部门不断提升规划水平、强化内部管理、规范市场运作，进一步推动如东县房地产业更好更快发展。县委常委、宣传部部长杨中坚宣布房展会开幕，县领导桑圣权出席开幕式。

5月

★2日，寰球德胜集团董事长曹经庚到沿海经济开发区专题考察，副县长江华陪同考察。

★3日，如东县召开全县食品安全生产工作会议。副县长姜晓静回顾总结2011年如东县食品安全工作情况，部署今年主要任务。县委副书记、县长潘建华要求各地、各部门，进一步提高对食品安全工作的重视程度，充分认识工作的长期性和艰巨性；克服畏难情绪，创新思路，积极作为；突出重点，夯实基础，建立长效机制，为全县百姓筑牢食品安全屏障。县领导唐国均、桑健参加会议。

★3日，县委副书记、县长潘建华率领农委、水务局、农机局等相关涉农部门的负责人，到如东经济开发区（苴镇）金凤村开展“三解三促”活动，进一步密切联系群众，为群众解决实际难题。

★3日，如东县召开庆“五一”劳模代表座谈会暨县劳模协会换届会议。 县委常委、组织部部长任新峰出席会议，他要求全县上下要进一步弘扬劳模精神，充分发挥劳模的骨干和带头作用，推动全社会形成满怀激情干事业、凝心聚力促发展的良好氛围，在建设现代化新如东的征途上，谱写更加辉煌壮丽的篇章，以优异成绩迎接中共十八大胜利召开。副县长姜晓静出席会议并讲话。

★3日，县委常委、政法委书记于立忠、县人大常委会副主任唐国均，率领县委政法委、县经信委、县商务局、县水务局、县环保局、县卫生局、县粮食局、县体育局和中行等部门的负责人，专程到马塘镇开展挂钩对接交流。

★3日，县人大常委会党组副书记、副主任陈昌龙一行到岔河镇，就农村水利基础设施建设、农村饮水安全工程和城乡规划建设等方面展开调研。 县领导杨小军出席会议。

★3日，县人大常委会副主任冯力如和相关负责人到丰利镇调研规划、水利工作。

★4日，南通市市委副书记、市长张国华，市委常委、副市长秦厚德一行，在视察全市部分村庄环境整治情况时，到如东县检查交通干线周边环境整治工作。在县委副书记、县长潘建华的陪同下，张国华一行来到如东县岔河镇南桥村。张国华察看了周边环境，详细听取了环境整治工作汇报，并给予充分肯定。县领导杨小军、于立忠、江华陪同视察。

★4 日，省交通运输厅副厅长钱国超到如东县视察临海高等级公路如东段施工情况，要求施工建设者抓住当前天气晴好的有利时机，加快临海高等级公路建设。县委副书记、县长潘建华，副县长王智等陪同视察。

★4 日，县委副书记周建飞、副县长张栩龙率县发改委、经信委、沿海办负责人到沿海经济开发区进行专题调研，重点了解开发区 2012 年 1 至 4 月份整体建设、运行态势、项目建设、镇区建设以及冲刺“双过半”等情况。

★4 日，由团县委、县文联主办的如东县青年书法家协会成立仪式暨全县首届青年书法展在县文化馆举行。县委常委、组织部部长任新峰，副县长姜晓静出席活动。

★4 日，县委常委、组织部部长任新峰和副县长姜晓静一同为“如东县农村数字电影服务站”揭牌。

★4 日，南通市人大常委会副主任吴晓春到如东县开展人大代表接待日活动，认真听取在如南通市人大代表意见和建议。县人大常委会党组副书记、副主任陈昌龙表示，县人大将紧紧围绕依靠党委领导、监督政府工作、关注群众呼声的工作思路，积极发挥人大代表在人大闭会期间的作用，为如东经济社会发展积极建言献策。

★4 日，县人大常委会副主任唐国均一行到新店镇专题调研城镇、城乡规划等工作。

★4 月 18 日至 30 日，南通市工商局以党组书记、局长蔡忠云为首的六位领导分别深入如东经济开发区（苴镇）九阳、刘埠等村开展“三解三促”活动。在广泛调研的基础上，5 月 4 日，市工商局“三解三促”系列活动正式启动。副县长张栩龙为基地揭牌。

★5 日，县委书记詹立风在洋口港经济开发区调研，他强调洋口港的开发建设在江苏沿海开发进程中具有重要的战略意义，在经历了垦荒、开拓、跨越阶段后，今后要继续锁定“东方大港”的目标，同舟共济、艰苦奋斗、攻坚克难，夺取洋口港开发建设新突破。县领导张蓉蓉、余科陪同调研。

★6 日，精细化工领域专家、中国工程院院士吴慰祖、邹竞到如东县考察。在县委常委、组织部部长任新峰的陪同下，吴慰祖一行实地视察了沿海经济开发区。就化工产业如何发展提出指导性意见。任新峰期望院士专家大力支持、鼎力相助如东的发展，在重点领域、关键技术等方面与如东广泛开展科技攻关和项目合作，把科技创新成果放到如东来实践和推广，实现双方的合作共赢和共同发展。

★7 日，县领导任新峰、沈更生带领县委组织部、县发改委、县规划局等 10 个挂钩部门到栟茶镇调研，为该镇的新一轮发展献计献策。任新峰在调研中要求各挂钩单位，采取政策帮、信息帮、资金帮、资源帮等措施，在帮扶中做到立体化、链条化、全员化、深入化，全面推动如东的西部重镇建设。

★7 日，如东县召开发挥离退休专业技术人员作用联席会议第八次会议。县委常委、组织部部长任新峰希望老科协工作者着眼全局、增进共识、服务发展、勇立新功，真正把老有所乐和老有所为有机结合起来。县政协副主席桑圣权出席会议。

★7 日，县委常委、组织部部长任新峰前往挂钩的栟茶镇江安村，走访慰问困难户。

★7 日，南通市重大妇幼卫生服务项目省考评通报会在如东县召开。南通市政协副主席、市卫生局副局长陈宋义要求各相关单位进一步充实力量，加强宣传，强化管理，促进各项重大妇幼卫生服务项目取得更明显成效。县领导杨中坚、姜晓静出席会议。

★7 日，洋口港远东石材产业园入驻企业集中签约仪式在洋口港经济开发区隆重举行。县领导张蓉蓉指出，洋口港优良的港口资源、税收优惠政策、宽松的经济环境、相对低廉的土地价格及周边超亿人口终端消费都市圈市场，给石材产业发展带来了空前的机遇。希望洋口港远东石材产业入驻的 18 家企业，加快推进力度，尽快见效，为繁荣洋口港建功立业。

★7 日，省蚕种管理所所长、书记何金龙一行来到如东县，就省蚕种管理所与如东县实施“挂县强农富民工程”项目具体工作展开对接。会议由县委常委、副县长王孝强主持，副县长江华就如东县蚕桑生产情况及面临的技术难题作了交流发言。县领导桑圣权出席会议。

★7 日，县人大常委会党组副书记、副主任陈昌龙带领办公室、财经工委一行到县财政局调研。陈昌龙表示，县人大财经部门要加强与财政部门的沟通联系，从多方面宣传财政部门的实干精神，真正从行动上做到寓监督于支持之中。县人大常委会副主任冯力如陪同调研。

★8 日，如东县召开县城规划区内违法建筑清查整治工作会议，部署推进县城规划区内违法建筑整治工作。县委常委、常务副县长沈峻峰主持会议。县委常委、纪委书记刘才盛要求各单位，加强目标管理，量化考核办法，层层传递压力；坚持重心下移，狠抓源头管理，将违法建设真正遏制在萌芽状态；抓好宣传教育、队伍建设、分类处理、配合拆迁等工作，不折不扣地完成整治工作。

★9 日，南通市政协主席联席会议在如东县召开。会议回顾总结了 2008 年以来全市政协工作，研究部署下一阶段工作任务，并就政协南通市第十届委员会常务委员会起草的提案工作报告（草案）征询意见。 县委书记、县人大常委会主任詹立风向与会人员简要介绍了近年来如东经济社会发展情况。县政协主席、党组书记陈建华汇报了如东县十三届政协的主要工作。王德忠要求各地政协要从把握履职方向、优化履职方式、创新履职形式、讲求履职效果，树好履职形象五方面入手做好今后政协工作。南通市政协副主席，各县（市、区）政协主席、副主席出席会议。

★9 日，如东县召开全县深化“三解三促”工作会议。县委副书记周建飞要求各地、各部门深入开展“三解三促”活动，进一步建立健全城乡党的基层互帮互助机制，推进城乡基层党组织共建共赢。会议由县委常委、组织部部长任新峰主持，县委常委、纪委书记刘才盛出席会议。

★9 日，县委常委、常务副县长沈峻峰带领县住建、国土、规划、征收办以及如东经济开发区、掘港镇的相关负责人，视察县城重点市政工程建设。 沈峻峰强调，县城重点市政工程是县委、县政府关乎民生的重点工作，面对工程建设中遇到的难题和矛盾，各相关责任部门责无旁贷，要明确工程推进的时间节点，严格序时进度，确保优质、高效、安全地完成县委、县政府下达的 2012 年市政工程建设任务。县领导杨中坚、沈更生参加了活动。

★9 日，县政府召开人大代表建议、政协委员提案交办会，县委常委、常务副县长沈峻峰要求各承办单位求真务实办好人大代表建议、政协委员提案，切实提高办结率、满意率、解决率。县人大常委会副主任冯力如、县政协副主席桑圣权出席会议。他们对近年来县政府办理人大代表建议、政协委员提案工作表示满意。并建议各承办单位进一步增强办理的责任意识，完善办理工作的协调机制，提高办理工作的实际成效。

★9 日，县人大常委会党组副书记、副主任陈昌龙带领办公室、财经工委一行到发改委调研。 陈昌龙就下阶段工作，提出围绕目标抓考核落实；围绕规划抓统筹引领；围绕增长抓项目推进；围绕县情抓政策研究。他要求县发改委本着高度负责任的精神，对经济运行进行实时监控，为人大审议上半年国民经济和社会发展计划做好充分准备。县人大常委会副主任冯力如参加调研。

★9 日，县红十字会、县卫生局联合举办“倡导文明、践行公益”活动。副县长、县红十字会会长姜晓静参加活动。

★10 日，无锡市人大常委会主任、党组书记周解清，无锡市委常委、纪委书记周铁根等领导到如东县视察，进一步了解如东县各项事业发展情况，谋求两地合作机遇。在南通市委书记、市人大常委会主任丁大卫，县委书记、县人大常委会主任詹立风的陪同下，考察团听取县委常委、洋口港经济开发区党工委书记张蓉蓉介绍的如东县洋口港开发建设情况。考察团还到县城市规划馆参观，詹立风详细介绍如东县近年来的发展情况、资源优势和产业特色。县人大常委会党组副书记、副主任陈昌龙陪同视察。

★10 日，县委、县政府举办全县领导干部廉政教育报告会，要求各级领导干部有所思、有所想，进一步增强廉政意识，切实把反腐倡廉建设各项工作抓紧、抓好，为加快建设现代化新如东做出新的更大的贡献。中纪委纪检监察六室原主任，现任中国纪检监察学院筹备领导组成员、中国上市公司协会监事长刘森，应邀作当前反腐倡廉形势专题报告。报告会由县委副书记、县长潘建华主持。县委书记、县人大常委会主任詹立风及县四套班子全体领导，县法院院长，县检察院检察长，县委理论学习中心组成员；各镇党委书记、镇长、人大主席、纪委书记；各区党工委书记、管委会主任、纪工委书记；县级机关各部门领导班子成员出席报告会，并在会前参观了“扶海清风——如东县反腐倡廉主题教育展”。

★10 日，县委副书记周建飞带领县委办、沿海办、经信委、招商局负责人到栟茶调研工业运行、项目建设、招商引资等重点工作，要求该镇重点企业做大做强，重点项目尽快投产，咬紧“双过半”工作目标不放松。

★11 日，如东县召开重点工作督查推进会，分析 2012 年前 4 个月主要经济指标完成情况，重点研究项目建设和有效投入问题。县委书记、县人大常委会主任詹立风要求全县上下重点围绕项目建设和有效投入，快速推进落实各项工作，确保“双过半”目标任务的全面完成。会议由县委副书记、县长潘建华主持。县四套班子领导以及各镇（区）、县级机关各部门主要负责人出席会议，与会人员还参观了岔河镇、双甸镇项目建设现场。

★12 日，如东县举行道德模范事迹巡讲首场报告会。 县委副书记周建飞在会上致辞。他要求各地、各部门精心组织开展学习道德模范活动，深入社区、镇村、学校、企业等基层单位，开展专场巡讲活动，真正让道德模范走进群众，使宣讲活动成为群众自我教育、自我提升的有效途径；全县党员干部要以身作则、率先垂范，自觉践行新时期如东精神，把学习道德模范的热情转化为做好本职工作的实际行动，立足岗位创先争优，推动工作再上新台阶。县领导杨中坚、唐国均、姜晓静、桑健聆听报告会。

★12 日，如东县召开秸秆禁烧与综合利用暨防汛防旱工作电视电话会议。副县长江华部署 2012 年如东县秸秆禁烧与综合利用暨防汛防旱工作，动员全县各地、各部门在巩固 2011 年工作成效的基础上，高标准、严要求完成 2012 年目标任务，全面做好秸秆禁烧与综合利用和防汛防旱工作。县委常委、政法委书记于立忠要求各地、各部门加大还田力度，坚持以综合利用为抓手推进秸秆全面禁烧。防汛防旱工作思想上不能松懈，行动上不能滞后，责任落实要到位。县领导冯力如、桑圣权出席会议。

★16 日，南通市委副书记、市长张国华到镇大东公司视察。张国华参观大东产品陈列室。张国华指出，大东公司作为一家传统企业，通过技术创新，产品创新，新材料应用，品牌营造，成功实现了企业的转型升级，为南通市传统企业的转型升级树立了榜样。

★20 日，如东县举行“志愿助残阳光行动”暨助残志愿者团成立启动仪式。县领导王孝强、唐国均、江华、桑健出席启动仪式。

★20 日，农业部渔业局副局长崔利峰一行到如东县，就进一步完善和落实好渔业油价补贴政策征询意见和建议。 县领导王孝强、江华参加座谈会。

★21 日，县政府召开“平安渔业”创建暨海洋渔业安全生产会议，副县长江华要求各地切实加强“平安渔业”创建，进一步落实海洋渔业安全生产责任制，确保人民生命财产安全。会议由县委常委、副县长王孝强主持。

★22 日，在县委副书记、县长潘建华，县委副书记周建飞等领导的陪同下，美国通用电气大中华区总裁兼首席执行官马克・哈钦森到洋口港考察。座谈会上，潘建华向马克・哈钦森一行介绍了如东经济社会发展情况，龙源风电负责人介绍了如东风电场运营情况。马克・哈钦森表示，通用公司对如东制造业和风电项目很感兴趣，将加强交流，进一步探讨合作的可能，寻找合作机遇，促进互利共赢。

★22 日，“江苏沿海开发三周年大型新闻行动”采访团到如东县采访，全省和港澳台等 30 多家海内外媒体聚焦如东县沿海开发，深入洋口港开发建设一线，感受如东如火如荼的沿海大开发，表示将利用各自媒体宣传推介如东。县委副书记、县长潘建华介绍了如东县的基本情况和经济、社会发展情况，尤其是近年来如东县沿海开发的情况。潘建华还回答了部分媒体的提问。县委常委、宣传部部长杨中坚参加了活动。

★22 日，如东县召开招商引资双过半推进会。县委副书记周建飞要求各镇区认清形势，咬定目标，坚定信心，加强领导一线招商，加快项目落户，加强招商业务培训，加强督查考核力度，真抓实干，奋力冲刺，确保完成双过半目标。

★22 日，如东县举行外派劳动服务中心揭牌仪式，这标志着全县对外劳务合作公共服务平台的新型管理机制正式对外服务。 县委副书记周建飞、副县长张栩龙共同为外派劳动服务中心揭牌。张栩龙希望县外派劳务中心按照规范化管理要求，面向社会、提高质量、加强管理，强化服务，打造劳务品牌。同时加强劳务信息收集以及人员输送和管理工作，为推动如东外派劳务转型升级，促进如东外向型经济快速发展做出积极贡献。

★22 日，如东县启动 2012 年全国科技活动周暨县第 24 届科普宣传周。本届活动周的主题是“携手建设创新型如东”。县委常委、组织部部长任新峰出席启动仪式，他希望科协和相关单位积极探索科学技术普及的常态化机制，创新科普活动的形式和内容，不断提升公众参与率，通过提高全民科学素质来促进、加快如东县经济的转型升级，为携手建设创新型如东做出更大贡献。县领导唐国均、张栩龙、桑健、桑圣权出席启动仪式。

★22 日，浙江省金华军分区后勤部原部长曹海云到如东县赠书，县委宣传部、县人社局、教育局等相关部门现场接受捐赠。 捐赠仪式上，县委常委杨小军对曹海云的捐赠表示感谢，并要求相关部门要把这种精神财富引导并宣传好，教育青少年“听党的话、跟党走、接好班”，让爱国主义精神得到传承。

★22 日，县石油行业协会召开第四届会员大会暨创优质诚信企业推进会。副县长王智要求县商务局组织协调工商、质监、物价、安监、公安消防等部门加强油品质量、计量、价格和安全等环节的监督管理；石油行业协会充分发挥行业优势，加强沟通协调；各加油站要加强油站日常管理，诚信、安全经营，确保全县石油市场安全有序运行。

★23 日，季铁权作品音乐会在如东县举行。音乐会分为渔之火、海之风、春之潮三个乐章。县领导杨中坚、姜晓静、桑健等与各界群众一同欣赏了音乐会。

★23 日，如东县召开全县安委会（扩大）会暨“打非治违”专项行动动员会。副县长张栩龙要求各镇区、各有关部门加强组织领导，严格落实安全生产行政首长负责制，逐级抓好工作落实；进一步完善和落实联合执法机制，形成“打非治违”工作合力，创新手段措施，增强打击实效，将“打非治违”工作纳入制度化、规范化、经常化的轨道。

★24 日，如东县召开环委会全体会议暨环保重点工作交办会。副县长王智部署今后一段时期内全县重点环保工作，重点向各镇区、各相关部门交办了根据国家生态县技术评估组意见出台的整改实施方案。县委常委、组织部部长任新峰要求各镇区、各部门对照整改任务分解表倒轧时序，统筹谋划，确保每项工作有安排、有督促、有结果；强化大局观念，精心部署，严明纪律抓落实，务必在规定的期限内顺利通过国家生态县验收。会议由副县长江华主持。县领导沈更生、桑圣权参加会议。

★24 日，县人大常委会副主任、县侨联主席沈更生热情接待了香港高和皮鞋有限公司董事长、“亚洲皮鞋大王”刘洪义（祖籍大豫镇）伉俪一行，向他们详细介绍了家乡经济社会发展的最新成果，希望他们积极配合做好“香港如东同乡会”的筹备成立事宜，并借助同乡会这个平台，在促进港如两地经济、文化、科技等方面发展中发挥积极作用。

★25 日，如东县召开如东县非公企业党建工作会议。县委副书记周建飞出席会议，他要求全县各非公企业充分认识，发挥好非公企业党建组织在职工群众中的政治核心作用和在企业发展中的政治引领作用；各镇区要加强对非公企业党建工作的指导，以点带面、典型引领，切实提高非公企业党建工作整体水平。县委常委、组织部部长任新峰主持会议，并就贯彻落实会议精神提出具体要求。

★25 日，如东县召开全县项目党建工作推进会议。县委副书记周建飞就全县项目党建推进工作进行部署。他要求各地积极探索实践“项目党建”新模式，努力寻求党建工作在工程建设特别是项目领域的着力点，实现党建创新、项目创优、互动双赢。县委常委、组织部部长任新峰主持会议。

★25 日，县第十六届人大常委会召开第三次会议。会议听取并审议了县规划局关于接受人大评议，搞好自查自纠的工作报告；听取了县人大常委会副主任沈更生所作的关于对县规划局工作评议的调查报告；县人大常委会部分委员对县规划局负责人进行了询问；全体委员对县规划局进行了测评。会议听取并审议了副县长江华所作的县政府关于全县农村水利基础设施建设情况的工作报告；听取了县人大常委会关于全县农村水利基础设施建设情况的调查报告；讨论县人大常委会关于组织开展“2012 年县政府为民办实事项目”视察调研活动的意见。县人大常委会党组副书记、副主任陈昌龙，县人大常委会副主任冯力如、唐国均出席会议。县委常委、常务副县长沈峻峰，县人大常委会督导员列席了会议。

★25 日，掘港镇引进的三产服务业项目——优美佳建材城建成并投入运行，这也是该镇服务业发展“大市场、大连锁、大物流”的又一力作。 县委常委、宣传部部 长杨中坚希望掘港镇，继续发扬不言难、创大业的拼博精神，以一流的服务队伍，一流的服务速度，一流的服务质量，发展壮大一流的建材城，使之真正成为展示掘港的又一窗口，促进流通的又一平台，推动发展的又一载体。

★26 日，如东县迎来了由人民日报、新华社、中央人民广播电台、中国报道杂志社、新华日报、江苏广电总台等中央、省级媒体和网络媒体组成的“沿海开发三周年大型新闻行动”采访团。县委副书记周建飞，县委常委、宣传部部长杨中坚陪同参观采访。 参观结束后，周建飞还与采访团进行了见面，现场回答了中央和省重要媒体相关记者提出的关于沿海开发和如东县经济发展相关问题。

★26 日，县创新研究会召开一届二次代表大会。县委常委、组织部部长任新峰寄语该研究会坚持科技驱动战略，开解放思想、创新实践之先，更加主动地融入和推动创新研究，为建设创新型如东提供思想引导和智力支持。县政协副主席桑圣权为全县第一个“青少年创新能力培养基地”授牌。

★26 日，2012 年如东大学生村官招录举行面试，通过前期资格审核、笔试等环节，最终将有 50 名考生走上村官岗位。 县委常委、组织部部长任新峰等巡视了各考场。

★28 日，《如东大观》编撰领导组召开《如东大观》精编本征求意见会，互相交换阅读并提出修改意见。县政协主席陈建华，县政协副主席桑健、余科、吴鼎皋出席活动。

★28 日，如东县召开 2012 年度经济责任审计联席会议暨“三责联审”工作推进会议。县委常委、组织部长任新峰肯定如东县“三责联审”工作。他要求各成员单位分点任务、细化措施，高站位谋划联审方案；整体联动、各司其职，高标准实施联审计划；强化导向、注重实效，高效率运用联审结果；加强研究，探索创新，高起点升化“三责联审”工作。

★29 日，中组部召开基层组织建设年工作推进视频会。县委常委、组织部部长任新峰，组织部机关全体同志，县创先争优领导小组成员单位负责人及部分村（社区）、企业党组织书记等人员集中收看了会议实况。

★29 日，如东县召开专题会议部署今年全县残疾人就业保障金征管工作。县委常委、政法委书记于立忠出席会议，他要求有关部门从关注残疾人民生、促进社会和谐稳定的高度，充分认识征收残疾人就业保障金的重要现实意义，切实加大征收力度，千方百计做好残疾人就业保障金征收工作。

★29 日，如东县召开 2012 年如东县高校招生委员会全体（扩大）会议，要求相关责任部门尽职尽责、密切配合，确保今年高考顺利进行。副县长姜晓静要求招生委员会各成员单位强化措施，履行程序，加强交通运输和卫生监督管理，强化考务组织和安全保密工作，同时完善各项预案，全力打造平安高考。

★29 日，如东县召开夏季秸秆机械化还田、综合利用整村推进示范村建设现场会，回顾总结夏收以来全县秸秆禁烧与机械化还田工作。副县长江华指出，离“三夏”结束还有不到 20 天的时间，秸秆机械化还田工作进入攻坚克难的关键时期，各地、各部门要乘势而上、突出重点、狠抓推进，确保全面完成机械化还田目标任务。

★30 日，如东县召开全县信访工作推进会。县委常委、常务副县长沈峻峰在会上要求各镇、各部门进一步增强做好新时期信访稳定工作的责任感和使命感，努力在抓源头、解决实际问题、完善机制上下功夫，突出工作重点，切实维护经济社会健康和谐发展。会议由副县长、县公安局局长程军主持，县委常委、政法委书记于立忠出席会议。

★30 日，省人大常委会副主任、省总工会主席张艳带领省、市总工会领导参观如东县洋口港展览厅、太阳岛、职工服务中心。 市人大常委会副主任、市总工会主席陆玉明，县领导沈峻峰、冯力如、姜晓静陪同参观。

★30 日，如东县召开县老年协会工作会议。县委常委、组织部部长任新峰寄语老年协会从物质、精神、服务等方面夯实对人口老龄化挑战的基础，创新思维，着力化解老年社会管理、城乡养老失衡以及老年精神关怀重点难点问题，推动老龄事业迈上新台阶。

★31 日，县委、县政府在香港隆重举行香港如东同乡会成立庆典暨如东（香港）投资环境说明会，进一步加强与在港同乡的沟通联系，在更高层次和更广领域上扩大两地的交流与合作。县委书记、县人大常委会主任詹立风在会上致辞，他首先介绍了如东县近年来县域经济社会发展概况，并着力推荐了如东三张城市名片。南通市委副书记陈斌应邀出席活动并讲话。中联办协调部港澳联络处处长张强、江苏省委统战部海外联络处处长封志成为香港如东同乡会的成立揭牌。香港如东同乡会与广东侨港高要同乡联谊会缔结为友好同乡会。新当选的香港如东同乡会会长严嘉讲话。投资环境说明会由县委副书记周建飞主持。副县长张栩龙作投资环境说明。全国政协委员、香港南通同乡会永久名誉会长、香港肇丰针织有限公司董事局主席方铿，全国人大代表、香港南通同乡会会长、香港教育工作者联合会会长杨耀忠，南通市政协副主席、市委统战部部长殷雄；香港保华集团董事局主席刘高原，以及香港候任特首办、香港金融管理局等香港政府机构，汇丰银行、瑞士银行、德意志银行等 10 多家在港国际金融、顾问机构高层管理人员，香港地区商界知名人士，知名媒体以及广东侨港高要同乡联谊会、香港如东同乡会相关人员出席庆典活动。县领导张蓉蓉、沈更生、吴鼎皋以及各镇区、县级机关相关部门主要负责人或分管负责人参加活动。

★31 日，如东县召开女企业家协会暨女企业家爱心助孤基金成立大会。县委常委、组织部部长任新峰勉励女企业家们做激情创业的先锋，做感恩社会、乐于奉献的楷模，充分发挥服务协调作用，为推动如东县经济社会发展做出贡献。县领导冯力如、姜晓静、桑健出席会议。

★31 日，如东县召开镇（区）妇联换届动员大会。县委常委、组织部部长任新峰要求各级党委、妇联在县镇两级妇代会代表产生中，充分听取基层广大妇女群众的意见，规范操作，要强化过程控制，管好选拔方向、代表资格条件和选举程序，严明工作纪律，创造良好的选人用人环境，确保换届风清气正，群众满意。

★31 日，如东县召开“食品安全法”执法检查动员会议。副县长姜晓静通报了 2011 年以来如东县食品安全工作情况。 县人大常委会党组副书记、副主任陈昌龙要求各相关单位和部门认清形势，形成共识，切实增强做好食品安全法执法检查工作的自觉性；明确任务，整体联动，扎实有效地开展好食品安全法执法检查工作；精心组织，从严要求，认真整改，确保食品安全法执法检查取得实效。会议由县人大常委会副主任唐国均主持。

★31 日，教育部社区教育研究培训中心常务副主任周延军一行，到如东县调研社区教育工作。如东县社会教育工作已被选入《江苏省社区教育案例选》，相关经验将推广至全省。县人大常委会副主任唐国均出席会议。

★31日，如东县召开第六次全国人口普查总结表彰暨统计工作会议，要求全县上下抓好普查成果的开发运用，扎实推进各项统计工作措施的落实，为党委、政府决策提供依据。副县长姜晓静要求全县各级抓好普查成果的开发利用，围绕党委、政府中心工作，扎实推进各项统计工作措施的落实。县领导冯力如、桑健出席会议。

★本周，如东县召开全县各镇（区）现代农（渔）业发展规划评审会议。县委常委、政法委书记于立忠要求各镇（区）立足自身特色，将农（渔）业发展规划与土地利用规划、海陆功能规划、城乡总体发展规划、空间布局规划、新能源发展规划相衔接，尤其要注重休闲观光农业和高效设施农业的发展。县领导冯力如、桑圣权出席会议。

6月

★1日，县政协主席陈建华及县领导杨中坚、唐国均、姜晓静、桑健前往县城4所学校，向全县少年儿童致以节日问候，向辛勤培育少年儿童成长成才的教育工作者表示崇高敬意。县领导蒋树建参加活动。

★1日，如东县召开苴东线西段建设工程推进会。县委常委、组织部部长任新峰指出，时下已经进入农忙季节，沿线干部群众要继续发扬传统，一鼓作气，确保完成拆迁任务；相关部门做好备土、杆线迁移等工作，确保早开工、早建设。副县长王智主持会议，县领导杨小军参加活动。

★1日，如东县举行“安全生产月”暨安全咨询周活动启动仪式，标志着2012年“安全生产月”活动全面展开。县委常委、政法委书记于立忠要求各镇区、各单位把“安全生产月”活动作为安全生产宣传教育行动的重要内容，突出重点、创新载体，组织开展形式多样、内容丰富的系列活动；同时加大隐患排查治理、安全生产专项整治和打非治违专项行动的力度，确保取得实效。

★1日，如东县召开政法宣传工作联席会议。县委常委、政法委书记于立忠要求相关部门充分发挥联席会议这一平台，统筹运用好传统主流媒体、新兴媒体和其他社会平台载体，建设功能互补、快捷高效的政法宣传网络，进一步构建政法宣传大格局，为全县政法事业发展提供强大舆论支持。

★1日，镇江市人大常委会副主任卢章平一行在市、县人大相关负责人的陪同下，到如东县考察交流。卢章平一行先后参观了洋口港展厅和太阳岛，听取了县人大常委会党组副书记、副主任陈昌龙关于如东县经济社会发展、洋口港建设和中远期规划情况的介绍。

★1日，“江苏省中小企业竞争力大讲堂·国家银河培训”在如东县开讲，全县中小企业负责人、高管人员近200人聆听了讲座。副县长王智参加了活动。

★2日，如东县召开如东县引进高学历人才县情和政策情况说明会上。县委副书记周建飞表示，如东县将积极创优政策环境、工作环境和生活环境，以更开放的胸怀引进人才，以更真挚的情感关爱人才，以更广阔的平台用好人才。县委常委、常务副县长沈峻峰主持说明会，县领导任新峰、唐国均、吴鼎皋出席会议。

★2日，县城城市管理指挥部召开第一次会议，会商青园南路创建省级市容管理示范路、农民自产自销市场建设、户外广告整治、交通停车管理等事项。县委常委、常务副县长沈峻峰带领与会人员察看了青园南路欧贸广场、国清路口、南环路接口等地段。

★4日，全县统战干部培训班开班。 县委常委、纪委书记刘才盛要求全县统战干部珍惜机会，学用结合，把学习理论知识与开展实际工作紧密结合起来，坚持从统战工作的实际出发，服务于全县经济社会发展，着眼于提高工作水平，立足于解决实际问题，增强政治把握能力、学习创新能力、调查研究能力、组织协调能力、廉洁自律能力和应对复杂局势的能力，做好新时期统战工作。县政协副主席、县委统战部部长吴鼎皋主持开班仪式。

★5日，全国人大常委会机关党委宣传部副部长孙健一行在县委副书记周建飞的陪同下，参观洋口港黄海大桥和观景平台。 周建飞介绍了近年来如东县招商引资、港口建设、绿色能源开发等方面的实施情况，并与来宾们畅谈了LNG投产以后如东县经济社会发展面临的新机遇。

★5日，是第四十个世界环境日，中国的主题是“绿色消费，你行动了吗？”，如东县在亚萍广场开展大型咨询活动，现场接受群众咨询并发放材料。县领导任新峰、沈更生、王智到现场视察。

★5日和6日，南通市副市长杨展里，县委书记、县人大常委会主任詹立风，县委副书记、县长潘建华分别检查如东县高考准备工作情况。詹立风检查时强调，高考不仅是平安高考，还是一个考出优异成绩的高考，各相关部门要尽一切可能，为广大考生发挥出最佳水平提供最有利的条件和最良好的环境，争取使如东县今年高考再创新辉煌。潘建华要求栟茶中学认真落实监管措施，切实加强食品安全管理。潘建华还要求随行的相关部门与栟茶中学密切配合，进一步细化工作责任，把高考的各项工作做细做实，努力为考生创造良好的氛围，确保高考工作万无一失。县领导杨中坚、唐国均、姜晓静、江华陪同检查。

★6 日，如东县政协、县纪委召开专题会议，部署联合对县内 11 家银行业金融机构，开展为期 4 个月的民主评议和政风行风评议，以促进金融机构进一步改进工作作风，提高服务水平。县政协主席陈建华出席会议，他要求全体政协委员、各金融机构、各镇（区）和各相关部门思想上高度重视，突出“严”字抓组织领导，突出“实”字抓评议环节，突出“全”字抓宣传报道，统筹安排，强化整改，确保活动取得良好效果。县委常委、常务副县长沈峻峰作动员讲话，他要求被评对象以开阔的胸襟虚心接受评议，以务实的态度落实评议工作，以负责的精神深化行风建设，提高金融机构的服务水平；参评人员要提高认识、加强领导，把握关键、整体联动，切实提高民主评议的水平。会议由县委常委、纪委书记刘才盛主持，并就如何贯彻落实会议精神提出明确要求。县政协副主席桑健、桑圣权、吴鼎皋出席会议。

★6 日，如东县举行“走基层、话发展、促跨越”集中宣传启动仪式暨“三争三实”主题教育活动推进会。县委常委、宣传部部长杨中坚出席会议，他要求各镇区和相关部门从着眼于推动如东新一轮思想大解放、冲刺“双过半”和完成全年目标任务，以及新闻战线深化“走转改”活动的需要，充分认识和把握主题教育活动和集中宣传的重要意义，紧贴全县经济社会发展实际，积极发挥“主战线、主阵地、主力军”的作用，有效引领社会思潮，培育全县主流文化，唱响主旋律，打好主动战，将全县上下的注意力集中到县委、县政府工作中心上来，引导各镇区、各部门、各单位加快转型升级，促进全县经济社会又好又快发展。

★7 日，南通市副市长黄爱军专程到如东县调研。县委书记詹立风，县委副书记、县长潘建华陪同调研，并汇报了如东县经济社会发展的有关情况。

★7 日，县人大常委会党组副书记、常委会副主任陈昌龙，县人大常委会副主任冯力如赴如东经济开发区（苴镇）调研经济发展状况。

★8 日，南通市检察文化建设推进大会在如东县检察院召开。县委书记、县人大常委会主任詹立风在大会上致辞。詹立风表示，全市检察文化建设推进会在如东召开，既是对如东县检察工作的充分肯定，也为如东县与兄弟县市区检察院提供了相互学习和交流的平台，将促进如东县检察工作再上新台阶，为全县经济社会又好又快发展提供更坚强的保障。市委常委、纪委书记庄中秋要求全市检察系统坚持把社会主义核心价值体系融入到检察文化建设的全过程；以服务大局为目标，切实推进检察工作的科学发展；坚持实事求是、因地制宜的原则，展现检察文化特色，丰富干警的精神家园；坚持以筑牢检察干警的思想防线为重点，切实加强检察队伍的自身建设。全国政协教科文卫体委员会副主任、中国检察官文学艺术联合会主席张耕，省检察院党组副书记、常务副检察长严明，市人大常委会副主任王向红，以及县领导刘才盛、杨中坚、于立忠、唐国均、姜晓静、桑圣权等出席会议。

★8 日，如东检察文化园举行开园仪式，这标志着如东县检察文化建设取得了突破性进展。县委常委、政法委书记于立忠主持开园仪式。全国政协教科文卫体委员会副主任、中国检察官文学艺术联合会主席张耕，省检察院常务副检察长严明，市委常委、纪委书记庄中秋，县委书记、县人大常委会主任詹立风为文化园揭牌。县领导刘才盛、杨中坚、唐国均、姜晓静、桑圣权出席开园仪式。

★8 日，如东县纪念第七个中国文化遗产日现场展演——“江海遗韵”在新店镇利群小学举行。县委常委、宣传部部长杨中坚指出，保护文化遗产需要全社会的努力，相关部门要将文化遗产保护与爱国、爱家乡教育，丰富群众文化生活和旅游资源开发有机结合起来，使文化遗产真正成为凝聚人心、激发干劲、促进发展的力量源泉。副县长姜晓静观看了展演。

★8 日，南通市检察院在如东县举行检察长接待人大代表日活动，听取驻如省、市人大代表的建议意见。县人大常委会副主任唐国均参加活动。

★9 日，旅美篆刻家汤成沅老先生的“汤氏金石馆”新馆在县图书馆隆重开馆。县委常委、宣传部部长杨中坚，汤成沅老先生的女儿汤聿昂共同为“汤成沅金石纪念馆”揭牌。 县领导沈更生、姜晓静出席活动。

★6 月 10 日，如东县召开全县重点工作推进会，在听取了各镇（区）关于 2012 年以来重点工作推进情况的汇报后，县委书记、县人大常委会主任詹立风要求各级各地认清差距，坚定信心，瞄准序时目标，倒轧时间部署，以“三争三实”的工作要求，把争先意识贯穿于工作的全过程；要抓实举措，攻坚克难，全力以赴冲刺“双过半”，集中精力轧指标、抓到账、解难题。要坚定不移抓招商、促项目，尽心尽力抓工业运行，保增长。各地坚定信心不动摇，咬定目标不放松，奋力冲刺上半年，确保实现“双过半”。县委副书记、县长潘建华主持会议。他要求各地紧紧抓住招商引资、项目建设、工业运行、财政收入、城镇建设、新农村建设等重点工作的任务目标，坚定必胜信念，创新工作举措，能快则快，能超则超，全面落实这次会议的工作要求，加快推进力度，圆满完成县委、县政府交给的“双过半”任务。县政协主席陈建华和县四套班子领导、各镇（区）党政主要负责人、县级机关、金融部门负责人出席了会议。

★11日，中天科技集团向县慈善会捐款1000万元。县委书记詹立风出席捐赠仪式并致辞，他表示中天科技集团的善举是企业倾心回报社会的又一次生动体现，必将对全社会关注和支持慈善事业起到引领和示范作用，其强烈的社会责任意识必将赢得全社会的尊重，“中天科技”品牌也一定会获得社会更广泛的认同和赞誉。他同时希望更多的社会组织和个人能像中天集团一样，积极投身慈善事业，为帮助弱势群体、促进社会和谐作出应有的贡献。县委副书记、县长潘建华以及县领导周建飞、陈昌龙、江华出席捐赠仪式。

★11日，市中级人民法院代院长陈荣庆一行到如东县视察法院文化建设和社会管理创新工作。县委书记、县人大常委会主任詹立风向陈荣庆一行介绍了如东县经济社会发展情况。县委副书记、县长潘建华，县领导于立忠参加了活动。

★11日，县委副书记周建飞、副县长张栩龙到如东县国税局调研时要求，务必一着不让、多措并举，全力打好组织收入的攻坚战，确保“双过半”目标圆满实现。

★12日，全国人大内司委委员、中央政法委原副秘书长鲍绍坤，带领全国社会管理创新典型培育中央蹲点指导组，到如东县调研社会管理创新工作新亮点。鲍绍坤对如东的社会管理创新工作给予了很高的评价。他表示，将在更高层面推介如东的新方法、新亮点，同时希望如东县建立长效机制，继续在整合资源上下功夫，不断打造工作亮点，切实解决民生问题，全面提升社会管理科学化水平。南通市委书记、市人大常委会主任丁大卫在考察时充分肯定了如东县在社会管理创新工作方面的努力和成效，并要求如东县继续创新工作方法，主动服务，找准工作的切入点和结合点，不断推进社会管理创新向纵深发展。市委常委、政法委书记曹斌，县委书记、县人大常委会主任詹立风，县委副书记、县长潘建华，县领导于立忠、唐国均、桑圣权等陪同调研。

★12日，盐城市青商会部分企业家在共青团盐城市委书记王娟的带领下，到如东县考察沿海开发工作。副县长姜晓静向他们介绍了如东县经济社会发展和近年来沿海开发情况。

★12日，南通市中小企业金融超市正式创办如东连锁店。县领导程军参加活动，他希望如东县企业借此机遇，努力加大投入、优化结构、扩大总量、提高档次，促进企业做大做强，不断夯实银企互动的基础。

★13日，省沿海办主任、省发改委副主任、省沿海开发集团董事长梁学忠一行在县委书记、县人大常委会主任詹立风，县委副书记、县长潘建华，县委副书记周建飞的陪同下，考察如东县海参养殖情况。

★13日，县第十六届人大常委会召开第五次会议。会议应到31人，实到22人。会议补选程静同志为南通市第十四届人大代表，表决通过《关于接受陆伯新辞去南通市第十三届人大代表职务的决定（草案）》。会议由县人大常委会党组副书记、副主任陈昌龙主持，县人大常委会副主任冯力如、唐国均出席会议，副县长姜晓静，县人民法院、县人民检察院、县委组织部等相关部门负责人列席会议。

★13日，市人大常委会副主任张小平一行，到如东县检查2008年以前、2009年以后持证企业退休职工及持独生子女光荣证的城镇老年居民一次性奖励等计生政策的实施情况。副县长姜晓静汇报了如东县相关计生政策的实施情况。县人大常委会党组副书记、副主任陈昌龙，县人大常委会副主任唐国均出席会议。

★14日，省委第四巡视组召开对如东县开展巡视工作动员会。省委第四巡视组副组长杨安国，南通市委常委、市纪委书记庄中秋，县委书记、县人大常委会主任詹立风，县委副书记、县长潘建华，县政协主席陈建华等四套班子领导出席动员会。杨安国作动员讲话。庄中秋对如东县做好接受巡视工作提出了具体要求。詹立风代表如东县四套班子就如何正确对待巡视工作、主动接受巡视检查、虚心接受监督指导，全力配合巡视组开展好巡视工作作了表态发言。

★14日，市委常委、纪委书记庄中秋一行在县委书记、县人大常委会主任詹立风，县委副书记周建飞，县委常委、纪委书记刘才盛的陪同下，就如东县非公企业建设进行专题调研。

★14日，如东县召开《如东县志》重修工作推进会。县委常委、宣传部部长杨中坚要求各镇区及相关部门要高度重视，切实把握重修工作的着力点和长效性，细化工作方案，任务分解落实到人，对照重修工作的具体要求，制定翔实的措施，保质保量完成重修工作。副县长姜晓静出席会议。

★15日，县委副书记、县长潘建华前往县城开发建设指挥部调研，他要求相关部门和单位充分发挥城建指挥部统分结合的协调机制，高效、快捷、准确地推进城市开发建设，以城市化的提质提速推动如东县转型跨越发展。县领导沈峻峰、杨中坚参加了调研活动。

★15日，如东县召开全县党风廉政建设工作推进会。县委常委、纪委书记刘才盛要求各镇区及相关部门以更高的定位确定党风廉政建设工作的新目标，统筹兼顾、突出重点、结合实际，切实强化源头防腐，以更实的举措抓好党风廉政建设工作。

★15 日，市委组织部副部长张辉到如东县调研市级机关驻村“第一书记”和如东县基层组织建设的工作情况时强调，要不断创新党建工作模式，抓好基层组织建设工作。县委常委、宣传部长杨中坚对“第一书记”挂职薄弱村表示由衷感谢，他认为书记们从原来的工作岗位深入到基层农村，跟农民和“泥土”打交道，能得到很好的锻炼，而依托自身的能力素质、人脉资源等条件，他们一定会给交通不便，基础较差的落后村赢得新的发展机遇，当地的农业经济也将呈现出新的发展面貌。

★15 日，县委常委、政法委书记于立忠前往掘港、曹埠、马塘、丰利四个镇，调研秸秆机械化还田推进情况。

★16 日，以“倡导健康快乐和谐的生活方式”为主题的“医保杯”如东县第二届广场健身舞比赛在县城浅水湾水上公园健身广场举行，来自全县各乡镇社区的 12 支团队共 300 多人参加了决赛。副县长姜晓静宣布比赛开始，县委副书记周建飞及县领导沈更生、唐国均、桑圣权观看了比赛。

★16 日，如东县召开全县房屋征收工作推进会。县委常委、常务副县长沈峻峰对上半年房屋征收工作给予肯定。他要求相关单位和部门围绕全年目标，加大推进力度，做到依法征收、阳光操作，同时增强征收合力，坚持过细工作，做到宣传到位、服务到位、保障措施到位，对各种阻挠、破坏房屋征收工作的违法行为，坚决予以打击，确保零事故、零上访。县领导杨中坚、沈更生、桑圣权参加会议。

★16 日，教育部职成教司综合处处长刘宏杰、巡视员贾厚林在省教育厅职教处处长刘克勇、市教育局副局长姜学勤、职社处处长李俊华，县人大常委会副主任、县委教育工委书记唐国均、县教育局局长李建国、副局长朱亚飞陪同下，到如东第一职业教育中心校正在建设中的新校区调研。

★16 日，农业部水稻高产创建专家组专家、南京农业大学副校长丁艳锋一行到如东县，考察水稻生产及项目实施工作。 副县长江华参加了活动。

★16 日至 17 日，国家发改委应对气候变化司对外合作处处长黄问航专程到如东县，就 2012 年度中美气候变化青年领导力夏令营活动将于 8 月中旬在如东县举行的相关准备工作开展前期考察。黄问航就活动的具体行程及内容安排等，与县委副书记、县长潘建华及县领导沈峻峰等深入交换了意见。潘建华表示，如东县将按照国家及省、市相关部门要求，全力协助举办好此次活动，做好活动策划、后勤保障等工作，充分展现如东近年来在积极发展绿色、低碳经济方面取得的成果，确保活动取得圆满成功。县领导唐国均、姜晓静陪同考察。

★18 日，县委副书记、县长潘建华走进南通广播电台“政风行风热线”节目，通过电波与听众在节目中进行交流，解答群众关注的热点问题。潘建华表示，县委、县政府今后将进一步加强与群众的密切联系，倾听群众呼声、解决群众难题，对于未能现场解答的提问将在直播结束后与相关部门一同继续关注。

★19 日，由《文艺报》社、中国作家协会创作研究部、中共南通市委宣传部、中共如东县委、如东县人民政府联合举办的刘剑波长篇纪实散文《姥娘》研讨会在北京召开。中国作协第七届书记处书记张胜友、中国作协创作研究部副主任梁鸿鹰，《文艺报》副总编辑崔艾真，中共南通市委常委、宣传部部长章树山，副部长王一鸣，县领导沈峻峰、杨中坚、唐国均、姜晓静，著名评论家吴秉杰、胡平、曾镇南等以及《人民日报》《光明日报》《中国青年报》《北京日报》、新华网、新浪网等媒体参加了研讨会。县委常委、常务副县长沈峻峰表示，对开启基本现代化新征程的如东来说，在北京举办如此高规格的刘剑波作品研讨会，其意义十分深远。如东县将以此为新起点，加快县域经济发展，为大力实施文化建设工程提供有力保障，同时进一步扩大文化惠民服务，加大人才培养力度，构筑文艺人才高地。会议由中国作协创研部副主任、著名评论家梁鸿鹰主持。

★19 日，如东县第十六届人大常委会召开第四次主任会议，专题听取并审议县政府关于城乡居民普遍饮用长江水工程推进情况的汇报。副县长江华汇报了工程推进情况。县人大常委会党组副书记、副主任陈昌龙要求相关部门认真听取人大的审议意见，及时消化、有效互动、抓好落实。在下一阶段的工作中，做到坚定信心，坚守目标；规划引领，要素统领；突出重点，突破难点；统一思想，统筹推进，确保年底全面实现引江供水全覆盖，受益人口 90%以上。会议由县人大常委会副主任沈更生主持，县人大常委会副主任冯力如出席会议。

★19 日，县道路交通安全委员会召开全体成员会议，研究分析全县道路交通安全形势，深入推进“文明交通、平安出行”工程及县城区畅通工程。副县长、县道路交通安全委员会主任、县公安局局长程军要求各成员单位认清形势，健全体系，切实履职，分工协作，形成合力，努力提升道路交通安全综合监管水平，将“文明交通、平安出行”工程落实到实处。

★20 日，县委副书记周建飞带领交通、海洋渔业等部门负责人，调研省市沿海开发重点项目推进情况。

★21 日，国家发改委农经司副司长方言到如东县考察港口和渔业资源开发利用情况，并勉励如东县充分利用好滩涂资源优势，加快港口开发建设，发展滩涂养殖。县委书记、县人大常委会主任詹立风向方言介绍了洋口港目前的开发情况以及未来发展前景。县委副书记、县长潘建华以及县领导于立忠、张蓉蓉、江华、王志荣等陪同考察。

★21日，如东县召开招商引资“双过半”紧急会议。针对当前如东县利用外资“双过半”的严峻形势，县委副书记周建飞要求各镇区找准差距，查出问题，抓住最后时机完成利用外资“双过半”任务。副县长张栩龙主持会议。

★22日，县城东二环如泰运河大桥顺利合龙。县委常委、宣传部部长杨中坚主持合龙仪式，县委常委、常务副县长沈峻峰宣布大桥合龙施工。县领导沈更生、桑圣权等出席活动。

★22日，县人大常委会召开第5次主任会议，参观了苴镇河丫村的南美白对虾养殖基地和万亩海参园区，听取了县海洋渔业局关于全县现代渔业园区建设情况的汇报。县人大常委会副主任沈更生、冯力如、唐国均，副县长江华出席会议。

★22日，县政协副主席桑圣权带领政协文体组视察如东县文化广电新闻出版工作。 桑圣权对前一阶段如东县文广新工作表示肯定，他说文化娱乐设施建设要有前瞻性，特别是如东县的文化中心设计要突出本地特色，功能设计要超前，兼顾未来文化发展趋势，规划上要形成合力，抓紧落实，为如东县文化建设早日实现基本现代化打下基础。

★22日至23日，国能能源集团总裁张财根率团到如东县，重点考察沿海经济开发区投资建设情况。县政协主席、党组书记陈建华，副县长王智会见考察团一行，并就合作项目、融资方式等具体事宜与考察团深入交换了意见。

★24日，由上海浦发集团和掘港镇共同主办的“美国加州、上海浦发、江苏如东经济合作交流会”在上海浦东举行，县委副书记周建飞，县领导沈峻峰、张栩龙、掘港镇有关方面的负责人和美国加州市长理查德•蒙哥马利以及加州企业家代表与会。

★25日，第22个“全国土地日”，县国土局、法宣办、司法局联合开展全县“土地法律乡村行”暨国土资源志愿服务活动。县委常委、宣传部部长杨中坚宣布全县“土地法律乡村行”志愿服务活动正式启动。

★26日，江苏领先汽车保养用品项目在洋口港经济开发区临港工业区隆重举行开工仪式，县委副书记周建飞宣布项目开工。副县长张栩龙出席开工仪式并讲话，他要求洋口港经济开发区以此为契机，以更大的决心、更高的标尺、更实的举措，切实做好招商引资和服务工作，招引大项目，培育大企业，开创如东县招商引资工作新局面。

★26日，县委副书记周建飞、副县长张栩龙带领县商务局（招商局）负责人，前往如东经济开发区、洋口港经济开发区、沿海经济开发区和掘港、栟茶、丰利三个镇，专题督查各镇区招商引资“双过半”落实情况，要求各镇区咬定目标，奋力冲刺，确保完成“双过半”目标。

★27日至28日，上海市黄浦区旅游局党组书记杨奕带领沪上部分旅行社负责人到如东县参观考察。 副县长王智介绍了如东县旅游产业发展和景点打造情况，他希望如东县与黄浦区共同合作，挖掘旅游资源，推介旅游项目，促进如东旅游产业做大做强。

★28日，县人大常委会副主任唐国均带领部分镇人大主席和县人大代表前往县卫生局，调研卫生系统2012年为民办实事项目实施情况。 唐国均对县卫生局为民办实事项目实施情况给予肯定，他希望该局在推进“一镇一公立医院”建设时，高起点规划，同时加强人才的引进和相关业务培训；在健康体检过程中加强相关专业人员的跟踪督查。

★28日，如东县召开二季度商贸流通经济工作交流会。副县长王智要求各镇区、各部门积极引导规范发展，切实做好商业网点规划，严格商贸基础设施建设的审批把关，稳健发展专业商品市场；同时不断提高连锁经营的规模化水平，加快发展现代物流业，确保如东县商贸流通产业又好又快发展。

★29日，县委、县政府与三一集团在南通举行会谈，双方通报了三一如东工业园项目前期筹备工作情况，并对工业园规划设计方案进行讨论。三一重工塔机公司总经理梁坚毅和三一重工副总经理梅永华出席会议并通报了项目的筹备进展情况。县委副书记、县长潘建华指出，三一如东工业园项目无论从规模还是质量上来看，都是改革开放以来如东引进的最好的项目，如东县政府及相关职能部门将围绕项目尽全力做好服务工作，建立联合工作机制，与三一重工方面协作推进。县委书记詹立风表示，如东县委、县政府将把服务好、支持好项目建设和企业发展作为最大的责任，围绕项目按时开工排解任务，建立科学合理的工作流程以及定期会商的工作机制，为项目快启动、快建设、快见效创造优越的环境。他真诚希望三一集团按照高定位和高标准，加快推进工业园建设，如东县也将与三一集团建立良好的合作伙伴关系，实现共赢。县领导周建飞、张栩龙以及国土、环保、规划、发改委、供电等相关部门负责人出席会议。

★29 日，县政协主席陈建华带领县化治办、环保局、安监局等部门负责人，对如东县园区外的部分化工企业进行实地视察，专题调研如东县化工企业专项整治工作。县领导张栩龙、王志荣陪同调研。

★29 日，如东县召开苴东线西段工程征地拆迁第二次推进会。副县长王智要求迅速做好扫尾工作，加强服务保障，抓紧施工准备，确保施工队伍如期进场施工。当天，与会人员视察了岔河、河口、袁庄拆迁现场。

★30 日到 7 月 1 日，韩国国民希望论坛组长朴在运带领韩国 Smart 液晶技术有限公司和时代信息咨询株式会社高层，到如东县考察。县委副书记、县长潘建华会见了朴在运一行，他详细介绍了如东的经济社会发展情况及区位优势、主导产业、外资落户优惠政策等。副县长王智参加了会见活动。

★6 月 30 日到 7 月 1 日，省农业资源开发局副局长张学平一行到如东县，对 2011 年度国家农业综合开发项目进行验收。副县长江华汇报了如东县 2011 年度国家农业综合开发项目建设工作情况。县委常委、政法委书记于立忠陪同检查验收。

7 月

★1 日，县委、县政府在县行政中心会议厅隆重举行全县创先争优表彰大会暨“七一”大党课报告会，表彰 2010 年以来在全县创先争优活动中涌现出来的先进基层党组织、优秀共产党员、优秀服务品牌和党员示范窗口，进一步发挥先进典型的引领作用，激励全县广大党员干部群众为实现“两年赶超、五年争先”目标、加快建设现代化新如东而奋斗。县委副书记、县长潘建华宣读《中共如东县委关于表彰全县创先争优先进基层党组织、优秀共产党员、优秀服务品牌、党员示范窗口的决定》。会议由县委书记、县人大常委会主任詹立风主持。詹立风希望受表彰的先进单位和个人珍惜荣誉、努力工作、再创佳绩；希望各地、各部门认真总结近三年全县创先争优活动取得的阶段性成果，进一步完善长效机制，推动创先争优活动制度化、常态化，以创先争优活动为平台，激励全县党员干部，以更加饱满的热情、更加昂扬的斗志、更加务实的作风，积极投身建设现代化新如东的伟大实践，为推进集聚发展、协调发展、和谐发展做出新的更大的贡献。大会采取电视直播方式，县行政中心会议厅设主会场，各镇（区）设分会场。主会场出席会议的有：县四套班子全体领导，县法院院长、县检察院检察长；各镇党委书记、分管党务工作的副书记；各区党工委书记；县级机关部门主要负责人以及中层以上党员干部。

★1 日，由县委宣传部、县文化广电新闻出版局、县总工会联合举办的“大东杯”首届职工文化艺术节暨第八届“虫宾城之夏”首场文艺演出在新落成的“五一广场”隆重开演。副县长姜晓静宣布艺术节开幕。随着市总工会副主席杨哗鹃以及县领导唐国均、桑健等一同摁下启动球，以“放歌劳动，给力发展”为主题的文艺晚会正式开演。

★2 日，省沿海办副主任王由礼率领省政府督查组来如东县调研沿海开发重大项目的推进情况，高度肯定如东县港口建设、产业项目发展等方面的突出成就。县委书记、县人大常委会主任詹立风，县委副书记、县长潘建华，县领导周建飞、王孝强、张栩龙、江华、余科参加调研活动。潘建华向督察组介绍了如东县沿海开发、产业项目建设的相关情况。詹立风希望省委、省政府也能够站在加快沿海开发的战略层面去统筹推进，把如东“港口引领”的开发战略推向更高层次。

★2 日，县委常委、人武部部长吴风俊，县人大常委会副主任冯力如在双甸镇党、政主要领导的陪同下，走访、慰问了该镇宗奎村、镇东村、镇南村、双南居委会和德银村的部分贫困党员和老党员，并给他们送上慰问金。

★3 日，如东县东凌库区产业园成立会议在县行政中心举行，县委副书记周建飞对东凌库区资产移交、园区启动等工作进行了部署。这次会议的召开，标志着东凌库区产业园开发建设正式拉开帷幕。

★3 日，县委常委、纪委书记刘才盛前往曹埠镇亲切慰问上漫社区何素珍和甜水村季炳玉两位新中国成立前入党的困难老党员，详细了解了他们的身体和生活情况，感谢他们一直以来为党为国家所做的贡献，嘱咐镇村领导关心好照顾好老人，让他们安享晚年。

★3 日，县委常委、宣传部部长杨中坚，县政协副主席桑圣权冒雨前往袁庄镇慰问了袁素珍等 5 名新中国成立前入党的老党员，要求镇村干部要关心这些老党员，帮助他们解决一些实际困难。

★3 日，农业部渔业局组织检查组，就黄渤海区和东海区伏季休渔开展交叉检查。检查组对如东县伏季休渔情况给予肯定，要求如东县继续认真执行伏休渔船动态管理制度，加大安全生产法规、安全知识的宣传教育，加强落实渔业生产安全措施，为广大渔民生命财产安全保驾护航。 县委常委、副县长王孝强陪同检查。

★3 日，如东县召开农桥建设工作推进会，部署 2012 年农桥建设任务。 副县长江华要求各镇及相关单位进一步增强做好农桥建设工作的责任感和紧迫感，轧紧部署、加强管理，明确责任，打好农桥建设工作攻坚战。

★4日，在县委书记、县人大常委会主任詹立风，县委副书记、县长潘建华的陪同下，重庆市酉阳自治县县委书记陈勇，县委副书记、县长陈文森带领酉阳自治县党政代表团到如东县考察。詹立风向酉阳自治县党政代表团介绍了如东县近年来经济社会发展概况和思路。他说，酉阳和如东两地应通过学习考察等多种形式，加强联系，互相学习，取长补短，同时，今后可以在经济、社会事业、教育文化等多方面开展合作，推动双方共同发展。县政协主席陈建华，县委副书记周建飞，县领导于立忠、张蓉蓉、沈更生参加活动。

★4日，县领导杨中坚、唐国均、姜晓静带领县教育局、住建局、国土局、代建办负责人到如东第一职业教育中心校新校区的工地检查工程进展情况。

★4日至5日，县人大常委会副主任沈更生、冯力如分别带领检查组检查了如东县食品生产、流通领域内“食品安全法”执法情况。

★5日，如东县宣传贯彻《江苏省渔业安全生产管理办法》、第四届放鱼节活动暨海洋预报台揭牌仪式在洋口港海域举行。县委书记、县人大常委会主任詹立风宣布放流活动开始。县委副书记周建飞在活动中致辞。县委书记、县人大常委会主任詹立风，县委副书记、县长潘建华，县政协主席陈建华与国家海洋局东海分局局长张惠荣，省、市、县领导参加放流活动。由国家海洋局南通海洋环境监测中心站与如东县海洋与渔业局共同建设的如东海洋预报台同时揭牌成立，詹立风与省、市领导共同为其揭牌。副县长江华主持活动，县委常委、政法委书记于立忠向洋口港经济开发区、沿海经济开发区等10家放流捐助单位，颁发“放流纪念牌匾”。省海洋与渔业局副局长王仁政，县领导张蓉蓉、王孝强等参加了活动。

★5日，县委副书记、县长潘建华前往如东经济开发区，给老党员送去慰问金和党组织的关怀。

★5日，县食安委召开二季度食品安全工作例会。副县长姜晓静要求各成员单位继续保持高度警觉，做到食品安全监管全覆盖，确保全年无系统性、源头性食品安全事故发生；进一步形成合力，保持联合执法常态化、高效化；加强监管体系建设，落实食品生产经营者的主体责任，针对乡镇领域内安全执法要做到重心下移，确保食品安全监管无缺位。

★6日，如东县举行2012年海内外人才如东行招待晚宴。 县委副书记、县长潘建华致辞。他说，如东人民历来具有尊重知识、尊重人才、尊重劳动、尊重创造的传统，如东县委、县政府历来注重人才的引进、人才的使用和人才的培养。随着两大战略的深入实施，如东已经变成了一块投资、创业的热土。他衷心期待各位专家和人才为如东县发展献计献策，并真诚地邀请大家来如东投资兴业。

★6日，在南通市政协秘书长朱进的陪同下，美籍华人、美国欧美嘉生物技术有限责任公司项目开发经理、执行总监汤斌博士一行到岔河镇考察农业生产情况。 县委常委、岔河镇党委书记杨小军陪同考察。

★6日，南通市老归侨联谊会专程组团到如东县参观考察。 县人大常委会副主任、县侨联主席沈更生向他们详细介绍了如东近年来经济社会建设成果、发展远景规划，特别是洋口港开发建设的最新进展，希望他们发挥海外人脉广、资源多的优势，为如东县经济社会发展引资引智、牵线搭桥。

★7日，县委、县政府召开动员大会作出部署：从现在起，在全县开展“双百双解”活动，以“100家企业和100个项目”为典型，以“为项目建设推进解难、为企业生产经营解忧”为重点，切实解决企业运行和项目建设过程中的矛盾和困难，努力促进全县经济更好更快发展。县委副书记、县长潘建华就 “双百双解”活动的开展进行部署。县委书记、县人大常委会主任詹立风作重要讲话。他要求开展“双百双解”活动，重在快行动，重在狠抓落实。各地、各部门和各级领导干部要迅速行动起来，健全责任体系，层层抓好落实；切实转变作风，提升服务效能；严格督查考核，强化过程控制，真正做到更加聚焦项目，更加聚力发展，确保活动取得明显成效。会议由县委副书记周建飞主持，县四套班子领导出席会议。

★7日，县委书记、县人大常委会主任詹立风前往洋口港经济开发区（长沙镇）慰问生活贫困的老党员，了解他们的日常生活状况，为他们送去党和政府的问候。县领导张蓉蓉、王孝强陪同慰问。

★7日，如东县举办2012年海内外人才如东行恳谈会，县委常委、组织部部长任新峰作如东县情和人才发展政策介绍。18位海内外人才与如东经济开发区、洋口港经济开发区、大豫镇、中天科技、东瑞医药等10个镇（区）、企业负责人进行交流洽谈，最终11位海内外专家签订合作协议。

★7日，南京师范大学中北学院在如东县举行绿色环保分队暑期社会实践启动仪式和社会实践基地授牌仪式。启动仪式由县政协副主席桑圣权主持。县人大常委会副主任沈更生在启动仪式上致辞，他希望这次“大学生绿色环保行动”活动，能产生良好的实践效果和广泛的社会影响，为如东保护和改善生态环境做出积极的贡献。

★8日，如东县举办“扶海大学堂”——《易经》

中的大智慧专题报告会，邀请北京师范大学教授、博导张涛作专题报告。报告会由副县长姜晓静主持。

★9 日，如东县召开县行政服务中心上半年工作点评大会。县委副书记、县行政服务中心党工委书记周建飞总结县行政服务中心上半年工作，部署下半年工作。县委副书记、县长潘建华到会讲话。他充分肯定县行政服务中心上半年工作，要求行政服务全体工作人员进一步提高责任意识，围绕行政服务“快”“低”“满意”三个目标，提升服务水平。会议由县委常委、常务副县长沈峻峰主持。

★9 日，如东县召开全县纪检监察系统半年工作暨“品牌工作”推进会议，县委常委、纪委书记刘才盛出席会议，他要求要求各级纪检监察组织要以“严执纪、优环境、铸品牌、促发展”为主线，深入实施服务中心工作的“六大工程”，聚力建设“诚信如东”“效能如东”“清廉如东”，为建设现代化新如东提供坚强的纪律保障。

★9 日，县人大常委会副主任唐国均率领检查组检查了如东县餐饮消费环节《中华人民共和国食品安全法》执法情况。

★10 日，市委书记、市人大常委会主任丁大卫带领市沿海办、发改委、规划局等部门的负责人，到如东县调研沿海开发和“区镇合一”实施情况。县委书记、县人大常委会主任詹立风，县委副书记、县长潘建华，县政协主席陈建华陪同丁大卫一行视察。詹立风向丁大卫一行介绍了如东沿海开发情况。丁大卫对如东县的沿海开发工作给予充分肯定。他要求如东县切实贯彻落实好全市沿海开发工作会议精神，坚持科学开发、开放开发、联动开发、统筹开发、创新开发，猛攻重大项目，加快载体建设，务实工作作风，在沿海各县市中加速攀升、加快发展。

★10 日， 江苏沿海地区千亿元级现代渔业建设推进会与会代表参观如东县万亩海参现代渔业产业园。 省海洋与渔业局副局长沈毅对园区建设工作表示肯定，他鼓励如东县进一步加大组织力度，加快渔业结构调整和发展方式转变，在全省沿海地区千亿元级现代渔业产业发展中当好主力军。县委常委、副县长王孝强陪同参观。

★10 日，县人大常委会召集县发改委、经信委相关负责人座谈，调研全县上半年工业经济运行情况。县人大常委会党组副书记、副主任陈昌龙充分肯定了县发改委和经信委所做的工作，希望他们继续狠抓落实，重点围绕百强企业找措施、强信心、优环境，进一步在突出工业经济的可持续发展上求变，在突出工业运行要素互动中提质，确保全县工业企业平稳较快发展。

★10 日，江苏省文化产业引导资金现场验收组到如东县，就南通市少年杂技培训基地项目进展和资金投入情况进行验收。副县长姜晓静陪同验收。

★11 日，县委工作会议在行政中心召开。县委书记、县人大常委会主任詹立风在会上代表县委作工作报告。他充分肯定 2012 年上半年全县各项工作取得的成绩，同时也深刻分析了工作中存在的不足和差距，要求全县上下保持清醒头脑，认清当前形势和所面临的任务，正视经济下行压力和发展差距，进一步增强加快发展的危机感和紧迫感。会议由县委副书记、县长潘建华主持，省委第四巡视组副组长杨安国以及副调研员余祥明出席会议。全体县委委员、候补委员，县纪委委员，县人大、县政府、县政协领导班子成员，县法院院长、县检察院检察长，各镇党委书记、镇长、人大主席，各区党工委书记、管委会主任，各镇（区）招商引资、项目建设、工业经济分管负责人，县级机关各部门中层以上干部，县五十强企业负责人，县四套班子老领导和享受地市级待遇的老干部代表出席会议。

★11 日，如东县召开全县维稳工作会议，要求各镇区及相关部门，全面落实维稳工作责任制，努力为全县经济社会发展创造和谐稳定的政治环境。县委常委、政法委书记于立忠回顾总结了 2012 年以来如东县维稳工作情况。县委书记、县人大常委会主任詹立风要求各镇区及相关部门提高认识，以强烈的责任感抓好维稳这项工作；夯实基础，把维护稳定的各项措施落到实处，细化工作任务，强化工作重点；及时抓好源头管理，一着不让地开展大接访活动；严肃纪律，把维护稳定放在各项工作的首要位置，狠抓督查督办，确保全县社会和谐稳定。会议由县委副书记、县长潘建华主持，县政协主席陈建华，县人大常委会党组副书记、副主任陈昌龙，县领导沈峻峰、唐国均、程军、桑圣权出席会议。

★11 日，县委书记、县人大常委会主任詹立风率领参加县委工作会议的部分人员参观沿海经济开发区正在建设中的江苏长青农化南通有限公司、企业职工生活配套区等项目现场。

★12 日，在县委书记、县人大常委会主任詹立风的陪同下，全国政协委员、全国青联常委、摩根大通证券（亚太）有限公司亚洲区副主席、香港华菁会主席方方，带领香港华菁会访问交流团到如东县参观考察。香港华菁会副主席张毅，美国纽约州执业律师、美国普衡律师事务所合伙人、香港如东同乡会会长严嘉，县领导刘才盛、张蓉蓉陪同参观。

★12 日，在“如东县居住证”首发仪式上，河南新野人李新宾领到了如东县公安部门发放的第一张居住证，成为如东新市民，这标志着如东县外来流动人口居住证制度正式启动。县委常委、政法委书记于立忠希望各地、各相关部门结合本部门职能，认真研究制定居住证制度配套实施办法，不断提高居住证的“含金量”和社会应用功能，努力让居住证持有人更快、更多地享有本地居民各项待遇。副县长、县公安局局长程军主持仪式。

★12日，市安全生产检查组对如东县安全生产工作进行年中目标考核，认为如东县安全生产工作思路清、措施实、成效显，下半年要继续围绕科学发展主题和加快转变经济发展方式的主线，以强化企业主体责任为宗旨，以安全生产“三项行动”“三项建设”为抓手，进一步深化安全生产年活动，保证安全生产形势持续稳定好转。县委常委、副县长王孝强向检查组汇报如东县安全生产工作的有关情况。

★ 13日，县政协主席陈建华一行前往县海洋与渔业局，就“和谐海洋”工程推进情况展开调研。县领导江华、吴鼎皋参加活动。

★13日，来自扬州大学农学院“科技兴三农”党员博硕士团的13名成员前往岔河镇，与种养大户签订一对一合作协议，这标志着该校党员博硕士团暑期社会实践活动在如东全面展开。扬州大学农学院党委书记余吉生和县委常委、岔河镇党委书记杨小军为实践基地揭牌。县委常委、政法委书记于立忠希望双方以此次活动为契机，进一步拓展在人才培养、基地建设、科技转化等方面的合作，实现共赢。

★14日，县政府召开全体（扩大）会议暨廉政工作会议。会议由县委常委、常务副县长沈峻峰主持。县纪委副书记、监察局局长肖斌作2012年政风行风和政府廉政建设工作报告。县委副书记、县长潘建华作重要讲话。他回顾总结上半年工作，分析研究当前经济形势，部署安排下半年任务，动员全县上下进一步认清形势，坚定信心，狠抓落实，全力以赴做好“攻投入、稳增长、促转型”各项工作；全面部署落实政风行风及廉政建设工作，不断提升政府及其部门的作风形象。县领导王孝强、沈更生、姜晓静、王智、程军、江华、桑健参加会议。

★16日，省委常委、省政府常务副省长李云峰在南京会见台湾“中国石油化学工业开发股份有限公司”董事长沈庆京一行。市委书记、市人大常委会主任丁大卫，市委副书记、市长张国华，县委书记、县人大常委会主任詹立风，县委副书记、县长潘建华陪同并参加会见。李云峰介绍了江苏省石化产业的发展情况，并强调洋口港在江苏沿海开发进程中已经迅速发展成为产业港，是石化产业发展的合适地点，台湾中石化在洋口港投资选择正确，洋口港石化产业发展的空间大。他希望双方加强经贸合作，创造条件，快速推进，促进发展。李云峰要求省政府有关部门认真研究，积极支持台湾中石化项目落户洋口港；南通、如东迅速开展前期基础工作，全力支持，创造条件，和台湾中石化合作起来。省政府副秘书长徐立，县委副书记周建飞，县委常委、洋口港经济开发区党工委书记张蓉蓉等领导参加会见。

★16日，如东县召开县优秀人才系列奖项评选动员部署会议。县委常委、组织部部长任新峰要求突出产业重点，突出能力贡献，把个人的能力水平和工作业绩作为评选的主要标准，不拘一格评选优秀人才，激励各类人才在经济转型升级一线开拓创新、干事创业。

★16日，清华大学博士生实践服务团的10位博士到如东县，将开展为期一周的以旅游经济和新能源发展为课题的调研活动。座谈会上，县委常委、组织部部长任新峰向博士们介绍了如东经济社会发展情况，希望青年才俊充分发挥人脉优势、资源优势和学识优势，为推动如东发展做出贡献。

★17日，市委政法委调研组到如东县调研，县委常委、政法委书记于立忠向调研组汇报如东县政法队伍建设的相关情况。市委政法委调研组对如东县政法队伍建设取得的成绩予以充分肯定，希望如东县继续把政法队伍建设放在政法工作的首要位置来抓，着力在思想政治建设、业务素质建设和作风形象建设上下工夫、求突破，全面打造作风能力过得硬、人民群众信得过的一流政法队伍。

★17日，南通市文广新局局长陈亮一行到如东县调研公共文化服务体系建设。县领导沈更生、姜晓静、桑健陪同调研。

★17日，市经信委、市供电公司有关负责人来如东县调研迎峰度夏有序用电工作情况。副县长张栩龙参加调研活动。

★18日，洋口港开发前线指挥部举行办公会议，对一些急需研究解决的重点难点问题进行专题研究和明确。县委书记詹立风在会议上强调，举全县之力众志成城强势推进洋口港开发建设。县领导潘建华、周建飞、沈峻峰、张蓉蓉、王孝强、沈更生，县委办、县政府办，洋口港前指办，县相关部门及洋口港前线指挥部成员单位的领导出席了会议。

★18日，县委副书记、县长潘建华带领县住建、国土、规划、交通运输、征收办及掘港镇的相关负责人，专题视察县城城建重点工程建设情况。他要求相关部门统筹规划，综合开发，抓投入、抢进度、建精品，加快推进重点城建项目建设，快速提升区域形象，让城市面貌早日出新。县委常委、常务副县长沈峻峰，县委常委、宣传部部长杨中坚陪同视察。

★18 日，县委、县政府召开全县工业经济形势分析会，通报上半年全县工业经济运行情况，分析当前经济发展形势，并研究部署下一阶段各项工作任务。县委副书记周建飞要求，三季度以及下半年，全县工业经济工作要进一步围绕项目主线提质增效，保住“现实增长点”，挖掘“潜在增长点”，培育“爆发增长点”。在宏观经济形势低迷的情况下，各镇（区）党委、政府务必充分做好工业企业的服务工作，进一步稳定懂经济、肯务实的工业经济负责人队伍，多措并举，确保全年目标顺利完成。副县长张栩龙主持会议。

★18 日，如东县举行镇（区）安监机构授牌仪式，各镇（区）在安全环保中心（局）的基础上重新挂牌成立安监所（局），并启动安监业务知识培训班，进一步完善如东县安全监管网络、明确工作职责、提升监管水平。 副县长张栩龙要求各镇（区）安全监管人员本着对人民群众生命财产安全负责、对社会经济发展负责、对自我负责的态度，不断熟悉辖区内工业企业的生产流程、行业特点以及相关的政策、法律法规，明确工作职责，提升安全监管的责任意识，更专业、更有针对性地投入安全生产监管工作。

★18 日，县人社局召开专门会议，向人大代表、政协委员们汇报今年提案和建议的办理情况，听取人大代表及政协委员的意见和建议。 县政协副主席吴鼎皋与会并讲话。

★18 日，由县红十字会、县卫生局等部门主办，县委宣传部等协办的“关爱环卫工、盛夏送清凉”慰问活动在如东大饭店举行。 副县长姜晓静向这些起早贪黑、顶严寒斗酷暑的“城市美容师”致以亲切的慰问。她说，政府及相关部门应关爱环卫工人，营造良好的工作环境，进一步提高标准，加大投入，提升机械化水平。同时，宣传发动全社会共同关爱环卫工人，参与支持环卫工作，全民行动起来为环卫工人分忧解难。

★19 日，县人大常委会党组副书记、副主任陈昌龙一行前往县城管局，听取关于人大代表建议办理情况和城管工作专题汇报。陈昌龙对城管工作给予肯定，他要求县城管局进一步融入大局、有效对接，将服务的触角向城乡镇区延伸，同时在城市管理机制和重点工程推进上求突破；在管理方式上由控制向引导、激励转变；在工作质态上求成效。县人大常委会副主任沈更生、冯力如、唐国均出席会议。

★19 日，省物价局局长周卫国、省政府法制办公室主任孙如林带领联合调研组到如东县，就《江苏省行政事业性收费管理办法（草案）》召开立法座谈会。县领导姜晓静陪同调研。

★20 日，南通市巡察督查组一行在市纪委委员、市政府法制办公室主任王筱融的带领下，到如东县督查 2012 年落实党风廉政建设责任制情况。 县委常委、纪委书记刘才盛向督查组一行汇报如东县落实党风廉政建设责任制情况。县委副书记、县长潘建华向督查组一行汇报政府班子及部门落实党风廉政建设责任制情况。

★20 日，县政协主席陈建华带领部分政协委员到县城管局听取 2012 年提案办理工作情况汇报。县政协主席陈建华对城管局提案办理工作给予充分肯定，认为城管局对政协提案高度重视，高标准、高质量地完成了提案办理工作，城市管理水平明显提高，市容市貌明显改善。同时希望城管局进一步加大对已办理的提案的跟踪检查和督促落实力度，不断巩固和落实办理成果。县领导桑圣权、吴鼎皋参加活动。

★20 日，县人大常委会召开第六次主任会议，就县人民法院刑事审判工作进行审议。县人大常委会党组副书记、副主任陈昌龙对近年来法院刑事审判工作表示充分肯定，他要求今后的工作围绕司法公正，进一步找准宽与严的落脚点；着眼治安稳定，进一步找准防与惩的着眼点，从源头上预防犯罪；勇担社会责任，进一步找准法与情的结合点，力争政治效果、法律效果与社会效果的统一；在发展为先中把握大局，能动司法，在民生为本中贴近社情，和谐司法，在法治为基中彰显法魂，公正司法。会议由县人大常委会副主任唐国均主持，县人大常委会副主任沈更生、冯力如，县人大常委会督导员徐志平出席会议。

★21 日，如东县召开全县领导干部大会，贯彻省委十二届三次会议精神，并对下一阶段工作进行部署。县委书记、县人大常委会主任詹立风要求全县上下把学习贯彻省委会议精神与贯彻落实县委工作会议精神紧密结合，认真狠抓当前，奋力寻求突破，全力推进各项工作快落实，确保发展速度全市领先，确保全面完成全年各项目标任务，以优异的成绩迎接党的十八大胜利召开。县委副书记、县长潘建华，县政协主席陈建华等县四套班子全体领导、县法院院长、县检察院检察长、各镇党委书记、各区党工委书记、县级机关各部门党政主要负责人出席会议。

★21 日，如东县召开动员大会，要求各镇、各相关部门强化责任意识和机遇意识，激发活力，在招商战线上掀起“比、学、赶、超”氛围，兴起新一轮招商热潮。会议由副县长张栩龙主持，县委书记、县人大常委会主任詹立风、县委副书记、县长潘建华、县政协主席陈建华及县领导陈昌龙、杨小军、冯力如、桑健出席会议。

★23 日，副县长张栩龙与清华大学环境学院院长余刚共同为清华大学研究生就业实践如东基地揭牌。

县委常委、组织部部长任新峰发表讲话，他表示，如东将以开放的姿态、优惠的政策、良好的环境为清华学子来如考察指导、发展事业提供优质的服务，希望与清华的合作交流能使如东立足时代科技发展的最前沿，以世界眼光和战略思维助推如东经济转型跨越。

★本周，部、省保障性安居工程联合巡查工作小组来如东县督查2012年保障性安居工程进展情况。副县长江华汇报了2012年如东县保障性安居工程项目建设情况。

★24日，上海华谊（集团）公司董事长金明达、总裁刘训峰一行在县委副书记、县长潘建华，县政协主席陈建华的陪同下，前往沿海经济开发区考察。

★24日，市委常委、常务副市长韩立明带领市发改委等部门的负责人，到如东县调研重点项目建设情况。县委副书记、县长潘建华，县委副书记周建飞陪同调研。

★24日，宋英同志先进事迹巡回宣讲报告会在县行政中心会议厅举行。县委副书记周建飞主持报告会。县四套班子领导；各镇党委书记、分管党务的副书记、组织委员；各区主要负责人；村党组织书记、大学生村官、高学历人才代表；市县机关驻村“第一书记”；县级机关部门主要负责人及中层以上党员干部聆听了报告会。

★25日，县委常委、纪委书记刘才盛带领县行政服务中心、县国土局等部门相关负责人前往曹埠镇调研项目建设情况。

★25日，如东县举办文明创建工作培训班，部署2011至2012年度县文明行业、文明单位、文明村镇、文明社区评选活动。县委常委、宣传部部长杨中坚要求各相关部门虚事实办、虚功实做，强化组织、注重管理、健全机制，确保创建工作取得实效。

★25日，县公安局召开人大代表建议、政协委员提案办理情况汇报会。县领导于立忠、唐国均、吴鼎皋参加汇报会。与会人员参观了公安陈列室、执法办案中心，观看了警务精细化管理平台演示。

★25日，县侨联召开六届四次委员（扩大）会议，传达学习省侨联第六次代表大会精神，以及《中共江苏省委关于进一步加强和改进新形势下侨联工作的意见》。县人大常委会副主任、侨联主席沈更生就认真学习领会、切实贯彻落实好会议精神提出具体要求。

★26日，由如东农村信用合作联社改制而成的江苏如东农村商业银行举行开业庆典，这是如东县首家以“如东”命名的银行，被誉为如东人自己的银行。省信用联社主任王明津，县委书记、县人大常委会主任詹立风共同为如东农村商业银行揭牌。县委常委、常务副县长沈峻峰代表县委、县人大、县政府、县政协对如东农村商业银行开业表示热烈祝贺，他表示，县委、县政府将一如既往地关心支持如东农村商业银行的发展，积极搭建合作桥梁，着力优化金融生态环境，努力促进包括如东农村商业银行在内的各金融机构的快速发展。希望上级金融机构继续关注如东、关爱如东、支持如东，在经济与金融的互动发展中实现互利双赢。省信用合作联社副主任吴瑕出席开业庆典并讲话。县领导陈建华、陈昌龙、刘才盛、杨中坚、杨小军、于立忠、张蓉蓉、吴风俊、桑健、吴鼎皋等出席庆典。

★26日，县委书记、县人大常委会主任詹立风以及县领导吴风俊、唐国均、江华，与民政、财政等部门相关负责人一起慰问了驻如消防大队和武警中队的指战员。

★26日，县政协召开十四届三次主席会议。县政协主席陈建华主持会议，县政协副主席王志荣、桑健、桑圣权分别围绕全年重点提案督办落实、重点视察调研课题推进落实情况及下一步工作安排作专题发言。

★26日，县委副书记周建飞专程到大豫镇开展“双百双解”调研活动。在调研活动中，周建飞要求各地、各部门充分认识县委开展“双百双解”活动的重要性和必要性，切实把思想和行动统一和落实到县委、县政府的决策部署上来。全面把握和落实开展“双百双解”活动的各项目标要求，进一步突出重点，把握关键，创新举措，统筹各类资源，凝聚各方力量，切实加快项目建设进程，不断加大企业扶持力度，扎扎实实把各项措施落到实处。

★26日，市社科联党组书记、副主席徐爱民一行到如东县调研社科工作。 县领导杨中坚、姜晓静陪同调研。

★26日，如东县举行生育关怀、关爱女孩捐资助学活动。副县长姜晓静参加活动。

★27日，雨润控股集团董事长祝义材一行来如东县，就大型商业区投资开发意向进行对接洽谈。县委书记、县人大常委会主任詹立风向祝义材一行介绍如东县经济社会发展情况，并就港口开发、城市规划、旅游发展等方面进行重点推介。县委副书记、县长潘建华对祝义材一行表示欢迎，双方就相关投资意向及规划设计等工作进行对接洽谈。县委常委、宣传部部长杨中坚陪同考察。

★27日，县委副书记、县长潘建华，县委常委、政法委书记于立忠带领县人武部、民政局等部门负责人，前往县人武部、边防大队和驻如某雷达部队，亲切看望部队官兵，向他们致以节日的问候。

★27日，县第十六届人大常委会召开第六次会议，听取并审议县政府关于今年上半年全县国民经济和社会发展计划执行情况、有关财政预算执行情况及同级审计工作报告，听取并审议县政府关于食品安全法实施情况工作报告。会议对有关报告进行了严格审议，并表决通过常委会关于批准如东县 2011 年县本级财政预算的决定（草案）。会议还表决通过了常委会关于接受冒乃余辞去县第十六届人大代表职务的决定（草案），并报县人民代表大会备案。县人大常委会党组副书记、副主任陈昌龙出席会议，县委常委、常务副县长沈峻峰列席第一阶段会议；县人大常委会副主任沈更生、冯力如、唐国均出席会议。

★27 日，副县长王智带领县交通运输局相关负责人，前往城市公交始发站、沿海高等级公路如东段 2 标段以及苴东线东段路面标段，向烈日下的一线工作者们送上夏令用品。王智对他们的奉献精神表示敬佩，感谢他们为如东交通事业的发展所做出的努力。

★27 日，全市民政工作推进会在如东县召开，如东县民政部门负责人在会上作了交流发言。副县长江华出席会议。

★28 日，由南通团市委、南通市委统战部、南通市工商联、合肥团市委联合主办，南通方天光彩助学基金会、江苏方天电子商务有限责任公司承办的“爱在传递——快乐夏令营”在南通市未成年人社会实践基地开营。县委常委、宣传部长杨中坚致欢迎辞。南通市政协副主席、市委统战部部长殷雄宣布夏令营开营，他希望参加夏令营的同学们珍惜此次活动机会，好好学习，将关爱传递下去。市领导徐守铭，县领导唐国均、吴鼎皋参加开营仪式。

★28 日，如东县召开扫黄打非工作领导小组第二次会议。县委常委、宣传部部长杨中坚要求各成员单位强化综合协调和责任管理，加强信息预警和联合封堵，进一步创新工作举措，严办大案要案，为全县经济社会发展营造良好的文化环境和社会氛围。副县长姜晓静主持会议。

★28 日，岔河中学礼堂里不时响起阵阵掌声，县道德模范事迹巡讲团首次走进乡镇演讲，岔河镇“道德讲堂”也正式启动。县委常委、岔河镇党委书记杨小军表示，岔河镇将以此次活动为契机，经常开展类似的道德教育活动，用身边的事感动身边的人，以道德模范为榜样，爱岗敬业，忠于职守。

★28 日，县委、县政府邀请驻如部队部分官兵代表和相关单位负责人，欢聚一堂，畅叙军政军民友情，共商双拥发展大计。县委常委、政法委书记于立忠希望驻如东官兵进一步加强与地方沟通，携起手来，共同推动如东经济社会又好又快发展。他同时要求各“双拥”成员单位，通过树立典型、齐抓共管等方式，深入开展拥军优属工作，并认真落实优抚安置政策，满腔热情地为驻如部队办实事、解难事。县领导吴凤俊、唐国均、江华、桑圣权参加座谈会。

★29 日，江苏省第 39 期企业高级职业经理人任职资格培训（如东）班结业，全县 39 人获颁执业资格证。县委副书记周建飞希望各位学员勤奋好学、学以致用，大力推进项目投入、科技创新、市场开拓、品牌建设等重点工作，不断增强企业发展的综合竞争力，争当全县工业化发展的排头兵。继续发扬勤于钻研、勇于创新、乐于奉献的宝贵精神，积极在新产品开发、新技术推广、新成果转化，以及培养新人、建设科技创新队伍方面做出更大贡献。

★30 日，县委副书记、县长潘建华和副县长王智到交通运输局调研，了解当前在建交通工程建设进展、如东县高速公路道口设置规划以及客运班线公交化改造情况。

★31 日，如东县召开驻村“第一书记”工作推进会。县委副书记周建飞要求各驻村“第一书记”摆好位置、干好工作、树好形象，找准村域特色、优势和潜力，积极创新管理载体，实施重点帮扶，牢牢锁定“第一书记”的职责和任务，不断激发“第一书记”的热情和业绩，为如东县实现“两年赶超、五年跨越”做出贡献。

8 月

★1 日，如东县组织县沿海办、海洋与渔业、国土、水务、交通运输等部门，就进一步加快南通外向型农业综合开发区建设相关问题进行协调研究。县委副书记周建飞，县人大常委会党组副书记、副主任陈昌龙出席座谈会，并要求农业开发区加快完善规划，做好项目布局；相关部门要落实责任和推进机制，为加快南通外向型农业综合开发区建设创造条件。

★2 日，市委副书记、市长张国华和副市长黄爱军，到如东县视察防台、抗台工作，并要求如东县全面落实各项防台措施，确保打赢防台抗台硬仗。县委书记、县人大常委会主任詹立风和县委副书记、县长潘建华等县领导陪同视察。在随后召开的全市抗击第 9 号、10 号台风工作汇报会上，县委副书记、县长潘建华汇报了如东县防汛防台工作情况。县领导于立忠、张蓉蓉、吴风俊、江华等陪同视察。

★2 日，如东县“12345” 政府公共服务平台正式运行，集中受理百姓各类意见、建议、咨询、求助、举报、投诉等事项，成为县委、县政府与人民群众之间加强联系、互动交流的新载体。县委副书记、县长潘建华宣布平台正式运行，他要求各相关部门要牢固树立现代政府由管理型政府向服务型政府转变的意识，提升服务能力，创新管理机制，铸就服务品牌，严格考核机制，不断提高接线受理率、百姓满意率，在新的条件下提升政府服务能力，努力打造现代型服务政府平台。县委常委、常务副县长沈峻峰对平台的运行作进一步部署，他要求各部门创新理念、转变作风，切实凸显平台运行效果，努力将平台打造成如东百姓最信任的政府工作服务品牌。县委常委、纪委书记刘才盛主持启动仪式。

★2 日，县委、县政府召开全县项目建设、工业经济推进会。县委副书记周建飞要求各地、各部门牢牢锁定年度目标，坚定赶超争先的必胜信心，多措并举壮大税源经济，积极化解行业性困难；要在运行质量上求提高，在项目建设上求突破，在做大做强上求发展，在产业集聚上抓引导，确保完成全年目标任务。

★2 日，全县召开招商引资百日竞赛活动推进会。县委副书记周建飞要求各镇区坚定信心、咬定目标，在加快推进基础设施配套工作上下功夫，在完善招商引资队伍上求突破，在驻点招商、以商引商上求实效，确保招商引资百日竞赛活动取得成效。副县长张栩龙参加会议。

★2 日，如东县举行周江疆英雄事迹报告会和“三争三实”排头兵典型事迹报告会。报告会由副县长姜晓静主持。县领导唐国均、吴鼎皋出席报告会。

★本周，县政协主席陈建华日前赴沿海经济开发区（洋口镇）挂钩企业走访调研，与企业家面对面座谈，听取意见建议，共商发展之策。

★本周，县委常委、常务副县长沈峻峰到掘港镇开展“双百双解”活动，并召集县发改委、经信委等相关职能部门负责人座谈，商讨掘港镇在项目建设、工业运行、服务业等方面有关难题的解决方案。

★本周，县人大常委会组织部分市、县、镇人大代表赴袁庄、双甸、岔河、马塘四个镇视察 2012 年县政府为民办实事项目。县人大常委会党组副书记、副主任陈昌龙说，人大组织这样的活动，是直接服务县委“跨越赶超”目标的需要，是人大代表履职的需要，是支持政府工作的需要。各地人大要在今后几个月进行视察、督办等多种形式，支持、促进政府为民办实事项目的推进。县人大常委会副主任沈更生、冯力如、唐国均参加了视察活动，副县长江华陪同视察。

★3 日，县委副书记、县长潘建华，副县长王智前往中铁南通投资建设管理有限公司、南通通洋高速公路建设指挥部，慰问炎炎烈日下战高温、斗酷暑，全力推进交通工程的建设者，给他们送去了夏日的清凉。在南通通洋高速公路建设指挥部，潘建华深入了解了通洋高速公路工程推进、施工管理等方面的情况。

★6 日，如东县召开全县企业家政协委员代表座谈会。县政协主席陈建华希望企业家委员们切实增强目标意识和责任意识，积极投身转型发展、赶超发展，通过典型引领、示范带动，激励社会各界投身创新创业发展。县政协副主席吴鼎皋出席座谈会。

★7 日，县委常委、宣传部部长杨中坚带领发改委、国土、财政等部门负责人，到住建局开展“双百双解”调研，就该局在保障性住房、公租房、安置房建设方面遇到的土地指标和资金难题商讨解决方案。

★7 日，由南京邮电大学和如东县共建的江苏省水产三新工程示范基地在如东丰环合作社揭牌。南京邮电大学党委书记刘陈，县委常委、政法委书记于立忠为示范基地揭牌。揭牌仪式由副县长江华主持。

★7 日，县人大常委会副主任沈更生带领发改委、环保、规划、国土等部门负责人，到江苏如石机械有限公司了解企业退城进区进展，为企业发展破解难题。

★7 日，副县长王智带领县交通局、统计局、环保局等相关部门负责人，到县住建局调研。王智对住建局的工作给予肯定，他要求各相关部门加强沟通、协作，明确责任，全面推进污水处理、房地产开发、市政道路建设等各项工程，促进如东城乡建设工作实现新跨越。

★7 日晚至 8 日凌晨，县委副书记、县长潘建华和副县长江华到洋口、长沙、大豫等沿海镇（区）检查指导防台工作。潘建华强调，各地政府和相关部门要高度重视，切实采取有效措施排除安全隐患，努力把台风的影响和可能造成的损失降到最低程度，把保障人民群众生命安全放在首位。

★8 日，由上海惠天然、榕达置业公司投资开发的惠天然锦绣福邸项目在县新中央行政商务区开工。县委常委、常务副县长沈峻峰出席开工活动，并宣布项目开工。县委常委、宣传部部长杨中坚主持开工仪式。县领导沈更生、桑圣权出席开工仪式。

★8 日，县人大领导视察人社局为民办实事项目，县人大常委会党组副书记、副主任陈昌龙要求县人社局加强社保基金的管理，用好管好社保资金，同时做好就业和再就业的培训工作，让更多农村和城镇的剩余劳力找到合适的工作。县人大副主任冯力如参加会议。

★9 日，司法部、民政部联合委托省验收组到如东县，对第五批全国“民主法治示范村”——丁家店村进行考核验收。检查组对丁家店村在创建工作中取得的成绩给予肯定，希望该村不断丰富创建形式和内涵，努力提升创建质量，确保创建工作有效开展。县委常委、政法委书记于立忠陪同考核验收。

★9 日，市商务局局长顾淑英到如东县调研，先后走访辉煌彩钢、楠桥纹织和大东等重点出口企业，了解企业对当前发展环境的建议和要求。副县长王智陪同调研。

★10 日，县十四届政协召开第二次常委会，听取县委常委、常务副县长沈峻峰关于 2012 年上半年经济社会发展情况通报。县政协主席陈建华总结换届以来政协工作并对下一阶段工作进行部署。副县长姜晓静、张栩龙，县政协副主席王志荣、桑健、余科、桑圣权、吴鼎皋及县政协督导员童玉林出席会议。

★10 日，县政协通报民主评议金融机构阶段性工作，交流银行与政府、企业互评的建议和意见，民主评议活动将进入整改落实、跟踪问效阶段。县政协副主席桑健通报民主评议情况。县政协主席陈建华希望各家银行高度重视通报中提出的建议和意见，有针对性地进行整改；政府部门要加快建立中小企业信用体系和银政企信息交流平台，严厉打击企业逃废金融债务行为，降低金融机构放贷风险，不断改善金融生态环境，积极打造区域诚信企业群，创建金融安全区。副县长姜晓静、张栩龙，县政协副主席王志荣、余科、桑圣权、吴鼎皋及县政协督导员童玉林出席会议。

★11 日，在县老区开发促进会、扶贫开发协会等单位的大力帮助下，2012 年如东县又有 7 名优秀特困学生考取广东国华纪念中学。如东县为这些学生举行欢送会，副县长江华参加欢送活动。

★12 日，如东县召开农业农村重点工作暨农业项目建设现场推进会，动员全县上下进一步创新思路、扎实举措，确保农业基本现代化各项指标达到序时进度、全年农业农村各项目标任务顺利完成。副县长江华回顾总结了上半年全县“三农”工作情况。县委常委、政法委书记于立忠要求各地、各部门紧扣全年工作目标，强化倒逼机制，正视不足、创新举措、强化领导、扎实工作，为全面和超额完成农业农村工作各项目标任务，确保如东县农业农村工作在全市、全省争取应有的位置做出应有的贡献。会议由县人大常委会副主任冯力如主持，县政协副主席桑圣权参加会议。

★13 日，2012 国际青年应对气候变化领导力峰会在如东县隆重启动，来自 17 个国家的近 80 名大中学生齐聚如东，共话低碳未来。开幕仪式由国家发改委气候司合作处处长黄问航主持。江苏省政府副秘书长徐立致辞，他向参加此次峰会的老师和同学，特别是远涉重洋的国外老师和同学们表示热烈欢迎，他希望同学们通过此次峰会加强交流、共叙友谊，在促进绿色发展、保护地球生态环境的伟大事业中承担更大的责任、发挥自己的领导力。国家发改委气候司司长苏伟对峰会及相关活动的举办表示热烈祝贺，对江苏省发改委、如东县政府以及国家应对气候变化战略研究和国际合作中心的支持表示衷心感谢。县委书记、县人大常委会主任詹立风致辞。国际女性领导力组织主席 Laura Bode 女士、国家应对气候变化战略研究和国际合作中心主任李俊峰致辞。邹天忻、王宇飞等中外学生代表发言。来自哈佛大学的曲直同学宣读国际国内有关组织发来的贺信。部分国家、省、市、县相关领导及与会嘉宾共同剪彩。县委副书记、县长潘建华，县政协主席陈建华，县领导陈昌龙、沈峻峰、姜晓静出席峰会。

★13 日，县委、县政府召开全县重点工作督查推进会。县委书记、县人大常委会主任詹立风动员全县上下着眼全年、狠抓当前，千方百计补缺口、抢进度、赶时序，确保三季度末各项指标基本达到时序要求。会议由县委副书记、县长潘建华主持，他要求全县上下在坚定信心的同时，增强危机意识，求真务实，聚焦难点，突破重点，通力合作，确保完成全年各项目标任务。县四套班子领导、各镇（区）负责人、县级机关负责人出席会议，并一同参观了如东经济开发区重点项目建设现场。

★13 日，县委中心组召开学习扩大会，集中学习贯彻胡锦涛总书记 7 月 23 日在省部级主要领导干部专题研讨班开班式上的重要讲话精神，要求全县各级党组织把学习贯彻胡锦涛总书记重要讲话精神作为当前的一项重要政治任务，以讲话精神为指导，迅速掀起学习贯彻热潮，推动当前各项工作。 县委书记、县人大常委会主任詹立风主持会议，他指出，胡锦涛总书记的重要讲话总揽全局，内容丰富，思想深刻，具有很强的理论性、指导性和针对性。全县各级党组织和广大党员干部要把思想和行动统一到总书记重要讲话精神上来，做到在思想认识上有新提升，在贯彻落实上快行动，真正把讲话精神转化为推动科学发展，促进转型跨越的强大动力。要把学习贯彻讲话精神与做好当前各项工作紧密结合，理清思路，细化目标，创新举措，千方百计保持经济平稳较快发展，确保三季度实现经济企稳回升，确保完成全年各项目标任务，以优异成绩迎接党的十八大胜利召开。县委理论学习中心组全体成员，各镇党委书记、镇长，各区党工委书记、管委会主任，县级机关相关部门主要负责人参加会议。

★14 日，县政府召开会议对如东县天然气发展专项规划进行评审。县委常委、常务副县长沈竣峰出席评审会议，他希望规划设计单位在规划过程中要综合考虑如东县各部门提出的建议和要求，发展规划不仅要解决如东老百姓对天然气的需要，还要解决如东产业发展的需求以及园区与城市发展的要求。会议由副县长张栩龙主持。

★14 日，县委常委、纪委书记刘才盛率领安监、环保等部门相关负责人前往曹埠镇进行“四项排查”维稳工作督查。 刘才盛要求曹埠镇在面对日益复杂的社会形势下，特别是特殊时期，对维稳工作绝对不能有丝毫的麻痹和大意。要紧抓维稳这根弦，创新举措，切实落实各项防范管理措施，为经济社会发展营造和谐环境，迎接中共十八大胜利召开。

★15 日，如东县召开县级经济管理权限下放动员会，五大园区将被赋予与县级机关部门同等行政许可效力的经济管理权限。县委副书记周建飞对县级经济管理权限下放工作进行部署，他指出实施管理权限下放是加快推进沿海开发、优化经济发展环境和转变政府管理职能的现实需要。各大园区和县级机关部门务必做到思想认识上高度统一，工作步调上高度一致，切实强化组织领导的整体联动性、部门支持的主观能动性和五大园区的接受主动性，积极主动地推进这项改革举措落到实处、取得实效。会议由县委常委、常务副县长沈峻峰主持。县领导张蓉蓉、桑健出席会议。

★15 日，南通市委宣传部副部长黄振平到如东县调研学习型党组织建设工作情况，他认为如东县的工作很扎实、有特色、效果好。 县委常委、洋口港经济开发区党工委书记张蓉蓉陪同调研。

★16 日，如东县在洋口港临港工业区隆重举行博润生物科技南通有限公司项目开工暨全县三季度重大项目集中开工仪式，18 个重点项目集中开工，计划总投资 30.54 亿元。县委书记、县人大常委会主任詹立风宣布项目开工并致辞，他代表县委、县人大、县政府、县政协对“博润生物科技”等 18 个重大项目的顺利开工表示热烈祝贺。县委副书记、县长潘建华主持开工仪式，并介绍项目集中开工情况。县领导张蓉蓉、王孝强、张栩龙、余科等出席开工仪式。

★16 日，南通联膦化工有限公司和博雅化学（南通）有限公司在沿海经济开发区举行奠基典礼。 县政协主席陈建华出席开工仪式，希望沿海经济开发区和相关部门以“第一人称”的姿态、“第一时间”的速度和“第一手信息”的准确度，为项目建设发挥好协调、服务职能，全力打造态度最热情、程序最简化、方式最快捷的投资环境，力促项目尽早投产达效。

★16 日，落户在掘港镇工业园区的江苏新力达化纤有限公司、南通正大科技饲料有限公司同时开工，县委常委、常务副县长沈峻峰出席项目开工仪式。

★16 日，江苏兰博纺织有限公司在曹埠镇工业集中区开工，县委常委、纪委书记刘才盛，县政协副主席吴鼎皋出席开工庆典。

★16 日，如东万顺纺织品有限公司二期扩建项目在双甸镇镇东工业集中区举行开工典礼，县委常委、县人武部部长吴凤俊出现典礼并讲话。

★16 日，丰利镇枫发工业集中区内彩旗招展，丰利镇引进的超亿元项目南通博业包装有限公司在这里举行开工典礼。副县长王智出席开工仪式。

★17 日，2012 国际青年应对气候变化领导力峰会胜利闭幕。江苏省发改委副主任王汉春向峰会顺利闭幕表示祝贺，并向所有为此次峰会顺利举办做出贡献的朋友表示感谢。他希望青年学生们能够永远铭记一起走过的“低碳江苏”之旅，并祝愿他们在未来为本国及世界应对气候变化事业做出更大的贡献。丹麦驻华大使裴德盛出席闭幕式。县委副书记、县长潘建华在闭幕式上致辞。他希望与会的青年人们能将中国人民应对气候变化的坚定决心和扎实行动传递给同学、朋友和家人，共同为应对全球气候变化，实现绿色繁荣的美好愿景，做出青年人应有的努力和贡献。并把如东人民的美好祝福捎给亲人和朋友。如东人民欢迎大家再来中国、再来如东！副县长姜晓静、张栩龙出席闭幕式。

★17 日，华润新能源（南通）风能有限公司风电项目（一期）在东凌库区产业园（大豫镇）开工。 县委副书记周建飞出席开工典礼并致辞。他说，南通风能有限公司风电项目的开工不仅是华润新能源公司的又一次转型提升，更是东凌库区产业园又一重大成果。他要求县直机关有关部门给予华润新能源的支持和帮助，让它快建设，早投产，为促进地方经济发展，推动节能减排作出应有的贡献。

★ 17 日，县委副书记周建飞带领县行政服务中心、经信委、国土局、规划局等部门负责人，到大豫镇了解企业发展中遇到的突出问题，为企业发展破解难题。

★17 日，南通市新农合支付方式改革现场观摩会在如东县召开，与会人员共同探讨新农合支付方式改革方法。南通市政协副主席陈忠义、副县长姜晓静参加现场观摩会。

★17、18 日，由环保部华东督查中心副主任缪旭波带队的环保部江苏沿海化工检查组，对如东县化工园区建设与管理及化工企业运行等工作进行了深入细致的检查，认为如东的环保特别是化工整治开展了大量扎实有效的工作，奠定了良好的产业发展基础，希望如东在做好化工整治的同时，优化发展定位，做特、做优化工产业。县委副书记、县长潘建华向检查组汇报近年来如东县环保和化工整治工作情况。县政协主席陈建华，县委常委、组织部部长任新峰，副县长王智陪同检查。

★18 日，南通金乔纺织有限公司高档家纺项目举行开工典礼。县委常委、岔河镇党委书记杨小军出席典礼并致辞。

★18 日，南通市东昌化工有限公司亿元搬迁改造和技改项目在沿海经济开发区举行启动典礼。 县委常委、政法委书记于立忠，县人大常委会副主任唐国均出席开工典礼，并为项目奠基培土。

★19 日，县委、县政府举办江苏如东高新技术产业发展合作洽谈会，5 家企业获得科技成果转化风险补偿专项贷款，3 家企业与高校签订科技成果项目转化协议。洽谈会由县委副书记周建飞主持，副县长张栩龙致辞，县领导唐国均、桑健出席洽谈会。

★20 日，由南通市委宣传部副部长、南通日报社社长、党组书记顾华带领的市“江海大地科学发展”大型新闻行动报道组到如东县，深入基层一线进行集中采访，报道如东县十年来，特别是中共十七大以来坚持科学发展的亮点和成就。县委书记、县人大常委会主任詹立风参加了媒体见面会。 詹立风向各新闻媒体介绍如东县近年来经济社会发展情况。县委常委、宣传部部长杨中坚主持见面会。

★20 日，县人大常委会召开第八次主任会议，听取并审议县政府关于全县医药卫生体制改革情况的汇报。副县长姜晓静汇报医药卫生体制改革情况。县人大常委会党组副书记、副主任陈昌龙充分肯定了如东县医药卫生体制改革工作。他希望政府和卫生部门力求完善，衔接好“一镇一公立医院”建设工作，同时建立一支具备较高技术水平、融合医疗知识和先进管理理念的复合型卫生信息人才队伍，将区域卫生信息平台建设与运行、维护、管理工作经费纳入财政预算，重点加强对基础性、综合性和覆盖面广、面向公众服务的信息化建设项目投入，确保医疗卫生体制改革涉及千家万户。县人大常委会副主任沈更生、冯力如、唐国均出席会议。

★20 日，副县长王智带领环保等部门负责人，先后到双甸、岔河两个镇督查环保重点工作。 他要求环保部门和各镇区在深化认识的基础上，突出抓好乡镇污水处理厂运行、农村环境整治、区外化工专项整治、环境问题化解等重点工作，形成镇主要领导亲自抓、分管领导全力抓、环保中心积极作为的组织网络体系，同时做到整体联动，探索建立“县、镇、村”三级环保信息员机制，更加积极主动地抓好各项环保工作。

★21 日，县政协召开十四届四次主席会议，就县政协开展“转型升级我先行、提振信心争贡献”主题活动具体实施方案进行细化。县政协主席陈建华表示，这次活动将逐家企业进行走访，从鼓劲、引导的角度帮企业面对当前形势，沟通相关矛盾和问题，并就调研内容进行反馈，解决不了的难点问题将请县领导会办，确保活动取得实效。县政协副主席桑健、余科、桑圣权、吴鼎皋，县政协督导员童玉林参加会议。

★21 日，“大东杯”首届全县职工文化艺术节闭幕晚会在“五一广场”举行，80 多个文艺节目和摄影、文学作品获得艺术节组委会表彰。县委常委、宣传部部长杨中坚出席晚会并致辞，他希望全县各级工会组织牢牢把握先进文化的前进方向，大力加强职工文化、企业文化建设，加大文化人才队伍建设，加快文化产品创作，不断丰富广大职工的精神文化生活。县领导周建飞、姜晓静、桑健为获奖单位和个人颁奖。“金秋助学”活动启动仪式也在当天的晚会上举行，首批 20 名大、中、小学生获得资助。

★21 日，袁庄镇在镇工业集中区举行江苏苏为环保工程有限公司开工仪式。县委常委、宣传部部长杨中坚出席开工仪式。

★21 日，县人大常委会组织市、县部分人大代表，视察 2012 年县政府为民办实事项目进展情况。 县人大党组副书记、常委会副主任陈昌龙指出，代表们通过实地考察提出的建议都很有针对性，希望相关职能部门积极研究制定如东县文化教育事业发展的中长期发展规划，进一步促进如东县社会事业的繁荣、发展。县领导沈更生、唐国均、姜晓静出席会议。

★22 日，如东县召开老科技工作者服务沿海开发暨创业经验交流会。县委常委、组织部部长任新峰充分肯定了老科技工作者近年来在如东县沿海开发中所作的贡献。他要求老科协加强工作协调，为老科技工作者创造良好的工作条件，真正做到“政治上尊重，思想上关心，生活上照顾”；要鼓励、引导有专长的老科技工作者围绕经济发展兴办实体，参与教育培训、技术咨询、科技扶贫、企业研发和科技创新等活动，激发他们继续为如东县经济社会发展再作贡献的热情。

★22 日，县委常委、宣传部部长杨中坚，县人大常委会副主任唐国均、副县长姜晓静率发改委、教育、卫生、文广新等部门相关负责人督查曹埠镇公立医院和公立幼儿园创建等社会事业推进情况。杨中坚对曹埠镇前期工作表示肯定，要求该镇按照工作部署，积极抓好有序推进，努力探索新思路和新路径，有效破解在推进过程中碰到的各类矛盾和问题，如期实现公立医院和公立幼儿园的创建目标，确保社会和谐稳定。

★22 日，县人大常委会召开第 9 次主任会议，听取并审议县住建局关于住房和城乡建设工作的情况汇报。县人大常委会党组副书记、副主任陈昌龙，县人大常委会副主任沈更生、冯力如、唐国均以及相关委组负责人实地察看了重点工程，听取县住建局负责人关于2012年以来如东县住房和城乡建设情况的汇报。县人大相关负责人希望住建部门坚定信心、明确任务，重点做好市政工程建设、保障房建设、房地产开发、老小区改造等工作，确保各项工程顺利推进。

★22日，江苏如石机械有限公司在栟茶镇工业集中区举行退城进区项目开工仪式。 县人大常委会副主任沈更生出席开工仪式。

★22日，副县长江华带领县民政局、教育局和慈善总会的相关负责人前往大豫镇，慰问贫困学生，拉开了今年如东县“夏日圆梦行动”的序幕。

★23日，县委副书记、县长潘建华前往掘港镇，就当前发展现状、今后工作打算等热点问题开展专题调研。潘建华说，掘港镇作为全县的经济重镇，一、二、三产业增量发展思路清晰，党委、政府决策民主化、科学化，带动全镇上下以较好的精神状态、较高的工作积极性，在“推进现代化，建设新如东”进程中勇挑重担。潘建华指出，在当前严峻的经济形势下，掘港镇要重新审视在“十二五”发展中的担当位置，进一步突出产业定位，加快以房地产开发为主体的城市建设；进一步突出新兴产业、现代服务业和高新技术产业，在产业转型升级上树榜样、带好头；进一步突出提升镇范围内的资源整合能力，解决当前经济困境。潘建华强调，要一以贯之地抓好干部队伍建设，进一步提升为企业服务的效能和效率，利用庞大的人脉网络和智囊团队，吸引更多外界优质资本到如东投资。他还就维护社会稳定提出明确要求。

★23日，全县教育行政工作会议召开，重点研究部署进一步优化作风，强力推进重点工作，严格各项考核制度，谋求教育跨越发展的新业绩。县委常委、宣传部部长杨中坚对上半年教育工作给予充分肯定。他要求全县教育系统认真总结成功经验和做法，树立转型发展信心，继续保持教育质量高位运行，打造响亮品牌，加速推进如东教育转型发展。县领导唐国均、姜晓静、桑健出席会议。

★23日，全县启动 “百日集中排查整治”专项行动，全面排查整治安全生产事故隐患。 副县长张栩龙要求相关人员进一步落实企业安全生产主体责任，彻底排查治理事故隐患，提高应急处理能力和应急预案的针对性、科学性和可操作性，力争安全生产工作全覆盖、专业化。

★23日，副县长江华带领县民政局、残联相关负责人，到马塘、掘港两个镇慰问残疾学生，并送上教育专项补贴及助学金。

★23日，县政协副主席桑圣权带领部分政协委员，调研如东县行政机关负责人行政诉讼出庭应诉情况。桑圣权希望进一步加大宣传、指导、督促和考核力度，确保行政机关负责人出庭应诉率达到100%。

★23日至24日，县政协主席陈建华率县经信委、国税局负责人，前往新店、双甸两个镇的部分企业，开展“转型升级我先行·提振信心争贡献”专题调研活动，鼓励企业家委员加大有效投入，加快转型升级，推进全县经济又好又快发展。

★24日，县委、县政府在南通举行金融工作汇报会，就进一步加强政银合作与市各金融单位进行深入交流。县委书记、县人大常委会主任詹立风介绍如东县经济社会发展和金融工作的有关情况，他希望市各金融单位抢抓如东沿海开发的机遇期、加快发展的黄金期，切实加大对基础设施项目、新兴产业项目的信贷投放力度，携手开创互利互惠、合作共赢的崭新局面。会议由县委常委、常务副县长沈峻峰主持。县委副书记、县长潘建华，县政协主席陈建华，县领导周建飞、陈昌龙、张蓉蓉出席会议。

★24日，如东县召开妇女儿童阵地建设暨“平安家庭”创建工作推进会。县委常委、政法委书记于立忠要求各镇区及相关部门增强组织领导，加大工作力度，全面推进家庭创建、妇女儿童阵地建设和婚姻家庭纠纷调解的深入开展，健全调解网络机制，促进全县社会和谐稳定发展。

★24日，马塘镇文学艺术界联合会正式成立。县领导姜晓静、桑健参加活动。

★24日，全县镇级文联建设现场推进会在马塘镇召开。副县长姜晓静出席会议。她要求11个镇区，尽快拿出文联建设方案，确保今年镇区文联建设全覆盖；已经建立文联的三个镇，继续充分发挥文联联络、协调、服务、指导的作用，彰显文联功能，推出更多文艺人才、优秀作品和文艺活动。

★25日，市委常委陈照煌、副市长徐辉来如东县，围绕“稳增长、调结构、促转型”展开专题调研，并走访部分企业，勉励如东县充分抢抓沿海开发的战略机遇，做好资源整合、开发、利用。县委书记、县人大常委会主任詹立风和县委副书记、县长潘建华分别介绍了如东县2012年在促进企业稳定增长、转型升级方面所作的具体工作以及当前遇到的实际困难。副县长张栩龙汇报了上半年如东县经济运行的各项指标数据。

★26日，亚振家具（集团）召开党委、纪委成立大会，选举产生中共亚振家具（集团）第一届党委、第一届纪委。 县委常委、组织部部长任新峰到会祝贺，他希望亚振家具（集团）党委、纪委以成立为新的起点，创造地开展工作，加强阵地建设，加强党员教育、管理，充分发挥党员的先锋模范作用，把党的工作渗透到企业的每一个角落，将政治优势、组织优势转化为企业的发展优势、竞争优势，推动企业和谐、快速、健康发展。

★26 日，如东县名特优农副产品展销中心、如东县旅游商品展销中心开业仪式和如东县第三届葡萄节开摘仪式在中央广场举行。县委常委、政法委书记于立忠致辞。他希望展销中心以开业为契机，加大农副产品市场体系建设力度，积极创新农副产品产销衔接模式，大力发展农副产品现代流通方式，同时充分利用如东县旅游资源优势，叫响如东县农副产品品牌，并发挥品牌的示范、引领、集聚和辐射效应，使之成为如东市民和四方游客的地产超市。于立忠还希望有关部门继续通过葡萄节这个平台和窗口，增进和各界朋友的旅游经贸交流与合作。副县长江华主持开业典礼，市供销总社副主任张金华和县政协副主席桑圣权为旅游商品展销中心揭牌。

★27 日，县委副书记、县长潘建华前天调研“一财两税”工作时强调，务必坚持一手强征收，以攻坚克难的精神深挖增长潜力，力保全年目标任务的完成；一手优服务，全力帮助企业谋发展、渡难关，在涵养税源、壮大税源上求实效。县委常委、常务副县长沈峻峰参加调研，并对当前的财税组织推进工作提出要求。

★27 日，县政协主席陈建华与南通兆盛房地产开发公司、南通鑫泰医疗有限公司、如东众驰（上海大众）汽车销售服务公司负责人座谈，为企业发展支招，帮助企业破解转型升级过程中的难题。

★27 日，2012 年县红十字会博爱助学款发放暨市级学校红十字工作达标单位授牌仪式在县实验中学举行。 县委常委、宣传部部长杨中坚出席授牌仪式，并要求相关部门深化救助内涵，创新宣传方法，通过典型引领社会风尚，让更多的人关爱社会、关爱他人；要加强基础管理，促进红十字会工作透明、规范运转。县领导姜晓静、桑健出席。

★27 日，旅美侨胞、美国西部银行 NFG 风险投资高级副总裁仲建国博士（祖籍袁庄镇）回到阔别 30 年的母校——栟茶中学参观考察。 在县领导沈更生的陪同下，仲建国先后参观了栟茶中学校园和校史馆。栟茶中学相关负责人向他介绍了学校近年来各方面的发展状况。

★28 日，县委十三届三次全体（扩大）会议在县行政中心隆重召开。会议的主要任务是深入学习贯彻胡锦涛总书记“7·23”重要讲话、省委书记罗志军在全省领导干部学习会上的讲话和市委全委（扩大）会议精神，动员全县上下进一步增强政治自觉，坚定不移推进集聚发展、协调发展、和谐发展，全力以赴稳增长惠民生保稳定，以优异成绩迎接中共十八大胜利召开。县委书记、县人大常委会主任詹立风作重要讲话。县委副书记、县长潘建华传达了市委全委（扩大）会议精神。县委副书记周建飞主持会议。县委委员、候补委员出席会议，县纪委委员，县人大、县政府、县政协领导班子成员，县法院院长，各镇区和县级机关党政主要负责人，老干部代表列席会议。

★28 日，县委、县政府召开全县实施文化建设工程暨巩固文明城市创建成果动员大会。县委常委、宣传部部长杨中坚就如何建设文化强县、巩固文明城市创建成果作出部署。县委书记、县人大常委会主任詹立风出席会议，他指出，今后一段时期，是如东县文化建设全面提速的关键期，全县上下要坚持以建设文化强县为目标，以实施文化建设“四大工程”为抓手，以建强文化产业和文化人才队伍为支撑，以加大投入为保障，努力打造一批在全省乃至全国有影响力和竞争力的文化产品、文化品牌，确保文化建设位居全市前列。各镇区及县相关部门主要负责人向县委副书记、县长潘建华递交了落实“四大工程”和文明城市长效管理责任书。副县长姜晓静主持会议，县委副书记周建飞及县领导王智、桑健出席会议。

★28 日，县政协副主席吴鼎皋带领县科技局、经信委等部门负责人，调研如东县东盛包装有限公司的转型升级发展情况。

★29 日，协鑫集团董事长朱共山携集团高层考察洋口港，并与县委书记、县人大常委会主任詹立风举行会谈，双方就新能源、港口物流等合作项目投资深入交换意见。詹立风对协鑫集团考察团的到来表示热烈欢迎，并简要介绍了近年来如东经济社会发展尤其是港口建设取得的成就。詹立风希望如东县与协鑫集团在环保及再生能源等多个领域再度合作、引进新项目，县委、县政府也将全力提供优质高效服务，为实现双方共赢营造良好发展氛围。县委副书记、县长潘建华以及县领导周建飞、张蓉蓉、张栩龙等陪同考察。

★29 日，县政协视察城市排水管网建设工作，并召开座谈会。县政协主席陈建华要求各相关部门，理顺机制、提速规划、整合资源、建管并重、加大投入、稳步推进，确保县城规划区内排水管网建设齐全、有用，努力克服日常管理存在的盲区、规划编制相对滞后等制约城市排水管网建设的问题，构建和完善城市排水通畅体系。县委常委、宣传部部长杨中坚要求各相关部门，在下一阶段工作中统一思路、完善机制、建管结合，确保城市排水管网建设工作有序、有效推进。县政协副主席桑圣权主持座谈会，县政协督导员童玉林出席会议。

★30日，市委常委、宣传部部长章树山在县委书记、县人大常委会主任詹立风，县领导杨中坚、唐国均陪同下，调研如东县文化产业项目建设情况。

★30日，县委、县政府举行仪式，欢迎“科技镇长团”6位高校专家到如东县任职。县委常委、组织部部长任新峰主持欢迎仪式并宣读了任职决定。县委常委、洋口港经济开发区党工委书记张蓉蓉致欢迎辞并介绍了如东的基本概况。县委副书记、县长潘建华出席欢迎仪式。他希望“科技镇长团”6位专家积极发挥自身独特的专业优势、智慧优势、人脉优势以及更为开放的国际化优势，围绕地方经济转型升级的核心目标，立足如东县经济社会发展中的实际需求，找准服务发展的切入点，为如东县建成更高水平小康社会提供强有力的智力支撑。

★30日，溧阳市政协主席、党组书记狄立新率队到如东县，专题考察经济发展情况。狄立新一行对如东积极应对当前复杂多变的宏观经济形势，努力稳增长、调结构、促转型的扎实举措给予高度评价。同时希望双方加强交流与合作，共同促进工业经济的又好又快发展。县政协主席、党组书记陈建华陪同考察。

★30日，县人大常委会党组副书记、副主任陈昌龙带领县人大视察组，调研南通外向型农业综合开发区托管以来的工作。陈昌龙充分肯定了南通外向型农业综合开发区托管启动以来的工作成绩。他要求全区在做好总体工作时注重规划引领，通过基础设施建设、项目落户的突破集聚人气，在创意上下功夫，努力将园区打造成绿色产业的创业之区、现代农业的示范之区、地绿水清的生态之区和海鲜海景的养生之区。县人大常委会副主任冯力如参加调研。

★30日，省体育局局长颜争鸣带领考察组对新店镇健身器材产业发展情况调研。考察组希望新店镇进一步完善各项配套措施，合理转变发展理念，加强企业的现代化管理，鼓励企业建立自己的品牌。副县长姜晓静陪同考察。

★30日，如东县召开全县秋季农资市场专项整治和水稻重大病虫防控工作会议。副县长江华要求各地、相关部门迅速开展全县秋季农资市场综合整治，加强水稻重大病虫防控，为今年秋熟农业生产有一个好收成、农民持续增收提供强有力的保障。

★31日，县经信委、规划局、供电公司等部门齐集岔河镇，了解企业发展中遇到的突出问题，为企业发展破解难题。县委常委杨小军要求各职能部门积极为企业发展提出扎实有效的措施，助推企业更好更快发展。

★31日，南通市人大常委会副主任施建中一行到如东县，专题督查区域供水工程实施情况。副县长江华汇报如东县区域供水工程建设情况。施建中对如东县实施的区域供水工程表示肯定，认为领导重视、目标明确、措施到位、推进成效显著。他要求如东县严格按照目标要求推进各项工作，将城乡居民饮水工程抓好、抓实，让老百姓尽快喝上放心水。县人大常委会副主任沈更生陪同督查。

9月

★1日，如东县正式启动“安全用药宣传月”活动，各类安全用药科普宣传活动将集中开展。副县长姜晓静希望食品药品监管部门与相关职能部门加强沟通合作，严厉打击制售假劣药品违法犯罪行为，希望药品生产经营企业守法诚信、依法经营，维护好药品市场秩序。县领导唐国均、桑健出席活动。

★3日，县四套班子老领导视察沿海经济开发区，对园区发展寄予厚望。老领导们先后视察了沿海经济开发区基础设施配套建设、工业项目建设情况和小洋口部分旅游景点，听取了该区负责人关于近几年来经济、社会发展情况的汇报。县政协主席陈建华陪同视察。

★3日至4日，省经信委副主任顾瑜芳在如东县调研新能源产业发展。在当天举行的南通市新能源产业发展汇报会上，县委副书记、县长潘建华向顾瑜芳一行介绍了如东县经济社会发展和新能源产业发展的有关情况。市经信委主任杨扬、副县长张栩龙参加调研活动。

★4日，县委、县政府召开县城规划工作汇报会。会议要求各相关部门统一思想，集中智慧，进一步完善和提升城市规划，充分发挥规划的引领作用。县委书记、县人大常委会主任詹立风指出，城市规划建设一定要在科学谋划、彰显特色的基础上，加快新兴海港城市、现代旅游城市、生态宜居城市建设；各级领导干部要严格执行规划，自觉带头、刚性遵守、违规必究。詹立风还就重点项目的选址和规划设计等提出建议。会议由县委常委、常务副县长沈峻峰主持。县四套班子领导、县级机关相关部门及掘港镇、如东经济开发区主要负责人出席会议。

★4日，广发证券总裁助理张威带领考察组到如东县，与如通石油机械股份有限公司就上市相关事宜进行商谈。县委常委、常务副县长沈峻峰会见张威一行。他希望广发证券与如东县在企业上市、债券等资本运作环节继续开展深度合作。

★4 日，副市长朱晋带领调研组，到如东县调研“一镇一公立医院”“一镇一公立幼儿园”等社会事业建设情况。朱晋希望如东县以高度负责的精神，精心组织施工，确保把每个社会事业工程都建成精品工程、高效工程、安全工程和廉洁工程。副县长姜晓静陪同调研。

★4 日至 5 日，知名侨领、西班牙中侨贸易集团董事长、欧洲华侨华人社团联合会常务理事、西班牙华侨华人协会常务副主席、西班牙中国和平统一促进会副会长、江苏省海外交流协会副会长蔡永廉到如东考察。县人大常委会副主任、县侨联主席沈更生通报了如东经济社发展建设情况，并陪同参观了南通强生光电科技有限公司、江苏如通石油机械股份有限公司和洋口港投资开发有限公司会展中心和洋口港开发建设现场。县委常委、洋口港经济开发区党工委书记张蓉蓉陪同考察。

★5 日，盐城市政协副主席、射阳县委书记徐超及射阳县人大常委会副主任陈昌瑞、副县长吴昌标，到如东县考察风电产业。在县委书记、县人大常委会主任詹立风，县政协主席陈建华的陪同下，徐超一行参观了江苏海力风电设备有限公司、洋口港、科赛尔机械、龙腾机械。县领导张蓉蓉陪同视察。

★5 日，省新闻出版局督察组围绕版权保护、出版物市场管理、全面阅读活动开展、城乡阅报栏建设、农家书屋管理使用，以及“扫黄打非”等工作进行调研督察。副县长姜晓静向督察组一行汇报了如东县新闻出版及“扫黄打非”工作情况。

★6 日，南通市政协副主席陈德新，在县政协主席陈建华和县领导江华、桑圣权的陪同下，到如东县专题调研社区建设工作。

★6 日，由省教育科技工会牵头组织的“社会尊师重教，教师回报社会”公益活动来到如东县，分赴县工人文化宫、县中医院、掘港小学等地，通过授课、义诊、现场咨询等方式，送教下乡、送医下乡。在当天上午举行的活动开幕式上，县委常委、组织部部长任新峰希望省教育科技工会把如东作为联系点，今后选派更多优秀专家到如东传经送宝，推动更多教学科研成果到如东转化。省教育科技工会主席胡雪春，县领导唐国均、姜晓静、桑健参加了活动。

★6 日，县委常委、纪委书记刘才盛，县政协副主席吴鼎皋前往曹埠镇、江苏省如东第一职业教育中心校慰问教师代表，向他们送去鲜花、礼品与节日的祝福。

★6 日，县委常委、宣传部部长杨中坚专程前往袁庄镇、县实验小学慰问一线教师，向他们送上鲜花，致以节日的问候。

★6 日，县政协文体组委员前往县文广传媒中心（集团），调研集团组建后的运行情况和新媒体建设情况，并就新形势下如何更好地发展文广传媒事业积极建言献策。县政协副主席桑健对集团的工作予以肯定，他要求委员们做好各自本职工作，履职尽责，共同努力，为如东县文广传媒事业的发展壮大献智出力。

★7 日，县委副书记、县长潘建华，县领导任新峰、沈更生以及县教育局负责人前往栟茶镇，慰问一线教师代表。

★7 日，县政协主席陈建华前往洋口初中、实验中学，向 16 名优秀教师代表送去节日的问候。

★7 日，县人大常委会党组副书记、副主任陈昌龙，县委常委、常务副县长沈峻峰，副县长江华等先后奔赴各镇慰问。县领导杨小军、干志荣在岔河中学慰问时与教师代表亲切交谈，勉励他们继续发扬无私奉献、爱岗敬业的园丁精神，扎根农村，为孩子们创造一个良好的学习环境。县领导吴凤俊、冯力如看望了双甸镇 20 多位优秀教师代表，勉励他们一如既往地为如东的教育事业做贡献。县领导唐国均慰问了马塘镇的教师代表，并向他们送上鲜花、礼品及节日的祝福。在掘港小学，县领导姜晓静、桑健与 8 位一线教师代表亲切交谈，了解学校改制后的困难和要求。他们勉励教师继续勤奋钻研、开拓创新。副县长王智前往如东县实验幼儿园、丰利中学以及丰利小学，副县长张栩龙前往河口镇，向长年累月奋战在三尺讲台上奉献着青春年华的教师们送去鲜花、礼品，并致以亲切的慰问和衷心的感谢。

★7 日，如东县举行企业家精细化管理研修班的开班仪式。县委常委、组织部部长任新峰希望全体学员珍惜机会、深入考察、潜心思考，认真总结日本企业在精细管理、品牌培植与保护、科技创新等方面的经验，不断提高自己的知识水平和管理能力。他还鼓励企业家们抓住日本灾后重建和产业向外梯度转移的机会，积极推介自己，与日方企业开展交流合作，争取学习成果、招商引资双丰收。副县长张栩龙主持开班仪式。

★7 日，如东县开展危险化学品事故应急救援演练。现场演练总指挥、副县长张栩龙说，此次演练达到了检验预案磨合机制、锻炼队伍、教育公众的预期效果，各镇区、部门、单位要结合本区域、本行业、本单位的特点，按照无急可应、有急能应的总体要求，深化安全生产应急救援体系建设，建立联动机制，提高装备水平；各救援队伍要有组织、有计划地开展应急救援演练，大力开展应急培训和宣传工作，增强从业人员和公众的安全防范意识和自救、互救的能力。

★8 日，国家海洋局海域管理司副司长司慧一行，在县委副书记、县长潘建华的陪同下，参观了建设中的洋口港。潘建华向司慧介绍了洋口港开发建设情况。县领导张蓉蓉、江华陪同参观。

★8日，县委副书记周建飞先后到逸夫特殊教育学校、机关幼儿园和大豫镇，慰问优秀教师代表以及奋战在基层教育一线的教职员工。

★9月9日，县委书记、县人大常委会主任詹立风和县人大常委会副主任唐国均先后前往如东高级中学和虫宾山小学，亲切看望中小学教师代表，关心他们的工作、生活情况。

★10日，如东县举办“教育——在希望的田野上”文艺演出活动，庆祝第28个教师节，并表彰教育系统先进集体、先进个人。县委副书记周建飞发表了热情洋溢的祝词，向全县广大教育工作者致以节日的问候。县领导杨中坚、唐国均、姜晓静、桑圣权出席活动。

★10日，县委组织部组织机关全体人员和镇组织委员深入学习贯彻胡锦涛总书记“7·23”重要讲话、省委书记罗志军在全省领导干部学习会上的讲话和市委全委（扩大）会议以及县委十三届三次全体（扩大）会议精神，部署当前阶段性重点工作。县委常委、组织部部长任新峰要求，全县组织系统要把思想和行动统一到中央和省、市、县委的最新要求上来，增强政治自觉，努力做好当前各项工作，以优异成绩迎接中共十八大胜利召开。

★11日，如东县召开全县重点工作督查推进会，县委书记、县人大常委会主任詹立风强调，各镇区务必牢牢抓住发展第一要务，突出项目建设中心，扎实举措，埋头苦干，奋力冲刺三季度，推动各项重点工作取得新突破。县委副书记、县长潘建华主持会议。县四套班子领导出席会议。

★12日，如东县召开全县安全生产工作会议，要求各镇区、各部门、各单位立足全局，从严、从紧、从细抓好各项措施的落实，努力为党的十八大胜利召开和全县经济社会发展创造安全稳定的社会环境。副县长张栩龙总结了全县今年以来安全生产工作，分析了当前安全生产形势，全面部署了下一阶段安全生产工作。县委副书记、县长潘建华要求各镇区及相关部门要牢固树立安全生产责任意识，采取扎实有效的措施，落到实处；要抓紧抓牢园区外化工企业的专项整治工作，以及海洋渔业安全生产和道路交通安全整治等各项重点工作；要最大限度地畅通职工和社会监督力量的渠道，责任追究要动真碰硬，严格落实企业的主体责任、属地管理和部门监管“三级责任”，以铁的手腕，抓好问责工作，齐心合力抓出成效。会议由县委常委、常务副县长沈峻峰主持，其他副县长都参加了会议。

★12日，如东县召开全县工业经济推进会，县委副书记周建飞要求全县工业战线进一步加强领导，狠抓关键环节，加大落实力度，紧扣目标任务，轧紧时间节点，抓好组织推进，推动全县工业经济的发展，确保完成全年目标任务。 会议由副县长张栩龙主持。

★12日，县纪委组织各镇（区）、机关各部门党政主要负责人的配偶举行开展“家庭助廉 共享幸福”专题教育月活动启动仪式，进一步提高党员干部家属拒腐防变意识，充分发挥家庭在党风廉政建设中的特殊作用。县委常委、纪委书记刘才盛指出，家庭助廉对营造清廉、和谐、幸福、美满的家庭环境具有重要意义。他希望各位家属提高自身修养，发挥监督作用，保持知足长乐的心态，把家庭建设成为一个反腐倡廉的坚强堡垒营。

★12日，县人大常委会党组副书记、副主任陈昌龙，县人大常委会副主任沈更生、冯力如、唐国均以及相关委组的部分人大代表视察如东供电公司。人大代表们对供电公司在电网建设、优质服务方面取得的成就给予充分肯定，并纷纷为公司发展建言献策。

★12日，如东县召开全县质量强县工作会议。副县长张栩龙要求进一步发挥好品牌带动、技术创新的双轮驱动功能，培育出一批拥有自主知识产权、核心技术和较强竞争力的知名品牌；进一步加大质量安全问题的监管力度，加大对重点产品、重点企业、重点工程、重点质量问题的专项整治。

★13日，江苏省工业经济联合会、企业联合会、企业家协会三会会长、省政协原副主席吴冬华率团考察洋口港经济开发区和沿海经济开发区。县委书记、县人大常委会主任詹立风向吴冬华一行介绍了港口开发建设及重点项目推进情况。县政协主席陈建华，县委常委、洋口港经济开发区党工委书记张蓉蓉陪同考察。

★13日，如东县召开洋口港环港作业区开发工作第一次汇报会暨环港投资开发有限公司董事会，为实现沿海开发大跨越，增强沿海经济发展总量，提高项目建设承载能力，如东县将根据洋口港区总体规划，在小洋口地区新建洋口港环港作业区，目前环港作业区开发工作全面启动。县长潘建华指出，环港作业区的开发是大沿海开发中的重要部分，在开发建设过程中要准确定位，在功能上要形成互补，凸显出强有力的竞争优势；区域开发的模式要科学、合理；要进一步做好环港作业区建港条件研究及项目的研究，尽快开展各项工作。县委书记、县人大常委会主任詹立风指出，环港作业区的开发富有挑战性，其开发建设能更好地增强沿海经济发展总量，提高项目的承载力，提升洋口港开发区和沿海经济开发区的竞争力，创造出新的亮点和平台。他要求新成立的环港作业区办公室及其投资开发有限公司能立足长远，高标准，高起点做好开发规划工作，要大力提高整个港口的综合竞争力，在推进机制上要加强领导，加快推进。会议由县委副书记周建飞主持，县领导陈建华、张蓉蓉、王孝强出席会议。

★13 日，如东县召开全县引江供水区域全覆盖工作推进会。县委常委、常务副县长沈峻峰作全县引江区域供水全覆盖工作情况汇报。县委副书记、县长潘建华向各镇区和各相关部门负责人下发了政府交办单。潘建华指出，引江区域供水全覆盖工作时间紧、任务重、要求高，各镇（区）及相关职能部门要对照要求迅速落实责任，集中骨干力量，精心谋划，克服困难，夯实基础，一鼓作气；要科学规划管网建设和升级改造，明晰法律关系，做到不留遗憾；强化考核督查机制，全面实行工程质量主要领导责任制、工程质量终身负责制和工程质量项目法定人负责制，确保全面完成引江供水全覆盖目标任务。

★13 日，县人大常委会召开第十次主任会议。会议听取并审议了县检察院检察长顾祖林所作的“延伸法律触角工作专题报告”。县人大常委会副主任、党组副书记陈昌龙充分肯定了县检察院延伸法律触角工作方面的成绩。他要求县检察院在这个专项工作中继续以工作创新、机制创新、管理创新为抓手，高点定位，高标准谋划，切实加强这项工作的制度化、规范化、专业化建设。县人大常委会副主任沈更生、冯力如、唐国均，县人大督导员徐志平、冒亚平出席会议。

★13 日，副县长姜晓静带领县质监局、工商局、卫生局等负责人重点检查各企业月饼生产。姜晓静希望各企业在保持良好态势的基础上，切实加强食品安全的自查自治，同时要求食品安全监管部门进一步加强月饼市场监督，规范月饼生产、流通环节的生产经营秩序，让老百姓吃上更加健康安全、更加营养美味的月饼。

★13 日，如东县召开的招商引资百日竞赛活动推进会。副县长张栩龙在点评时说，百日竞赛活动虽然取得明显成效，但外资利用指标还严重滞后序时，园区主平台的作用也没有突显。他要求各镇（区）对照序时目标，把世界五百强、世界公司、上市企业、大型民企作为百日竞赛的重点，力争在引进 10 亿元以上内资和超亿美元项目上求突破，同时结合自身特色，选派精兵强将到重点地区布点招商，推进跨江经济合作。

★13 日，县政协副主席桑健带领县发改委相关负责人前往江苏快达农化股份有限公司调研，了解企业发展状况，帮助企业破解转型升级过程中的难题。

★14 日，市人大常委会副主任程静带领调研组到如东县专题调研职业教育发展情况。程静充分肯定了如东县职业教育工作取得的成绩，她希望如东县继续从各方面加大支持力度，进一步拓宽发展内涵，在全社会宣传形成“最适合孩子的教育就是最好的教育”这一理念，推动如东职业教育优质发展。县人大常委会副主任唐国均、副县长姜晓静陪同调研。

★本周，如东县召开全县民营经济发展工作推进会。副县长张栩龙要求各地、各部门有针对性地鼓励、引导、帮助、扶持不同群体积极创业，打造一批创业载体。抓氛围引导，在全社会不断营造敢创业、会创业、创大业的浓厚氛围，加快推动全县民营经济又好又快发展。

★15 日，县发改委党组召开班子成员专题民主生活会，就增强政治自觉意识、加强党风廉政责任制建设等方面工作进行落实。县委常委、常务副县长沈峻峰指出，发改委的工作涉及如东经济发展的各条线，要通过不断学习积极提升政治理论素养和服务产业发展的能力，突破园区发展、城市建设、结构调整等薄弱环节，把如东的资源优势转化为产业发展优势，努力提升如东产业发展的核心竞争力。

★15 日，县文广传媒中心举行第二届文化艺术节文艺汇演，展现广电人奋发有为、积极向上的精神风貌。县领导唐国均、姜晓静、桑健出席文艺汇演。副县长姜晓静致辞时指出，县文广传媒中心着力打造“文化广电、文明广电、阳光广电”的新形象，广播电视各项事业取得了长足的发展。她希望通过丰富多彩的文化生活，使广大干部职工以饱满的热情、最佳的状态投身到广电事业建设当中，创造更加辉煌的成绩。

★15 日，省社科联党组副书记、副主席汪兴国一行在市社科联党组书记、副主席徐爱民陪同下到如东县视察社科普及示范基地。县人大常委会副主任唐国均、副县长姜晓静陪同视察。

★9 月 17 日，县人大常委会与县总工会召开第十一次联席会，听取和研究了有关职工权益保护的意见和建议。县人大常委会副主任、党组副书记陈昌龙对县总工会取得的成绩给予充分肯定，他要求全县各级工会组织要狠抓落实、务求实效，积极支持工会依法履职。同时不断创新联席会议制度，努力打造可持续发展的效应。会议由县人大常委会副主任沈更生主持，县人大常委会副主任冯力如、唐国均出席会议。

★17 日，河口镇小溤村近 200 名村民共同见证了小溤二桥建成通车，该桥由祖籍该村的旅法侨胞王小波先生捐资建设。县人大常委会副主任沈更生出席建成通车仪式。

★18 日，县委、县政府召开 “第六届中国如东沿海经济合作洽谈会暨三一（如东）工业园项目开工仪式”动员会议，部署相关筹备工作。县委常委、常务副县长沈峻峰对相关筹备工作做了具体部署。县委副书记周建飞要求各部门增强共识，抓好结合，增强“海洽会”筹备工作的主动性、务实性和高效性，各司其职、轧紧时序、加强衔接、明确纪律，确保“海洽会”取得圆满成功。副县长张栩龙主持会议。县领导任新峰、张蓉蓉、姜晓静、江华出席会议。

★19日，县委书记、县人大常委会主任詹立风前往袁庄、河口两个镇调研，为他们鼓劲加油，要求两镇狠抓落实，高标准冲刺全年目标。

★19日，县委副书记周建飞前往循环经济产业园（大豫镇），参加循环经济产业园（大豫镇）党政领导班子民主生活会。周建飞要求循环经济产业园（大豫镇）党政一班人立足已经取得的成绩进一步科学谋划工作思路，确保完成全年目标任务，同时要增强工作的针对性和务实性，抓住发展中的关键环节，打造亮点，突出重点，形成特点，同心协力保障循环经济产业园（大豫镇）的惠民工程等各项事业又好又快发展。

★19日，如东县与南通大学举行引进科技人才合作洽谈会，双方就加强区域医疗卫生信息化建设合作事宜进行了深入洽谈。县委常委、宣传部部长杨中坚出席会议。副县长姜晓静主持洽谈会，她要求县各相关部门加强与南通大学的沟通对接，把医疗卫生信息化建设这一惠民实事办实办好，全力促进区域医疗卫生信息化快速发展。

★19日，由县委宣传部组织、县供销合作总社承办的“三争三实”主题演讲比赛决赛在县住建局举行。县政协副主席桑健担任评委并为获奖选手颁奖。

★20日，县委书记、县人大常委会主任詹立风赴双甸和岔河两镇调研，要求两地进一步增加有效投入，促进企业转型升级，保障社会和谐稳定，围绕全年目标任务，确保完成不动摇。县委副书记周建飞参加调研。

★20日，县政协主席陈建华前往辉煌彩钢公司，就“转型升级我先行，提振信心争贡献”主题活动作专题调研。他勉励企业在科学发展中建功立业，争当全县转型升级的“排头兵”。

★20日，县委副书记周建飞带领县发改委、经信委、商务局主要负责人，走访新店镇骨干企业，了解企业运行质态。周建飞要求该镇党政班子聚焦项目，锁定目标，突出重点，健全配套，优化服务，确保完成全年目标任务。

★20日，县地税局召开“奋战一百天，全面冲刺全年各项任务指标”动员大会，动员全系统真抓实干，开拓进取，确保全面完成全年目标任务。县委常委、常务副县长沈峻峰要求全县地税干部进一步提高税收征管和服务水平，加强队伍建设，做改革的先锋、机关的标兵、文明的使者，树立好地税品牌形象。

★20日，由县文联、县广播电视台联合主办的“容和杯”首届少儿书法电视大赛决赛在掘港小学举行。南通市文联党组书记、副主席羌怡芳，县领导杨中坚、姜晓静、桑健出席活动。

★20日，县政府专题召开全县服务业集聚区规划编制工作研讨会，如东县服务业集聚区规划编制工作正式启动。副县长王智要求各镇、各相关部门认真做好调研论证，一方面借鉴先进地区的成功经验；另一方面广泛征求各方意见建议，科学合理地布局好新兴产业和生产性服务业，真正做到及早谋划，高点定位，理念超前。

★21日，山东省寄生虫病防治研究所所长刘新率领苏鲁豫皖鄂五省疟疾联防团，到如东县检查疟疾防治工作。检查团对如东县疟疾防治工作，特别是对流动人口的疟疾防治工作给予肯定。副县长姜晓静出席检查汇报会。

★21日至22日，在如东县召开南通市政协文教卫体委员会工作交流会。副县长姜晓静代表县政府介绍如东县社会事业发展情况。县政协主席陈建华致辞，并介绍如东县政协今年以来的工作情况。南通市政协副主席杨展里、陈宋义出席会议并讲话。县政协副主席桑健出席会议。

★ 24日，全市非公有制企业党的建设工作现场推进会在如东县召开。县委书记、县人大常委会主任詹立风在会上致辞，他表示，非公企业党建是党建工作创新工程的重要组成部分。如东县将以此次现场推进会的召开为契机，进一步突出重点，创新举措，扎实推进非公企业党建工作，全面提升党建工作科学化水平，为全县经济社会又好又快发展提供坚强的组织保证。市委常委、组织部部长费高云作重要讲话。对如东县立足“四抓”，增强“四力”，推进党的建设与企业发展互促共进的做法予以高度评价会议由市委组织部副部长、市委“两新”工委副书记张辉主持。县委副书记周建飞出席会议。县委常委、组织部部长任新峰介绍如东县非公企业党建工作的做法。

★24日，县第十六届人大常委会召开第七次会议。会议听取和审议了县规划局《关于评议整改情况的工作报告》，并对县规划局人大评议整改情况进行满意度测评。会议听取和审议了县委常委、常务副县长沈峻峰所作的《关于县城老旧小区改造情况的工作报告》，通过了县人大常委会《关于加快推进县城老旧小区改造的决议》。会议听取和审议了县委常委、常务副县长沈峻峰所作的《关于发挥资源优势，推进沿海开发情况的工作报告》和县人大常委会调查组《关于发挥资源优势，推进沿海开发情况的调查报告》，通过了县人大常委会《关于进一步提高常委会会议和主任会议质量的意见》。会议分别由县人大常委会副主任、党组副书记陈昌龙和县人大常委会副主任沈更生主持。县人大常委会副主任冯力如出席会议，督导员徐志平、杨成泉、冒亚平，相关部门、镇（区）负责人和部分县人大代表列席会议。

★24 日，江苏省军区老干部系统陆殿义、王海棠将军等离退休老干部，到掘港镇虫宾山小学开展迎接十八大主题宣讲暨爱心捐款活动。县领导刘碧云参加活动。

★25 日，由省发改委副主任、省沿海办主任梁学忠率领的调研组到如东县，就“江苏沿海滩涂开发利用模式的创新实践”等课题进行深入调研，调研组实地考察了洋口港滩涂围垦示范区，并对如东县滩涂开发成果表示肯定。县委书记、县人大常委会主任詹立风向调研组介绍如东县的沿海开发重大项目建设进展及滩涂利用情况。县领导周建飞、张蓉蓉、王孝强陪同调研。

★25 日，在江苏银行如东支行银企基层党组织统筹共建交流会上，该行与南通泰禾化工有限公司签订了战略合作协议，与南通五建、江苏顺通等 4 家企业签订了组团共建协议，通过不同方式各种层次的共建活动，助推双方业务发展。县委常委、组织部部长任新峰指出，银企党组织的统筹共建，起到调结构、稳增长、促和谐的作用，是实现发展共赢的新举措，值得推广。他要求，继续在夯实共建基础上谋求新发展、在健全共建机制上谋求新突破、在创新共建载体上谋求新举措、在放大共建效益上谋求新作为。

★25 日，副县长王智率安监、交通、交巡警、环保、农机等部门负责人，到丰利镇、南通外向型农业综合开发区进行节前安全检查。

★25 日，副县长、县公安局长程军带领安监、工商、人社等部门负责人，前往曹埠镇和如东经济开发区（苴镇），进行节前安全生产检查。他要求属地、企业和行业监管部门严格落实安全生产责任制，确保群众过上安全、祥和的节日，为中共十八大召开营造和谐稳定的社会环境。

★本周，如东、海门纪检监察干部综合业务培训班在中国纪检监察学院开班。学院党委副书记李立新主持开班仪式，学院党委书记、副院长王拥军致辞。县委常委、县纪委书记刘才盛代表派出单位，要求全体学员以这次学习为契机，树立终身学习的理念，做到学以立信，充分体现与时俱进的时代要求；学以立行，充分展现执纪为民的本质要求；学以立身，充分满足反腐倡廉的形势要求。

★26 日，县政协主席陈建华带领政协社会法制组一行到县总工会，就维护职工权益进行专题调研。陈建华希望县总工会进一步履行职责，强化服务，增强工会组织的向心力，把工会办成工人之家，助推经济发展；不断适应新形势，加强工会工作的创新，服务职工、服务大局，切实维护职工和企业的合法权益；政府部门与工会要打造服务职工的平台，把工会工作、社会稳定工作联动起来。县领导桑健、桑圣权、吴鼎皋参加调研。

★26 日，如东县又一个旧城改造重点工程——民生·银河湾项目开工建设。民生·银河湾项目联合党总支宣布成立。南通市委组织部组织处处长张莉和县委常委、组织部部长任新峰共同为该项目联合党总支揭牌。

★26 日，县委县政府召开台商中秋茶话会。县委常委、纪委书记刘才盛向台商代表致以节日的问候，要求相关部门认真汇总、整理问题，尽可能为台商投资兴业提供优良的环境，促进企业在如东更好的发展。茶话会由县政协副主席、统战部部长吴鼎皋主持。

★26 日，县见义勇为专场文艺晚会在五一广场举行。县委常委、政法委书记于立忠希望各地、各部门以更大的力度、更强的举措关心、支持见义勇为事业，切实做好组织、宣传、保障等工作；希望全县广大干部群众以先进为榜样，个个支持见义勇为，人人敢于见义勇为，以自己的实际行动，为建设长安如东、共创美好家园做出应有的贡献。副县长、县公安局局长程军出席晚会。

★26 日，县人大常委会召开专业代表小组成立大会，正式建立财政经济、农业农村、环境资源城乡建设、科教文卫、内务司法五个专业代表小组。县人大常委会副主任、党组副书记陈昌龙指出，成立专业代表小组和开展专业小组活动对于引导人大代表发挥职能作用、提高履职水平、密切联系群众、促进社会和谐等方面具有十分重要的现实意义。他希望新成立的代表小组拓展思路、积极作为，把议大事与谋实事紧密结合起来，把强化监督与支持工作结合起来，把小组活动与常委会工作任务结合起来，充分发挥专业代表小组的职能作用。同时，切实强化组织领导，细化规章制度，优化保障机制，使专业代表小组这个新生产物加快成长成熟，成为如东人大工作的一个特色、一个亮点、一张名片。会议由县人大常委会副主任沈更生主持，督导员徐志平、杨成泉、冒亚平参加会议。

★26 日，副县长姜晓静率领县教育、卫生、质监、安监等相关部门负责人，前往双甸、新店进行节前安全检查。

★26 日，市委研究室主任徐兴林一行到如东县调研沿海开发工作，对如东县沿海开发取得的成绩予以充分肯定。副县长张栩龙及相关部门负责人汇报了如东县沿海开发的情况。

★ 26 日，县领导刘碧云率县发改委、安监、商务、总工会、供电公司等部门负责人，到掘港镇进行节前安全检查。

★27日，县委书记、县人大常委会主任詹立风和上实集团执行董事、上药集团董事长楼定波共同启动水晶球，上海中华药业南通有限公司正式揭牌，标志着上海中华药业与南通中宝药业成功重组，县委副书记、县长潘建华致辞。他说，两家公司重组必将为企业跨越发展注入强大活力，提升如东县医药产业的整体竞争力，也必将为中华药业的发展拓展更大空间。潘建华表示，县委、县政府将一如既往地关心、支持上海中华药业南通有限公司的发展壮大，全心全意为企业发展营造优良环境、提供优质服务，倾力帮助企业解决生产经营过程中的实际问题，鼎力促进企业快速健康发展。同时，也希望企业以此次重组为契机，巩固传统优势，加快在技术、品牌和管理上的有效融合，持续提升产品品质和竞争优势，为如东县医药产业发展做出更大的贡献。南通市药监局局长戴辉，县领导周建飞、杨小军、姜晓静、张栩龙参加揭牌仪式。

★27日，县委副书记、县长潘建华带领安监、公安、消防大队等部门负责人，专程前往洋口港经济开发区（长沙镇）和掘港镇，进行安全生产检查。在洋口港经济开发区的中石油华东燃气运输分公司，潘建华向负责人仔细询问公司安全生产措施和车辆运行情况，他叮嘱公司负责人一定要绷紧安全生产这根弦，确保安全生产各项措施落实到位。在华港燃气有限公司，他指出要将安全理念体现在生产的全过程，不放过任何一个环节。在南通永康运输有限公司，潘建华说，企业安全生产绝不能含糊，行业部门监管是外在推动力，关键还在企业自身。潘建华要求企业根据越来越高的国家标准，不断加大安全投入，加强隐患排查。潘建华还十分关心群众海上作业情况。他要求查报站严格执行下海拖拉机卡口查报制度，落实好安全生产责任制，加大查处力度，确保海洋渔业安全生产。

★27日，62名新疆籍普通高校毕业生将分别在如东县掘港镇、如东经济开发区和县人社局开展为期半年的岗前培训。县委常委、常务副县长沈峻峰要求各提供岗位部门，进一步提高思想认识，以高度的政治责任感，做好新疆高校毕业生岗位实习工作；提高做好新疆高校毕业生岗位实习工作的能力，全面掌握相关知识，提高带教水平；完善做好新疆高校毕业生岗位实习工作的工作机制，加强沟通协调，强化督促检查，确保有实效。

★27日，县委常委、常务副县长沈峻峰带领安监、公安、住建、国土等相关部门的负责人，前往岔河镇和马塘镇，检查节前安全生产工作。

★27日，县委常委、常务副县长沈峻峰带领县国土局相关负责人，前往马塘、岔河两镇督查违法用地整改情况。

★27日，如东县成立新四军研究会。陶明生当选为会长。县委常委、组织部部长任新峰和南通市新四军研究会会长、市人大常委会原主任秦兆桢为县新四军研究会揭牌。任新峰希望与会人员认真做好新四军抗战史料和历史遗存的调查、征集工作，不断加强新四军在如东历史的学习和研究，并努力将研究成果转化为教育资源。会议由副县长姜晓静主持。

★27日，如东县召开全县“三秋”工作暨农业农村重点工作推进会。县委常委、县政法委书记于立忠要求各地抓住有利时机，科学管理、调整种植结构、推进土地流转等工作，围绕秋收秋播，实现工作快部署，同时要大力推进秸秆禁烧与综合利用，咬定重点农业项目建设和全年考核目标，加大组织力度，确保各项任务的完成。会议由副县长江华主持，政协副主席桑圣权出席会议。

★27日，一个集调解受理室、行政许可调解庭、合同争议调解庭、侵权赔偿调解庭、消费纠纷调解庭、行政争议调解庭“一室五庭”为一体的市场主体争议行政调解中心在工商局揭牌。县委常委、政法委书记于立忠要求相关部门认清形势，客观评价大调解现状，优化机制，加强、提高人员专业化水平。同时与其他执法部门加强沟通，形成有序的调解机构网络，不断增强调解中心的服务功能、维权功能，为促进全县经济社会的和谐稳定作出更大的贡献。

★28日，县政协、县委统战部举行中秋国庆联谊会，各界人士欢聚一堂，共叙友情，共庆佳节，共同展望如东的美好未来。县政协主席陈建华在联谊会上对全县广大政协委员、各人民团体、各界人士、海外“三胞”及归侨、侨眷致以节日的问候！县委副书记、县长潘建华，县领导周建飞、陈昌龙、沈峻峰、任新峰、刘才盛、沈更生、姜晓静、王志荣、桑健、吴鼎皋及县政协督导员童玉林出席联谊会。

★28日，县政协举行十四届第五次主席会议，传达市政协工作会议精神，讨论委员调整事宜，重点听取各小组开展“转型升级我先行、提振信心争贡献”走访企业情况。县政协副主席王志荣、桑健、余科、吴鼎皋等分别通报了小组走访企业情况。县政协主席陈建华主持会议。他要求政协各委组以求和、求稳、求谋、求实的原则，围绕中心工作，关注民生，不断提高参政履职的能力，充分发挥政协助推经济发展、维护社会和谐的作用。

★28日，如东县召开“万名干部培训计划”推进会暨2012年秋季主体班集中开班仪式。县委常委、组织部部长任新峰要求全体学员，增强政治自觉，不断加强学习，切实提升领导科学发展的能力、做好群众工作的能力以及驾驭复杂局面的能力，努力打造一支眼界宽、思路宽、胸襟宽，有信念、有本领、有担当、有政绩的“三宽四有”的高素质干部队伍。

★29 日，县委书记、县人大常委会主任詹立风前往三一重工如东工业园，视察了解开工仪式的各项准备工作，要求如东经济开发区和相关职能部门从细微处入手，一丝不苟，精益求精地做好三一工业园开工仪式现场布置和沿途参观路线环境整治工作，全力以赴迎接海洽会的胜利召开。副县长张栩龙参加视察。

10 月

★4 日，全国人大常委会原副委员长顾秀莲一行到如东县洋口港视察，她寄语如东再接再厉，紧紧围绕港口引领的发展思路，不断拓宽视野，抢抓江苏沿海开发的战略机遇。南通市委书记、市人大常委会主任丁大卫，南通市人大常委会副主任施建中，县委副书记、县长潘建华，县领导周建飞、陈昌龙陪同视察。

★7 日，县委书记、县人大常委会主任詹立风赴如东循环经济产业园（大豫镇），深入调研园区发展布局规划和建设进展，要求园区进一步发挥资源、载体优势，做到高起点规划、高标准配套、高速度推进。县领导周建飞、于立忠、张蓉蓉、江华，以及县发改委、国土、海洋渔业、规划等部门的负责人参加调研。

★8 日，如东县召开全县环保重点工作暨区外化工专项整治推进会，县委副书记、县长潘建华出席会议并作重要讲话。他要求各镇区和部门，对照各自职责，进一步细化任务，轧紧时间部署，强化工作举措，攻坚克难，全力推进，确保按时高质完成各项目标任务。会议由县委常委、组织部部长任新峰主持。副县长王智、张栩龙分别通报了近期全县环保重点工作和区外化工专项整治推进情况，并就当前和今后一段时期的工作进行了部署。县领导冯力如、桑圣权出席会议。

★8 日，县政务中心召开三季度政务服务工作点评会上，县委副书记、县政务中心党工委书记周建飞要求中心各部门、各窗口在深化上下功夫，在创新上求突破，在服务上创一流，为实现全年目标任务提供更加优质的政务保障。 县委常委、常务副县长沈峻峰主持会议。

★8 日，洋口港经济开发区召开动员会，全区 50 名 30 周岁以下的机关人员到村接受为期 1 年的挂职锻炼。县委常委、洋口港经济开发区党工委书记张蓉蓉要求 50 名机关人员在挂职锻炼期间着力做到“八个一”，即每人每周到村里上班时间不得少于 1 天；协管村干部分管 1 项工作；分工 1 个村民小组；联系 1 个种养大户或企业；帮扶 1 户以上的贫困户；办 1 件实事；每个月每人向党工委上交 1 份书面汇报；每个季度每人上交 1 份调研文章，在基层实践中提升自我、超越自我。

★9 日，市委书记丁大卫、市长张国华等市领导到如东县开展实地调研，并就加快园区开发建设、加快产业项目集聚进行专题研究。县委书记、县人大常委会主任詹立风重点汇报了洋口港开发建设情况。丁大卫强调，洋口港是江苏沿海开发的重要节点，是南通沿海开发建设的开篇之举，在全市沿海开发中具有举足轻重的战略地位，他勉励如东县进一步坚定信心、加快发展，寻求沿海开发新突破。市领导陈照煌、黄巍东、徐辉及市相关部门负责人参加调研。县委副书记、县长潘建华以及县领导周建飞、沈峻峰、张蓉蓉等陪同调研。

★9 日，如东县召开铁路地方配套工程协调推进会。县委常委、组织部部长任新峰要求相关镇区、部门及施工单位加强沟通协作，采取超常规措施，集中精力，集中力量，突破工作瓶颈，抢抓晴好天气，强势推进，确保海洋铁路年底顺利实现竣工交验。副县长王智、县人大常委会督导员杨成泉出席会议。

★9 日，由县委组织部、县人社局联合举办的全县新录用公务员、高学历人才培训班，在南通未成年人素质教育实践基地开班。 县委常委、组织部部长任新峰出席开班仪式，他指出，新录用公务员、高学历人才是如东县干部队伍的重要后备力量，全体学员要注重学习，在勤学深思中提高执行力；严格纪律，在规范流程中提高执行力；勇于担当，在强化责任中提高执行力。

★9 日，国家海洋局检查组到如东县开展海洋生态文明建设调研，并实地检查了如东海岸生态保护与生态长廊建设项目。 检查组认为，如东生态廊道项目规划长远，设计思路巧妙，并要求如东县积极开展项目建设的各项准备工作，认真完善和落实项目规划内容，合理使用海域使用返还金，把如东沿海经济开发区的生态项目做得更大更好。县委常委、副县长王孝强参加活动。

★10 日，如东县召开全县重点工作督查推进会，县委书记、县人大常委会主任詹立风要求全县上下按照“目标不变、任务不减、力度不降”的总体要求，紧张快干、奋勇争先，开足马力、全力冲刺，确保全面完成全年各项目标任务，确保发展速度全市领先。县委副书记、县长潘建华主持会议，并就如何贯彻落实会议精神提出明确要求。县四套班子领导出席会议。

★10 日，如东县召开全县征兵工作会议，部署今年征兵工作。 县委副书记、县长潘建华到会并讲话，他要求各镇区及相关部门要进一步认清形势，形成共识，切实增强征兵工作的责任意识，抓住重点，严格把好新兵征集的质量关，加强领导，通力合作，廉洁自律，努力营造良好的征兵氛围，保质保量完成今冬征兵任务。会议由副县长江华主持，县委常委、县人武部部长吴凤俊出席会议。

★10 日，如东县召开征兵工作领导小组座谈会，要求各领导组成员单位积极配合，形成合力，保质保量完成征兵任务。 县委常委、县人武部部长吴凤俊介绍了 2011 年征兵工作情况，并就今冬征兵工作所面临的的相关问题进行了讨论。县委副书记、县长潘建华要求各成员单位在思想上高度重视，按照各自工作职责，扎实工作；通力合作，形成合力，把好关，确保征兵工作扎实有序推进。副县长江华出席会议。

★11 日，南通出入境检验检疫局副局长王震在县委副书记周建飞的陪同下，前往县循环经济产业园，就如东县进口再生资源加工区建设中有关检验检疫的相关事宜进行现场办公。周建飞要求循环经济产业园“快”字当头，围绕检疫部门的要求采购好所需检测设备，确保建设工作有效推进。

★11 日，县委常委、宣传部部长杨中坚带领住建、如东经济开发区、掘港镇相关负责人，视察重点市政工程建设情况。

★11 日，县人大常委会离退休老干部到沿海经济开发区参观考察，亲身体验近年来的发展变化。 老干部们对如东县未来的发展变化充满了信心和期待，他们纷纷表示，将继续发挥余热，为如东经济社会发展再作贡献。县人大常委会副主任、党组副书记陈昌龙陪同参观。

★12 日，省台办副主任王少邦在县委副书记周建飞和县委常委、纪委书记刘才盛的陪同下，到如东县调研。

★12 日，如东县召开全县服务业工作会议，县委常委、组织部部长任新峰要求相关单位高度重视，咬定目标，奋力冲刺，确保服务业各项目标任务的全面完成，并科学谋划好明年服务业发展工作。 副县长王智出席会议，并就冲刺“四季度”进行动员部署。

★15 日，省交通厅党组书记、省铁路办主任刘大旺一行到如东县视察海洋铁路建设，表示将进一步加大协调服务力度，全力支持海洋铁路加快建设，助推如东沿海开发大提速、快升温。县委书记、县人大常委会主任詹立风向刘大旺一行介绍了海洋铁路建设的基本情况。省交通厅党组成员、省铁路办副主任陈宏程，副市长徐辉，市交通运输局局长周跃华，市铁路办主任刘建中，县委副书记、县长潘建华以及县领导张蓉蓉、王智参加调研活动。

★15 日，如东县召开镇（区）违法建设监督管理工作会议。县委常委、纪委书记刘才盛要求各镇区及相关部门立足全局、把握形势，深刻分析、正视不足，强化举措、整体推进，确保违法建设监管工作取得实效。县委常委、常务副县长沈峻峰主持会议。

★15 日，全国创先争优活动总结交流视频会议召开，如东县组织收听收看视频会议，县委常委、宣传部部长杨中坚对如东县的创先争优活动作了总结，并就今后的工作提出了具体的要求。杨中坚要求全县各级党组织和广大党员要进一步提高思想认识，把创先争优作为一项经常性工作常抓不懈，明确工作重点，落实好基层组织建设年各项要求，突出领导带头，发挥领导干部在创先争优中的表率作用，进一步抓好典型带动，努力巩固和扩大创先争优活动的成果与影响，进一步加强制度建设，建立健全创先争优常态化长效化的体制机制，为建设新如东再做贡献、再立新功，以优异的成绩迎接党的十八大胜利召开！

★16 日，中国如东第十三届国际风筝会暨“沿海开发杯”2012 年江苏省风筝精英赛，在沿海经济开发区风筝放飞场举行。县委书记、县人大常委会主任詹立风出席开幕式。县委副书记、县长潘建华在开幕式上发表了热情洋溢的讲话。潘建华表示，如东将按照高标准、高质量、高效益的要求，加强组织协作，规范操作程序，以精益求精、高效优质的服务，努力承办好这次风筝盛会，为全国风筝运动推广和风筝文化发展做出应有贡献。开幕式由县委常委、宣传部部长杨中坚主持，国家体育总局社会体育指导中心副主任刘北剑宣布比赛开始，国家体育总局社会体育指导中心业务三部主任尹国臣，南通市体育局局长徐国祥，南通市体育局党组成员、纪检组长成中，县领导姜晓静、桑健出席开幕式。

★16 日，如东县召开全县招商引资工作点评推进会。 县委副书记周建飞要求各镇区进一步增强目标意识、时间意识、务实意识、务本意识与合力意识，在加快推进基础设施配套工作上下功夫，在完善招商引资队伍上求突破，在驻点招商、以商引商上求实效，确保招商引资工作取得新突破。周建飞就海洽会准备工作要求各镇区、各部门本着精益求精的原则，确保本届海洽会客商层次高、项目含金量高，真正把海洽会打造成高规格的投资盛会。

★16 日，如东县召开“三争三实”主题教育活动现场观摩会，推广县政务中心的经验做法。县委常委、宣传部部长杨中坚要求全县上下紧扣形势、突出重点，不断抬高“三争三实”主题教育活动的新支点，营造敢闯、敢试、敢担当的思想环境，亲民、亲企、亲项目的发展环境和创新、创优、创佳绩的政务环境。要强化领导、务实推进，更好发挥“三争三实”主题教育活动的新优势，切实增强责任意识，提高抓好落实的能力；增强统筹意识，提高服务发展的能力；增强整体意识，提高贡献如东的能力。

★16 日，县委常委、政法委书记于立忠专程到如东边防大队长沙、刘埠、洋口边防派出所调研，勉励官兵进一步增强政治意识、大局意识、责任意识，扎实做好各项安全保卫工作，确保如东沿海安全稳定，为驻地经济社会发展再立新功。

★17 日，全市机关驻村“第一书记”工作现场推进会在如东县召开。会议要求各地以实现“三弱两重”村派驻“第一书记”全覆盖为目标，精心策划部署，强力组织推进，全力支持驻村“第一书记”工作，推动全市率先实现基本现代化。 县委副书记周建飞对全市机关驻村“第一书记”工作现场推进会在如东县召开表示欢迎。县委常委、组织部部长任新峰介绍了如东县驻村“第一书记”工作情况。

★17 日，南通市纪委副书记陈锋在如东县专项督查，对如东县加强干部队伍能力素质建设的做法给予充分肯定。 县委常委、组织部部长任新峰，县委常委、纪委书记刘才盛分别介绍如东县干部队伍建设和廉政建设方面的情况。

★17 日，县委常委、宣传部部长杨中坚带领县住建、交通、城管等部门负责人督查文明城市长效管理工作，并要求相关部门和单位完善监督管理机制，采取更加扎实有效的措施，齐抓共管，使县城面貌有一个根本性改观。

★18 日，省委第六巡视组到如东县调研，对如东县在沿海开发和新能源发展上取得的成绩予以高度评价。 在县委副书记、县长潘建华的陪同下，省委第六巡视组参观了如东生物质发电有限公司，中石油江苏液化天然气等重大项目的建设现场。县委常委、洋口港经济开发区党工委书记张蓉蓉向巡视组介绍了如东县港口开发建设的相关情况。县领导任新峰、王智陪同调研。

★18 日，全市人大环境资源城乡建设工作座谈会在如东县召开，会议专题讨论了全市拆迁安置房的建设情况，对存在问题进行剖析，并提出解决方案。县委副书记周建飞介绍了近年来如东县经济社会发展情况。他希望通过此次会议，向兄弟县市学到更多经验，进一步加快如东县拆迁安置工作步伐，促进社会和谐稳定。县人大常委会副主任、党组副书记陈昌龙，县人大常委会副主任沈更生、县人大督导员蔡瑞平参加会议。

★18 日，如东县召开社会管理创新工作现场推进会，贯彻落实全省社会管理创新工程推进落实会和市综治委全体委员会议精神，围绕今年全县社会管理创新46 项重点任务，总结工作，交流经验，分析不足。 县委常委、政法委书记于立忠要求各镇（区）、各部门按照“稳定为先、基础为本、稳步创新、务求实效”的原则，狠抓社会稳定、机制建设、基层基础等重点工作，整合多方资源，落实工作责任，强化督查考核，科学有序地抓好各项工作，不断提升全县社会管理创新工作整体水平。县领导程军、桑圣权出席会议。

★18 日，金地来大酒店正式开业，喜迎四方宾朋，这是大豫镇今年来着力加快服务业发展的又一力作。金地来大酒店的开业对提升大豫镇服务业档次、改善接待条件、优化发展环境、促进镇域经济又好又快发展有着重要意义。副县长王智为金地来大酒店开业剪彩。

★19 日，县委、县政府召开如东城市出入口布局研究汇报会，就加强城市效能和对外交通有效衔接、合理布设城市出入口进行研究。副县长王智主持会议。县委书记、县人大常委会主任詹立风在会上指出，城市出入口布局影响着未来城市发展空间，他要求研究单位着眼长远，深入研究，使方案更加切合如东未来发展的需求。县委副书记、县长潘建华出席会议，并就设计方案的进一步完善提出要求。县领导周建飞、任新峰参加会议。

★19 日， 在县委书记、县人大常委会主任詹立风，县人大常委会副主任、党组副书记陈昌龙的陪同下，江苏省人大常委会外事委主任袁静波在如东县视察。詹立风向他详细介绍了如东县城总体规划和近年来经济社会发展情况。县委副书记周建飞，县委常委、洋口港经济开发区党工委书记张蓉蓉参加了活动。

★19 日，县老科协、老年大学举行庆祝敬老节活动。 县委常委、组织部部长任新峰出席活动。他希望老干部、老同志一如既往地关心、支持如东的经济社会发展，积极献计献策，为全县“两年赶超，五年争先”再作贡献。

★20 日在如东县召开的南通市县（市）区综治办主任会议要求，围绕事关民生的热点、难点问题，不断推进社会管理创新，维护社会稳定。县委常委、政法委书记于立忠出席会议。

★21 日，如东县召开庆祝第 25 个敬老日、纪念“中国长寿之乡”命名一周年暨老龄工作“五十佳”表彰会议。副县长江华出席会议并讲话。他指出，全县上下要加快推进老龄事业健康稳定发展，健全养老社会保障体系和养老服务体系，建立老龄产业发展体系和老年社会管理体系，在全县形成尊老、敬老、助老、爱老的良好风气，不断开创如东县老龄事业发展新局面。

★22 日，县委、县政府组织召开全县经济社会发展情况报告会，县委副书记、县长潘建华向全县老干部代表通报2012年以来全县经济社会发展情况，并代表县四套班子向全县的老干部、老同志致以节日的祝福和亲切的问候。报告会由县委副书记周建飞主持。

★22日，县人大常委会召开第12次主任会议，听取县人社局关于贯彻落实社会保险法的情况汇报。县人大常委会副主任、党组副书记陈昌龙充分肯定了县人社局的工作实效，要求进一步做到以扩大社会保险覆盖为重点，执法到位；以基金安全保障为核心，财政审计到位；以加强经办能力为支撑，服务到位，确保社会保险法的贯彻实施。县人大常委会副主任冯力如主持会议，县人大常委会副主任沈更生，县人大督导员徐志平、杨成泉、蔡瑞平、冒亚平出席会议。

★本周，县人大常委会副主任、党组副书记陈昌龙带领相关部门负责人赴南通外向型农业综合开发区，调研该区2013年申报农渔业项目对接工作。县领导于立忠、江华参加调研。

★23日，全市林业工作暨村庄环境整治现场推进会在如东县召开。县委书记、县人大常委会主任詹立风致辞。县委常委、政法委书记于立忠代表如东县作交流发言。副市长徐辉回顾总结去冬今春以来全市林业和村庄环境整治工作，部署下一阶段工作，高度评价如东县绿化造林和村庄环境整治情况，认为标准高、力度大、氛围浓、效果好，很有示范意义，值得学习和借鉴。市委常委秦厚德主持会议并讲话。县委副书记、县长潘建华陪同参观。副县长江华参加活动。

★23日，县政协专题召开协商会议，邀请县委常委、常务副县长沈峻峰，副县长张栩龙与会，专题会商县政协开展的“转型升级我先行，提振信心争贡献”主题活动中的18个问题建议。县政协主席陈建华，副主席桑健、余科、桑圣权，督导员童玉林出席会议。

★23至24日，省关工委主任曹鸿鸣一行到如东县调研“未成年人零犯罪社区（村）”创建工作。在县委副书记周建飞的陪同下，曹鸿鸣一行先后参观了双甸镇高前村、南通市未成年人社会实践基地，县关工委负责人向曹鸿鸣一行汇报了近年来如东县在创建“未成年人零犯罪社区（村）”方面所做的工作。

★24日，协鑫集团控股有限公司副总裁孙兴平考察洋口港，敲定以燃机发电为龙头的一揽子投资项目将落户如东，第六届海洽会期间正式签约，并就拟签约项目与如东县进行了深入洽谈。县委书记、县人大常委会主任詹立风会见了孙兴平一行，介绍了洋口港开发建设的有关情况。县委副书记、县长潘建华就项目投资的相关问题，与孙兴平一行进行了磋商。县委副书记周建飞及县领导张蓉蓉、张栩龙出席会议。

★24日，如东县召开工业经济决战四季度推进会，要求各镇区和相关部门全力冲刺四季度，确保完成全年任务。副县长张栩龙介绍了2012年以来全县工业经济运行情况，并就如何大干四季度和加快织造业转型升级工作进行部署。县委副书记周建飞要求全县上下抓实项目建设，加大招商引资、全民创业和老企业扩大改造力度，引进高新产业、改造传统产业、发展链式产业，同时突出重点，形成合力，加快织造业转型升级，确保取得实际成效。县领导冯力如、桑健出席会议。

★24日，县纪委召开实施项目建设提速工程督查推进会，对2012年以来相关镇区在项目建设过程中遇到的8个问题现场办公。县委常委、纪委书记刘才盛要求各相关部门解放思想、主动介入、高效办理，尽最大努力帮镇区、企业解决问题，形成企业主办、部门帮办、纪委督办的机制。排好计划表，明确解决时间节点，加快推进项目建设速度，确保完成全年目标任务。

★24日，县纪委召开实施企业发展减负工程恳谈会。县委常委、纪委书记刘才盛要求相关部门以优化企业发展环境为主题，及时梳理国家新出台的相关优惠政策，建立完善企业负担监测、监督机制，切实减轻企业负担，优化如东投资环境。

★24日，市保障性安居工程建设政策落实情况专项督查组来如东县检查保障性安居工程建设政策落实情况。县委常委、宣传部部长杨中坚陪同检查。

★24日，南通市公安局长秦剑平到如东县视察，要求如东县深入开展“四项排查”，切实做好中共十八大期间的安全保卫工作。在县领导于立忠、张蓉蓉、程军的陪同下，秦剑平视察了长沙边防派出所阳光岛警备室、长沙镇派出所、机动车驾驶人考训场、洋口派出所等地，听取相关汇报后，秦剑平对如东县的公安工作给予充分肯定，他要求如东县全警动员、全力以赴，以深入开展“四项排查”为抓手，把维护群众利益与维护社会稳定有机结合起来，切实做好中共十八大期间的安全保卫工作。

★24日，出席江苏省投资协会2012年金融创业投资研讨会的嘉宾到如东县考察。县委常委、洋口港经济开发区党工委书记张蓉蓉详细介绍了如东沿海开发进展。县领导余科参加活动。

★24日，县人大常委会副主任沈更生召集大豫、长沙、栟茶、袁庄四个镇人大主席座谈，要求各镇准确把握定位，抓住工作重点，组织和动员人大代表参与经济建设，主动为项目建设、招商引资、农业生产服务。

★25日，县委副书记周建飞召集县农委、国土、交通等部门负责人召开会议，就做好如东循环经济产业园规划编制、资源配置等问题做出部署。

★25日，市纪委副书记、监察局局长陈勇一行到如东县，专项督查今年环保重点工作。陈勇一行实地检查了绿能生物质科技有限公司、强生手套有限公司等，要求如东县妥善处理固废、秸秆等工作，对于目前存在的突出问题，要积极整改，不断改善如东的生态环境。县委常委、纪委书记刘才盛表示，如东县将加大基础设施的投入，积极引导企业加大环保投入，营造优美健康的生态环境。县领导于立忠、王智出席会议。

★26 日，如东县召开江苏省如东小洋口洋通公司区域规划评审会，国家、省、市旅游、规划专家组成的评审组一致同意规划通过评审。 县领导任新峰、王智参加评审会。

★27 日，前来参加第六届中国如东沿海经济合作洽谈会的全国政协副主席李金华，江苏省政协副主席黄因慧，湖南省政府党组成员、省长助理袁建尧，三一集团董事长梁稳根，三一重工股份有限公司总裁向文波亲切会晤，叙友情，话未来，谋发展。市委书记、市人大常委会主任丁大卫，市委副书记、市长张国华，县委书记、县人大常委会主任詹立风，县委副书记、县长潘建华，县政协主席陈建华等省、市、县领导参加会晤活动。

★28 日，第六届中国如东沿海经济洽谈会开幕式暨三一重工如东工业园开工典礼隆重举行，随着全国政协副主席李金华宣布项目开工，如东有史以来单体投入量最大的机械装备制造项目——三一重工如东工业园正式开工。县委书记、县人大常委会主任詹立风致辞。他说，如东县将以一流的服务、一流的配套，全力支持项目快建设、快投产、快见效，努力把三一重工如东工业园打造成为一流的现代化机械装备制造基地。南通市委书记、市人大常委会主任丁大卫发表了热情洋溢的讲话。他说，将为园区提供一流的政策、环境，以及优质的服务，促进园区早投产、早见效，加快建成国内领先，国际一流的重装备制造基地。三一集团董事长梁稳根感慨万分，他说，三一愿与全体如东人一起共同建设现代化新如东，共同为中国经济发展和中华民族伟大复兴做出贡献。江苏省副省长许津荣向三一集团和如东县表示热烈祝贺！她表示，省政府将全力支持三一重工如东工业园项目，积极创造条件，努力提供便利，营造更加良好的投资建设环境。她希望南通市及如东县充分发挥沿海开发的政策效应，利用好自身的区位优势和产业基础，抓住机遇、主动作为、优化服务、率先突破。湖南省政府党组成员、省长助理袁建尧宣读湖南省省长徐守盛发来的贺信。开幕式由县委副书记、县长潘建华主持。国家、省、市各级领导为项目奠基培土。江苏省政协副主席黄因慧，南通市政协主席王德忠，江苏省政协机关纪检组组长凌静，三一重工股份有限公司总裁向文波，三一集团董事、高级副总裁毛中吾，南通市委常委陈照煌，副市长黄爱军，市政协副主席陆玉明以及全体县四套班子领导，以及客商代表参加活动。

★28 日，江苏省副省长许津荣在市委书记、市人大常委会主任丁大卫，县委书记、县人大常委会主任詹立风的陪同下，视察如东县沿海经济开发区环保安全、污水处理、污染控制等工作。江苏省政府副秘书长王志忠、南通市委副秘书长周建、县政协主席陈建华等陪同视察。

★28 日，县委、县政府举行第六届中国如东沿海经济合作洽谈会暨三一重工如东工业园开工典礼招待午宴，与中外客商畅谈合作之谊，共谋发展大计。 县委副书记、县长潘建华致辞。他说，如东县将进一步改善投资环境，不断提升县域综合竞争力，与海内外广大投资者和创业者一起为如东发展和江苏沿海开发做出新的贡献，共同开创更加美好的明天！三一集团董事、高级副总裁毛中吾致祝酒词。活动由县委常委、常务副县长沈峻峰主持，县委书记、县人大常委会主任詹立风及县四套班子领导出席招待午宴。

★28 日，第六届中国如东沿海经济合作洽谈会举行投资环境说明会暨项目集中签约仪式。会上共有 32 个项目集中签约，总投资约 318 亿元。其中外资项目 9 个，总投资 4.2 亿美元；内资项目 23 个，总投资 291 亿元。签约仪式由县委常委、常务副县长沈峻峰主持。县委副书记周建飞发表了热情洋溢的致辞，他代表县四套班子领导向与会领导和嘉宾表示热烈的欢迎和衷心的感谢。县领导杨中坚、王智、张栩龙、江华分别向与会客商作城建、服务业、工业、农业项目推介说明。县委副书记、县长潘建华，县领导任新峰、刘才盛、张蓉蓉、沈更生、冯力如、姜晓静、余科、桑圣权出席签约仪式。

★28 日，第六届中国如东沿海经济合作洽谈暨三一重工如东工业园开工举行新闻发布会。新华社、人民日报、中央电视台、中新网、新华日报、香港凤凰卫视等 30 多家媒体参加。 县委常委、常务副县长沈峻峰发布新闻。新闻发布会上，新华社、新华日报记者就如东怎样依靠港口优势加快沿海开发和如何培育新兴产业，加快如东经济转型升级等提问，县委副书记周建飞作了回答。新闻发布会由县委常委、宣传部部长杨中坚主持。

★30 日，副市长孙建华带领市商务局、南通海关等部门负责人到如东县，调研外资外贸工作情况。县委书记、县人大常委会主任詹立风，县委副书记、县长潘建华陪同调研。 县领导周建飞、张蓉蓉、张栩龙参加活动。

★30 日，县政协召开十四届六次主席会议，县政协副主席吴鼎皋通报县委常委会审议政协工作的情况；

协商通过县政协十四届三次常委会议议题，协商讨论十四届二次全会初步方案，协商研究2013年各专委会重点工作安排。县政协主席陈建华主持会议。他指出，各专委会要在更高起点上谋划工作，在更高标准上推动工作，把政协工作做得更有成效、更有新意、更有影响，努力提高协商质量和议政水平。县政协副主席王志荣、桑健，县政协督导员童玉林出席会议。

★30日，临海高等级公路如东段工程项目联合党委召开会议，表彰临海高等级公路如东段工程项目建设过程中涌现的“先进党组织”和“优秀党员” “优秀党务工作者”。县委常委、组织部部长任新峰希望联合党委在今后的党建工作中，努力在提升活动载体上、优化机制建设上、强化作用发挥上、转化工作成效上力求新突破，真正将党组织的政治核心和政治引领作用贯穿临海高等级公路如东段施工全过程，引导广大党员职工更好地立足本职，干事创业，当好工程项目建设的“排头兵”和“顶梁柱”。

★30日，县天主教爱国会第二次代表会议召开。副县长姜晓静，县政协副主席、县委统战部部长吴鼎皋出席会议。会议听取审议了爱国会工作报告，通过了章程修正案（草案）及第二次代表会议选举办法，陈小平当选县天主教爱国会主任。

★本周，沿海经济开发区化工行业商会召开第二届会员大会，举行换届选举。江苏九九久科技股份有限公司董事长周新基当选新一届会长。县政协副主席、县工商联主席、总商会会长桑健到会讲话，他要求新一届化工行业商会立足服务，为行业发展多办实事，使行业商会真正成为有凝聚力的行业核心，推动如东县化工产业做大做强。

★31日，副市长赵闻斌专程带领市发改委、经信委等部门负责人，就前期相关工作，与如东县领导进行对接，并实地视察相关物流企业。在县委书记、县人大常委会主任詹立风，县委副书记、县长潘建华，县领导张蓉蓉、余科的陪同下，张蓉蓉向他详细介绍了洋口港发展规划、建设进展以及港口物流园区规划愿景。詹立风、潘建华分别在港口物流园区争创省级物流园区座谈会作了介绍，他们恳请南通市委、市政府和市相关部门多给予如东关心和支持，从编制规划、基础材料准备等方面进行指导。

★31日，县委常委、县纪委书记刘才盛到12345政府服务热线中心视察工作，勉励热线工作人员再接再厉，代表县政府多为群众办实事、做好事、解难事，为建设服务型政府多做贡献。

★31日，省人口计生委副巡视员申晓建一行，到如东县督查人口计生信访维稳和免费孕前优生健康检查两项重点工作，并实地查看了岔河镇世代服务中心。副县长姜晓静汇报了如东县人口计生信访维稳和免费孕前健康检查两项工作的开展情况。县委常委杨小军陪同督查。

★31日，副市长赵闻斌带领市经信委、发改委等部门负责人，实地视察了岔河镇、掘港镇服务业项目，对2012年以来如东县服务业发展情况表示满意。县领导吴建坤向赵闻斌一行介绍了如东县服务业工作情况。在县委常委杨小军的陪同下，赵闻斌实地视察了岔河镇银河工业集中区、广隆商场和掘港镇优美佳建材城等地。

★31日，县人大常委会召开第13次主任会议，听取副县长、县公安局局长程军关于贯彻实施《中华人民共和国道路交通安全法》的情况汇报。县人大常委会副主任、党组副书记陈昌龙对公安工作给予肯定，他要求县公安局进一步改善交通环境，延伸道路建设与管理的触角；进一步建立交通安全影响排查机制，加快道路交通安全管理基础设施的规划布局与建设进程；进一步放大示范引领作用，将宣传教育常态化、多元化。县人大常委会副主任唐国均主持会议，县人大常委会副主任冯力如，县人大督导员徐志平、杨成泉、蔡瑞平、冒亚平出席会议。

11月

★1日，县领导沈峻峰、杨中坚带领县住建、传媒、供电等部门负责人，视察2012年度县城重点市政公用设施工程建设情况。沈峻峰要求相关部门在施工过程中，注重做好水系和水利设施的配套建设。他们同时要求相关部门科学安排，合理制定好明年的市政工程建设规划，让百姓真切感受到发展带来的变化。

★2日，江苏省国土资源厅副厅长吴震强在县委书记、县人大常委会主任詹立风，县领导沈峻峰、张蓉蓉的陪同下，了解港口开发建设及重点项目推进情况。

★2日，著名文化产业研究专家陈少峰到如东县，作“扶海大学堂”——文化产业前沿问题与发展模式专题报告会。县委常委、宣传部部长杨中坚主持报告会，他希望与会人员认真领会、学以致用、用以促学，推动如东县文化产业转型跨越发展。县领导陈建华、陈昌龙、刘才盛、杨小军、王孝强、姜晓静、程军、江华、桑健、桑圣权、吴鼎皋出席报告会。

★2日，如东县召开2013年度全县重点党报党刊发行工作会议。县委常委、宣传部部长杨中坚出席会议，他要求各地、各部门严肃对待征订发行任务，确保在本月 30 日前全面完成所有征订任务。

★3 日，共青团如东县第十五次代表大会在县行政中心隆重召开，来自各条战线的 199 名正式代表认真谋划今后五年全县共青团组织的工作任务和奋斗目标，选举产生了共青团如东县第十五届委员会和出席共青团南通市第十六次代表大会的代表。团南通市委书记葛志娟出席会议并对大会的召开表示热烈祝贺，向奋战在全县各条战线上的广大团员青年致以问候。县委书记、县人大常委会主任詹立风代表县四套班子向大会的召开表示热烈祝贺。他要求全县各级团组织找准青年工作的着力点，更好地服务大局、服务青年，不断加强和改进团组织建设，切实担负起党和时代赋予的神圣使命。全县各级党组织要高度重视共青团工作，加强对共青团工作的指导。县委副书记、县长潘建华，县政协主席陈建华，县领导周建飞、陈昌龙、任新峰、张蓉蓉、沈更生、姜晓静、桑健出席会议。

★4 日，韩国西归浦市市长特使杨成春带领 GOOD－IN 酒店和时代公司高层，到如东县参观考察。 县委副书记、县长潘建华会见了杨成春一行，并就经贸合作等方面进行了友好交流。副县长张栩龙参加活动。

★4 日，共青团如东县第十五届委员会召开第一次会议，陈威涛当选为新一届团县委书记，孙玉来、蔡冬祎当选为副书记。县委常委、组织部部长任新峰出席会议并讲话。他希望新一届团县委继承优良传统，紧跟时代步伐，创新方式方法，完善工作机制。要准确把握历史方位，努力担当时代重任；要积极探索发展规律，不断提高工作水平；要持续加强自身建设，切实转变工作作风，努力推动共青团事业在新的历史时期全面发展、科学发展、创新发展。

★5 日，县委副书记、县长潘建华在县委常委、县人武部部长吴风俊的陪同下，到县征兵体检站，看望慰问体检医生和应征青年。 潘建华详细了解今年征兵体检的组织管理和工作进展情况。 副县长江华参加视察。

★5 日，中船重工集团公司总经理助理、重庆船舶工业公司总经理、中船重工（重庆）海装风电设备有限公司董事长杨本新一行到如东县，就项目推进工作与如东县相关部门进行对接。县委副书记、县长潘建华和副县长张栩龙会见了杨本新一行。潘建华表示，如东县委、县政府将提供全方位、多层次的服务，不遗余力地按照既定的时间节点，将项目建设中遇到的各种难题协调、服务到位，力促项目早日建成、早出效益；期望中船重工将研发团队和高端产品带到如东来，建立良好的合作伙伴关系，实现共赢。

★6 日，县政协召开十四届三次常委会议，并就届中委员调整和其他相关事宜进行协商讨论。县内 11 家金融机构就政协民主评议金融机构整改落实情况进行了汇报。县委常委、常务副县长沈峻峰出席会议，他要求各金融机构以此次评议为契机，进一步推动金融工作更好地发展，促使自身的服务水平得到提升；充分吸取委员们建设性的意见和建议，认真加以整改落实，并建立一整套长效管理机制，让评议成果在长期的工作中得到充分的利用。县政协主席陈建华、县政协副主席桑健、桑圣权、吴鼎皋出席会议。

★6 日，县政协对全县“文明交通·平安出行”工程推进情况进行专题视察。副县长程军表示，下一步将准确把握道路交通管理规律，发挥好道路交通安全委员会牵头组织、实体化运作的主体作用，引入交通市场管理机制，在管理手段的革新中推动交通秩序的优化。县政协主席陈建华要求相关部门，加强宣传力度，强化管理，严格执法，科学规划，突出保障，在全县营造安全、畅通、文明、和谐的交通治安环境。县政协副主席桑圣权主持会议。

★6 日，县政协召开“转型升级我先行，提振信心争贡献”主题活动委员见面会，逐个通报各企业反映问题的解决情况。县政协主席陈建华表示，县政协将把主题活动的跟踪落实、延伸拓展作为当前政协工作的重要任务、全会期间委员履职的重要议题和今后政协履职的重要责任；要将“走访委员企业、联系委员企业、帮扶委员企业”制度化、常态化，真正使政协成为“委员之家”。

★6 日，县委副书记周建飞率领县发改委、商务局、安监局等多部门负责人，前往沿海经济开发区（洋口）、栟茶、双甸，督查区外化工企业专项整治工作，要求各镇（区）在今年 12 月底前务必将列入整治的各个企业搬转到位。

★6 日，县环保局和沿海经济开发区携手，建立县环境监测站沿海经济开发区分站，正式挂牌成立。副县长王智出席揭牌仪式，他要求监测分站切实履行职能、加强能力建设、强化上下沟通，努力成为园区环境管理的“前哨”、服务发展的“尖兵”，联系上下的“桥梁”，推动全县环保工作再上新台阶。

★6 日，如东县召开村庄环境整治工作培训会议，邀请南通市村庄环境整治专业人员作了村庄环境整治工作专题讲座。副县长江华要求所有村干提高认识，把村庄环境整治工作摆到重要位置。抓住重点，做好绿化、农村改厕等工作。坚持长效管理，调动全民积极性，做到全民参与。

★7 日，在副市长徐辉，县委书记、县人大常委会主任詹立风，县委副书记、县长潘建华的陪同下，中国国际咨询公司《江苏沿江石化产业布局调整规划》调研组，到如东县沿海调研石化产业布局情况。詹立风详细介绍了洋口港开发建设情况及发展规划、在建和拟建项目概况。县领导陈建华、周建飞、张蓉蓉、张栩龙等陪同调研。

★7日，由市委组织部、市人力资源和社会保障局、南通预备役团组成的联合考核组对如东县预备役直属营工化连、检修所及队机关的10多名预任军官进行考评。南通预备役团副参谋长、县委副书记周建飞到会讲话，他希望全体预任军官进一步增强光荣感、责任感、使命感，加强国防观念，加强军政训练，加强工作协调，妥善处理本职工作与预备役工作之间的矛盾，加强学习，进一步提高自身素质，充分发挥主体、领导、协调、指挥作用，努力使如东直属队各项工作再上一个新台阶。

★7日，南通市县级党校评估组在市委党校常务副校长陆踊的带领下到如东县，对如东县县委党校办学质量进行评估验收。县委常委、组织部部长、县委党校校长任新峰致欢迎词，并介绍了如东县党员教育培训情况。县委党校常务副校长吴金明作自评报告。

★7日，如东县中医院整体迁建工程举行桩基施工启动仪式。副县长姜晓静参加仪式并讲话，要求施工单位坚持对全县人民生命和健康负责的态度，高标准、严要求，按序时完成桩基工程，确保土建及后期工作的顺利进行。同时希望中医院以全新的中医理念更好、更快、更健康地发展如东县的中医事业。

★8日，如东县召开刘埠一级渔港项目推进会，宣布成立南通外向型农业综合开发区建设领导小组刘埠一级渔港项目建设指挥部，这标志着继小洋口渔港后，如东县又一国家级渔港的建设正式拉开序幕。县委副书记周建飞指出，刘埠一级渔港项目是江苏沿海开发战略的重要组成部分，也是如东县经济社会发展的必然需求，更是如东县渔业生产的重要海上保护屏障。他要求相关责任部门明确分工，高效运作，建立良好的统筹协作关系，把握当前重点工作，确保项目按序时推进。县领导陈昌龙、于立忠、王孝强出席会议。

★8日，如东县召开全县条管部门纪检监察工作会议。县委常委、纪委书记刘才盛要求与会的各部门、单位在依法监管的同时，努力创新创优，打造特色品牌，不断铸就群众公认的纪检监察工作品牌，推动全县纪检监察工作再上新台阶。

★8日，省环保厅副厅长秦亚东带领省“四项排查”工作第八督查组，到如东县调研督查“四项排查”前期工作和“十八大”期间的安保维稳工作。督查组通过实地调研督查如东县社会矛盾纠纷调处中心、“十八大”安保指挥部等单位，对如东县深入、细致、扎实的安保维稳工作予以充分肯定。县领导于立忠、程军陪同调研。

★8日，如东县召开专题会议，部署2013年度新型农村合作医疗筹资工作。副县长姜晓静要求各镇及相关部门进一步提高认识，加大工作力度，形成工作合力，确保完成2013年度新农合筹资任务。

★8日，县图书馆工人文化宫分馆正式开馆。县政协副主席桑健为分馆开馆揭牌，他要求县图书馆以开馆为契机，做好网络系统维护、人员业务培训等工作，为城乡群众提供更优更好的服务。

★9日，县委、县政府召开全县重点工作督查推进会。县委书记、县人大常委会主任詹立风要求各地、各部门，围绕县委提出的“确保发展速度全市领先，确保实现全年目标任务”的目标，狠抓当前，攻坚克难，全力以赴决战决胜，为明年实现全面赶超打下坚实基础。詹立风还就当前信访稳定工作提出要求。他强调，各镇区务必强化责任、狠抓落实，在稳控上做到严防死守、守土有责，坚决杜绝漏管失控现象，确保中共十八大期间社会稳定。会议由县委副书记周建飞主持。县四套班子领导出席会议。

★9日，在全县重点工作督查推进会上，县委书记、县人大常委会主任詹立风就当前秸秆焚烧屡禁不止的现象再次强调，各镇区必须守土有责，以对组织、对老百姓负责的高度责任感，切实抓好秸秆禁烧工作。

★10日，如东县召开城建工作推进会，要求各镇、各相关部门超前谋划，强化责任，有效对接，确保6项城建重点工作按序时推进。县委常委、宣传部部长杨中坚主持会议。县委常委、常务副县长沈峻峰指出，对引江区域供水工程中可能出现的矛盾和困难，要提前与相关部门及村组做好对接，不断优化施工方案；积极探索保障农民工资的新制度，及早发现苗头，处置化解到位；农村危房改造工作要加快推进，确保年底前完成1800户改造任务；加强对砖瓦窑企业关闭拆除的舆论宣传，强化责任落实，严格政策兑现；要认真做好卫片执法检查工作，扎实推进整改，降低问责风险，规范用地行为，杜绝未批先建。

★10日，县文广传媒中心隆重举行庆祝第13个记者节暨新闻队伍师徒结对仪式，24对新闻队伍的师徒现场进行结对。县委常委、宣传部部长杨中坚出席活动，并对广大新闻工作者致以节日的问候，他希望全体新闻工作者继续营造良好的社会发展氛围，做好宣传工作，创造更加辉煌的业绩。

★11日，省农委外事外经办主任李旭率领出口农产品示范基地（区）建设情况调研组到如东县调研。座谈会上，调研组一行就第五批出口农产品示范基地（区）

申报认定工作相关政策做了进一步解读。李旭希望如东县在农业招商引资、台创园建设等方面继续创新，确保外向型农业工作取得更大进步。县领导吴建坤、桑圣权参加座谈会。

★12日，县政协副主席、县委统战部部长吴鼎皋在河口镇调研统战工作时要求，加强对少数民族家庭的脱贫帮扶工作，将统战工作渗透、融合到其他工作中去，引领更多的台胞、侨胞及在外成功人士回报家乡。

★13日，市政协相关负责人到如东县调研政协工作，希望如东县政协继续扎根基层，创新管理、完善制度，为南通的经济发展建言献策。县政协主席陈建华介绍如东县政协工作情况。

★13日，副县长张栩龙带领环保、安监、经信委、消防、国税等部门的负责人深入岔河镇、河口镇调研园区外化工企业“关、停、搬、转”工作情况。

★14日，江苏省海洋与渔业局局长唐庆宁一行到如东县，专题调研捕捞渔船更新改造工作。县委副书记、县长潘建华主持座谈会。潘建华表示，如东县将以调优海洋生产结构为落脚点，加大对捕捞渔船更新改造的政策激励力度，不断创新体制机制，加大财政资金扶持，做到政府引导与市场化运作有机结合，促进海洋渔业稳定、健康、可持续发展。县领导于立忠、江华出席座谈会，并就渔船更新改造工作提出建议和意见。

★14日，通州区委常委、纪委书记桑建美一行到如东县，考察学习拆违经验。县委常委、纪委书记刘才盛陪同考察。

★14日，如东县召开迎接全市各县市区进行城市文明程度指数测评专题工作会议，就迎评工作作出具体部署。县委常委、宣传部部长杨中坚要求各相关部门和单位思想上高度重视，对照目标进一步细化，采取扎实有效的措施，把我们近年来文明城市建设成果充分、有效地展示出来，并做好长效管理，提高人民生活的幸福指数。

★14日至15日，省政协人口资源环境委员会一行到如东县调研百岁老人的基本情况。县政协主席陈建华介绍了如东县经济社会发展及百岁老人的有关情况。他表示，如东县将最大程度地展示如东亮点纷呈的老龄事业，最大程度地展示如东源远流长的长寿文化，最大程度地展示如东百岁老人的生活风采，全力配合做好《欢度百岁——江苏长寿老人风采》一书的编写工作。副县长江华、县政协副主席桑圣权出席会议。

★14日至15日，“全国农村中医药工作先进单位”复核评估专家小组一行到如东县，就中医药工作进行考核、检查，并实地查看了如东县相关社区卫生服务站和医院的中医药工作情况。 专家小组一行对如东县的中医药工作表示肯定，认为如东县已达到“全国农村中医药工作先进单位”的标准，建议提请国家中医药管理局批准通过。副县长姜晓静出席会议。

★15日，保利南方集团总经理张玲一行到如东县考察。在县委书记、县人大常委会主任詹立风的陪同下，张玲一行先后来到洋通公司展厅和阳光岛。詹立风详细介绍了洋口港开发建设情况及发展规划、在建和拟建项目概况。县委常委、洋口港经济开发区党工委书记张蓉蓉，县政协副主席余科陪同考察。

★15日，如东县召开全县“三解三促”工作推进会。县委副书记周建飞要求各地、各部门以更高的标准、更大的力度、更实的举措，切实做好“三解三促”和党组织结对共建工作，为实现“两年赶超、五年争先”目标提供坚强保证。会议由县委常委、组织部部长任新峰主持。

★15日，县人大常委会副主任冯力如带领县化治办、环保局、安监局等部门负责人，专题调研如东县掘港镇、曹埠镇、大豫镇化工企业专项整治工作，并实地视察了掘港镇、曹埠镇的部分化工企业。

★16日，无锡国联集团董事局主席王锡林带领集团高层，到如东县考察。在县委书记、县人大常委会主任詹立风和县委常委杨小军的陪同下，王锡林一行参观了沿海经济开发区一二期项目、应急指挥中心、小洋口乡村俱乐部和温泉会所。詹立风希望双方加强沟通和联系，不断拓展合作领域。

★16日，省委组织部人才工作处副处长高政文带领考察组一行到如东县，考察调研“科技镇长团”工作。县委副书记周建飞汇报如东县人才工作和科技镇长团工作开展情况。县领导、科技镇长团团长吴建坤向考察组一行汇报了全体团员的履职情况以及下阶段的工作打算。市委组织部人才处处长吴陈钢主持会议。县委常委、组织部部长任新峰陪同考察。

★16日，县委组织部召开专题会议，学习贯彻落实中共十八大精神，回顾2012年以来工作，谋划2013年组织工作思路。县委常委、组织部部长任新峰指出，组织部门作为抓党的建设的重要职能部门，担负着为实现十八大提出的各项战略部署提供组织保证的重要职责。要深入学习领会十八大报告精神，深刻把握报告的理论内涵和精神实质，尤其是要认真领会十八大关于党的建设和组织工作的新思想，使组织工作更加符合科学发展观的要求，为建设现代化新如东提供坚强的组织保证。

★16日，全市文明办主任会议在如东县召开。各市、县文明办负责人就2012年精神文明建设的主要工作和2013年工作计划进行交流。县委常委、宣传部部长杨中坚代表如东县作汇报。

★16日，无锡市人大常委会及所属市区人大领导到如东县考察现代农业项目建设。县领导陈昌龙、江华陪同考察。

★16日，县人大常委会组织召开全县镇人大工作会议。县人大常委会副主任沈更生主持会议，副主任冯力如，督导员徐志平、杨成泉、蔡瑞平、冒亚平出席会议。县人大常委会及相关机构负责人，各镇人大主席、副主席参加会议。

★15日至17日，县委、县政府举办2012年全县村（社区）党组织书记培训班，旨在进一步提高全县村（社区）党组织书记执行党的路线方针政策、带领群众致富、发展村级经济的能力，促进如东县农村经济和社会各项事业再上新台阶。县委常委、政法委书记于立忠要求全县各镇村总结经验、学习先进，全面把握党的十八大对“三农”工作提出的新要求；高点定位、重点重抓，准确把握如东县“三农”工作目标；创新举措、克难求进，全力破解“三农”工作重点难点问题。副县长江华主持会议。

★17日，如东县第十四次妇女代表大会隆重开幕。县委书记、县人大常委会主任詹立风，南通市妇联主席、党组书记钱锁梅出席开幕大会并致辞，县委副书记、县长潘建华，县政协主席陈建华，县委副书记周建飞及县领导陈昌龙、任新峰、张蓉蓉、沈更生、姜晓静、桑健到会祝贺。县妇联负责人代表县妇联十三届执行委员会作题为《建坚强阵地，筑温暖之家，团结带领全县妇女为实现跨越赶超发展目标而努力奋斗》的工作报告，回顾如东妇女过去八年的奋斗历程，并部署今后五年发展目标和主要任务。

★17日，县公共资源交易管理委员会召开第1次会议。县委常委、常务副县长沈峻峰汇报县公共资源交易管理平台前期筹建情况、具体实施意见等。县委副书记、县长潘建华参加会议，他指出，从经济性上讲，公共资源交易管理改革比行政服务管理改革更具现实意义，各相关部门、单位要立足全局、提升境界，做改革的促进者；创新机制、探索制度，始终坚持以市场化为核心，信息化、科学化为手段，规范化、公开化为保障，确保平台运行高效、科学、有效益；强化领导，形成合力，确保这项改革按时按质推进到位。县委常委、纪委书记刘才盛主持会议。

★18日，县委书记、县人大常委会主任詹立风在交通运输部门调研时强调，务必坚持高点定位，聚力推进，以更高的标准、更大的力度打造南通地区最优交通县份，为如东实现“两年赶超、五年争先”的奋斗目标铺好轨、开好道。县领导任新峰、王智参加调研活动，并就2013年的交通运输工作提出要求。

★18日，县妇女第十四次代表大会圆满完成各项议程胜利闭幕。 县委常委、组织部部长任新峰代表县委向大会的成功召开表示祝贺。他要求新一届班子，不断增强妇女工作的责任感与使命感，发挥好妇女“半边天”的作用，勇于战胜各种困难与挑战，不断开拓进展，开创妇女工作新局面。同时，希望社会各界共同关心、支持妇女工作。

★19日，县委书记、县人大常委会主任詹立风主持召开县委中心组学习（扩大）会议，集中学习中共十八大精神。詹立风强调，学习好、领会好、贯彻好十八大精神是当前首要的政治任务，全县上下要以高度的政治自觉，深入学习宣传和贯彻落实十八大精神，进一步解放思想、开拓创新，攻坚克难、勇争一流，为实现“两年赶超、五年争先”目标，加快建设现代化新如东做出不懈努力。县委中心组全体成员、各镇（区）党委（党工委）书记、县级机关各部门各单位主要负责人出席会议。

★19日，县委书记、县人大常委会主任詹立风在南通外向型农业综合开发区调研时强调，务必科学定位，打造特色，在科学发展、协调发展、和谐发展上下功夫，努力建设省内一流、全国有影响的农业综合开发区。县委副书记周建飞，县人大常委会副主任、党组副书记陈昌龙参加调研活动，并对农业综合开发区的今后发展提出要求。

★20日，县委书记、县人大常委会主任詹立风前往马塘镇、新店镇调研，要求两镇坚定信心，高点定位，奋力冲刺，确保完成全年目标任务。县领导于立忠、唐国均、姜晓静、桑健陪同调研，分别就各自挂钩联系镇提出具体要求。

★20日，驻如市政协委员视察市机动车驾驶人考试场，并对考试场周边交通环境安全进行座谈。县政协主席陈建华建议市、县两级政府和市、县两级公安部门高度关注小洋口地区交通状况的改善，切实重视这个复杂地区已产生的重大社会隐患，加强领导，严格考核，深入宣传，合理配备警力，强化工作联动，真正通过市、县两级联手，把这一地区的“文明交通，平安出行”工程落实到实处。县领导桑圣权主持会议，县领导吴鼎皋出席会议。

★20日，如东县召开军转干部安置工作会议。2012年23名军转干部与工作单位对接，将走上新的工作岗位。县委常委、组织部部长任新峰主持会议。

★20日，县纪委、监察局召开学习贯彻中共十八大精神暨调研务虚交流会。县委常委、县纪委书记刘才盛主持会议并讲话。他强调，当前和今后一个时期，全面深入贯彻学习中共十八大精神，是全县各级纪检监察组织的首要政治任务。各级纪检监察组织要坚持领导带头、全员参与，使学习十八大精神的过程，成为深入研究纪检监察工作重大问题、提高纪检监察工作能力的过程，成为进一步改进工作作风、加强纪检监察机关自身建设的过程，成为指导纪检监察工作实践、进一步推动反腐倡廉建设的过程。

★20 日，岔河镇举行大学生村官公开选拔“实习书记” 党委考评会，来自全镇 25 个村（居）的 8 名大学生村官参加了述职测评。县委常委、岔河镇党委书记杨小军参加党委考评会。

★21 日，县委书记、县人大常委会主任詹立风专程前往如东经济开发区和沿海经济开发区调研，共商新一轮发展思路和举措。他指出，两区发展备受社会各界关注，当前要在圆满完成全年各项目标任务的基础上，认真筹划好明年工作，推动全区经济社会发展不断迈上新台阶，为如东跨越赶超再作新贡献。县政协主席陈建华、县委副书记周建飞、副县长王智参加调研活动，并就两区的今后发展提出明确要求。

★22 日，县委书记、县人大常委会主任詹立风在掘港镇调研时要求，高点定位，带头走内涵发展之路，以“舍我其谁，永争第一”的勇气和志气冲刺全年目标任务。詹立风还强调，事业成败关键在于人，在于队伍建设。做事业要有激情和责任心，不能“温吞水”。掘港镇要进一步做好干部队伍建设、管理和培养，特别是村干部队伍的建设。副县长江华陪同调研。

★22 日，县政协主席陈建华赴南通外向型农业综合开发区调研，对相关工作提出指导意见。县政协主席陈建华提出，该区域是惠农与富民、现代农业与传统农业、公益性与功效性相统一的平台，做好该区域的开发工作，要着重从生态、绿色、富民、传统、特色的角度入手，使之真正成为洋口大港与化工大区之间和谐生态环境的纽带。县领导王志荣、桑健、桑圣权，县政协督导员童玉林参加调研。

★22 日，全省安全生产工作电视电话会议召开。如东县公安局、监察局、安监局等 14 个部门负责人出席如东县分会场参加会议。副县长张栩龙观看了会议实况。

★23 日，如东县召开全县招商引资“百日竞赛”总结暨冲刺全年目标任务大会。副县长张栩龙总结竞赛活动开展情况。县委副书记周建飞充分肯定了“百日竞赛”取得的成果，他要求各镇区、各相关部门继续保持“百日竞赛”中的昂扬斗志，投入招商引资最后冲刺，确保按时完成任务，同时未雨绸缪、及早规划，为招商引资营造良好的软环境，确保招商引资取得成效。

★23 日，县纪委召开“强农惠农”保护工程涉农政策落实工作推进会。县委常委、纪委书记刘才盛要求相关部门及镇区进一步高度完善高效落实整体联动机制、风险运行机制、协调指导机制、社会评价机制、风险防范机制。各级政府及部门要切实把服务项目、服务企业、服务“三农”、服务城市建设的工作抓实、抓细、抓深、抓好。

★25 日，县委书记、县人大常委会主任詹立风在住建局调研城市建设时强调，务必坚持既定的发展思路，坚持突出重点，坚持合力推进，加快建设现代化海港城市、现代化宜居城市和现代化生态旅游城市，努力实现“用 3 至 5 年的时间将如东建成周边地区最美县城”的奋斗目标。县委常委、常务副县长沈峻峰参加调研活动，并对明年的城市建设工作提出要求。

★27 日，由县人民政府、市家具行业商会（协会）主办，南通雅晟红木家具有限公司承办的南通市首届文化发展论坛暨 2012 年南通家具行业商会（协会）年会在如东县举行。县委副书记、县长潘建华致欢迎词，他简要介绍了如东县经济社会发展的基本情况和家具市场的发展状况，并对与会领导和企业家的到来表示感谢，并希望与会人员对如东县的家具市场的发展给予大力支持，与如东县一起，共同推进全市家具行业健康、有序、快速发展。南通市委副书记陈斌到会并讲话，他希望商会以此次为契机，立足行业发展，以服务企业发展为宗旨，充分发挥商会信息畅通作用，引导企业加大研发投入，加快产业转型发展，帮助企业解决问题，提升南通家具品牌的影响力。在县长潘建华的陪同下，市委副书记陈斌还参观了雅晟红木的产品陈列室。市政协副主席徐守铭、原副市长马汉坤，县委常委、宣传部部长杨中坚，县政协副主席桑健出席会议。

★27 日，如东县第十六届人大常委会召开第八次会议。会议听取并审议了县政府常务副县长沈峻峰所作的关于“2012 年县政府为民办实事项目”、人大代表建议、常委会决议和和审议意见办理落实情况的汇报；听取了县长潘建华所作的“县政府关于提请吴建坤任职的议案”，投票选举吴建坤同志任如东县人民政府副县长。会议通过“如东县人大常委会关于表彰优秀建议和优秀承办单位的决定”；讨论通过“县人大常委会关于召开如东县第十六届人民代表大会第二次会议的决定。”会议由县人大常委会副主任、党组副书记陈昌龙主持。县人大常委会副主任沈更生、冯力如、唐国均及县人大督导员徐志平、杨成泉、蔡瑞平出席会议。

★27 日，为期两天的全县老年人“健康杯”乒乓球赛落下帷幕。这也是如东县举办的第七届老年人乒乓球赛。副县长姜晓静出席活动并致开幕词。

★28日，县委书记、县人大常委会主任詹立风集中调研了县发改委、经信委、商务局、财政局、统计局和科技局2012年目标冲刺和明年经济发展工作。他强调，推进明年经济发展，务必做到高点定位加压力，完善机制增动力，激发斗志强发力，不遗余力朝着“两年赶超、五年争先”的目标加速迈进。县委副书记周建飞、副县长张栩龙参加调研活动，并就明年经济发展工作提出要求。

★28日，县人大听取县人口与计生委贯彻实施《江苏省人口与计生条例》情况。县人大常委会副主任、党组副书记陈昌龙充分肯定了县人口与计生工作取得的成就。他希望县人口与计生工作在再融入、再转型、再突破上下工夫，将如东县人口结构优化与人口均衡发展融入到统筹城乡发展、推进城乡一体化的进程中去，在新的生育观念、可持续的公共服务体系上转型。县人大常委会副主任沈更生、冯力如、唐国均，县人大督导员徐志平、杨成泉、蔡瑞平参加会议并发言。

★29日，省市容管理示范考核组一行到如东县，对县城青园南路省级市容示范路创建情况进行全面验收。在随后召开的县城青园南路省级市容管理示范路创建汇报会上，考核组对相关部门的示范路创建工作表示肯定，认为如东县领导重视创建工作，组织机构健全，部门分工明确到位，尤其对工地管理围挡设置非常满意。县委常委、常务副县长沈峻峰，县委常委、宣传部部长杨中坚参加会议。

★29日，第二军医大学中医系主任、上海长海医院副院长凌昌全走进“扶海大学堂”，做科学认识肿瘤专题讲座。讲座由副县长姜晓静主持。她表示，本次学习活动，有利于普及卫生知识，提高疾病认识，更好地指导居民科学生活，从而不断提高如东人民的生活健康水平。

★29日，县政府召开全县环保工作暨2013年度重点企业排污申报专题会议，动员各地排查薄弱环节，突出重点，确保圆满完成全年各项目标任务。副县长王智要求，各镇区、相关部门要加快基础设施建设，切实抓好城乡环境整治工作；重点企业要守法经营，自觉把环保理念贯穿于生产经营的全过程、全方位；环保部门要严格履职，强化信息调度和过程控制。

★29日，市安全生产考核组到如东县考察年度安全生产工作，听取了如东县2012年安全生产工作情况，查看有关安全生产台账。副县长张栩龙参加会议。

★30日，县委、县政府隆重召开全县人才工作会议，深入贯彻中共十八大和全国、省、市人才工作会议精神，总结“十一五”以来人才工作，表彰和奖励各类优秀人才，对今后一个时期的全县人才工作做出部署。县委书记、县人大常委会主任詹立风强调，要站在全局和战略的高度，把人才队伍建设作为强县之基、竞争之本、转型之要，共同开创如东人才工作新局面。县委副书记周建飞主持会议，县委常委、组织部部长任新峰宣读表彰决定。詹立风及县委副书记、县长潘建华，县政协主席陈建华等县领导向镇（区）人才工作站授牌，并向获奖者颁奖。县委常委、常务副县长沈峻峰为扶海人才奖励基金揭牌。

★30日，县委书记、县人大常委会主任詹立风在洋口港经济开发区调研时强调，务必发挥主战场、主力军、主窗口的作用，坚持高点定位，负重奋进，全力谋求规划大提升、审批大突破、形象大变样、招商大丰收、成效大彰显，不断推进港区经济跨越式发展，为全县实现“两年赶超、五年争先”的目标勇挑重担、争作贡献。县委常委、洋口港经济开发区党工委书记张蓉蓉汇报了洋口港经济开发区今年目标冲刺和明年工作谋划的有关情况。县委副书记周建飞，县委常委、副县长王孝强参加调研活动，并对洋口港经济开发区明年发展工作提出要求。

★30日，县规划委员会召开“如东碧桂园”一期规划设计方案评审会。 县委常委、常务副县长沈峻峰希望设计单位要充分借鉴、吸收专家意见，在此基础上认真修改和完善规划设计方案；建设单位要严格按照时间节点，加速项目建设的推进速度；县内相关部门要加强衔接，与设计单位、建设单位主动配合，使规划方案尽快落到实处。县领导杨中坚、桑圣权出席评审会。

12月

★9日，在第9个国际反腐日到来之际，由县纪律检查委员会、县监察局主办，县文广新局承办的“扶海清韵”反腐倡廉文艺汇演在县行政中心举行。县委副书记、县长潘建华，南通市纪委副书记王小红，县政协主席陈建华等县四套班子领导观看了文艺汇演。县委常委、纪委书记刘才盛致辞。

★10日，如东县召开海洋铁路竣工验收准备工作会议，部署相关工作。 副县长王智通报海洋铁路建设情况及竣工验收前各方整改工作任务。县委副书记周建飞强调，做好海洋铁路竣工验收准备工作是对我们的考验，也是我们应尽的责任，必须不负众望，不遗余力。县委常委、组织部部长任新峰主持会议。县人大督导员杨成泉出席会议。

★10日，由县人力资源和社会保障局、县总工会、县商务局、县妇联共同推进打造的省妇联“好苏嫂”如东家庭服务连锁店暨如东县巾帼家政实训基地揭牌仪式在县总工会隆重举行。县委常委、组织部部长任新峰和副县长姜晓静分别为巾帼家政实训基地及“好苏嫂”如东家庭服务连锁店揭牌。

★10 日，县政协召开 2012 年度委员小组述职交流会议，会议回顾总结换届以来各委员小组的工作情况，部署 2013 年委员小组的工作安排。 县政协副主席桑健、吴鼎皋，县政协督导员童玉林出席会议。

★11 日，如东县召开今冬明春水利工程建设和绿化造林推进工作会议。 县委常委、副县长王孝强，副县长江华带领全县各镇相关负责人参观泰兴市印达村的村容村貌。县委常委、政法委书记于立忠要求全县上下高度重视村庄整治工作，注重品牌打造与长效管护，进一步强化组织领导与考核监督，为扎实推进绿色如东、生态如东而努力。县领导冯力如、江华、吴建坤、桑圣权参加会议。

★12 日，县政协召开十四届七次主席会议。 会议协商讨论县政协十四届二次全会日程细目（草案），协商通过县政协十四届二次会议邀请、列席人员的范围和原则，协商通过县政协 2012 年度优秀提案、优秀提案承办单位建议名单，协商讨论县十四届政协二次会议常委会工作报告（草案），协商讨论县十四届政协换届以来提案工作报告（草案）。会议由县政协主席陈建华主持。县政协副主席王志荣、桑健、余科、桑圣权、吴鼎皋，县政协督导员童玉林参加会议。

★12 日，如东县举行新兵欢送大会，485 名入伍新兵精神抖擞，胸前佩戴光荣花，踏上他们的军旅生涯。县委常委、人武部部长吴风俊在欢送大会上勉励入伍新兵要有恒心和毅力，积极适应部队环境，做到困难面前不畏缩、挫折面前不低头、荣誉面前不骄傲，认真学习、刻苦训练、严守纪律，为国防和军队现代化建设多作贡献。副县长江华出席欢送大会，他希望入伍新兵继承如东革命老区人民的光荣传统，不辜负家乡人民的殷切期望，在国防和军队现代化建设事业中贡献自己的青春年华和聪明才智。

★13 日，省委宣讲团中共十八大精神报告会在如东县举行，省委宣讲团成员、省委省级机关工委邢春宁书记作专题宣讲。 县委常委、常务副县长沈峻峰出席会议，并就当前和今后一个时期进一步做好学习宣传贯彻十八大精神的工作提三点意见，一要在深入学习上下工夫；二要在广泛宣传上下工夫；三要在切实贯彻上下工夫。

★14 日，如东（上海）经济发展促进会在上海正式成立。 县委副书记周建飞对如东（上海）经济发展促进会的成立表示祝贺，并希望会员们充分发挥自身资源和广泛的人脉优势，推介如东，为客商投资如东牵线搭桥，带动各领域的朋友为家乡社会事业发展献计献策。副县长张栩龙出席会议。

★14 日，2012 年县征收办举办挂职干部工作情况汇报会暨文艺汇演。县委常委、常务副县长沈峻峰希望全体挂职干部再接再厉，继续保持勇于担当重任、奋力攻坚克难的房屋征收工作精神，在工作一线锻炼成长。县领导任新峰、杨中坚、沈更生、桑圣权参加会议并观看了演出。

★14 日，县人大常委会副主任、党组副书记陈昌龙率领县人大主任会议的全体成员到沿海经济开发区专题调研。 县人大常委会副主任冯力如、唐国均，督导员徐志平、杨成泉、蔡瑞平出席会议。

★14 日，省检查组到如东县检查农村改厕、农村饮用水监测等爱卫工作，并实地查看了岔河镇金河村、双甸镇石南村等地的改厕情况。 市政协副主席陈宋义、副县长姜晓静出席会议。

★14 日，团省委少先队总辅导员姜东一行到如东县视察团委相关工作。 副县长姜晓静陪同视察。

★14 至 15 日，省综合改革办公室刘洪一行来如东县检查验收一事一议财政奖补项目实施情况，对如东县积极发挥政府奖补资金引导，倡导社会资金参与农村公益事业建设的做法给予充分肯定。 副县长江华向检查组人员汇报了如东县一事一议财政奖补项目实施情况。

★15 日，如东县召开全县重点工作督查推进会，县委书记、县人大常委会主任詹立风强调，全县上下要进一步强化责任意识和大局意识，把时间和精力集中到抓当前、抓冲刺上来，确保完成全年目标任务，确保发展速度全市领先，为明年开好局、起好步打好基础。县委副书记、县长潘建华简要通报了 1 至 11 月份全县及各镇（区）主要经济指标完成情况，对强化财税征管，优化税收结构，加快发展开放型经济等工作提出了要求。县四套班子领导出席会议。

★15 日，北京师范大学教授、博士生导师于丹走进“扶海大学堂”，与如东县党政干部和各界人士 2000 余人一起“感悟中国智慧”。县委书记、县人大常委会主任詹立风为如东海州文化投资有限公司揭牌。县委常委、宣传部部长杨中坚主持演讲会，县四套班子领导聆听了演讲会。

★1 日至 12 日，县委书记、县人大常委会主任詹立风率领洋口港经济开发区、沿海经济开发区、县交通运输局、掘港镇及相关部门的负责人，前往美国、加拿大、中国香港开展经贸考察活动。

★17 日，“江苏如通股份——西安石油大学”石油机械设备研究中心暨研究生联合培养工作站正式揭牌。县委书记、县人大常委会主任詹立风与西安石油大学副校长方明为研究中心和研究生联合培养工作站揭牌。县委副书记、县长潘建华在揭牌仪式上致辞。他希望校企双方以此为契机，进一步加强合作与交流，努力促进更多高层次人才来企业创新发展，促进更多科技成果在企业转化实施，促进如东县石油机械产业不断创新、不断提升、不断发展。在校企合作座谈会上，詹立风向方明一行介绍了如东县经济社会发展的有关情况。县委副书记周建飞，县委常委、组织部部长任新峰，副县长张栩龙出席揭牌仪式。

★本周，纳米比亚矿能资源部部长依阿克·卡塔里在纳米比亚知名侨领、南通世界通商总会常务副会长、纳米比亚中国工商联合总会副会长、纳米比亚华人爱心组织主席、纳米比亚（中国）矿产投资开发公司董事长黄跃权的陪同下到如东县考察。县人大常委会副主任、县侨联主席沈更生向卡塔里部长一行介绍了如东倾力打造的“绿色能源之都”名片和如东光伏产业的发展现状。副县长张栩龙看望了卡塔里一行。

★18日，如东县高级中学高一年级陆佳茜、沈鑫兵等6名贫困学生得到县工商联6位企业家的一对一助学捐赠。县政协副主席、县工商联主席桑健出席当日的助学捐赠交流会，他希望得到助学捐赠的学生树立正确的人生观、价值观，自强自立，不辜负社会关爱，成长成才。

★19日，省人民检察院副检察长王方林专程到如东县人民检察院，为该院喜获“全国司法警察编队管理示范单位”揭牌。县委书记、县人大常委会主任詹立风出席揭牌仪式，并对县人民检察院荣获“全国司法警察编队管理示范单位”称号表示祝贺。省人民检察院法警总队总队长万庆祥、市人民检察院检察长赵志凯及县委常委、政法委书记于立忠出席揭牌仪式。

★19日，2012年度南通市农业综合开发项目建设现场推进会在如东县召开。县领导于立忠、江华出席会议。

★19日，县人大召开第15次主任会议，审议2012年全县交通运输工作。县人大常委会副主任、党组副书记陈昌龙认为，今年全县交通基础设施建设量质并举创新高、环境氛围提质态、变革管理有新举，大交通运输格局基本形成，城乡公交一体化实现新突破。副县长王智希望县交通运输局明年进一步重任务、重推进、重绩效，自我加压、加快落实、彰显形象。县人大常委会副主任沈更生主持会议，县人大常委会副主任冯力如、唐国均，县人大督导员杨成泉、蔡瑞平、冒亚平出席会议。

★20日，副市长徐辉来如东县调研农业项目建设、绿化造林情况，以及今冬明春农业农村重点工作，他寄语如东县加强农业项目建设，努力打造精品工程。在县委书记、县人大常委会主任詹立风，副县长江华的陪同下，徐辉还现场察看了县城环城绿化项目。

★20日，市人大常委会副主任施建中一行到如东县，视察城乡居民普遍引用长江水工程建设情况，并实地察看了县供水中心、长沙供水站等地。县委副书记、县长潘建华出席会议，他表示各部门将协同合作，力争明年城乡受益人口达到100%。县领导陈昌龙、沈峻峰、沈更生、江华出席座谈会。

★20日，县委副书记周建飞前往洋口港经济开发区（长沙镇）、如东经济开发区、栟茶镇、袁庄镇，实地督查海洋铁路竣工验收准备工作。

★20日，县委宣传部、县妇联、县女领导干部联谊会联合举办“扶海女性学堂”全县妇女界学习贯彻中共十八大精神报告会，邀请十八大代表、中国银行南通开发区支行营业部副主任蔡淑娟讲解中共十八大精神。报告会由副县长姜晓静主持。县委常委、组织部部长任新峰要求各级妇女组织和广大妇女群众，深刻领会、准确把握中共十八大的思想内涵和精神实质，理性思考谋划，努力实现妇女工作的新突破。

★20日，如东县召开全县老区工作会议，全面回顾总结今年全县老区工作，部署明年工作任务。副县长江华出席会议，他充分肯定了老区开发促进会、扶贫开发协会在全县经济社会发展中，尤其是在老区建设、扶贫开发方面取得的成效，希望老同志们继续发挥好宣传教育、调研参谋、协调促办、牵线搭桥作用，为老区建设和社会发展做出更大贡献。

★21日，县委、县政府在上海举办如东（上海）投资环境说明会暨如东上海经济发展促进会揭牌仪式。县委书记、县人大常委会主任詹立风在投资环境说明会上致辞，他希望在沪成功人士充分发挥人脉和信息优势，多宣传推介如东，多为家乡发展牵线搭桥、献计献策，多介绍海内外朋友到家乡投资兴业。詹立风和如东上海经济发展促进会会长胡斌为如东上海经济发展促进会揭牌。副县长张栩龙、王智分别作如东投资环境说明和服务业项目推介。投资说明会由县委副书记周建飞主持。县政协主席陈建华、县领导陈昌龙、任新峰、杨小军、张蓉蓉和上海及周边地区商界的知名人士、企业老总、上海地区知名媒体、如东上海经济发展促进会的主要成员出席活动。

★22日，中国政治学会副会长、中国科学社会主义学会副会长、山东大学教授包心鉴等一批全国知名的廉政文化研究专家，专程到如东县视察调研。包心鉴一行在县委常委、纪委书记刘才盛的陪同下，参观了如东县城市规划馆、沿海经济开发区和洋口港阳光岛。

★22 日至 24 日，县委书记、县人大常委会主任詹立风，县领导周建飞、张蓉蓉、张栩龙带领县内 3 家省级开发区和 3 家特色园区以及县沿海办等单位主要负责人赴广东省珠海市高栏港经济区考察学习。

★24 日，如东县接受社会管理综合治理（长安建设）、法治建设市级年度检查。 在市政法委副书记王振的带领下，检查组听取了县委常委、政法委书记于立忠关于如东县社会管理综合治理（长安建设）、法治建设工作情况的汇报。县政协主席陈建华、县人大常委会副主任唐国均陪同检查。

★24 日，如东县召开县、镇（区）残联换届选举工作会议，各镇残联定于 2013 年 1 月底前完成换届，县残联于明年 3 月底前完成换届。 县委常委、组织部部长任新峰指出，残疾人工作是事关全局的民生大计，思想认识必须到位。残联换届工作是一项复杂的系统性工程，基层组织必须健全，队伍建设必须提升。在换届工作中，坚持高标准、严格履行程序，既要体现代表性、又要适应工作需要，换届与中心工作两不误、两促进。

★25 日，省海洋与渔业局根据国家海洋局赋予的海岛调查和标准化命名职责，受省政府委托，正式将洋口港人工岛命名为“阳光岛”。省海洋与渔业局副局长汤建鸣，县委书记、县人大常委会主任詹立风，县领导张蓉蓉、江华参加活动。

★25 日，中国绸都网总经理郭其波一行视察如东新媒体网，并与县纺织协会就开发建设中国纺织之乡交易网进行了洽谈。 县政协副主席、县工商联主席桑健接见了郭其波一行并就共同开发建设中国纺织之乡交易网进行了洽谈。

★26 日，交通银行南通如东支行正式走进如东百姓的金融生活。县委书记、县人大常委会主任詹立风，交行南通分行行长王飚为如东支行揭牌，并与交行江苏分行副行长姚桢、南通市人行行长姚军等共同启动开业激光球。县委常委、常务副县长沈峻峰在开业庆典上致辞，并代表县四套班子领导向交通银行如东支行的开业表示热烈祝贺。他表示，县委、县政府和相关部门将一如既往地把推进金融产业发展作为如东经济发展的重要环节，及时帮助各类金融机构解决发展中的困难、问题，营造更优良的金融生态环境，进一步建立更宽松的银政、银企关系，实现共赢发展。南通银监分局、如东工商局分别向如东支行颁发“金融许可证”和营业执照。县领导张蓉蓉、冯力如、桑健等出席活动。

★26 日，侨联、如东经济开发区联合举行“如东县侨胞创新创业园”揭牌仪式。市侨联主席吴亚军与县委常委、宣传部部长杨中坚共同为“侨胞创新创业园”揭牌。 县人大常委会副主任、县侨联主席沈更生出席揭牌仪式，他希望如东经济开发区和县侨务部门高起点、高品质地打造好侨胞创新创业园，利用这一载体服务好侨界创新创业者，确保每一个入园企业得到高水平、规范化的一流服务，每一位投资者、创业者在如东安心居住、快乐创业。

★26 日，由标准生活杂志江苏记者站与如东质监局主办的“质检双节保安全、媒体聚焦如东行”活动正式启动。 县委常委、宣传部部长杨中坚出席活动。与会媒体记者深入如东县食品企业，就企业如何做好元旦、春节期间的质量安全工作进行采访。

★27 日，如东县召开领导干部述职述廉暨民主测评大会。市委常委、常务副市长韩立明带领考核组出席会议，对如东县 2012 年度落实党风廉政和惩防体系建设情况进行考核。 县委书记、县人大常委会主任詹立风，县委副书记、县长潘建华分别代表县委、县政府领导班子作述职述廉报告。詹立风、潘建华同时汇报了一年来个人的履职情况，并回答了群众代表关于如何进一步加快经济社会发展、进一步加强党风廉政建设的质询。市委常委、常务副市长韩立明肯定了如东党政领导班子团结向上、奋发有为的工作状态和一年来工作取得的显著成效。县四套班子其他领导向会议提交了述职述廉书面报告。各镇区、县级机关各部门主要负责人出席会议并参加领导干部民主测评。

★27 日，省委第七巡视组到如东县调研基层民政工作，高度评价如东县民政工作抓大事、办好事、解难事，充分落实了省委、省政府出台的文件精神。 副县长江华首先向巡视组介绍了近年来如东县民政工作的总体情况。县委副书记、县长潘建华出席会议并讲话。他说，作为革命老区、全国长寿之乡，在加快洋口港开发建设，完善交通集疏运体系过程中，务必要平衡好、解决好发展和保障的问题，民政工作包含了最多随社会经济发展不断变化的民生内容，要适时调整保障服务的门槛和标准，让民政工作惠及更多弱势群体。县委常委、政法委书记于立忠参加会议。

★27 日，全省工会资产监管工作会议在如东县召开，县总工会在会上介绍了如东县工会资产监管工作的具体做法。县委常委、组织部部长任新峰表示，如东县将抢抓机遇，开拓创新，继续探索新形势下工会资产管理的新途径、新做法，推动工会事业科学发展、可持续发展。全国总工会资产监督管理部部长张泽鹏，省总工会副主席王兆喜，市政协党组副书记、副主席陆玉明，副县长姜晓静出席会议。

★27 日，县红十字会第四届常务理事会召开第四次会议，县人大常委会副主任唐国均、副县长姜晓静出席会议。 会议汇报了县红十字会 2012 年工作情况及

2013年的工作思路；通报了2012年“人道万人捐”、人道救助基金的支出情况及2013年“红十字博爱送万家”方案；讨论了红十字大病救助修改方案。到会的常务理事们积极出谋献策，对“红会”今后的工作提出多项建议。

★28日，县总工会与县中医院联合创办的如东县职工体检中心正式投入使用。省卫生厅副厅长、省中医药局局长陈亦江，省总工会财务部部长吴宗尧，县委书记、县人大常委会主任詹立风，市卫生局局长王晓敏等领导为中心落成揭牌。揭牌仪式由副县长姜晓静主持。县委副书记、县长潘建华，县政协主席陈建华，县委常委、组织部部长任新峰出席活动。

★28日，如东县城市公交拓展、城镇客运公交化改造、镇村公交试点正式启动，这是县委、县政府关注民生、情系百姓，解决群众出行难的又一举措。启动仪式由副县长王智主持。县委副书记、县长潘建华在启动仪式上讲话，他希望县交通运输局及公交公司，以启动仪式为新起点，紧紧围绕“加快建成现代化大交通网络格局”的总体部署，秉承“行有所乘，惠及民生”的服务理念，进一步完善城乡客运网络，不断提升行业管理和服务水平，打造如东公交品牌，为人民群众提供更优质、更便捷、更安全的客运服务；希望县各相关部门和镇区密切配合，群策群力，切实加快城乡客运一体化步伐。县委书记、县人大常委会主任詹立风宣布如东县城乡客运一体化运行正式启动。市交通运输局副局长周玉兵，县领导任新峰、沈更生出席启动仪式。

★28日，县政协主席陈建华主持召开县政协十四届四次常委会议。会议审议通过增补政协如东县第十四届委员会委员事宜；通过《关于召开中国人民政治协商会议如东县第十四届委员会第二次会议的决定》；审议通过县政协十四届二次会议议程（草案）和日程；通过县政协十四届二次全会报告人建议名单，秘书长、副秘书长建议名单；审议通过县政协十四届常委会工作报告（草案）、提案报告（草案）。副县长江华通报了县政协第十四届一次会议以来委员提案、政协建议案的办理情况。县政协副主席王志荣、桑健、余科、桑圣权、吴鼎皋，县政协督导员童玉林出席会议。

★28日，县人大召开第十六届常委会第九次会议。会议听取审议并通过《县政府关于2013年国民经济社会发展计划（草案）的报告》《县政府关于2013年全县财政预算与县级部门财政预算（草案）的报告》和《县政府关于提请调整2012年度财政支出预算的议案》；会议还通过了补选县十六届人大代表资格审查的报告，听取了县第十六届人民代表大会第二次会议筹备情况的报告，并对县人大常委会工作报告提出建议和意见。会议由县人大常委会副主任、党组副书记陈昌龙主持，县人大常委会副主任沈更生、冯力如、唐国均出席会议，县人大督导员徐志平、杨成泉、蔡瑞平、冒亚平出席会议。

★29日，县委、县政府召开专题会议，围绕事关全县经济社会发展的沿海开发、工业经济、财政工作、城市开发建设等课题，四套班子领导交流讨论调研成果，科学确定了明年的工作目标和思路。县委副书记、县长潘建华对明年经济社会发展形势作了分析。他要求全县上下一是要认清形势，坚定信心，冷静应对。二是要分类指导，重点突破，确保经济平稳有序发展。县委书记、县人大常委会主任詹立风主持会议，并作重要讲话。他指出，明年全县在工作导向上必须坚持又好又快，在工作目标上高点定位，在工作要求上坚持“三争三实”，在工作重点上坚持发展惠民。继续将“三争三实”作为行动的标准和要求，推进全县经济社会各项事业又好又快发展。县四套班子全体领导参加会议。如东经济开发区、沿海经济开发区负责人作交流发言。

★30日，县委召集重点镇区、相关部门负责人及部分老干部代表座谈，就县委十三届四次全体（扩大）会议工作报告（征求意见稿）广泛征求建议、意见。征求意见会由县委副书记周建飞主持，他向与会人员阐述了起草全委会报告的指导思想、原则和背景。

★31日，县政协视察交通运输工作。县政协主席陈建华对县交通运输部门的工作和提案办理情况表示肯定。他要求委员们一如继往关心、鼓励交通事业发展，深入交通一线，帮助解决交通工程中出现的难点和热点问题。副县长王智，县政协副主席桑健、桑圣权，县政协督导员童玉林参加会议。

★31日，县纪委在县廉政教育中心召开反腐倡廉建设情况通报会。县委常委、纪委书记刘才盛向与会的老干部、部分人大代表、政协委员、特邀监察员及市、县新闻媒体记者，详细介绍了如东县2012年党风廉政建设和反腐败工作情况。刘才盛表示，新的一年，县纪检监察部门将紧紧围绕县委、县政府工作重心和目标要求，勤勉履职，积极营造干部清正、政府清廉、政治清明的发展环境，为实现赶超争先的奋斗目标提供坚强的纪律保证。

大事回眸 2013 年 Dashi huimou

2013 年大事记

1 月

★1 月 4 日，中共如东县委十三届四次全体（扩大）会议在县行政中心召开。会议的主要任务是，深入贯彻落实中共十八大、中共经济工作会议和省委十二届四次全会、省经济工作会议以及市委十一届四次全会精神，回顾总结去年各项工作，研究部署今年各项任务，动员全县上下进一步鼓足干劲，实干快干，争位争先争贡献，求实务实抓落实，聚力赶超争先，奋力开创如东科学发展新局面。县委副书记、县长潘建华主持会议。县委书记、县人大常委会主任詹立风代表县委作了题为《坚持三争三实，聚力赶超争先，奋力开创如东科学发展新局面》的工作报告。

★1 月 7 日，县委副书记周建飞主持召开沿海地区土地权属调整会议，对掘苴垦区、方凌垦区地块权属做出调整。会议要求相关责任单位各尽其职、协同配合，抓紧时间，高效、有序地完成对接，并以此为契机强化对地块的管理，最大限度地挖掘地块潜力。

★6 日，如东县召开水利现代化规划编制成果汇报会，对《如东县水利现代化规划（2011 至 2018）（送审稿）》进行审查。县委常委、政法委书记于立忠高度肯定了规划编制成果，他指出，该规划要与环保等其他部门制定的相关规划相衔接；各部门需强化联动，在重点工作上强化宣传、严格执行，确保各项工作按时、有序推进。县领导王孝强、冯力如、江华、吴建坤参加会议并提出指导性意见。

★7 日，如东县召开 2012 年度全县政务工作总结表彰大会。县委副书记周建飞回顾总结了 2012 年政务服务工作，部署了 2013 年政务工作的基本任务。县委副书记、县长潘建华到会并讲话，他说，如东县政务服务工作的成效值得肯定；新的一年，如东县政务中心要在服务能力上下工夫，在“三集中、三到位”充分授权上下工夫，在体制机制的创新上下工夫，在协同效应的发挥上下工夫，进一步优化办理程序，精简审批手续，压缩审批时间，确保如东县政务工作再上新台阶。

★8 日，江苏神东木业发展股份有限公司举行万栋木屋样板房工程启动仪式。公司将通过与全国各地不同客户的合作，树立不同类型、不同风格的木屋样板，并与亚太传媒合作，进一步推广木屋文化。副县长姜晓静出席启动仪式。

★9 日，省政府参事室主任宋林飞一行到如东县调研沿海开发战略落实情况，认为如东县沿海开发起点高、力度大、成效显，特别是在辐射沙洲上建岛建港、绿色开发、陆海统筹、港城联动四个方面取得的成功经验值得总结和推广。县委书记、县人大常委会主任詹立风向宋林飞一行介绍了如东县推进沿海开发战略的有关情况。县委副书记周建飞，县委常委、洋口港经济开发区党工委书记张蓉蓉和沿海经济开发区负责人相继汇报了如东县沿海开发的有关情况。

★9 日，经中国银监会江苏监管局批准，南京银行如东支行举行开业典礼。县委常委、常务副县长沈峻峰出席开业典礼并讲话。他表示，如东县委、县政府及相关部门将一如既往地把推进金融产业发展作为如东经济发展的重要环节，支持包括南京银行如东支行在内的各类金融机构的经营发展，及时帮助解决发展中的困难和问题，营造更优良的金融生态环境，进一步建立更加宽松的银证、银企关系，实现共赢发展。县委书记、县人大常委会主任詹立风出席开业典礼。

★9 日，小洋口洋通公司区域开发建设领导小组召开会议，规划 2013 年该地区的开发建设重点工程。县委副书记周建飞指出，面对新形势、新挑战、新任务，领导小组任重道远。当前主要抓好制定计划、完善规划、布置工作、解决难题、沟通服务、督查落实、总结评先六项工作，为建设黄海旅游胜地奋进。县政协主席陈建华出席会议。副县长王智主持会议。

★10 日，南通市考核组到如东县考核 2012 年度农村环境长效管理工作。副县长江华作工作汇报。考核组认为，如东县通过一年来的不懈努力，“四位一体”长效管理工作水平实现了整体提升，村容村貌大为改观，生态环境明显改善。

★11 日，在县规划局组织召开的《栟茶镇总体规划（2013 年—2030 年）》专家评审会上，专家组原则通过规划，并提出了意见和建议。县委常委、常务副县长沈峻峰在参加评审时指出，该规划基础资料详实、现状分析研究较为深入，规划体系比较完善、比较符合栟茶实际。希望编制单位根据与会专家提出的意见和建议，对规划方案进行修改完善，提高规划的可实施性。

★11 日，县委召开全县党员干部中开展冬训教育活动专题会议。副县长江华主持会议，县委常委、宣传部部长杨中坚作动员讲话。杨中坚要求各地紧扣主题，结合本地实际，开展针对性教育，并针对不同类型、不同层次党员的不同需求，实施分类施教、分层培训，使冬训工作更加贴近基层、贴近民情、贴近党员思想实际；县级机关各部门、各单位要通过微型党课、情境党课、读书会等形式开展冬训教育培训，扩大冬训覆盖面，提高参训率。

★11 日，县思想政治工作研究会召开第五次会员大会，大会选举产生县政研会第五届理事会，杨中坚当选为新一届会长。县委常委、宣传部部长杨中坚要求各地、各部门，准确把握大局，发挥组织优势，不断夯实凝心聚力的思想基础；壮大主流舆论，调动积极因素，不断夯实超越争先的实践基础；强化统筹推进，延伸服务触角，不断夯实思想政治工作的组织基础。同时要求站在推动科学发展、促进社会和谐的全局高度，进一步加强对思想政治工作及其研究工作的领导、完善机制、健全队伍，深入分析面临的新形势新问题，科学把握新任务新要求。

★11 日至 12 日，在国家环境保护部生态司副司长朱广庆的带领下，国家生态县考核验收组的领导、专家，对如东县国家级生态县创建工作进行考核验收。汇报会上，县委书记、县人大常委会主任詹立风致辞，对国家考核验收组莅临如东表示欢迎。詹立风表示，如东县全力推进集聚发展、协调发展、和谐发展，继续加大生态建设投入力度，持续改善城乡生态功能，为长远发展留足空间，实现经济发展与生态文明建设同步推进、同步提升，努力建设经济更加繁荣、科教更加发达、社会更加和谐、环境更加宜居、人民更加幸福的现代化新如东。县委副书记、县长潘建华向考核验收组汇报了如东县生态县创建工作的情况。国家考核验收组认为如东县国家生态县创建各项基本条件符合建设指标，达到了国家生态县的考核标准，一致同意如东县通过国家生态县考核验收。潘建华向国家考核验收组表示，如东县将以此次通过考核验收为动力，在巩固创建成果上做到思想不松、力度不减，在提升发展水平上做到不自满、不停步，在深化制度创新上做到不畏难、勇解难，全力探索如东特色、持续发展的新路子，谋求生态文明建设再上新台阶。省环保厅生态处处长英剑波主持汇报会。环保部生态司农村处处长陈和东宣读考核意见。市环保局局长谢晓军，县领导陈建华、陈昌龙、任新峰、沈更生、王智、桑圣权出席汇报会。

★11 日，中铁临海高等级公路如东段项目部表彰工程建设中涌现出的“先进工作者”“党员工程质量示范岗”“先进单位”等。副县长王智出席表彰大会。他希望中铁南通公司在临海高等级公路如东段今后的建设中，以铁的意志争创一流品质，勇于跨越企业文化，高品味定位工作目标，高标准推进工程建设，勇摘“扬子杯”；以铁的纪律迎难而上，争创部优、国优工程，助推国家沿海大开发战略深入实施；以铁的感情提供有力保障，确保圆满完成临海高等级公路如东段建设的目标任务。

★12 日，国家海上风力发电工程技术研究中心学术委员会第三届年会暨风力发电高层技术论坛在如东县举行。县委书记、县人大常委会主任詹立风对国家海上风力发电工程技术研究中心学术委员会第三届年会暨风力发电高层技术论坛在如东县举行表示祝贺。他表示，如东县将以此次论坛的成功举办为契机，全面展示如东发展风电产业的资源禀赋和广阔前景，进一步强化和国家海上风力发电工程技术研究中心以及各协办单位的联系、对接，加大政策扶持力度，优化发展环境，深化产学研合作，提升风电技术研发的带动、整合能力，强化现有关键技术及产品领先优势，把如东建设成为国家重要的风电装备产业基地。同时，将进一步加大包括海上风电在内的新能源产业招商引资和项目建设的力度，促进一批重大项目早落户、早投产、早见效，促进新能源产业在如东县加快集聚，开创绿色能源产业发展新局面。县委常委、常务副县长沈峻峰出席活动。

★12 日，县人大常委会副主任冯力如带领曹埠镇组县人大代表视察亚振家具有限公司。县委常委、纪委书记刘才盛参加活动，他希望企业加快上市步伐，重视人才的培养和引进，加强内部管理，做世界一流的家具品牌，为如东经济发展作出更大的贡献。县人大常委会原主任张桂英参加了视察活动。

★14 日，县政协主席陈建华率领相关工作人员，对政协十四届二次会议的各会场布置、筹备情况进行检查。县政协督导员童玉林陪同检查。

★14 日，县侨商会召开第一次会长会议。县侨商会名誉会长、县人大常委会副主任、县侨联主席沈更生对县侨商会成立以来的工作给予充分肯定。他要求县侨商会及会员企业，挖掘侨企发展潜力，加快转型升级进程，为企业发展积蓄后劲和提升空间；推进侨企文化建设，提升企业内涵，不断彰显会员企业的魅力和张力；加强内外舆论宣传，强化智囊团建设，努力打造侨商会品牌特色。

★15 日，政协如东县第十四届委员会第二次会议在县会议中心隆重开幕。县委书记、县人大常委会主任詹立风致开幕词，代表县委对大会召开表示祝贺，对过去一年政协工作予以充分肯定。县政协主席陈建华作工作报告，县政协副主席吴鼎皋作提案工作报告。会议由县政协副主席余科主持。出席大会的有县委、县人大、县政府、县法院、县检察院领导，县四套班子老领导，县政协历届秘书长、专委会主任，县级机关各部门和有关单位的主要负责人，各镇党委书记、各区党工委书记列席会议，应邀全程列席本次大会的还有在如的市政协委员，各镇党委分管党务、统战的副书记，政协各参加单位主要负责人，县政协机关干部。全体人员观看了《昂首阔步新征程——政协如东县第十四届委员会 2012 年工作回眸》专题片。

★15 日，参加县政协十四届二次会议的全体委员汇聚一堂，聆听南通市政协副秘书长叶沈良所作的“提升政协委员文化素养”专题讲座。县政协副主席余科主持会议，他希望全体委员通过这次培训，能够进一步认真学习，增强信心，振奋精神，发挥优势，更好地履行职能。做到向实践学习，向群众学习，提高理论素质和履行职能的能力和水平，把讲座内容与各自的工作实践紧密结合起来，真正做到学以致用。县政协领导陈建华、王志荣、桑健、桑圣权、童玉林参加讲座。

★16 日，如东县第十六届人民代表大会第二次会议在县会议中心隆重开幕。会议听取了县长潘建华所作的《政府工作报告》，审查了县政府《关于如东县 2012 年国民经济和社会发展计划执行情况及 2013 年国民经济和社会发展计划（草案）的报告》，审查了县政府《关于如东县 2012 年财政预算执行情况和 2013 年财政预算（草案）的报告》，观看了《县人大视察调研“2012 年县政府为民办实事项目”活动开展情况》的专题片。大会主席团常务主席、县人大常委会副主任陈昌龙主持会议。本次大会的执行主席是詹立风、陈昌龙、唐国均、陈建华、周建飞、于立忠、徐志平、张桂英、邱荣林、卜其银、陈斌、沈秀梅、樊重念、徐守华、李海兵、周新基。参加县政协第十四届委员会第二次会议的政协委员、县级机关各部门、镇区主要负责人以及曾在县四套班子任职、离休后享受地市级政治生活待遇的老领导、老同志列席会议。

★16 日，县第十六届人民代表大会第二次会议召开各代表团带队人员会议。县委书记、县人大常委会主任詹立风要求各代表团带队同志认真组织代表审议各项报告、完成选举任务、提交建议提案、参加会议活动，带领全体代表，同心协力、扎实工作，确保大会取得圆满成功。县人大常委会副主任陈昌龙、沈更生、冯力如、唐国均，县人大督导员徐志平、杨成泉、蔡瑞平、冒亚平及各代表团带队同志出席会议。

★16 日，县第十六届人民代表大会第二次会议举行主席团第一次会议。 会议由县委书记、县人大常委会主任詹立风主持。会议通过了如东县第十六届人民代表大会第二次会议（主席团会议）日程（草案）；通过大会主席团常务主席（草案）；通过大会执行主席分组名单（草案）；通过大会副秘书长名单（草案）；通过议案截止时间的决定（草案）；讨论大会选举办法（草案）。决定大会议案截止时间为 1 月 18 日上午 11 时整。

★16 日，县政协举行《如东大观（精编本）》首发暨赠书仪式。县政协主席陈建华，县委常委、宣传部部长杨中坚共同为《如东大观（精编本）》揭彩。县政协副主席余科主持首发式。副县长姜晓静、县政协副主席桑健、县政协督导员童玉林等出席活动。

★17 日，县委书记、县人大常委会主任詹立风召集长沙、洋口、大豫代表团举行沿海开发专题审议会议，倾听代表们的意见和建议，共商沿海开发大计。县委副书记周建飞主持审议会。三个代表团全体代表、县有关领导、县有关部门负责人参加专题审议。

★17 日，如东县第十六届人民代表大会第二次会议举行第二次大会。大会的执行主席是：沈更生、刘才盛、杨中坚、张蓉蓉、杨成泉、蔡瑞平、万继红、张卫东、王震谷、姜建新、周苏林、管玉华、胡斌、黄继石、高军。县人大常委会副主任、大会主席团常务主席沈更生主持会议。县人大常委会副主任陈昌龙代表县第十六届人大常委会作工作报告。会议听取了县人民法院院长娄宏春所作的《如东县人民法院工作报告》、县人民检察院检察长顾祖林所作的《如东县人民检察院工作报告》。大会主席团常务主席、县人大常委会副主任唐国均宣读优秀代表建议和优秀承办单位表彰决定。大会通过了如东县第十六届人民代表大会第二次会议选举办法（草案）。县委书记、县人大常委会主任詹立风作选举动员。

★17 日，县第十六届人民代表大会第二次会议举行主席团第二次会议。会议听取了主席团提名候选人及候选人情况的介绍。县委书记、县人大常委会主任詹立风主持会议。主席团全体成员、各代表团团长参加会议。

★17 日，县政协召开十四届五次常委会。会议听取了各界别组对县委书记詹立风开幕讲话、常委会报告和提案工作报告讨论情况的汇报，协商了大会决议（草案），并提交各组讨论。会议由政协主席陈建华主持，县政协副主席王志荣、桑健、余科、桑圣权、吴鼎皋，督导员童玉林，全体常委、界别讨论组召集人出席会议。

★17 日，县委副书记、县长潘建华到他所在的苴镇代表团，与代表们一起审议政府序列三个报告。他要求如东经济开发区的负责人，进一步提升开发区投资环境，完善园区的生产生活性服务配套功能，加快启动扩区增容，全力做好服务，支持各类企业在如东做大做强，赢得美好未来。

★17 日，在县政协主席陈建华，县委常委、常务副县长沈峻峰，副县长姜晓静的带领下，出席政协如东县第十四届委员会第二次会议的委员们从县黄海大酒店出发，视察了近年来如东县社会事业、城市建设、交通基础设施建设所取得的显著业绩和巨大变化，亲身感受了如东县跨越发展的活力与潜力。县政协副主席王志荣、桑健、余科、桑圣权、吴鼎皋参加视察。

★18 日，出席县第十六届人民代表大会第二次会议的代表们在县委书记、县人大常委会主任詹立风，县委副书记、县长潘建华等领导的带领下，视察如东县城市建设新貌。县领导陈昌龙、沈峻峰、刘才盛、杨中坚、杨小军、于立忠、吴风俊、沈更生、冯力如、唐国均、姜晓静、蒋树建、江华等参加视察。

★18 日，县第十六届人民代表大会第二次会议举行主席团第三次会议。 会议听取各代表团对大会六个报告审议情况的汇报，听取并通过国民经济、社会发展计划和财政预算的审查报告（草案），听取议案审查报告（草案），并讨论大会各项决议（草案）。大会主席团常务主席、县委书记、县人大常委会主任詹立风主持会议，主席团全体成员，县政府正、副县长，法院、检察院等负责人，各代表团团长出席会议。

★18 日，政协如东县第十四届委员会第二次会议圆满完成各项预定议程后胜利闭幕。 闭幕大会由县政协副主席吴鼎皋主持。县委常委、常务副县长沈峻峰宣读《如东县人民政府、政协如东县委员会关于表彰 2012 年度承办政协委员提案先进单位、优秀提案的决定》，县政协副主席桑圣权宣读《县政协关于表彰 2012 年度政协工作先进集体、优秀委员、反映社情民意先进个人的决定》和《县政协关于表彰 2012 年度“转型升级我先行、提振信心争贡献”主题活动优秀委员企业和服务委员企业先进单位的决定》，县政协副主席桑健宣读《中国人民政治协商会议如东县第十四届委员会第二次会议决议（草案）》，全体与会委员经过认真审议，一致鼓掌通过。县政协主席陈建华致闭幕词。应邀出席闭幕大会的有县委、县人大、县政府、县法院、县检察院领导人，县四套班子老领导，县级机关各部门、各镇区和有关单位负责人。

★18 日，县政协第十四届委员会第二次会议举行第三次大会。大会由县政协副主席王志荣主持，大会表决同意吴风俊同志不再担任县政协十四届委员会常委职务，增补刘瑞同志为县政协十四届委员会常委。县政协领导陈建华、桑健、余科、桑圣权、吴鼎皋、童玉林参加大会。

★18 日，县政协十四届委员会第二次会议召开六次常委会议，会议听取了各组对政府序列三个报告、“两院”报告和大会决议的讨论情况的汇报，听取了各组提案、社情民意的初审情况汇报，并审议通过了大会决议（草案）。县政协主席陈建华主持会议。县政协主席会议成员、政协常委出席会议。

★18 日，政协委员们继续进行界别讨论组活动，县政协主席陈建华深入部分界别讨论组，充分肯定各界别委员在全县经济社会发展中的重要作用，鼓励他们围绕发展积极建言献策。

★18 日，县十六届人大二次会议议案审查委员会举行会议。会议听取了大会秘书处议案组关于收到代表议案和建议、批评、意见的情况汇报。会议还通过了议案和建议审查报告（草案）。会议由议案审查委员会主任委员陈昌龙主持。

★19 日，如东县第十六届人民代表大会第二次会议圆满完成各项议程后，在县会议中心胜利闭幕。大会的执行主席是：冯力如、任新峰、杨小军、吴风俊、冒亚平、丁越、陶跃东、翟以圣、耿卫东、何永华、谢骏、韩明、石磊、王亚平、朱德军。大会主席团常务主席、县人大常委会副主任冯力如主持会议。大会依法定程序选举陈宝来、陈晓晴为如东县第十六届人大常委会委员。大会以举手表决的方式，通过大会议案审查委员会主任委员陈昌龙所作的《关于如东县第十六届人民代表大会第二次会议议案的审查报告》，并分别通过《关于如东县人民政府工作报告的决议》《关于如东县 2012 年国民经济、社会发展计划执行情况和 2013 年国民经济、社会发展计划报告的决议》《关于如东县 2012 年财政预算执行情况和 2013 年财政预算报告的决议》《关于如东县人大常委会工作报告的决议》《关于如东县人民法院工作报告的决议》《关于如东县人民检察院工作报告的决议》。大会还以举手表决的方式，通过了《关于立足“三实”狠抓项目建设、促进全县经济又好又快发展的决议》。县委书记、县人大常委会主任詹立风在大会结束前讲话，他对大会的圆满成功表示祝贺。詹立风说，如东县第十六届人民代表大会第二次会议经过全体代表的共同努力，圆满完成了各项议程，即将胜利闭幕。会议期间，各位代表牢记全县人民的重托，以高度负责的态度和饱满的政治热情，依法履行职责，认真审议报告，积极献计献策，展现了良好的精神风貌。会议通过的各项决议、确定的各项目标任务反映了全县人民的共同意愿，凝聚着全体代表的共同智慧。会议开得很成功，是一次提振信心、凝心聚力的大会，是一次民主和谐、催人奋进的大会。

★19日，县第十六届人民代表大会第二次会议举行主席团第四次会议。会议由县委书记、县人大常委会主任詹立风主持。会议听取各代表团对议案审查报告（草案）的意见；听取各代表团对各项决议（草案）的讨论意见；听取各代表团酝酿候选人的意见，确定正式候选人名单；通过了监票人名单（草案）。

★本周，国务院召开全国安全生产电视电话会议，中共中央政治局常委、国务院副总理张德江出席会议并讲话。县委副书记、县长潘建华，副县长张栩龙及相关部门负责人集中收听收看了会议。

★本周，省水利厅副厅长张小马一行日前来如东县，就“十一五”农村饮水安全工程进行总体验收。张小马认为，如东县高度重视、组织有力，农村饮水安全工程实施到位，下一步要继续加大对农村饮用水的监测力度，加强对末梢水的管理，落实相关的优惠政策。副县长江华陪同视察。

★19日，如东县召开全县安全生产工作会议，县委副书记、县长潘建华强调，各地、各单位务必把安全生产摆到与经济发展同等重要的位置，以高度负责的态度，扎实有效的举措，全力保持全县安全生产形势持续稳定，为全县经济社会又好又快发展创造安全稳定的良好环境。县委常委、常务副县长沈峻峰，副县长姜晓静分别对2012年全县安全生产工作和食品药品安全工作进行了回顾总结，对今年工作任务进行部署安排。会议由副县长张栩龙主持。县领导王孝强、蒋树建、王智、程军、江华出席会议。

★21日，省商务厅副厅长管家祥一行到如东县，调研外贸工作。县长潘建华，县委常委、洋口港经济开发区党工委书记张蓉蓉陪同调研。

★21日，县妇联召开十四届二次执委会议。会议听取并审议县妇联执委会工作报告，增、替补县妇联十四届执委会委员，表彰2012年度镇（区）妇女儿童工作先进集体和优秀妇联干部，选举产生出席市妇女第十三次代表大会的代表。

★21日，省人社厅副厅长王立平到如东县调研基层社区平台建设情况，认为如东县能结合本地实际，重点突出，基层公共服务工作推进有序。县委常委、常务副县长沈峻峰陪同参观。

★22日，县人大常委会副主任、县侨联主席沈更生率县外侨办、县侨联工作人员走访慰问全县重点、老年归侨侨眷和新移民眷属，为他们送上慰问品，献上侨务部门新春的美好祝愿。

★22日，副县长姜晓静带领卫生、教育、安监、药监部门的主要负责人，前往双甸镇、新店镇进行春节前安全生产督查。

★22日上午，如东县召开全县工商行政管理工作会议。2012年，如东县工商部门紧贴服务全县经济社会发展大局，全面完成了各项工作任务。其中走访各类企业16566家，全年新增外资企业47户，新增各类内资市场主体8897户，投资总额6.4亿美元，注册资本5.43亿美元。副县长张栩龙出席会议。

★23日下午，新店镇双虹桥村利群农庄内热闹非凡，由县委宣传部、县纪委主办，新店镇党委政府承办的2012年至2013年度冬训大集暨集中“三下乡”启动仪式在这里举行，市委宣传部副部长黄正平出席启动仪式并讲话，活动由县委常委、副县长王孝强主持，县政协副主席桑圣权参加活动，各镇分管负责人、当地群众近千人观摩和参加了当天的活动。

★24日，在县领导杨小军、姜晓静的陪同下，副市长朱晋一行调研如东县人口计生工作，实地查看岔河镇计划生育中心服务站、双甸镇高前村人口计生公共服务设施建设情况。

★28日下午，县长潘建华率领县委组织部、县计生委、县民政局、县人社局、县教育局等部门负责人，前往如东经济开发区（苴镇），看望慰问失业职工、计生特困家庭和百岁老人，把党和政府的温暖送到他们的心坎上。

★29日上午，县委常委、纪委书记刘才盛，县政协副主席吴鼎皋率领县总工会、计生委、民政局等部门负责人，赴曹埠镇慰问特困户、计生困难家庭等，并送去慰问金及慰问品。

★29日，副县长吴建坤带领安监、消防、供电等部门负责人，到丰利镇检查节前安全生产工作。检查组一行重点检查了南通久利针纺织品有限公司和如东丰利机械有限公司，并对两家公司的安全生产现状、重大事件应急处置预案及对事故隐患排查等情况进行了详细了解。

★30日，下午召开的全县国税工作会议提出，今年全县国税系统将大力推进税收管理现代化建设，突出组织收入中心、服务发展主题、依法行政抓手和队伍建设保障，坚持走依法治税、信息管税和人才兴税之路，全力争创税收科学管理标杆局和服务经济发展排头兵。县委常委、常务副县长沈峻峰希望该局在新的一年里进一步加大征管力度，提升服务水平，强化队伍建设，推动国税事业又好又快发展。

★31 日上午，县委副书记、县长潘建华率领县卫生、安监、工商、公安、消防等部门相关负责人，前往企业、车站、农贸市场以及超市，进行节前各项安全工作检查。

★31 日，如东县召开全县教育行政工作会议。副县长姜晓静出席会议，她希望教育系统加大投入，进一步完善教育基础设施；继续优化学校布局，整合教育资源，缩小城乡之间、校际之间的教育差距；打造高素质的教师队伍，不断深化人事改革，加强干部作风建设。

★31 日上午，副县长王智率县安监、消防等部门负责人，前往岔河、马塘两个镇开展节前安全生产检查。

2 月

★2 月 1 日上午，县政协主席陈建华，县政协副主席、县委统战部部长吴鼎皋走访国清寺、扶海宫、天主堂，向佛教、道教、天主教等宗教界人士致以节日的祝福。

★4 日，县人大常委会副主任、党组副书记陈昌龙带领县委组织部、民政局相关负责人，前往县外向型农业综合开发区，慰问困难户，并送上慰问金和慰问品。

★5 日上午，南通市政协主席王德忠，市委常委、宣传部部长章树山，副市长徐辉来到如东县，走访慰问了曹埠镇部分企业留守职工、困难群众和敬老院的老人们，向他们送去节日的祝福和亲切的慰问。县委书记、县人大常委会主任詹立风，县政协主席陈建华及县领导杨中坚、杨小军陪同慰问。

★5 日上午，县委常委、副县长王孝强率队前往袁庄、河口两个镇，检查部分单位和企业安全生产工作。

★5 日上午，副县长、县公安局局长程军率安监、环保、工商等部门负责人，前往曹埠镇、南通外向型农业综合开发区开展节前安全生产检查。

★5 日下午，县委常委、组织部部长任新峰带领县民政部门负责人赴栟茶镇走访慰问。

★5 日，县委常委、宣传部部长杨中坚率领民政、教育、计生等部门相关负责人前往袁庄镇慰问困难群众，并给他们送上慰问品和慰问金。

★7 日上午，县委书记、县人大常委会主任詹立风到县文广传媒中心，对春节期间广播电视优质安全播出等工作提出要求。

★8 日，县政协主席陈建华一行冒着大雪前往沿海旅游经济开发区（洋口镇），走访慰问挂钩企业，了解企业运行情况。县政协副主席桑圣权陪同走访。

★8 日上午，县委常委、宣传部部长杨中坚专程前往如东文广传媒中心（集团），亲切看望慰问工作在采编一线的新闻工作者和网络客服人员。

★16 日，县委书记、县人大常委会主任詹立风带领发改委、国土、规划等部门负责人，专程前往洋口港经济开发区，就新一年各项工作情况展开调研。县领导张蓉蓉、余科汇报了洋口港经济开发区今年相关工作谋划情况。县委副书记周建飞，县委常委、副县长王孝强参加调研活动。

★17 日，如东县举行主题为“开展‘春风行动’，为农民进城就业保驾护航”的春季人力资源大型招聘洽谈会。县委书记、县人大常委会主任詹立风，县委常委、常务副县长沈峻峰到现场看望招聘和求职人员。

★18 日下午，县委书记、县人大常委会主任詹立风在沿海经济开发区调研。县政协主席陈建华、县委副书记周建飞，县领导杨小军、王孝强、王智参加调研活动。

★19 日召开的全市民营经济工作电视电话会议要求各县市区要明确目标、狠抓重点，不断推动全市民营经济再上新台阶。如东县集中组织收看了会议实况。县长潘建华、县委副书记周建飞，县领导杨小军、冯力如、张栩龙、桑健出席会议。

★20 日上午，中共如东县第十三届纪律检查委员会第三次全体会议在行政中心召开。县四套班子主要领导、县委常委，县法院院长、县检察院检察长出席会议。县委常委、县纪委书记刘才盛主持会议。

★20 日，召开全县重点工作督查推进会。县委书记、县人大常委会主任詹立风要求各地、各部门抓好抓实各项重点经济指标，推进各项重点工作，全面发起夺取首季“开门红”的强大攻势。县四套班子在家领导出席会议。

★21 日，如东县召开全县地税工作会议。县长潘建华充分肯定了县地税工作取得的成绩。副县长张栩龙出席会议。

★22 日，如东县召开全县文广新工作会议。县委常委、宣传部部长杨中坚要求全县各地要把握要求，落实举措，推进文化建设实现新发展。会议由副县长姜晓静主持。

★25 日，县政协召开机关作风建设会议。县政协主席陈建华主持会议，县政协副主席桑健、余科、桑圣权、吴鼎皋，督导员童玉林参加会议。

★26 日下午，县委、县政府专题召开全县工业经济、开放型经济、项目建设、民营经济、科技创新工作动员大会。县领导杨小军主持会议，副县长王智、张栩龙分别通报了2012年五项经济工作指标完成情况，并具体部署2013年工作。县领导张蓉蓉对2012年五项工作先进集体和个人进行表彰。县领导周建飞、冯力如、吴建坤、桑健出席会议。

★27日上午，如东县第十六届人大常委会召开第十次会议。会议由县人大常委会副主任、党组副书记陈昌龙主持。县人大常委会副主任沈更生、冯力如、唐国均及人大督导员徐志平、杨成泉、蔡瑞平、冒亚平出席会议。

★27日上午，如东县举行2013年全县企业家新春座谈会。县委书记、县人大常委会主任詹立风寄语全县企业家。会议由县委副书记周建飞主持。县委常委杨小军通报了2012年全县工业经济发展情况，部署了2013年全县工业经济发展工作。县委常委、常务副县长沈峻峰宣读了2012年全县规模20强工业企业和增幅20强工业企业名单。会议对20强工业企业进行了表彰。县委副书记、县长潘建华，县政协主席陈建华，县领导陈昌龙、冯力如、桑健出席会议。

★28日，如东县召开全县环境保护工作会议。县委常委杨小军主持会议，县领导王智、沈更生、吴建坤、桑圣权出席会议。

★28日，县政协召开十四届九次主席会议，县政协主席陈建华主持会议，县政协副主席王志荣、桑健、桑圣权、吴鼎皋，县政协督导员童玉林出席会议。

3月

★3月1日，县纪委召开专题会议就督查工作进行专项部署。县委常委、纪委书记刘才盛出席会议。

★3日，在县摄影家协会2013如东摄影界新春联谊会上，县人大常委会副主任沈更生寄语全县摄影工作者，紧紧围绕中心工作，坚持“两为”方针，深入经济建设第一线，聚焦洋口港开发和沿海经济开发建设进程中的精彩瞬间，用摄影艺术讴歌时代主旋律，为如东经济快速发展、文化大繁荣作出应有的贡献。

★5日上午，如东县在文峰广场举行全民志愿服务系列活动启动仪式，县委副书记周建飞出席启动仪式，并宣布志愿服务系列活动启动。启动仪式上，县委常委、宣传部部长杨中坚向“中国好人”们授牌。在县人大常委会副主任唐国均的带领下，现场的志愿者们纷纷举起右拳，郑重宣读《如东扶海志愿者誓词》，共青团如东县委书记陈威涛代表社会各界宣读《呼唤雷锋，学习雷锋，从我做起》倡议书。副县长姜晓静主持启动仪式。出席活动的县领导与“中国好人”代表及卫生、供电、国税等全县21家省级文明行业和掘港镇志愿服务队依次上台，向如东逸夫特殊学校的聋哑儿童捐款2.44万元，县政协副主席桑健将善款交到县逸夫特殊学校负责人手中。

★5日，县委常委、宣传部部长杨中坚一行到文广传媒中心就新闻宣传工作进行专题调研，要求不断提升舆论引导水平，增强媒体在受众中的影响力。

★6日，县委常委、组织部部长任新峰到民生·银河湾工地就项目党建工作进行调研。

★6日，在党风廉政建设责任制示范点单位工作交流会上，县委常委、纪委书记刘才盛要求各示范点单位在党风廉政建设中做到职责责任更清、服从服务更好、依纪依法更多、督查检查更勤、创新创优更实、引导指导更多。在不断加强自身党风廉政建设的同时，充分发挥典型的示范引领作用，进一步创新工作思路，加强实践探索，努力打造具有一定影响的品牌和特色工作，不断放大示范点的创建成效。

★8日，在全县老年协会工作会议上，县委常委、组织部部长任新峰勉励老年工作者发挥余热，积极主动作为，为建设美丽新如东多做贡献。副县长江华出席会议。

★11日，市人大常委会党组书记、副主任黄利金率队到如东县，对如东养老服务体系建设开展专题调研，副县长江华汇报了如东县社会养老服务体系建设情况。县领导陈昌龙、沈峻峰、张蓉蓉、唐国均陪同调研。

★12日召开的全县国土资源系统党风廉政建设工作会议，县委常委、常务副县长沈峻峰出席会议。

★12日召开全县民政暨双拥工作会议。县委常委、政法委书记于立忠要求县民政系统，更加注重社会救助体系、适度普惠型社会福利体系、社会养老服务体系建设，加快培养社会工作专业人才，努力形成推进民政工作的强大合力。副县长江华主持会议。县人大常委会副主任唐国均宣读了《2012年度全县民政、双拥工作先进集体和个人的表彰决定》。县政协副主席桑圣权出席会议。

★13日，县政协召开重点提案专题协商会议，邀请县委常委、常务副县长沈峻峰，副县长姜晓静、王智、江华就县政协二次全会后确定的10件由分管副县长领办的重点提案与委员进行面对面协商，并就各自领办的重点提案谈了办理的想法和意见。县政协主席陈建华、副主席吴鼎皋介绍了2013年县政协重点提案的遴选情况和初步办理意见。县政协副主席桑健、桑圣权出席会议。

★13日下午，如东县2013年干部教育培训春季主体班开班。县委常委、组织部部长、县委党校校长任新峰在开班仪式上讲话。

★14 日，全县宣传文化干部培训班开班。县委常委、宣传部部长杨中坚要求参训人员，思想上高度重视，上课时认真听讲，力争通过培训，能够学有所思、学有所悟、学有所获。

★15 日上午，县侨联召开六届六次委员（扩大）会议，县委常委、组织部部长任新峰出席会议并讲话。会议传达学习了中央书记处关于侨联工作的意见和中国侨联、省市侨联全委会精神，听取并审议了县人大常委会副主任、县侨联主席沈更生代表县侨联第六届委员会所作的工作报告，通过了关于《如东县侨联第六届委员会工作报告》（审议稿）的决议。

★16 日如东县召开全县重点工作督查推进会。县委书记、县人大常委会主任詹立风要求各地各部门全力以赴夺取首季“开门红”，为实现全年目标任务奠定坚实基础。会上，县委副书记周建飞通报了 2013 年以来全县重点工作的完成情况。县四套班子在家领导出席会议。与会人员参观了掘港镇、曹埠镇项目建设现场。

★19 日，承担南通石化产业中长期发展规划编制工作的中国国际工程咨询公司专家专程到如东县调研，县委书记、县人大常委会主任詹立风在与专家座谈时表示，将着力把如东建设成长三角北翼具有国际水准的石化产业基地。县委副书记、县长潘建华，县政协主席陈建华，县委副书记周建飞，县委常委、洋口港经济开发区党工委书记张蓉蓉参加座谈。

★19 日，南通市人大常委会副主任程静一行到如东县，调研体育事业可持续发展情况。县领导陈昌龙、唐国均、姜晓静陪同调研。

★21 日，市政协主席王德忠在如东县调研时，要求进一步完善社会保障体系，加快推进民生幸福工程。县委副书记、县长潘建华，县政协主席陈建华，副县长姜晓静陪同调研。

★21 日，市委常委、常务副市长韩立明到如东县调研环境保护工作时勉励如东县，推动环境保护工作上水平、快突破，为全市生态文明建设作示范、树标杆。县领导潘建华、杨小军、王智参加调研活动。

★22 日，县第十六届人大常委会召开第 18 次主任会议，听取和审议县十六届人大二次会议代表议案、建议办理工作打算和全县社会化养老服务体系建设情况的调查报告。县领导沈峻峰、陈昌龙、沈更生、冯力如、唐国均出席会议。

★22 日，南通市副市长徐辉到如东县调研岔河、河口、栟茶三个中心镇建设情况，并视察了绿化造林和设施农业建设工作。县委常委、政法委书记于立忠，副县长江华，政协副主席桑圣权陪同调研。

★23 日，如东县召开全县农机化工作会议。副县长江华出席会议并讲话。

★25 日，市政府绿化造林督查组在市监察局副局长顾保红的带领下，督查如东县绿化造林工作。副县长江华作关于绿化造林工作情况的汇报。

★25 日，县工商业联合会（总商会）召开十届二次执委会议。县委常委、组织部部长任新峰到会并讲话。县政协副主席、县工商联主席、总商会会长桑健出席会议。

★26 日下午，县十四届政协召开第七次常委会。会议由县政协主席陈建华主持，县政协副主席王志荣、桑健、吴鼎皋和县政协督导员童玉林出席会议。

★26 日，县委、县政府召开专题会议，部署招商引资百日竞赛活动。副县长王智就百日竞赛作出具体部署。县委常委、洋口港经济开发区党工委书记张蓉蓉主持会议，并就当前招商引资工作提要求。

★27 日，全县统战工作现场推进暨大统战联席会在马塘镇召开。县领导沈更生、桑健、吴鼎皋出席会议。

★28 日，县人大常委会召开专题会议，对 2013 年实施的人大“一号议案”督办、《中华人民共和国环境保护法》执法检查、县卫生局工作评议等 3 项重点工作作出部署。县人大常委会副主任、党组副书记陈昌龙主持会议。县人大常委会副主任沈更生、冯力如、唐国均分别就 3 项重点工作进行了部署。副县长王智，县人大督导员徐志平、杨成泉、蔡瑞平、冒亚平出席会议。

★28 日，如东县召开全县依法治县暨依法行政工作会议。县委副书记、县长潘建华要求各级、各部门切实加强组织领导，自觉接受监督，不断规范行政执法行为，建设人民满意的责任型政府。县委常委、政法委书记于立忠，副县长姜晓静分别就依法治县、依法行政工作做出部署和点评。副县长程军主持会议。

★28 日，县第十六届人大常委会召开第十一次会议，听取和审议县政府、县人大常委会关于全县社会化养老服务体系建设情况的工作报告和调查报告。会议由县人大常委会副主任唐国均主持。县人大常委会副主任陈昌龙、沈更生、冯力如出席会议，县人大督导员徐志平、杨成泉、蔡瑞平、冒亚平列席会议。

4 月

★4 月 1 日，县政协召开“老龄产业发展”课题调研第一次会议。县政协主席陈建华、县政协副主席桑圣权、县政协督导员童玉林出席会议。

★4 月 2 日，县委召集县相关领导和部门负责人在栟茶镇召开县委常委（扩大）会议，县委书记、县人大常委会主任詹立风主持会议，县委副书记、县长潘建华出席会议并讲话。县委常委，县人大、县政府、县政协相关领导出席会议。栟茶镇主要负责人在会上汇报了全国发展改革试点镇等相关工作的推进情况。

★4月2日下午，如东县召开全县城镇化建设工作会议。县委书记、县人大常委会主任詹立风出席会议并作重要讲话。县委常委、常务副县长沈峻峰对2013年城镇化建设工作进行部署。会议由县委副书记、县长潘建华主持。县委常委，县人大、县政府、县政协相关领导出席会议。

★4月2日，县外侨办、县侨联热情接待了回乡探亲的旅美侨胞吴晓彦、余晓玲夫妇。县人大常委会副主任、县侨联主席沈更生向他们介绍了2012年全县经济社会发展概况，希望他们立足当地、心系家乡，为家乡发展尽心出力。

★8日下午，县委常委、常务副县长沈峻峰，县委常委、宣传部部长杨中坚率队视察了县城重点市政工程建设现场，协调解决遇到的困难和问题。

★8日，如东第一职业教育中心校顺利通过联合职业技术学院组织的现场评估。副县长姜晓静主持申报工作汇报会。

★10日，新疆伊宁县乡镇领导干部来如东县接受为期10天的培训。县委副书记周建飞寄语学员们……。

★12日，县人民法院举行新审判办公综合大楼项目开工仪式，南通市中级人民法院党组副书记、副院长卢旭光，县委常委、政法委书记于立忠出席仪式，并为工程培土奠基。

★12日，县档案馆通过国家二级档案馆测评。县委副书记周建飞、县委常委、副县长王孝强参加测评会并致辞。

★14日，县委副书记周建飞，县领导张蓉蓉、江华实地督查省沿海开发工作会议准备情况。

★15日，如东县召开全县重点工作督查推进会。县委书记、县人大常委会主任詹立风主持会议，并作重要讲话。县委副书记、县长潘建华通报一季度全县主要经济指标的完成情况，县委副书记周建飞宣读一季度重点工作单项竞赛获奖单位的表彰决定。县四套班子领导分别交流了挂钩镇一季度重点工作的完成情况和二季度的工作打算。

★17日，来自全县镇、园区及相关部门的7名年轻领导干部，赴昆山开展为期3个月的挂职锻炼、跟班学习。县委书记、县人大常委会主任詹立风专题听取挂职准备工作汇报并提出要求。

★17日，如东县召开县政协民主评议沿海开发行政服务职能部门动员会议。县政协主席陈建华对民主评议活动进行动员和部署。县政协副主席王志荣、桑健、桑圣权，县政协督导员童玉林出席会议。

★18日上午，县人大常委会召开第19次主任会议，听取并审议副县长江华代表县政府所作的全县经济薄弱村集体经济发展的情况汇报。县人大常委会副主任沈更生、冯力如和县人大督导员徐志平、杨成泉、蔡瑞平、冒亚平出席会议。

★19日，县人大常委会召开环境保护法执法检查座谈会。县人大常委会副主任沈更生充分肯定了各成员单位的工作成效，并就下一步工作提出要求。

★19日下午，在无锡市委常委、纪委书记周铁根，宜兴市委书记、市人大常委会主任王中苏，宜兴市委常委、纪委书记余银龙的陪同下，县委书记、县人大常委会主任詹立风带领县规划和住建部门负责人到宜兴市参观考察城市建设发展情况。县委副书记周建飞、县委常委杨小军陪同考察。

★19日，如东县举行“新浪微博@如东发布”正式开通仪式暨“扶海大学堂”报告会。县委副书记、县长潘建华与武和平共同启动LED水晶球。县委常委、宣传部长杨中坚主持报告会，县政协主席陈建华、县委副书记周建飞等县四套班子部分领导出席报告会。

★19日，由县妇联牵头组织的全县女企业家银企政洽谈会暨协会年会在江苏宇迪光学股份有限公司“党员之家”召开。县政协副主席、县工商联主席桑健主持会议，县委常委、组织部部长任新峰出席会议并讲话。

★19日下午，县政府召开全体（扩大）会议暨廉政工作会议。县委副书记、县长潘建华点评一季度政府工作，并就二季度各项工作及政府廉政建设提出要求，县委常委、常务副县长沈峻峰主持会议。县领导刘才盛、王孝强、冯力如、姜晓静、蒋树建、王智、程军、张栩龙、江华、吴鼎皋参加会议。

★20日上午，新疆伊宁县乡镇领导干部第二期赴如学习培训班开班。县委常委、组织部部长任新峰出席培训班。

★24日，县人大常委会副主任、党组副书记陈昌龙一行前往掘港镇，专题调研推进落实县人代会“1号议案”和卫生部门评议工作。

★25日上午，县人大常委会副主任、党组副书记陈昌龙，县人大常委会副主任唐国均到岔河镇召开座谈会，就贯彻实施环境保护法情况开展座谈。

★25日，由万通建设集团有限公司、昆明二建建设（集团）有限公司联合主编的工程建设行业标准《劲性复合桩技术规程》（送审稿），通过了江苏省建筑科学研究院院士缪昌文等12位国家、省、市建筑专家的审查。县委常委、宣传部部长杨中坚出席审查会。

★24 日至 25 日，省委常委、省纪委书记弘强到如东县开展“三解三促”活动。

★25 日下午，省纪委在如东县召开南通各县（市、区）、镇纪委书记座谈会，省委常委、省纪委书记弘强出席座谈会并作重要讲话。县委书记、县人大常委会主任詹立风汇报了如东县经济社会发展及反腐倡廉建设情况。座谈会由市委常委、市纪委书记庄中秋主持，县委副书记、县长潘建华，县委副书记周建飞，县委常委、县纪委书记刘才盛参加座谈会，县纪委、掘港镇、马塘镇纪委作专题发言。

★26 日，市委常委秦厚德到如东县调研“三农”工作。县领导于立忠、江华、桑圣权陪同调研。

★26 日，市人大常委会党组书记、副主任黄利金率常委会部分组成人员，到如东县视察产业重大项目推进情况。市人大常委会副主任施建中、程静参加调研，县委副书记周建飞及县领导陈昌龙、张蓉蓉、冯力如、唐国均、张栩龙参加视察活动。

★28 日，市委、市政府组织市发改委、规划、国土、旅游等部门负责人，来到如东县沿海经济开发区，对该区发展规划进行点评。市领导徐辉，县委书记、县人大常委会主任詹立风，县委副书记周建飞及县领导张蓉蓉、江华等出席会议。

5 月

★5 月 2 日，如东县召开洋口港开发建设前线指挥部办公会议。詹立风主持会议并对洋口港开发进展和存在问题进行深入点评。县委副书记、县长潘建华，县委副书记周建飞，县领导陈昌龙、沈峻峰、杨小军、于立忠、张蓉蓉、冯力如、王智、江华、余科出席会议。

★5 日，如东县召开港城中通道、334 省道如东东段、角林线 3 条连接类重要干线建设动员会，该 3 条道路是如东县今年的重点交通工程。副县长王智主持会议，县政协副主席桑圣权出席会议。

★7 日上午，全国政协副主席、民建中央常务副主席马培华到如东县调研。市委常委、常务副市长韩立明，副市长赵闻斌，县委书记、县人大常委会主任詹立风，县政协主席陈建华，县委副书记周建飞，县委常委、洋口港经济开发区党工委书记张蓉蓉，副县长张栩龙陪同调研。

★7 日，如东县召开《现代服务业集聚区发展规划（2013 至 2020）》评审会，对编制成果进行评审。会议由副县长王智主持。县委副书记周建飞，县委常委、常务副县长沈峻峰及县领导杨小军、张蓉蓉、冯力如、吴建坤、桑健出席评审会。

★9 日，如东县召开全县沿海开发暨重点工作督查推进会。县委书记、县人大常委会主任詹立风出席会议并作重要讲话。县委副书记周建飞动员部署了 2013 年全县沿海开发工作。会议由县委常委、常务副县长沈峻峰主持。

★9 日，如东县举行“5·10”思廉日“五廉”系列活动启动仪式，县委书记、县人大常委会主任詹立风出席会议。启动仪式上，县委副书记周建飞带领全体与会人员进行廉洁从政宣誓。县委常委、纪委书记刘才盛主持会议。县四套班子在家领导，县级机关和镇（区）党政主要负责同志参加启动仪式。

★9 日上午，如东县沿海开发的又一标志性工程——东凌水库工程正式开工。县委常委、常务副县长沈峻峰主持开工仪式。县委书记、县人大常委会主任詹立风及在家的县四套班子领导出席开工仪式。

★10 日，省委原副秘书长、研究室主任顾介康，省委研究室机关党委副书记顾新华等到如东县，专题调研养老服务体系建设情况。副县长江华汇报了如东县养老服务体系建设情况。县政协副主席桑圣权陪同调研。

★11 日，如东县召开农业农村重点工作推进会。副县长江华出席会议，他要求各镇（区）、单位明确责任、加大力度，有条不紊、有序有效抓落实，不断推进“四个一批”“四位一体”“四有一责”“四件实事”“四项服务”建设，努力提高农业农村工作水平。县政协副主席桑圣权主持会议。

★12 日，南通市十运会农民部比赛在如东县举行，如东、海门、崇川等 9 支代表队近 300 名运动员，参加了拔河、60 米搬运粮食、自行车慢车比赛等 6 个特色项目的比赛。县委常委、政法委书记于立忠出席开幕式并讲话，副县长江华出席开幕式。

★14 日，青海省贵德县政协主席增巴率领该县政协委员到如东县考察，县政协主席陈建华、副县长蒋树建、县政协副主席吴鼎皋陪同考察。

★14 日，江苏省召开深入推进放心消费创建工作电视电话会议，副县长张栩龙和相关部门负责人在县行政中心分会场收看了会议实况。

★15 日上午，武船重型工程股份有限公司与江苏海力风电设备科技有限公司签订战略合作协议，双方将在项目供需、产品制造、市场开发、业务交流等方面开展深度合作。副县长王智主持签约仪式，县委副书记周建飞，县委常委、常务副县长沈峻峰和县人大常委会副主任冯力如参加活动。

★16 日，如东县召开项目建设推进会暨 1 号议案办理动员会，会议要求全县上下把项目建设作为促进经济增长的主抓手，促进项目早开工、快建设、早达产、快见效。

★17 日，县政府召开物流业工作“双过半”推进会议。副县长王智出席会议并讲话。

★13 日至 19 日，如东县在台湾举办为期一周的系列招商活动。县委书记、县人大常委会主任詹立风率部分镇区及相关部门负责人，分别拜会了台塑集团、台湾中石化、台北港货柜码头公司、中华科技大学等大型企业及科研单位高层负责人。5 月 15 日下午，在台北福容大饭店成功召开江苏如东（台湾）产业合作恳谈会，县委常委、洋口港经济开发区党工委书记张蓉蓉在会上对如东经济社会发展情况作了专题推介。

★19 日，如东县庆祝第 23 个“全国助残日”暨爱心捐赠活动在县逸夫特殊教育学校举行。当天，共有 30 家企业和个人捐款近 7 万元。县政协副主席桑健出席活动。

★在 20 日举行的“人保杯”如东县首届“十大杰出（优秀）青年企业家”表彰大会上，“十大杰出青年企业家”和品学兼优的贫困家庭学生结对共建。县委常委、组织部部长任新峰出席表彰大会。

★20 日下午，栟茶镇文联暨文化研究会成立。副县长姜晓静出席活动，并为栟茶镇文联揭牌。

★21 日至 22 日，县人大常委会副主任沈更生率领部分常委会组成人员及环保、城管、农委等部门执法人员，开展环保执法检查。

★21 日全市项目农业推进会在如东县召开。县委书记、县人大常委会主任詹立风在会上致辞。会议由市委常委秦厚德主持。副市长徐辉对下阶段项目农业建设工作作出部署。县委常委、政法委书记于立忠在会上介绍了如东县项目农业建设的做法。县领导江华、桑圣权及市相关部门负责人、各县（市、区）分管农业的负责人出席会议。

★22 日，无锡市委常委、纪委书记周铁根，副市长刘霞带领考察团一行，在南通市副市长徐辉，县委书记、县人大常委会主任詹立风等陪同下，考察如东县项目设施农业。县委常委杨小军、副县长江华陪同考察。

★23 日，如东县召开残疾人联合会第五次代表大会。会议选举产生县残联第五届主席团成员和出席市残联第六次代表大会代表，选举江华为如东县残联第五届主席团主席，聘请于立忠为名誉主席，唐国均、桑健为名誉副主席，推举吴晓红为如东县残联第五届执行理事会理事长。

★23 日下午，县人大常委会召开第 20 次主任会议，听取并审议县人民法院关于商事审判工作的情况汇报。县法院院长娄宏春汇报了商事审判工作情况。县人大常委会副主任、党组副书记陈昌龙、县人大常委会副主任沈更生、冯力如、唐国均，县人大督导员徐志平、蔡瑞平、冒亚平出席会议。

★23 日下午，全县金融工作例会在洋口港经济开发区召开。县委常委、常务副县长沈峻峰要求各商业银行，扩大信贷规模，突出投放重点，把洋口港作为长期投资方向，在相互合作中达到双赢目的。县委常委、洋口港经济开发区党工委书记张蓉蓉出席会议。

★25 日，县委书记、县人大常委会主任詹立风督查交通、城建工作，并就交通运输、城建工作提出要求。县领导沈峻峰、杨中坚、杨小军、沈更生、王智、桑圣权参加督查活动。

★25 日，县企业家协会举办座谈会。县领导周建飞、冯力如、张栩龙参加活动。

★27 日，县委书记、县人大常委会主任詹立风及县领导陈昌龙、杨中坚、姜晓静等看望了回乡探亲的如东籍旅美侨胞丛志远。

★29 日，市文明办、市关工委、市教育局、团市委、市妇联在如东县联合召开全市三好标兵竞赛评选活动常态化建设现场推进会。县委常委、常务副县长沈峻峰致辞，市委常委、宣传部部长章树山出席会议，县委常委、宣传部部长杨中坚，副县长姜晓静出席活动。

★29 日下午，市委副书记、市长张国华到如东县调研。市政府秘书长顾诺之，县委书记、县人大常委会主任詹立风，县委副书记、县长潘建华，县委副书记周建飞，县委常委、常务副县长沈峻峰，县委常委、洋口港开发区党工委书记张蓉蓉陪同调研。

★29 日下午，县妇女儿童工作委员会、县妇联在马塘小学举办“无‘微’不至巾帼情”关爱留守儿童公益活动。副县长姜晓静出席活动。

★30 日下午，省侨联副主席镇翔一行到如东县考察，市侨联主席吴亚军，市侨联副主席、崇川区侨联主席李小萍，县人大常委会副主任、县侨联主席沈更生陪同考察。

★30 日，如东县召开 2013 年度“扫黄打非”工作会议。副县长姜晓静主持会议。县委常委、宣传部部长杨中坚要求各相关单位注重强化体制、机制建设，把准“扫黄打非”的核心工作和重点领域，确保工作有人抓、有人管、有成效，推进如东县“扫黄打非”工作向纵深发展。

★31 日，县委常委、宣传部部长杨中坚带领县关工委、县妇联、县教育局等相关部门的负责人前往掘港小学、虫宾山小学、县实验幼儿园，看望了孩子们。县领导唐国均、姜晓静、桑健参加活动。

6 月

★5 日，洋口港开发建设领导小组举行第六次会议，市委书记丁大卫，市委副书记、市长张国华率相关部门负责人现场会商解决洋口港开发建设中的具体问题。县委书记、县人大常委会主任詹立风汇报了洋口港开发建设的进展情况。会议由市委常委陈照煌主持。市政协主席王德忠、副市长徐辉分别就洋口港开发建设提出相关意见。市领导黄利金、黄巍东、苏西群，市级机关相关部门负责人，县委副书记、县长潘建华等县四套班子领导出席会议。

★6 日，如东县召开全县重点工作督查推进会，对重点工作冲刺“双过半”进行全面部署。县委书记、县人大常委会主任詹立风主持会议并提要求。会上，县委副书记周建飞通报了 1 至 5 月份全县主要经济指标完成情况。县四套班子领导出席会议。

★6 日，如东县召开电力工作领导小组暨迎峰度夏有序用电工作会议。县委常委杨小军出席会议。

★7 日，县政协主席陈建华带领部分政协委员，听取县城管局 2013 年提案办理情况和初步答复意见。政协副主席桑圣权、吴鼎皋，督导员童玉林参加活动。

★7 日，中关村科技园区管委会军民融合创新工作处处长张晓明率示范区企业代表到如东县调研。副县长张栩龙主持交流会。

★8 日上午，334 省道如东城区至洋口港段建设工程通过竣工验收。县委常委杨小军参加竣工验收会议。

★为全面了解今年年初提拔的镇、区领导干部的工作、成长情况，近期，县委组织部分片召开谈心会，与他们交流思想。县委常委、组织部部长任新峰出席会议。

★13 日下午，如东县召开全县文物保护工作会议。副县长姜晓静出席会议。

★13 日，市政协副主席、党组副书记陈德新到如东县就“推进生态环境建设，加快打造美丽南通”作专题调研。副县长王智汇报如东县生态环境建设情况。县政协主席陈建华，县委常委杨小军、县政协副主席桑圣权陪同调研。

★14 日上午，县人大常委会召开“一号议案”推进交办会。县人大常委会副主任、党组副书记陈昌龙主持会议。

★14 日，如东县召开党风纠风工作会议。县委常委、纪委书记刘才盛出席会议。

★14 日下午，县人大常委会召开专题会议，听取县城管局负责人关于人大代表建议办理落实情况的汇报。县人大常委会副主任、党组副书记陈昌龙，县人大常委会副主任沈更生出席会议。

★16 日，国家口岸办调研组专程到洋口港，就一类口岸开放建设工作展开调研。县委副书记、县长潘建华，县委副书记周建飞，县委常委、洋口港经济开发区党工委书记张蓉蓉陪同调研。

★17 日下午，县人大常委会副主任冯力如带领部分常委会组成人员，到县农委就项目农业和农产品质量安全监管工作开展调研。县政协副主席桑圣权、县人大督导员杨成泉参加调研。

★19 日上午，全国人大常委会副委员长沈跃跃率领全国人大常委会执法检查组到如东县，就《中华人民共和国可再生能源法》贯彻实施情况进行执法检查。全国人大常委会委员、全国人大环境与资源保护委员会副主任委员蒋巨峰，全国人大环境与资源保护委员会委员蒲长城，国家能源局副局长刘琦等参加执法检查。省人大常委会副主任、党组副书记张艳，省能源局局长陈勇，市委副书记、市长张国华，市人大常委会党组书记、副主任黄利金，市委常委、秘书长黄巍东，县委副书记、县长潘建华，县领导周建飞、陈昌龙、沈峻峰、冯力如、张栩龙等陪同检查。

★19 日，市检查组一行来如东县就“六五”普法中期开展情况进行检查，县委常委、政法委书记于立忠简要介绍如东县“六五”普法工作情况。副县长姜晓静出席汇报会。

★19 日下午，县人大常委会副主任冯力如带领部分常委会组成人员视察如东经济开发区、洋口港经济开发区工业项目建设情况。

★20 日上午，如东县举行《如东县干部纪律教育读本》首发式暨“5+X”公务员能力和“六五”普法培训开班仪式。县委常委、组织部部长任新峰出席开班仪式。

★20 日上午，县文明礼仪首场报告会暨“礼在国税”系列活动启动仪式在如东国税局举行。市委宣传部副部长陈冬梅为“中国好人工作室”揭牌，县委常委、宣传部部长杨中坚出席会议。

★20 日下午，县人大常委会召开第 22 次主任会议，听取并审议县农委关于农产品质量安全监管工作的情况汇报。会议由县人大常委会副主任冯力如主持，县人大常委会副主任、党组副书记陈昌龙，县人大常委会副主任唐国均，县人大督导员杨成泉出席会议。

★21 日上午，南通市副市长徐辉来如东县视察农机安全工作，县委常委、政法委书记于立忠，副县长江华参加活动。

★21 日，县委常委杨小军走访慰问了岔河镇 7 位老党员，为他们送去慰问金，祝福他们身体健康。

★21 日上午，县人大常委会副主任唐国均带领部分人大常委会组成人员专题调研服务业项目建设。

★24日上午，全县第五届放鱼节在洋口港阳光岛重件码头拉开帷幕。县委书记、县人大常委会主任詹立风，县政协主席陈建华，县领导陈昌龙、沈峻峰、于立忠、张蓉蓉、冯力如、江华、桑圣权参加放流活动。

★25日上午，上海大学、南通大学、东南大学、华中科技大学等高校，与如东县14个镇（区）签订“镇校合作”协议。县委常委、组织部部长任新峰主持签约仪式。县委副书记周建飞，副县长吴建坤参加签约仪式。

★25日，县人大常委会副主任沈更生带领住建、交通、国土等部门负责人，实地察看了如东经济开发区公租房项目、新光安置区二期、通洋高速工程等城建交通项目。

★25日，“如东县人民法院国土资源巡回法庭”正式挂牌，县委常委、常务副县长沈峻峰出席挂牌仪式。

★25日上午，县领导姜晓静、桑健一行冒着大雨到新店镇走访慰问老党员，并向他们送去了慰问金。

★26日至27日，省委常委、常务副省长李云峰轻车简从来如东县开展“三解三促”驻点调研活动。省政府副秘书长徐立、省沿海办主任梁学忠等省有关部门负责人参加活动。

★26日上午，县人大召开“一号议案”办理督查推进会，对“一号议案”办理工作进行中期评价。副县长王智代表县政府就县人大“一号议案”办理情况作专题汇报。县人大常委会副主任冯力如主持会议。县人大常委会副主任、党组副书记陈昌龙，县人大常委会副主任沈更生、唐国均，县人大督导员徐志平出席会议。

★27日，副县长姜晓静带领安监、工商、药监等部门的负责人，对县教育局、卫生局、文广新局和岔河镇、新店镇的安全生产工作进行督查。

★28日，如东县召开全县突出环境问题整治暨污染减排工作推进会。副县长王智对今年的环境问题和污染减排工作作动员部署。县委常委杨小军，县人大常委会副主任沈更生出席会议。

★28日，市委常委、组织部部长张兆江来如东县调研。县委书记、县人大常委会主任詹立风，县委副书记、县长潘建华，县委副书记周建飞，县领导任新峰、张蓉蓉陪同调研。

★28日，县委副书记、县长潘建华到如东经济开发区看望慰问部分老党员，给他们送去慰问金和节日的祝福。

★28日，如东县召开农业行业评议政风行风创新行动动员大会，对评议工作进行动员部署。县领导江华、桑圣权出席会议。

★6月30日，县委组织部机关党总支举行以“知部史、强部风、争先进”为主题的教育活动。县委常委、组织部部长任新峰出席活动。

7月

★7月1日，县委书记、县人大常委会主任詹立风专程前往长沙镇走访慰问困难老党员和扶贫对象，给他们送去党的亲切问候和殷殷关怀。

★7月2日，如东县召开专题会议作出征兵部署。县委常委、人武部部长吴风俊总结了如东县去冬征兵工作。县委常委、政法委书记于立忠主持会议，县委常委、常务副县长沈峻峰，副县长江华出席会议。

★7月2日下午，县政协召开十四届八次常委会，通报政协各评议小组民主评议沿海开发行政服务职能部门阶段性情况，协商通过部分政协委员调整事宜，审议通过县政协提案督办活动实施方案和县政协关于开展界别协商工作的实施意见。县政协主席陈建华，县政协副主席桑健、余科、桑圣权、吴鼎皋，县政协督导员童玉林出席会议。

★7月4日，洋口港港城核心区和启动区建设重点项目——天瑞·海港城项目举行奠基仪式，县委副书记周建飞宣布项目奠基建设。通州市委常委、宣传部部长虞越嵩，县委常委、洋口港经济开发区党工委书记张蓉蓉出席仪式。

★4日，人力资源和社会保障部社保中心党委书记皮德海带领省、市调研组，来如东县调研城乡居民养老保险工作开展情况。县委常委、常务副县长沈峻峰陪同调研。

★9日上午，县委副书记周建飞，县委常委、洋口港经济开发区党工委书记张蓉蓉带领县委办、县政府办、县委督查室等相关负责人，就迎接全省沿海开发推进会议各项准备工作进行实地督查。

★9日，县政协、县工商联举办企业家沙龙。活动由县政协副主席、县工商联主席桑健主持，县政协主席陈建华，副县长吴建坤参加活动。

★9日，如东县召开专题会议，部署开展全县非公有制经济人士理想信念教育实践活动，并正式发布如东县非公经济代表人士文化倡导语——诚信厚德、创新图强、感恩奉献。县政协副主席、县委统战部部长吴鼎皋主持会议。县委常委、纪委书记刘才盛，县政协副主席、县工商联主席桑健出席会议。

★9日，如东县召开专题会议，部署建立行政执法与司法衔接工作联席会议制度。县委常委、政法委书记于立忠，副县长姜晓静出席会议。

★11 日，总投资 50 亿元的如东雨润国际广场项目正式签约。雨润控股集团总裁祝义亮，雨润控股集团董事、现代商业集团董事长胡晓军，县委书记、县人大常委会主任詹立风，县委副书记、县长潘建华，县委常委、常务副县长沈峻峰，县委常委、宣传部部长杨中坚出席签约仪式。

★12 日，县委常委杨小军、副县长王智带领相关部门负责人，对全县重点交通工程建设情况进行督查，并慰问高温下施工人员。

★13 日，如东县召开上半年全县政务服务总结点评会。县委副书记、县长潘建华出席会议并作重要讲话。县委副书记、县政务中心党工委书记周建飞对上半年全县政务服务工作作点评。会议由县委常委、常务副县长沈峻峰主持。

★15 日，市委常委、纪委书记庄中秋带领市环保工作专项督查和执法检查组，通过走访企业、听取汇报等形式，对如东县环境保护和生态文明建设开展专题督查。市政府副秘书长缪三义，县领导詹立风、潘建华、刘才盛、杨小军、张蓉蓉、王智等参加督查活动。

★16 日，由江苏世誉置业有限公司开发的金地来国际商贸广场，通过县规划局组织的专家评审。县政协副主席桑圣权出席评审会。

★16 日上午，县委召开全县村（社区）党组织换届动员暨青年干部赴村任职集体谈话会。县委常委、组织部长任新峰出席会议。

★17 日，县委常委、组织部部长任新峰，副县长姜晓静在县总工会相关负责人的陪同下，亲切慰问坚守岗位的一线员工，并送上防暑降温慰问品。

★18 日，省委组织部组织二处副处长宋波带领调研组，到如东县专题调研非公企业党建工作。

★18 日，县委召开工作会议。县委书记、县人大常委会主任詹立风出席会议并作重要讲话。会议由县委副书记、县长潘建华主持。全体县委委员、候补委员，县纪委委员；县人大、县政府、县政协领导成员，县督导员，县法院院长，县检察院检察长；各镇党委书记、镇长，各区党工委书记、管委会主任；县级机关各部门和县直属单位中层以上干部；县 50 强企业负责人；原县四套班子老领导和享受地市级待遇的老干部代表出席会议。

★18 日，副县长吴建坤带领县经信委、粮食局、文广新局等部门负责人，先后前往变电所、国清寺、粮站等重点场所，检查安全生产工作。

★19 日，如东县召开全县统计工作暨第三次经济普查动员会。县委常委、常务副县长沈峻峰出席会议。

★19 日，如东县召开纪检监察系统上半年工作总结暨“品牌工作”推进会。县委常委、纪委书记刘才盛出席会议。

★19 日，县委常委、副县长王孝强带领安监、交通运输局、农机、质监、监察等安委会相关成员单位负责人，对县水务局、海洋与渔业局上半年安全生产工作进行督查。

★19 日，如东县召开全县服务业推进会。县委常委杨小军，副县长王智出席会议。

★19 日，县委组织部召开全县组织工作半年交流点评会。县委常委、组织部部长任新峰出席会议。

★20 日，县委书记、县人大常委会主任詹立风，县委副书记、县长潘建华分别深入街头和工地，亲切看望冒着高温、奋战在一线的劳动者，向他们送去夏日的“清凉”和亲切的问候。

★21 日，农业部水稻生产专家指导组副组长张洪程带领国家粮食丰产科技工程项目中期考察组，深入如东县岔河镇金河村、马塘镇亚苏村、丰利镇玉窑村水稻“粮丰”工程核心示范方、攻关田的田间地头，检查、指导项目实施工作。

★22 日上午，无锡市人大常委会主任、党组书记姚建华，无锡市委常委、纪委书记周铁根带领无锡市人大考察团组来如东县参观考察。县委书记、县人大常委会主任詹立风，县委副书记、县长潘建华陪同考察。

★22 日，县人大常委会召开第 24 次主任会议，听取并审议民事行政诉讼法律监督工作。县人民检察院检察长顾祖林汇报了民事行政诉讼法律监督工作。县人大常委会副主任唐国均主持会议。县人大常委会副主任、党组副书记陈昌龙，县人大常委会副主任沈更生、冯力如，县人大督导员徐志平、杨成泉、冒亚平出席会议。

★23 日，副市长赵闻斌到如东县调研社区建设工作。县委常委、政法委书记于立忠，副县长江华参加调研。

★23 日，县人大常委会副主任、党组副书记陈昌龙带领部分人大常委会组成人员，视察重点交通项目，并就县交通运输局承办的人大代表建议进行点评。县人大常委会副主任沈更生、冯力如、唐国均参加视察活动。

★23 日下午，南通市司法行政系统推进“四个全覆盖”建设流动现场会在如东县召开，会议推广了如东县司法行政信息化应用工作经验。副县长姜晓静参加活动。

★23 日，如东县举行康复器具发放仪式。副县长江华出席发放仪式。

★24 日，如东县召开政法部门上半年工作交流会。县领导唐国均、程军参加会议。

★24 日下午，县人大常委会召开会议，专题听取县文广新局负责人关于人大代表建议办理和该局工作情况的汇报。县人大常委会副主任、党组副书记陈昌龙，县人大常委会副主任沈更生、冯力如，副县长姜晓静出席会议。

★24日上午，南通军分区参谋长、市征兵领导小组副组长杨增平带领市征兵领导小组，到如东县检查征兵工作，并实地视察了马塘镇医院征兵初检点。副县长江华汇报了如东县征兵工作情况。县委常委、人武部部长吴风俊陪同检查。

★24日，副县长王智带领环保、安监、文广新局等单位负责人，分别前往马塘、丰利两镇，督查高温季节安全生产和环保工作。

★25日召开的全县社区建设暨农业农村重点工作推进会上，县委副书记、县长潘建华要求各地进一步提高认识，以科学严谨的方法、改革创新的精神和务实高效的作风，加快推进社区建设和农业农村重点工作，圆满完成年初县委、县政府确定的目标任务。县委常委、政法委书记于立忠通报了当前如东县社区建设、民政工作及农业农村工作情况。会议由副县长江华主持。

★25日，县政协主席陈建华、副主席桑健带领部分政协委员，视察县中医院整体迁建工程。

★25日，黑龙江省侨联主席王伟在南通市侨联主席吴亚军和县人大常委会副主任、县侨联主席沈更生的陪同下，到如东县参观考察。

★25日下午，省新闻出版局副局长曹玉梅一行到如东县，就如何实施农家书屋提升工程开展调研，并给“农家书屋”赠送了现代化的电子阅读设备。

★7月29日，如东县召开全县领导干部会议，传达省委十二届五次全会和市委十一届五次全会精神，县委书记、县人大常委会主任詹立风主持会议。县四套班子领导，各镇区、县级机关各部门主要负责人出席会议。

★7月29日，省委宣传部副部长、省委对外宣传办公室主任司锦泉来如东县，就如何提高基层宣传思想文化工作的针对性、实效性，创建宣传品牌，与基层一线同志进行座谈交流、征求意见。市委常委、宣传部部长章树山，县委常委、宣传部部长杨中坚陪同调研。

★7月29日下午，如东县召开双拥模范县创建工作动员暨军地座谈会。会上，县委副书记、县长潘建华通报了全县经济社会发展形势。县委常委、政法委书记于立忠就做好双拥模范县创建工作进行动员部署。副县长江华主持会议。詹立风、潘建华等县领导为驻如部队发放了慰问金。县领导吴风俊、唐国均、桑圣权，驻如部队官兵代表，县双拥工作领导小组全体成员，各镇区双拥工作领导小组组长、拥军服务站负责人出席会议。

★7月29日，县外侨办、县侨联接待了旅居马达加斯加的李剑、王艳萍夫妇。县人大常委会副主任、县侨联主席沈更生向他们详细介绍了如东经济社会发展情况。

★7月30日，县第十六届人大常委会召开第十四次会议。会议由县人大常委会副主任冯力如主持，县人大常委会副主任沈更生、唐国均出席会议，县人大督导员徐志平、杨成泉、冒亚平列席会议。

★7月31日，如东县举行新聘大学生村官上岗暨“青春中国梦，村官我先行”主题实践活动启动仪式。县委常委、组织部部长任新峰在启动仪式上寄语广大大学生村官。

★7月31下午，如东县召开全县宣传思想文化工作会议。县委常委、宣传部部长杨中坚出席会议。

★7月31日，如东县举行厦门大学大学生实践如东基地签约揭牌仪式，县委常委、组织部部长任新峰为基地揭牌。副县长吴建坤出席揭牌仪式。

★8月2日，由副县长、县公安局局长程军率队的县政府第六组安全生产工作督查组前往双甸镇督查安全生产工作。

8月

★8月2日，县政协召开提案办理协商会议，邀请县委常委、常务副县长沈峻峰，副县长江华与会，对部分重点提案进行协商、对接。县政协主席陈建华、县政协副主席、县委统战部部长吴鼎皋、县政协督导员童玉林出席会议。

★4日下午，双甸镇纺织业商会成立大会暨华东纺织网双甸镇工作站正式揭牌。县政协副主席、县工商联主席、总商会会长桑健出席揭牌仪式。

★5日，上海同业煤化集团公司董事长陈继国、副总裁吴志祥一行，率公司高层到洋口港考察。县委常委、洋口港经济开发区党工委书记张蓉蓉陪同考察。

★5日，省侨联副主席兼秘书长宫琳率省侨联第三调研组来如东县开展“三解三促”调研活动。县委常委、组织部部长任新峰看望了省侨联调研组一行。

★6日上午，在县委书记、县人大常委会主任詹立风的陪同下，年近8旬的王颖来到洋口港经济开发区阳光岛，进厂区、登码头、观大海，对港口建设进行考察。

★6日下午，中天科技集团总投资逾50亿元，在如东沿海建设总装机容量超500兆瓦的光伏发电场和光伏电站，其中起步投资5亿元、建设50兆瓦光伏电站的项目，正式落户洋口港经济开发区，县委常委、洋口港经济开发区党工委书记张蓉蓉致辞。签约仪式由县委副书记周建飞主持，县委书记、县人大常委会主任詹立风，县政协主席陈建华，县人大常委会副主任、党组副书记陈昌龙，副县长王智出席签约仪式。

★8 日，县委副书记、县长潘建华在县委常委、县人武部部长吴凤俊的陪同下，来到县征兵体检站，看望慰问了征兵体检工作人员和应征青年。

★8 日是全国第五个“全民健身日”。如东县举行全县第十一届运动会。县委书记、县人大常委会主任詹立风出席开幕式并宣布本届运动会开幕。南通市体育局局长徐国祥，县领导陈昌龙、杨中坚、唐国均、姜晓静出席开幕式。

★9 日上午，县委副书记、县长潘建华及副县长王智、张栩龙，召集发改委、国土、环保、金融、沿海经济开发区等部门负责人，专题召开协调会议，对 10 多个重点项目建设事宜进行研究讨论，要求各相关单位强化责任意识，加大协调力度，确保项目顺利推进。

★9 日，县委组织部、县规划局在县人社局联合举办全县城镇化建设专题研修班。县委常委、常务副县长沈峻峰出席会议，县委常委、组织部部长任新峰主持开班仪式。

★12 日，如东县召开全县重点工作督查推进会。县委书记、县人大常委会主任詹立风要求各地、各部门进一步统一思想、抓实举措，全力以赴推动全县经济平稳较快增长，确保各项重点工作按时有序推进。县委副书记、县长潘建华主持会议，县委副书记周建飞通报了二季度重点工作竞赛考核结果，县委常委、政法委书记于立忠通报了夏季秸秆禁烧情况，县领导张蓉蓉、王智、张栩龙分别交流、点评了全县招商引资、项目建设和工业运行情况。县政协主席陈建华，县人大常委会副主任、党组副书记陈昌龙等四套班子领导出席会议。

★12 日，南通市政协副主席陆玉明到如东县约访在如东县的市政协委员，听取委员对经济社会发展状况的汇报，了解社情民意。

★13 日下午，县政协召开提案办理协商会议，督办“关于切实加强城区工程车辆管理，提升文明城市形象”等 12 件重点提案。会议由县政协副主席桑圣权主持，县政协督导员童玉林出席会议。

★13 日，南通市委、市政府召开沿海前沿区域重大项目建设现场推进会，与会人员先后参观了沿海经济开发区、小洋口旅游度假区、如东经济开发区、南通外向型农业综合开发区、洋口港经济开发区、循环经济产业园等部分重大项目，县委书记、县人大常委会主任詹立风，县委副书记、县长潘建华，县委副书记周建飞，县委常委、洋口港经济开发区党工委书记张蓉蓉参加活动。

★14 日，县政协召开十四届十二次主席会议。会议由县政协主席陈建华主持。县政协副主席桑健、余科、吴鼎皋，督导员童玉林出席会议。

★15 日，县委、县政府举办省第五批“科技镇长团”总结汇报会暨省第六批“科技镇长团”如东团欢迎仪式。县委书记、县人大常委会主任詹立风出席活动，并向第五批“科技镇长团”成员颁发如东县人才工作顾问聘书。县委常委、常务副县长沈峻峰主持欢迎仪式，县委常委、组织部部长任新峰宣读《省第五批、第六批“科技镇长团”如东团成员职务任免决定》。

★15 日，在国家安全生产应急救援指挥中心副主任李万春的带领下，国家安监总局检查组到如东县专项检查江苏 LNG 接收站安全生产运行情况。省安监局副局长陆贯一，市安监局局长倪建明，县委书记、县人大常委会主任詹立风，县委副书记、县长潘建华，县委常委、洋口港经济开发区党工委书记张蓉蓉陪同检查。

★15 日下午，如东县举行文艺创作工作室授牌仪式。县委常委、宣传部长杨中坚分别为“刘剑波工作室”“ 於国鑫工作室”授牌。

★20 日，南通市人大常委会副主任王向红一行到如东县视察村庄环境整治工作。县领导冯力如、江华陪同参观。

★21 日上午，如东县召开招商引资暨项目建设工作推进会，县领导张蓉蓉、王智分别汇报了全县招商引资“百日竞赛”成效以及 2013 年以来项目建设情况。县委副书记周建飞出席会议并讲话。县领导冯力如、桑健出席会议。

★21 日下午，全省沿海地区港口发展专题调研组到如东县调研洋口港开发建设情况。省交通运输厅副厅长王昌保寄语如东县抢抓沿海开发的重大战略机遇，做大做优做特港口开发的文章。县委书记、县人大常委会主任詹立风汇报了洋口港开发建设的有关情况。县委常委、洋口港经济开发区党工委书记张蓉蓉汇报了洋口港开发建设的有关情况。省交通运输厅港口局局长司马华炜、市港口局局长李吉平、县委副书记周建飞、县委常委杨小军参加调研活动。

★21 日下午，如东县召开企业家协会捐资助学座谈会. 中天科技集团有限公司、江苏快达农化股份有限公司等企业的 14 位企业家，为全县 14 名品学兼优的困难学生捐资助学。副县长张栩龙主持会议，县人大常委会副主任冯力如、县政协副主席桑健参加会议。

★22 日，县人大常委会召开第 26 次主任会议，审议如东县闲置空闲土地清理工作情况。县人大常委会副主任沈更生主持会议。县人大常委会副主任、党组副书记陈昌龙，县人大常委会副主任冯力如、唐国均，县人大督导员杨成泉、冒亚平参加会议。

★23 日，广西武鸣县政协主席黄隆鸣一行到如东县考察。县政协主席陈建华、副主席桑健的陪同考察。

★23日，县人大常委会副主任、党组副书记陈昌龙带领12名市、县人大代表及相关部门负责人视察如东县食品安全工作。县人大常委会副主任唐国均主持会议，县人大督导员冒亚平参加会议。

★25日上午，副县长江华率领民政部门的相关负责人，慰问如东县殡仪馆职工，并带去了慰问品。

★26日，县扶海大学堂交通分堂举办主题为“现代媒体环境下领导干部媒介素养与突发事件的媒体沟通方法”的讲座，邀请中国传媒大学教授杨懿作专题报告。县委常委杨小军、县政协副主席桑圣权听取讲座。

★26日上午，如东纺织商会、华东纺织网南通家纺城办事处揭牌。县政协副主席、县工商联主席桑健出席揭牌仪式。

★27日，县委书记、县人大常委会主任詹立风带着学习用品和慰问金看望了挂钩帮扶的贫困家庭孩子。县委常委、洋口港经济开发区党工委书记张蓉蓉一起看望了贫困学生。

★27日，如东县举办外经贸政策宣讲会，邀请相关专家对有关政策进行解读。副县长王智出席会议。

★27日，县委书记、县人大常委会主任詹立风率领教育、卫生等部门负责人，实地调研县实验小学整体迁建一期工程、县中医院迁建工程等社会事业重点项目。县领导杨中坚、唐国均、姜晓静、桑健等陪同调研。

★27日，副县长、县红十字会会长姜晓静带领县民政、教育部门相关负责人，前往4户贫困家庭看望即将开学的学生，了解他们的学习、生活情况，并送上帮困慰问金。

★27日晚，由县委宣传部、县文广新局、县总工会联合主办，县癌友康复协会、市癌友康复协会承办的第二届职工文化艺术节暨“生命赞歌”专场文艺演出，在县城“五一广场”举行。县委常委、宣传部部长杨中坚，副县长姜晓静观看了演出。

★28日下午，南通市委常委秦厚德到如东县，在县委副书记、县长潘建华，县政协副主席桑圣权的陪同下，专题视察项目农业建设情况。

★29日，新疆克孜勒苏柯尔克孜自治州政协副主席、州经信委主任张殿江带领州产业合作工作组来岔河镇考察纺织市场建设情况。

9月

★2日，县外侨办、县侨联接待了回乡探亲、讲学的旅加侨胞黄先华博士，及其儿子、现就读加拿大多伦多大学金融博士学位的黄轩成。县人大常委会副主任、县侨联主席沈更生，县人大常委会督导员杨成泉参加活动。

★3日，市委副书记陈斌到如东县调研沿海开发、党建创新和社会管理创新工作。县委书记、县人大常委会主任詹立风陪同调研，并汇报了如东县经济社会发展、党建工作创新及社会管理创新的情况。县委副书记周建飞，县领导任新峰、刘才盛、杨中坚、于立忠、张蓉蓉参加调研活动。

★3日上午，市委常委秦厚德带领全市南美白对虾产业发展现场推进会与会人员，到如东县参观南美白对虾养殖情况。县委副书记、县长潘建华，县领导于立忠、江华陪同考察。

★5日下午，如东县召开的全县殡葬改革工作动员大会。要求各地周密部署，深化殡葬改革，以促进经济社会全面可持续发展。县委常委、政法委书记于立忠主持会议。

★5日，副县长江华分别对涉农产品加工冷冻企业及沼气使用企业安全生产、农机安全生产和敬老院安全生产工作进行专项督查。

★6日，如东县召开老年大学建校25周年座谈会，县委书记、县人大常委会主任詹立风充分肯定了老年大学25年来的办学成果。县委常委、组织部部长任新峰主持会议。县委常委、宣传部部长杨中坚，县老年大学校委会成员单位负责人出席会议。

★6日，市政协原副主席储长林、市人大常委会原副秘书长王昀及市农委、老干部局领导等到栟茶镇，对列入国家第二批试点小城镇建设的相关情况进行调研。县人大常委会副主任沈更生参加了活动。

★6日下午，县政协副主席桑圣权带领部分政协委员视察如东县城乡居民健康饮用水工程，就工程推进中存在的难点问题进行调研。副县长江华参加视察调研活动。

★8日下午，国家旅游局政策法规司副司长周久才一行到栟茶高级中学考察。县领导杨小军、王智陪同考察。

★9日，县委书记、县人大常委会主任詹立风前往如东高级中学，向奋战在教育一线的优秀教师代表送去节日的问候。县领导杨中坚、唐国均、姜晓静、桑健参加慰问活动。

★12日上午，如东县召开重点工作督查推进会，县委书记、县人大常委会主任詹立风动员全县上下进一步增强赶超争先的责任感和紧迫感，开足马力、扎实举措、奋力冲刺，确保实现全年目标任务，确保发展速度全市领先。县委副书记、县长潘建华在会上通报1至8月份全县及各镇区主要经济指标完成情况。

★12 日下午，如东县举行“算好廉政账”主题教育报告会暨“扶海清风”网开通仪式。邀请市纪委副书记陈锋作了题为《切实转变作风，密切联系群众》的反腐倡廉主题报告。县委书记、县人大常委会主任詹立风和陈锋共同按下启动球，点击开通了“扶海清风”网。县委副书记、县长潘建华，县政协主席陈建华，县委副书记周建飞，县人大常委会副主任、党组副书记陈昌龙等四套班子领导出席报告会。

★13 日，如东县召开中心镇建设推进座谈会，部署下一阶段中心镇建设工作重点。县委副书记、县长潘建华，县委常委、常务副县长沈峻峰出席会议，副县长江华主持会议。

★13 日，如东县召开的海启高速服务指挥部第一次会议。会议由县委常委杨小军主持。县委常委、常务副县长沈峻峰及县领导沈更生、王智、桑圣权出席会议。

★15 日，国内多家媒体和长三角地区的 31 家旅行社聚集如东县，参加中国如东南黄海开渔节旅游专场推介活动。副县长王智致欢迎词。

★16 日上午，2013 中国如东南黄海开渔开船仪式暨渔区民俗文化展示活动在小洋口地区隆重举行。省、市海洋与渔业相关部门负责人，县委副书记、县长潘建华，县领导杨中坚、于立忠、王孝强、王智、江华出席活动。

★17 日，由美国华盛顿国际商会组织的华盛顿经贸代表团专程到如东县考察。县委副书记周建飞，县委常委、洋口港经济开发区党工委书记张蓉蓉，副县长王智陪同考察。

★18 日上午，县委中心组“推进生态文明建设”专题报告会在行政中心会议厅举行。江苏省环保厅副厅长赵挺为县委中心组全体成员和各镇区、机关单位负责人作专题报告。县委副书记周建飞主持报告会，县委书记、县人大常委会主任詹立风，县委副书记、县长潘建华，县四套班子领导和各镇区、县级机关负责人听取报告会。

★20 日，如东县召开安委会（扩大）紧急会议。县委副书记、县长潘建华要求各地各部门，要以动真碰硬的监管意识，把安全措施做实做细，把安全责任落实到位。副县长张栩龙首先代表安委会通报了 9 月份以来发生的两起安全事故。县委常委、常务副县长沈峻峰主持会议。

★15 日，国内多家媒体和长三角地区的 31 家旅行社聚集如东县，参加了中国如东南黄海开渔节旅游专场推介活动。副县长王智致欢迎词。

★16 日上午，2013 中国如东南黄海开渔开船仪式暨渔区民俗文化展示活动在小洋口地区隆重举行。省、市海洋与渔业相关部门负责人，县委副书记、县长潘建华，县领导杨中坚、于立忠、王孝强、王智、江华出席活动。

★17 日，由美国华盛顿国际商会组织的华盛顿经贸代表团专程到如东县考察。县委副书记周建飞，县委常委、洋口港经济开发区党工委书记张蓉蓉，副县长王智陪同考察。

★18 日上午，县委中心组“推进生态文明建设”专题报告会在行政中心会议厅举行。江苏省环保厅副厅长赵挺为县委中心组全体成员和各镇区、机关单位负责人作专题报告。县委副书记周建飞主持报告会，县委书记、县人大常委会主任詹立风，县委副书记、县长潘建华，县四套班子领导和各镇区、县级机关负责人听取报告会。

★20 日，如东县召开安委会（扩大）紧急会议。县委副书记、县长潘建华要求各地各部门，要以动真碰硬的监管意识，把安全措施做实做细，把安全责任落实到位。副县长张栩龙代表安委会通报了 9 月份以来发生的两起安全事故。县委常委、常务副县长沈峻峰主持会议。

10 月

★4 日，黑龙江省侨联副主席迟国强、齐齐哈尔市侨联主席孔子为一行 6 人到如东县参观考察。南通市侨联主席吴亚军，县人大常委会副主任、县侨联主席沈更生陪同考察。

★8 号下午，如东县召开三季度全县政务服务工作大会。县委副书记、县政务中心党工委书记周建飞要求各部门、各窗口着力在服务上创一流，在创新上求突破，为全县经济社会发展营造优质、高效的政务环境。县委常委、常务副县长沈峻峰主持会议。

★8 日，县委组织部召开专题座谈会，对赴北京、上海等地挂职锻炼的 19 名干部提出要求。县委常委、组织部部长任新峰出席会议。

★9 日，如东县召开洋口港开发建设前线指挥部办公会议。县委书记、县人大常委会主任詹立风主持会议。县委常委、洋口港经济开发区党工委书记张蓉蓉汇报了洋口港“三大会战”最新进展情况。县领导任新峰、杨中坚、王孝强、冯力如、姜晓静、王智、余科出席会议。

★9 日，南通市委书记、市人大常委会主任丁大卫前往曹埠镇，调研江苏亚振家具有限公司、南通特奥特家具有限公司等家具产业发展情况。县委书记、县人大常委会主任詹立风，副县长张栩龙参加调研活动。

★10日下午，省委召开电视电话会议，结合江苏省开展群众路线教育实践活动，与时俱进推进“两个率先”的实际，交流前一阶段学习贯彻习近平总书记系列重要讲话精神，进一步把思想和行动统一到党中央的正确部署上来，凝心聚心谱写“中国梦”江苏篇章。县委书记、县人大常委会主任詹立风，县委副书记、县长潘建华，以及县四套班子领导，各镇区、县级机关主要负责人在分会场收听收看了电视电话会议实况。

★11日，县委书记、县人大常委会主任詹立风带领县发改委、国土局、规划局、海洋与渔业局等部门的负责人，到循环经济产业园进行调研。

★12日，如东县召开全县重点工作督查推进会。县委副书记、县长潘建华在会上通报1至9月份全县及各镇区主要经济指标完成情况，并对下一阶段的工作进行部署。会上，县委副书记周建飞宣读《关于表彰2013年三季度财政收入、项目建设、招商引资、工业经济、服务业经济综合考核及单项季度竞赛获奖单位的通知》。县委书记、县人大常委会主任詹立风提要求。县四套班子领导，各镇、区党政主要负责人，县级机关相关部门主要负责人出席会议。

★13日，县政协主席陈建华到县中医院，看望如东县唯一健在的老红军邱荣林，并送上慰问品和节日的祝福。

★14日上午，市闲置空闲土地清理工作检查验收组在市国土资源局局长张跃进的带领下，对如东县2013年以来闲置空闲土地清理工作进行检查验收。检查验收组听取了县委常委、常务副县长沈峻峰关于如东县闲置空闲土地清理工作情况的汇报。

★15日上午，县委中心组举行“加强新时期网络舆情应对工作”专题报告会。市委常委、宣传部部长章树山深入浅出的讲座，使如东县各级领导干部对新时期如何抓好网络媒体舆论引导工作有了全面深刻的认识。报告会由县委常委、宣传部部长杨中坚主持。县委书记、县人大常委会主任詹立风，县委副书记、县长潘建华等四套班子领导和各镇区、县级机关负责人听取报告会。

★15日，市人大常委会党组副书记、副主任王向红，市人大常委会副主任程静到如东县视察新刑诉法贯彻实施情况。县人大常委会副主任、党组副书记陈昌龙，县人大常委会副主任唐国均陪同视察。

★15日， 通州区侨商会会长、新加坡华维投资控股有限公司董事长刘斌一行专程到如东县考察。县人大常委会副主任、县侨联主席沈更生陪同考察。

★17日下午，县人大常委会召开第29次主任会议，听取并审议县政府关于全面提升人口计生公共服务水平，努力实现人口均衡发展的报告。副县长姜晓静、县人口计生委负责人分别作专题汇报。会议由县人大常委会副主任唐国均主持，县人大常委会副主任、党组副书记陈昌龙，县人大常委会副主任冯力如出席会议。

★18日上午，第七届中国如东沿海经济合作洽谈会暨小洋口国际温泉城奠基仪式在风景秀美的沿海旅游经济开发区举行。开幕式由县委副书记、县长潘建华主持。匈牙利驻中国大使馆旅游外交官韦罗，保华集团有限公司主席、总裁刘高原，匈牙利驻上海总领事馆领事帕尔·施密特，奥地利驻上海总领事馆副领事维达尔，市委常委陈照煌，县领导詹立风、潘建华、陈建华、周建飞、陈昌龙等为小洋口国际温泉城项目奠基培土。县四套班子领导，各镇区、县级机关各部门负责人，以及客商代表出席了开幕式。

★18日如东县召开第七届中国如东沿海经济合作洽谈会。会上，共有23个项目参与集中签约，累计总投资217亿元，其中外资7000万美元。县委副书记周建飞在如东投资环境说明会暨项目集中签约仪式上致辞，副县长王智作投资环境说明，如东投资环境说明会暨项目集中签约仪式由县委常委、常务副县长沈峻峰主持。县委书记、县人大常委会主任詹立风，县政协主席陈建华，县人大常委会副主任、党组副书记陈昌龙，县领导张蓉蓉、冯力如、桑健出席活动。

★18日，中国如东第十四届国际风筝邀请赛暨“小洋口杯”2013年江苏省风筝精英赛在如东县举行。开幕式由县委常委、宣传部长杨中坚主持，国家体育总局社会体育指导中心原主任李杰宣布比赛开幕。国家体育总局社会体育指导中心业务三部副主任杨树刚，省体育局群体处处长陈良，省社会体育管理中心业务一部部长、省风筝协会秘书长汤春香等上级领导及县领导唐国均、姜晓静、张栩龙、桑健出席开幕式。

★20日至21日，县工会召开第十六次代表大会。县委书记、县人大常委会主任詹立风出席大会开幕式，并作重要讲话。县政协主席陈建华，县人大常委会副主任、党组副书记陈昌龙以及县领导任新峰、刘才盛、张蓉蓉、王孝强出席大会开幕式。

★22日，如东县召开四季度工业经济冲刺推进会。副县长张栩龙就1至9月份工业经济运行情况进行了点评。县委副书记周建飞，县委常委杨小军出席会议。

★24日，市委常委陈照煌率领市发改委、经信委、环保局、规划局等部门的负责人，到到洋口港现场会办8个重大项目推进进程中遇到的实际问题。县委书记、县人大常委会主任詹立风，县委常委、洋口港经济开发区党工委书记张蓉蓉陪同考察。

★24日上午，扬州市政协主席洪锦华一行到如东县调研沿海开发工作。市政协副主席陆玉明、殷雄，县委书记、县人大常委会主任詹立风，县政协副主席吴鼎臯陪同调研。

★24 日下午，县人大常委会召开第 30 次主任会议，听取县总工会关于《江苏省工会劳动法律监督条例》贯彻实施情况的汇报。县人大常委会副主任冯力如、唐国均出席会议。

★25 日，县文联第六次代表大会在县会议中心隆重召开。市文联党组成员、副主席陈国强到会祝贺，县领导詹立风、周建飞、沈峻峰、任新峰、刘才盛、杨中坚、杨小军、吴风俊、唐国均、余科、吴鼎臯出席大会。

★28 日，县政协召开 2013 年度委员小组述职交流会。县政协主席陈建华，县政协副主席桑健、余科、桑圣权、吴鼎臯出席会议。

★29 日下午，江苏省召开视频会议，对 2014 年度全省党报党刊发行工作进行部署。省委常委、宣传部部长王燕文出席会议并讲话。县委副书记周建飞，县委常委、宣传部部长杨中坚及县相关部门负责人在分会场收看会议实况。

★30 日上午，以“菊韵如东，美丽南通”为主题的第二十四届南通菊花展开幕。县委常委、宣传部部长杨中坚主持菊展开幕仪式。县委副书记、县长潘建华致辞，市政府副秘书长、市城乡建设局局长马建明宣布菊展开幕，县领导沈更生及全市部分菊艺大师、菊艺爱好者出席开幕式。

★30 日，县政协召开民主生活会。县政协主席会议成员、离退休处级以上老干部、机关全体人员参加报告会。县政协主席陈建华主持报告会并讲话。

11 月

★11 月 1 日，如东县举行“临海公路党旗红 决战决胜保贯通”总结表彰大会。县委常委、组织部部长任新峰出席会议。

★11 月 1 日，全省推进现代渔业建设工作会议在如东县召开。副省长徐鸣出席会议。县委书记、县人大常委会主任詹立风在会上介绍了如东县加快现代渔业发展的做法。省政府副秘书长杨根平主持会议。省海洋与渔业局局长唐庆宁，省发改委副主任林一峰，省财政厅副厅长黄晓平，市委常委秦厚德，副市长陈一星，县委副书记、县长潘建华，县领导于立忠、蒋树建等参加活动。

★2 日，省政府在南通市召开全省沿海开发推进会。当天上午，省委副书记、省长李学勇，省委常委、常务副省长李云峰，副省长史和平、许津荣在市委书记、市人大常委会主任丁大卫，市委副书记、市长张国华，县委书记、县人大常委会主任詹立风，县委副书记、县长潘建华的陪同下，带领与会人员参观考察如东县沿海经济开发区、南通外向型农业综合开发区、洋口港经济开发区等沿海开发现场。

★3 日下午，如东县召开秋冬季海洋渔业安全生产工作会议，对近期海浪警报防范措施落实突击检查情况进行通报。副县长蒋树建出席会议。

★4 日下午，国家督学、大连现代学习科学研究院院长王允庆带领教育部全国县域义务教育均衡发展督导组，到如东县检查义务教育阶段的均衡发展情况。市人大常委会副主任陈静及县领导沈峻峰、杨中坚、唐国均、姜晓静、桑健的陪同检查。

★5 日，县政协主席陈建华带领部分县政协委员以及县住建、城管和掘港镇等相关部门和镇区的负责人视察如东县老旧居住区改造情况。在随后召开的专题协商会上，住建、城管和掘港镇的相关负责人介绍了县城老旧小区改造情况。会议由县政协副主席桑圣权主持，县委常委、常务副县长沈峻峰参加活动。

★6 日，如东县举行县委中心组“中国国家安全形势”专题报告会，江南社会学院邱建军副教授为全县各级领导干部作了生动而精彩的讲座。县委常委、政法委书记于立忠主持报告会。

★6 日下午，县政协组织驻如省市政协委员开展知情明政视察活动。县政协主席陈建华，副县长姜晓静，县政协副主席桑圣权、吴鼎臯参加视察活动。

★8 日，如东县召开 2013 年度转业士官安置工作会议。县委常委、组织部部长任新峰主持会议。县委常委、常务副县长沈峻峰出席会议。

★8 日，县人大常委会副主任、党组副书记陈昌龙带领常委会成员和人大代表，专题视察“一号议案”办理落实情况。县委常委、洋口港经济开发区党工委书记张蓉蓉，县人大常委会副主任沈更生、冯力如、唐国均，副县长王智参加了活动。

★8 日下午，如东县召开 2013 年度转业士官安置工作会议，各接收安置单位的主管部门、镇（区）领导和 24 名转业士官，进行档案移交和对接工作。副县长蒋树建出席会议。

★9 日，县企业家协会召开座谈会。座谈会由县委常委杨小军主持，县领导刘才盛、冯力如、王志荣、桑健出席会议。

★9 日，江苏洋口港投资开发有限公司召开党委成立大会。县委常委、洋口港经济开发区党工委书记张蓉蓉参加会议。

★12 日，如东县召开老干部工作会议。县委副书记、县长潘建华通报全县经济社会发展情况，县委书记、县人大常委会主任詹立风作重要讲话。会议由县委常委、组织部部长任新峰主持。县领导陈建华、陈昌龙、刘才盛、杨中坚、杨小军、于立忠、张蓉蓉、王孝强、吴风俊出席会议。

★12日，如东县召开重点工作督查推进会。县委书记、县人大常委会主任詹立风提出要求。县委副书记、县长潘建华在会上通报了1至10月份全县及各镇区主要经济指标完成情况。县四套班子领导，各镇、区党政主要负责人，县级机关相关部门主要负责人出席会议。

★12日，全县组织工作会议召开。县委书记、县人大常委会主任詹立风作重要讲话。县委常委、组织部部长任新峰对全县组织工作进行部署。县委副书记周建飞主持会议。县委常委、纪委书记刘才盛，县委常委、宣传部部长杨中坚，县委常委、洋口港经济开发区党工委书记张蓉蓉出席会议。

★12日，如东高级中学申报承建的“江苏省情境英语课程基地”项目正式启动。副县长姜晓静出席启动仪式，并与扬州大学研究生院常务副院长俞洪亮共同为基地揭牌。

★13日，县领导詹立风、潘建华带领与会人员参观县中医院整体迁建项目。

★13日，市政协副主席陆玉明到如东县开展专题调研。县政协主席陈建华介绍了2013年来县政协开展的相关工作和对未来工作的部署。

★13日上午，如东县召开专题会议，部署2014年度重点党报党刊发行工作。县委常委、宣传部部长杨中坚出席会议。

★13日，县文广传媒中心举行庆祝第十四届中国记者节表彰大会，县委常委、宣传部部长杨中坚寄语广大新闻工作者。

★13日，县人大常委会副主任、党组副书记陈昌龙，县委常委、政法委书记于立忠，副县长蒋树建带领涉农、挂钩部门负责人，赴南通外向型农业综合开发区现场办公，落实有关项目建设事项。

★15日下午，如东县集中收看全省精神文明建设先进表彰电视会议，如东县有42家单位获得省“文明单位、文明乡镇、文明村和文明社区”荣誉称号。县委常委、宣传部部长杨中坚出席会议。

★19日，省考评组对如东县创建省双拥模范县工作进行集中检查评估。县委常委、政法委书记于立忠向考评组汇报了近年来的双拥工作情况。县委副书记、县长潘建华，县委常委、人武部部长吴风俊出席考评汇报会。

★19日下午，县委常委、宣传部部长杨中坚带领城管、公安等部门负责人，先后前往浅水湾公园、江海中路商业街、中心市场等地，对如东县文明城市创建工作进行突击检查。

★20日，如东县召开全县工业应税销售“冲刺全年”工作推进会，县委副书记周建飞发表讲话。会议由县委常委杨小军主持。

★20日，市政协副主席、市委统战部部长殷雄前往曹埠镇应泉村，专题督查“三解三促”活动实事办理情况。县委常委、纪委书记刘才盛，县政协副主席吴鼎皋参加活动。

★20日，全县镇人大工作会议召开。县人大常委会副主任、党组副书记陈昌龙发表讲话。县人大常委会副主任沈更生、冯力如、唐国均出席会议。

★22日，县人大常委会召开第31次主任会议。县人大常委会副主任、党组副书记陈昌龙发表讲话。会议由县人大常委会副主任沈更生主持。县人大常委会副主任冯力如、唐国均出席会议。

★22日下午，县征收办举行房屋征收业务知识竞赛。县领导沈峻峰、杨中坚出席竞赛活动。

★23日上午，中央宣讲团在江苏省举行中共十八届三中全会精神宣讲报告会。中央宣讲团成员、商务部部长高虎城作宣讲报告。县委书记、县人大常委会主任詹立风，县委副书记、县长潘建华等县四套班子领导，各镇区、县级机关主要负责人同步收听收看了会议实况。

★24日，县纺织业商会召开第二次会员代表大会。县领导杨小军、张栩龙、桑健出席会议。

★25日至26日，市人大常委会副主任王向红一行来如东县，就社会养老服务体系建设和中心镇建设开展调研。副县长蒋树建介绍了如东县社会化养老服务体系建设和中心镇建设情况。县人大常委会副主任、党组副书记陈昌龙，县人大常委会副主任唐国均陪同调研。

★25日，县预防职务犯罪工作指导委员会在县政务中心召开首批“清廉示范岗”命名表彰大会。县委常委、政法委书记于立忠发表讲话。副县长程军参加会议。

★26日，如东县举办2013年度“请人民评议，让人民满意——如东县政风行风热线特别节目暨民主评议政风行风质询评议活动”。县委常委、纪委书记刘才盛作动员讲话。县委常委、常务副县长沈峻峰出席会议。

★26日，市委常委、政法委书记曹斌到如东县调研政法工作，县委常委、政法委书记于立忠，副县长程军参加活动。

★26日，县职工健身中心正式启用。副县长姜晓静出席启动仪式并为职工健身中心揭牌。

★27日，县第十六届人大常委会召开第十六次会议。会议由县人大常委会副主任、党组副书记陈昌龙主持。县人大常委会副主任沈更生、唐国均出席会议。

★29 日，全省化工集中区安全工作汇报会在如东县召开。副省长缪瑞林发表讲话。县委副书记、县长潘建华作专题汇报。县委书记、县人大常委会主任詹立风，副县长王智、张栩龙出席汇报会。

★29 日，副省长缪瑞林来如东县调研公安、司法和消防工作。省政府副秘书长李明耀，县领导周建飞、沈峻峰、于立忠、程军等陪同调研。

★29 日，如东县举行扶海大学堂——“明亡清兴的历史感悟”专题讲座，著名历史学家、《百家讲坛》主讲人阎崇年应邀主讲。县委常委、宣传部部长杨中坚主持讲座。

★30 日，县委、县政府在上海举行第二届上海·如东医疗卫生界同乡联谊会。县委常委、宣传部部长杨中坚发表讲话。副县长姜晓静主持联谊会，县政协副主席桑健出席联谊会。

12 月

★4 日，县政协召开十四届十五次主席会议。县政协主席陈建华，县政协副主席桑健、余科、桑圣权、吴鼎皋出席会议。

★6 日，南通市工会劳监员片区服务站推进会在沿海经济开发区召开。县委常委、组织部部长任新峰，南通市总工会党组书记、副主席葛玉琴共同为沿海经济开发区工会劳监员片区服务站揭牌。

★6 日，如东县召开安全生产工作会议。副县长张栩龙出席会议并作重要讲话。

★9 日下午，县委书记、县人大常委会主任詹立风带领相关部门负责人，前往沿海经济开发区调研。副县长、沿海经济开发区党工委书记张栩龙及沿海经济开发区管委会负责人汇报了园区发展战略构想和明年工作的具体思路。县政协主席陈建华，县委常委杨小军、副县长王智参加调研活动。

★10 日，如东县召开重点工作督查推进会。县委书记、县人大常委会主任詹立风作重要讲话。县委副书记周建飞在会上通报了 1 月至 11 月份全县主要经济指标完成情况。县四套班子领导，各镇（区）党政主要负责人，县级机关相关部门主要负责人出席会议。

★11 日下午，县委书记、县人大常委会主任詹立风对洋口港开发工作展开调研。县委常委、洋口港经济开发区党工委书记张蓉蓉汇报了洋口港经济开发区 2013 年重点工作完成情况和明年工作的具体思路。县委副书记周建飞，县委常委、副县长王孝强参加调研活动。

★11 日，如东县接受社会管理、综合治理（平安建设）、法治建设市级年度考评。县委常委、政法委书记于立忠向市考评组汇报了如东县社会管理、综合治理（平安建设）、法治建设工作。

★11 日，县侨联召开侨界传达贯彻中国侨联“九代会”精神大会，第九次全国归侨侨眷代表大会代表、市侨联副主席、县人大常委会副主任、县侨联主席沈更生发表讲话。

★12 日，省卫生厅验收组对如东县创建省级卫生应急工作示范县进行考核验收。副县长姜晓静汇报如东县创建工作。

★13 日，县委书记、县人大常委会主任詹立风在如东经济开发区调研。县委办、县发改委、县商务局等相关部门负责人参加调研活动。

★13 日，如东县召开全县发展党员和党员管理工作会议。县委副书记周建飞出席会议并讲话，县委常委、组织部部长任新峰作具体部署。

★13 日上午，如东县召开镇区政法委员述职测评大会。县委常委、政法委书记于立忠出席会议。

★14 日，县委、县政府召开专题会议交流讨论调研成果。周建飞、沈峻峰、杨中坚、杨小军、于立忠、张蓉蓉、冯力如、蒋树建、王智、张栩龙、余科等 11 位县领导口头交流了调研成果，其他县领导的调研成果以书面形式进行了交流。县委书记、县人大常委会主任詹立风主持会议。县委副书记、县长潘建华发表讲话。县政协主席陈建华，县人大常委会副主任、党组副书记陈昌龙作交流发言。县四套班子全体领导参加会议。

★16 日，如东县召集工商、消防、安监、城管等相关单位召开专门会议，对县城欧贸广场“三合一”场所开展专项整治作出详细部署。副县长张栩龙出席会议。

★17 日上午，如东县以县委中心组学习扩大会的形式，举行“深入学习党的十八届三中全会精神”报告会。县委副书记周建飞主持报告会，县委书记、县人大常委会主任詹立风，县委副书记、县长潘建华，县政协主席陈建华，县人大常委会副主任、党组副书记陈昌龙和县委中心组其他成员，各镇、区主要负责人、分管党务工作的负责人、宣传委员、党校教员，县级机关各部门各单位主要负责人及中层以上干部、机关干部代表到场聆听报告。

★17 日下午，江苏省委党校副校长桑学成到如通石油机械股份有限公司，作中共十八届三中全会精神宣讲报告。县委常委、宣传部部长杨中坚，以及如通公司各车间部门负责人、一线工人代表等聆听了报告会。

★18日下午，县政协主席陈建华、副主席桑圣权带领部分政协委员视察如东县交通运输工作。

★19日，省苏北发展协调小组办公室副主任黄建东一行，来如东县调研“南北共建园区”前期准备工作，副县长王智出席会议。

★23日下午，县人大常委会召开第33次主任会议，县人大常委会副主任沈更生主持会议。副县长王智、县人大常委会副主任、党组副书记陈昌龙、县人大常委会副主任冯力如、唐国均出席会议。

★23日，市委宣讲团成员分别到如东县曹埠镇、双甸镇、袁庄镇，举办中共十八届三中全会精神辅导报告会。

★26日，市政府安全生产目标管理考核组到如东县，对2013年安全生产目标管理工作进行考核验收。副县长张栩龙、县安监局、消防大队、海洋与渔业局等相关单位负责人参加会议。

★27日下午，在如东县召开南通沿海重点中心镇（园区）规划会。市委常委陈照煌、副市长单晓鸣，县委书记、县人大常委会主任詹立风，县委副书记周建飞，县委常委、洋口港经济开发区党工委书记张蓉蓉出席会议。

★30日，县纪委召开全县反腐倡廉建设情况通报会。县委常委、纪委书记刘才盛向人大代表、政协委员、特邀监察员和新闻媒体代表通报了全县党风廉政建设和反腐败工作情况。

★30日，县第十六届人大常委会召开第十七次会议。会议由县人大常委会副主任、党组副书记陈昌龙主持，县人大常委会副主任沈更生、冯力如、唐国均出席会议，副县长姜晓静列席会议。

★31日上午，县政协召开十四届九次常委会。会议由县政协主席陈建华主持，县政协副主席桑健、余科、吴鼎皋出席会议。副县长姜晓静列席会议。

大事回眸 2014 年 Dashi huimou

2014 年大事记

1 月

★2 日，如东县召开专题会议，对 2013 至 2014 年度全县农村党员干部冬训工作进行部署。副县长蒋树建主持会议。

★2 日下午，如东县召开海洋铁路开通准备工作会议。副县长王智，县经信委、县交通局、县委政法委、栟茶镇、如东经济开发区等相关部门和镇区领导作了表态发言。

★4 日下午，县委十三届五次全体（扩大）会议在县行政中心隆重召开。县委副书记、县长潘建华主持会议。县委书记、县人大常委会主任詹立风代表县委作了题为《致力改革创新，奋力赶超争先，全力开创如东经济社会发展新局面》的工作报告。全会通过了县委副书记周建飞宣读的《关于推进生态文明，建设美丽如东的决议》。

★5 日下午，县委、县政府在南京召开沿海开发及洋口港开发建设工作汇报会。县委副书记周建飞，县委常委杨小军，县委常委、洋口港经济开发区党工委书记张蓉蓉及县发改委、沿海办、沿海园区主要负责人出席汇报会。

★8 日，如东县召开全县绿化工作会议。县委副书记、县长潘建华作了重要讲话。会议由县委常委、政法委书记于立忠主持。副县长蒋树建总结回顾了 2013 年全县绿化工作，对 2014 年绿化工作进行部署。县领导冯力如、桑圣权出席会议。

★10 日下午，县第十六届人民代表大会第三次会议召开各代表团带队人员会议。县委书记、县人大常委会主任詹立风作了重要讲话。县人大常委会副主任、党组副书记陈昌龙，县人大常委会副主任沈更生、冯力如、唐国均及各代表团带队人员出席会议。

★10 日下午，政协如东县第十四届委员会第三次会议在县会议中心隆重开幕。县委书记詹立风致开幕词，县政协主席陈建华作政协工作报告，县政协副主席吴鼎皋作提案工作报告。会议由县政协副主席余科主持。

★11 日上午，县十六届人大三次会议举行预备会议。会议由县人大常委会副主任唐国均主持。

★11 日上午，县十六届人大三次会议举行预备会议。会议由县人大常委会副主任唐国均主持。

★11 日上午，县第十六届人民代表大会第三次会议召开主席团第一次会议。会议由县委书记、县人大常委会主任詹立风主持。

★11 日上午，如东县第十六届人民代表大会第三次会议在县行政中心隆重开幕。大会主席团常务主席陈昌龙主持会议，县长潘建华作《政府工作报告》。会议听取县发展和改革委员会主任周春霖所作的《关于如东县 2013 年国民经济和社会发展计划执行情况及 2014 年国民经济和社会发展计划（草案）的报告》；听取县财政局局长罗晓东所作的《关于如东县 2013 年财政预算执行情况和 2014 年财政预算（草案）的报告》。

★11 日下午，政协如东县第十四届委员会第三次会议召开界别专题建言献策会。县领导陈建华、沈峻峰、姜晓静、蒋树建、张栩龙、桑健、余科、桑圣权、吴鼎皋、童玉林和相关部门负责人分别出席各界别专题建言献策会。

★11 日晚，政协如东县第十四届委员会召开第十次常委会。会议由县政协主席陈建华主持，县委常委、组织部部长任新峰作县政协副主席候选人提名说明。县政协领导桑健、余科、桑圣权、吴鼎皋、童玉林出席会议。

★12 日，县第十六届人民代表大会第三次会议举行主席团第二次会议。县委书记、县人大常委会主任詹立风主持会议。主席团全体成员，县政府县长、副县长，县法院院长、检察院检察长，县发改委、县财政局主要负责人，各代表团团长参加会议。

★12 日上午，县第十六届人民代表大会第三次会议举行第二次大会。县人大常委会副主任沈更生主持会议。

★12 日上午，政协如东县第十四届委员会第三次会议召开第十一次常委会。县政协主席陈建华主持会议，县政协主席会议成员、政协常委和各委组负责人出席会议。

★12 日下午，县第十六届人民代表大会第三次会议议案审查委员会举行会议。会议由议案审查委员会主任委员陈昌龙主持。

★12 日下午，县第十六届人民代表大会第三次会议计划和预算审查委员会举行会议。会议由大会计划与预算审查委员会主任委员冯力如主持。

★12 日下午，政协如东县十四届委员会召开第十二次常委会。会议由县政协主席陈建华主持，县政协领导桑健、余科、桑圣权、吴鼎皋、陆茵、童玉林出席会议。

★12 日下午，政协如东县第十四届委员会第三次会议圆满完成各项预定议程后胜利闭幕。闭幕大会由县政协副主席吴鼎皋主持。

★13 日上午，县第十六届人民代表大会第三次会议举行主席团第三次会议。会议由县委书记、县人大常委会主任詹立风主持。

★13 日上午，如东县第十六届人民代表大会第三次会议在县行政中心胜利闭幕。大会主席团常务主席冯力如主持会议。

★13 日下午，如东县召开刘埠国家一级渔港工程建设推进会。会议由县委常委、政法委书记于立忠主持，县委副书记周建飞，副县长蒋树建参加推进会。

★15 日上午，第 27 次全国“扫黄打非”电视电话会议召开。县委常委、宣传部部长杨中坚及相关部门负责人在如东县分会场集中收看收听会议实况。

★16 日，县委书记、县人大常委会主任詹立风，县长潘建华在如东站候车厅见证海洋铁路列车首发。

★17 日，李金华助学基金成立大会暨首批发放仪式在栟茶高级中学举行，来自栟茶高级中学与茗海中学的 60 名寒门学子共获得 10 万元助学金。

★18 日下午，如东县基层党员冬训大集暨集中“三下乡”服务活动启动。县委常委、宣传部部长杨中坚，县政协副主席桑圣权分别向 10 支冬训助农惠民服务小分队授牌。市委宣传部副部长黄正平参加活动。

★20 日，县委宣传部副部长张新华、社科联副主席王军一行赴岔河镇，督查党员干部冬训工作。

★21 日上午，县委常委、纪委书记刘才盛带领相关部门的负责人，前往河口镇慰问困难群众。

★21 日，县人大常委会副主任、县侨联主席沈更生带领县侨联、县外侨办工作人员开展“送温暖、暖侨心”活动。

★22 日上午，县政协主席陈建华、副县长张栩龙前往洋口镇，慰问孤寡老人、百岁老人和困难群众。

★22 日上午，县委副书记周建飞到大豫镇慰问困难群众。

★22 日上午，县委常委杨小军到岔河镇慰问敬老院老人、见义勇为先进个人和困难群众。

★22 日上午，全县召开 2014 年民政暨双拥工作会议，副县长蒋树建主持会议，县委常委、政法委书记于立忠作发言，县人大常委会副主任唐国均出席会议。

★22 日下午，共青团如东县第十五届委员会召开第三次会议，县委常委、组织部部长任新峰出席会议。

★23 日上午，县政协十四届委员会召开第十七次主席会议。县政协主席陈建华主持会议，县政协副主席桑健、余科、桑圣权、吴鼎皋、陆茵及其他主席会议成员出席会议。

★23 日下午，中科院院士、南京大学地理与海洋科学学院教授王颖一行到洋口港考察。县委副书记、县长潘建华陪同考察。

★23 日，如东县召开干部培训领导小组会议。县委常委、组织部部长任新峰作了发言，副县长姜晓静主持会议。

★23 日，副县长张栩龙前往曹埠镇看望并慰问镇敬老院五保老人和上漫社区四户困难家庭。

★24 日， 县委书记、县人大常委会主任詹立风，县委副书记、县长潘建华等县领导分别率队，走访慰问驻如部队官兵及部分五保老人、困难群众、老党员等特殊群体，为他们送上节日的祝福和亲切的问候。

★24 日，副县长张栩龙、阮平章分别率领县安监、质监、经信委、消防大队等单位负责人，到沿海经济开发区、洋口港经济开发区督查节前安全生产工作。

★25 日，副市长单晓鸣带领市沿海办、海洋与渔业、旅游、港口等部门负责人到如东县调研。县委书记、县人大常委会主任詹立风，县委副书记、县长潘建华，县委副书记周建飞，副县长蒋树建，副县长王智，副县长、沿海经济开发区党工委书记张栩龙陪同调研。

★26 日上午，县人大常委会副主任、党组副书记陈昌龙到南通外向型农业综合开发区慰问困难群众。

★26 日上午，县委常委、常务副县长沈峻峰一行到掘港镇童店敬老院慰问。

★26 日，副县长姜晓静带领工商、药监等相关部门负责人前往新店镇、岔河镇检查安全生产工作。

★27 日，县政府召开全县安全生产工作会议。县委副书记潘建华讲话，县委常委、常务副县长沈峻峰主持会议，副县长姜晓静、蒋树建、王智、张栩龙、阮平章出席会议。

★27 日，县政府召开海洋渔业安全生产工作例会，副县长蒋树建参加会议。

★27日下午，县委、县政府隆重召开2013年度全县综合表彰暨沿海开发推进会。县委书记、县人大常委会主任詹立风作了发言，县委副书记、县长潘建华主持会议，县委副书记周建飞宣读表彰决定。

★28日，由省安监局副局长俞鸿斌为组长的省、市政府节前安全生产督查组到如东县，对海洋渔业安全生产及化工企业安全生产和安全责任落实情况进行督导检查。副县长王智陪同检查。

★28日，副县长王智带领县安监、经信委、海洋渔业等相关单位负责人，到南通外向型农业综合开发区、丰利镇、沿海经济开发区，就节前安全生产工作进行了检查。

★28日下午，副县长王智赴丰利镇慰问当地的老党员、困难户、困难职工、敬老院老人等弱势群体。

★29日，县委副书记、县长潘建华带领县公安、消防、文广传媒、安监等部门负责人到汽车站、商场检查安全运行情况。

★29日下午，县委常委杨小军带领县铁路办相关负责人到如东火车站，亲切慰问节日值班的工作人员。

2月

★3日至5日，县人社局举行“春风行动”大型招聘会，县委常委、常务副县长沈峻峰视察招聘会现场。

★7日，县委、县政府召开全县机关作风建设大会，县委副书记、县长潘建华主持会议。县委书记、县人大常委会主任詹立风作重要讲话。县四套班子领导出席会议。

★7日，县委书记、县人大常委会主任詹立风，县委副书记周建飞，县委常委、常务副县长沈峻峰一行先后到政务中心和洋口港经济开发区一线调研。县委常委、洋口港经济开发区党工委书记张蓉蓉，县政协副主席余科参加部分活动。

★7日，县委常委、纪委书记刘才盛到县违法建筑整治办公室，检查整治工作。

★8日下午，副市长赵闻斌到如东县，调研部分重点水利工程。县委常委、政法委书记于立忠，副县长蒋树建陪同调研。

★12日，县委副书记周建飞带队赴发改委调研，研究部署2014年重大项目相关工作。县领导杨小军、冯力如、王智出席调研活动，县发改委主任、能源局局长周春霖主持会议。

★12日，如东县召开公安工作会议。副县长、公安局局长程军对2013年全县公安工作作了总结回顾，提出了2014年公安工作目标任务和工作要求。县领导于立忠、唐国均、桑圣权出席会议。

★13日上午，县第十六届人大常委会召开第十八次会议，会议由县人大常委会副主任、党组副书记陈昌龙主持，县人大常委会副主任沈更生、冯力如、唐国均出席会议。

★13日下午，副县长姜晓静调研岔河镇社会事业工作。

★15日下午，如东县召开全县政务服务工作会议，县委副书记周建飞主持会议，县领导潘建华、沈峻峰出席了会议。

★17日上午，县委、县政府召开群众路线教育实践活动领导小组第一次会议，县委书记、县人大常委会主任詹立风主持会议并作重要讲话，县委副书记周建飞，县委常委、组织部部长任新峰，县委常委、纪委书记刘才盛，县委常委、宣传部部长杨中坚出席会议。

★17日下午，中共如东县第十三届纪律检查委员会第四次全体会议在行政中心召开。县委常委、纪委书记刘才盛主持会议。县委书记詹立风同志在全会上作重要讲话。县四套班子主要领导、县委常委、县人民法院院长、县检察院检察长出席会议。

★17日，县委书记、县人大常委会主任詹立风和县委副书记、县长潘建华等县领导视察实验小学新校区，县领导沈峻峰、杨中坚、姜晓静等陪同参加了视察活动。

★17日，县委召开全县宣传思想工作会议。县委副书记周建飞主持会议，县委书记、县人大常委会主任詹立风作了重要讲话，县委常委、县委宣传部部长杨中坚作工作报告。县领导张蓉蓉、唐国均、姜晓静、张栩龙、桑健出席会议。

★18日上午，副县长王智到县工商局调研。

★19日，南通市少年杂技团专场汇报演出在如东县杂技团剧场举行，副县长姜晓静致辞。县领导陈建华、周建飞、陈昌龙、沈峻峰、唐国均、桑健观看演出。

★20日上午，县委召开全县党的群众路线教育实践活动动员大会，市委常委陈照煌出席如东县动员大会并作重要讲话，县委书记、县委党的群众路线教育实践活动领导小组组长詹立风主持会议并作动员部署。市委督导组组长、市卫生局党组书记、副局长葛维先作了讲话。省委督导组副组长、省财政厅副巡视员汪以力，市委督导组副组长、市环保局纪检组长、党组成员陆永生，县委副书记、县长潘建华，县政协主席陈建华，县委副书记周建飞，县人大常委会副主任、党组副书记陈昌龙，县委常委沈峻峰、任新峰、刘才盛、杨中坚、杨小军、于立忠、张蓉蓉、王孝强、吴风俊出席会议。

★21日上午，如东县召开党的群众路线教育实践活动督导组会议，会议由县委常委、组织部长任新峰主持，县委副书记周建飞作了重要讲话。

★21 日，如东县召开科技镇长团工作座谈会，县委常委、组织部部长任新峰主持会议，县委书记、县人大常委会主任詹立风作了重要讲话。科技镇长团团长、副县长阮平章汇报了科技镇长团所开展工作的情况。县委常委、洋口港经济开发区党工委书记张蓉蓉，副县长王智出席会议。

★21 日，县政协召开十四届十八次主席会议，会议由县政协主席陈建华主持。县政协副主席桑健、余科、桑圣权、吴鼎皋、陆茵，县政协督导员童玉林参加会议。

★22 日，县国税局召开 2014 年全县国税工作会议。县委常委、常务副县长沈峻峰，县财政局局长罗晓东应邀出席会议。

★25 日，如东县召开开放型经济、项目建设、工业经济、服务业经济、民营经济、科技创新工作会议。县委常委杨小军主持会议。县领导詹立风、潘建华、周建飞、任新峰、张蓉蓉、王智、阮平章、余科出席会议。

★25 日，国家粮食局标准质量管理办公室江苏考评组到如东县检查指导粮食质量监管与检测工作。副县长蒋树建陪同检查工作。

★26 日上午，如东县召开老年协会工作暨老年法骨干培训会。县委常委、组织部部长任新峰作了重要讲话。副县长蒋树建主持会议。

★26 日下午，洋口港经济开发区召开党的群众路线教育实践活动动员大会。县委书记、县人大常委会主任、县委教育实践活动领导小组组长詹立风作了重要讲话。县委常委、洋口港经济开发区党工委书记张蓉蓉对教育实践活动进行动员部署。市委第二督导组组长、市卫生局党组书记、副局长葛维先，县政协副主席、洋口港经济开发区党工委副书记余科出席会议。

★26 日下午，如东县干部培训春季主体班开班。南通市委宣传部副部长黄正平作了中共十八届三中全会精神辅导，县委常委、组织部部长任新峰作了重要讲话。

★26 日，县委、县政府召开城市环境综合整治暨 2014 年城市管理工作会议，县委常委、宣传部部长杨中坚主持会议。县委副书记、县长潘建华，县委常委、常务副县长沈峻峰，县人大常委会副主任沈更生出席会议。

★27 日，县委、县政府召开生态文明建设工作会议。县委常委杨小军主持会议，副县长蒋树建总结回顾近年来生态文明建设工作，并部署、交办 2014 年各项重点工作。县领导沈更生、桑圣权出席会议。

★28 日上午，县政协开展“主席接待日”第一次活动，县政协主席陈建华参加活动。

★28 日，如东县召开政法暨信访稳定工作会议。县委书记、县人大常委会主任詹立风作了重要讲话，县委常委、政法委书记于立忠部署了 2014 年政法和信访工作，副县长、县公安局局长程军主持会议。县人大常委会副主任冯力如，县政协副主席桑圣权，县法院院长、县检察院检察长出席会议。

3 月

★1 日，如东县召开农村工作会议。县委书记、县人大常委会主任詹立风作重要讲话，县委副书记、县长潘建华作动员部署，县委常委、政法委书记于立忠主持会议。县委常委、组织部部长任新峰，副县长蒋树建出席会议。

★2 日上午，如东经济开发区召开党的群众路线教育实践活动动员大会。县委副书记、县长潘建华作了重要讲话。市委第二督导组组长、市卫生局党组书记、副局长葛维先，副县长阮平章出席会议。

★2 日上午，县委、县政府召开海洋与渔业暨安全生产工作会议，县委常委、政法委书记于立忠主持会议。副县长蒋树建回顾总结了 2013 年如东县海洋与渔业及安全生产工作，并对 2014 年的工作任务进行安排部署。

★2 日，如东县召开县摄影家协会新春联谊会，县人大常委会副主任沈更生出席会议。

★3 日，召开全县农村工作会议，县委书记、县人大常委会主任詹立风作重要讲话，县委副书记、县长潘建华作动员部署，县委常委、政法委书记于立忠主持会议。县四套班子全体领导出席会议。

★3 日上午，市委常委秦厚德来如东县调研农业农村工作，县委书记、县人大常委会主任詹立风，县委常委、县委政法委书记于立忠、副县长蒋树建陪同参加活动。

★3 日，县委副书记周建飞带领县沿海办、重点项目办、发改委等相关部门负责人督查沿海开发“百项工程会战”推进工作，会办项目建设过程中需要协调解决的各类难题。

★3 日下午，县委常委、县委宣传部部长杨中坚，副县长姜晓静深入县人民医院，了解人民医院外科大楼项目进展情况及推进难点，从而推进全县社会事业重点项目建设进程。

★3 日下午，洋口港经济开发区召开项目建设动员大会。县委常委、洋口港经济开发区党工委书记张蓉蓉出席会议并讲话。

★4 日上午，南通市副市长赵闻斌带领市农办、农委、农业资源开发局等单位负责人一行调研如东县中心镇建设工作，县委书记、县人大常委会主任詹立风，副县长蒋树建陪同调研。

★4 日，沿海经济开发区（洋口镇）组织开展党的群众路线教育实践活动动员大会，县委副书记周建飞参加会议，副县长张栩龙在沿海经济开发区主持会议并就相关工作进行部署。

★4 日，县经信委召开开展党的群众路线教育实践活动动员大会，县委副书记周建飞参加会议。

★4 日上午，县委常委、组织部部长任新峰走访慰问如东县部分妇女代表，并向全县广大妇女同胞致以节日的祝贺和美好的祝福。

★4 日上午，岔河镇召开党的群众路线教育实践活动动员大会。县委常委杨小军出席会议。

★4 日上午，副县长姜晓静率县政府办、县发改委等社会事业领导小组成员到县教育局调研 2014 年学前教育、义务教育、职业教育等重点教育工作的开展及教育类重点社会事业项目的推进情况。

★4 日下午，如东县召开交通运输工作会议。县委常委、常务副县长沈峻峰作重要讲话，县委常委杨小军主持会议。

★4 日，循环经济产业园（大豫镇）开展党的群众路线教育实践活动动员大会，县委常委、组织部部长任新峰参加会议。

★4 日，县纪委（监察局）召开党的群众路线教育实践活动动员大会，县委常委、纪委书记刘才盛对教育实践活动进行全面部署安排。

★4 日，袁庄镇召开党的群众路线教育实践活动动员大会，县委常委、宣传部部长杨中坚参加会议。

★4 日，南通外向型农业综合开发区召开党的群众路线教育实践活动动员大会。县委常委、洋口港经济开发区党工委书记张蓉蓉参加会议。

★4 日，新店镇召开党的群众路线教育实践活动动员大会，县委常委、人武部部长吴风俊参加会议。

★4 日，县海洋与渔业局召开党的群众路线教育实践动员大会，副县长蒋树建参加会议。

★5 日上午，县公安局组织开展“文明交通礼让”活动，县人大常委会副主任冯力如视察活动现场。

★5 日上午，副县长姜晓静、县政协副主席桑健一行，分别前往青园社区、三元社区视察学雷锋活动。

★5 日下午，县委宣传部组织县文联、县新华书店部署党的群众路线教育实践活动。组织开展学习“贯彻三中全会精神，开展群众路线教育”讲座。县委常委、宣传部部长杨中坚作了动员讲话。

★5 日，如东高新区（掘港镇）和县发改委召开党的群众路线教育实践活动动员大会，县委常委、常务副县长沈峻峰参加会议。

★5 日，栟茶镇召开党的群众路线教育实践活动动员大会，县委常委、组织部部长任新峰参加会议。

★5 日，河口镇召开党的群众路线教育实践活动动员大会，县县委常委、纪委书记刘才盛参加会议。

★5 日，如东县举行志愿服务活动启动仪式。县委常委、宣传部部长杨中坚作重要讲话。副县长姜晓静主持启动仪式，县领导冯力如、桑健参加活动。

★5 日，县环保局召开党的群众路线教育实践活动动员大会，县委常委杨小军参加会议。

★5 日，马塘镇召开党的群众路线教育实践活动动员大会，县委常委、政法委书记于立忠参加会议。

★5 日，曹埠镇举行党的群众路线教育实践活动动员大会。副县长蒋树建作了讲话。市督导组副组长、市环保局党组成员、纪检组长陆永生参加会议。

★5 日，丰利镇召开党的群众路线教育实践活动动员大会，副县长王智参加会议。

★5 日，双甸镇召开党的群众路线教育实践活动动员大会，副县长、公安局局长程军参加会议。

★6 日下午，副省长许津荣到如东县开展专题调研，省政府副秘书长徐国柱、省民政厅副厅长钮学兴等随同调研。市委书记、市人大常委会主任丁大卫，市委常委、常务副市长韩立明，副市长赵闻斌，县委书记、县人大常委会主任詹立风，县委副书记周建飞，县领导沈峻峰、于立忠、张蓉蓉、蒋树建参加调研活动。

★6 日，市政协副主席陆玉明带领市政协部分常委、政协委员到如东县，就“构筑技能人才高地，促进产业转型升级”开展专题调研。县政协主席陈建华、县政协副主席余科陪同调研。

★6 日，县委组织部、县委老干部局、县编办召开党的群众路线教育实践活动动员大会。县委常委、组织部部长任新峰出席会议并作重要讲话。

★6 日，县政务中心召开党的群众路线教育实践活动动员大会，县委常委、纪委书记刘才盛参加会议。

★6 日，农委召开党的群众路线教育实践活动动员大会，县委常委、政法委书记于立忠参加会议。

★6 日，县农委召开迎接县人大工作评议动员大会，县人大常委会副主任冯力如作了重要讲话。县政协副主席桑圣权参加会议。

★6 日，安监局召开开展党的群众路线教育实践活动动员大会，副县长王智参加会议。

★6 日，商务局（招商局）召开党的群众路线教育实践活动动员会议，副县长张栩龙参加会议。

★6 日下午，县安监局召开党的群众路线教育实践活动动员会，县政府副县长王智出席会议。

★6 日下午，召开全县统战工作会议。县政协副主席、县委统战部部长吴鼎臯回顾总结了 2013 年统战工作，并对 2014 年统战工作进行部署。县人大常委会副主任沈更生、县政协副主席桑健出席会议。

★7 日，如东县召开纪念“三八”国际劳动妇女节暨“最美婆媳”表彰大会。县领导任新峰、姜晓静、陆茵出席会议。

★7 日，卫生局召开党的群众路线教育实践活动动员大会，县委常委、宣传部部长杨中坚参加会议。

★7 日下午，县人大办及各委室召开党的群众路线教育实践活动动员会议。县人大常委会副主任、党组副书记陈昌龙作了重要讲话，县人大常委会副主任沈更生、冯力如、唐国均出席会议。

★9 日下午，如东县邀请中国浦东干部学院副院长王金定在县行政中心会议厅，为全县广大党员干部作“圆中国梦，走中国路——学习习近平总书记系列讲话精神”专题报告会。县委书记、县人大常委会主任詹立风等县四套班子领导，各部门负责人参加报告会。县委副书记周建飞主持报告会。

★10 日，如东县召开全县重点工作督查推进会，县委书记、县人大常委会主任詹立风作了重要讲话，县委副书记周建飞等县四套班子领导出席会议。

★10 日上午，全县重大项目联合开工暨爱森（如东）化工有限公司丙烯酰胺等项目奠基仪式在洋口港经济开发区隆重举行。县委副书记周建飞作了重要讲话。县委常委、常务副县长沈峻峰主持开工仪式。县委常委、洋口港经济开发区党工委书记张蓉蓉在开工仪式上致辞。县委书记、县人大常委会主任詹立风，县政协主席陈建华，县人大常委会副主任、党组副书记陈昌龙等县四套班子领导出席开工仪式。

★10 日下午，如东县召开全县违法建筑监管工作推进会，县委常委、纪委书记刘才盛作重要讲话。

★10 日下午，县政协办及各委召开党的群众路线教育实践活动动员会，县政协主席陈建华作重要讲话，县政协副主席桑健、余科、桑圣权、陆茵，县政协老领导、老同志代表，驻如东省市政协委员代表和各委组组长参加会议。

★10 日下午，全县社会事业推进会议在县行政中心召开，县领导杨中坚、姜晓静出席会议。

★11 日上午，县领导周建飞、沈峻峰、任新峰、刘才盛、杨小军、于立忠、吴凤俊、陈昌龙、沈更生、唐国均、姜晓静、蒋树建、桑圣权、吴鼎臯、陆茵等四套班子领导与县级机关、镇区干部开展植树造林活动。

★11 日，县政协委派 43 名政协委员对县法院等 10 个部门开展民主监督。县政协主席陈建华作重要讲话，县政协副主席陆茵出席会议。

★12 日，如东县召开党的群众路线教育实践活动督导组工作会议，县委副书记周建飞作重要讲话，省委督导组副组长汪以力、市委第二督导组组长葛维先出席会议，并就下一阶段督导工作提出要求。县委常委、组织部部长任新峰主持会议。

★12 日下午，县工商联(总商会)召开十届三次执委(扩大)会议。县政协副主席、工商联主席、总商会会长桑健部署 2014 年工作。县委常委、组织部部长任新峰出席会议。

★12 日下午，副县长姜晓静一行到洋口港经济开发区调研社会事业工作。

★13 日，省财政厅、人社厅、地税局到如东县调研社会保险费政策管理和征缴情况，县委常委、常务副县长沈峻峰参加调研座谈。

★13 日，市人大常委会副主任王向红带领市人大机关部分工委、科室负责人到如东县专题调研人大工作。县人大常委会副主任、党组副书记陈昌龙对如东县近年来人大工作情况作了汇报，县人大常委会副主任沈更生、冯力如、唐国均陪同调研。

★13 日下午，召开全县服务业经济“开门红”部署会议。县委常委杨小军主持会议，副县长王智作了讲话。

★14 日上午，英国泰莱集团与博程生物科技（南通）有限公司举行企业并购协调会，县委副书记周建飞与泰莱集团亚太地区总经理 Joan 亲切交谈，祝贺双方合作成功。

★14 日，全县工业经济首季“开门红”冲刺动员会在袁庄镇召开，副县长王智通报了如东县工业经济运行情况。县委副书记周建飞充分肯定了袁庄镇在工业运行等方面的务实举措，表示袁庄经验具有典型意义，值得各镇区学习和借鉴。县委常委杨小军主持会议。

★15 日上午，由人民论坛杂志社江苏工作站主办的“江苏印象行”活动启动仪式在如东县举行。副县长姜晓静出席仪式并介绍了如东县经济社会发展的基本情况。

★16 日上午，市委常委陈照煌到如东县调研指导党的群众路线教育实践活动。市委第二督导组组长葛维先，县委副书记周建飞，县领导杨中坚、桑健等陪同参加调研活动。

★18 日下午，县海启服务指挥部召开沿线坟墓迁移工作动员会，海启高速如东段工程建设正式启动。县委常委、常务副县长沈峻峰出席会议并作重要讲话。

★18 日，如东县召开全县绿化造林现场推进会，县委常委、政法委书记于立忠，副县长蒋树建参加会议。

★19日至20日，副县长姜晓静率县发改委、县社会事业发展领导小组办公室部分人员调研各镇区社会事业工作。

★20日上午，如东县召开安全生产专项整治工作推进会，副县长王智出席会议并作重要讲话。

★21日上午，江苏省海洋与渔业局局长唐庆宁一行到如东县，专题调研海洋经济发展及重大用海项目推进情况。县委书记、县人大常委会主任詹立风及县领导于立忠、王孝强、蒋树建陪同调研。

★21日下午，县人大常委会召开第36次主任会议。县委常委、常务副县长沈峻峰代表县政府作关于如东县十六届人大三次会议代表建议办理工作打算的汇报。县人大领导陈昌龙、沈更生、冯力如、唐国均出席会议。

★21日下午，县纪委监察局召开党的群众路线教育实践活动专题学习会，邀请南通市“党的群众路线教育实践活动”讲师团团长郭继荣做讲座。县委常委、纪委书记刘才盛出席会议。

★21日下午，县人大常委会召开县人大代表“访选民问项目评部门”主题活动暨县农委工作评议部署会。县人大常委会副主任、党组副书记陈昌龙作了重要讲话，县人大常委会副主任沈更生、冯力如、唐国均出席会议。当日下午，县人大常委会还举办了涉农法规和惠农政策专题讲座，邀请县财政局副局长陈云霞，就如东县支农投入总体情况、近年来省以上各项惠农支农政策等，对县人大机关党员干部进行培训。此次讲座是县人大常委会开展党的群众路线教育实践活动的专题学习活动之一。

★22日上午，县委中心组举行“新形势下党的群众路线与党群关系”专题报告会。中央党校党建部副主任、教授、博士生导师张志明作专题讲座。县委常委、常务副县长沈峻峰主持报告会，县四套班子在家领导参加了报告会。

★25日上午，召开县政府廉政工作会议，县委副书记、县长潘建华作了重要讲话，县委常委、常务副县长沈峻峰主持会议。县委常委、纪委书记刘才盛，副县长蒋树建、王智、程军、张栩龙、阮平章出席会议。

★25日上午，如东县2014年“政风行风热线”节目正式开播，县委副书记、县长潘建华带领政府团队走进“政风行风热线”直播间，倾听群众诉求，回应群众关切，在亲切、热烈的交流互动中，与老百姓进行“零距离”“面对面”沟通。与潘建华一同走进直播现场的县政府领导有：县委常委、常务副县长沈峻峰，副县长姜晓静、蒋树建、王智、程军、张栩龙。直播期间，潘建华还向听众介绍了2014年县政府的工作思路以及简政放权方面的打算。

★25日上午，省渔业协会会长宋家新一行到如东县天一紫菜交易市场调研。县委常委、政法委书记于立忠陪同调研。

★25日上午，县第十六届人大常委会召开第十九次会议。副县长姜晓静作关于全县学前教育发展情况的工作报告。县人大常委会副主任、党组副书记陈昌龙，县人大常委会副主任沈更生、冯力如、唐国均出席会议。

★25日，如东县召开电镀行业专项整治工作会议，副县长蒋树建作了讲话，县委常委杨小军出席会议。

★26日，如东县召开优质稻米产业化工作推进会，县政协副主席桑圣权参加会议。

★27日下午，县政协主席陈建华带领相关委室负责人调研如东县社区养老工作。副县长蒋树建陪同调研。

★27日，省沿海办乔德正副主任等一行到如东县了解沿海重点项目建设情况，并察看了国信风电项目现场。县委副书记周建飞陪同参加考察。

★27日，如东县召开依法治县暨依法行政工作会议，副县长姜晓静对2014年全县依法行政工作进行部署。县委常委、政法委书记于立忠主持会议。

★27日，如东县召开公益性公墓建设推进会，副县长蒋树建出席会议。

★28日上午，爱尔兰凯爱瑞集团收购如东县万通食品公司，总投资达6000万欧元的凯爱瑞食品（南通）有限公司在如东经济开发区正式挂牌成立。县委书记、县人大常委会主任詹立风会见凯爱瑞集团中国区总裁。县委副书记周建飞，县委常委、县政府副县长沈峻峰，县委常委杨小军一同出席。

★28日下午，县政协副主席桑健带领文体组委员，视察了如东县群众文化工作。

★28日，全省生猪良种补贴项目推进工作座谈会在如东县召开。省农委畜牧局局长宋晓春，县委常委、政法委书记于立忠参加活动。

★29日，县委中心组召开“增强为民意识践行群众路线”主题学习交流会。县委书记、县人大常委会主任詹立风主持会议，并作重要讲话。县委副书记、县长潘建华，县政协主席陈建华，县委副书记周建飞，县人大常委会副主任、党组副书记陈昌龙分别作交流发言。市委督导组副组长、市环保局纪检组长、党组成员陆永生出席会议并讲话。县委中心组全体成员参加交流会。

★29日下午，县委书记、县人大常委会主任、县委党的群众路线教育实践活动领导小组组长詹立风到教育实践活动联系点洋口港经济开发区（长沙镇）深入开展调研，指导、推进党的群众路线教育实践活动。

★3月31日下午，全县召开重大项目建设推进工作领导组第一次会议。县委副书记周建飞就重大项目推进工作进行部署，县委书记、县人大常委会主任詹立风作重要讲话，县委副书记、县长潘建华主持，县四套班子领导出席会议。

4 月

★4 月 1 日，县委副书记、县长潘建华会见中信银行南京支行行长焦世经，县委常委、常务副县长沈峻峰出席座谈会。

★4 月 1 日下午，县委副书记、县长潘建华到如东经济开发区与区内 15 家重点企业负责人进行面对面交流，全面深入了解企业发展过程中遇到的困难和问题，认真倾听企业家对如东经济发展的意见和建议。

★4 月 2 日上午，省政协副主席、省政府党组成员、省科技厅厅长徐南平到如东县调研科技创新工作，省科技厅副厅长蒋跃建，县委书记、县人大常委会主任詹立风，县委副书记、县长潘建华，县领导杨小军、张蓉蓉、张栩龙、阮平章参加调研活动。

★4 月 2 日上午，县十四届政协召开第十三次常委会，具体部署县政协民主评议全县社会保险工作事项。县政协副主席吴鼎皋主持会议，县政协副主席桑健、余科、桑圣权、陆茵出席会议。

★4 月 2 日下午，县委在栟茶镇召开县委常委（扩大）会议。县委书记、县人大常委会主任詹立风主持会议。县委常委，县人大、县政府、县政协相关领导出席会议。

★4 月 3 日上午，县人大召开专题会议，全面部署《畜禽规模养殖污染防治条例》执法检查工作。县人大常委会副主任、党组副书记陈昌龙作讲话，县人大常委会副主任沈更生、冯力如、唐国均出席会议。

★4 月 3 日下午，县委书记、县人大常委会主任詹立风，县委副书记、县长潘建华率领四套班子领导及各镇（区）、县级机关各部门负责人在县城烈士陵园祭扫，缅怀革命先烈。县委副书记周建飞带领所有党员重温入党誓词，县委常委、组织部部长任新峰主持纪念活动。

★4 月 3 日，如东县举行中关村科技园区—江苏如东高端人才及高新技术产业合作交流会。县委书记、县人大常委会主任詹立风到会致辞，副县长王智作县情介绍，县委副书记周建飞主持会议，县领导任新峰、张蓉蓉、阮平章出席会议。

★4 月 3 日，沿海经济开发区环保科技公共服务平台成立。国家工程中心常务副主任、南京大学环境学院副院长任洪强和副县长、沿海经济开发区党工委书记张栩龙参加活动。

★4 月 3 日下午，如东县召开村庄环境整治工作推进会。县委常委、政法委书记于立忠作重要讲话，副县长蒋树建主持会议。

★4 月 4 日上午，如东县召开县级机关党的群众路线教育实践活动推进会。县委常委、组织部部长、县党的群众路线教育实践活动领导小组副组长任新峰出席会议。

★4 月 4 日，召开全县招商引资季度推进会，对当前招商引资工作和招商引资百日竞赛活动进行部署。县委副书记周建飞提出要求，县委常委杨小军主持会议，县领导张蓉蓉、王智、阮平章出席会议。

★8 日下午，如东县召开专题会议对人大代表建议、政协委员提案交办工作进行部署。县委常委、常务副县长沈峻峰作了重要讲话，县人大常委会副主任唐国、县政协副主席吴鼎皋出席会议。

★8 日下午，县委常委、组织部部长任新峰来到联系点栟茶镇召开座谈会，听取基层党员干部群众意见和建议。

★9 日下午，省委副书记石泰峰到如东县调研现代渔业发展工作。市委书记、市人大常委会主任丁大卫，市领导秦厚德、黄巍东、单晓鸣，县委书记、县人大常委会主任詹立风，县领导于立忠、蒋树建参加调研活动。

★9 日，如东县召开全县 4 月份工业经济运行例会。县委副书记周建飞、县人大常委会副主任冯力如出席会议，县委常委杨小军作了重要讲话，副县长王智主持会议。

★9 日，联系县政务中心的县领导，县委常委、纪委书记刘才盛到中心指导教育实践活动。

★10 日，县委召开全县党的群众路线教育实践活动“一把手”专项述职会。县委书记、县人大常委会主任、县委党的群众路线教育实践活动领导小组组长詹立风作了重要讲话，县委副书记周建飞主持会议。县委副书记、县长潘建华等县委党的群众路线教育实践活动领导小组成员，县委各督导组组长出席会议。

★10 日下午，如东县举行驻外招商出征动员暨业务培训会。县委副书记周建飞作重要讲话，副县长王智主持会议，县委常委杨小军、副县长阮平章出席会议。

★10 日下午，县人大常委会副主任、党组副书记陈昌龙前往栟茶镇江安村调研农村经济发展中的难点问题。向选民代表反馈了县人大去年在栟茶镇“回选区、见选民、听意见”活动中收集意见的办理情况，认真听取了选民代表意见、建议。

★11 日上午，副省长傅自应到如东县调研，副市长单晓鸣，县委书记、县人大常委会主任詹立风，县委副书记、县长潘建华，县委副书记周建飞，县领导张蓉蓉、王智陪同调研。

★11 日下午，县政协主席陈建华带领相关人员，就全县社区养老卫生服务体系建设情况展开调研。副县长姜晓静、县政协副主席桑健参加调研活动。

★11 日下午，县纪委召开教育实践活动专题学习交流会，县委常委、纪委书记刘才盛出席会议。

★12 日，县委书记、县人大常委会主任詹立风主持召开全县重点工作督查推进会并作重要讲话。县委副书记、县长潘建华通报一季度全县及各镇（区）主要经济指标的完成情况，县委副书记周建飞作全县招商引资“百日竞赛”动员部署，县委常委、常务副县长沈峻峰宣读“季度竞赛”考核结果，县四套班子领导出席会议。

★14 日下午，县委副书记、县长潘建华参加刘埠村党员群众代表座谈会并作了重要讲话。

★15 日上午，县政协副主席陆茵带领部分政协常委，到岔河镇开展第二次“主席接待日”活动，听取各界别政协委员反映社情民意，并对委员们提出的意见和建议，县政协将加以归纳整理，以提案、社情民意等形式专报有关部门，并督促办理，力求尽快解决。

★15 日下午，如东县召开海洋渔业安全生产专项整治推进暨四月份工作例会，副县长蒋树建参加会议并作重要讲话。

★15 日，如东县召开县级海洋功能区划编制工作会议，副县长蒋树建参加会议。

★16 日下午，县人大常委会副主任、党组副书记陈昌龙带领县人大相关委室负责人，与如东县部分省、市人大代表交流座谈。

★16 日下午，县政协副主席余科与联系的马塘、长沙两个镇部分政协委员到洋口港经济开发区，开展第三次“主席接待日”活动，听取各界别政协委员反映社情民意，县政协将对委员们提出的意见和建议加以归纳整理，以提案、社情民意等形式通报有关部门。

★16 日，县委统战部召开“统战工作与党的群众路线”学习交流会。县政协副主席、县委统战部部长吴鼎皋在活动中作了发言。

★17 日上午，市委常委、组织部部长张兆江到如东县调研党的群众路线教育实践活动和基层党组织建设工作。县委书记、县人大常委会主任、县委党的群众路线教育实践活动领导小组组长詹立风参加活动并作了工作汇报。市委第二督导组组长、市卫生局党组书记、副局长葛维先参加调研活动。

★17 日上午，县委中心组召开“为了谁、依靠谁、我是谁”主题交流会。县委书记、县人大常委会主任、县党的群众路线教育实践活动领导小组组长詹立风在出席会议并作了重要讲话。县委常委、常务副县长沈峻峰，县委常委、纪委书记刘才盛，县委常委、宣传部部长杨中坚分别作交流发言。县四套班子领导及县委中心组其他人员参加交流会。

★17 日下午，如东县召开“扫黄打非”工作会议，回顾总结 2013 年“扫黄打非”工作情况，并对 2014 年的重点工作进行了部署。县委常委、宣传部部长杨中坚出席会议。

★18 日下午，如东县法学会召开第二次会员代表大会，会议选举产生第二届理事、常务理事、会长、副会长、秘书长。县委常委、政法委书记于立忠作重要讲话，县人大常委会副主任唐国均参加会议。

★18 日，由张家港市文化广电新闻出版局、张家港市文联主办，张家港博物馆、张家港市书法家协会承办的江海名家——谢骏书法邀请展开幕式在张家港博物馆举行。县政协副主席桑健出席开幕式并参观了书法展。

★19 日上午，如东县老科技工作者召开第三届五次年会，县委副书记、县长潘建华应邀作全县经济形势报告。

★21 日上午，县政府召开全县安全生产委员会（扩大）会议，县委副书记、县长潘建华发表重要讲话，副县长王智参加会议。

★21 日上午，如东县召开廉政文化建设推进会，县委常委、纪委书记刘才盛参加会议并发表重要讲话。

★22 日下午，县政协主席陈建华召开党的群众路线教育实践活动座谈会，听取驻如省、市政协委员和如东县各界别部分政协委员对县政协机关的意见、建议及反映的社情民意。

★22 日，县侨联邀请瑞士华侨、瑞士苏黎世联邦理工学院终身教授张向阳参观如东沿海经济开发区并与部分企业代表座谈。县人大常委会副主任、县侨联主席沈更生，副县长张栩龙参加活动。

★23 日上午，如东县召开民营经济领导组成员联席会议，县委副书记周建飞出席会议并作重要讲话，县政协副主席余科主持会议，副县长王智出席会议。

★23 日上午，全县村庄环境整治工作现场推进会在曹埠镇举行，县委常委、政法委书记于立忠出席会议。

★23 日下午，市委常委陈照煌到如东县检查指导安全生产工作，市人大常委会副主任王向红，县委书记、县人大常委会主任詹立风，县委副书记、县长潘建华参加检查活动。县领导王智、张栩龙参加检查活动。

★23 日下午，南通市为民务实清廉先进典型事迹报告会在县行政中心会议厅举行。县委书记、县人大常委会主任詹立风等县委理论学习中心组全体成员参加报告会，县委常委、组织部部长任新峰主持报告会。

★23 日，如东县召开“书香如东”建设动员会，县委常委、宣传部部长杨中坚倡导全县广大干部群众养成读书习惯。副县长姜晓静主持会议，县领导沈更生、陆茵出席活动。

★24 日上午，县政协主席陈建华赴如东经济开发区就“如何化解中小企业融资难矛盾”进行专题调研，县政协副主席桑健参加调研。

★24 日，省委农工办主任诸纪录为如东县县级机关相关部门分管负责人以及农工部门全体人员作了“全面深化农村改革”的专题报告。县委常委、政法委书记于立忠主持会议，副县长蒋树建参加报告会。

★24 日下午，县政协副主席桑圣权带领部分政协委员，在县规划局开展第四次“主席接待日”活动。

★25 日上午，落户如东经济开发区的全国首家汽车半导体公司、战略性新兴产业“种子”项目——大唐恩智浦半导体有限公司投入运营。市政府副市长黄爱军，县委书记、县人大常委会主任詹立风，县委副书记、县长潘建华出席开业典礼并作了重要讲话，县领导杨小军、王智、阮平章参加活动。

★25 日上午，苏州市委副书记陈振一到如东县考察农渔业项目，市委常委秦厚德、县领导于立忠、蒋树建陪同考察。

★25 日，洋口港开发建设省际联席会第一次会议在南京召开。省沿海办主任、省发改委副主任林一峰充分肯定洋口港开发建设取得的成绩并召集省相关部门负责人就洋口港开发建设中的具体问题进行会商解决，进一步加快推进洋口港建设。县委书记、县人大常委会主任詹立风汇报了洋口港开发建设的进展情况。市委常委陈照煌就洋口港开发建设提出相关意见。市政府副市长单晓鸣、市级机关相关部门负责人，县委副书记周建飞，县委常委、洋口港经济开发区党工委书记张蓉蓉，副县长王智等出席会议。

★26 日上午，如东县召开全县重点项目推进会。县委副书记周建飞出席会议并作重要讲话，由副县长王智主持会议。

★28 日上午召开全县消防安全工作会议，副县长、公安局局长程军主持会议。

★28 日上午，如东县召开党的群众路线教育实践活动办公室主任会议，县委常委、组织部部长任新峰作了重要讲话。

★28 日，县纪委监察局召开党的群众路线教育实践活动第二次专题学习交流会。县委常委、纪委书记刘才盛出席会议。

★28 日，华侨大学华侨华人研究院侨乡研究中心主任许金顶到如东县参观考察。县人大常委会副主任、县侨联主席沈更生向来宾们详细介绍了近年来如东经济社会发展成果，并陪同实地考察洋口港开发建设情况。

★28 日和 29 日，南通市人大科教文卫工作座谈会在如东县召开，县人大常委会副主任、党组副书记陈昌龙介绍了如东县经济社会发展和科教文卫工作。市人大常委会副主任程静对如东县较为完善的基层卫生服务体系表示赞赏，县人大常委会副主任唐国均、副县长姜晓静参加活动。

★29 日上午，为期两天的全县村、社区党组织书记党的群众路线教育实践活动专题培训班正式开班。县委常委、组织部部长任新峰主持开班活动。县委副书记周建飞作了重要讲话。

★29 日上午，如东县举行庆“五一”劳模座谈会暨 2014 年市劳模赴通领奖欢送会。县委常委、组织部部长任新峰出席会议，副县长姜晓静主持欢送会，县人大常委会副主任沈更生、县政协副主席桑健出席会议。

★29 日，由常州市政协秘书长、党组成员盛克俭带队的常州市政协考察团，在南通市政协副主席陈德新、县政协主席陈建华的陪同下，到如东县考察沿海开发工作。

★29 日下午，县人大常委会召开第 37 次主任会议，县人大常委会副主任、党组副书记陈昌龙对近年来企业直接融资工作取得的成绩给予肯定。县人大常委会副主任冯力如主持会议，县人大常委会副主任沈更生、唐国均出席会议。

5 月

★4 日上午，如东县第三届青年书法家作品展”在县文化馆展厅举行，县委常委、组织部部长任新峰，县委常委、宣传部部长杨中坚观看了展览。

★4 日下午，如东县举行扶海大学堂——“艺术与人生”专题讲座，著名导演、中国广播艺术团党委书记、国家广电总局电影局原副局长江平应邀主讲。县委常委、宣传部部长杨中坚主持讲座，县委副书记、县长潘建华，县领导沈峻峰、任新峰、刘才盛、杨小军、于立忠、吴凤俊、沈更生、唐国均、姜晓静、蒋树建、程军、阮平章、桑健、桑圣权、吴鼎皋等参加了讲座。

★5 日下午，全县召开秸秆禁烧禁抛与综合利用工作会议，县委常委、政法委书记于立忠参加会议并发表了重要讲话，副县长蒋树建对 2014 年的秸秆禁烧禁抛和综合利用工作进行了部署。会议由县委常委杨小军主持，县领导唐智明、桑圣权出席会议。

★6日下午，中化集团副总裁、中化国际公司董事长潘正义到如东县考察。县委书记、县人大常委会主任詹立风会见潘正义一行，县领导刘才盛、张蓉蓉陪同考察。

★6日下午，省农机局局长徐顺年在南通市副市长赵闻斌陪同下，到如东县调研农机发展情况，县委常委、政法委书记于立忠，副县长蒋树建参加调研。

★6日，如东县组织收看收听中央召开的党的群众路线教育实践活动视频会议。县委副书记、县长潘建华，县政协主席陈建华，县人大常委会副主任、党组副书记陈昌龙，县委常委、常务副县长沈峻峰等四套班子领导在县会议中心分会场收看收听会议实况。

★6日，如东县召开海启高速如东连接线、角林线拓宽和355省道袁庄段拓宽的征拆动员会，县委常委、常务副县长沈峻峰参加会议，县委常委杨小军主持会议。

★7日上午，江阴市人大常委会副主任朱敏带领调研组到如东县，就加强人大自身建设和代表履职工作进行调研。县人大常委会副主任、党组副书记陈昌龙介绍了如东县经济社会发展基本情况以及县人大常委会相关工作情况。

★7日，如东县召开全县文明城市长效管理第二轮督查情况通报会，通报督查中发现的问题，落实下一阶段文明城市建设具体工作。县委常委、宣传部部长杨中坚出席会议并作重要讲话。

★8日上午，县委副书记、县长潘建华带领县安监、消防等部门负责人 ，专程前往如东经济开发区检查企业安全生产人。潘建华听取了县安监局、消防大队、如东经济开发区相关负责人情况汇报。

★6日至8日，县委、县政府分别在武汉、成都举办人才科技对接活动，并成立如东县（武汉）人才工作联络站、如东县（成都）人才工作联络站。6日在武汉举行的人才科技对接活动上，副县长王智围绕招才引智、招所引院，向武汉大学、华中科技大学等10多所高校院所的专家教授介绍了如东经济社会发展、人才工作情况，推介了人才政策体系和人才发展环境。县委常委、组织部部长任新峰和湖北工业大学副校长张颖江共同为如东县（武汉）人才工作联络站揭牌。8日在成都举行的人才科技对接活动上，任新峰介绍了如东的资源禀赋、经济发展和人才政策，并与四川大学科学技术发展研究院院长胡常伟共同为如东县（成都）人才工作联络站揭牌。人才科技对接合作交流会由副县长阮平章主持。

★9日，民政部优安局、总参动员部领导一行到如东县调研优抚金发放情况。县领导于立忠、吴凤俊、蒋树建陪同调研。

★9日，县领导杨小军、蒋树建、张栩龙前往分管部门、镇区，为党员干部上党课。当天上午杨小军在课上作了重要讲话，下午张栩龙发表讲话。

★10日上午，县委书记、县人大常委会主任詹立风主持召开全县重点工作督查推进会。县委副书记、县长潘建华通报了1至4月份全县重点工作完成情况，副县长王智对2014年以来服务业工作开展情况进行了总结点评。县四套班子领导出席会议。

★10日下午，全县举行“5·10”思廉日暨县委中心组“落实中央八项规定　坚决纠正‘四风’”专题报告会。中央纪委党风政风监督室二处处长方文碧应邀作了题为《在坚持中深化在深化中坚持——八项规定一年来》的专题报告。受县委书记、县人大常委会主任詹立风委托，学习活动由县委常委、纪委书记刘才盛主持。南通市纪委副书记陈锋，县委书记、县人大常委会主任詹立风，县委副书记、县长潘建华，县政协主席陈建华，县人大常委会副主任、党组副书记陈昌龙，及县委中心组全体成员参加会议。

★10日下午，江苏省海外企业集团有限公司董事长黄宏亮一行到如东县洋口港考察，探讨与LNG项目合作前景。县委副书记周建飞，县委常委、洋口港经济开发区党工委书记张蓉蓉陪同考察。

★11日，县委全面深化改革领导小组第一次会议拉开如东县全面深化改革的大幕。县委书记、县人大常委会主任詹立风在会上作了重要讲话，县委副书记、县长潘建华主持会议。县四套班子其他领导；县法院院长、县检察院检察长；县委全面深化改革领导小组各专项小组成员、联络员，各镇（区）、机关部门主要负责人出席会议。

★11日，全国人大代表、香港南通同乡会会长杨耀忠率香港南通同乡会新一届理事会成员，到如东县考察经济社会发展情况。市政协副主席、市委统战部部长殷雄，县委副书记周建飞，县领导刘才盛、杨小军、王智、吴鼎皋陪同考察。

★13日上午，县城市环境综合整治领导小组召开城市环境综合整治“百日会战”推进会，就进一步推进整治工作进行部署。县委常委、常务副县长沈峻峰和县委常委、宣传部部长杨中坚就进一步推进整治工作进行部署。

★13日上午，如东县召开2014年度平安电力创建暨迎峰度夏动员大会，就相关工作进行部署。副县长王智出席会议并作了重要讲话。

★13日上午，全县召开质量强县暨特种设备安全工作会议。副县长王智出席会议并讲话。

★13 日，如东县召开防汛防旱工作会议。副县长蒋树建参加会议并作了重要讲话。

★15 日下午，省教育厅厅长沈健一行到如东县调研指导教育工作。副市长朱晋，县委书记、县人大常委会主任詹立风，县委副书记、县长潘建华，县领导杨中坚、唐国均、姜晓静陪同调研。

★15 日下午，全市外事侨务工作现场会在如东县召开。县委常委、组织部部长任新峰在会上致辞。

★16 日上午，县委书记、县人大常委会主任詹立风轻车简从，前往长沙镇四桥村开展“三解三促”活动。

★16 日上午，“如东县十大杰出青年”事迹分享会暨“青春大讲堂”主题讲座在县行政中心会议厅举行。县委常委、组织部部长任新峰在会上致辞。共青团南通市委书记葛志娟，县委常委、宣传部部长杨中坚，县人大常委会副主任唐国均，副县长姜晓静出席会议并为十大杰出青年颁奖。

★16 日上午召开的如东县创新研究会第一届第三次代表大会上，县委常委、组织部部长任新峰寄语创新研究会，副县长蒋树建参加会议。

★16 日举行的“国能子金电缆杯”如东县首届民间发明竞赛成果展览颁奖文艺晚会上，10 项民间发明获得这一奖项。县委副书记、县长潘建华为获奖者颁奖。县领导杨中坚、沈更生、蒋树建、王智观看了演出并为获奖者颁奖。

★16 日，为期两天的第十届村委会暨第五届居委会主任培训班正式开班，县委常委、政法委书记于立忠出席培训班。

★16 日下午，如东县召开工业企业规模培育暨工业经济、民营经济冲刺“双过半”推进会。会上，副县长王智对全县工业经济、民营经济冲刺“双过半”工作作动员部署。县委常委杨小军主持会议，县人大常委会副主任冯力如出席会议。县委副书记周建飞作了重要讲话。

★18 日上午，全国第 24 个助残日之际，县委书记、县人大常委会主任詹立风，县委副书记、县长潘建华，县政协主席陈建华，县人大常委会副主任、党组副书记陈昌龙，县委常委、县委政法委书记于立忠，副县长蒋树建等县四套班子领导来到县残疾人综合服务中心，看望和慰问在那里康复、培训的残疾人。

★18 日，如东县召开社会保险工作推进会，就第四轮社会保险扩面工作再推进作专题部署。县委副书记、县长潘建华，县委常委、常务副县长沈峻峰在会上作了重要讲话。县领导冯力如、吴鼎皋参加会议。

★18 日，如东县组织 2014 年南通市选聘高校毕业生到村（社区）任职如东面试，县委常委、组织部部长任新峰巡视了面试考场。

★19 日，县纪委监察局举行以“践行群众路线，争当执纪表率”为主题的大党课。县委常委、纪委书记刘才盛在会上作了重要讲话。

★20 日下午，江苏省海外联谊会考察团在南通市委统战部副部长、市工商联党组书记姚国钧的陪同下，到洋口港经济开发区、沿海经济开发区实地考察。县委副书记周建飞对省海外联谊会考察团一行的到来表示热烈欢迎，县委常委、洋口港经济开发区党工委书记张蓉蓉详细介绍了阳光岛的基本情况。县领导刘才盛、杨小军、张栩龙、吴鼎皋陪同考察。

★21 日，如东县举办主题为“人民群众是真正的英雄”党的群众路线教育实践活动专题报告会，县委副书记周建飞在会上作了重要讲话。县委书记、县人大常委会主任詹立风，县政协主席陈建华，县人大常委会副主任、党组副书记陈昌龙等四套班子领导，县四套班子老领导代表出席报告会。

★21 日，如东县召开招商引资月度点评会，副县长王智就全县招商引资工作情况及“百日竞赛”作点评通报，并就招商引资双过半进行了动员和部署。县委副书记周建飞在会上作了重要讲话，县委常委杨小军主持会议，县委常委、洋口港经济开发区党工委书记张蓉蓉出席会议。

★22 日，全县秸秆机械化还田现场推进会在袁庄镇召开。副县长蒋树建在会上作了重要讲话。县领导于立忠、唐智明参加现场会。

★23 日上午，江苏省副省级以上老领导孙颔、王寿亭、俞兴德一行 39 人，专程到如东县视察、指导洋口港开发建设工作。省委组织部副部长、老干部局局长庄同保，市委副书记陈斌，市人大常委会副主任、党组副书记王向红，县委书记、县人大常委会主任詹立风，县人大常委会副主任、党组副书记陈昌龙，县委常委、洋口港经济开发区党工委书记张蓉蓉等省、市、县领导陪同视察。

★23 日下午，县人大常委会召开第 38 次主任会议，听取县人民法院关于人民法庭建设工作情况的汇报。县人大常委会副主任、党组副书记陈昌龙在会上作要求，县人大常委会副主任唐国均主持会议，县人大常委会副主任冯力如出席会议。

★23 日，如东县召开城镇危房和老旧房屋安全排查治理工作会议，县委常委、常务副县长沈峻峰出席会议。

★23 日，由县文联、县文广新局主办的全县“青蓝工程”首届书法篆刻大展在县文化馆正式开展。县领导杨中坚、唐国均参观了书法篆刻展，并为获奖者颁奖。

★24日，由中国计划生育协会主办的如东县“生育关怀·创建幸福家庭——防治寄生虫，促进健康行动”项目在如东县启动，副县长姜晓静出席启动仪式并致辞。中国计生协生育关怀基金管委会副主任李艳秋，中国计生协生育关怀基金管委会办公室主任王丽娟，江苏省人口计生委副主任、计生协副会长戴纪生等出席启动仪式。王丽娟还就寄生虫防治项目管理作了专题讲座。

★21日至25日，全国政协常委、提案委员会主任、中央直属机关工委原常务副书记孙淦带领全国政协重点提案督办调研组在江苏省进行重点提案督办调研。23日上午，孙淦一行到如东县调研，参观了江苏海上龙源风力发电有限公司。省政协副主席何权、市政协主席王德忠、县政协主席陈建华陪同调研。市政协副主席陆玉明，县领导王智、吴鼎皋参加调研。

★25日，县委组织部召开征求部老领导代表意见座谈会。县委常委、组织部部长任新峰向老领导汇报了近年来组织工作基本情况。

★26日上午，由江阴市文学艺术界联合会、南通市书法家协会、如东县文学艺术界联合会主办，江阴市书画院、江阴市书法家协会承办的江海名家·谢骏书法邀请展在江阴市天华文化中心展览馆举行。江阴市委常委、宣传部部长袁秋中宣布书法展开幕，县委常委、宣传部部长杨中坚，副县长姜晓静出席开幕式。

★26日上午，如东县召开危险化学品安全生产攻坚工作暨安全生产月动员会。副县长王智出席会议，对危险化学品安全生产攻坚工作进行安排部署。

★26日，如东县召开秸秆禁烧禁抛与综合利用推进工作电视电话会。副县长蒋树建通报了目前如东县夏季秸秆禁烧禁抛工作推进情况，县委常委、政法委书记于立忠作讲话。县领导唐智明参加会议。

★26日晚上，江苏省曲艺家协会在县行政中心举行授牌仪式，省相声艺术委员会创作基地落户如东。县人大常委会副主任唐国均在晚会上致辞，省相声艺术委员会主任、著名相声表演艺术家吕少明向如东县授牌，著名相声表演艺术家李金斗登台献艺。县领导沈峻峰、杨中坚、王智、桑健出席晚会。

★27日上午，国家海洋局副局长王宏到如东县调研海洋经济发展工作，对如东县依托自身优势，做大做优做特海洋经济的做法予以充分肯定。国家海洋局战略规划与经济司司长张占海，省海洋与渔业局局长唐庆宁，副市长陈一星，县委书记、县人大常委会主任詹立风，县委副书记、县长潘建华，县领导于立忠、蒋树建，国家、省、市海洋与渔业部门相关负责人参加调研活动。

★27日上午，如东县“百名巾帼志愿者进医院，百名白衣使者进社区”启动仪式在县人民医院举行。县委副书记周建飞参加活动，县委常委、宣传部部长杨中坚主持启动仪式，县领导唐国均、桑健向志愿者赠送了印有“有困难找志愿者，有时间做志愿者”的志愿服务马甲。

★27日上午，淮安市政协部分老领导在该市政协原主席陈从亮的带领下，到如东县视察沿海开发工作。县政协主席陈建华以及南通市政协和如东县政协部分老领导陪同。

★27日上午，如东县召开危险化学品安全生产攻坚工作暨安全生产月动员会。副县长王智出席会议，对危险化学品安全生产攻坚工作进行安排部署。

★28日，苏州市如东商会正式成立，县委书记、县人大常委会主任詹立风在会上发表重要讲话，苏州市政协副主席、市工商联主席、总商会会长姚东明，南通市委副秘书长徐兴林为商会成立揭牌。县领导周建飞、杨小军、张蓉蓉、阮平章、桑健等参加成立大会。

★28日，如东县召开专题会议，部署打击和处置非法集资工作。县委常委、政法委书记于立忠在会上作重要讲话。

★28日，如东县召开专题会议对海洋伏季休渔暨安全生产工作进行部署，要求伏休期间应休渔船“船进港、人上岸、网入库、证集中”。副县长蒋树建在会上作重要讲话。

★29日上午，中国政策科学研究会国家安全政策委员会在如东县隆重举行国家安全教育示范基地启动仪式，正式成立如东高级中学和栟茶高级中学国家安全教育示范基地。县委书记、县人大常委会主任詹立风在启动仪式上致辞。第十一届全国政协副主席、中国政策科学研究会国家安全政策委员会名誉会长李金华，南京军区原司令员、中国政策科学研究会国家安全政策委员会高级顾问朱文泉上将，中国政策科学研究会国家安全政策委员会会长、中国人民武警部队原司令员巴忠倓中将及委员会的多位将军和领导，市委副书记陈斌，市政协副主席陆玉明，市教育局局长郭毅浩，县委书记、县人大常委会主任詹立风，县政协主席陈建华，县委副书记周建飞，县领导杨中坚、姜晓静等县相关领导出席活动。县委副书记、县长潘建华主持启动仪式。第十一届全国政协副主席、中国政策科学研究会国家安全政策委员会名誉会长李金华为如东高级中学和栟茶高级中学“国家安全教育示范基地”授牌，并发表关于国家安全教育的主题演讲。

★29日下午，县第十六届人大常委会举行第二十次会议，县人大常委会副主任、党组副书记陈昌龙主持会议，副主任沈更生、冯力如、唐国均参加会议。副县长蒋树建受县委副书记、县长潘建华委托，宣读《县政府关于提请唐智明同志职务任命的议案》。县人大常委会督导员杨成泉，县人民法院、人民检察院、县有关部门负责人，部分县人大代表列席会议。

★30 日上午，在县委书记、县人大常委会主任詹立风，县领导杨中坚、张蓉蓉、吴风俊的陪同下，中国政策科学研究会国家安全政策委员会副会长、军事科学院原副院长糜振玉一行视察洋口港展厅、LNG 中控室和10 万吨级石化码头。

★30 日上午，县委副书记、县长潘建华，县领导唐国均、姜晓静前往县城掘港小学、实验幼儿园、实验小学，与孩子们一起共庆节日，向全县少年儿童致以节日的祝福。

★30 日下午，市委召开全市教育实践活动推进暨“一把手”专项述职点评视频会，县委党的群众路线教育实践活动领导小组组长、县委书记、县人大常委会主任詹立风，县领导任新峰、刘才盛到场收看。

6 月

★3 日上午，江苏省召开民营经济发展表彰大会。县委书记、县人大常委会主任詹立风，县委副书记、县长潘建华，县政协主席陈建华，县委副书记周建飞，县人大常委会副主任、党组副书记陈昌龙等县四套班子领导和各镇（区）、相关部门主要负责人，县 50 强企业负责人集中收看了全省民营经济发展表彰大会实况。

★3 日上午，由上海分子治疗与新药创制工程技术研究中心与如东高新技术产业开发区联合创建的“新药研制中心”正式签约。县委常委、常务副县长沈峻峰在签约仪式上讲话。县委常委、组织部部长任新峰主持签约仪式，副县长阮平章出席签约仪式。

★3 日上午，如东县举行“安全生产月”活动启动仪式，副县长王智出席启动仪式。

★3 日，县委专题召开会议，对县镇机关干部双向挂职工作进行部署。县委常委、组织部部长任新峰从“认识要到位、责任要到位、工作要到位”三个方面对本次挂职工作提要求。

★4 日，副市长朱晋带领教育、卫生等部门负责人到栟茶中学考点检查安保工作，县委副书记、县长潘建华，副县长姜晓静陪同检查。

★5 日上午，在第 43 个世界环境日之际，县环境保护委员会 16 家成员单位举行大型广场咨询活动。县委书记、县人大常委会主任詹立风，县委副书记、县长潘建华，县领导杨中坚、杨小军、沈更生、姜晓静、蒋树建、桑圣权参加咨询活动。

★6 日，副市长赵闻斌在县领导于立忠、蒋树建的陪同下，到如东县调研粮食系统“危仓老库”维修改造和夏粮收购情况。

★6 日下午，县委书记、县人大常委会主任詹立风到如东高级中学巡视高考准备工作，县领导杨中坚、唐国均、姜晓静陪同巡视。

★9 日上午，国家海洋局原局长孙志辉到如东县考察海洋经济发展工作。省海洋与渔业局局长唐庆宁，市政府副市长单晓鸣，市海洋与渔业局局长许海波，县委书记、县人大常委会主任詹立风，县委副书记、县长潘建华，县领导于立忠、张蓉蓉、蒋树建陪同考察。

★9 日下午，市委书记丁大卫围绕扎实开展党的群众路线教育实践活动，深入如东县产业园区、重点镇调研，县委书记、县人大常委会主任詹立风，县委副书记周建飞参加调研活动。

★9 日下午，市委、市政府在如东沿海经济开发区召开全市沿海园区项目建设现场会。市委常委陈照煌、副市长单晓鸣以及各县（市）区主要领导、南通沿海 8 大园区主要领导出席会议。会上，县委副书记、县长潘建华介绍了如东县沿海开发总体情况。县政府副县长、如东沿海经济开发区党工委书记张栩龙介绍了如东沿海经济开发区的情况。市委常委陈照煌对近年来如东县沿海开发取得的成绩给予充分肯定。县委常委、洋口港经济开发区党工委书记张蓉蓉，副县长王智出席会议。

★9 日下午，县政协主席陈建华带领民主评议工作小组在如东高新区（掘港镇）召开民主评议社会保险专题座谈会，县政协副主席吴鼎皋、县政协督导员童玉林参加会议。

★10 日上午，县委书记、县人大常委会主任詹立风主持召开全县重点工作督查推进会，县委副书记、县长潘建华通报了 1 至 5 月份全县重点工作完成情况。县四套班子领导出席会议。

★11 日下午，县人大常委会副主任沈更生带领县人大部分委室负责人，到县城管局调研如东县违章建筑整治情况。

★12 日上午，如东县组织收看国务院八部委联合召开的电视电话会议，安排部署 2014 年全国整治违法排污企业保障群众健康环保专项行动。县委副书记、县长潘建华，县领导杨小军、蒋树建、张栩龙、唐智明，相关部门负责人、部分企业代表在如东县分会场收听收看了电视电话会议。

★12 日上午，县政府召开全县放心消费工作推进会，县政府副县长王智部署了下一阶段放心消费创建工作的任务和要求。

★12日，如东县召开护水保灌溉工作会议。县政府副县长蒋树建要求各地、各部门开展“百日护水保灌溉行动”， 副县长唐智明出席会议。

★14日上午，第六届如东放鱼节暨县海洋环境监测站揭牌仪式在洋口港海域举行。县委副书记、县长潘建华宣布放流活动开始。县委常委、政法委书记于立忠宣读了县编办“关于设立如东县海洋环境监测站的批复”，江苏省海洋与渔业局资环处处长张海建和潘建华共同为“县海洋环境监测站”建站揭牌。市海洋与渔业局局长许海波，县政协主席陈建华，县人大常委会副主任、党组副书记陈昌龙，副县长蒋树建参加放鱼节活动。

★17日下午，县政协召开专题会议，部署以“转作风、解难题、惠民生”为主题的重点建议案、提案和民主评议公开问办、公众问效活动。县政协主席陈建华在会上发表重要讲话。县政协副主席桑圣权、吴鼎皋、陆茵出席会议。

★18日上午，省政府参事室主任宋林飞一行到如东县，专题调研栟茶镇历史文化保护建设情况。县委常委、宣传部部长杨中坚向调研组一行汇报了栟茶镇历史文化保护建设情况。副县长姜晓静陪同调研。

★18日上午，市人大常委会党组副书记、副主任王向红，副主任施建中带领调研组到如东县，就海洋渔业生产情况开展专题调研。县人大常委会副主任冯力如、副县长唐智明陪同调研。

★18日上午，县政协主席陈建华带领部分政协委员调研全县绿化工作。县领导蒋树建、余科、桑圣权参加调研。

★19日上午，县城区防控平台启动仪式在掘港镇友谊西路防控平台路口举行。县委常委、政法委书记于立忠宣布城区防控平台正式启动，副县长、公安局局长程军主持启动仪式。于立忠、程军还视察了县公安局特警中队，察看了中队的软硬件设施，了解特警队员的工作和生活情况，并对中队建设提出要求。

★20日下午，江苏海企化工仓储股份有限公司与洋口港万吨级液化品码头签约加盟经营管理，港口发展又入驻一支生力军。县委书记、县人大常委会主任詹立风对江苏海外企业集团加盟表示欢迎。江苏海外企业集团董事长黄宏亮，县领导周建飞、张蓉蓉等参加签约仪式。

★21日上午，中国政策科学研究会国家安全政策委员会副会长、军事科学院原副院长糜振玉中将在如东高级中学海韵馆，为1000多名学生进行了“国家安全概述”专题讲座。县委常委、政法委书记于立忠主持讲座，县人大常委会副主任唐国均听取讲座

★23日下午，如东县召开2014年环保专项行动暨大气污染防治和保障绿色青奥工作会议，副县长蒋树建参加会议。

★24日，全县项目暨工业集中区（园区）建设推进会在曹埠镇召开，县委副书记周建飞在肯定园区和项目建设成效的同时指出，抓好工业集中区和项目建设是如东工业的突破之举。会议由副县长王智主持，县领导余科出席会议。

★24日下午，县委常委、常务副县长沈峻峰代表县政府与中国农业发展银行南通市分行行长陈梦蒙签订了《政策性金融战略合作协议》。县委书记、县人大常委会主任詹立风，中国农业发展银行江苏省分行行长丁伟，副行长王明、钱德辉等出席签约仪式。沈峻峰、钱德辉分别向与会人员介绍了如东县与农发行合作项目的情况。

★25日上午，县国土资源局在文峰大世界广场开展国土资源法律知识现场宣传和咨询活动。县委常委、宣传部部长杨中坚参加了活动。

★25日，如东县召开基层服务型党组织建设推进会议，县委常委、组织部部长任新峰回顾总结了近年来全县基层服务型党组织建设推进情况，县委副书记周建飞作重要讲话。

★26日，县人大常委会副主任、党组副书记陈昌龙带领常委会部分组成人员及相关工委人员，到县国税、地税部门调研上半年两税征收任务完成情况，县人大常委会副主任冯力如、唐国均参加调研。

★26日下午，县政协副主席桑健、余科带领部分政协委员到县文广传媒中心（集团），调研宣传、事业及产业发展情况。

★27日上午，县人大常委会召开第40次主任会议，听取县海洋与渔业局关于如东县特色渔业产业情况的汇报。县人大常委会副主任、党组副书记陈昌龙带领人大常委会部分成员视察了三家特色渔业企业，县人大常委会副主任冯力如主持会议，县人大常委会副主任唐国均出席会议。

★29日上午，县委副书记周建飞前往沿海经济开发区（洋口镇）刘环村开展调研活动，了解社情民意，破解发展难题。

★30日，县委书记、县人大常委会主任詹立风，县委副书记、县长潘建华，县政协主席陈建华，县委副书记周建飞，县委常委、宣传部部长杨中坚，副县长王智，副县长、沿海经济开发区党工委书记张栩龙，县检察院检察长顾祖林，分别赴全县各地看望老党员，并给他们送去党组织的关怀和温暖。

★30 日，省委、省政府召开电视电话会议，研究部署今年征兵工作。县委副书记、县长潘建华，县领导于立忠、吴凤俊、蒋树建和相关部门负责人在如东县分会场收听收看电视电话会议。

7 月

★7 月 1 日，在中国共产党成立 93 周年之际，如东县举办以“讲述老百姓自己的故事”为主题的百姓宣讲团首场报告会。县委书记、县人大常委会主任詹立风，县委副书记、县长潘建华，县委副书记周建飞，县政协主席陈建华，县人大常委会副主任、党组副书记陈昌龙等四套班子领导，县法院院长，县检察院检察长，各镇（区）、县级机关各部门主要负责人及相关方面的代表出席报告会。县委常委、宣传部部长杨中坚为 14 位“百姓宣讲团”成员颁发了聘书。

★1 日，县委常委、组织部部长任新峰，县委常委、纪委书记刘才盛和县法院院长娄宏春，县委常委杨小军、县政协副主席陆茵，县人大常委会副主任沈更生，副县长姜晓静，副县长蒋树建、县政协副主席吴鼎皋，副县长、公安局局长程军分赴全县各地慰问老党员并送去慰问金和节日的祝福。

★2 日下午，县人大常委会副主任、党组副书记陈昌龙带领常委会部分组成人员到沿海经济开发区，对该区项目建设、招商引资、财政收支等方面进行调研。县人大常委会副主任沈更生、冯力如、唐国均，副县长张栩龙参加调研。

★3 日下午，县委书记、县人大常委会主任詹立风带领相关部门负责人，前往洋口港经济开发区临港工业区项目建设一线，调研、会办重点项目建设难题。县委副书记周建飞，县领导张蓉蓉、王智参加调研活动。

★3 日，县人大常委会副主任、党组副书记陈昌龙到南通外向型农业综合开发区，慰问该区仍健在的唯一一位新中国成立前老党员石初华，为他送去慰问金和节日祝福。

★4 日，由县委宣传部、县文明办举办的“农商银行杯”如东县朗读志愿者经典诵读决赛暨“朗读，走进心灵”志愿服务社区行活动正式启动。县委常委、宣传部部长杨中坚宣布“朗读，走进心灵”志愿服务社区行活动启动。县领导唐国均、姜晓静、桑健为获奖者颁奖。

★7 日，省科协党组书记、常务副主席陈惠娟率队，到如东县调研科协工作。县领导任新峰、杨中坚陪同调研。

★8 日，县委召开常委班子教育实践活动专题民主生活会，省委督导组组长耿乃凡、市委常委陈照煌、市委第二督导组组长葛维先参加并指导专题民主生活会。县委书记、县人大常委会主任詹立风主持专题民主生活会。县政协主席陈建华，县人大常委会副主任、党组副书记陈昌龙列席会议。

★8 日，县政协副主席桑圣权带领政协委员和县住建局、城管局、如东高新区（掘港镇）等相关部门人员，视察 2013 年改造完成的青园新村及今年即将改造的三河居住区、车站小区等 4 个老旧小区。

★9 日上午，县政协党组召开教育实践活动专题民主生活会，县政协党组书记、主席陈建华主持专题民主生活会。县政协党组成员、副主席余科、吴鼎皋，县政协督导员童玉林及县政协其他党组成员出席会议，县政协副主席桑健、桑圣权、陆茵列席会议。市委督导组其他成员参加会议。

★9 日下午，县人大召开全县“访选民”活动交流会，总结交流上半年“访选民”活动开展情况，研究部署今后工作。县人大常委会副主任、党组副书记陈昌龙在会上作了重要讲话，县人大常委会副主任沈更生、冯力如、唐国均参加会议。

★9 日，县委常委、纪委书记刘才盛在县公共资源交易中心调研。调研时指出，公共资源交易要在优选中标人的前提下，以“公平、高效、廉洁”的运作，实现财政资金使用效益最大化。

★10 日，县政府党组利用一天时间召开党的群众路线教育实践活动专题民主生活会。县委副书记、县政府党组书记、县长潘建华主持会议。市委第二督导组组长葛维先出席并作点评。市委督导组成员、市发改委机关党委专职副书记施洪燕参加了会议。副县长姜晓静应邀列席会议，并谈了参会感受、提了批评意见。

★10 日下午，如东县举行如东县市人大代表专题视察审议活动，代表们审议了产城融合发展的制度创新、陆海统筹发展、区镇合一、扩权强镇等沿海开发系列方案的落实情况。县人大常委会副主任沈更生在活动中发表重要讲话，县政协副主席桑健、桑圣权参加视察审议。

★11 日上午，县委常委、纪委书记刘才盛带领国土、城管、交通运输等部门的负责人，视察全县主要公路沿线违法建筑的整治情况。

★11 日下午，如东县召开征兵工作会议。县委常委、政法委书记于立忠，县委常委、人武部部长吴凤俊，副县长蒋树建出席会议。

★14 日上午，市人大人事代表工作联络委员会主任顾绮率队，到如东县调研人事代表工作。县人大常委会副主任、党组副书记陈昌龙陪同调研，县人大常委会副主任唐国均参加座谈会。

★14日，县委、县政府与江苏苏豪控股集团有限公司在南京进行商务洽谈，双方就洋口港开发建设以及其他领域的合作作前期沟通与交流。县委书记、县人大常委会主任詹立风向苏豪控股集团高层领导介绍了如东近年来经济社会的发展情况。县委常委、洋口港经济开发区党工委书记张蓉蓉介绍了洋口港开发建设情况，县委副书记周建飞、副县长王智参加活动。

★14日下午，县人大常委会副主任、党组副书记陈昌龙带领相关人员到县审计局调研同级审计情况。县人大常委会副主任冯力如参加调研。

★16日上午，苏州市工商联副主席、总商会副会长邱良元带领苏州异地商会和苏州如东商会考察团到如东县考察。县政协副主席桑健希望苏州异地商会和苏州如东商会发挥桥梁作用，促进彼此间在商贸、文化等领域的合作，鼓励更多的苏州企业家到如东投资兴业。

★16日，农业部副部长牛盾、渔业渔政管理局局长赵兴武、东海区渔政分局副局长韩旭等一行，在江苏省委常委、副省长徐鸣，江苏省海洋与渔业局局长汤建鸣，江苏省海洋与渔业局原局长唐庆宁的陪同下，到如东县考察现代渔业建设项目。南通市委常委秦厚德，南通市副市长单晓鸣，县委书记、县人大常委会主任詹立风，县委副书记、县长潘建华，县领导于立忠、蒋树建、唐智明等陪同考察。

★16日下午，市委书记丁大卫于来如东县调研安全生产和环境保护工作。县委书记、县人大常委会主任詹立风，县委副书记、县长潘建华参加调研活动。县领导沈峻峰、于立忠参加调研活动。

★17日下午，如东县召开上半年违建监管工作督查推进会，县委常委、纪委书记刘才盛出席会议。

★18日下午，如东县召开户外广告设置规划论证会，县委常委、常务副县长沈峻峰，县政协副主席桑圣权参加会议。

★18日下午，市委统战部在如东县召开全市“凝心促改革，聚力促率先”主题活动推进会。市政协副主席、市委统战部部长殷雄在会上作重要讲话，县政协副主席、统战部长吴鼎皋介绍了如东县主题活动的开展情况。县委常委、纪委书记刘才盛出席会议。

★19日，如东县召开县委常委班子、县政府党组专题民主生活会情况通报会。县委书记、县人大常委会主任詹立风主持通报会。詹立风在通报县委常委班子专题民主生活会情况，县委副书记、县长潘建华通报了7月10日县政府党组专题民主生活会情况和县政府党组遵守党的政治纪律、贯彻中央“八项规定”、省、市“十项规定”、县委“八项规定”的情况，省委督导组成员王书龙，县政协主席陈建华，县委副书记周建飞，县人大常委会副主任、党组副书记陈昌龙等县四套班子领导；现职县级领导干部；正县级老同志和近5年退出领导岗位的副县级老同志；县级机关各部门各单位及其直属单位主要负责人；镇区党政正职；无党派代表人士；部分“两代表一委员”和党员、群众代表出席会议。

★21日，县政协主席陈建华带领县民政局、掘港镇相关负责人专题调研如东县养老工作。

★22日，如东县召开省级高新区创建暨如东科创园建设发展推进会议，县委常委、组织部部长任新峰在会上作了重要讲话，副县长阮平章主持会议。副县长王智出席会议。

★22日，县人大常委会召开第41次主任会议，听取和审议县检察院关于监所检察的工作情况。县人大常委会副主任、党组副书记陈昌龙、县人大常委会副主任沈更生、冯力如、唐国均出席会议。

★22日，县人大常委会副主任、党组副书记陈昌龙带领人大部分人员到县商务局调研。县人大常委会副主任冯力如参加调研。

★22日下午，县政协主席陈建华率政协相关委员会负责人，对如东县残疾人工作开展调研。陈建华充分肯定了残疾人工作取得突出成效，县政协副主席桑圣权参加调研。

★23日下午，县人大常委会党组召开党的群众路线教育实践活动专题民主生活会，县委书记、县人大常委会主任、党组书记詹立风主持专题民主生活会。县人大常委会副主任、党组副书记陈昌龙，党组成员、副主任冯力如、唐国均及县人大常委会其他党组成员出席会议，县人大常委会副主任沈更生列席会议。

★23日下午，县政协召开十四届十四次常委会。会议由县政协主席陈建华主持。县委副书记、县长潘建华通报了2014年上半年全县经济社会发展情况。副县长姜晓静，县政协副主席桑健、余科、桑圣权、陆茵，县政协督导员童玉林出席会议。

★23日下午，县政协党组召开专题民主生活会情况通报会。县政协主席陈建华通报了7月9日上午县政协党组专题民主生活会情况。市政协委员、副县长姜晓静，县政协副主席桑健、余科、桑圣权、吴鼎皋、陆茵，县政协督导员童玉林，县政协部分老领导、老同志，县政协常委、各委员小组负责人，如东高新区（掘港镇）、如东经济开发区（苴镇）、如东沿海经济开发区（洋口镇）、洋口港经济开发区（长沙镇）等政协工委负责人，部分驻如东市政协委员，县政协机关全体干部以及部分党员、群众代表出席会议。

★23日下午，如东县召开纪检监察系统上半年工作总结推进会，总结2014年以来全县党风廉政建设和反腐败工作，研究部署下半年各项工作。县委常委、纪委书记刘才盛出席会议并讲话。

★24日，中共如东县委十三届六次全体（扩大）会议召开，县委书记、县人大常委会主任詹立风主持会议，县委委员、候补委员出席会议。县纪委委员，县人大、县政府、县政协领导班子成员，县督导员，县法院院长，县检察院检察长，各镇区党政负责人，县级机关各部门和县直属单位中层以上干部，县五十强企业负责人，原县四套班子老领导和享受地市级待遇的老干部代表列席会议。

★24日上午，县人大常委会党组召开专题民主生活会情况通报会。县委书记、县人大常委会主任、党组书记詹立风主持会议并讲话。会上，县人大常委会副主任、党组副书记陈昌龙通报了县人大常委会党组专题民主生活会的情况。市委督导组领导，县人大常委会副主任沈更生、冯力如、唐国均，县人大督导员杨成泉，县十六届人大常委会全体组成人员，县人大机关全体干部，各镇人大主席及部分人大代表和党员群众代表参加活动。

★25日，县委书记、县人大常委会主任詹立风到洋口港经济开发区，全程参加并指导该区党工委（长沙镇党委）班子专题民主生活会。县委常委、洋口港经济开发区党工委书记张蓉蓉首先代表区党工委作对照检查，认真检查了遵守党的政治纪律、贯彻中央“八项规定”精神情况，深入查找了“四风”方面存在的突出问题。其他班子成员在会上分别作了个人对照检查，班子成员之间认真坦诚地开展了批评与自我批评。市委第二督导组组长葛维先作重要讲话。

★25日，如东县召开2014年城市环境综合整治推进会，县委常委、常务副县长沈峻峰出席会议并讲话。县委常委、宣传部部长杨中坚主持会议。

★26日，县委中心组在县会议中心举行专题报告会，受县委书记、县人大常委会主任詹立风委托，县委副书记周建飞主持报告会。县委中心组全体成员出席报告会。

★26日，如东经济开发区召开党的群众路线教育实践活动专题民主生活会，市委第二督导组组长葛维先，县委副书记、县长潘建华参加民主生活会。

★29日上午，如东县召开洋口港综合保税区可行性研究报告评审会，县委书记、县人大常委会主任詹立风在评审会上致辞，会议由县委副书记周建飞主持。县委副书记、县长潘建华，县领导张蓉蓉、王智参加会议。

★29上午，县十六届人大常委会召开二十一次会议。县人大常委会副主任、党组副书记陈昌龙对2014年上半年全县经济社会发展情况进行总结回顾。县人大常委会副主任沈更生、冯力如、唐国均出席会议。

★29日，省人大常委会法工委主任孙如林率省人大、省气象局调研组到如东县开展立法调研，副县长蒋树建介绍了如东县陆上与海上风电场、太阳能开发利用及设备制造、云水资源的开发利用等情况。县人大常委会副主任唐国均主持交流会。

★29日，省人大法制委主任委员张新民率省人大法制委、外事委、省商务厅及省港澳办联合调研组一行到如东县，就《江苏省保护和促进香港澳门同胞投资条例（草案）》开展调研。县人大常委会副主任、党组副书记陈昌龙陪同调研。

★30日上午，县委书记、县人大常委会主任詹立风，县委副书记、县长潘建华分别前往如东消防大队、边防大队、武警中队、长沙雷达站、刘埠边防所和武警边防机动中队，向长期坚守岗位，服务地方发展的驻如部队官兵送去节日的问候。潘建华一行来到刘埠边防所和武警边防机动中队。县领导唐国均、程军、唐智明参加慰问活动。

★31日，南通市政协副主席陈德新率市政协调研组，到如东县开展“推进农村土地流转，拓展农民增收渠道”专题调研活动。副县长蒋树建向调研组介绍了如东县推进农村土地流转工作情况。县政协副主席桑圣权、县政协督导员童玉林参加调研。

★31日，如东县召开全县印染行业专项整治暨依法严厉打击环境违法行为亮剑行动视频工作会议，副县长蒋树建对“整治违法排污企业保障群众健康”环保专项行动进展情况进行了点评，县委常委、政法委书记于立忠在会上发表重要讲话。

8月

★1日上午，全市人大工作座谈会在如东县召开。会议讨论通过《关于进一步加强和改进人大工作的意见》和《关于评议市级政府部门依法行政工作的实施方案》。市人大常委会党组书记、副主任黄利金主持会议并讲话，县委书记、县人大常委会主任詹立风在会上介绍了如东县经济社会发展情况。市人大领导王向红、施建中、程静、张小平、李水林，县人大常委会副主任、党组副书记陈昌龙，县领导张栩龙出席会议。

★1日，如东县召开服务业经济工作推进暨旅游业培训会，全面总结全县上半年服务业发展工作。副县长王智通报了如东县上半年服务业发展情况。县委常委杨小军出席会议。

★1 日，召开全县“平安渔业”创建深化暨海洋渔业安全生产工作推进会。副县长蒋树建分析了如东县当前海洋渔业安全生产形势。会议由县委常委、政法委书记于立忠主持，副县长唐智明出席会议。

★3 日，如东县召开安全生产检查整改专项行动动员会，安排部署全县安全生产隐患大排查、大整改行动，副县长王智出席会议。

★3 日下午，县政府召开全县安全生产工作紧急会议，县委副书记、县长潘建华要求立即开展全覆盖、无盲点、拉网式排查，杜绝任何安全隐患，以铁的手腕、铁的措施，扎实细致地开展安全大检查。副县长王智对当前安全生产工作形势作了分析，副县长蒋树建、程军、张栩龙参加会议。

★4 日上午，省委书记罗志军主持召开全省第二批党的群众路线教育实践活动推进会，县委书记、县人大常委会主任詹立风，县委副书记、县长潘建华等县四套班子领导，各镇、区和县级机关各部门主要负责人集中收听收看会议。

★4 日下午，县政协主席陈建华到丰利镇开展第七次“主席接待日”活动，来自各界别的政协委员结合自身工作实际，对群众反映集中的古镇文化保护与开发、镇域产业定位与发展、区域交通改善、引江供水全覆盖、海洋渔业生产等热点难点问题进行讨论。

★5 日，县委组织部召开全县镇（区）组织委员座谈会。在听取各镇（区）组织委员的工作交流后，县委常委、组织部部长任新峰作了重要讲话。

★5 日至 6 日，全市政协提案工作会议在如东县召开。县政协主席陈建华在会上致欢迎词并介绍了如东县政协提案工作的特色做法。市政协副主席陆玉明对如东县经济社会发展和政协提案工作给予了高度肯定。市十届政协副主席张庆平出席会议，副县长、沿海经济开发区党工委书记张栩龙陪同参观，县政协副主席吴鼎皋出席会议。

★6 日下午，县委副书记、县长潘建华前往县征兵体检站，视察夏秋征兵体检工作情况，并看望慰问了工作人员和应征青年。县委常委、人武部部长吴风俊和副县长蒋树建陪同视察。

★6 日下午，市文广新局与市关工委联合组织到如东县开展暑期网吧专项检查。副县长姜晓静参加活动。

★7 日下午，县政府与中国中化股份有限公司签署战略合作协议，拉开了双方深度合作、共创未来的序幕。中化集团副总裁、中化国际公司董事长潘正义，县委书记、县人大常委会主任詹立风出席签约仪式并致辞。县委副书记周建飞主持签约仪式。中化集团战略规划部总经理程永和副县长张栩龙分别代表中化股份有限公司和如东县人民政府签约。县领导张蓉蓉、王智出席签约仪式。

★7 日下午，在如东县召开全市渔业安全生产工作推进会，县委副书记、县长潘建华介绍了如东县渔业安全生产总体情况。市委常委秦厚德对如东县渔业安全生产工作给予高度评价。省海洋与渔业局渔政处处长沈国华，副市长单晓鸣，县委常委、政法委书记于立忠，副县长蒋树建出席会议。

★7 日，县委常委、宣传部部长杨中坚，副县长姜晓静到县文广传媒中心，调研深化文化体制改革和文化产业发展的工作情况。

★8 日上午，市委常委秦厚德在如东县调研中心镇建设和农业农村发展工作，县委书记、县人大常委会主任詹立风，县领导于立忠、蒋树建、唐智明参加调研活动。

★8 日上午，县政府召开专题会议，向县人大常委会及部分县人大代表汇报县十六届人大三次会议五件议案办理情况。县委常委、常务副县长沈峻峰，副县长蒋树建分别作了工作汇报。县人大常委会副主任、党组副书记陈昌龙，县人大常委会副主任沈更生、冯力如、唐国均出席会议。

★8 日下午，县委中心组举行“城乡规划与境外融资招商”专题讲座。县委副书记周建飞主持讲座。

★8 日，县人社局召开全县人力资源和社会保障工作点评会，县委常委、常务副县长沈峻峰在会上作了重要讲话。

★9 日上午，来自香港如东同乡会的三位博士为如东高级中学高一年级学生作了一场主题为“奋进追梦、人生出彩”的报告会，县委常委、纪委书记刘才盛出席报告会，县政协副主席吴鼎皋主持报告会。

★9 日下午，县委召开全县党的群众路线教育实践活动推进会，县委书记、县人大常委会主任詹立风主持会议并讲话。市委第二督导组副组长陆永生，县领导任新峰、刘才盛、杨中坚、张蓉蓉、张栩龙出席会议。

★9 日下午，香港如东同乡会会长严嘉博士率香港如东同乡会返乡人员，考察全县经济社会发展情况。县政协副主席吴鼎皋陪同考察。

★11 日上午，县委书记、县人大常委会主詹立风任主持召开全县重点工作督查推进会并作重要讲话。县委副书记、县长潘建华通报了 1 至 7 月份全县重点工作完成情况。县委常委、常务副县长沈峻峰对今年以来全县城建、交通建设及城市环境综合整治情况进行了总结点评。县四套班子领导出席会议。

★12 日下午，县政协主席陈建华带领县政协主席会议成员、驻会常委等专题调研县法院工作情况。县政协副主席桑健、桑圣权、吴鼎皋、陆茵，督导员童玉林参加调研。

★12 日下午，如东县召开栟茶镇行政管理体制改革试点工作动员会。县委副书记周建飞出席会议作重要讲话，县委常委、常务副县长沈峻峰主持会议。县领导任新峰、于立忠、蒋树建出席会议。

★14 日上午，南通市副市长赵闻斌一行，到如东县就市经济薄弱村扶持项目相关情况进行调研。在县委书记、县人大常委会主任詹立风的陪同下，赵闻斌先后视察了掘港镇上成市场、县残疾人综合服务中心，并听取相关汇报。副县长蒋树建向市领导介绍了如东县关于南通市扶持集体经济薄弱村物业项目推进情况的汇报。县委常委、政法委书记于立忠，副县长唐智明陪同调研。

★14 日上午，市委第二督导组组长葛维先一行到到如东县掘港镇古池社区，参加并指导党的群众路线教育实践活动专题组织生活会。

★14 日上午，太仓市政协主席宋建中带领该市政协领导班子成员和工委负责人到如东县考察沿海开发。在县政协主席陈建华、副主席陆茵的陪同下，宋建中一行先后视察了如东县城市规划展览馆、如东龙源海上风电场。

★19 日上午，县人大召开农村基础设施建设专项工作评议部署会，对评议工作进行了安排部署。会上，县人大常委会副主任唐国均对 2014 年全县农村基础设施建设开展专项评议工作进行了部署。县人大常委会副主任、党组副书记陈昌龙，县委常委、常务副县长沈峻峰，副县长蒋树建在会上发表重要讲话，县人大常委会副主任沈更生、冯力如出席会议。

★20 日下午，如东县举行 2014 年新录用公务员上岗宣誓暨“群众观”教育实践培训活动启动仪式。县委常委、组织部部长任新峰出席活动并讲话。

★21 日上午，副县长蒋树建带领县安监、环保、信访等部门负责人，检查曹埠镇安全生产工作情况。

★21 日，巴斯夫植物保护（江苏）有限公司开业暨江苏如东生产基地开工仪式在如东沿海经济开发区举行，巴斯夫亚太区总裁、巴斯夫大中华区总裁兼董事长侯宇哲，巴斯夫作物保护部全球总裁 Markus Heldt 等公司高层领导，南通市副市长陈一星，县委书记、县人大常委会主任詹立风，县委副书记、县长潘建华等出席开业庆典。副县长、沿海经济开发区党工委书记张栩龙在会上发表重要讲话，县领导陈建华、王智参加活动。

★22 日，如东县召开全县政策性农业保险工作会议。副县长蒋树建在会上发表重要讲话，县委常委、政法委书记于立忠主持会议，副县长唐智明出席会议。

★22 日，如东县召开海洋渔业安全生产工作推进会。副县长蒋树建在会上发表重要讲话，县委常委、政法委书记于立忠主持会议，副县长唐智明出席会议。

★22 日下午，县政协召开专题界别协商座谈会，专题听取界别委员对政协重点工作的意见和建议。县政协主席陈建华对委员们的意见建议给予充分肯定。县政协副主席桑圣权、吴鼎皋，督导员童玉林，县政协相关主席会议成员和委室负责人，社科界、无党派界和农业农村界等界别委员代表参加会议。

★26 日上午，县人大常委会召开第 43 次主任会议，听取并审议县农委关于农资市场监管工作情况的汇报。县人大常委会副主任、党组副书记陈昌龙对农资市场监管工作取得的成效给予肯定。副县长蒋树建、唐智明参加会议。

★26 日下午，县委书记、县人大常委会主任詹立风专题调研全县社会事业项目推进工作。县委常委、宣传部部长杨中坚主持调研座谈会，并汇报了 2014 年以来全县社会事业发展工作。副县长姜晓静参加调研活动。

★26 日下午，如东县召开招商引资“百日竞赛”总结表彰暨冲刺全年动员大会。县委副书记周建飞充分肯定了“百日竞赛”取得的成果，县委常委杨小军主持会议。会上，县委常委、洋口港经济开发区党工委书记张蓉蓉宣读“百日竞赛”的表彰决定。副县长王智总结竞赛活动开展情况。

★27 上午，县委、县政府举行省第六批科技镇长团如东团总结汇报会暨省第七批科技镇长团如东团欢迎仪式，县委书记、县人大常委会主任詹立风对第六批科技镇长团如东团助推如东经济转型跨越所做的贡献予以充分肯定，同时希望第七批科技镇长团如东团紧扣如东发展大局，致力当好科技创新的指导员、人才引育的组织员、经济发展的调研员、推介如东的宣传员，为推动如东经济又好又快发展注入新活力。县委副书记、县长潘建华主持会议，县委常委、组织部部长任新峰宣读了省第六批、第七批“科技镇长团”如东团成员职务任免决定。副县长王智出席会议。

★27 日，县工商联组织召开县工商联（总商会）会长企业和工商联界的县政协委员企业发展经验交流会。县政协主席陈建华出席会议。县政协副主席、县工商联（总商会）主席（会长）桑健主持会议。

★27 日下午，如东县召开县文化中心（二期）大剧院工程初步设计评审会，县委常委、常务副县长沈峻峰在会上发表重要讲话，县领导杨中坚、姜晓静出席会议。

★28 日下午，如东县召开县委常委议军会，分析当前全县国防动员建设形势，研究解决国防动员和民兵预备役建设中遇到的问题。县委书记、县人大常委会主任、县人武部党委第一书记詹立风主持会议并讲话，县委副书记、县长潘建华，县政协主席陈建华出席会议。会上，县委常委、县人武部部长吴风俊介绍了如东县国防后备力量的建设情况，汇报了下一步如东县人民武装工作的目标任务。县领导周建飞、陈昌龙、沈峻峰、任新峰、刘才盛、杨中坚、杨小军、于立忠、张蓉蓉，县人武部政委刘瑞出席会议。

★29 日，如东县“最美一线职工”颁奖暨职工文化艺术节闭幕典礼在县行政中心会议厅隆重举行。南通市总工会主席、党组书记葛玉琴，县委书记、县人大常委会主任詹立风等市县领导出席颁奖典礼并为“最美一线职工”颁奖。县领导杨中坚、唐国均、姜晓静、桑健出席典礼仪式。

★29 日下午，如东县召开新兴产业发展推进会，县委副书记周建飞向县经信委、县科技局等单位下达任务交办单。副县长王智主持会议。

★29 日至 30 日，中国社科院中国城市经济学会调研组一行到如东县，就产业发展和项目建设开展调研。县人大常委会副主任、党组副书记陈昌龙，县委常委、宣传部部长杨中坚，副县长姜晓静陪同调研。

★30 日下午，县委书记、县人大常委会主任詹立风带领县四套班子主要领导前往视察通洋高速工程建设推进情况，县委副书记、县长潘建华，县政协主席陈建华，县委副书记周建飞，县人大常委会副主任、党组副书记陈昌龙，县领导沈峻峰、杨小军参加视察活动。

9 月

★2 日上午，由集团并购博程生物科技（南通）有限公司成立的泰莱食品配料（南通）有限公司正式开业。县委书记、县人大常委会主任詹立风与泰莱集团业务发展部高级副总裁 Rowan Adams 共同为公司揭牌。县委副书记、县长潘建华，县委副书记周建飞、县委常委杨小军、副县长王智出席活动。

★2 日，省人大代表南通代表团第四小组专程到如东县视察指导沿海开发工作。县委书记、县人大常委会主任詹立风介绍如东县经济社会发展和沿海开发情况，县委副书记、县长潘建华参加活动。县人大常委会副主任、党组副书记陈昌龙主持汇报交流会。县领导张蓉蓉、张栩龙参加活动。

★2 日，扬州市邗江区人大常委会副主任徐圣龙一行来如东县调研社会救助工作开展情况。座谈会上，县人大常委会副主任唐国均介绍了如东县沿海开发及经济社会发展情况。

★2 日下午，县政协组织医卫界委员专题对“有效化解因病致贫特困群体困难”的调研成果和“依法打击医闹、依法推动无偿献血”两个重点提案的办理落实情况开展协商座谈，广泛听取委员们的意见和建议。县政协主席陈建华认真听取委员们的建议后作了重要讲话，县政协副主席桑健出席会议。

★4 日上午，副市长黄爱军到如东县调研工业经济运行、园区建设等方面的情况，希望如东县进一步加大对企业的服务力度，力促工业经济稳健增长。县委副书记、县长潘建华陪同调研。

★4 日，全市“七打七治”专项行动暨基层安监能力建设推进会在如东县召开，副市长黄爱军指出，当前全市安全生产形势依然十分严峻，务必把“七打七治”作为重中之重。县委副书记、县长潘建华出席会议并讲话。会上，副县长王智汇报了如东县化工专项整治和危化品安全生产攻坚工作。

★5 日上午，南通市新四军研究会在如东县召开座谈会，就如东县正在建设中的苏中反“清乡”斗争纪念馆史料征集工作展开研究和探讨。市人大常委会原主任、市新四军研究会会长秦兆桢主持座谈会。县委副书记周建飞汇报了全县经济社会发展情况和反“清乡”纪念馆整体推进情况。副县长姜晓静参加活动。

★6 日，如东县召开全县河道养殖（捕捞）设施清除专项行动推进会。为切实维护广大人民群众合法利益，确保全县内陆河道水质提升，行洪、排涝及通航安全，县委、县政府决定在全县范围内开展一次全面、彻底的河道养殖和捕捞设施清除专项活动。副县长蒋树建对此次专项行动作动员部署，县委常委、政法委书记于立忠在会上发表重要讲话，县委常委杨小军主持会议，县领导冯力如、唐智明、桑圣权出席会议。

★10 日，如东县举行全国第 30 个教师节表彰庆祝活动，县委书记、县人大常委会主任詹立风，县委副书记、县长潘建华，县政协主席陈建华，县委副书记周建飞，县人大常委会副主任、党组副书记陈昌龙等县四套班子领导出席庆祝活动。

★10 日，市人大领导王向红、施建中、张小平一行通过实地调研，对如东县高标准农田建设工作予以高度评价。县委副书记、县长潘建华，县人大常委会副主任、党组副书记陈昌龙，县领导冯力如、蒋树建参加调研活动。

★10 日，全县召开党的群众路线教育实践活动专项整治工作部署会议。县委副书记、县教育实践活动领导小组副组长周建飞作重要讲话。市委督导组副组长陆永生到会讲话。会议由县委常委、组织部部长任新峰主持。

★10 日，第十六期南通市文艺家读书班在如东县开班，部分中青年文艺骨干、行业文联驻会负责人、乡镇文联代表近 100 人参加为期 3 天的集中封闭式学习培训。市文联副主席王法、县政协副主席桑健出席会议。

★11 日下午，如东县专题召开学习习近平总书记系列重要讲话精神座谈会。

★11 日下午，如东县举行 2014 年干部培训秋季主体班开班仪式，700 多名行政事业单位的公务员和管理人员将接受培训。县委常委、组织部部长任新峰出席开班仪式并讲话。

★12 日，县人大常委会副主任、党组副书记陈昌龙带领人大常委会部分组成人员调研如东工商行政管理工作。县人大常委会副主任沈更生、冯力如、唐国均参加会议。

★12 日下午，中天科技集团与江苏刚正薄板科技有限公司举行分布式光伏发电项目合作签约仪式。县委副书记周建飞在会上发表重要讲话，副县长王智主持签约仪式。

★13 日下午，县委书记、县人大常委会主任詹立风主持召开全县重点工作督查推进会。县委副书记、县长潘建华通报了 1 至 8 月份全县重点工作完成情况，分管县领导分别点评了各项重点工作和通报了夏季秸秆禁烧与综合利用情况。县四套班子领导出席会议。

★15 日，县委召开全县惩防体系建设暨落实“两个责任”推进大会。县委常委、纪委书记刘才盛就全县惩防体系建设和落实“两个责任”作了动员报告。县委书记、县人大常委会主任詹立风出席并作重要讲话。会议由县委副书记周建飞主持。

★16 日上午，县政协举办建议案、重点提案及民主评议公开问办公众问效直播活动，县委常委、常务副县长沈峻峰参加了直播活动并发表重要讲话，县领导陈建华，刘才盛、蒋树建、桑圣权、吴鼎皋、陆茵参加活动。

★16 日，如东县召开县安委会扩大会议，副县长王智在会上发表重要讲话。

★17 日上午，在市人大常委会原主任秦兆桢的带领下，市人大离退休干部实地参观了洋口港经济开发区、沿海经济开发区重点项目建设现场，县委副书记周建飞，县人大常委会副主任、党组副书记陈昌龙陪同参观。

★17 日上午，2014 第七届中国(江苏)国际风电产业发展高峰论坛暨第二届江苏省中小企业风电产业协作配套对接会在如东县召开。江苏省可再生能源发展项目办公室主任许瑞林主持开幕式。县委常委、常务副县长沈峻峰向与会领导、专家和企业代表介绍了如东县风电产业的发展情况。副县长张栩龙作了题为《推动风电产业集群打造如东绿色名片》的专题演讲。

★17 日下午，如东县召开非公有制经济人士理想信念教育实践活动推进暨联席会议，进一步推进非公经济人士理想信念教育。县政协副主席桑健、吴鼎皋参加会议。

★19 日下午，如东县在县实验小学举行“运动与健康知识”专题讲座暨迎国庆健步走活动。县人大常委会副主任唐国均参加活动。

★20 日晚，由县委宣传部、县人社局等部门联合主办的“医保杯”如东县首届《民歌大舞台》团体歌咏比赛在文峰大世界广场举行。县人大常委会副主任唐国均、县政协副主席桑圣权给获奖者颁奖。

★21 日，来自如东县教育系统以及黄海剧团、创新艺术团、文化宫等社会组织的 200 多名演员，在南通市环西文化广场，为现场近千名观众表演了《扶海洲的女人们》《如意东方》《蓝印花布谣》等 10 多个精彩节目。县委常委、宣传部部长杨中坚观看了演出。

★22 日上午，“扶海大学堂”邀请国防大学战略教研部副主任、战略研究所所长金一南少将作题为“中国梦：从民族救亡到民族复兴”的专题讲座。讲座由县委副书记周建飞主持。县委书记、县人大常委会主任詹立风，县委副书记、县长潘建华，县政协主席陈建华，县人大常委会副主任、党组副书记陈昌龙等四套班子领导，以及县级机关各部门负责人、镇（区）负责人等听取了报告。

★22 日，市台办、市人民银行和洋口港经济开发区牵头组织中国银行、建设银行等 11 家金融单位齐聚洋口港，为台湾中石化基地项目“量身定做”金融服务方案。县委常委、洋口港经济开发区党工委书记张蓉蓉在当天召开的台湾中石化项目政银企对接会上发表重要讲话。

★22 日下午，县人大常委会召开第 44 次主任会议，听取县交通运输局关于全县农村公路建设和管理情况的工作报告。县人大常委会副主任、党组副书记陈昌龙带领人大常委会部分成员视察了通洋高速、五秀路、潮杨路、长掘线、长兵线等交通干线和农村公路的建设情况。县人大常委会副主任沈更生主持会议，县人大常委会副主任唐国均出席会议。

★23 日下午，九三学社中央副主席赖明、武维华带领专家学者专程到如东县调研，县委副书记、县长潘建华，县领导蒋树建、唐智明、桑圣权、吴鼎皋参加调研活动。

★25 日上午，扬州市邗江区人大常委会副主任徐金才一行到如东县调研教育工作。座谈会上，县人大常委会副主任唐国均、县教育局负责人介绍了如东县县情和教育工作基本情况，并就教育结构与布局、经费与装备、生源与师资、课程与质量、教育资源优化整合等工作进行了交流、座谈。

★25 日上午，副县长王智带领环保、安监等部门负责人，前往马塘镇、丰利镇检查国庆节前安全生产工作。

★25 日，全省供销合作社系统在如东县召开现场推进会。省供销合作总社党组书记、理事会主任黄宝荣对如东县秸秆综合利用工作予以充分肯定，要求全省供销合作社系统认真学习借鉴先进经验，推动多种形式的秸秆综合利用，在推进生态文明建设工程中发挥出积极作用。省供销合作总社理事会副主任徐筱棣主持会议。省供销合作总社监事会主任郭乃红、理事会副主任袁森林，副市长赵闻斌，县委书记、县人大常委会主任詹立风，副县长蒋树建、唐智明参加会议。县委副书记、县长潘建华介绍了如东县秸秆综合利用的做法。

★25 日，市委常委、宣传部部长章树山在栟茶镇调研文化产业发展工作时要求，进一步做好地域文化的挖掘，做大做强文化品牌产业。在县委书记、县人大常委会主任詹立风，县委常委、宣传部部长杨中坚的陪同下，章树山视察了栟茶镇城镇开发建设情况。

★25 日下午，如东县召开 9 月份工业经济推进会，要求全县上下牢牢锁定既定目标，努力冲刺，确保完成全年任务。副县长王智通报了 1 至 8 月份如东县工业经济运行情况。县委常委杨小军表示在会上发表重要讲话。县委副书记周建飞、副县长张栩龙参加会议。

★26 日上午，市委常委陈照煌到如东县听取党的群众路线教育实践活动整改落实工作情况汇报，市委第二督导组组长葛维先汇报了在如东县的督导工作情况，县委书记、县人大常委会主任、县委党的群众路线教育实践活动领导小组组长詹立风汇报了如东县党的群众路线教育实践活动整改落实工作情况。县委常委、宣传部部长杨中坚出席汇报会。随后，在县委书记、县人大常委会主任詹立风，县委副书记、县长潘建华，副县长王智的陪同下，陈照煌还检查了如东县部分企业的安全生产，参观了解了三一重工项目的进展情况。

★26 日，交通部海事局水运口岸调研组到如东县调研洋口港口岸开放推进工作。县委常委、洋口港经济开发区党工委书记张蓉蓉在座谈会上发表了重要讲话。

★28 日上午，南通市副市长赵闻斌带领市安监局、农办等部门负责人到如东县对涉氨农产品加工企业进行安全生产检查。副县长蒋树建陪同检查。

★28 日，县委常委、常务副县长沈峻峰到高新区调研党的群众路线教育实践活动整改落实情况，并检查了重点企业的安全生产工作。

★28 日，副县长唐智明带领县安监局、水务局等部门相关负责人到大豫镇开展节前安全生产检查。

★29 日上午，市人大常委会党组副书记、副主任王向红一行来如东县检查节前海洋渔业安全生产工作。县委副书记、县长潘建华，副县长王智陪同检查。

★29 日上午，县十六届人大常委会召开第二十二次会议。会议听取并审议县政府副县长蒋树建所作的关于加快土地流转、促进高效规模农业发展情况的工作报告。听取了县人大常委会专题调查组关于加快土地流转、促进高效规模农业发展情况的调查报告。会议由县人大常委会副主任、党组副书记陈昌龙主持。县人大常委会副主任沈更生、冯力如、唐国均出席会议。副县长唐智明列席会议。

★29 日上午，县委副书记、县长潘建华到如东经济开发区，听取党的群众路线教育实践活动整改落实工作情况汇报并作重要讲话。

★29 日上午，南京银行 2014 年如东秋季房地产展示交易会在县总工会五一广场开幕。县领导沈峻峰、杨中坚、沈更生、桑圣权参加开幕式。

★29 日下午，县委书记、县人大常委会主任詹立风到洋口港经济开发区听取党的群众路线教育实践活动整改落实情况的汇报并作重要讲话。县委常委、洋口港经济开发区党工委书记张蓉蓉汇报了洋口港经济开发区群众路线教育实践活动整改落实情况。

★29 日下午，县委书记、县人大常委会主任詹立风带领县安监、监察、公安、消防、总工会等部门负责人，赴洋口港经济开发区检查指导安全生产工作。县领导张蓉蓉、王智参加检查活动。

★29 日下午，如东县召开办公室工作会议。县委副书记周建飞在会上作重要讲话。

★29 日，由县委宣传部、县文学艺术界联合会、县文化广电新闻出版局以及共青团如东县委员会联合主办的书画摄影作品展在县文化馆隆重举行。县领导唐国均、桑健观看了展览。

★30 日上午，如东县举行公祭烈士活动。县委副书记、县长潘建华主持公祭仪式。县委书记、县人大常委会主任詹立风，县政协主席陈建华，县委副书记周建飞，县人大常委会副主任、党组副书记陈昌龙等县四套班子领导参加公祭活动。

★30 日上午，南京银行 2014 年如东秋季房地产展示交易会在县总工会五一广场开幕。县领导沈峻峰、杨中坚、沈更生、桑圣权参加开幕式。

★30 日，县委副书记、县长潘建华，副县长王智率县总工会、县公安、安监、消防、文广传媒中心（集团）、掘港镇相关部门负责人到南通亿能彩钢板有限公司、欧贸广场检查安全生产隐患大排查、大整改落实情况。

★30 日，如东县召开全县国民经济和社会发展“十三五”规划编制工作会议，确保“十三五”规划编制按序时完成。县委常委、常务副县长沈峻峰部署全县“十三五”规划编制工作，对交办落实前期课题研究进行动员。会议由县委副书记周建飞主持。

★30 日，由县委宣传部、县文学艺术界联合会、县文化广电新闻出版局以及共青团如东县委员会联合主办的书画摄影作品展在县文化馆隆重举行。县领导唐国均、桑健观看了展览。

10 月

★10 月 8 日，如东县组织收听收看党的群众路线教育实践活动总结大会实况。县委书记、县人大常委会主任詹立风就贯彻中央、省市会议精神，扎实搞好如东县教育实践活动提出要求。县委副书记、县长潘建华，县政协主席陈建华，县委副书记周建飞，县人大常委会副主任、党组副书记陈昌龙等四套班子领导；县教育实践活动领导小组成员；各镇（区）党（工）委书记、县级机关各部门各单位主要负责人；县委督导组组长、县委教育实践活动办公室全体人员在县会议中心分会场收听收看会议实况。

★10 日，如东县召开全县沿海开发重点工作督查推进会。县委副书记周建飞发表重要讲话。副县长王智参加活动。

★11 日上午，中国如东第十五届国际风筝会暨“小洋口旅游杯”2014 年江苏省风筝精英赛，在沿海经济开发区风筝放飞场拉开帷幕，开幕式上，县委副书记、县长潘建华致欢迎辞。开幕式由县委常委、宣传部部长杨中坚主持，国家体育总局社会体育指导中心副主任刘北剑宣布比赛开始，国家体育总局社会体育指导中心业务三部副主任张秀丽，江苏省体育局副巡视员吕卫东，江苏省社会体育管理中心副主任张晃新，南通市体育局党组书记、局长徐国祥，副县长、沿海经济开发区党工委书记张栩龙等领导出席开幕式。

★11 日上午，县委书记、县人大常委会主任詹立风主持召开全县重点工作督查推进会。会上，县委副书记、县长潘建华通报了前三季度全县重点工作完成情况。县委副书记周建飞宣读了全县重点工作“季度竞赛”考核结果，县四套班子领导出席会议。

★11 日下午，县委县政府召开全县秋季秸秆禁烧禁抛与综合利用工作电视电话会议。副县长蒋树建总结了 2014 年夏季秸秆禁烧禁抛和综合利用工作经验，并就进一步深入落实秋季秸秆“双禁”和综合利用工作要求进行部署与安排。县委常委、纪委书记刘才盛在会上发表重要讲话，会议由县委常委杨小军主持，县领导唐智明、桑圣权出席会议。

★11 日下午，县检察院在县卫生局召开卫生系统职务犯罪系列案件剖析会。县委常委、政法委书记于立忠参加会议并作重要讲话，县检察院检察长顾祖林主持会议，市检察院专职委员李建国对剖析会作点评。

★12 日，县委组织部、县人才办及县妇联联合主办“缘圆”单身青年联谊活动，为 120 多名单身青年搭建联谊、互动的平台。县委常委、组织部部长任新峰出席活动并致辞。

★12 日下午，全省党的群众路线教育实践活动总结大会以电视电话会议形式召开。县委书记、县人大常委会主任詹立风，县委副书记、县长潘建华，县政协主席陈建华，县委副书记周建飞，县人大常委会副主任、党组副书记陈昌龙等县四套班子领导，县委党的群众路线教育实践活动领导小组、督导组全体成员，县级机关各部门、各镇区负责人到场收听收看。

★13 日下午，省人大常委会常务副主任、党组副书记蒋宏坤一行，在市人大常委会副主任施建中的陪同下，到如东县调研新农村建设情况。县委书记、县人大常委会主任詹立风，县委副书记、县长潘建华，县领导张蓉蓉、沈更生、唐智明陪同调研。

★14 日，世界 500 强企业英国联合食品集团高层专程考察如东经济开发区。县委常委、组织部部长任新峰，副县长王智会见集团 CEO 英大卫一行，双方表示，将在加快现有项目建设步伐的同时，进一步拓展合作领域，提升合作层次，实现互利共赢的发展目标。

★14 日，县人大常委会副主任唐国均带队到县信访局调研《信访条例》贯彻实施情况。

★15 日，海安县委常委、组织部部长成宾带领海安县委组织部、县人才办、海安高新区党工委等园区和部门相关负责人到如东县考察人才工作。县委常委、组织部部长任新峰陪同考察，并就加强两地人才工作合作交流进行座谈。副县长张栩龙和海安县副县长杨同标参加活动。

★15 日下午，全市社区矫正工作会议在如东县召开，县委书记、县人大常委会主任詹立风出席会议并致辞。县委常委、政法委书记于立忠介绍了如东县社区矫正工作的特色做法。与会人员观摩了如东县社区矫正管理教育服务中心、安置帮教管理服务中心。

★16日上午，县委召开全面深化改革领导小组第二次会议，总结交流前期改革进展情况，研究部署当前和今后一段时期改革推进工作。县委书记、县人大常委会主任詹立风主持会议，会上，县委副书记、县长潘建华通报了全县全面深化改革工作进展情况。

★16日下午，全市党的群众路线教育实践活动总结大会以电视电话会议形式召开。省委督导组组长耿乃凡出席会议并讲话，南通市委书记丁大卫对全市教育实践活动进行了回顾总结，市委副书记陈斌主持会议。如东县在如东分会场组织集中收听收看电视电话会，县委书记、县人大常委会主任詹立风，县委副书记、县长潘建华，县委副书记周建飞等县四套班子领导，县委党的群众路线教育实践活动领导小组、督导组全体成员，县级机关各部门、各镇区负责人到场收听收看。

★16日，省委政法委副书记侍鹏带领调研组到如东县调研涉法涉诉信访改革工作，省委政法委执法督查处处长董向阳、市委常委、政法委书记曹斌、市委政法委常务副书记王振等省、市政法委相关领导陪同调研。县委常委、政法委书记于立忠向调研组汇报了如东县涉法涉诉信访工作情况。

★16日，如东县召开覆盖拉网式农村环境综合整治试点工作推进会议，副县长蒋树建就2013年至2014年度覆盖拉网式农村环境综合整治试点工作进行部署安排。副县长唐智明主持会议，各镇区向县政府递交覆盖拉网式农村环境综合整治试点工作目标责任书。

★17日，县政协召开专题界别协商座谈会，县政协相关主席会议成员、工商联界、经济界、农业农村界、科技科协界等界别委员代表参加会议。县政协副主席陆茵主持会议，副主席余科、桑圣权参加会议。

★17日，是全国首个“扶贫日”，国家、省、市先后召开社会扶贫工作电视电话会议。会后，副县长蒋树建就贯彻落实电视电话会议精神作出部署。副县长唐智明参加会议。

★17日下午，如东县召开船舶及重型装备产业发展座谈会。县委副书记周建飞主持会议，并向与会专家介绍了如东县经济社会发展的总体情况。副县长、沿海经济开发区党工委书记张栩龙就如东县产业发展基本情况、产业发展方向以及沿海经济开发区发展船舶及重型装备产业的设想等方面做了重点汇报。中国工程院院士潘镜芙、闻雪友出席座谈会。

★17日，县政协召开专题界别协商座谈会。县政协副主席陆茵主持会议，副主席余科、桑圣权参加会议。

★19日下午，如东高新区与中关村海淀创业园项目合作交流会在雷迪森大酒店召开，会上，副县长王智详细介绍了如东县县情、人才科技政策，县委常委、组织部部长任新峰致欢迎词，副县长阮平章主持会议。

★21日上午，全县党的群众路线教育实践活动总结大会召开。省委督导组组长耿乃凡出席会议。市委第二督导组组长葛维先出席会议并讲话。县委书记、县人大常委会主任、县委党的群众路线教育实践活动领导小组组长詹立风发表重要讲话。县委副书记、县长潘建华，县政协主席陈建华，县人大常委会副主任、党组副书记陈昌龙，县委常委沈峻峰、任新峰、刘才盛、杨中坚、杨小军、张蓉蓉、吴风俊出席会议，县委副书记周建飞主持会议。

★21日，省委督导组组长耿乃凡视察如东县文化广电传媒工作。县委书记、县人大常委会主任詹立风，县领导任新峰、杨中坚陪同视察。

★21日下午，如东县召开全县秋粮收购工作会议，副县长蒋树建参加会议并发表重要讲话。

★22日，如东县召开全县项目农业现场推进暨今冬明春绿化工作部署会，副县长蒋树建出席会议并讲话，会议由副县长唐智明主持，县政协副主席桑圣权出席会议。

★22日下午，省政府副秘书长杨根平率领调研组来如东县视察秋收秋种工作。副市长赵闻斌，县委副书记、县长潘建华，县领导蒋树建、唐智明、桑圣权陪同调研。

★22日，启东市人大常委会副主任倪国冲一行到如东县考察沿海农渔业、旅游业、工业以及港口开发情况。在洋口港阳光岛，县人大常委会副主任唐国均向倪国冲一行介绍了洋口港经济开发区产业规划、项目建设、基础配套、港口作业区码头建设等方面的情况。

★23日，如东县组织收听收看2015年度全省党报党刊发行工作电视电话会议。县委常委、宣传部部长杨中坚在如东分会场参加会议。

★23日，县政协召开十四届十五次常委会，县政协主席陈建华主持会议。县政协副主席桑健、余科、吴鼎皋、陆茵，县政协督导员童玉林出席会议。

★23日下午，县人大常委会召开第46次主任会议，县人大常委会副主任、党组副书记陈昌龙带队视察，县人大常委会副主任沈更生主持会议，县人大常委会副主任冯力如、唐国均出席会议。

★23日下午，县政协党组召开党的群众路线教育实践活动总结会议暨评议政协机关工作动员会议。县政协主席陈建华主持会议并总结。县政协副主席桑健、余科、吴鼎皋、陆茵，县政协督导员童玉林出席会议。

★24日，如东县组织收看国务院召开的全国冬春农田水利基本建设电视电话会议。国务院副总理汪洋在会上发表重要讲话，副县长唐智明及县发改委、水务局、农办、农委等部门负责人收看了会议实况。

★26 日上午，县海上搜救中心工作人员紧急报告险情，拉开了如东县 2014 年海洋渔业安全生产应急救援演练的大幕。现场演练副总指挥、副县长蒋树建立刻向现场演练总指挥、县长潘建华报告险情，并汇报了搜救力量相关的准备情况。省海洋渔业指挥部处长周文林，省海洋渔业指挥部大队长彭建新，市海洋与渔业局副局长曹军，县委常委、政法委书记于立忠，副县长王智、唐智明，各沿海镇区以及县安监局、水务局、卫生局等相关负责人，县海洋与渔业局主要负责人、分管负责人及相关科室人员参加了演练。

★27 日上午，县人大常委会党组和人大办及各委室领导班子召开党的群众路线教育实践活动总结大会。县人大常委会副主任、党组副书记陈昌龙作总结讲话。县人大常委会副主任沈更生、冯力如、唐国均，县委第二督导组负责人出席会议。

★27 日，如东县举办“孝行寿乡”市县老年书画邀请展，副县长蒋树建参观了书画展。

★28 日下午，省政协副主席、党组副书记杨新力带领省海洋与渔业局、经信委等部门到如东县专题调研海洋环境保护工作。市委书记、市人大常委会主任丁大卫，市政协主席王德忠，市领导黄巍东、单晓鸣、陈德新，县委书记、县人大常委会主任詹立风，县委副书记、县长潘建华，县政协主席陈建华，县领导张蓉蓉、蒋树建、张栩龙、陆茵参加调研活动。

★29 日上午，市长张国华专程到如东县调研沿海开发工作。县委书记、县人大常委会主任詹立风，县委副书记、县长潘建华，县领导张蓉蓉、张栩龙参加调研活动。

★29 日，县政协组织部分政协委员和界别群众代表围绕“如泰河沿线污水处理厂建设情况”“县城社区办公用房的落实情况”“渔民保险保障政策执行情况”等重点提案进行现场视察和深度协商。县领导陈建华、蒋树建、唐智明、桑圣权、吴鼎皋参加活动。

★29 日，如东县第一家员工总工会在如东经济开发区成立，县委常委、组织部部长任新峰参加了成立大会，并给予员工总工会寄语。

★30 日下午，县人大召开人大代表“问项目”现场交流会，县人大常委会副主任冯力如主持会议，县人大常委会副主任、党组副书记陈昌龙，县委常委、常务副县长沈峻峰，县人大常委会副主任沈更生、唐国均出席会议。

11 月

★1 日下午，县委中心组集中学习中共十八届四中全会和中纪委四次全会精神。县委书记、县人大常委会主任詹立风主持学习会，并就学习贯彻全会精神提出明确要求。县委副书记、县长潘建华，县政协主席陈建华，县委副书记周建飞，县人大常委会副主任、党组副书记陈昌龙等四套班子领导参加学习活动。

★3 日，如皋市人大常委会主任、党组书记谢新民，副主任邵晓泉、刘聪泉、张勇及离退休老干部一行到如东县考察沿海旅游业及港口开发情况。县人大常委会副主任、党组副书记陈昌龙，县委常委、宣传部部长杨中坚，县委常委、洋口港经济开发区党工委书记张蓉蓉陪同考察。

★4 日下午，县委、县政府召开全县创建省级文明城市动员大会，就全面深入推进文明城市创建工作进行动员部署。县委书记、县人大常委会主任詹立风强调，各责任单位和各镇区务必坚定不移狠抓工作落实，全力以赴抢抓整治进度，一着不让抓好长效管理，确保高标准通过本轮省级文明城市测评考核。县委副书记周建飞就文明城市创建工作进行部署。县委常委、宣传部部长杨中坚主持会议。县卫生局、公安局、住建局等 13 家单位向县委副书记、县长潘建华递交责任书。县政协主席陈建华，县人大常委会副主任、党组副书记陈昌龙等县四套班子领导出席会议。

★4 日下午，省委中心组召开学习贯彻党的十八届四中全会精神电视电话会议，部署学习贯彻落实全会精神的相关工作。如东县在如东分会场组织收听收看电视电话会，县委书记、县人大常委会主任詹立风，县委副书记、县长潘建华，县政协主席陈建华，县委副书记周建飞，县人大常委会副主任、党组副书记陈昌龙等县四套班子领导，县级机关各部门、各镇区负责人到场收听收看。

★5 日，县委常委、组织部部长任新峰到挂钩联系的古池社区和实地考察点位，检查和指导省文明城市创建工作。

★5 日，如东县召开专题会议，部署 2015 年度全县重点党报党刊发行工作。县委常委、宣传部部长杨中坚出席会议并发表重要讲话。

★6 日上午，扬州市邗江区人大常委会来如东县学习考察土地管理法律法规执行情况。考察组一行实地参观了掘港镇天星土地复垦整理项目，县人大常委会副主任沈更生陪同考察。

★6 日，县政协组织政协委员就交通重点工程建设情况进行视察。县政协主席陈建华对今年交通重点工程建设取得的成绩给予充分肯定。县政协副主席桑健、余科、桑圣权、吴鼎皋、陆茵，县政协督导员童玉林等出席会议。

★7日，县委宣传部、县文化广电传媒中心共同举办第15个记者节庆祝表彰大会。县委常委、宣传部部长杨中坚给获奖者颁奖，并肯定了全县新闻工作者的辛勤工作。

★7日下午，全市沿海开发“项目推进年”第七次观摩点评会在洋口港经济开发区召开，副市长单晓鸣要求沿海各区咬定沿海开发全年目标，全力推进功能配套完善、重大项目建设、产业聚焦集约发展等重点工作，为全市实现沿海开发全省领先作出应有的贡献。会上，县委副书记周建飞，县委常委、洋口港经济开发区党工委书记张蓉蓉分别汇报了如东县沿海开发和洋口港开发建设的有关情况。

★7日下午，县人大召开月度工作例会，总结前一阶段各项重点工作落实情况，研究部署今后工作。县人大常委会副主任、党组副书记陈昌龙在会上充分肯定了各镇人大和机关代表小组今年以来的工作成效。县人大常委会副主任冯力如、唐国均参加会议。

★8日上午，如东县举行第八届中国如东沿海经济合作洽谈会开幕式暨刘埠国家一级渔港开工仪式。市委常委陈照煌、副市长单晓鸣、中国旅游研究院院长戴斌等领导和客商出席仪式。县委书记、县人大常委会主任詹立风发表热情洋溢的讲话，县委副书记、县长潘建华主持开幕式暨开工仪式。县政协主席陈建华，县委副书记周建飞，县人大常委会副主任、党组副书记陈昌龙等县四套班子领导出席仪式。

★8日下午，第八届中国如东沿海经济合作洽谈会举行投资环境说明会暨项目集中签约仪式。签约仪式由县委常委、常务副县长沈峻峰主持，县委副书记周建飞致辞，副县长王智作项目推介。县委书记、县人大常委会主任詹立风，县委副书记、县长潘建华，县人大常委会副主任、党组副书记陈昌龙，县领导杨小军、张蓉蓉、张栩龙，以及县级机关相关部门主要负责人、各镇区主要和分管负责人出席签约仪式。

★10日，县委副书记周建飞、县人大常委会副主任冯力如到青园社区，检查和指导省文明城市创建工作。

★10日，县城管系统召开专题会议，就创建江苏省文明城市整治工作进行部署。县委常委、宣传部部长杨中坚出席会议并发表重要讲话。

★12日下午，县委常委、纪委书记刘才盛到县政务中心、各银行网点、电信、供电等窗口行业，检查省文明城市创建工作。

★13日下午，如东县召开全县河道“三网”清理现场推进会，全面推进全县河道养殖（捕捞）设施清除工作，确保年底前全面完成河道“三网”清除工作的各项任务。县委常委、政法委书记于立忠，副县长蒋树建带领县水务局、海洋与渔业局相关负责人及镇区分管领导，前往栟茶镇观摩河道“三网”清理现场，详细了解“三网”清理推进情况。蒋树建主持会议。

★14日下午，县政协主席陈建华带队视察如东县城市管理工作。县政协副主席桑健、余科、吴鼎皋，督导员童玉林参加视察活动。

★15日上午，县委书记、县人大常委会主任詹立风主持召开全县重点工作督查推进会并发表重要讲话。会上，县委副书记周建飞通报了1至10月份全县重点工作完成情况。县政协主席陈建华，县人大常委会副主任、党组副书记陈昌龙等四套班子领导出席会议。

★15日下午，全县工业冲刺暨园区建设推进会在新店镇召开。副县长王智通报了全县1至10月份项目建设、工业经济运行情况。县委副书记周建飞在会上发表重要讲话，会议由县委常委杨小军主持，与会人员参观了新店镇的部分企业和项目现场。

★16日上午，县委常委、宣传部部长杨中坚，县人大常委会副主任唐国均，县政协副主席桑健带领城管、工商等部门负责人，先后前往实验中学、欧贸商场、中医院、德大小区等地，就如东县文明城市创建中相关任务的落实进展情况进行督查。

★17日上午，县委副书记周建飞，县委常委、宣传部部长杨中坚，副县长姜晓静带领相关部门负责人，先后对县城浅水湾小区、汽车客运站、中心市场等地实地查看文明城市创建、迎评、督查等工作的进展情况。县领导沈峻峰、任新峰、刘才盛、杨小军、于立忠、吴风俊、王智、余科、桑圣权、吴鼎皋、陆茵出席推进会。

★18日，如东县召开第七次归侨侨眷代表大会。县委书记、县人大常委会主任詹立风代表县委、县人大、县政府、县政协向大会的召开表示热烈的祝贺并作重要讲话。大会选举产生了新一届侨联领导集体，沈更生当选县侨联第七届委员会主席，陈春建（驻会）、丁小建、黄锋、陈曦、顾海军、张建华当选县侨联第七届委员会副主席。会上，南通市侨联主席吴亚军，如皋市侨联主席杨国强，县妇联主席沈秀梅分别代表市侨联、兄弟县（市区）侨联和县群团致贺词。县委常委、组织部部长任新峰出席闭幕式并讲话，县委副书记、县长潘建华，县政协主席陈建华，县委副书记周建飞，县人大常委会副主任、党组副书记陈昌龙，县领导任新峰、刘才盛、杨中坚、沈更生、唐国均、王智、吴鼎皋、陆茵，各兄弟县（市区）侨联、县各群团部门、县侨商会副会长、

如东县信访局

南通市依法分类处理信访诉求现场会在我县召开

省信访局副局长王传东来如东调研检查

市委副秘书长市信访局局长顾晓明来如东调信访工作

县领导专题会商信访突出问题化解

近年来，如东县信访局面对复杂的信访形势和艰巨的工作任务，始终坚持“以经济发展为主线，以防控风险为主责”的指导思想，进一步健全“党政联席议访、班子常态包访、部门协同治访”治理模式，突出源头化解、突出事要解决、突出依法治访，以定期接访、领导下访、主动约访拓宽信访渠道，以案件交办、会商会办、督查督办促进矛盾化解，以信访摘报、工作简报、情况通报推动信访工作，通过采取强化基层基础建设、矛盾纠纷排查化解专项行动、领导包案化解疑难复杂信访问题、进京非正常上访集中整治、进京去省重复访集中化解等一系列行之有效的举措，不断完善信访工作联席会议制度、信访工作综合协调机制、信访难题化解机制、信访工作责任追究机制、信访干部培训培养机制等，确保全县信访形势平稳可控和信访秩序持续好转，信访工作服务大局、联系群众、构建和谐的作用进一步显现，近年来推动化解了85件重点信访积案，积案化解率在全市名列前茅；全县进京非正常上访量处于全市末位，2016年实现进京“零非访”的目标；无信访工作重点管理镇（区）被上级挂牌；实现了各级“两会”等重大敏感时期的信访稳定，群众对信访工作的满意度不断提升，县信访局连年被县委、县政府评为县级机关整体目标责任制考核优秀单位。

如东县信访局被县委县政府评为先进单位、先进基层党组织、人民满意机关等

如东县委老干部局

县委专题召开全县老干部工作会议。县委书记、县人大常委会主任潘建华出席会议并作讲话。

2016 年年末，我县共有离休干部 466 人，退休干部 8297 人；离退休干部党总支 14 个，离退休干部党支部 125 个。

一直以来，我县老干部工作紧扣上级要求，牢牢把握为党和人民的事业增添正能量的价值取向，认真落实老干部政治、生活待遇，不断深化离退休干部“两项建设”，提升离退休干部服务管理水平，积极发挥老干部优势作用，不断推动全县老干部工作转型发展、科学发展。

近几年来，我县老干部工作在县委的高度重视下，相继出台了符合如东实际的一系列措施加强老干部工作。2013 年、2016 年先后制定出台了《如东县离退休干部服务管理办法》和《关于进一步加强和改进离退休干部工作的实施办法》。

在县委党校举办 2017 年度全县离退休干部党支部书记培训班

春节前夕，县委老干部局局长张小薇走访慰问老干部

全县老干部门球赛在县老干部活动中心门球馆隆重举行

举办“晚晴映金秋”老干部专场文艺演出

共青团如东县委

举办“互联 创造 梦想”青年电商创业故事分享汇活动

举办共青团改革专题座谈会

召开共青团如东县委十五届五次全体（扩大）会议

2016 年，团县委积极探索符合时代特点的共青团工作新模式，开展了一系列富有时代特征、突出区域特色、彰显团的特点的工作。

一是强化理想信念教育，提升青少年认同度。积极开展“红领巾寻访”、“传递书香 共同成长”等教育实践活动，坚定广大少先队员爱国主义情怀。开展“百万少年争当‘江苏好少年’展评”活动，用典型引领激励青少年向上向善。丰富“共青团如东县委”微信平台内容，当好全县青少年的思想领航员。

二是助力发展中心大局，提升青少年参与度。举办“互联 创造 梦想”青年电商创业故事分享汇活动，评选“十大青年电商新秀”，联合农商银行授信。组织创业青年参加“扶海青年电商孵化基地”创业培训，推荐优秀青年电商企业入驻基地、创业产品入驻展厅。

三是服务青年成长成才，提升青少年满意度。举办青少年书信大赛、书画、摄影展和环保护绿系列活动。举办“相约青年之家 共筑你我小家”联谊活动，服务单身青年交友需求。开展“微爱 益起来”跳蚤市场爱心义卖活动，实施“你的心愿 我的心意”微心愿征集领办项目，帮助留守儿童实现微心愿。开展希望工程助学行动，发放助学金 22 万元。联合海启高速开展“共襄大学梦 海启在行动”助学活动，长期帮扶对子，每年资助助学金 3.5 万元。开展“爱心速递”、“心系阜宁”活动，为甘肃等地贫困学校捐衣捐书捐物，动员爱心单位和企业为阜宁灾区捐资捐物价值 24 万元。

四是加强团的自身建设，提升团组织活跃度。召开全县群团工作会议、少先队工作会议，大力推进中学共青团“六个一”团建项目，进一步规范基础团务工作。开展“走听转办——走支部连百心”活动，建立团干部直接联系青年制度，推广“青年之声”互动社交平台，畅通团干部密切联系青年的有效渠道。成立青年综合性服务平台——“青年之家”，为青年人才干创事业、学习交流提供固定场所，打造共青团的“门店”。

在全县广大团员青年的共同努力下，团县委获评全省团属报刊宣传工作先进单位，在团中央全国重点青少年群体服务管理和预防犯罪工作考核中获评优等，获评 2016 年度全省预防青少年违法犯罪工作先进集体，获省少年儿童书信文化活动优秀组织奖。“微爱助力，点亮留守童年”获全省共青团运用新媒体引导青年创新案例二等奖、运用文化产品引导青年创新案例三等奖，“爱鸟护鸟行动”引领少先队环境教育被评为全市少先队工作优秀创新项目奖。

召开2016年如东县少先队工作会议

开展“心牵阜宁 我们在行动”活动，为阜宁灾区捐资捐物价值24万元。

开展“爱心陪伴 希望同行”关爱留守儿童志愿服务活动

如东县教育(体育)局

省政协副主席罗一民率团到如东调研特殊教育

省教育厅副厅长朱卫国到景安初中调研

我县成功创建中国风筝之乡

2016年，扎实开展“三严三实”主题教育活动，召开全县中小学校党建工作会议。马塘小学、机关幼儿园喜迁新校。完成校舍加固0.6万，单体新建项目2.1万。省义务教育现代化学校占比80%。公办园占比69%，省优质园占比77.8%。办学质量再攀新高。高考生均总分、本科上线率等指标领军全省，中考名列全市第一。景安初中成为省市课改典型，逸夫特校被赞誉为“中国特殊教育的样板”。全县职教毕业生县内就业率80.5%；技能大赛获全国金银牌。创建省级社区教育中心2个，建成全国农村职业教育和成人教育示范县。创建省示范性县级教师发展中心。教师获国家级赛课等级奖12人次，省市等级奖200多人次。成功创建“中国风筝之乡”和省公共体育服务体系示范区。举办群众体育赛事20多场次，完善县城10分钟健身圈建设。承办了国际风筝邀请赛、省风筝精英赛、省青少年击剑冠军赛总决赛。

如东中专与德国bbw教育集团开展国际合作办学

县教师发展中心通过省示范性县级教师发展中心评估

南通市基础教育小学课程改革第12次现场推进会在实验小学召开

如东县文广传媒中心

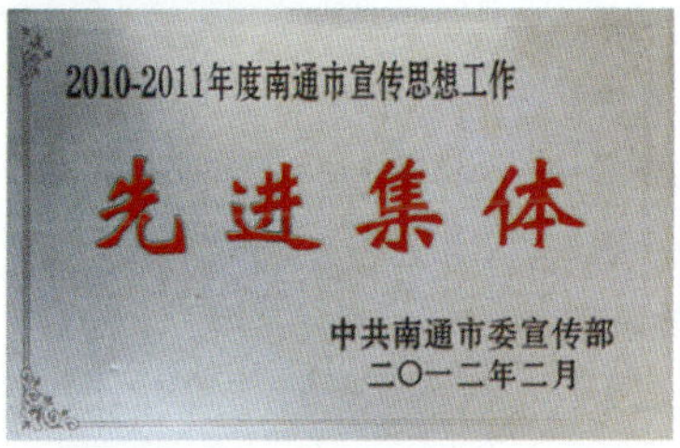

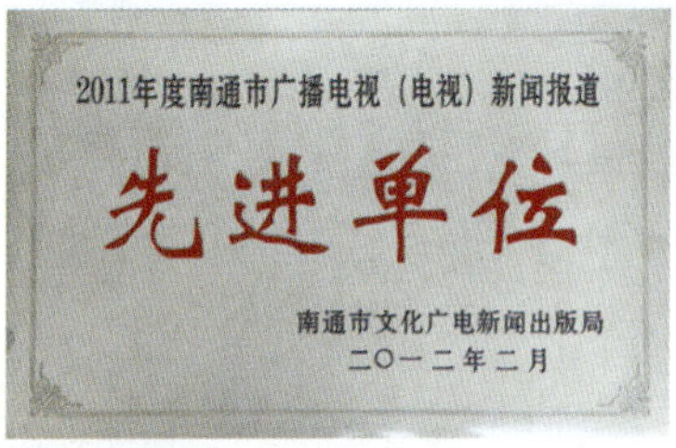

如东县文化广电传媒中心（集团）于2010年组建，挂如东县广播电视台、《如东日报》编辑部牌子，县政府授权履行全县广播电视报纸及媒体宣传、管理和全县文广事业发展、产业经营等职责。中心（集团）成立以来，坚持规划引领、聚焦一线、人才兴业、科技驱动、体制创新，致力于打造“一准两优三强”的县级主流媒体。近年来，如东县文化广电传媒中心（集团）紧紧围绕县委县政府中心工作，突出自身主职主业，不断强化主题宣传，提高对内对外宣传水平，在营造全县经济社会发展浓厚氛围的同时，着力加大外宣发稿力度，进一步提升如东知名度；加大节目栏目改版力度，努力推进媒体创新融合，深化体制机制改革，加大新闻业务、技术保障等专业人才引进和培养；主动发挥媒体平台优势，做好“广电+”文章，进一步拓展产业发展渠道；加大投入力度，改造台内演播设备，着力推进广播电视塔、无线数字电视覆盖工程、台内播出系统数字化改造等项目建设，全面提升媒体的传播力和影响力，为建设“强富美高”新如东提供强大的舆论保障。

电台政风行风热线直播室

电视台节目制作控制室

直通民生演播室

如东县卫生和计划生育委员会

长沙镇通过省级卫生镇验收

开展卫生应急桌面演练

彰显行业特点开展“两学一做”活动

中医院整体迁建工程主体封顶

2016年，全县卫生计生工作实现了“十三五”良好开局。精深探求，医改工作步伐稳健而坚定。公立医院综合改革纵深推进，药品零差率销售全面实行，群众受益率不断提升。精益推进，医疗服务能力和水平有了新的提升点。以县级医院为龙头的基础设施支撑能力持续提升，群众就医诊疗环境得到大幅改善。县中医院肛肠科被江苏省中医药局表彰为“江苏省中医重点专科”；马塘、苴镇中心卫生院被国家卫计委表彰为“群众满意的乡镇卫生院”；大豫镇中心卫生院被江苏省中医药局表彰为“江苏省乡镇卫生院示范中医科”；8家村卫生室被江苏省卫计委表彰为“江苏省示范村卫生室”。精细落实，公共卫生服务品牌不断放大。国家卫生县城通过国家验收，长沙镇被评为省级卫生镇。县疾控中心被江苏省疾病预防控制中心表彰为“江苏省重点职业病监测与职业健康风险评估先进单位”、“全省免疫规划工作先进集体”；县妇幼保健所被表彰为“全市基层卫生与妇幼卫生工作先进集体”；县卫生监督所、岔河卫生所、洋口卫生所被表彰为“全市卫生计生综合监督工作先进集体”。精当扫描，计生服务工作高点进位。我县被评为“2014—2016年全国计划生育优质服务先进单位”和江苏省“十二五”人口协调发展先进县，如东县计生协会荣获全省计生系列保险工作先进集体奖。

如东县疾病预防控制中心

南通市委组织部领导对我中心党建工作进行检查

该中心是政府举办社会公益型全民事业单位，负责实施疾病预防与控制、突发公共卫生事件应急处置、疫情报告及健康相关因素信息管理、健康危害因素监测与干预、实验室检测分析与评价、健康教育与健康促进、技术管理与应用研究指导等职能，是全县传染病、慢性病、地方病及寄生虫病等疾病预防与控制中心和技术服务与指导中心。

中心现在职人员54人中卫生技术49人，技术职务高级17人、中级19人、初级13人。具备省级实验室计量资质认定、职业卫生技术服务和职业健康检查资质。能开展食品、水及涉水产品、化妆品、放射、消杀制品等产品的理化、微生物检验，共329个检测项目；开展寄生虫、细菌、病毒等相关检测，职业病与地方病生化指标检测，艾滋病初筛，健康体检和疾病监测等。

如东县疾病预防控制知识竞赛

负责人：缪卫宏
电话：0513-84512076 邮编：226400
Email:rdcdc@sohu.com
Http://www.rdcdc.com

县疾控中心开展道德讲堂暨读书分享会

如东县血吸虫消除省级评估

如东县卫生监督所

举办以《执法为民、护卫健康》为主题的公开情境党课

如东县卫生监督所是县卫生计生综合监督行政执法机构，副科级建制，参公管理，核定编制 31 人，现有在职职工 28 人。2016 年，全所围绕市县卫生计生综合监督工作要点和全年目标任务，积极部署落实住宿场所卫生专项检查、集中餐具消毒单位监督检查、消毒产品专项监督检查等近 20 项专项整治工作，组织开展传染病防治分类监督综合评价试点、健康相关产品抽检和各类日常卫生监督工作。全年办理卫生许可事项 320 件、医疗服务许可事项 257 件，监督 1372 户、3296 户次，检测 181 家、1028 个样品、2202 个项目，立案 148 件，接处举报 38 件，精心组织开展了国家卫生城市创建工作并顺利通过省市两级现场验收，开设了“如东卫生监督”微信公众平台，举办了以《执法为民、护卫健康》为主题的公开情境党课，再度跻身市文明单位和县文明单位标兵行列。

检查疫苗储存情况

世界卫生日宣传

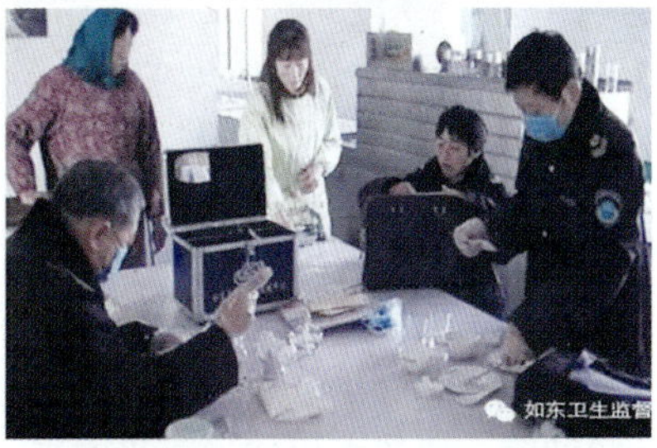

卫生监督人员对餐饮具集中消毒服务单位的餐饮具进行消毒效果抽样检测

如东县妇幼保健所

如东县妇幼保健所是为妇女儿童提供公共卫生和基本医疗服务管理的专业机构。主要工作职责：完成各级政府和卫生行政部门下达的指令性任务；掌握辖区妇女儿童健康状况及影响因素，协助卫生行政部门制定妇幼卫生工作的相关政策、技术规范及各项规章制度；受卫生行政部门委托对辖区各级各类医疗保健机构开展的妇幼卫生服务进行检查、考核与评价；负责指导和开展辖区的妇幼保健健康教育与健康促进工作；组织实施辖区母婴保健技术培训，对基层医疗保健机构开展业务指导，并提供技术支持；负责辖区孕产妇死亡、婴儿及 5 岁以下儿童死亡、出生缺陷监测、妇幼卫生服务及技术管理等信息的收集、统计、分析、质量控制和汇总上报；组织实施妇幼重大公共卫生项目；负责辖区爱婴医院长效管理和助产机构产科质量评价；开展妇女保健服务，包括青春期保健、婚前和孕前保健、孕产期保健、更年期保健、老年期保健；开展儿童保健服务，受卫生行政部门委托对托幼园所卫生保健进行管理和业务指导；开展妇幼卫生、生殖健康的应用性科学研究并组织推广适宜技术；负责辖区《出生医学证明》管理。

全县托幼机构卫生保健工作培训

全县妇幼健康工作会议

两癌检查项目工作会议

助产（计生）技术人员考核

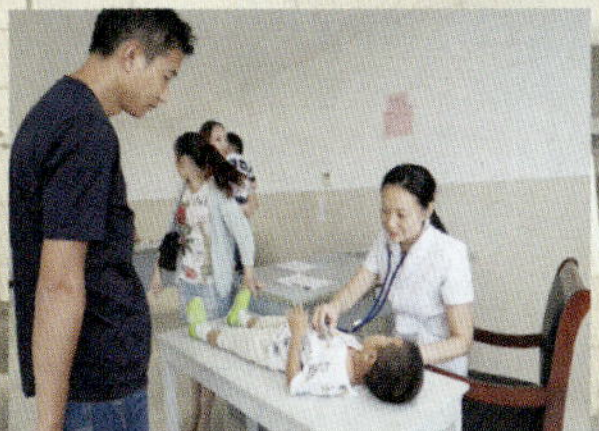
儿童健康体检

基层督查指导

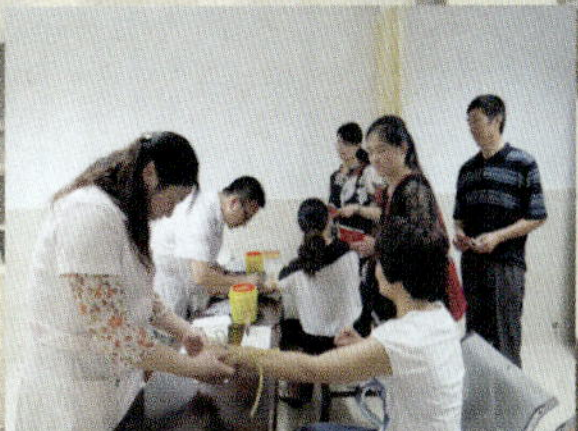
托幼机构工作人员健康体检

中共如东县委党校

2016年全县村支部书记培训班上，常务副校长吴金明做报告

2015年秋季主体班开班仪式上，省委党校王世谊和如东县委组织部部长任新峰揭牌

中共如东县委党校2013年与如东开放大学、江苏省如东中专进行教育资源整合，新校址座落于如东经济开发区嘉陵江路58号，占地398亩，建筑面积12.8万平方米。学校设施设备功能齐全，有500人、300人、200人报告厅各1个，100人报告厅2个，标准教室10间，50人讨论室6间，多媒体教室6间，图书馆1个，阅览室2间，展览厅4间，按三星级标准建成的招待所共有128个床位，食堂可同时接待300余学员就餐。学校体育馆基建工程已启动。现有教职工20人，专兼职教师13人，其中高级讲师9人。

近年来，学校不断优化和创新干部培训方式，通过各类主体班、专题培训班、“一线课堂”、“在线学习”等多种培训形式，提升党员干部能力素质。每年举办各类培训班60多期，培训学员6000多人次，到基层区镇和机关开展理论宣讲100多场次，为推动全县经济社会科学发展作出了应有的努力。2011年获得省委组织部、省人社厅、省公务员局、省委党校联合颁发的“江苏省‘十一五’行政机关公务员培训工作优秀组织奖”，2015年成为省委党校首批“全面从严治党研究基地”。

2016年秋季主体班开班仪式

2015年优秀青年干部培训班危机管理情景模拟现场

美丽校园

如东县工商业联合会

“如东商会之家”于 2015 年 9 月 15 日在县规划馆智能会议厅举行揭牌仪式。县委组织部长任新峰、宣传部长张蓉蓉为“如东商会之家”揭牌

2015.3.30 日在县行政中心多功能厅召开县工商联（总商会）十届四次执委会议

2015.5.18，如东县红木行业商会在掘港雷迪森召开成立大会

5 月 8 日主席会长活动，走进中天学习

2016 年，县工商联坚持“以民企为本，以助手为荣”理念，开展守法诚信教育，引导和促进全县民营经济稳中求进。针对国际、国内经济下滑压力较大，产能过剩等结构性矛盾突出及全县民营企业的不同特点和需求，县工商联通过搭建服务平台，完善服务体系，组织“走出去”参观学习，累计帮助会员企业化解融资、用工、用地等矛盾和困难 70 多件。召开非公有制经济人士理想信念教育实践活动推进会，调整完善联席会议机制，新增县司法局为联席会议成员，形成 10 个部门联席会议机制，指导各镇（区）、各行业商会开展教育实践活动，激发全县非公经济发展活力。全县会员企业带头捐资助学、扶贫帮困、资助社会公益等 1000 多万元。县工商联加强组织建设召开十届四次执委会议，成立行业商会联合党委，“如东商会之家”正式揭牌。全年新组建行业商会 3 家，共建有行业商会 20 家；新建如东异地商会 1 家，共有异地商会 3 家；新发展企业会员 175 家，个人会员 213 家，全县会员总数 4266 家。成功创建省“五好工商联”，被评为市工商联系统先进集体。县化工行业商会被评为省工商联商会组织先进集体，马塘镇商会、岔河镇商会被评为市先进商会组织，县健身器材行业商会“打造健身器材电子商务销售平台”和曹埠镇商会“探索党建‘求实工作法’”被评为市行业商会优秀服务品牌。

如东新华书店有限责任公司

如东新华书店有限责任公司为江苏凤凰出版传媒股份有限公司全资子公司。公司坚持社会效益第一的原则，服务社会，服务读者。主营图书，兼营出版物、音像制品，文化教育用品、体育用品、电子产品、视听器材、电子计算机及配件、工艺美术品批发、零售；房屋租赁等业务。先后荣获“全国服务农民服务基层文化先进单位”，“江苏省文明单位”、“全国农村图书发行先进单位”、“中国书刊发行业双优单位”，“凤凰新华书业股份有限公司先进单位”，江苏省质量服务双优信得过单位，“如东县最具人气十大商家”等荣誉。中心门店作为主要的图书零售对外服务窗口，先后荣获“全国巾帼文明岗”、“江苏新华发行集团十大品牌书店”、“江苏新华发行集团三星级门店”称号。

瑞典儿童文学作家尤·萨尔姆松读书报告会

中秋、国庆佳节系列活动

“汉字听写”知识竞赛

著名作家祁智阅读与写作报告会

“凤凰书香”动车组走进医院

“凤凰书香”动车组走到工地

如东县公安局

2016 年，如东县公安局围绕公安工作改革发展和创先争优目标，突出“动力换档”主题，强攻“五大工程”、提升“五个水平”（强攻风险防控工程，提升服务发展水平；强攻立体防控工程，提升治安驾驭水平；强攻合成打击工程，提升主动进攻水平；强攻教育训练工程，提升警务实战水平；强攻质态管理工程，提升内部管理水平），圆满完成各项重大会议和活动安保维稳任务；严厉打击刑事犯罪，破获各类刑事案件 1104 起，抓获作案成员 1025 人，公诉 655 人，挽回经济损失 7600 余万元，万人发案率处于全市最低水平，公众安全感全市领先；强化公安行政管理和服务，全年公安“110”接处警服务 11.6 万余起次，查纠交通违法行为 44 万余起次，户籍办理 23 万人次，出入境证件办理 2 万余人次；深入推进思想政治工作“三化”（科学化、标准化、经常化）和队伍“三管”（系统管理、人本管理、严格管理），班子考核连续位居全市公安机关排头，县局队伍建设经验在全市政法队伍会议上推广，民警张恒俊家庭当选全国文明家庭，县公安局作为全省唯一县级公安机关被评为“全国老年法律维权工作先进集体”。

召开全县公安工作会议部署工作

民警张恒俊家庭荣获首届“全国文明家庭”

开展街面武装巡逻

特警队员应急演练

大数据指挥服务中心

新公安业务大楼建成并投入运行

如东县人民法院

开展“知识产权保护专题讲座”

在碧霞社区进行反家庭暴力法知识讲座

2016年以来，县法院紧紧围绕“努力让人民群众在每一个司法案件中感受到公平正义”目标，司法为民、公正司法，忠实履行宪法法律赋予的职责，全力以赴做好审判执行工作，依法惩治刑事犯罪，有效化解民商事纠纷，妥善解决行政争议，全力攻坚执行难题，依法服务发展大局，深入参与社会治理，积极开展法治宣传，提升诉讼服务实效，实施司法体制改革，拓展阳光司法机制，加强机关党的建设、司法能力建设、司法规范化建设、党风廉政建设，主动接受各界监督，各项工作取得了新提升新发展。

2016年，法院受理案件10312件，审执结10899件，同比分别下降11%和0.73%。结案率和结收案比位居全省法院前列，审执工作良性运转。全年共获得22个县级以上集体表彰奖励和68人次县级以上个人表彰奖励。

缪战春副院长赴海门进行保全

青年干警参观洋口港

涉民生案件专项集中执行活动

巡回审理赡养纠纷

虞苏建专委到挂钩扶贫户家中了解情况

如东县检察院

2016 年县检察院认真履行检察职能，依法惩治犯罪，强化法律监督，推进检察改革，狠抓队伍建设，各项检察工作取得了新的成绩，为促进和保障全县经济社会发展作出了积极贡献。连续九年被评为全国检察宣传先进单位，连续五年被评为全市先进基层检察院，被表彰为江苏省文明单位、全省检务保障工作先进集体，被团省委授予“省级青年文明号”称号。

江苏省检察院党组书记、检察长到我院视察指导工作

县人大专题审议刑事检察工作

南通市委常委、政法委书记姜永华到我院视察指导

检察官宪法宣誓暨道德讲坛活动

院领导深入企业调研

召开村干部职务犯罪典型案例剖析大会

如东县司法局

2016 年，如东县司法局在县委、县政府的正确领导下，在上级司法行政部门的业务指导下，紧紧围绕“三争三实”的总体要求，持续巩固提升，锐意改革突破，全面争先晋位，深入推进司法行政“四个全覆盖”工作体系建设，各项工作取得了一定的成绩。全省司法行政队伍“三化”建设现场会在我县召开，我局被推荐申报省厅集体二等功，“法润江苏春风行动”被省厅记集体三等功；专职社工评定、司法所经费保障清单式管理等创新做法被省厅主要领导批示，多项创新成果被省厅、市局推广；企业守法诚信指数评估、赵家剧院赵亚华被南通市评为十大法治事件和十大法治人物；马塘镇司法所被评为南通市唯一的全国先进司法所，洋口镇司法所被荣记集体三等功。全系统有 2 人荣立二等功，5 人荣立三等功，有 2 人通过司法考试。“如东经验成为全省司法行政队伍建设的‘样本’”，在 2016 年度全县政法机关民意调查中县司法局群众满意度为 98.53%。

省司法厅柳玉祥厅长参观如东法制教育馆

全省司法行政队伍“三化”会议在如东召开

法润如东德法同行

如东县司法局召开新闻发布会

如东县成立人民调解员协会

如东法律援助进军营

如东县民政局

2016年，如东民政强化政治意识、大局意识、核心意识、看齐意识，以现代民政示范县创建为抓手，牢牢把握改革创新的主题主线，积极回应群众新期待，加大民生投入，落实兜底保障，深化民政改革，创新治理体制，激发社会活力，各项工作均取得了显著成绩。先后荣获省现代民政示范县、省青少年维权岗、南通市拥军优属模范单位等荣誉称号。

坚持公平共享，增强保障能力。建立“一门受理、协同办理”社会救助平台，畅通了救助渠道；实施《如东县社会救助实施办法》，构建较为完善的政策性安排和制度性保障体系。

坚持基层基础，优化公共服务。加快城乡和谐社区达标社区建设，全县合格率达92.5%，一站式平台达标率达96.8%。“政社互动”运行机制良好，覆盖率达100%。承担全省第十一届村委会和第六届居委会换届选举试点任务，取得圆满成功。

坚持军民融合，提升优抚双拥层次。推动“如东舰”命名事宜，深化细化双拥工作进军营进社区工程，提升双拥品牌，如东退役士官计分安置模式被省民政厅予以推广。

坚持文化引领，彰显核心价值。发动民政系统开展民政文化大讨论，用“爱、孝、福、荣”四个字精准定位民政核心文化价值，中国社会报在头版重要位置予以宣传报道。民政系统推出的“大爱铺就回家路”、“三十二年的坚守”的典型，树立了民政人勤政廉政形象，凝聚了人心，弘扬了正能量，产生了广泛影响。夏晓军和他的如东籍老山战友群体，社会事务科科长王健分别入选“中国好人榜”和“江苏好人榜”。

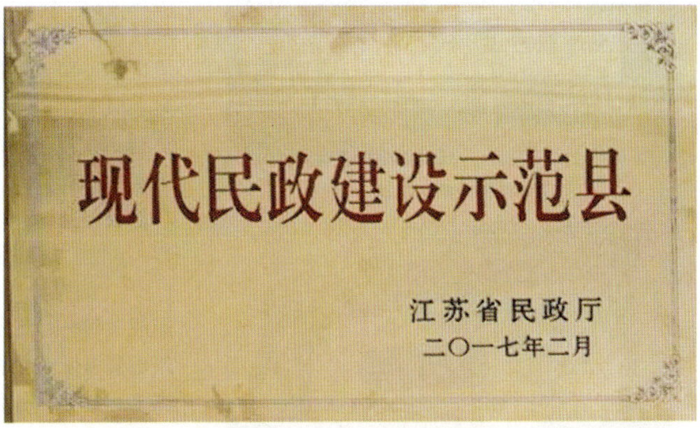

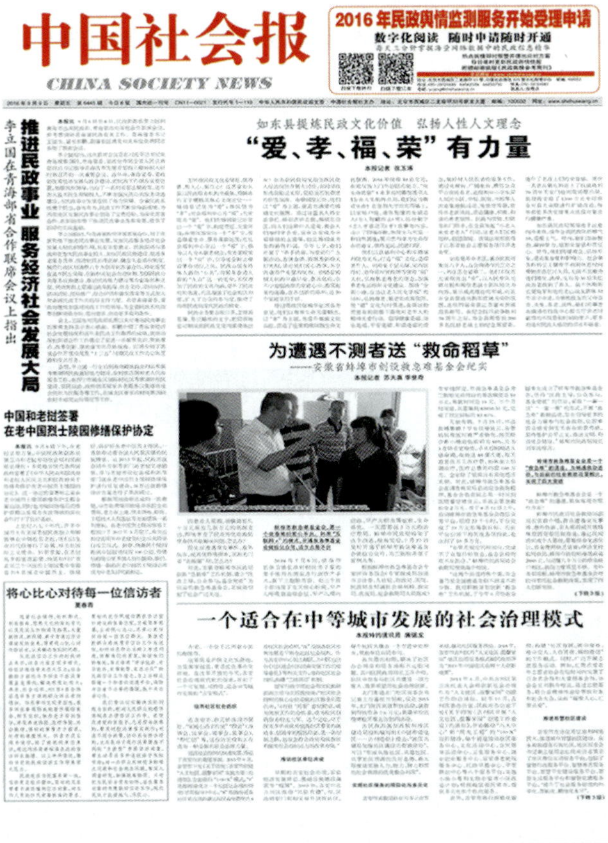
中国社会报
CHINA SOCIETY NEWS
2016年民政舆情监测服务开始受理申请
数字化阅读 随时申请随时开通

推进民政事业 服务经济社会发展大局
李立国在青海部省合作联席会议上指出

如东县提炼民政文化价值 弘扬人性人文理念
“爱、孝、福、荣”有力量

为遭遇不测者送“救命稻草”
——安徽省蚌埠市创设救急难基金会纪实

中国和老挝签署在老中国烈士陵园修缮保护协定

将心比心对待每一位信访者

一个适合在中等城市发展的社会治理模式

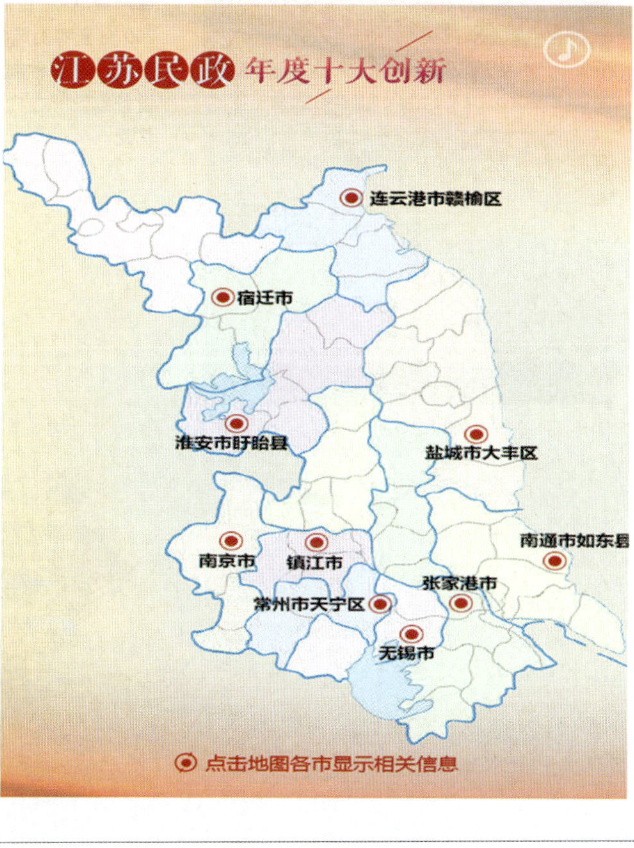

如东县能源局

江苏明阳风机整机制造车间一角

江苏海装风电设备有限公司一角

江苏海力风电设备有限公司塔桶制造现场

“十一五”以来，如东积极落实国家发展战略性新兴产业政策，立足自身资源优势和产业基础，大力发展风电等绿色能源，不断优化能源布局，拓展产业链条，推进转型升级，全力打造江苏新能源发电基地、国家级风电配套装备制造基地。目前全县已形成以风力发电和风电装备制造为主，包括光伏发电、垃圾发电、生物质发电、天然气 LNG 接收储运等在内的多层次、多领域快速协调发展的新能源产业格局。2016 全县风电为主的新能源实现上网电量 32.4 亿千瓦时，占全县全社会用电总量的 65%，新能源及装备配套产业实现应税销售 143 亿元，新能源产业已成为全县新兴支柱产业之一。2009 年以来如东先后获得“国家绿色能源创建县”“绿色能源之都”“江苏省能源先进单位”等称号，2011 年成为全国首批“国家绿色能源示范县”，2016 年成为国家首批火炬计划海上风电特色产业基地。

追风之翼在如东引领腾飞

根据江苏省风电发展规划，如东可开发的风电资源总装机容量超过 530 万千瓦。自 2002 年国家首批风电特许权项目落户以来，如东县已建成风电项目 16 个，累计完成投资 200 亿元，并网装机容量超过 150 万千瓦，约占全省风电总装机容量的三分之一，累计上网电量超过 135 亿千瓦时；全国首个符合“双十”规定的近海风电示范项目已于 2016 年建成投产，目前全县海上风电场累计并网装机容量 75 万千瓦，如东已建成亚洲最大的海上风电基地和全省最大的县域风力发电基地。“十三五”期间，如东将规划建设 190 万千瓦的海上风电项目，总投资将达到 300 亿元。预计到“十三五”期末，如东风电并网装机容量将达到 300 万千瓦，成为江苏省“千万千瓦级风电基地”的龙头，全县风力发电应税销售累计可实现 150 亿元，税收超过 15 亿元，风电场的开发建设将产生巨大的经济效益、环境效益和社会效益。

全力打造江苏首个海上风电特色产业基地

如东县全力加快风电产业链式发展。先后引进了中船重工、上海电气、广东明阳、重通成飞等一批行业领先的风电装备制造企业，全力培植中天科技、江苏海力、道蓬科技等风电装备配套企业，吸纳了华东院、中况检测、上海岳峰等涉及风场勘测设计、风机检测、施工运维、工程防腐、专业物流等领域的上下游产业链企业落户，成立了全国首家县级风电产业联盟。目前，如东风电装备产业园已具备了年产 500 台套风机整机、800 台套塔筒、200 台套海上风机导管架和单桩及 5 万公里海底电缆的生产能力，全县已初步形成以风机整机和零部件制造为主，包括风电场建设和运营维护、风场勘察设计、风电技术研发、风电设备物流等在内的风电大产业体系。到“十三五”期末，风电全产业链总产出力争达到 500 亿元。

中水电海上风机吊装现场

龙源潮间带风电场

中广核如东 150MW 近海风电示范项目全场投运

如东县行政审批局
如东县政务服务中心

领导关怀

根据《中共如东县委、如东县人民政府关于如东县相对集中行政许可权改革试点实施意见》（东发［2015]24号），2015年11月20日，如东县行政审批局挂牌成立；2016年1月1日，如东县行政审批局印章启用，标志着我县正式步入“一枚印章管审批”时代。

县行政审批局在县政务中心的基础上整合组建，县政务中心更名为县政务服务中心，与行政审批局合署办公，两块牌子、一套班子。首批将市场准入和投资建设两大领域涉及到的县发改委、商务局（粮食局）、国土局、住建局（规划局、建工局）、环保局、安监局、人防办、市场监管局、文广新局（旅游局）等9个部门的45项行政许可及其他事项划转至行政审批局，由行政审批局依法履行相关行政审批职能。县行政审批局下设办公室、政务服务科、市场主体设立科、建设工程科、投资发展科、政策法规科、信息科、监察室等8个科室，其中，市场主体设立科负责履行由县市场监管局、商务局、文广新局等部门划转的审批职权；建设工程科负责履行由住建局（规划局、建工局）、国土局人防办等部门划转的审批权限；投资发展科负责履行由发改委、安监局、环保局等部门划转的审批职权。

为进一步推动市场准入的便利化，更大限度激发市场活力，县行政审批局依托各镇（区）便民服务中心，在全县范围内科学配置审批资源，在县政务服务中心、岔河镇便民服务中心、栟茶镇便民服务中心、洋口港经济开发区便民服务中心、沿海经济开发区便民服务中心设立5个行政审批服务窗口，实现各类市场主体设立事项办理“地域无差别”。办事群众除了可以按照经营场所所在地选择对应的窗口办理业务以外，在县域范围内其他任何一处行政审批务窗口都可以同样提出申请，享受同等服务。

为全面优化项目建设审批环境，在服务全县项目建设上进一步提速增效，县行政审批局对项目报建过程中的审批辜项进行分解梳理，对相关联的审批服务事项进行材料精简、流程整合，实行“关联工作同步化”。即方案审查（人防设计、规划设计、绿色建筑设计）同步，施工图审查（气象、抗震设防、消防、施工图设计审查、人防）同步，方案批复、人防审批同步，人防验收备案、房屋建筑竣工备案同步，评估（安评、环评、职业卫生评价）同步。

县行政审批局成立以后，对县政务服务中心的工作格局进行了调整，行政审批局在中心设置工作窗口，事项已划转至审批局办理的相关部门不再设置服务窗口。目前，共有15个行政部门进驻中心（含行政审批局），设置服务窗口38个，承办各类服务事项282件，现有办公人员240多人。中心坚持按照“一门受理、并联审批、限时办结、扎口收费”的运行模式，对进驻中心的服务事项进行全过程的跟踪、协调、检查和督办，确保各类进驻审批服务有序进行。

如东县商务局

县委书记潘建华为上海市如东商会揭牌

县委副书记、县长沈峻峰为如东市如东企业商会揭牌

商务局局长冯健走进县政风行风热线

2016 年，县商务局积极履行商务职能，全力推进招商引资，努力稳定对外贸易，大力拓展外经合作，着力提升商贸流通，实现了全县商务经济的平稳较快发展。

第一，各项指标完美收官。

2016 年商务工作，尽管挑战多、压力大、任务重，但我们克难奋进，各项工作完美收官，县级机关整体目标考核位列优秀部门。

招商引资：1-12 月份，我县实现新增注册外资 7. 18 亿美元，到账外资 4. 13 亿美元，完成考核任务的 118%。

对外贸易：1-12 月份，实现外贸进出口总额 25. 1 亿美元，其中：出口 14. 5 亿美元，增长 0. 7%。

外经合作：1-12 月份，完成境外投资 7 个项目，完成境外投 6855 万美元，完成对外承包工程和劳务合作营业额 6760 万美元，完成全年任务的 127. 5%。

流通消费：1-12 月份实现社消零　318. 62 亿元，同比增长 10. 9%。

粮食经济：1-12 月份，国有粮食购销企业实现粮食购销总量 57. 62 万吨。其中托市收购小麦 4. 2 万吨，稻谷托收 3. 1 万吨，

第二，重点工作务实推进。

2016 年，我们紧紧依靠县委、县政府的正确领导和市商务局的大力支持，聚焦重点工作，强化务实推进，各项工作难中求进、难中有进。

第三，新的一年商务工作再创辉煌。

2017 年是十九大召开之年，全县商务工作指导思想：深入贯彻习总书记系列讲话精神，按照“五位一体”和“四个全面”战略布局要求，主动适应和主动把握经济发展新常态，以提高发展质量和效益为中心，深入贯彻稳中求进的工作总基调，切实转变商务经济发展方式，努力寻求全县商务经济新突破。

2017 年，力争实现外资到账 3. 35 亿美元；进出口 25 亿美元，力争稳中有进；对外承包工程和劳务合作营业额 7000 万美元，境外投资 6000 万美元；社会消费品零售总额增长 9. 5% 以上，粮食购销总量与去年持平。

如东县科技局

2016 年，如东加快科技创新体系建设，科技促进经济社会发展能力进一步增强。全年实现高新技术产业产值 792.47 亿元，高新技术产业产值占规模以上工业总产值 40.08%；认定高新技术企业 32 家，省高新技术产品 77 个；万人发明专利拥有量达 10.92 件，比上年增加 1.17 件；认定省工程技术研究中心 5 家、市工程技术研究中心 10 家；认定省研究生工作站 8 家；认定省民营科技型企业 92 家；18 人入选省“双创计划”；争取科技资金及政策性低息贷款 5188.2 万元，超额完成县委、县政府下达的重点突破性工作任务。年末，全县共有高新技术企业 91 家，高新技术产品 323 个。全年共征集技术需求 50 项，新签订产学研合作协议 61 项，组织、参加产学研活动 7 次。

中国技术交易所科技成果发布会

“通创荟”走进如东 --“生命健康”创新创业大赛

中关村天合成果发布

全县科技创新工作推进会

南通市“强农惠民”送科技下乡活动走进如东县城中街道三元社区

举办大众创业万众创新政策落实培训班

如东县人力资源和社会保障局

依法分类处置信访投诉现场会

人社系统作风建设大会

2016年，在县委、县政府的坚强领导下，人社局认真贯彻落实“民生为本、人才优先”的工作主线，紧扣“保障”这一目标，突出改革创新，立足服务发展，为全县经济社会发展作出积极贡献。

一、推动就业创业成效显著。积极做好高校毕业生、农村转移劳动力、城镇就业困难人员等重点群体就业工作，加大就业扶持政策落实力度，有效破解结构性就业矛盾带来的失业风险，城镇登记失业率稳控在1.89%左右，建成县级创业孵化基地2家，市级创业孵化基地1家。

二、强势推进社会保险覆盖。不断规范用人单位的参保行为，推动全县社会保险工作实现新突破。养老保险、医疗保险、失业保险覆盖率分别达到98.3%、97.6%和96.7%，覆盖率均超过了小康社会指标；城乡居民养老保险参保人数实现全覆盖，当年征收保费3.08亿元。

三、大力加强人才队伍建设。定期组织县内企业赴省内外高校参加或举办专场招聘会52场次，举办“高校学子看家乡”和“大学生就业有‘位’来”活动，累计提供就业岗位4.9万个，为如东经济发展提供人才保证。

四、积极构建和谐劳动关系。坚持“执法与服务并举、维权与维稳并重”，着力解决经济运行下行态势中出现的劳资矛盾，维护劳动关系的和谐稳定。全年共受理劳动人事争议案件315件，按期结案率达100%，调撤率80%。

两学一做专题党课

南京师范大学泰州学院授牌

居民医疗保险整合

如东县安全生产监督管理局

单晓鸣副市长带队检查

十三五规划评审会

如东县危险化学品事故应急救援演练

2016年，县安监局在县委、县政府的正确领导下，以党的十八届五中全会精神和习近平总书记系列重要讲话精神为指导，坚持“安全第一、预防为主、综合治理”方针，不断强化“红线”意识和“底线”思维，以“安全生产主体责任落实年”活动为主线，认真履行安全生产综合监管职能，严格落实生产经营单位主体责任，深化重点领域专项治理、严格推进依法行政、发挥综合监管职能、强化宣传培训教育、努力打造过硬队伍，较好完成了县委、县政府下达的工作任务。2016年，县安监局被省安监局评为“全省危险化学品安全监管先进集体”和“职业健康监管工作先进单位”，被市安监局评为“市安全生产执法工作先进集体”；县安全生产执法监察大队被省安监局评为“全省安全执法工作先进集体被”；局机关被县委、县政府评为“人民满意机关”。局党支部被县机关党工委评为“先进基层党组织”、局综合科被共青团如东县委评为“青年文明号”。

如东县市场监督管理局

如东县委书记潘建华来局调研

如东县政府副县长许金标听取全局工作汇报

2015 年 1 月 9 日如东县市场监督管理局成立揭牌仪式

坚强有力团结协作的局领导班子

如东县市场监督管理局于 2014 年 12 月 17 日由原南通市如东工商行政管理局、南通市如东质量技术监督局、如东县食品药品监督管理局组建而成，该局确立“重服务、严监管、保安全、护民生、促发展”的职能定位，主动作为，积极进取，彰显了“1+1+1＞3”的改革效应，在组建不到两年的时间里，就获评“2015 年度全国消协组织先进集体”、牵头成功创建“江苏省计量惠民示范县”、“江苏省文明单位”、“江苏省五四红旗团支部”、“南通市文明单位”等，为建设“强富美高”新如东作出新贡献。

坚持项目为王，助力沿海开发。该局将招商引资作为“一号工程”，全力保障有力推进。截至目前，已举办微型专场推介会多场，与多个亿元意向项目洽谈。10 月，促成欧浦石墨烯新材料装饰板材项目在该局成功签约，总投资 3600 万美元，注册资本 1680 万美元。12 月上旬，促成投资 2 亿元，注册资本 5888 万元的抹香鲸欢乐世界娱乐项目落户我县。同时，充分发挥职能优势，融入项目发展浪潮，制定《服务项目建设发展十项措施》，助企融资累计达 22.21 亿元。

深推品牌战略，优化质量供给。近两年，该局共为企业争取省、市、县三级质量专项奖励 425 万元。着重培育中天科技争创“省质量奖”已通过公示，累计获评“市长质量奖”1 家，指导大东毛巾、辉煌彩钢、金太阳油脂争创市长质量奖，其中大东毛巾跻身公示阶段。提升名牌产品的培育质效，获评江苏名牌 11 个、南通名牌 50 个，申报江苏名牌 14 个、南通名牌 44 个。继续深化商标战略，“如东大米”成功获批地理标志证明商标，“如东狼山鸡”获评“2015 富有竞争力的江苏地理标志品牌”，重点指导苏中电池、亿能彩

中国消费者协会文件

关于表彰 2014—2015 年度全国消协组织先进集体、先进个人的决定

江苏省
江苏省消费者协会
徐州市消费者协会
苏州市消费者权益保护委员会
扬州市消费者协会
镇江市消费者协会
南京市玄武区消费者协会
江阴市消费者协会
常州市武进区消费者协会
如东县消费者协会
连云港市连云区消费者协会
盐城市大丰区消费者协会

浙江省
浙江省消费者权益保护委员会
杭州市消费者权益保护委员会

如东县消费者协会被中国消费者协会表彰为 2014—2015 年度全国消协组织先进集体

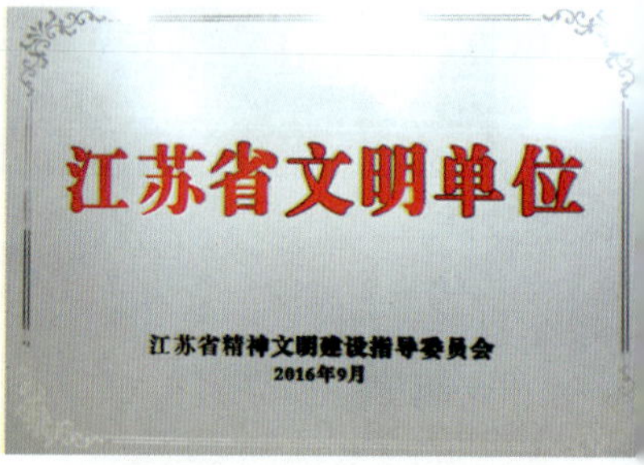

促成石墨烯新材料装饰板材项目成功落户如东签约

钢、海宝电池、太极纺织器材申报中国驰名商标，获评著名商标 8 件、知名商标 24 件，申报省著名商标 5 件、市知名商标 16 件。

突出标准引领，提升竞争实力。推动国家标准化技术机构工作组落户我县太极化纤、海宝电池、凯缘食品。农村技防服务标准化试点项目、“鲜紫菜”和“冷冻蔬菜”农业标准化示范项目均通过省级验收；银树出口蔬菜基地申报国家级农业示范项目已通过省质监局初审，报国家质检总局；“金沙滩优质梨种植”省级农业标准化示范项目和“中天科技”市级技术标准创新基地项目已获批落户。“如东条斑紫菜”获准成为国家地理标志保护产品。

严格监管执法，守护百姓安全。该局领导班子带领干部职工履职尽责，维护好、守护好、保障好老百姓的身体健康、生命财产安全。组建以来共查处各类案件 639 件，其中向公安机关移送涉刑案件 8 起，采取刑事措施 2 人。如东县市场监督管理局在“三尽”上下足了功夫：尽心做好食品安全监管，牵头推进共建共创国家级和省级食品安全城市，有效完善县、镇、村三级监管网络；尽力做好药械安全监管，组织召开全县药品安全联席会议，扎实推进药械生产经营企业 GMP、GSP 认证工作，组织开展多项整治与检查；尽职做好特设安全监管，开展特种设备安全监察检查和专项整治，发现并整改 806 个安全隐患，气瓶二维码信息标识和电梯维保信息公示制度全面落实，开展“平安电梯”行动，全县 1539 台电梯均纳入南通市 96333 平台数据库统一管理，电梯应急救援体系进一步完善，937 台电梯办理了安全责任保险。

积极参与指导中天科技 2016 年江苏省质量奖现场评审

协作推进全县食品安全工作

2016 年全县电梯安全专项整治会议

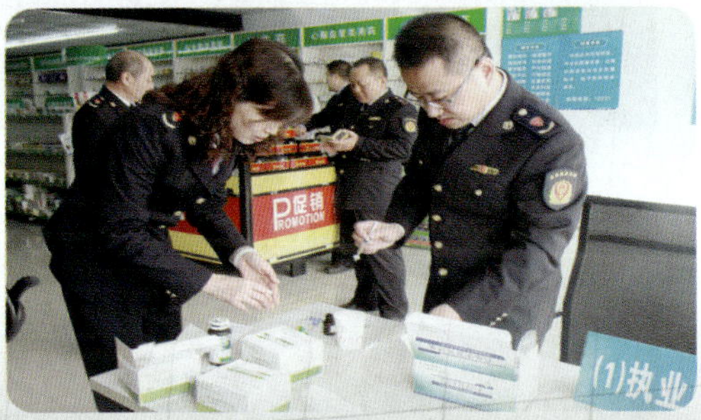
抽检药品保障药品质量

监督药品生产企业实施药品生产经营质量管理规范

牵头开展 2016 年食品安全宣传周活动

如东县统计局

于立忠常务副县长到局调研

统计业务培训

如东县统计局为县政府工作部门，现有工作人员30人，其中行政编制13人，参公编制10人，事业编制2人，政府购买服务人员7人。近年来，县统计局以党的十八大、十八届三中、四中、五中、六中全会精神为指导，认真贯彻落实全国、省市统计工作会议精神和县委、县政府对统计工作的要求，坚持“法治立统、改革兴统、科技强统、服务塑统”总要求，全面深化统计改革创新，全面夯实统计基础，全面建设与经济发展新常态相适应的现代化服务型统计，解放思想，开拓创新，求真务实，积极推进统计改革和建设，充分发挥统计监督、咨询和服务职能，统计各项事业取得新成绩。据不完全统计，2012年以来受到县委县政府以上表彰32项45人次，其中，国家统计局表彰有：第二次全国R&D资源清查先进集体、全国一体化住户调查先进集体；省统计局表彰有：规范化建设示范单位；县委县政府表彰有：人民满意机关、文明单位。

党组民主生活会

三解三促到村调研

统计新闻发布会

国家电网
STATE GRID

如东县供电公司

国网如东县供电公司接受客户“服务尽心 客户放心”锦旗

聚力“两个率先”，主动当好经济发展“电先锋”。以高效服务县重大项目为己任，主动对接各镇（区），分析不同区域供电品质需求，强化精准投资，及时解决电网发展性问题。聚焦项目建设，主动当好党委政府“电参谋”。及时提供对全县用电态势的分析，供政府决策参考。加强与地方政府、大客户和新闻媒体的沟通交流，营造和谐外部环境，以《服务如东经济社会发展工作简报》为平台，主动汇报供电工作，受到政府领导的好评。聚智增值服务，主动当好企业客户“电管家”。落实降低实体企业成本各项部署，积极探索个性化、定制化多元增值新举措，用心用情服务企业客户，为稳增长、保发展创造新的效益增长点。聚责民生项目，主动当好居民客户“电保姆”。加大对营业窗口、外协队伍等易发投诉事件人员的检查与考核，认真履行供电服务承诺，树立真诚规范的服务形象，不断提升服务品质。围绕造福百姓、改善民生，积极履行社会责任，投入资金对老旧小区进行改造。

国网如东县供电公司员工在宣传微信绑定客户端

国网如东县供电公司员工巡视风电线路

国网如东县供电公司员工在茶古镇维修老旧线路，为用户送上新春祝福

国网如东县供电公司员工台风过后进行线路抢修

如东县盐务管理局（南通市江东盐业有限公司）

如东县盐务管理局（江苏省南通盐业分公司如东支公司）成立于1994年1月，2005年 10月因江苏省南通盐业分公司改制重组，江苏省南通盐业分公司如东支公司更名为南通市江东盐业有限公司。盐务局主要职能是负责全县食盐市场监管，宣传盐业法律法规，打击各种涉盐违法案件行为，确保市民食用放心合格食盐；盐业公司主要任务是履行食盐专营职能，保障全县食盐市场供应，负责全县食盐储备，兼营工业盐、盐化产品及与人们生活密切相关的厨房类非盐产品等。

局（公司）办公地点位于中央广场C区茶花路17号楼121商铺二楼，仓库位于朝阳路3号（朝阳大桥南侧路西）。正在新建的仓库（如东县盐化物流中心）位于马塘镇马丰南路2号，项目用地面积为32.55亩，新增仓储面积近8000平米，新建140米长码头一座。

为积极响应盐业体制改制，盐务局（盐业公司）将在县委县政府和市局（公司）的关怀支持下，立足市场监管，确保食盐市场稳定；立足食盐专营，保障食盐供应；立足提高食盐品质，保障食盐安全；立足非盐规模经营，努力提高经济效益，立足生存发展，迎接改革挑战。

如东县委农村工作办公室

近年来，县委农办以党的十八大、十八届四中、五中、六中全会为引领，以服务“三农”为己任，把促进农村经济社会发展、坚持农民主体地位、增进农民福祉作为“三农”工作的出发点和落脚点，较好地发挥了对“三农”工作的统筹协调和督促指导作用。

一、深化农村改革，为农村发展奠定基础

2016 年，我办着力推进农村土地承包经营权确权登记颁证，完成数据入库率 89.6%。加快发展村级集体组织，全县村级集体账面村营收入总额为 1.59 亿元，所有村村营收入达到 30 万元以上。全县共筹集一事一议资金 3172.96 万元，未发生一起涉农负担案件。组织实施一事一议财政奖补项目，建设里程 230.34 公里。建立和健全农村产权交易网络，深入推进农村产权交易，全年交易总额达 5800 万元。

二、加强新型经营主体培育，促进现代农业发展

全县农业龙头企业运行质量进一步提升，销售收入同比增长 11%，税后利润同比增长 44%。如东县鑫旺生猪养殖专业合作社等 8 家合作社被评为江苏省农民合作社示范社。全县新（扩）建农产品加工项目 44 个，2016 年实际投入 7.55735 亿元，在全市项目农业考核中位列第二。全年“三资”投入农业近 48 亿元。全县农业保险保费总收入达到 8944.41 万元，其中高效设施保费 5430.38 万元，高效设施占比达到 60.71%。

三、切实开展精准帮扶，扶贫开发显现成效

2016 年，我办牵头组织实施新一轮脱贫致富奔小康工程，组织产业脱贫、培训就业、教育支持、医疗救助、社会保障等“五个一批”扶贫工程，全县全年脱贫 4794 人，脱贫率达 27.9%。聚焦经济薄弱村，大力发展物业经济，第一期市级 97 个薄弱村物业项目全部通过市级验收，第二期 14 个薄弱村建设方案已获市审批。

如东县农业委员会

2017年3月7日，省政协副主席范燕青到如东海青家庭农场调研

县委常委、县委宣传部部长张蓉蓉出席县农委党员冬训青年干部"追梦担当富民"主题论坛

县委常委、县委统战部部长蒋树建，副县长徐炜出席2017年全县农林工作会议

近年来，县农委牢固树立"创新、协调、绿色、开放、共享"发展理念，创新思路、精心组织、狠抓落实，全县现代农业建设迈上新台阶。

一是不断加大农业产业结构调整。深入挖掘农业内部的发展潜力，通过调整种养结构，发展农业特色优势产业。截至2016年，全县高效设施农渔业面积累计达到50.26万亩，建成设施种植园区60个，形成了优质粮油、规模畜禽、特色水产、瓜果蔬菜等四大主导产业。二是加大新型经营主体培育。截至2016年，全县家庭农场累计达到892家，经营面积19.82万亩，经营比重占16.52%；粮食生产"全托管"经营主体405个，服务面积达到13.67万亩。获认定各类农业产业化龙头企业121家，2016年销售收入达180亿元，共培育新型职业农民2.9万多人。三是大力发展绿色农业。加大无公害、绿色、有机和地理标志农产品培育力度，不断提高农产品附加值。截至2016年，全县共有畜禽标准化、生态健康养殖基地65个，累计有效期内"三品一标"数256个，"如东大米"、"如东狼山鸡"等均获国家地理标志产品。

全国农业标准化示范县（农场）

农委党组民主生活会

县农委两学一做学习教育

如东县农业机械管理局

2016年县农机局按照"转变发展方式，突出提档升级，围绕全程全面，服务现代农业"的总体思路，以粮食生产全程机械化为着力点，统筹推进各项重点工作。农机装备结构不断优化。全县农机总动力达 92.43 万千瓦，新增大中型拖拉机、高性能联合收割机、乘坐式插秧机等新型农机具 1500 多台套，农业机械向大功率、高性能发展，全县社会各界农机总投入超亿元。农机作业水平不断提升，农业机械化水平达到 83.5%，水稻机插率超过 90%，秸秆机械化还田率达到 48%。社会化服务能力持续提高。全县各类农机服务组织 114 个，服务面积超过 370 万亩次，农机服务经营总收入超过 8.58 亿元。承办了全省全自主飞行植保无人机技术座谈会、全市秸秆机械化还田现场会、全市滩涂作业拖拉机事故应急救援演练等重要活动，如东国兵农机服务专业合作社被评为全国农机合作社示范社，农机化各项工作发展态势良好。为粮食丰产、农民增收、农村劳动力转移提供了坚强保障。

滩涂作业拖拉机应急演练

无人机植保

改造泵站

农机培训

粮食烘干中心

秸秆机械化还田

如东县劳动事务服务总公司

如东县劳动事务服务总公司是县劳动和社会保障局所属集体企业。公司成立于1992年5月。经营范围：劳务中介（派遣）服务、劳务事务代理、劳务外包、物业管理等。

公司作为县劳动保障部门所属企业，有基层就业服务机构和信息网络体系的支持配合，有设施完备和环境良好的培训基地，有与合作伙伴多年精诚合作和植根于民众之中的良好信誉，有一支精通业务和高效的事骨干队伍，开展劳动事务服务工作具有与众不同独特优势和得天独厚的便利条件。

公司求真务实、着眼长远，着力打造劳动服务品牌，坚持平等互利、重合同守信用原则，采取灵活务实的合作方式，广泛交往，高效合作，成效明显，信誉卓著。

公司经营理念：以人为本、诚实守信、求真务实、争创一流。

公司经营宗旨：服务社会、打造品牌、互利双赢、和谐共荣。

如东县农业资源开发局

国家检查组赴马塘镇项目区检查

人大领导视察双甸镇项目区

我县2016年度实施农业综合开发项目14个，建设规模6万亩，扶持农业龙头企业及家庭农场4家，财政投资8308万元，争取的项目资金位于省、市前列。

其中：高标准农田项目7个，开发任务4万亩，财政投资6000万元。分别为：双甸镇高标准农田建设项目、栟茶镇高标准农田建设项目、新店镇高标准农田建设项目、河口镇高标准农田建设项目、洋口镇高标准农田建设项目、曹埠镇高标准农田建设项目、岔河镇高标准农田建设项目。

滩涂垦区配套项目3个，开发任务2万亩，财政投资2000万元。分别为：掘苴垦区外向型开发区种植基地（续建）项目、大豫垦区南坎社区种植基地项目、环港垦区光荣村养殖基地项目。

项目区共新建电灌站21座，新建防渗渠155.4km，暗渠5km，渡槽13座，路下涵、排水涵176 座，新筑混凝土机耕路112.6km，机耕桥27座，营造防护林18370株。新建保鲜库雨棚936平方米，购置设备878台套，新建钢结构粮食库房1404.37平方米，新建晒场1655.5平方米。

产业化经营财政补助项目2个，财政投资170万元。分别为：江苏鲜之源水产食品有限公司承建的《南通市如东县年储40000箱条斑紫菜保鲜改扩建项目》、如东高丰家庭农场承建的《南通市如东县2000吨粮食种植基地新建项目》；贷款贴息项目 2 个，预计获得财政贴息为138万元。分别为：南通市东盛米业有限公司承建的《南通市如东县30000吨大米加工原料收购流动资金贷款贴息项目》、金太阳粮油股份有限公司承建的《南通市如东县3500吨食用油加工原料购进流动资金贷款贴息项目》。

郭局长、刘局长在大豫镇东安闸村项目区检查工作

郭局长、朱局长在新店镇胡港村项目区

国家检查组检查汇报会

国家检查迎查准备会议

如东县2016年度沿海滩涂垦区配套项目开工动员会

如东县海洋与渔业局

2016 年如东县始终将海洋渔业安全生产工作摆在突出位置，以创建“平安渔业示范县”为目标，围绕“三化五覆盖”工作要求，统筹推进安全教育、责任落实、专项整治、体制创新、应急保障等各项工作，再次被农业部、国家安全监管总局评为 2014-2015 年度“全国平安渔业示范县”，全省连续三次获此殊荣的仅我县一家。全年海洋渔业经济总体保持平稳。渔业经济总产值 154.6 亿元，水产品总产量 30.48 万吨。海洋综合管理在年初获得省综合表彰的基础上，“洋口港经济开发区”获省级海洋经济创新示范园区，“如东洋口港区基础设施建设”项目已获开发性金融贷款 8 亿元，2016 年无论用海申报数量，还是上下沟通对接、服务沿海开发方面，都处于全省重要位置。强化生态修复，举办第八届放鱼节活动，共增殖放流大黄鱼、黑鲷、海蜇、半滑舌鳎等苗种 820 多万单位，较去年翻番。加强海监渔政执法规范化、标准化建设，如东县渔政大队和大队书记毛海枫同志分别被评为全省海洋伏季休渔工作先进单位和先进个人，中国海监如东县大队被表彰为江苏省海监执法工作先进单位。

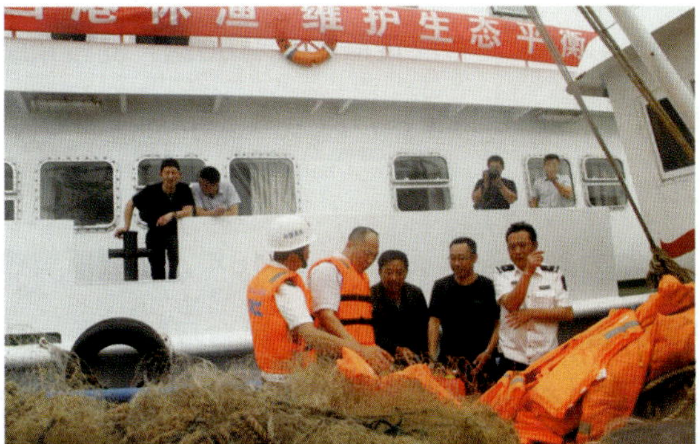

如东县气象局

潘书记等一行领导来我局气象台进行工作视察

2016年,我局在县委、县政府以及南通市气象局的坚强领导下，以科学发展观为指导，以提高预报预测准确率和服务效益为中心，以建设现代化气象业务体系为重点，以建设气象科技创新体系和气象人才体系为支撑，着眼于气象防灾减灾和气象服务如东社会经济全面发展新要求开展各项工作，紧紧围绕年初制定的目标任务不放松，坚持把气象服务放在首位，依法大力发展地方气象事业，充分发挥气象科技优势，狠抓气象决策服务，不断拓展气象科技服务领域，有力地促进了气象工作的全面、快速、健康协调发展。

为领导决策服务。围绕冬春寒潮、大风、大雾、道路结冰，以及汛期大暴雨、台风、雷电、连阴雨等灾害性天气，我局先后向县“两办”及相关部门提供重要天气报告47份，发布决策服务材料56期，发布预警信息46次，发送气象灾害预报服务短信400条，接受服务6万人次。

气象为农服务体系建设。2016年，全县所有镇成立气象灾害防御工作领导小组，出台应急预案，14个镇，6所中小学和2个社区被气象局认定为气象灾害应急准备工作达标单位。

党风廉政建设工作会议

七一党员活动重温入党誓词

结对帮扶下漫村贫困户

气象应急演练

如东县住房和城乡建设局

陪同市领导深入三号街区调研城市危房改造工作

中层以上领导干部参观如皋廉政教育基地

南闸路工程获得周边群众称赞

庆祝建党70周年活动掠影

2016年，县住建局以建设“强富美高”新如东为目标，科学规划，狠抓城建重点工程及为民办实事项目，城乡环境得到进一步提升。

全面启动县城城北、城东、老城区、工业区四大片区的控规，县城停车给水专、绿线、通信、加油加气、养老设施布局、水系专项规划都已形成初稿并相继进入了评审阶段。东北片区城市设计进行了批前公示的工作。马塘镇马南村、栟茶镇江安村等“美丽乡村示范点”村庄规划已提交县政府批准。完成老城区主要道路沿线两侧新增停车场、绿地方案设计。

县城区共实施道路工程10项，朝阳路、人民路、通海路三条南北向道路的改造，有效缓解主城区南北方向交通压力。强抓“江苏省园林城市”创建工作推进，绿化项目9个新增公共绿地22.45万平方米。县城达标尾水排海管道工程正加紧建设，累计已经完成13公里。第二污水处理厂建成并正式运行。通洋线二期、角林线输水工程竣工通水。

全年完成房屋征收项目10个，征收面积约120万平方米，建设安置房源522套。全县房地产开发项目28个，完成开发面积55万平方米，商品房销售面积41.91万平方米，合同成交金额24.49亿元。全年基本建成保障性安居住房460套，公租房实物配租累计保障2000人，发放补贴约15万元，完成5个老旧小区改造。

2015年重点工程之二——已建成的县城第二污水处理厂

2015重点工程之一 ——改造后的通海路

2015年重点工程之三 ——长江路南侧景观带

2015年重点工程之四 ——改造后的人民路

如东县房屋征收管理办公室

房屋征收工作得到县委、县政府一以贯之的高度重视，从2010年起，组织部分三批次选派机关副科职领导干部及副科级后备干部近60名来我办挂职锻炼，达到了预期的效果。县征收办正是在各级领导和同仁的关心和支持下，不负看望，不辱使命，取得了不错的成绩。

一、从规范管理入手，完善征收政策、强化工作职能， 房屋征收项目和安置房建设工程计划目标圆满完成。

二、从创新工作入手，健全工作机制、增强部门协作，“依法征收、文明征收、平安征收”工作成效显著。

三、从项目党建入手，提升人员素质、提高服务水平，社会和群众满意度不断提升。

近年来，我县征收工作做到了公开透明、程序合法、清正廉明，热情服务、规范有序的征收工作，赢得了社会和群众的赞誉，基本做到了所有项目“零信访、零诉讼、零事故”，先后被授予“南通市平安征收（拆迁）优秀单位”、“江苏省平安征收（拆迁）先进县（市）”、“如东县群众满意品牌”等荣誉称号。

人民路西侧掘直河南侧（原县政府地块）
安置房建设项目

人民路停车场房屋征收项目

通海路东侧地块（绿化、停车场项目）

黄海路北延及县人民医院周边地块房屋征收项目

如东县城市管理(行政执法)局

县委书记潘建华、县长沈峻峰、县委副书记任新峰等县领导亲切慰问环卫工人

新建惠民水果亭

“宾城之夏—城管专场”文艺汇演

新建一类公厕

2016年城市管理工作

一、坚持综合治理，城市面貌显著改善

1. 狠抓优秀管理城市创建。充分发挥统筹、协调作用，对各部门、单位创建“省优秀管理城市”的任务进行全程指导，通过分析点评、督查通报、现场推进等方式加大攻坚力度，有力地推动了创建进程。2016年8月份，我县顺利通过省专家组现场调研。

2. 狠抓户外广告拆除。拆除大型平面广告36块、落地灯箱广告、破损广告1000余块、高立柱广告31个，清理窗花贴纸50000余处，有效清除城市视觉污染。

3. 狠抓环境卫生管理。实施“以克论净、深度保洁”试点，新建一类公厕6座，二类公厕4座，切实解决居民用厕难的问题。

二、坚持建管统筹，城市功能不断完善

实施通海路、锦绣社区省级城市管理示范路、示范社区创建工作，以点带面推动城市环境质的提升。对“夜排档”和“惠民水果亭”等进行改造升级，为群众提供便捷、高效的生活服务。

三、坚持露头就打，建设秩序日益规范

健全违法建筑预防管控网络，先后组织拆除违法建筑120余处，面积达10000余平方米。

拆除高立柱广告

如东县国土资源局

李侃桢厅长、祖耀升副厅长视察如东海上风电陆海同步发展产业链项目现场

领导班子集体研究决策

近年来，如东县国土资源局认真贯彻落实党的十八大，十八届四、五、六中全会和省市县有关会议精神，牢牢抓住“保护资源、保障发展、节约集约、维护权益、改革创新”这一主线，准确把握国土资源工作新形势、新定位、新思路、新任务，紧密结合如东实际，始终坚持以保护耕地为根本，强化共管责任，严格执法监管，着力规范全县土地管理秩序；坚持以保障发展为主线，积极主动服务，节约集约利用，全面推进陆海统筹改革创新；坚持以维护民权为己任，强化为民宗旨，办好惠民实事，切实维护人民群众合法权益；坚持以精细管理为抓手，转变服务理念，夯实业务基础，持续增强国土事业发展后劲。全县先后获得 2011、2012、2013 年度“江苏省土地执法模范县”、“2015 年度江苏省国土资源节约集约利用模范县”等荣誉称号，县国土资源局被江苏省国土资源厅评为“2012-2013 年度全省国土资源系统推进依法行政工作先进单位”、“2014-2015 年度全省国土资源信访工作先进集体”。

举办不动产登记业务培训班

政务大厅内，“保姆式”服务，“零距离”沟通

建立土地执法共同责任机制，开展部门联合执法行动

法律咨询宣传活动进社区

开发沿海未利用地资源

优先保障安居工程用地需求

科学划定基本农田，加强保护优质耕地

大力实施省投土地整治项目，促进农业增地增效

强化土地整理力度，增加有效耕地面积

科学规划布局，提升土地利用效率

如东县政府投资项目工程建设中心

如东县公安局业务大楼

如东县中医院

如东县政府投资项目工程建设中心成立于 2011 年 1 月，为县政府直属正科级事业单位。其主要职能为代表县政府行使业主职能和项目管理，具体负责县政府指定的投资建设项目的集中统一管理和组织实施工作。中心管理经验丰富，技术力量雄厚，拥有各类国家注册师、高级工程师 10 多名。

中心成立以来，管理实施完成项目 20 个，总建筑面积 50 多万m²，总投资达 20 多亿元。其中公共卫生大厦、工人文化宫等 6 个项目获得省、市优质工程称号。目前在建和即将开工的项目有 14 个，总建筑面积 40 多万m²，总投资达 20 多亿元。

中心以“传承工匠精神，追求卓越品质”为总体目标，以“勤奋、协作、廉洁、高效”为服务理念，以“零差错、零失误、零缺陷、零投诉”为基本工作要求，努力打造政府投资精品优质工程，为如东经济社会作出应有的贡献。

地址：如东县掘港镇通海路 3 号东泰大厦二楼

办公室电话：0513-81995012

如东县公共卫生大厦

如东县国土信息中心综合楼

如东县环境监测技术大楼

江苏省如东中等专业学校

如东县公共资源交易中心

主要职责

一、贯彻实施公共资源交易相关法律、法规和政策、为公共资源交易活动提供场所、设施和服务。

二、制定公共资源交易业务操作办法、现场管理规章制度、工作流程并组织实施；指导全县公共资源交易活动的业务组织和现场服务管理工作。

三、统一受理各类公共资源交易项目，承担工程建设招投标、政府采购和产权交易等进场交易活动的服务和管理工作，　组织政府集中采购项目的采购和验收工作。

四、建立公共资源交易诚信评价制度，负责评审专家库、供应商库和中介机构的场内管理、评价、考核工作。

五、负责公共资源交易各类项目招标控制价的评审和确定，建立招标前规范性评审制度和招标结果后评估制度并组织实施。

六、查验交易现场项目相关手续和参加交易活动各方主体资格。

七、负责项目交易现场管理工作、记录、制止和纠正违反交易法律犯规制度的行为，接受有关咨询、质疑、并按职责分工及时处理答复。

八、负责县公共资源交易中心信息技术平台建设和管理；统一发布各类公共资源交易信息，收集、统计、分析、管理、保存各类公共资源交易数据和资料。

九、提供有关公共资源交易及相关政策法规咨询服务，组织公共资源交易政策法规及业务培训。

十、承办县政府交办的其他事项。

如东县国家税务局

南通市局郭瑞龙局长到如东国税督导调研营改增工作

储开森局长就全面推进营改增试点接受县电视台采访

2016 年，如东县国税局在市国税局及县委县政府的正确领导下，统筹施策，奋力拼搏，全年工作呈现出“忙而有序、稳中求进、难中攀高”的良好局面。组织收入扩量提质，入库税收总收入 33.88 亿元，同比增长 17.04%；其中，入库增值税 25.03 亿元，同比增长 29.22%，增幅名列六县（市、区）第一名；入库地方公共财政预算收入 13.64 亿元，同比增长 63.55%，圆满达成年度目标。深化改革成效显著，高分通过省局深化税收管理改革综合示范点验收，全面推开“营改增”试点圆满完成。依法治税不断强化，县局被市局推荐参加“全国法制宣传教育先进集体”评审，被地方政府评为“六五”普法先进单位。纳税服务优化升级，电子税务局用户使用覆盖率达到 98% 以上，外管证网上开具率达到 90% 以上，全省首个县区级国地税联合纳税人体验中心初步建成。文件创建再创佳绩，县局被评为“2013-2015 年度江苏省文明单位”和“南通市双拥模范单位”，并连续第六年获评“如东县人民满意机关”。

组织“礼在国税”进校园暨快乐周末中秋主题活动

国税青年干部热情为纳税人导税

五四青年节，青年干部奋战在办税服务厅前线

如东县地方税务局

2 月 23 日，县地税局召开全县税务工作会议

5 月 11 日，县地税局召开“两学一做”学习教育动员大会

2016 年，如东地税紧扣“深化改革、稳中求进”工作主题，提升收入管理质效，深化征管体制改革，完善执法服务体系，加强干部队伍建设，全年共征收各项收入 62.59 亿元，同口径增长 4.01%。其中，全口径税收收入 36.8 亿元，同口径增长 2.33%；公共预算收入 30.8 亿元，同口径增长 2.53%，占全县公共预算收入的 58%。全年共征收社保费 23.7 亿元，同比增长 7.91%，征缴率达 98.07%。在如东县政府整体目标考核中，如东地税获条管单位一等奖，被授予“人民满意机关”称号。坚持依法治税，获评省“六五”普法先进集体。不断争先创优，《中等风险应对“全景式痕迹化”管理系统》在全市地税系统创新项目评审中获得第一名；数字档案室被评为县内首家省 4A 级数字档案室。

4 月 14 日，国地税合作第一次联席会议召开

1 月 14 日，国地税联合开展自助办税服务区

9 月 20 日，县地税局党组书记管玉屏、纪检组长叶青松慰问“中国好人”俞杰和“江苏省十佳青年志愿者”张华

3 月 12 日，县地税局组织税务干部参加“共植扶海志愿林”活动

如东县自来水公司

上海亚达来访

2016 年，是县自来水公司管理体制和运行机制变革创新的启步之年，也是如东供水经营效益实现巨幅增长的重要之年，供水事业发展势头强劲。一是以供水经营为主业的经济效益涨势迅猛，超越了历史水平。全年供水总量 5693.3144 万吨，比上年增长 8.5%；售水总量 5512.5879 万吨，同比增长 8.8%；供水增幅和售水增量连年呈现强劲的上升势头。二是以重点防控为切口的管理成效大幅递升，助力了运行保障。通过强化资产管理、细化预算审核、深化资产运作、优化采购方案等有效途径，借力财审监督管理、助力资本运作平台发展，全年节约运行经费 200 多万元。三是把握政策先机，靠前运筹，充分挖掘水价调整后的经济效益。先后多次赴外调研、同行走访各地供水企业水价调整现状，多层协调、多头会商有利于公司经济运行的政策意见，充分体现了自来水公司敢于担当、善于创新、勇于奉献的国有企业本色。四是切准服务要点，覆盖推进，切实查纠居民水表的计量精准性和表户一致性。先后完成居民水表普查 40478 只，及时查纠和处理表号、读数、用水类别以及黑户等危及供水营销问题共约 100 多个，规范了用水性质和表计管理，提高了经济运行效益。五是关注用户需求，延伸服务，全力提高用户满意度和社会形象。与江苏有线对接协调会商合作途径，新增江苏有线代收水费网点 2 处，成功开发和推广“如东供水”微信公众号，大幅提升了如东供水知名度，有效增强了水费回收及时性，推动了如东供水事业健康有序发展，获得了“全国工人先锋号、江苏省放心消费创建活动示范单位”等集体荣誉。

中石化销售有限公司江苏南通如东石油分公司

如东石油分公司隶属于中国石化销售有限公司，下设28座加油站点，坐落在如东各个乡镇，为全县人民供应汽油、柴油、LNG、CNG及易捷便利商品。公司秉承销售公司的经营和服务宗旨，为客户提供优质的油品，优良的服务，为顾客创造价值；保护环境，关爱员工，促进社会、企业、员工的和谐发展。

公司启用安全管理信息系统，建立隐患数据库，并对隐患逐一销项，实行油站安全闭环管理；开展自查、综合检查、重点检查，消除隐患在萌芽状态；贯彻落实科学发展观，坚持安全发展、以人为本、从严治企；开展一系列营销活动，细化“一站一策”扩量增效，形成“比学赶帮超”的销售竞赛氛围，优化用工，提高员工薪酬。

2016年在如东公司全体员工的努力和社会各界的帮助下，实现了成品油销售8.14万吨，非油品销售1736万，天然气1550吨的好成绩。石化人将继续本着客户满意、员工满意、安全运营的宗旨，为如东社会经济发展贡献力量。

加油卡销售中心

规范引车

机关大楼

马新营业房

中石化加油站

总经理、书记：戴建峰
地址：如东县掘港镇江海西路30号
电话：0513-84117183

如东县公安消防大队

潘书记来队慰问

洋口特勤站挂牌使用

火灾现场警示会

如东县公安消防大队（又称中国人民武装警察部队如东县消防大队）下辖1支现役消防中队、4支政府专职消防队。全县建有派出所保安消防队13个。担负着全县灭火救援、监督执法、社会救助及消防宣传等任务。

灭火救援情况　年内全县共接警658起，成功处置1.3南通德发生物化工有限公司火灾、4.11江苏伊贝实业有限公司火灾等灾害事故。

执勤岗位练兵和消防监督执法　大队共对辖区内197家单位开展灭火演练100余次，编制修订灭火预案180份，完善灾害事故类型预案14种。积极开展多项专项整治，积极推进消防安全“网格化”、重点单位“户籍化”管理、区域联防及消防设施巡查监测系统接入工作。

后勤保障建设　县政府拨款5550万元用于建设县灭火应急救援中心，洋口经济开发区拨款2800万元新建临港工业园区特勤消防站，沿海经济开发区拨款1200万元新建化工园区特勤消防站。

警营文化

执勤岗位练兵

如东县公路管理站

爱心捐赠

除雪保畅

车辙处理1

精细养护

如东县公路管理站（如东县路政大队）下设综合股、路政股、农管股、建养股、财审股5个股室和掘港、环镇、岔河3个路政管理中队，负责全县国省干线、县道公路的养护行业监管，负责全县乡道公路养护监管及对各镇的技术指导，负责辖区内路政管理以及路网调度管理工作。

近年来，该站开展精细化、生态化、机械化养护，全面实现一级公路机械化保洁。积极推动路政许可办理流程的简化和优化，在全县范围内开展了路域环境整治活动，严格规范在建公路管理和超限车辆治理，公路行业治理能力得到有效提升。积极做好“两学一做”学习教育，严格落实“两个责任”。开展文明创建和志愿服务活动，继续保持省、市县文明单位荣誉称号。

如东县畜牧兽医站

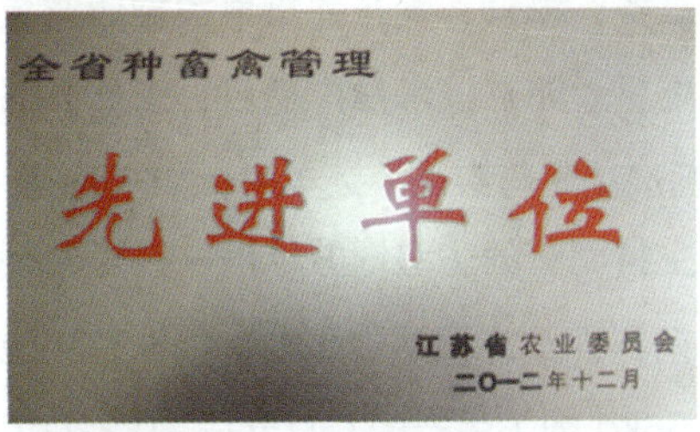

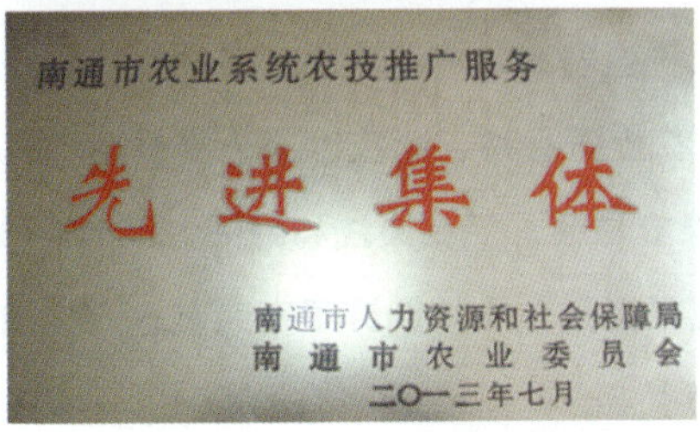

如东县畜牧兽医站新组建于 2007 年，是县农委直属全额拨款社会公益型事业单位，拥有办公、检测、培训大楼 1000 多平方米，现有职工 19 人，其中推广研究员 4 人，中高级职称 12 人，初级职称 3 人。单位主要承担着全县重大动物疫病防控和畜牧业新品种、新技术、新模式推广工作任务，多年来坚持物质文明与精神文明建设两手抓，坚持业务技能的提高与服务意识的强化同步推进，注重开拓创新，认真履行职责，出色地完成了各项工作任务，为全县畜牧业持续稳定健康发展和广大农民增收致富作出重要贡献。

如东县畜牧兽医站强化防疫队伍建设，创新防疫机制，近年来每年组织猪瘟、口蹄疫、猪高致病性蓝耳病、羊小反刍兽疫、高致病性禽流感等疫苗免疫注射 6000 万头（羽）次，全县无重大动物疫病流行。积极推动畜牧业结构调整与转型升级，全县各类规模养殖场户达5800多个，创建省部级生态健康养殖场户近100个。积极开展科技创新，近十年来承担省以上科技项目 12 个，在省以上专业期刊发表研究成果论文 80 余篇，获各级各类科技成果奖 32 项，其中《江苏地方猪遗传资源保护与产业化开发》项目获全国农牧渔业丰收奖一等奖。先后获南通市农业系统农技推广服务先进集体、全省种畜禽管理先进单位、全省兽医工作考核评比先进单位。2016 年被评为“全国基层畜牧技术推广示范站”。

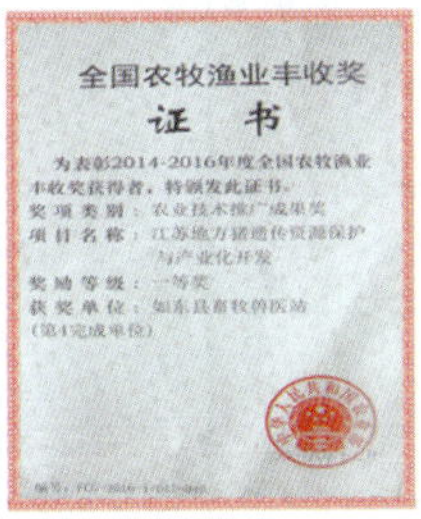

技术人员在镇区培训

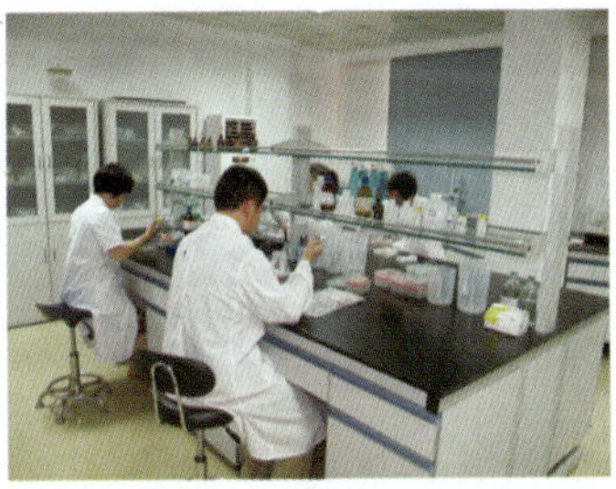

化验室工作人员正在进行检测

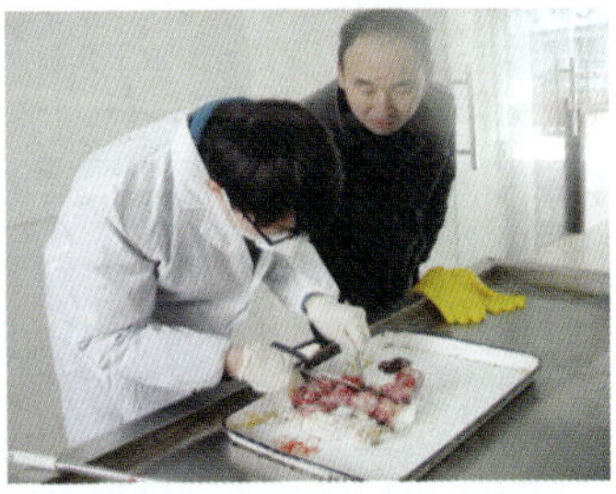

技术人员正在为养鸡户解剖

如东县蚕桑指导站

创交会

如东县蚕桑指导站（如东县园艺技术推广站）负责拟订、发布并指导实施全县桑、蚕产业中长期技术推广计划；开展桑、蚕、园艺新品种、新技术、新机具的引进、试验、示范与推广；负责蚕桑技术培训、技术指导、技术咨询及服务；开展全县现代园艺产业（含蔬菜、食用菌和休闲观光农业）的技术指导，为园艺业发展规划的制订，提供决策依据和全程服务；拟订、发布并指导实施园艺技术推广计划，组织实施重大园艺技术推广项目；开展园艺产业技术服务、地主标准制定与实施。近年来，如东县蚕桑指导站开展人工饲料养蚕实用化技术探索与应用，取得了显著成效。2016年主持制订的省级地方标准——《稚蚕人工饲料共育技术规程》（DB32/T2877-2016）颁布实施，成为全国首个人工饲料养蚕方面的省级地方标准；实施全龄人工饲料养蚕30张，生产蚕茧897.75kg，生产1kg鲜茧平均消耗粉体干料3.55kg,加工生产的13/15D、20/22D生丝，经检测，达到甚至超过了同品种普通桑叶育的质量水平；在国内首次实现原种全龄人工饲料养蚕，成功生产出一代杂交种；2015年12月17-18日，我县的人工饲料养蚕技术参加江苏省第二届农业新品种、新技术成果交易会；入选全国A类参展项目，参加了2016年5月27-28日在广州举办的全国创新创业成果交易会，受到关注和好评。2016年3月，增设园艺技术推广职能以后，积极开展新品种、新技术试验、示范与推广应用工作，主持制订了南通市地方标准——《春西兰花-夏小白菜-秋西兰花周年生产技术规程》（DB3206/T463-2016）。

江苏省农业丰收奖

证书

为表彰在农业技术集成创新与推广工作中做出显著成绩者，特授予2014-2015年度江苏省农业丰收奖。

项目名称：高效安全蚕桑生产新技术集成与推广

奖励等级：二等奖

获奖单位：如东县蚕桑指导站

二〇一五年十二月

证书编号：JSFSJ-2015-2-04-3D

江苏省农业丰收奖

证书

为表彰在农业技术集成创新与推广工作中做出显著成绩者，特授予2014-2015年度江苏省农业丰收奖。

项目名称：精准高效养蚕技术集成创新与应用

奖励等级：二等奖

获奖单位：如东县蚕桑指导站

二〇一五年十二月

证书编号：JSFSJ-2015-2-32-1D

江苏省南通市地方标准

DB3206/T 463—2016

春西兰花-夏小白菜-秋西兰花周年生产技术规程

2016-11-12 发布　　2016-11-12 实施

南通市质量技术监督局 发布

人工饲料养蚕技术参加省农技成果展示

省农委吴沛良主任等在展位前视察

南通市农业科学技术推广奖

（二〇一四年度）

项目名称：稚蚕人工饲料共育技术集成创新与应用

奖励等级：二等奖

获奖单位：如东县蚕桑指导站

南通市人民政府

二〇一五年十二月

市推广二等奖

如东海天科技发展有限公司

如东海天科技发展有限公司成立于 1995 年，经过二十年持续稳定的发展，目前已成为本地区规模最大、综合实力最强的商用 IT 产品、系统集成及相关服务的综合性供应商。

如东海天科技发展有限公司是一家以承接计算机应用工程和软件开发、网络系统集成、网络安全技术，多媒体视频监控、现代办公自动化设备及配件销售、维护服务为主的高科技企业。公司已成为联想、华为、IBM、HP、DELL、华硕、清华同方等著名厂家的如东特约代理商以及佳能、惠普、理想、爱普生、美能达、施乐等多品牌办公设备的经销及维修商。公司网络系列产品和解决方案已全方位应用于教育、卫生、各政府机构、大中型企业，拥有广泛的客户基础，在如东享有较高的声誉，依靠扎实的技术和贴心的服务成为各行业信赖的供货商和服务商。公司自成立以来始终坚持"以质量求生存，以服务促发展"的经营宗旨，以客户需求为使命，"集"客户所急，"成"客户所想，及时全面的理解客户信息化需求，在如东地区信息自动化销售和服务领域已树立了良好的专业技术公司形象，取得了较好的经济效益和社会效益。

公司拥有着一支技术精湛且服务态度与效率广受好评的团队。技术人员都具有着丰富的实践经验，且都经过相关的专业技术的培训，作为一个专业的实施团队，确保了整个服务系统的运行通畅，获得客户的一致支持和认可，对每个项目的售后服务做到 7*24 小时随时响应，电话、网络联络 24 小时畅通，现场服务 4 小时内到达。

公司秉承以科技成就未来，服务创造价值的经营理念，不断全面提高技术服务水平，致力于政府各级部门的核心网络建设和办公自动化全方位售服，我们更把为客户提供高水准的 IT 综合服务作为公司的奋斗目标。

江苏联嘉律师事务所

金志学　主任

金志学简历：华东政法大学法学本科毕业，一级律师。第七届江苏省律协理事、南通市律协理事、省律协民事业务委员会会员、南通律协知识产权电子商务业委会副主任、如东县第十四届党代会代表。

担任如东县人民政府、江苏如东高新区管委会、如东县公安局、如东县公共资源交易中心、中行如东支行等单位常年法律顾问。

最佳团队

姓名：金志学	手机：18912860606	姓名：王鹤忠	手机：13962742179
姓名：周玉春	手机：13861932225	姓名：孙晓宇	手机：18606136000
姓名：孙卫东	手机：13813622900	姓名：陈爱红	手机：15962717698
姓名：丛昌林	手机：13706272480	姓名：许露露	手机：15996686058
姓名：刁品华	手机：13901467843	姓名：洪卫华	手机：13912860022

地址：江苏省如东长江路301号上成中心1号楼701室(七楼)
电话：0513-84513670(传真)　手机：18912860606　13606270406

银河工业集中区

银河工业集中区位于全国重点中心镇——岔河镇西郊，334省道和225复线在此交会，如泰河和岔栟河在此融合，区位优势十分明显。建区以来，通过全力优化投资环境，强势推进招商引资，集中区步入了发展的快车道。凭借“交通便捷、环境优美、政策优惠、机制灵活、服务周到”的优势向中外客商展示出了投资兴业的无限魅力。在这方招商引资的热土上，已有逾百家企业落户。区内的银河纺织品市场已入驻经营户710多家，成为全国最大的棉纱交易市场。应运而生的三产服务业发展迅猛，区内已有饭店20家，宾馆15家，洗浴中心两家，超市12家，KTV一家，物流公司3家。集中区年销售收入已逾80亿元，年实现利税2.8亿元，就业人员突破1万人。

银河工业集中区，将以建设“工业服务区、三农风景区、产业集中区、农民住宅区、老年康复区”五大区为抓手，以打造棉纱、坯布、建材、家纺、农贸五大市场为依托，以促进区内居民致富，集中区和谐、繁荣为目标，力争到 2020 年将银河工业集中区建成为一个工业与服务业比翼齐飞、农村与城市交相辉映，经济规模在苏北地区处于领先地位的现代化乡镇工业集中区。

各涉侨单位领导和社会各界代表出席会议。

★18 日，市政协副主席陈德新、徐守铭一行到如东县调研。县政协主席陈建华向调研组汇报了如东县政协一年来的工作情况。县政协副主席桑健、督导员童玉林参加调研。

★18 日下午，河北吴桥国际杂技艺术学校南通集训基地揭牌仪式在如东县杂技艺术学校举行。副县长姜晓静参加活动。

★18 日至 19 日，县委书记、县人大常委会主任詹立风带领县委办、县发改委、县经信委、县商务局等相关部门人员前往岔河、袁庄、河口三镇调研。

★20 日至 21 日，如东县举行全省涉法涉诉信访改革业务培训，涉法涉诉信访工作如东“样本”被全省推广，县委书记、县人大常委会主任詹立风代表如东作为全省唯一县级党委、政府作交流发言。省委政法委副书记侍鹏发表重要讲话。

★20 日至 21 日，长江三角洲十三县（市）区政协工作研讨会在如东县召开。县委副书记、县长潘建华致欢迎词，县政协主席陈建华主持研讨会，县政协副主席吴鼎皋参加研讨会。

★21 日上午，县委副书记周建飞到青园社区，检查首轮文明城市创建整改情况，并对下一阶段工作提出指导意见。

★21 日上午，如东县召开全县军转安置工作会议，县委常委、组织部部长任新峰出席会议，县委常委、常务副县长沈峻峰主持会议。

★21 日，县人大常委会副主任、党组副书记陈昌龙一行赴栟茶镇调研经济社会发展情况。县人大常委会副主任沈更生参加调研。

★21 日下午，如东县召开全县服务业经济工作推进会，副县长王智通报了 1 至 10 月份全县服务业发展情况。县委常委杨小军主持会议并讲话。

★21 日下午，副县长姜晓静率领县教育局、县卫生局、县工商局、县文广新局、县城管局等部门相关人员督查如东县中小学校、文化场馆等地的文明城市创建整改情况。

★22 日，南通正大召开第四次党员大会，选举产生新一届党委班子。县委常委、组织部部长任新峰宣读同意南通正大召开党员大会的批复。县委副书记周建飞出席会议。

★22 日下午，县委常委、组织部部长任新峰深入挂钩的古池社区督查推进省文明城市创建工作。

★23 日上午，县委常委、宣传部部长杨中坚率相关部门负责人实地督查城区及城郊主干道文明城市创建工作开展情况。

★24 日，如东县召开全县民营经济领导组（扩大）会议，南通市工商联(总商会)副主席、市民发办副主任责友华肯定了如东县“十二五”期间民营经济的发展成就。县委副书记周建飞在会上发表重要讲话，县委常委杨小军主持会议，县政协副主席余科出席会议。

★24 日下午，县人大召开调研全县教育工作汇报会，听取县教育系统相关人员对目前如东县教育现代化发展情况的汇报，就如何全力推进教育现代化建设作了深入交流。县人大常委会副主任、党组副书记陈昌龙在会上发表重要讲话，县人大常委会副主任沈更生、冯力如、唐国均出席会议。

★25 日上午，县委常委、宣传部部长杨中坚，副县长姜晓静率领县教育、工商、卫生、住建等部门分管负责人督查县城幼儿园及周边环境的整改情况。

★25 日，省扶贫“两会”国华纪念中学招生工作座谈会在如东县召开，专题交流和研究进一步做好广东国华纪念中学招生工作，县委副书记周建飞在会上发表重要讲话，县领导于立忠、张蓉蓉、张栩龙参加活动。

★25 日，群众杂志社总编朱维宁一行到如东县调研。县委常委、宣传部部长杨中坚陪同调研。

★25 日，由南通市科技局、县政府办、县科技局联合举办的“强农惠民”送科技下乡活动在南通中江农业发展有限公司开展，全县 70 多名小麦、西兰花种植大户参加活动。副县长阮平章出席活动。

★25 日下午，市委常委、组织部部长张兆江到如东县调研，县委书记、县人大常委会主任詹立风陪同调研。县委常委、组织部部长任新峰从深入开展党的群众路线教育实践活动，统筹推进干部、人才、基层组织建设和组织部门自身建设等方面汇报了 2014 年以来全县组织工作。县领导张蓉蓉、张栩龙陪同相关调研。

★25 日至 26 日，中国国际工程咨询公司专家组一行到如东县，就三洋铁路规划建设对如东经济社会发展的影响进行深入调研。县委书记、县人大常委会主任詹立风，县委副书记、县长潘建华，县委副书记周建飞，县领导杨小军、张蓉蓉、冯力如、张栩龙、余科参加调研活动。

★27 日，县关工委成立 30 周年暨关心下一代工作“双先”表彰会隆重举行。省关工委主任曹鸿鸣、市关工委主任曹能新到会祝贺并讲话。县委书记、县人大常委会主任詹立风勉励全县各级关工委和广大“五老”，认清形势、牢记使命，珍惜荣誉、再接再厉，奋力开创如东关心下一代工作的新局面。会上，县委常委、组织部部长、县关工委主任任新峰作工作报告。县委副书记、县长潘建华宣读《关于表彰全县关心下一代工作先进集体、先进个人的决定》，县委副书记周建飞主持会议。

省、市关工委相关负责人，县领导唐国均、姜晓静、桑健出席会议。

★27日，县十六届人大常委会召开第二十三次会议。会议听取并审议了副县长蒋树建代表县政府所作的关于代表议案建议和常委会审议意见办理落实情况的工作报告。县人大常委会副主任、党组副书记陈昌龙主持会议。县人大常委会副主任沈更生、冯力如、唐国均出席会议。副县长姜晓静、唐智明列席会议。

★28日，三一帕尔菲格特种车辆装备有限公司运营投产，市委书记、市人大常委会主任丁大卫，县委书记、县人大常委会主任詹立风，奥地利帕尔菲格集团总裁赫伯特·奥特纳在投产仪式上致辞。市委常委、市委秘书长黄巍东，副市长单晓鸣，县委副书记、县长潘建华，县政协主席陈建华，县委副书记周建飞，县人大常委会副主任、党组副书记陈昌龙，县领导任新峰、王智出席投产仪式。

★28日下午，县委中心组举行中共十八届四中全会精神专题报告会，邀请市委政法委常务副书记王振作专题报告。受县委书记、县人大常委会主任詹立风委托，县委常委、宣传部部长杨中坚主持报告会。

★29日，如东县在双甸镇高前村召开全县河道综合整治和绿化工作现场推进会。县委常委、政法委书记于立忠主持会议，副县长蒋树建参加会议。

★30日，如东县召开2014年南美白对虾生态育养技术培训暨总结表彰大会，副县长蒋树建参加会议。

12月

★1日和3日，县委书记、县人大常委会主任詹立风分别前往如东高新区、洋口港经济开发区开展调研活动，深入了解两区冲刺全年、谋划来年的有关情况。县委常委、洋口港经济开发区党工委书记张蓉蓉作了情况汇报，县委副书记周建飞参加洋口港经济开发区调研活动。

★2日上午，首个“国家宪法日暨普法志愿者在行动”活动在文峰广场举行，来自全县各行各业的100多名志愿者在现场宣誓、观看宪法宣传视频，并开展法律咨询活动。县委常委、政法委书记于立忠，县人大常委会副主任唐国均，副县长姜晓静出席活动。

★3日下午，省人社厅就业促进处处长任毅带领省级创业型城市终审评估组，到如东县检查评估创业型城市建设情况，对如东县创建工作给予肯定，表示将在全省推广。在实地查看了岔河镇银河工业园创业孵化基地、县人社局创业服务基地建设后，评估组听取了县委常委、常务副县长沈峻峰和县人社部门负责人关于如东县创建省级创业型城市工作的情况汇报。

★3日下午，县委常委、组织部部长任新峰，县政协副主席余科前往掘港镇古池社区，就该社区文明城市创建中相关任务的落实进展情况进行督查。

★3日下午，如东县召开预防职务犯罪工作指导委员会成员会议。县委常委、政法委书记于立忠，副县长、公安局局长程军出席会议。县检察院检察长顾祖林对2014年以来如东县查办和预防职务犯罪工作的开展情况进行了总结。

★4日上午，霍尼韦尔安全防护产品（南通）有限公司在如东经济开发区正式投运。副市长黄爱军，县委书记、县人大常委会主任詹立风，霍尼韦尔自动化控制系统集团全球总裁兼首席执行官伊安仕，霍尼韦尔中国总裁兼首席执行官盛伟立出席投运仪式并致辞。县委副书记、县长潘建华，县委副书记周建飞，县领导杨小军、王智出席投运仪式。

★4日上午，县委副书记周建飞率领县住建、工商、公安、城管等部门主要负责人，对县城各社区、商业街、超市、市场等考察点创建省级文明城市工作任务落实情况进行督查。在随后召开的座谈会上，县领导沈峻峰、任新峰、刘才盛、杨中坚、杨小军、于立忠、吴风俊、王智、程军分别汇报了各挂钩社区、部门和窗口行业的创建工作落实情况。县领导姜晓静、蒋树建、桑圣权、陆茵参加督查。

★4日，如东县召开全县人大工作会议，县委书记、县人大常委会主任詹立风作重要讲话，县委副书记、县长潘建华，县人大常委会副主任、党组副书记陈昌龙，县法院院长，县检察院检察长发言。县四套班子主要领导、县委全体常委出席会议，县委副书记周建飞主持会议。县人大常委会领导，县政府领导，各区党工委书记，各镇党委书记，各镇人大主席、副主席、人大秘书，机关代表小组组长，县级机关各部门负责人，县人大常委会委员，县人大常委会机关全体人员，县人大离退休干部代表，部分县人大代表参加会议。

★4日，县人大召开人大代表专题培训会，邀请省人大常委会人事代表联委副主任孙庭兆，为如东县人大代表作专题培训。县人大常委会副主任唐国均主持会议，县人大常委会副主任、党组副书记陈昌龙，县人大常委会副主任沈更生参加培训活动。

★8日上午，市粮食系统近40人到如东县，在副县长蒋树建的陪同下，专题调研苴镇粮食储备库维修改造工作。

★8日下午，县委书记、县人大常委会主任詹立风前往沿海经济开发区调研。县委副书记周建飞参加调研活动。副县长、沿海经济开发区党工委书记张栩龙汇报了沿海经济开发区冲刺全年、谋划来年的有关情况。

★9 日，副市长孙建华带领南通海关、南通检验检疫局、海事局、口岸委、商务局等部门负责人，到如东县调研洋口港一类口岸开放验收准备工作，要求相关部门加强沟通协调，整体联动，快节奏推进各项验收准备工作。县委副书记周建飞发表重要讲话。

★9 日下午，县政协主席陈建华一行到大豫镇，调研“孤残病老”等困难群体帮扶工作，与困难群众面对面交流恳谈，并为他们送上了羽绒被、米油等慰问品。

★10 日下午，县委书记、县人大常委会主任詹立风主持召开全县重点工作督查推进会，县委副书记周建飞通报了全县 1 至 11 月份重点工作完成情况。县政协主席陈建华，县人大常委会副主任、党组副书记陈昌龙等县四套班子领导出席会议。与会人员观摩了洋口港经济开发区重点项目建设现场。

★11 日，如东县召开今冬明春火灾防控暨网格化管理工作会议，要求各部门形成合力，重点对劳动密集型企业展开检查，积极防控各种火灾事故的发生。会议由副县长、公安局局长程军主持，副县长王智要求各部门提高思想认识，强化消防工作的组织领导。

★11 日下午，县人大常委会副主任、党组副书记陈昌龙带队视察如东县城市管理工作。县人大常委会副主任沈更生、唐国均参加活动。

★12 日上午，县委副书记周建飞，县人大常委会副主任唐国均，县政协副主席桑健率领县住建、工商、商务、旅游、公安、城管、卫生、交通等部门主要负责人，对县城各社区、商业街、超市、公园等考察点创建省级文明城市工作任务落实情况进行督查。

★12 日下午，如东县举办经济转型升级专题研修班。上海市委党校经济学部教授陈勇鸣就“经济新常态下的产业转型升级”作专题讲授，县委副书记周建飞发表重要讲话，县委常委杨小军参加活动。

★13 日下午，县四套班子领导就近期深入基层形成的调研成果进行集中交流。县委书记、县人大常委会主任詹立风主持交流会，县委副书记、县长潘建华在会上发表重要讲话。

★23 日上午，如东县数字化城市管理系统通过省专家组验收。省住建厅副厅长宋如亚、省住建厅城建处处长夏明等 7 名省市专家听取了如东县数字城管系统建设与运行情况的汇报。县委常委、常务副县长沈峻峰参加活动。

★25 日，如东县党的建设研究会召开第三次会员大会，议选举产生新一届理事会，陈苏华当选为理事会会长。县委常委、组织部部长任新峰出席会议。

★25 日，县委书记、县人大常委会主任詹立风专题调研全县城市建设和交通运输工作，县领导沈峻峰、杨中坚、杨小军参加调研活动。

★25 日，南通市政协秘书长联席会议在如东县召开，市政协秘书长朱进充分肯定了如东县政协在探索基层协商民主方面的经验做法，市政协副秘书长、办公室主任叶沈良主持会议。县政协主席陈建华致欢迎词。

★26 日下午，县政协召开十四届十六次常委会。县委常委、常务副县长沈峻峰对十四届三次全会以来的政协委员提案和 3 个重点议案的办理情况进行了详细通报，陈建华在会上发表重要讲话，县政协副主席、县委统战部部长吴鼎皋对委员调整作情况说明。副县长姜晓静列席会议，县政协副主席桑健、余科、桑圣权、陆茵，县政协督导员童玉林出席会议。

★27 日，如东县党的建设研究会召开第三次会员大会。县委常委、组织部部长任新峰会上作重要讲话。

★29 日上午，县人大组织对县政府组成部门负责人拟任人员进行任前法律知识考试，县人大常委会副主任、党组副书记陈昌龙现场抽取考试试题。

大事回眸 2015年 Dashi haimou

2015 年大事记

1 月

★4 日下午，县委、县政府向老干部通报全县经济社会发展情况。县委书记、县人大常委会主任詹立风在会上通报了 2014 年全县经济社会发展情况，提出了 2015 年工作的具体思路。县委副书记、县长潘建华，县政协主席陈建华，县委副书记周建飞，县人大常委会副主任、党组副书记陈昌龙，县领导沈峻峰、任新峰出席会议。

★6 日，在省政府副秘书长朱步楼的带领下，省委、省政府重大决策部署贯彻落实情况第二督导组到如东县开展督查指导工作。县委书记、县人大常委会主任詹立风，县领导沈峻峰、张蓉蓉陪同督查。

★7 日上午，全市党风廉政建设责任制检查动员暨情况汇报会在如东县召开。南通市委常委、常务副市长韩立明出席会议并作动员讲话。县委书记、县人大常委会主任詹立风汇报了中共如东县委常委会履行党风廉政建设主体责任的情况，县委常委、纪委书记刘才盛汇报了如东县纪委履行党风廉政建设纪委监督责任的情况。县委副书记、县长潘建华，县政协主席陈建华，县人大常委会副主任、党组副书记陈昌龙等四套班子领导，县人民法院院长，县检察院检察长，责任制领导小组成员，县级机关各部门主要负责人，各镇（区）党委、政府、纪委主要负责人参加会议。

★7 日上午，南通市委常委、常务副市长韩立明一行，专程前往丰利镇、沿海经济开发区检查安全生产情况。县领导詹立风、潘建华、蒋树建、王智、张栩龙陪同检查。

★如东高新技术产业开发区（掘港镇）将与上海尚华医药集团合作共建尚华（如东）生命健康产业园。7 日，双方签订框架协议。县委常委、常务副县长沈峻峰出席签字仪式，县领导任新峰、王智参加活动。

★8 日，中共如东县委十三届七次全体（扩大）会议隆重召开。全会由县委常委会主持。县委书记詹立风作了重要讲话。

★9 日上午，如东县市场监督管理局正式揭牌成立，标志着如东县市场监督管理工作进入了一个“强监管、优服务、保安全、护民生、促发展”的新的发展阶段。副县长王智出席揭牌仪式。

★9 日，召开全县安全生产工作会议，提出将 2015 年确定为如东县的“安全生产基层基础年”。副县长王智总结了 2014 年安全生产工作。县委副书记、县长潘建华在会上发表重要讲话，副县长姜晓静、蒋树建、程军、张栩龙、阮平章、唐智明出席会议。

★11 日下午，2015 年全县青年人才新年联谊会暨青年人才志愿服务队成立仪式在县总工会举行，县委常委、组织部部长任新峰为志愿者服务队授旗，并寄语青年人才继续做好如东形象的塑造者、如东发展的推动者、现代文明的传播者。

★12 日至 13 日，中华农业科教基金会董事长、省政府参事刘立仁一行，到如东县就外向型农业发展的相关情况展开调研。县委常委、政法委书记于立忠向调研组介绍了如东县外向型农业发展情况，县委副书记周建飞、副县长蒋树建陪同调研。

★13 日，如东县召开县委督导组和教育实践活动办公室工作总结会议，总结县委督导组和教育实践活动办公室的工作，强化对深化专项整治和整改落实工作的认识，并对后续整改工作进行部署。县委常委、组织部部长任新峰对如东县教育实践活动督导工作和办公室工作进行点评。

★14 日下午，如东县召开栟茶镇行政管理体制改革暨内设机构正式运行动员大会。县委副书记周建飞在会上发表重要讲话。会议由县委常委、常务副县长沈峻峰主持，县领导任新峰、于立忠参加会议。

★15日上午，省环保厅副厅长柏仇勇带队到如东县专题督查淮河流域“十二五”水污染防治规划项目建设情况。县委书记、县人大常委会主任詹立风，县委副书记、县长潘建华汇报了项目实施的进展情况，并就下一步推进工作提出具体举措。县领导杨小军、张蓉蓉陪同督查。

★15日上午，如东县召开十大专项整治工作“回头看”专题部署会，县委常委、组织部部长任新峰在会上发表重要讲话。

★15日，省2013年美丽乡村建设示范项目检查验收组到如东县，对洋口镇刘环村进行现场初查，听取情况汇报，并与县、镇、村三级干部进行座谈。县委常委、常务副长沈峻峰在活动上发表重要讲话，副县长蒋树建、张栩龙出席活动。

★15日上午，如东县举行楹联学会第二次代表大会暨“新华杯”春联征集大赛颁奖仪式，选举产生第二届县楹联学会理事会，并对获奖春联进行颁奖。县委常委、宣传部部长杨中坚参加会议。

★15日下午，中船海装江苏海上风电基地首台风电机组下线，运往山东。县委书记、县人大常委会主任詹立风，县委副书记、县长潘建华，中船重工集团总经理助理、中船重工（重庆）海装风电设备有限公司董事长、国家海上风力发电工程技术研究中心主任杨本新，中国船舶重工集团公司装备产业部副主任李俊华共同为首台机组下线揭幕。中船重工（重庆）海装风电设备有限公司党委书记、江苏海装风电设备有限公司执行董事黄彪致辞。县委副书记周建飞，县领导沈峻峰、杨小军、王智，中船建筑工程设计研究院院长陈际春，以及省可再生能源协会副秘书长施新春等出席下线仪式。

★17日下午，洋口港经济开发区召开安全生产工作会议，总结2014年安全生产工作，分析当前安全生产形势，部署今年安全生产工作。县委常委、洋口港经济开发区党工委书记张蓉蓉出席会议。

★18日，省委书记罗志军在如东县调研，省委常委、秘书长樊金龙一同到如东调研。在市委书记、市人大常委会主任丁大卫，市委副书记、市长张国华，市委常委、秘书长黄巍东，县委书记、县人大常委会主任詹立风，县委副书记、县长潘建华等陪同下，罗志军先后考察了三一帕尔菲格特种车辆装备有限公司、江苏银树农产品加工基地、曹埠镇上漫社区。

★19日上午，副县长蒋树建带领县残联、县民政局等相关部门负责人到曹埠镇看望慰问了两位帮扶对象，并给他们送去了慰问品。

★20日，南通市第十四届人民代表大会第四次会议隆重召开。市委常委陈照煌，市人大常委会副主任程静，县委书记、县人大常委会主任詹立风，县委副书记、县长潘建华参加审议活动。张蓉蓉、周春霖等13位市人大代表先后发言，并在高度评价市政府工作报告的同时，就洋口港开发建设、产业转型升级、现代农业发展、农村基础设施建设等方面提出了意见和建议。

★20日，如东县召开2014至2015年度全县党员干部冬训动员大会，县委常委、宣传部部长杨中坚在会上发表重要讲话，副县长蒋树建主持会议。

★20日下午，如东县召开海启高速公路（如东段）工程服务动员会，全面动员部署海启高速公路工程服务工作。县委常委杨小军介绍了海启高速公路前期工作开展情况，县委常委、常务副县长沈峻峰参加会议。

★21日，南通市整治办检查组到如东县考核城市环境综合整治情况。县委常委、常务副县长沈峻峰在会上发表重要讲话，县委常委、宣传部部长杨中坚参加会议。

★21日，如东县召开海洋渔业安全生产警示教育暨专项整治部署工作会议，副县长蒋树建、王智参加会议。

★22日下午，县政协主席陈建华、政协督导员童玉林前往委员住宿、用餐的中天黄海大酒店，实地查看会务准备工作。

★23日上午，参加县政协十四届四次会议的全体委员汇聚一堂，聆听南通市政协副秘书长、办公室主任叶沈良所作的“社会价值与人文精神”讲座。县政协副主席余科主持会议，县政协主席陈建华，副主席吴鼎皋、陆茵，督导员童玉林参加讲座。

★23日下午，政协如东县第十四届委员会第四次会议在县会议中心隆重开幕。县委书记詹立风作开幕讲话。县政协主席陈建华作县政协常委会工作报告。县政协副主席桑健、余科、桑圣权、吴鼎皋、陆茵，督导员童玉林在主席台前排就座。县委副书记、县长潘建华，县委、县人大、县政府领导周建飞、陈昌龙、沈峻峰、任新峰、刘才盛、杨中坚、杨小军、于立忠、张蓉蓉、吴风俊、沈更生、冯力如、唐国均、姜晓静、王智、程军、张栩龙、阮平章，县人民法院院长娄宏春、县人民检察院检察长顾祖林等到会祝贺。

县老领导顾永乐、顾和章、张桂英、翁士豪等应邀出席大会并在主席台就座。

★23 日下午，县第十六届人民代表大会第四次会议召开各代表团带队人员会议，对会议组织工作提出要求。县人大常委会副主任、党组副书记陈昌龙，县人大常委会副主任沈更生、冯力如、唐国均及各代表团带队同志出席会议。

★23 日下午，县政协十四届四次会议举行第一次委员小组活动，全体委员、列席人员在各组讨论地点参加讨论。县委书记、县人大常委会主任詹立风在会上发表重要讲话，县政协主席陈建华，副主席桑健、余科、桑圣权、吴鼎皋、陆茵，督导员童玉林参加讨论。

★24 日上午，如东县第十六届人民代表大会第四次会议在县会议中心隆重开幕。县委书记、县人大常委会主任詹立风出席会议，县长潘建华代表如东县人民政府向大会作政府工作报告，县人大常委会副主任、党组副书记陈昌龙主持会议。大会执行主席是：詹立风、陈昌龙、唐国均、陈建华、周建飞、于立忠、张桂英、徐志平、邱荣林、陈斌、卜其银、沈秀梅、樊重念、徐守华、李海兵、周新基。

★24 日上午，县第十六届人民代表大会第四次会议召开主席团第一次会议。会议由县委书记、县人大常委会主任詹立风主持。

★24 日上午，县十六届人大四次会议举行预备会议。会议由县人大常委会副主任唐国均主持，会议听取了县第十六届人大常委会资格审查委员会主任委员陈昌龙所作的关于代表和副县长变动有关情况的报告。

★24 日，出席政协如东县第十四届委员会第四次会议的委员，视察 2014 年如东县城市建设、社会事业、交通基础设施建设取得的发展成就。在县政协主席陈建华，县领导沈峻峰、姜晓静的带领下，政协委员先后视察了三一重工、优嘉植物保护公司、台湾中石化、市民服务中心的建设情况。县政协副主席桑健、吴鼎皋、陆茵，县政协督导员童玉林参加视察。

★24 日下午，县委书记、县人大常委会主任詹立风参加县十六届人大四次会议掘港代表团小组讨论活动，与人大代表们共同审议县政府工作报告。

★25 日上午，县第十六届人民代表大会第四次会议举行第二次大会。县委书记、县人大常委会主任詹立风作选举动员讲话，大会主席团常务主席沈更生主持会议，陈昌龙代表县第十六届人大常委会作工作报告。会议听取县人民法院院长娄宏春所作的《如东县人民法院工作报告》、县人民检察院检察长顾祖林所作的《如东县人民检察院工作报告》。大会主席团常务主席唐国均宣读关于表彰优秀议案建议、优秀承办单位和先进代表小组、优秀代表的决定。大会执行主席是：沈更生、刘才盛、杨中坚、张蓉蓉、杨成泉、蔡瑞平、陈宝来、万继红、张卫东、王震谷、周苏林、管玉华、胡斌、黄继石、高军、陈晓晴。

★25 日上午，县第十六届人民代表大会第四次会议召开主席团第二次会议。会议由县委书记、县人大常委会主任詹立风主持。

★25 日上午，县政协十四届委员会召开十八次常委会。会议由县政协主席陈建华主持，县政协副主席桑健、余科、桑圣权、吴鼎皋、陆茵，督导员童玉林出席会议。

★25 日下午，出席县第十六届人民代表大会第四次会议的代表们在县委书记、县人大常委会主任詹立风，县委副书记、县长潘建华，县人大常委会副主任、党组副书记陈昌龙等领导的带领下，视察如东县城市建设、社会事业、交通基础设施建设所取得的成就，亲身感受跨越发展带来的变化。

★25 日下午，政协如东县第十四届委员会第四次会议召开界别专题建言献策会，县委副书记、县长潘建华认真听取委员们建言并表示充分肯定，县政协主席陈建华，县委常委、常务副县长沈峻峰，县委常委、组织部部长任新峰，县委常委、政法委书记于立忠，副县长姜晓静、蒋树建、王智，政协副主席桑健、余科、桑圣权、吴鼎皋、陆茵，政协督导员童玉林和相关部门负责人分别出席各界别专题建言献策会。

★26 日上午，政协如东县第十四届委员会第四次会议举行第二次大会，会议由县政协主席陈建华主持。县政协副主席桑健、余科、桑圣权、吴鼎皋、陆茵，督导员童玉林参加会议。

★26 日，政协如东县第十四届委员会第四次会议第三次大会审议通过中国人民政治协商会议如东县第十四届委员会第四次会议决议，会议听取和讨论了中共如东县委书记詹立风的重要讲话，会议听取并讨论了如东县人民政府县长潘建华所作的《政府工作报告》，会议审议并同意主席陈建华所作的《政协如东县第十四届委员会常务委员会工作报告》和副主席吴鼎皋所作的《政协如东县第十四届委员会第三次会议以来提案工作报告》。

★26 日上午，政协如东县第十四届委员会第四次会议胜利闭幕。县委书记、县人大常委会主任詹立风，县委副书记、县长潘建华，县政协主席陈建华，县委副书记周建飞，县人大常委会副主任、党组副书记陈昌龙，以及县领导沈峻峰、任新峰、刘才盛、杨中坚、杨小军、于立忠、张蓉蓉、吴风俊、桑健、余科、桑圣权、吴鼎皋、陆茵，县政协督导员童玉林在主席台前排就座。闭幕大会由县政协副主席吴鼎皋主持。县政协副主席陆茵宣读《关于统筹民生幸福工程，促进帮扶“孤残病老”特困群体政策举措落实到位的建议（草案）》，大会审议通过并确立为一号建议案。县政协副主席桑健宣读了《中国人民政治协商会议如东县第十四届委员会第四次会议决议（草案）》，全体与会委员经过认真审议，一致鼓掌通过，县政协主席陈建华致闭幕词。

★26 日上午，县第十六届人民代表大会第四次会议召开主席团第三次会议。县委书记、县人大常委会主任詹立风主持会议。主席团全体成员，县政府正、副县长，县法院院长、检察院检察长，县发改委、县财政局主要负责人，各代表团团长参加会议。

★26 日上午，县第十六届人民代表大会第四次会议议案审查委员会举行会议。会议由大会主席团常务主席、议案审查委员会主任委员陈昌龙主持。

★26 日上午，县第十六届人民代表大会第四次会议计划与预算审查委员会举行会议，审查国民经济、社会发展计划和财政预算的审查报告（草案）。会议由大会主席团常务主席、计划与预算审查委员会主任委员冯力如主持。

★26 日下午，县第十六届人民代表大会第四次会议举行第三次大会。大会主席团常务主席冯力如主持会议。大会首先进行了选举，周春霖、顾林海、蒋红霞当选为如东县十六届人民代表大会常务委员会委员。会议通过了大会议案审查委员会主任委员陈昌龙所作的《关于如东县第十六届人民代表大会第四次会议议案审查报告》。县委书记、县人大常委会主任詹立风在大会结束时作重要讲话。大会主席团成员和县四套班子领导在主席台就座。

★26 下午，县第十六届人民代表大会第四次会议举行主席团第四次会议，会议由县委书记、县人大常委会主任詹立风主持。

★26 日下午，如东县第十六届人民代表大会第四次会议圆满完成各项议程后，在县行政中心胜利闭幕。县委书记、县人大常委会主任詹立风作重要讲话。

★27 日下午，县委书记、县人大常委会主任詹立风主持召开 2014 年度镇（区）党（工）委书记抓基层党建工作述职评议会，县委副书记、县长潘建华，全体县委委员、候补委员，县委党建工作领导小组成员出席会议。

★27 日下午，如东县召开见义勇为表彰大会，县委常委、政法委书记于立忠在会上作重要讲话。

★28 日上午，如东县召开全县社会事业工作会议。县委常委、宣传部部长杨中坚充分肯定如东县社会事业工作成效，副县长姜晓静就今年全县社会事业工作作出具体部署。

★28 日下午，揭牌仪式在该社区举行，副县长姜晓静出席活动。

★29 日，招商银行股份有限公司如东支行与如东县企业签订银企合作授信协议，县委副书记、县长潘建华出席签约仪式并讲话，县委常委、常务副县长沈峻峰出席签约仪式。

★30 日下午，如东县召开全县政务服务工作会议。县委常委、常务副县长沈峻峰回顾总结了 2014 年全县政务服务工作，部署 2015 年工作。县委副书记、县长潘建华对去年全县政务服务工作取得的成绩给予充分肯定。

2 月

★1 日，中化集团总裁蔡希有一行到如东县考察。县委书记、县人大常委会主任詹立风，县委副书记、县长潘建华会见蔡希有一行。县委副书记周建飞，县领导杨小军、王智、张栩龙参加会谈。

★2 日，如东县召开 2015 年全县民政暨双拥工作会议上，县委常委、政法委书记于立忠在会上发表重要讲话，副县长蒋树建主持会议，县领导唐国均、桑圣权出席会议。

★2 日下午，全市粮食全产业链联盟建设推进会在如东县召开。市委常委秦厚德，副市长赵闻斌，县委副书记、县长潘建华参加会议。与会人员还参观了位于袁庄镇小康村的如东县千亩优质粮种植示范基地。县领导于立忠、蒋树建参加活动。

★2 日下午，县委副书记、县长潘建华召集各镇（区）、各部门的相关负责人召开会议，县委常委、政法委书记于立忠，副县长蒋树建部署了当前如东县农业农村重点工作。

★4 日，副县长王智带领县安监、环保、市场监管等部门的相关负责人，到高新区督查指导节前安全生产情况。

★5 日上午，如东县召开 2015 年县委干部培训领导小组会议，县委常委、组织部部长任新峰出席会议，副县长姜晓静主持会议。

★5 日，副县长王智带领县安监、住建、环保等部门负责人，前往曹埠镇检查节前安全生产工作。

★6 日上午，如东县举行海上风电场规划优化论证会，县委书记、县人大常委会主任詹立风，县委副书记、县长潘建华出席会议并讲话，县委副书记周建飞主持会议。县领导张蓉蓉、冯力如、张栩龙、陆茵出席会议并讲话。

★6 日，县委、县政府召开在如创新创业高层次人才迎春茶话会。县委书记、县人大常委会主任詹立风出席会议，县委副书记、县长潘建华介绍全县 2014 年经济社会发展情况，县委副书记周建飞主持会议，县领导任新峰、王智、阮平章出席会议。

★6 日，如东县为特困职工“送温暖”活动在五一广场启动。启动仪式结束后，县委常委、组织部部长任新峰，副县长姜晓静带领县总工会负责同志，走访慰问了部分困难职工家庭。

★6 日下午，省委、省政府召开电视电话会议，副县长蒋树建和相关镇区、部门负责人在如东县分会场收听收看电视电话会议。

★7 日下午，如东县冬训大集暨集中“三下乡”活动拉开帷幕，启动仪式由县人大常委会副主任唐国均主持。县委常委、宣传部部长杨中坚宣布冬训大集暨集中“三下乡”活动启动。

★8 日，如东县召开全县国税工作会议，县委常委、常务副县长沈峻峰对国税部门 2014 年工作取得的成绩予以充分肯定，对 2015 年工作提出明确要求。

★9 日上午，如东县召开精神文明建设指导委员会全体会议，县领导唐国均、桑健参加会议。

★10 日下午，市委常委、常务副市长韩立明，市政协副主席陆玉明前往如东县河口镇慰问老党员和困难群体，给他们送去党和政府的关怀和温暖。县委副书记、县长潘建华参加慰问活动。

★10 日，县第十六届人大常委会召开第二十五次会议。县人大常委会副主任、党组副书记陈昌龙主持会议。县人大常委会副主任沈更生、唐国均出席会议。

★10 日，如东县召开全县司法行政暨大调解工作会议。县委常委、政法委书记于立忠发表重要讲话。副县长姜晓静主持会议。

★10 日下午，县政协主席陈建华带领县民政局、教育局等部门负责人，前往如东循环经济产业园（大豫镇）慰问困难群众，并给他们送去慰问金和慰问品。

★11 日，县委、县政府召开全县综合表彰暨经济工作会议。县委书记、县人大常委会主任詹立风作重要讲话。县委副书记、县长潘建华部署 2015 年度经济工作。县委常委、常务副县长沈峻峰宣读《关于表彰 2014 年度先进集体和先进个人的决定》。县委副书记周建飞主持会议，县政协主席陈建华，县人大常委会副主任、党组副书记陈昌龙等县四套班子领导，各镇党委书记、镇长，各区党工委书记、管委会主任，县级机关各部门，县各直属单位主要负责人及部分中层以上干部出席会议。

★11 日下午，南通市第七批科技镇长团工作座谈会在如东县召开，县委常委、组织部部长任新峰发表重要讲话。县科技镇长团团长、副县长阮平章作交流发言。市委组织部副部长王亚雄出席会议。

★12 日，洋口港迎来第 100 艘次 LNG 船。县委书记、县人大常委会主任詹立风登船祝贺。县委副书记周建飞，县领导杨中坚、张蓉蓉、王智参加活动。

★12 日，省委、省政府召开深入实施创新驱动发展战略暨建设苏南国家自主创新示范区工作会议。县委书记、县人大常委会主任詹立风，县委副书记、县长潘建华等四套班子领导在如东县分会场收听收看了会议实况。

★12 日，在县委常委、洋口港经济开发区党工委书记张蓉蓉，县民政部门负责人的陪同下，县委书记、县人大常委会主任詹立风到洋口港经济开发区（长沙镇）慰问困难群众。

★14 日，召开全县公安工作会议。副县长、县公安局局长程军出席会议。

★15 日上午，副县长姜晓静带领县市场监督管理局、县卫计委、县农委开展节前食品安全检查。

★15 日下午，中共如东县第十三届纪律检查委员会第五次全体会议召开。县委书记、县人大常委会主任詹立风出席会议县委副书记、县长潘建华，县政协主席陈建华，县委副书记周建飞，县人大常委会副主任、党组副书记陈昌龙等县四套班子领导出席会议。县委常委、纪委书记刘才盛主持会议，

★15 日，县委召开全县党建政法工作会议。会上，县委常委、组织部部长任新峰，县委常委、宣传部部长杨中坚，县委常委、政法委书记于立忠，县政协副主席、统战部长吴鼎皋分别就组织、宣传、政法、统战工作作部署安排。县委副书记周建飞主持会议，县政协主席陈建华，县人大常委会副主任、党组副书记陈昌龙，县领导沈峻峰、杨小军、张蓉蓉、程军、张栩龙，县法院院长、县检察院检察长出席会议。

★16 日上午，县委书记、县人大常委会主任詹立

风视察县文广传媒中心。

★16 日上午，县委常委、常务副县长沈峻峰带领县安监局、民政局等部门负责人，到马塘镇检查节前安全生产工作。

★16 日下午，县委书记、县人大常委会主任詹立风率队到洋口港经济开发区检查节前安全生产工作。县领导张蓉蓉、王智参加检查活动。

★16 日下午，县委副书记、县长潘建华带领县监察局、安监局、公安局、商务局、消防大队等部门负责同志，检查节前安全生产工作。

★17 日上午，县委常委、宣传部部长杨中坚专程到县文广传媒中心（集团），亲切看望慰问工作在采编一线的新闻工作者和网络客服人员。

★17 日下午，县委常委杨小军带领县铁路办相关负责人到如东火车站，亲切慰问节日值班的工作人员，勉励大家一如既往做好服务工作，方便市民出行。

★大年初一上午，县委副书记周建飞，县领导沈更生、蒋树建、陆茵前往医疗、供电、供水、环卫等部门，看望节日期间坚守在一线岗位的职工们，向他们道一声辛苦，送一声祝福。

★22 日，如东县旅美同乡会会长汤洪清、旅加同乡会会长刘红霞、美国侨胞汤洪波博士等一批海外侨胞齐聚家乡。县人大常委会副主任、县侨联主席沈更生参加活动。

★25 日下午，县委常委、县纪委书记刘才盛到县违法建筑整治办公室检查整治工作，对 2015 年整治工作提出具体要求，并到一线视察全县违法建筑整治工作。

★26 日，省委、省政府召开全省机关作风建设电视电话会议。省委书记罗志军讲话，省委副书记、省长李学勇主持大会。如东县设分会场，组织收听收看电视电话会议实况，县委书记、县人大常委会主任詹立风，县委副书记、县长潘建华，县政协主席陈建华，县委副书记周建飞，县人大常委会副主任、党组副书记陈昌龙等县四套班子领导，县级机关各部门、各镇区负责人到场收听收看。

★26 日，县委书记、县人大常委会主任詹立风带领县发改委、商务局、沿海办等相关部门负责人到沿海经济开发区调研。县委副书记周建飞参加调研活动。副县长、沿海经济开发区党工委书记张栩龙汇报了 2015 年工作推进的具体思路。

★27 日，省委、省政府召开全省推动民生建设迈上新台阶暨综合医改试点工作动员电视电话会议。国务院医改领导小组副组长、国家卫生计生委主任李斌出席会议。省委书记罗志军就全面启动实施国家综合医改试点工作进行动员，省长李学勇作工作部署。省委常委、省政府常务副省长、党组副书记李云峰主持大会。如东县设分会场，组织收听收看电视电话会议实况，县委书记、县人大常委会主任詹立风，县委副书记、县长潘建华，县委副书记周建飞等县四套班子领导，县级机关各部门负责人等到场收听收看。

★27 日下午，县委、县政府召开全县机关作风建设大会。县委书记、县人大常委会主任詹立风作重要讲话，县委副书记周建飞主持会议。县政协主席陈建华，县人大常委会副主任、党组副书记陈昌龙等县四套班子领导出席会议。

3 月

★2 日，共青团如东县第十五届委员会召开第四次会议，县委常委、组织部部长任新峰出席会议。

★2 日，如东县召开全县市场监督管理暨全系统党风廉政建设工作会议，副县长姜晓静在会上发表重要讲话，副县长王智参加会议。

★3 日上午，县委书记、县人大常委会主任詹立风带领县发改委、商务局、科技局等相关部门负责人前往如东高新区调研。县委常委、常务副县长沈峻峰参加调研活动。

★3 日下午，如东县召开“三八”国际劳动妇女节 105 周年纪念大会，副县长姜晓静致辞，县委常委、组织部部长任新峰在会上发表讲话。

★4 日，县人大常委会召集如东县文化、新闻、出版等有关部门人士座谈贯彻落实《江苏省人民代表大会常务委员会关于促进全民阅读的决定》，县人大常委会副主任唐国均在座谈会上发表重要讲话。

★5 日上午，县委办、县文明办、掘港镇三元社区、县中医院、疾控中心、虫宾山小学的志愿者们一起走进友好托老院，为老人们送上了温暖的礼物和温馨的问候，县人大常委会副主任唐国均参加活动。

★5 日，团县委组织县公安、国税、人社、卫计委、农商行等单位的 100 多位扶海志愿者在这里开展爱老助老活动，与老人们共度元宵佳节，副县长姜晓静参加了活动。

★5 日，县侨联组织部分委员、侨眷观摩“亲情中华·欢聚南通”大型演出并参加南通市第六届华侨文化节开幕式，县领导沈更生参加活动。

★6 日，如东县召开全县服务业经济工作会议，县委副书记周建飞在会上发表重要讲话，县委常委杨小军对今 2015 年服务业经济工作进行了部署，县领导陆茵主持会议。

★6 日，如东县召开全县开放型经济工作推进会。县委常委杨小军总结 2014 年开放型经济工作，县委副书记周建飞在会上发表重要讲话，县领导张蓉蓉、冯力如、桑健出席会议。

★6 日下午，如东县召开全县违法建筑整治工作推进会，县委常委、纪委书记刘才盛出席会议。

★6 日上午，县人大常委会召开专题会议，落实全县机关作风建设大会精神，研究部署当前重点工作。县人大常委会副主任、党组副书记陈昌龙在会上发表重要讲话，县人大常委会副主任沈更生、冯力如、唐国均出席会议。

★9 日上午，如东县召开全县工业经济、项目建设、民营经济、沿海开发推进会，副县长王智、县委副书记周建飞在会上发表重要讲话。会议由县委常委杨小军主持，县人大常委会副主任冯力如、县政协副主席桑健出席会议。

★9 日，如东县召开省优秀管理城市创建动员暨 2015 年城市管理工作会议，县委常委、常务副县长沈峻峰发表重要讲话，县委常委、宣传部部长杨中坚主持会议，县领导沈更生、桑圣权出席会议。

★9 日，如东县召开群团工作座谈会，县委常委、组织部部长任新峰出席会议。

★10 日上午，县委书记、县人大常委会主任詹立风主持召开全县重点工作督查推进会，县委副书记周建飞通报了 1 至 2 月份全县主要经济指标完成情况。县政协主席陈建华，县人大常委会副主任、党组副书记陈昌龙等县四套班子领导出席会议。

★10 日下午，县政协主席陈建华带领县政协副主席桑健、余科、桑圣权、吴鼎皋、陆茵及专职常委、经科委负责人到大豫镇，视察该镇现代农业示范项目现场。

★12 日上午，县委书记、县人大常委会主任詹立风，县政协主席陈建华，县委副书记周建飞，县人大常委会副主任、党组副书记陈昌龙等县四套班子领导到掘港镇虹元村 41 组植树点，和县级机关、镇区干部一起参加一年一度的义务植树活动，以实际行动带领全县人民绿化美化家园，加快构建人与自然和谐发展的新如东。副县长、县绿化委员会主任蒋树建接受记者采访。

★12 日，如东县召开全县推进志愿服务工作培训会，县委常委、宣传部部长杨中坚发表重要讲话，县人大常委会副主任唐国均宣读县文明委“关于表彰 2014 年度如东县十佳志愿服务品牌和优秀志愿者的决定”，副县长姜晓静主持会议，县政协副主席桑健出席会议。

★12 日下午，县委书记、县人大常委会主任詹立风前往马塘镇调研农业农村工作，县委常委、政法委书记于立忠参加调研活动。

★13 日上午，县委、县政府召开部分镇区农业农村工作座谈会，县委书记、县人大常委会主任詹立风发表重要讲话。县委常委、政法委书记于立忠主持会议，副县长蒋树建出席会议。

★14 日，由县妇联和县教育局联合举办的县家庭教育公益讲堂启动仪式暨首场报告会在县实验中学举行。县委常委、组织部部长任新峰出席活动，县人大常委会副主任唐国均为“如东县家庭教育公益讲堂”。

★17 日，市政协主席王德忠到如东县专题调研法治建设工作，县委书记、县人大常委会主任詹立风，县政协主席陈建华等陪同调研。县委常委、政法委书记于立忠汇报如东县法治建设工作的相关情况，县领导姜晓静、桑圣权参加调研活动。

★17 日，洋口港经济开发区召开临港产业项目推进会。县委常委、区党工委书记张蓉蓉盘点了企业反映的问题，并针对性地提出了工作要求。

★17 日，县人大常委会副主任、县侨联主席沈更生专程到双甸镇，看望回乡省亲的旅美侨胞薛亚萍女士。

★18 日，如东县召开全市持续开展环保执法亮剑行动暨重点企业规范环境行为电视电话会议，副县长蒋树建发表讲话。

★19 日上午，县委书记、县人大常委会主任詹立风专题调研全县市场监督管理工作，县领导沈峻峰、王智参加调研活动，并对县市场监督管理局今后工作提出要求。

★19 日下午，县人大常委会召开第 50 次主任会议，与会人员认真听取了县安监局关于全县安全生产工作的汇报，县人大常委会副主任、党组副书记陈昌龙在会上发表重要讲话，县人大常委会副主任沈更生、冯力如、唐国均参加会议。

★20 日，江苏道蓬科技有限公司成立。县委副书记、县长潘建华出席公司成立签约仪式，县委常委、常务副县长沈峻峰主持签约仪式。

★21 日上午，如东县召开海洋与渔业暨安全生产工作会议，部署 2015 年的工作任务。副县长蒋树建回顾总结了 2014 年如东县海洋与渔业暨安全生产工作，县委常委、政法委书记于立忠主持会议。

★21 日至 23 日，如东县 “如东县名特优农产品展示展销会”在县规划展览馆举行。县委常委、政法委书记于立忠参观展销会现场。

★23 日上午，全县农村工作会议暨扶贫帮困工作表彰推进会与会人员集中观摩了如东县新农村建设现场。县委常委、政法委书记于立忠，副县长蒋树建，各部门、镇（区）负责人以及各村党支部书记参加了观摩活动。

★23 日下午，县委、县政府召开全县农村工作会议暨扶贫帮困工作表彰推进会，县委书记、县人大常委会主任詹立风作重要讲话。县委副书记、县长潘建华总结回顾 2014 年“三农”工作，县委常委、政法委书记于立忠主持会议。县委常委、组织部部长任新峰，副县长蒋树建发表讲话。县政协主席陈建华，县委副书记周建飞，县人大常委会副主任、党组副书记陈昌龙等县四套班子领导出席会议。

★23 日下午，如东县召开全县村居党组织书记培训会，副县长蒋树建发表讲话。

★25 日，江苏宇迪光学股份有限公司正式挂牌登陆“新三板”，县委书记、县人大常委会主任詹立风，县委副书记周建飞，县委常委杨小军，副县长王智出席挂牌仪式。

★25 日上午，安徽省马鞍山市关工委一行到如东县掘港镇三元社区居委会，参观考察关心下一代工作，县委常委、组织部部长任新峰参加活动。

★26 日，南京海关关长薛金楼来如东县调研开放型经济发展和洋口港开发建设工作。县委书记、县人大常委会主任詹立风陪同调研，县委副书记周建飞，县领导张蓉蓉、王智参加调研活动。

★26 日下午，如东县召开全县农林工作会议，副县长蒋树建在会上发表重要讲话，县政协副主席桑圣权出席会议。

★26 日下午，县委组织部开展“学先进、见行动”主题教育活动。县委常委、组织部部长任新峰参加活动并为获得“全国巾帼文明岗”荣誉称号的县干档中心授牌。

★26 日至 27 日，市人大常委会党组书记、副主任黄利金率领调研组到如东县，调研水环境整治情况。市人大常委会党组成员、秘书长李水林，县委副书记、县长潘建华，县人大常委会副主任、党组副书记陈昌龙参加活动。县领导沈更生、冯力如、蒋树建陪同调研。

★29 日上午，江苏达阳新材料科技有限公司在洋口港经济开发区成立。市政协副主席杨展里到会祝贺，县委书记、县人大常委会主任詹立风为公司成立揭牌，县委副书记、县长潘建华致辞，县委副书记周建飞主持揭牌仪式，县领导张蓉蓉、王智、张栩龙出席活动。

★30 日上午，县人大常委会召开 2015 年重点工作部署会，县人大常委会副主任沈更生、冯力如、唐国均，县人大常委会副主任、党组副书记陈昌龙，县委常委、常务副县长沈峻峰在会上发表讲话，副县长蒋树建、县法院院长娄宏春、县检察院检察长顾祖林出席会议。

★30 日，小洋口旅游度假区项目招商暨旅游产品推介会在上海举行，副县长、沿海经济开发区党工委书记、小洋口旅游度假区党工委书记张栩龙致辞，县领导陆茵出席推介会。

★30 日下午，县委书记、县人大常委会主任詹立风专题调研全县城市建设工作。县领导沈峻峰、杨中坚参加调研活动。

★30 日下午，如东县召开专题会议，部署 2015 年人力资源和社会保障工作。县委常委、常务副县长沈峻峰在会上发表重要讲话，县领导冯力如、吴鼎皋参加会议。

★30 日下午，县第十六届人大常委会召开第二十六次会议。会议听取并审议了副县长姜晓静代表县政府所作的关于县城教育资源配置情况的工作报告，县人大常委会副主任、党组副书记陈昌龙主持会议，受县委书记、县人大常委会主任詹立风委托，陈昌龙宣读《如东县人大常委会关于提请缪爱平等同志职务任免的议案》，县人民法院院长娄宏春宣读《关于提请吴华等同志职务任免的议案》。县人大常委会进行了审议，并以投票表决的方式通过了人事任免。会议还审议并通过了《如东县人大常委会规范性文件备案审查实施办法（草案）》。县人大常委会副主任唐国均出席会议。

★30 日下午，如东县召开工商联（总商会）十届四次执委（扩大）会议，会议听取和审议县政协副主席、县工商联主席、总商会会长桑健所作的县工商联（总商会）十届四次执委（扩大）会议工作报告，县委常委、组织部后长任新峰出席会议并讲话。

★31 日上午，县政府召开廉政工作会议，县委副书记、县长潘建华在会上发表讲话，县委常委、纪委书记刘才盛应邀出席会议，副县长姜晓静、蒋树建、程军、张栩龙出席会议。

★31 日上午，如东县 2015 年“政风行风热线”节目正式开播。县委副书记、县长潘建华带领政府团队走进“政风行风热线”直播间，与广大市民真诚交流，当场解答听众、网友的提问，回应百姓期待。直播期间，潘建华还向听众介绍了 2014 年全县经济社会发展情况和 2015 年县政府的工作思路和打算。当天，一同走进直播现场的县政府领导有副县长姜晓静、蒋树建、程军、张栩龙。

★31 日上午，如东县召开老年协会工作会议，县委常委、组织部部长任新峰在会上发表重要讲话。

★31 日下午，洋口港（上海）石材产业发展说明会在上海东华环球石文化研究院举行。县委常委、洋口港经济开发区党工委书记张蓉蓉在会上发表讲话，副县长王智主持说明会。

★31 日下午，县政协副主席桑健带领政协文体组委员赴县文广传媒中心，调研如东县传媒事业发展情况。

4 月

★清明节前夕，县委常委、政法委书记于立忠带领县委办、县委督查室、县民政局相关人员赴袁庄、河口、栟茶、洋口、双甸、岔河等镇区，督查殡葬改革工作。

★1 日，中国科学院上海科技查新咨询中心、产业与技术情报研究中心南通分中心在如东经济开发区挂牌成立，副县长王智出席签约仪式。

★1 日下午，如东县举办 2015 年春季干部教育培训主体班集中开班仪式，县委常委、组织部部长任新峰发表讲话。

★2 日上午，市委常委秦厚德、市委副秘书长张坤一行到如东县，调研企业农产品出口情况。县委常委、政法委书记于立忠，副县长蒋树建，县政协副主席桑圣权陪同调研。

★2 日，市委第二督导组组长葛维先一行到如东县督查党的群众路线教育实践活动整改落实后续工作开展情况。县委书记、县人大常委会主任詹立风在会上发表重要讲话，县委副书记周建飞，县领导任新峰、刘才盛出席汇报会。

★2 日，县纪委召开一季度作风建设督查工作例会，县委常委、纪委书记刘才盛出席会议并作讲话。

★2 日下午，如东县召开全县民政重点工作会议和扶贫帮困部署会议，部署 2015 年工作。副县长蒋树建发表重要讲话。

★2 日下午，如东县召开全县残疾人工作会议，副县长蒋树建出席会议并发表讲话。

★3 日上午，县委常委、洋口港经济开发区党工委书记张蓉蓉率领开发区（长沙镇）机关及下属企业 150 多人，前往县烈士陵园缅怀烈士。

★6 日，中国文联副主席、中国杂技家协会主席、河北省政协副主席边发吉一行到如东县视察杂技发展情况。副县长姜晓静介绍如东县的基本情况，县委常委、宣传部部长杨中坚，县人大常委会副主任唐国均，县政协副主席桑健陪同视察。

★8 日，国家中医药管理局副局长闫树江到如东县调研，县委书记、县人大常委会主任詹立风介绍如东县经济社会发展情况，县委副书记、县长潘建华发表讲话，副县长姜晓静汇报县中医院整体迁建工程的相关情况。县委常委、宣传部部长杨中坚参加座谈活动。

★8 日下午，市委副书记、市长张国华到如东县调研。副市长黄爱军，市政府秘书长顾诺之，县委书记、县人大常委会主任詹立风，县委副书记、县长潘建华，县委副书记周建飞，县领导张蓉蓉、王智参加调研。

★8 日下午，泰州市高港区政协相关领导到洋口港调研。县政协副主席吴鼎皋陪同调研。

★8 日，县人大常委会邀请省农委畜牧兽医局局长宋晓春作《中华人民共和国畜牧法》专题讲座。县人大常委会副主任冯力如主持活动。县人大常委会副主任、党组副书记陈昌龙，县人大常委会副主任沈更生听取讲座。

★9 日上午，如东县召开老干部工作会议，县委常委、组织部部长任新峰在会上发表讲话。

★10 日上午，“农商行”杯第二届“最美如东人”评选暨“播种爱心、收获快乐”志愿行动启动仪式在县规划展览馆南广场举行。县委常委、宣传部部长杨中坚出席启动仪式，县人大常委会副主任冯力如向县社会福利中心、县逸夫特校、三元居家养老中心和宾山老年康复中心 4 家单位授牌成立“爱心银行”，县政协副主席桑健向 20 支志愿服务队负责人发放“爱心”存折。县领导姜晓静参加活动。

★10 日下午，县委书记、县人大常委会主任詹立风主持召开全县重点工作督查推进会。县委副书记周建飞通报一季度重点工作推进情况，县委常委、常务副县长沈峻峰宣读季度竞赛考核结果，县四套班子领导出席会议。与会人员观看了镇区重点工作督查专题片。

★13 日下午，如东县召开企业上市暨新“三板”挂牌推进会。县委副书记周建飞在会上发表重要讲话。县委常委杨小军主持会议。

★14 日上午，省委、省政府以视频会议的形式召开全省深入实施转型升级工程推动经济发展迈上新台阶工作会议。省委书记罗志军、省长李学勇出席会议并作重要讲话。省委副书记石泰峰主持会议。县委书记、县人大常委会主任詹立风等县四套班子领导在如东分会场收听收看会议。

★14日下午，全县绿化造林现场推进会在袁庄镇召开。县委常委、政法委书记于立忠在会上发表讲话，副县长蒋树建就当前农业农村重点工作作出部署。

★15日上午，县政协主席陈建华带领部分县政协常委到县环保局，就民主评议如东县环境保护工作开展前期调研。县政协副主席桑圣权、吴鼎皋参加调研。

★15日下午，由省侨联牵头主办的“创业中华——2015侨资侨智对接交流会”在如东县隆重举行，中国侨联经济科技部副部长、中国侨商联合会副会长兼秘书长安晨，江苏省侨联副主席、省侨商总会常务副会长镇翔等国家、省、市侨联领导及近百位海内外侨商与会。县委书记、县人大常委会主任詹立风在当天举行的如东投资环境说明会上致辞。县委常委、组织部部长任新峰主持会议。副县长王智作如东投资环境推介。县委副书记周建飞，县领导沈更生、张栩龙出席会议。

★15日下午，如东县召开全县驻村“第一书记”工作推进会，县委常委、组织部部长任新峰在会上发表讲话。

★16日下午，县委、县政府召开全县金融工作座谈会。县委书记、县人大常委会主任詹立风在会上发表重要讲话，县委副书记周建飞主持会议。县委常委、常务副县长沈峻峰通报了2014年及今年以来的全县金融运行情况，并对下阶段工作进行部署。

★17日，如东县召开全县依法治县暨依法行政工作会议。副县长姜晓静回顾总结了2014年如东县依法行政工作，县委常委、政法委书记于立忠参加会议。

★17日下午，如东县在上海举办“如东（上海）现代服务业投资环境说明会暨项目集中签约仪式”。县委书记、县人大常委会主任詹立风在会上致辞，副县长王智作投资环境及服务业项目推介。会议由县委副书记周建飞主持，县领导杨小军、张蓉蓉、谭玉贵、张栩龙、阮平章、陆茵参加活动。

★20日下午，县十四届政协召开第十九次常委会。会议作了民主评议全县环保工作的动员，副县长蒋树建代表县政府通报了“一号建议案”办理的初步安排情况，县政协副主席吴鼎皋通报了县政协十四届四次会议提案征集、审查、立案情况。会议还邀请江苏省生态环境监控中心主任何春银作“用经济社会发展的大数据感知生态文明的责任”专题讲座。副县长姜晓静，县政协副主席桑健、余科、陆茵出席会议。

★21日上午，江苏有线如东分公司挂牌成立，如东县广电网络事业发展由此翻开崭新一页。江苏广电有线信息网络股份有限公司总经理薛留忠，县委书记、县人大常委会主任詹立风共同为公司成立揭牌。县委副书记、县长潘建华讲话。副县长姜晓静主持成立大会，县委常委、宣传部部长杨中坚介绍了如东广电网络整合工作情况。

★22日上午，如东地税局举办“地税开放日”活动，邀请企业家代表走进办税服务厅，体验办税效率的提升，并就相关税收优惠政策进行解读。县政协副主席桑健参加活动。

★23日上午，如东县举行首个 “江苏全民阅读日”活动暨第二届如东县全民读书节启动仪式，引导全县人民爱读书、多读书、读好书。县领导姜晓静、桑健等出席启动仪式。

★24日，南通市委组织部机关党委书记沈旭东一行到县委组织部调研组工文化建设。县委常委、组织部部长任新峰参加调研。

★24日，全县海洋渔业安全生产专项整治推进暨渔业安全生产工作例会在洋口镇召开。副县长蒋树建参加会议。

★25日下午，南通市委、市政府召开推进科技创新、加快转型升级工作电视电话会议，县政协主席陈建华、县委副书记周建飞等县四套班子领导，各镇（区）、各部门主要负责人，企业家代表在如东县分会场收听收看会议实况。

★25日上午，县委中心组以学习扩大会的形式举行“新常态下的经济增长、资本市场与互联网+”专题报告会，让与会人员对新常态下的经济增长有了清晰而深刻的认识。十二届全国政协委员、江苏省政府参事室副主任、南京大学经济学教授、长三角发展研究中心执行主任、教育部首批长江学者特聘教授刘志彪作专题讲座。县委副书记周建飞主持报告会。

★27日上午，县人大常委会召开第52次主任会议，听取并审议县政府《关于划定如东县畜禽养殖禁养区、限养区的意见》实施进展情况的报告。副县长蒋树建代表县政府作了《关于划定如东县畜禽养殖禁养区、限养区的意见》实施进展情况的报告。县人大常委会副主任、党组副书记陈昌龙作重要讲话，会议由县人大常委会副主任冯力如主持，县人大常委会副主任沈更生出席会议。

★27日下午，如东县召开外贸工作会议。副县长王智主持会议，并通报一季度全县外贸工作运行情况。南通市商务局副局长左晓明、县委副书记周建飞会上作重要讲话。县人大常委会副主任冯力如、县政协副主席桑健出席会议。

★29日上午，南通市工商联（总商会）十二届七次主席（会长）会议在如东县召开。市工商联主席徐守铭出席会议并讲话。县委副书记周建飞在致辞中介绍了如东经济社会发展情况。副县长王智向与会企业家推介如东投资环境。县政协副主席桑健出席会议。

★29日上午，如东县召开专题动员会议，对畜禽粪污综合治理工作进行部署。副县长蒋树建作重要讲话。县委常委、组织部部长任新峰主持会议。县领导谭玉贵、冯力如、桑圣权出席会议。

★29日上午，如皋市人大常委会党组副书记、副主任张元健一行到如东县考察回购自来水厂的经验和做法。县人大常委会副主任沈更生介绍如东县关于实施农村水厂回购推进区域供水的基本工作。

★30日下午，如东县召开“水污染防治法”执法检查部门自查情况交流会。县人大常委会副主任沈更生出席会议并讲话。

★31日上午，如东县召开海启高速公路（如东段）房屋征收安置工作现场推进会，要求沿线各镇（区）、相关部门统筹安排，形成合力，查漏补缺，取长补短，早日完成征收工作任务。县委常委、常务副县长沈峻峰参加会议并作重要讲话。会议由县委常委、政法委书记杨小军主持。

★31日下午，县委书记、县人大常委会主任詹立风主持召开县委常委（扩大）会议，研究部署栟茶镇新型城镇化建设工作。县委副书记、县长潘建华作重要讲话。

★31日，县委常委、组织部部长任新峰到县气象局调研。

5月

★4日，县人大常委会邀请哈尔滨工业大学深圳研究生院教授董文艺，作《中华人民共和国水污染防治法》专题讲座。县人大常委会副主任沈更生主持会议。

★4日下午，共青团如东县委召开青春驿站“阳光心灵”微信平台开通仪式暨“阳光心灵”首场报告会，共青团南通市委副书记谭真，县领导任新峰、唐国均、姜晓静、桑健共同为“阳光心灵”志愿者颁发导师聘书。南通大学教育科学学院副院长、副教授沈永江作了主题为“心理健康与健康成长”的讲座。

★4日下午，如东县召开人大代表建议、政协委员提案交办会。县委常委、常务副县长沈峻峰、县人大常委会副主任唐国均、县政协副主席吴鼎皋分别就建议和提案办理工作提出明确要求。

★4日下午，如东县召开庆祝“五一”国际劳动节暨劳模座谈会，对2015年新当选的全国劳模，省、市“五一劳动奖章”获得者，市“五一劳动奖状”获得者及省、市工人先锋号单位进行表彰。副县长姜晓静出席会议。

★5日上午，在省委书记罗志军、省长李学勇带领下，省政协主席张连珍、省委副书记石泰峰，市委书记丁大卫、市长张国华，以及与会的省四套班子有关领导，省有关方面负责人，全省各市县主要负责人，国家级开发区主要负责人专程到洋口港考察。县委书记、县人大常委会主任詹立风，县委副书记、县长潘建华，县委常委、洋口港经济开发区党工委书记于立忠陪同参观考察。

★7日，如东县召开“政社互动”暨星级敬老院建设推进会，全面推进减轻城乡社区负担、创建星级敬老院等工作。副县长蒋树建出席会议，县领导任新峰、于立忠、谭玉贵参加活动。

★7日，如东县“弘扬传统美德，培育良好家风”主题教育活动观摩暨“星级校园志愿服务站”授牌仪式在马塘小学举行。县委常委、宣传部部长张蓉蓉出席会议，县人大常委会副主任唐国均、县政协副主席桑健出席活动。

★7日下午，如东县召开防汛防旱工作会议，专题部署此项工作。县委常委、组织部部长任新峰，县领导吴风俊、谭玉贵、蒋树建出席会议。

★8日，如东县发出首张由组织机构代码证、税务登记证和工商营业执照“三证合一”的营业执照，这标志着“三证合一”在如东县全面推开，商事登记行政审批将再提速。县委常委、常务副县长沈峻峰为如东红旗针织有限公司法定代表人葛泽龙颁发了如东县首张“三证合一”营业执照。

★8日，沿海经济开发区（洋口镇）总工会成立。此前，如东县有掘港镇、如东经济开发区两家单位成立总工会。副县长、沿海经济开发区党工委书记张栩龙出席会议。

★8日，由江苏省摄影家协会、南通市文化广电新闻出版局、南通市文联、如东县委宣传部主办的“情系南黄海——李建淮摄影展”在南通市文化馆隆重开幕。副县长阮平章出席开幕式。

★8日上午，光合·兵凌中华绒螯蟹繁育技术研发中心暨上海海洋大学中华绒螯蟹遗传育种中心在南通兵凌水产品有限责任公司成立，它将完成国家863计划项目的科研任务，并为台湾蟹农扩大规模繁育优质蟹苗。上海海洋大学副校长李延臣与中国河蟹协会会长李国平共同为中心成立揭牌。县政协副主席桑圣权参加活动。

★8日下午，如东县召开农村工作例会，总结2015年以来农业农村工作情况，并部署下阶段工作。县委常委、组织部部长任新峰，县领导蒋树建、桑圣权参加会议。

★10日晚上，由县委宣传部、县文广新局、县总工会联合主办的县第四届职工文化艺术节在“五一”广场拉开帷幕。县委常委、宣传部长张蓉蓉，县人大常委会副主任唐国均，南通市总工会副主席、党组副书记瞿刚出席开幕式。

★11日，如东县召开秸秆禁烧禁抛与综合利用工作电视电话会议。县委常委、组织部部长任新峰，县领导杨中坚、杨小军、谭玉贵、冯力如、蒋树建、桑圣权出席会议，各镇区设分会场收看会议实况。

★11日上午，县首届职业教育活动周启动仪式在如东中专举行。县委常委、宣传部部长张蓉蓉宣布活动周启动。副县长姜晓静出席活动。

★11日下午，如东县召开各镇（区）宣传思想文化工作交流会，为推进地方经济社会发展提供舆论支持和思想保证。县委常委、宣传部部长张蓉蓉对他们的汇报进行点评，并对下一阶段重点工作进行部署。

★12日，全县电子商务培训班正式开班。副县长王智从发展电子商务的重大意义、如东县电子商务发展成效、存在问题以及如何促进电子商务发展四个方面进行了深入阐述和剖析。

★12日，全市“五好”县（市）区工商联创建工作推进会在如东县召开。市政协副主席、工商联主席徐守铭，县政协副主席、工商联主席桑健出席会议。

★12日下午，南京市江宁区人大常委会副主任、区总工会主席孟向前一行到如东县，学习考察人大代表履职活动等相关情况。县人大常委会副主任、党组副书记陈昌龙随行并介绍如东县总体情况。

★12日下午，省民政厅副厅长钮学兴在如东县调研民政工作，钮学兴一行先后到洋口港经济开发区敬老院、宾山老年公寓和县社会福利中心调研。县领导任新峰、于立忠、谭玉贵陪同调研。

★13日上午，由县委宣传部主办的“如东人看如东”主题活动在如东中等专业学校正式启动。县委常委、宣传部部长张蓉蓉，副县长姜晓静出席启动仪式。

★13日上午，丰县人大常委会副主任刘玉成、孙寸贤、岳喜民一行在县人大常委会副主任冯力如的陪同下考察如东县。

★15日上午，如东县第25次“全国助残日”暨爱心捐赠活动在县逸夫特殊教育学校举行。副县长姜晓静参观了学校部分扬长兴趣小组活动。

★17日上午，如东县组织2015年选聘高校毕业生到村（社区）任职面试。县委常委、组织部部长任新峰前往面试考场巡视。

★17日下午，“青春你我一路同行”5·20单身青年联谊活动，在小洋口旅游度假区林克斯别墅酒店举行。县委常委、组织部部长任新峰出席活动。

★18日下午，如东县红木行业商会第一届会员大会在雷迪森大酒店召开。县政协副主席桑健为红木行业商会揭牌。

★19日下午，县人大常委会副主任、党组副书记陈昌龙带领县人大常委会部分组成人员，赴县发改委调研如东县创新驱动产业转型升级工作。县人大常委会副主任冯力如、唐国均参加活动。

★20日上午，市委常委陈照煌到如东经济开发区调研重点工业企业发展情况。县委副书记、县长潘建华，副县长王智陪同调研。

★20日，县人大常委会召开第53次主任会议，听取并审议县人民法院执行工作情况的汇报。县人大常委会副主任、党组副书记陈昌龙县，人大常委会副主任沈更生、冯力如参加会议，县人大常委会副主任唐国均主持会议。

★21日下午，县百姓宣讲团“讲述好故事践行价值观”南通市区专场报告会在市行政中心举行。县委常委、宣传部部长张蓉蓉参加活动。

★21日至22日，省出入境检验检疫局到如东县专题调研口岸开放检验检疫准备情况。省出入境检验检疫局副局长顾华丰，县委书记、县人大常委会主任詹立风，县委副书记、县长潘建华参加调研活动。县委常委、洋口港经济开发区党工委书记于立忠参加调研活动。

★22日，参加全省第十一期厅局级老干部读书班的老干部在市委常委、组织部部长张兆江，县委书记、县人大常委会主任詹立风等市县领导的陪同下到如东县视察调研。省委老干部局副局长王建明，县委副书记、县长潘建华，县领导陈建华、陈昌龙、任新峰、于立忠、张栩龙参加活动。

★22 日上午，县人大常委会副主任冯力如、唐国均带领部分县人大代表，赴沿海经济开发区开展“问项目”活动，并调研该区创新驱动产业转型升级工作。

★22 日下午，南通市公安局党委书记、局长陈旭在县委副书记、县长潘建华，县委常委、政法委书记杨小军等县领导的陪同下，到如东县调研公安工作。县委常委、洋口港经济开发区党工委书记于立忠，副县长、沿海经济开发区党工委书记张栩龙参加活动。

★22 日下午，2013 至 2014 年度市级文明单位、文明镇村（社区）申报暨常态化管理培训会议在如东地税局召开。县委常委、宣传部部长张蓉蓉参加会议。

6 月

★1 日上午，县委常委、宣传部部长张蓉蓉带领县教育局、共青团、妇联等单位负责人，前往如东县部分学校走访慰问，向全县少年儿童致以节日祝福。县领导唐国均、姜晓静、桑健参加活动。

★2 日上午，为全面整治油气管道安全隐患，确保油气管道安全生产形势持续稳定，县政府专题召开全县油气管道保护工作会议，副县长王智出席会议。

★3 日，如东县召开《三洋铁路规划建设对如东县区域发展影响研究报告》汇报会，并就三洋铁路规划建设对如东县区域发展的影响，与承接该项目研究工作的中国国际工程咨询公司的相关专家展开交流对接。县委副书记、县长潘建华就铁路规划建设的相关课题与专家组进行了深入探讨。会议由县委常委、政法委书记杨小军主持，县政协主席陈建华，县人大常委会副主任、党组副书记陈昌龙，县领导沈峻峰、于立忠、冯力如、张栩龙、余科出席会议。

★4 日，由上海海宝特种电源有限公司组织的首届中国电动车电池产业高峰论坛在如东县举行。县委副书记、县长潘建华向来宾们介绍了如东经济社会发展情况。

★4 日，江苏理工学院国家技术转移中心如东分中心在如东县揭牌，五项校企产学研合作项目集中签约。县委常委、组织部长任新峰，副县长阮平章出席签约仪式。

★5 日上午，县委、县政府召开“六城联创”动员大会，县委书记、县人大常委会主任詹立风强调，全县上下务必以志在必得的信心和决心，务实举措，奋力拼搏，确保圆满实现各项创建目标，为建设经济强、百姓富、环境美、社会文明程度高的新如东做出更大贡献。县委副书记、县长潘建华对“六城联创”工作进行部署。县委副书记周建飞主持会议。“六城联创”各分指挥部具体负责人分别发言。县四套班子领导出席会议。

★5 日，如东县召开环境保护工作新闻发布会。副县长蒋树建通报全县环境质量状况，县委常委、宣传部部长张蓉蓉参加会议。

★5 日晚，由县委宣传部、县环保局、县文广新局、县文广传媒中心、县教育局联合主办的“践行绿色生活，共建美丽如东”世界环境日专场文艺演出，在县城乐天玛特广场举行。县领导沈更生、蒋树建观看演出。

★6 日下午，县委副书记、县长潘建华，县委常委、宣传部部长张蓉蓉分别前往如东高级中学和栟茶高级中学，巡视高考准备工作，要求各考点严肃考风考纪，严格程序、严密组织，全力以赴保障高考顺利进行。县领导唐国均、姜晓静、桑健陪同巡视。

★6 日，省农机局局长沈建辉率省农委、农机三夏督查组到如东县督查，并召开“三夏”工作汇报会。县领导任新峰、于立忠、谭玉贵陪同督查。

★7 日，如东县 3859 名考生分别在如东高级中学、栟茶高级中学参加全国高校统一招考。6 日下午，县委副书记、县长潘建华，县委常委、宣传部部长张蓉蓉分别前往如东高级中学和栟茶高级中学，巡视高考准备工作。县领导唐国均、姜晓静、桑健陪同巡视。

★9 日上午，南通检验检疫局党组书记、局长刁彩华，南通海关副关长陆雪平一行率关检各相关部门负责人到洋口港经济开发区走访调研，与江苏中石油国际事业有限公司、中石油江苏液化天燃气有限公司负责人进行座谈，听取企业意见，征询企业发展中需要解决的问题。县委副书记周建飞，县委常委、洋口港经济开发区党工委书记于立忠参加调研座谈活动。

★9 日下午，市委常委、政法委书记曹斌到如东县调研。县委书记、县人大常委会主任詹立风陪同调研。县委常委、政法委书记杨小军汇报了如东县政法工作的有关情况。县领导于立忠、程军陪同调研。

★9 至 10 日，省侨联机关党委副书记李佳率省侨联调研组，到如东县开展“三解三促”调研活动。南通市侨联主席吴亚军，如东县人大常委会副主任、侨联主席沈更生等参加活动。

★10 日下午，县委常委、组织部部长任新峰，副县长蒋树建带领县委督查办、水务局、如东海事处等相关部门负责人乘船在水上检查了如泰运河、马丰河等骨干河道管护工作。

★11日，如东县栟茶籍旅美画家从志远教授携30年来创作的版画与中国画精品，走入中国艺术最高殿堂——中国国家博物馆。十一届全国政协副主席李金华，南通市侨联主席吴亚军，县人大常委会副主任、县侨联主席沈更生出席艺术展开幕式。

★12日，在全国政协委员、省政协副主席罗一民的带领下，住苏全国政协委员到如东县开展专题调研，市委书记丁大卫，市政协主席王德忠，市领导黄巍东、杨展里，县委书记、县人大常委会主任詹立风，县委副书记、县长潘建华，县政协主席陈建华，县领导张蓉蓉、姜晓静、桑健参加调研活动。

★13日上午，县文广传媒中心举办媒体融合素质提升培训，邀请县发改委有关专家给全体采编人员解读《中国制造2025》规划纲要知识要点以及如东县制造业如何发展等内容。县委常委、宣传部部长张蓉蓉发表重要讲话。

★14至16日，以南京师范大学原副校长管佐领为组长的“江苏省示范性县级教师发展中心”省评估组专家一行6人，对如东县教育发展中心创建“江苏省示范性县级教师发展中心”工作进行评估验收。在14日下午召开的创建情况汇报会上，县委常委、宣传部部长张蓉蓉向评估组介绍了如东县经济社会以及教育事业发展情况，县委副书记、县长潘建华、县领导唐国均、姜晓静参加活动。

★16日上午，由德国bbw教育集团和江苏联合职业技术学院如东分院联合成立的中德如东职业教育培训中心签约、揭牌仪式在如东县举行。县委副书记、县长潘建华和柏威科技信息咨询（苏州）有限公司总经理博多·特博特共同为中德如东职业教育培训中心揭牌。县委常委、组织部部长任新峰，副县长姜晓静参加活动。

★16日下午，县人大常委会副主任、党组副书记陈昌龙带领常委会部分组成人员，到县公共资源交易中心调研。县人大常委会副主任沈更生、冯力如、唐国均参加调研。

★17日，如东县召开重点骨干企业战略规划编制启动会。副县长王智作动员讲话，县委副书记周建飞参加会议，县委常委、宣传部部长张蓉蓉主持会议。

★17日上午，县人大常委会副主任、党组副书记陈昌龙带领常委会部分组成人员，到江苏九九久科技股份有限公司调研。县人大常委会副主任冯力如、唐国均参加调研。

★17日下午，国家卫生计生委法制司副司长梁金霞一行到如东县调研计划生育工作。省卫计委党组成员、副主任何小鹏，副市长朱晋及省、市相关部门负责人参加调研活动。县委副书记、县长潘建华，县领导张蓉蓉、姜晓静分别汇报了如东县经济社会发展和计划生育工作的相关情况。

★18日，台州市人大常委会副主任、椒江区委书记陈祥荣率领椒江区党政代表团到如东县参观考察，县委副书记、县长潘建华陪同考察。县政协主席陈建华，县委副书记周建飞，县人大常委会副主任、党组副书记陈昌龙，县委常委、洋口港经济开发区党工委书记于立忠参加活动。

★18日，市政协副主席杨展里带领部分市政协委员到如东县，调研旅游特色商品开发现状与发展策略。座谈会上，县政协主席陈建华，副县长姜晓静、县政协副主席陆茵参加调研。

★18日，县委老干部局、县老年大学、县摄影家协会、县文化馆等单位，联合举办纪念抗日战争胜利70周年书法、绘画、摄影展。县委常委、宣传部部长张蓉蓉出席开幕仪式并致辞。

★18日，县政协副主席桑健带领县政协、安监局工作人员，到洋口港经济开发区和辖区内的如东南天农科化工有限公司，就“安全生产月”相关活动开展情况进行调研。

★18日下午，“我们的节日·端午”主题观摩活动在丰利小学举行。县委常委、宣传部部长张蓉蓉，县人大常委会副主任唐国均参加活动。

★18日下午，县委常委、宣传部长张蓉蓉带领志愿者走进丰利镇古丰社区，慰问参加过抗战的老战士家庭，并送去粽子和慰问金。

★19日，县委书记、县人大常委会主任詹立风主持召开全县“十三五”规划基本思路交流会。县委副书记、县长潘建华，县政协主席陈建华，县委副书记周建飞，县人大常委会副主任、党组副书记陈昌龙等县四套班子领导出席会议。

★22日上午，县委常委、常务副县长沈峻峰，县委常委、政法委书记杨小军前往县城通海路拓宽改造工程现场指挥部，慰问端午节期间坚守岗位的征收拆迁、拆除工作人员。

★23日上午，市人大在如东县召开农村畜禽养殖污染治理工作座谈会。县人大常委会副主任、党组副书记陈昌龙、县政协副主席桑圣权出席会议。

★23日，南京大学MBA公开课暨2016年MBA项目招生说明会在如东县举办。如东县50强企业代表和青年商会的近百位企业家聆听了一场精彩的公开课。南京大学商学院教授茅宁发表演讲。县委常委、组织部部长任新峰出席活动。

★24日上午，市委常委、组织部部长张兆江到如东县调研党的教育引领群众工作。县委书记、县人大常委会主任詹立风，县委副书记周建飞，县委常委、组织部部长任新峰陪同调研。

★25日，无锡市政协副主席王锡南、江阴市政协主席薛良一行到如东县考察沿海开发。在县政协主席陈建华的陪同下，考察组先后参观考察了小洋口国际温泉度假城展示中心、洋口港经济开发区、如东规划展览馆。

★25日下午，全县“七一”表彰暨县委中心组“三严三实”专题学习会隆重召开。县委书记、县人大常委会主任詹立风主持会议。县委副书记、县长潘建华宣读《中共如东县委关于表彰全县先进基层党组织、优秀共产党员、优秀党务工作者和优秀党组织书记的决定》。会议隆重表彰了全县先进基层党组织、优秀共产党员、优秀党务工作者和优秀党组织书记。

★26日下午，如东县召开企业上市暨“新三板”挂牌推进会，要求与会企业家抢抓“新三板”扩容后的窗口期，加快转型升级步伐，立足如东，推动“新三板”挂牌上市工作迈上新台阶。县委副书记、县长潘建华在会上指出，“新三板”的扩容，给如东县中小微企业发展提供了难得的窗口期。副县长王智主持会议。

★27日下午，县文广传媒中心举办业务素质提升培训，邀请县政协副主席桑圣权、县环保局副局长王毅敏给全体采编人员详细解读了2015年农业农村的重点工作，以及生态文明创建工作等内容。

★29日上午，县人大常委会召开第55次主任会议，听取并审议县政府《关于推进创新驱动战略，促进产业转型升级的情况报告》。县委副书记、县长潘建华，县人大常委会副主任、党组副书记陈昌龙，县人大副主任沈更生、冯力如、唐国均，副县长王智及人大常委会主任会议全体成员出席会议。

★29日下午，县委、县政府召开2015年高考总结座谈会，县委书记、县人大常委会主任詹立风勉励教育条线的同志，进一步增强打造教育强县的使命感、责任感，再接再厉，再创辉煌，推动教育事业不断迈上新台阶，为全县经济社会又好又快发展夯实基础、提供支撑。副县长姜晓静主持会议。县委副书记周建飞，县领导张蓉蓉、唐国均、桑健出席会议并讲话。

★29日下午，如东县召开省级园林城市创建工作推进会。县委常委、政法委书记杨小军，县领导沈更生、桑圣权参加会议。

★30日上午，县委中心组召开“三严三实”专题教育严以修身专题第一次集体交流研讨会。县委书记、县人大常委会主任詹立风主持会议，并就下阶段专题教育活动进行部署。县委副书记、县长潘建华，县政协主席陈建华等县委中心组成员参加交流研讨活动。

★30日，如东县召开全县防汛工作紧急会议，全面部署防汛工作。县委副书记、县长潘建华要求各镇区、各部门充分做好各项救险准备工作，确保全县安全度汛。县委常委、组织部部长任新峰对各镇区对近期防汛防旱工作的汇报进行点评。

7月

★1日，如东县召开专题会议，部署市重点经济工作综合考核和县“十三五”重大项目（重要事项）向上争取申报任务工作。县委副书记周建飞要求各相关部门强化领导责任，认真研究有效措施，加强协调配合，加强统计基础工作。县委常委、常务副县长沈峻峰主持会议。

★1日，县总工会普惠职工“四大工程”正式启动，标志着工会服务由困难帮扶向普惠服务转型。县委副书记周建飞对县总工会围绕中心、创新服务职工取得的成绩给予充分肯定。县领导姜晓静、桑健出席启动仪式。

★2日上午，3艘中国渔政船从洋口港阳光岛重件码头驶向大海，如东县第七届放鱼节由此拉开帷幕。县委书记、县人大常委会主任詹立风，县委副书记、县长潘建华，县政协主席陈建华，县领导任新峰、于立忠、桑圣权参加增殖放流活动。

★2日上午，县委书记、县人大常委会主任詹立风前往洋口港经济开发区（长沙镇），深入部分老党员和困难党员家中，向他们送去党的温暖和节日的问候。县委常委、洋口港经济开发区党工委书记于立忠参加慰问活动。

★3日下午，如东小洋口国际温泉城基础设施开发及园区管理协议、“温泉世界”投资开发协议正式签约。香港保华主席、总裁刘高原，香港保华常务副总裁杨燕，香港保华首席财务官黄耀雄，县委书记、县人大常委会主任詹立风出席签约仪式。副县长、沿海经济开发区、小洋口旅游度假区党工委书记张栩龙代表如东县人民政府签约。县委副书记周建飞主持签约仪式。

★3 日下午，如东县召开文学艺术工作座谈会，总结全县前一阶段的文艺工作，并部署下一阶段的工作。县委常委、宣传部部长张蓉蓉出席座谈会。

★2 日至 3 日，县委书记、县人大常委会主任詹立风带领县发改委、商务局等相关部门负责人到如东循环经济产业园和双甸镇调研。县政协主席陈建华参加了循环经济产业园调研活动。

★4 日上午，省政协常委、特邀三组召集人、省军区副司令员鞠华，带领省政协特邀三组委员一行到如东县，就“江海联动”相关主题进行调研。县委副书记、县长潘建华，县政协主席陈建华，县领导于立忠、吴风俊、王智、陆茵陪同调研。

★4 日下午，江苏洋口港投资开发有限公司召开第三届董事会第二次会议。县委书记、县人大常委会主任詹立风，县委副书记、县长潘建华出席会议。县委副书记周建飞，县领导沈峻峰、于立忠、余科参加会议。

★6 日，县委书记、县人大常委会主任詹立风带领县发改委、商务局等相关部门负责人到如东经济开发区和新店镇调研。詹立风先后到如通石油机械、银琪生物科技等重点企业和项目现场调研，认真听取了开发区当前发展和“十三五”规划的有关情况。副县长姜晓静参加新店镇调研活动。

★6 日下午，县委常委、组织部部长任新峰到南通外向型农业综合开发区调研。

★6 日下午，如东县召开全县工业项目建设专题推进会，点评项目，收集项目建设中的存在问题，并部署下一阶段的工作和任务。副县长王智就上一阶段的工业项目建设情况作点评，县委副书记周建飞对上一阶段如东县工业项目建设取得的成效表示肯定。县委常委、宣传部部长张蓉蓉主持会议。

★6 日，如东县为成功捐献造血干细胞的县人民医院护士周士红举行欢迎会，表彰周士红以博爱胸怀挽救他人生命的爱心之举。县委常委、宣传部部长张蓉蓉出席欢迎会，副县长姜晓静主持欢迎仪式。

★8 日，如东县召开 2015 年全县社会事业半年工作例会。县委常委、宣传部部长张蓉蓉对上半年如东县社会事业工作取得的成效给予肯定。副县长姜晓静主持会议。县人大常委会副主任唐国均参加会议。

★8 日下午，县政府与南通供电公司就如东今后五年电网建设与发展事宜达成共识，签署了《共同推进电网规划建设战略合作框架协议》。县委书记、县人大常委会主任詹立风代表县委、县政府对南通供电公司长期以来对如东发展予以的支持表示感谢，对战略合作框架协议的签订表示祝贺。县委副书记、县长潘建华介绍了如东县经济发展及保障电网规划建设工作情况。副县长王智主持签约仪式。

★6 日至 7 日，县委老干部局在县委党校举办为期两天的培训班，对全县 124 名离退休干部党支部书记进行集中强化培训。县委常委、组织部部长任新峰参加活动。

★8 日下午，县委副书记、县长潘建华在市场监督管理局调研，要求全县市场监督管理系统把握改革、理念、作风、科技四个关键，高举服务发展大旗，努力释放政府机构改革惠民红利。县领导沈峻峰、王智陪同调研。

★8 日下午，上海市政府参事、华东师范大学国际航运物流研究院院长包起帆一行到洋口港经济开发区，就港口规划、产业布局、港口运营及功能配套等方面进行调研和指导。县委常委、洋口港经济开发区党工委书记于立忠陪同调研。

★9 日下午，如东县召开基层党建“一镇一域一品”工作现场推进会。县委常委、组织部部长任新峰出席并作重要讲话。

★11 日上午，市委副书记、市长张国华深入如东县沿海一线检查指导防汛防台和安全生产工作。市领导秦厚德、黄爱军，县委书记、县人大常委会主任詹立风，县委副书记、县长潘建华，县领导任新峰、蒋树建、张栩龙随同检查。

★11 日下午，如东县组织收听收看全省防汛抗台电视电话会议。会议结束后，县委副书记、县长潘建华紧急部署如东县防汛抗台相关工作，要求全县上下形成合力，科学研判，全力以赴做好防汛抗台工作，竭尽全力保障人民群众生命财产安全。副县长蒋树建主持会议，县委常委、组织部长任新峰通报了前期如东县防汛抗台的相关工作。

★11 日，南通市人大常委会副主任施建中来如东县开展主任接待代表日活动，和在如东县的市人大代表进行面对面交流，倾听代表们的心声。县人大常委会副主任、党组副书记陈昌龙和在如东县的部分市人大代表参加活动。

★11 日，美国威廉帕特森大学艺术和传媒学院院长戴若・约瑟夫・穆尔，终身教授、如东籍旅美画家丛志远一行在如东县考察。县人大常委会副主任、侨联主席沈更生陪同参观。

★近日，县侨联邀请美洲亚洲艺术学院硕士委员、旅美摄影家万晓燕女士与县摄影家协会部分会员座谈交流。县人大常委会副主任、县侨联主席沈更生参加活动。

★近日，县人大常委会副主任、党组副书记陈昌龙率县人大常委会部分组成人员，分别到县地税局、国税局调研税收工作推进情况。县人大常委会副主任沈更生、冯力如、唐国均参加调研。

★10 日至 7 月 14 日，县委宣传部组织镇区和相关部门的新闻发言人，以及从事宣传思想文化工作的同志近 80 人，赴浙江大学参加“媒体融合与新闻发言人专题研修班”学习。县委常委、宣传部部长张蓉蓉参加活动。

★14 日，南通市河道网具清障督查组到如东县，就河道“三网”清理工作的组织落实、整治过程、整治效果等情况进行督查。副县长蒋树建出席会议。

★15 日，全市县（市）区公安局长会议在如东县召开。县委书记、县人大常委会主任詹立风，县委副书记、县长潘建华，县委常委、政法委书记杨小军，副县长、县公安局局长程军参加活动。

★15 日，市委宣传部副部长、市文明办主任陈冬梅一行，到如东县调研宣传思想文化工作。在随后的座谈会上，县委常委、宣传部部长张蓉蓉汇报了如东县上半年宣传思想工作亮点，以及下半年工作思路。

★15 日下午，“中国好人”桑万璜、于亚军的退休仪式在县国税局举办。市委宣传部副部长、市文明办主任陈冬梅，市国税局党组副书记、副局长陆秋丹给两人颁发退休证。县委常委、宣传部部长张蓉蓉出席活动。

★16 日上午，县委宣传部、县台办、县外侨办、县侨联联合组织全县 100 多名侨台眷属参加“如东人看如东”主题活动。县人大常委会副主任、侨联主席沈更生参加活动。

★16 日，由江苏省检验检疫科学技术研究院、如东经济开发区和南通出入境检验检疫局共建的江苏检科院如东电子商务检验检测认证基地揭牌成立。副县长王智为基地成立揭牌。

★17 日，由中国政策科学研究会国家安全政策委员会、参考消息报社、新华网、北京新四军研究会主办的中共海上抗日武装斗争研讨会在北京武青会议中心举行。县委书记、县人大常委会主任詹立风，县政协主席陈建华，县领导张蓉蓉、吴风俊、余科参加研讨会。

★17 日，南通市人大常委会原副主任刘长城率领市老干部智库调研组到如东县，就“谁来种田”的问题和农村基层党建工作情况开展调研。在县委常委、组织部部长任新峰参加活动。

★17 日下午，如东县召开城市环境综合整治工作推进会，对下一阶段城市环境综合整治及省级优秀管理城市创建工作作出部署。县委常委、常务副县长沈峻峰、县领导沈更生、桑圣权出席会议。

★近日，县食品安全委员会召开工作例会，会议要求各相关部门群防群治，着力打好全县“舌尖安全”攻坚战，把“最严谨的标准、最严格的监管、最严厉的处罚、最严肃的问责”要求落到实处。副县长王智参加会议并作重要讲话。

★19 日，如东高新区（掘港镇）创新温馨家园志愿服务暨三元社区彩虹驿站、名医讲堂启动仪式在三元世纪城中心广场举行。县委常委、组织部部长任新峰和县委常委、宣传部部长张蓉蓉分别为三元社区彩虹驿站、名医讲堂揭牌。

★20 日上午，如东县召开申报江苏省历史文化名城指挥部第一次会议，部署省级历史文化名城申报工作。副县长姜晓静作申报动员。县委常委、宣传部部长张蓉蓉出席会议。县领导唐国均、余科出席会议。

★20 日下午，县委、县政府召开老干部座谈会，县委书记、县人大常委会主任詹立风作重要讲话，县委副书记、县长潘建华通报上半年全县经济社会发展情况。县委副书记周建飞主持会议。县政协主席陈建华，县人大常委会副主任、党组副书记陈昌龙，县领导沈峻峰、任新峰出席会议。

★23 日上午，县十四届政协召开第二十次常委会。县政协主席陈建华主持会议。县政协副主席桑健、余科、桑圣权、吴鼎皋、陆茵出席会议。

★23 日，如东县召开重点骨干企业战略规划编制推进会。县委常委、宣传部部长张蓉蓉、县委副书记周建飞出席会议。

★24 日，洋口港阳光岛江苏 LNG 项目一期工程码头工程、江苏 LNG 项目工作船及大重件码头工程，通过省交通运输厅工程质量监督局组织的工程验收委员会专家验收。省、市相关部门负责人，县领导周建飞、于立忠参加了码头工程竣工验收会。

★24 日下午，南通市社会养老服务体系建设推进会在如东县召开。会议提出，努力将“夕阳事业”打造成“朝阳产业”，促进养老服务事业持续健康发展。副市长赵闻斌，县委书记、县人大常委会主任詹立风及县领导任新峰、蒋树建等出席会议。

★25日上午，由县精神文明建设指导委员会主办，南通大学杏林学院、县教育局承办的“情系留守儿童暑期科普志愿行”活动在如东规划展览馆正式启动。市委常委、宣传部部长章树山，县委书记、县人大常委会主任詹立风，县委常委、宣传部部长张蓉蓉参加活动。

★25日下午，国家海洋局副局长王飞到如东县调研海洋生态文明建设工作，国家海洋局东海分局局长刘刻福、副局长黄海波，省海洋与渔业局副局长夏前宝，副市长赵闻斌，县委书记、县人大常委会主任詹立风，县委副书记、县长潘建华，县委副书记周建飞，县领导任新峰、张栩龙、蒋树建参加调研活动。

★25日，来自首都师范大学、苏州大学、南京理工大学等高校的200多名如东籍优秀学子，一起参加了全县第二届“如东县高校学子看家乡”活动暨“学子归巢，反哺家乡”高校毕业生专场招聘会。县委常委、组织部部长任新峰出席座谈会，县委常委、常务副县长沈峻峰主持活动。

★26日上午，县委十三届八次全体（扩大）会议在县行政中心会议厅隆重召开。县委常委会主持会议。县委书记詹立风代表县委常委会作工作报告。会议审议通过《中共如东县委关于推动全面从严治党迈上新台阶的意见》和全会“决议”。县委委员、县委候补委员出席会议。县纪委委员、有关方面负责人、部分老干部代表和企业代表列席会议。

★27日，副市长黄爱军前往中国石油西气东输管道公司如东站，专题督查安全生产工作。县领导于立忠、王智陪同督查。

★27日，县政府在马塘镇召开全县畜禽粪污治理现场观摩推进会，推广马塘镇畜禽粪污治理试点示范工作经验，部署全县下半年畜禽粪污治理工作。副县长蒋树建出席会议。

★27日上午，县委副书记周建飞，县委常委、宣传部部长张蓉蓉带领“六城联创”指挥部联络员督查“六城联创”启动阶段工作情况，要求各分指挥部迅速行动起来，营造创建氛围，明确工作目标，落实工作责任，强势推进“六城联创”工作的开展。

★28日下午，如东县举行“扶海大学堂”——“新型城镇化和小城镇建设”专题讲座，邀请中国城市规划学会副理事长、研究员级高级城市规划师张泉主讲。县委常委、常务副县长沈峻峰主持讲座。县领导杨小军、沈更生、桑圣权听取讲座。

★29日上午，县委书记、县人大常委会主任詹立风前往如东消防大队、武警中队、军休所等单位，向长期坚守岗位，服务地方发展的驻如东部队官兵送去节日的问候。县领导任新峰、吴风俊、唐国均参加慰问活动。

★29日下午，县委中心组召开“三严三实”专题教育严以修身专题第二次集体交流研讨会。县委书记、县人大常委会主任詹立风在主持会议。县领导陈建华、沈峻峰、任新峰、杨中坚、杨小军、于立忠、张蓉蓉、张栩龙、唐国均、王智、程军、吴鼎皋参加活动。

★30日，县第十六届人大常委会第二十八次会议召开。县委书记、县人大常委会主任詹立风出席会议。县人大常委会副主任、党组副书记陈昌龙主持会议。县委常委、常务副县长沈峻峰，副县长蒋树建列席会议。

★30日，由县委宣传部、县民政局、县文联主办，县摄影家协会、心爱“家印记”档案馆以及海洲文化承办的“为抗日老战士写照摄影展”在如东规划展览馆开展，展期1个月。县委常委、宣传部部长张蓉蓉，县领导沈更生、桑健参加活动。

★30日下午，由县委组织部、县级机关党工委联合举办的首届县级机关党员“1+X”风采大赛“一站到底”党的基本知识决赛暨颁奖典礼落下帷幕。县委副书记周建飞出席活动，江苏省委、省级机关工委究室调研员卢春庭，南通市委、市级机关工委书记王斌，县委常委、组织部部长任新峰出席颁奖典礼。

★31日上午，县委副书记、县长潘建华一行到小洋口边防派出所、洋口镇刘环村8组、县公安边防大队，看望慰问基层一线官兵。县领导张栩龙、程军陪同慰问。

★31日下午，县委、县政府召开全县部分行政区划调整动员大会。县委书记、县人大常委会主任詹立风作重要讲话，县委副书记、县长潘建华宣读市政府关于调整如东县部分行政区划的通知。县委常委、组织部部长任新峰宣读相关人事调整决定。县委副书记周建飞主持会议。

★31日，县人大常委会副主任沈更生一行调研如东县城市管理工作，实地察看了安康小区、建材河、海花新城南巷、新建的中心市场、县城各主要路口等整治项目。

★31日，县侨联召开专题会议，传达县委第十三届八次全体（扩大）会议精神。县人大常委会副主任、县侨联主席沈更生参加会议。

★31 日晚，由县双拥工作领导小组、县委宣传部、县文化广电新闻出版局主办，县文化馆承办，县总工会协办的第十一届“宾城之夏”双拥文艺晚会，在县五一广场举行。县委常委、人武部部长吴风俊，县领导唐国均、桑圣权参加活动。

8 月

★1 日上午，县文广传媒中心组织全体采编人员开展媒体融合素质提升培训，邀请县教育局局长李建国、县卫计委主任张旭初，分别介绍“十二五”期间全县教育发展亮点和愿景、县卫生计生委的职责、近期以来重点工作等。县委常委、宣传部部长张蓉蓉参加活动。

★4 日，江西省都昌县政协主席石和平、副县长江期论、政协副主席丁科人一行到如东县，专题考察义务教育工作。在县政协主席陈建华的陪同下，考察组参观了县实验小学。副县长姜晓静向考察组详细介绍了如东县义务教育情况。县政协副主席桑健陪同考察。

★5 日上午，省供销社副主任薛立志到如东县开展“三严三实”调研，现场参观了掘港镇中心市场新址，并召开座谈会。县委常委、组织部部长任新峰，副县长蒋树建陪同调研。

★5 日下午，在国家口岸管理办公室处长钦明炜的带领下，国家口岸开放验收组到如东县检查洋口港口岸开放工作。江苏口岸办副主任徐斌，副市长孙建华，县委书记、县人大常委会主任詹立风，市商务局局长顾淑英，县委副书记、县长潘建华，县委副书记周建飞，县委常委、洋口港经济开发区党工委书记于立忠参加检查活动。

★5 日，县委、县政府召开全县开放型经济工作点评暨招商引资“百日竞赛”总结表彰大会。县委副书记、县长潘建华要求，全力推进招商引资工作再提速、再提质、再提效。县委副书记周建飞对开放型经济工作及招商引资“百日竞赛”活动进行点评。县委常委、洋口港经济开发区党工委书记于立忠主持会议，并宣读招商引资“百日竞赛”考核结果。县委常委、沿海经济开发区党工委书记张栩龙出席会议。

★5 日下午，如东县举办第二届“最美如东人”评审会，会议由县委宣传部副部长、县文明办主任余晶主持，县委常委、宣传部部长张蓉蓉出席会议并讲话。本次评审，由县四套班子分管领导、相关部门负责人、企业家代表、政协委员、人大代表等组成的评审委员会，坚持严谨、规范、公开、务实的原则，在认真审阅候选人事迹材料的基础上，通过无记名投票评出了 10 名第二届“最美如东人”人选。

★6 日下午，由中国社科院、北京交通大学、北京联合大学、上海财经大学、南京大学等科研院所和单位的专家组成的评审专家委员会，对中国旅游研究院编制完成的南黄海东凌湖旅游产业融合发展研究及概念性规划进行评审。县委书记、县人大常委会主任詹立风，县委副书记、县长潘建华，县政协主席陈建华，县委副书记周建飞，县领导张蓉蓉、姜晓静、陆茵出席评审会。

★6 日，副县长姜晓静带领总工会一行走访慰问奋战在高温一线的职工，送上夏日清凉，表达敬意和关爱。

★6 日，在省人大财经委委员、预算工委副主任吕小鹏，市人大常委会副主任施建中的陪同下，浙江省政府咨询委员会主任章猛进一行，就江苏省“十三五”规划发展目标、发展战略、重要举措以及重大规划建设项目，到如东县开展专题考察。在洋口港阳光岛，县委常委、洋口港经济开发区党工委书记于立忠向章猛进一行介绍了如东县港口开发情况。县人大常委会副主任冯力如陪同调研。

★7 日上午，由中国旅游研究院、如东县人民政府共同主办的 2015 滨海旅游发展论坛隆重举行。副市长单晓鸣，县委书记、县人大常委会主任詹立风分别致辞。县委副书记、县长潘建华主持论坛活动。县政协主席陈建华，县领导张蓉蓉、张栩龙、姜晓静、陆茵出席论坛活动。

★7 日上午，2015 年“全民健身日”“南通体育日”活动启动仪式在县城浅水湾公园里举行。县委常委、宣传部部长张蓉蓉出席仪式并宣布活动正式启动。县领导唐国均、姜晓静参加启动仪式。

★7 日，县委、县政府召开全县重点工业企业规模培育会议。县委书记、县人大常委会主任詹立风要求，各地、各部门在新常态状态下努力实现工业经济的超常态发展。 县委副书记、县长潘建华主持会议，并通报了 1 至 7 月份全县经济社会发展情况，县委副书记周建飞宣读 2014 年度全县工业企业规模培育考核结果和工业项目、设备贴息资金的计划。县领导张蓉蓉、冯力如、许金标、桑健出席会议。

★8 日，如东县召开农村土地承包经营权确权登记颁证工作动员会议。会上，副县长蒋树建就全县农村土地承包经营权确权登记颁证工作作报告。县委常委、组织部部长任新峰主持会议并提出意见。县领导冯力如、桑圣权出席会议。

★8日，晚7点，小洋口首届龙虾啤酒节在这里开幕。县委常委，沿海经济开发区、小洋口旅游度假区党工委书记张栩龙参加启动仪式。

★10日，县委、县政府召开全县重点工作督查推进会，研究部署全县社会事业发展和当前重点工作推进工作。县委书记、县人大常委会主任詹立风主持会议并讲话。县委副书记、县长潘建华通报了1至7月份全县主要经济指标完成情况，宣读了二季度竞赛考核结果。

★11日，县政协主席陈建华带领部分政协常委到曹埠镇，走基层、访村（居）、听民意，跟踪调研“一号建议案”——《关于统筹民生幸福工程，促进帮扶“孤残病老”特困群体政策举措落实到位的建议》的办理情况。

★11日，上午，如东县召开安委会（扩大）会议暨安全生产专项整治推进会，部署下阶段重点工作。副县长许金标在出席会议并讲话。

★12日，县委常委、宣传部部长张蓉蓉到县住建局调研“六城联创”工作推进情况。

★13日，市委常委秦厚德到如东县调研农业农村工作，要求如东县各级进一步加快农村基础设施建设、农业产业化进程，加强农村环境长效管理，提高农民收入，优化农村环境。秦厚德一行在县委常委、组织部部长任新峰，县政协副主席桑圣权陪同调研。

★13日，县委、县政府在县烈士陵园为烈士吴建举行骨灰安葬仪式。周建飞出席仪式并讲话。副县长蒋树建主持仪式。县委常委、人武部部长吴风俊宣读烈士批准文件，县委常委、组织部部长任新峰向吴建家属颁发烈士证书，县委常委、宣传部部长张蓉蓉参加活动。

★13日，如东经济开发区与普华永道咨询（深圳）有限公司上海分公司签订战略合作协议，旨在促进如东经济开发区招商引资、利用外资工作，为境外投资者提供更优质服务。副县长王智参加签约仪式。

★14日，如东县举办环保法律法规专题培训班，就新环保法等相关内容开展培训。会议要求领会最新法律精神，以高要求争创国家生态文明示范县。副县长蒋树建要求全县上下要准确把握生态环保工作的特征，全面提升生态文明建设组织实施水平。

★14日下午，2015年新聘大学生村官上岗仪式暨电商创业推荐会在掘港小学召开，34名新聘大学生村官宣誓上岗。县委常委、组织部部长任新峰出席会议。

★14日下午，如东县召开新225省道如东段交通安全隐患专项整治动员部署会，对新225省道安全隐患排查整治工作做了部署。县委常委、政法委书记杨小军提出要求。

★15日下午，县“六城联创”指挥部召开第一次例会，总结交流前期工作进展情况，研究部署下阶段推进工作。县委书记、县人大常委会主任詹立风发表讲话。县委常委、常务副县长沈峻峰主持会议。县“六城联创”工作指挥部总指挥、副总指挥出席会议。

★15日下午，国务院召开全国安全生产电视电话会议。县委副书记、县长潘建华在如东县分会场收听收看会议。副县长许金标参加会议。

★16日上午，如东县在海洲影都500人巨幕大厅举行如东网盟俱乐部成立暨“关注身边的感动”公益活动启动仪式。县委常委、宣传部部长张蓉蓉出席仪式。县人大常委会副主任唐国均、县政协副主席桑健出席仪式，并和全体网盟成员共同触摸启动球。

★17日下午，浙江省平湖市人大常委会副主任柯卫明带领人大常委会组成人员及该市发改委、教育局等单位负责人，到如东县调研职业教育工作。县人大常委会副主任唐国均参加陪同。

★17日下午，县委书记、县人大常委会主任詹立风到沿海经济开发区检查安全生产、环境保护工作，并对项目建设等工作进行调研。县委副书记周建飞，县领导张蓉蓉、张栩龙、许金标参加调研活动，并就沿海经济开发区当前重点工作的推进提出要求。

★18日上午，县人大常委会副主任、党组副书记陈昌龙带领部分县人大代表视察如东县农村基础设施建设现场。县人大常委会副主任唐国均、沈更生分别对专项工作评议、访选民工作作了阶段性总结和部署，副县长蒋树建对落实两项工作提出意见和要求。县人大常委会副主任冯力如参加会议。

★18日下午，县委书记、县人大常委会主任詹立风带领县发改委、商务局等相关部门负责人到洋口港经济开发区调研。县委副书记周建飞、县领导于立忠、许金标参加调研活动。

★19日上午，县政协主席陈建华到县中医院，探望老红军邱荣林，并送上祝福和慰问金。

★19日上午，如东县2015年新录用的108名公务员宣誓上岗。在新录用公务员上岗宣誓暨初任培训实践活动启动仪式上，县委常委、组织部部长任新峰就公务员的特定内涵和怎样成长为一名优秀的公务员这两个话题寄语新录用公务员。

★19日，市人大常委会副主任施建中一行到如东县调研基层医疗卫生服务体系建设情况。县人大常委会副主任唐国均陪同调研。

★20 日上午，如东县举行“扶海大学堂”——“国际政治军事形势与国家安全”专题讲座，海军少将、国防大学教授、国防大学战略研究所原所长、前驻美国大使馆海军武官、中国人民解放军军事学会战略分会副会长杨毅将军应邀主讲。讲座由县委副书记周建飞主持。县政协主席陈建华，县人大常委会副主任、党组副书记陈昌龙等县委中心组成员听取了报告。

★20 日下午，县人大常委会召开第 57 次主任会议。县人大常委会副主任、党组副书记陈昌龙指出，近年来，县人社部门不断创新工作方法，进一步扩大社会保险覆盖面，不断完善社会保障体系，工作成效进一步显现，但纵观全局，如东县社保工作面临的任务仍很艰巨。县人大常委会副主任冯力如主持会议。县人大常委会副主任沈更生、唐国均参加会议。

★20 日下午，县委组织部召开会议，学习贯彻县委十三届八次全会以及省市组织部长会议精神，研究部署组织部门推动全面从严治党迈上新台阶的具体任务。县委常委、组织部部长任新峰在会上作重要讲话。

★20 日下午，如东县召开“迎国检”路域环境综合整治工作推进会。副县长许金标主持会议。

★20 日，洋口港开发建设省级联席会第二次会议在南京召开，省沿海办主任林一峰召集省相关部门负责人就洋口港开发建设中的规划审批、临港产业、基础配套等具体问题进行会商解决。会上，县委书记、县人大常委会主任詹立风汇报了沿海开发、洋口港开发建设的基本情况和下一步工作打算。省发改委副主任魏然、省环保厅副厅长柏仇勇、省沿海办副主任乔德正、王晓辉、王辽宁，南通市副市长沈雷，县领导周建飞、于立忠等出席会议。

★21 日上午，如东县举办省第七批“科技镇长团”如东团总结汇报会暨省第八批“科技镇长团”如东团欢迎仪式，县委常委、常务副县长沈峻峰出席活动，县委常委、组织部部长任新峰主持欢迎仪式。

★21 日下午，县政府与上海电机学院举行合作签约。詹立风代表县委、县政府对双方启动全面合作表示祝贺。县委常委、组织部部长任新峰主持签约仪式。副县长王智代表县政府与上海电机学院签约。副县长许金标出席签约活动。

★22 日，如东县召开专题会议，研讨石墨烯产业链的打造，创建研发平台、产业园，以推进新兴工业化，加快传统产业的传型升级。县委副书记周建飞要求各镇（区）和相关部门高度重视石墨烯产业的发展，把如东县建成南通的石墨烯产业基地。研讨会由副县长王智主持。

★24 日下午，县人大常委会召开第 58 次主任会议，听取和审议了县人民检察院关于查办和预防职务犯罪工作情况的报告。县人大常委会副主任、党组副书记陈昌龙要求县人民检察院院面对新形势、新挑战，要进一步强化源头意识，突出预防工作重点，进一步拓展预防方式，大力探索预防工作的新机制、新方法，加强专项督查工作。县人大常委会副主任沈更生、冯力如出席会议。县人大常委会副主任唐国均主持会议。

★25 日上午，陕西省旬阳县人大常委会副主任杨纪元一行到如东县，考察内务司法工作。县人大常委会副主任唐国均陪同考察。

★25 日下午，如东县召开第九届中国如东沿海经济合作洽谈会暨人才科技合作洽谈活动组织组第一次协调会，县委常委、组织部部长任新峰出席会议。

★25 日，副县长许金标在县市场监督管理局调研，要求用好用足市场监管服务资源，在推进“六城联创”中深化履职。

★26 日上午，县委、县政府召集各创建分指挥部及相关行业管理部门，召开“六城联创”工作推进会，总结交流前期工作进展情况，并就目前在工作推进中遇到的具体问题进行重点讨论。县委副书记周建飞在听取情况后指出，“六城联创”指挥部召开第一次例会以来，各相关部门认识到位，行动迅速，各项工作成效明显。县委常委、宣传部部长张蓉蓉主持会议，县委常委、常务副县长沈峻峰，副县长姜晓静出席会议。

★26 日上午，为研究制定“十三五”渔船控制制度，明确管理思路和改革完善措施，农业部渔业渔政管理局组织专人赴江苏、浙江开展渔船管理调研工作。调研组到如东县进行了实地考察。省海洋与渔业局副局长林建华，县领导谭玉贵陪同调研。

★26 日下午，南京海关党组成员、政治部主任张毅东一行到如东县检查指导工作。县委书记、县人大常委会主任詹立风与张毅东一行就如东海关筹建等工作进行了深入交流。县委常委、洋口港经济开发区党工委书记于立忠汇报了洋口港一类口岸开放工作的有关情况。副县长王智参加活动。

★26 日下午，省民政厅党组副书记、副厅长凌航一行到如东县调研退役士兵安置工作。县领导谭玉贵参加活动。

★26 日，如东县召开全县中小学校党建工作会议。县委常委、组织部部长任新峰要求全县中小学校党建工作注重在组织建设中覆盖，提高党的工作影响力；注重在队伍管理上抓重点，提高党的工作战斗力；注重在服务中心抓渗透，提高党的工作生命力；注重在群众工作上凝聚，提高党的工作号召力。县委副书记周建飞强调，抓好中小学校党建工作要做到“融合”，做到党建工作与学校建设融合起来，党建工作与教育教学融合起来，党建工作与群团建设、统战工作学融合起来，党建工作与群众工作融合起来。会议由县委常委、宣传部部长张蓉蓉主持。副县长姜晓静出席会议。

★27日上午，县政协主席陈建华一行到新店镇，看望“为爱而行”结对助学活动中县政协机关帮扶的贫困学生周玉娟，送上助学金和慰问品。

★27日上午，掘港街道办事处、城中街道办事处挂牌，标志着高新区新设街道办事处正式成立并运行。县领导陈昌龙、沈峻峰、杨中坚、吴风俊出席活动。

★8月27日上午，副县长、县红十字会会长姜晓静带领相关镇（区）、部门负责人慰问大豫镇大学新生周慧梅和掘港镇大学新生王俊，并给他们送上了慰问金。

★27日下午，副市长赵闻斌带领市供销社等部门负责人到如东县调研供销社改革工作，在县委常委、组织部部长任新峰，县委常委谭玉贵的陪同下，赵闻斌一行先后视察了洋口新坝现代农业示范基地、洋口古坳省级为农服务社、如东高新区新中心农贸市场、如东县名特优农副产品展销中心、南通兴合电子商务有限公司。副县长蒋树建汇报了如东县供销社改革的情况。

★27日下午，县委召开政法委全体（扩大）会议，总结回顾2015年以来全县政法工作，研究部署政法委员会相关机制建设和近期政法重点工作。县委书记、县人大常委会主任詹立风出席会议并讲话。县委常委、县委政法委书记杨小军对全县政法工作和政法委员会自身建设工作进行了点评和部署。县人民法院院长娄宏春、县人民检察院检察长顾祖林出席会议。

★28日下午，县委中心组召开“三严三实”专题教育严以律己专题第一次集体交流研讨会。县委书记、县人大常委会主任詹立风主持会议。处级以上领导干部、县委中心组全体成员参加交流研讨活动。

★29日晚，由县委统战部和县文化广电新闻出版局、县无党派知识分子联谊会主办的“我们同心同行”——如东县统一战线纪念抗日战争胜利70周年暨无党派知识分子专场演出在五一广场举行。县领导沈更生、吴鼎皋观看演出。

★30日，如东县召开专题推进会，明确新一轮保险年度政策性农业保险的各项目标，进一步推进土地确权登记颁证工作。副县长蒋树建出席会议。

★31日上午，为期一个月的县首届南美白对虾美食节在“在水一方”生态园拉开序幕。县委常委、宣传部部长张蓉蓉，市旅游局副局长袁鸿飞共同为美食节揭牌。副县长姜晓静在开幕式上讲话。

★31日上午，县委、县政府召集县环保局、农委、发改委、交通局、水务局等生态文明建设相关单位负责人召开会议，交流汇报前期工作推进情况，要求下一阶段继续完善计划、强化措施，争取不折不扣完成生态文明建设各项任务目标。副县长蒋树建在听取情况后指出，在国家生态文明示范县创建工作中，各相关部门认识到位、行动迅速，各项工作成效明显。县政协副主席陆茵参加会议。

★31日，县委常委、组织部部长任新峰走访慰问抗战时期及以前参加革命工作的老干部王煊、彭廷相。

★31日，如东县举办文联文艺家之家揭牌仪式，同时启动“一镇一月一风采”活动，号召全县广大文艺工作者深入生活，扎根群众，多创作出优秀作品。县委常委、宣传部长张蓉蓉出席启动仪式，县领导沈更生、桑健参加活动。

9月

★1日上午，县委副书记、县长潘建华和副县长蒋树建一行看望慰问如东县抗战时期及以前参加革命工作的离休老干部以及抗日老战士。

★1日上午，任新峰专程前往洋口港经济开发区，走访慰问88岁高龄的抗战老兵孙少山和戴天龙。

★1日下午，县委常委、洋口港经济开发区党工委书记于立忠带着4000元助学金，专程前往长沙镇陆河村慰问该村4组孙佳瑞同学。

★9月2日下午，县委副书记、县长潘建华带领县安监、环保、消防等部门负责人，专程到沿海经济开发区、洋口港经济开发区检查企业安全生产情况。县领导于立忠、张栩龙、程军、许金标陪同检查。

★2日下午，全县海洋渔业（洋口渔港）安全生产工作现场推进会在沿海经济开发区（洋口镇）召开。县委常委、组织部部长任新峰发表重要讲话。副县长蒋树建主持会议。

★6日，县人大组织部分市人大代表，对市科技局、民政局、城管局、交通运输局、农委、文广新局、体育局、国资委、机关事务管理局、民族宗教局、南通国税局、南通供电公司 12 家市级政府部门进行工作评议。县人大常委会副主任、党组副书记陈昌龙指出，人大通过对政府部门的评议，能够有效地提高政府部门的服务能力和水平。

★6 日下午，南通供电公司为迎接市人大评议工作，到如东县与县政府、人大以及各园区进行工作对接，听取对“三重一大”项目和民生工程建设在电力配套方面的意见、建议，并由带队领导现场解答政府、园区的相关用电问题。县人大常委会副主任冯力如、副县长王智参加活动。

★7 日上午，副市长孙建华一行到如东县调研外贸进出口工作。县委副书记、县长潘建华向孙建华一行汇报了如东县 1 至 7 月份外贸工作情况。县委副书记周建飞，副县长王智陪同调研。

★7 日下午，市委常委、常务副市长韩立明到如东县调研重大项目推进工作，县委书记、县人大常委会主任詹立风，县委副书记、县长潘建华陪同调研。县领导沈峻峰、于立忠、王智参加调研活动。

★7 日下午，如东县召开新闻采编人员全媒体素质提升业务拉练作品点评会。县委常委、宣传部部长张蓉蓉出席会议。

★7 日，县领导周建飞、张栩龙、程军分别率领安监、环保、消防等部门负责人，前往沿海经济开发区、双甸镇进行安全生产大检查。

★6 日至 7 日，如东县召开项目农业暨国家现代农业示范区建设推进会。县委常委、组织部部长任新峰发表讲话。副县长蒋树建部署全县项目农业暨国家现代农业示范区建设任务。县领导谭玉贵、冯力如、桑圣权参加会议。

★8 日上午，县人大常委会召开第 59 次主任会议。县委常委、常务副县长沈峻峰发表讲话。县人大常委会副主任、党组副书记陈昌龙充分肯定各牵头承办部门议案、建议的办理落实情况。

★8 日，全省司法行政队伍“三化”建设会议在如东县召开。县委副书记、县长潘建华致辞。省司法厅厅长、党委书记柳玉祥高度肯定全省司法行政队伍“三化”建设取得的阶段性成效，重点对司法行政机关工作人员和法律服务队伍的“三化”建设进行部署。会议由省司法厅副厅长姜金兵主持，省司法厅领导张光东、万力、池凤云出席会议，县领导杨小军、张栩龙、姜晓静参加了部分活动。

★8 日，县委常委、组织部部长任新峰和副县长王智带领海洋与渔业、安监、消防、民政等单位负责人，分别前往栟茶、丰利两个镇，开展安全生产检查。

★8 日，全县未成年人思想道德建设成员单位联席会议在县教育局召开，会议全面总结上半年如东县未成年人思想道德建设情况，部署新学期的相关工作。县委常委、宣传部部长张蓉蓉参加会议。

★8 日，县委常委、宣传部部长张蓉蓉，副县长姜晓静到丰利镇凌河小学、丰利中学、栟茶镇靖海小学、栟茶高级中学，走访慰问部分农村优秀教师代表，向辛勤耕耘在教育战线，特别是农村教育战线上的广大教师和教育工作者致以节日祝贺和诚挚问候。

★9 日上午，市人大常委会副主任施建中一行到如东县，向辛勤耕耘在教育第一线的教师们送上真挚的节日祝福和诚挚问候。县领导张蓉蓉、唐国均、桑健陪同慰问。

★9 日上午，洋口港经济开发区（长沙镇）召开欢送新兵动员会。县委常委、洋口港经济开发区党工委书记于立忠勉励入伍新兵融入军营后牢记使命，听从指挥，铭记自己是家乡儿女的代表，安心服役，建功立业，做一名合格军人，为家乡增光，为洋口港添彩。

★9 日下午，县委书记、县人大常委会主任詹立风到如东高级中学慰问优秀教师代表，向他们送去节日的祝福和亲切的问候。县领导张蓉蓉、姜晓静参加慰问活动。

★9 日下午，县委副书记、县长潘建华，县人大常委会副主任唐国均、县政协副主席桑健一行看望慰问辛勤耕耘在教育一线的教师以及退休教师，并向她们送上节日的问候和祝福。

★9 日下午，如东县举行 2015 年新兵欢送大会，副县长蒋树建参加会议。

★10 日上午，全县宣传思想文化工作现场会在双甸镇召开，县委常委、宣传部部长张蓉蓉对各镇（区）宣传思想文化工作涌现出的亮点和特色进行点评，并对下一阶段重点工作进行部署。

★10 日下午，市委常委秦厚德赴马塘镇专题调研秸秆能源化利用和农村面源污染治理工作，县委书记、县人大常委会主任詹立风陪同调研。县领导任新峰、蒋树建参加调研活动。

★9 月 10 日下午，南通出入境检验检疫局局长朱伟光到如东县，调研如东出入境检验检疫局筹备情况。县委副书记、县长潘建华向他详细介绍了如东县经济社会发展基本情况、洋口港一类口岸开放基本情况，县委常委、洋口港经济开发区党工委书记于立忠陪同调研。

★10 日下午，如东县举办 2015 年秋季主体班开班暨全面从严治党研究基地揭牌仪式。县委常委、组织部部长、县委党校校长任新峰出席开班典礼，并与江苏省委党校廉政教育研究中心主任王世谊教授共同为全面从严治党研究基地揭牌。

★10日，南通市委政法委副书记钱建华一行到如东县，考核验收“六五”普法工作。副县长姜晓静汇报了如东县“六五”普法工作情况。

★11日，县委、县政府召开全县重点工作督查推进会，研究部署农业农村和当前重点工作推进工作。县委书记、县人大常委会主任詹立风主持会议并讲话。县委副书记、县长潘建华就违章建筑整治等工作提出明确要求。县委副书记周建飞点评部署全县外资外贸工作。县委常委、组织部部长任新峰通报点评2015年以来全县农业农村工作和夏季秸秆禁烧禁抛与综合利用情况。县四套班子领导出席会议。

★12日，由县委宣传部牵头，县级机关党工委、文广新局、文联、文广传媒中心联合举办全县纪念抗日战争胜利70周年合唱比赛。县委副书记周建飞致辞。县政协主席陈建华，县人大常委会副主任、党组副书记陈昌龙，县领导张蓉蓉、唐国均、姜晓静、张栩龙、桑健出席活动，并为获奖单位颁奖。

★近日，市委书记丁大卫赴如东县袁庄、双甸、新店三个镇，专题调研“十三五”推进新型城镇化和城乡发展一体化工作。县委书记、县人大常委会主任詹立风陪同调研。

★近日，市委组织部副部长、人才办主任王亚雄带领检查组，到如东县调研检查“三严三实”专题教育开展情况。县委书记、县人大常委会主任詹立风听取检查组情况反馈。县委常委、组织部部长任新峰代表县委介绍了如东县“三严三实”专题教育工作开展情况。

★近日，市沿海办副主任唐国平一行到洋口港经济开发区，开展沿海开发“六大行动”项目督查。县委常委、洋口港经济开发区党工委书记于立忠参加活动。

★14日上午，县委中心组以学习扩大会的形式举行“扶海大学堂”——“中华传统文化的认识和传承”专题讲座。省委宣传部副部长、省文联主席、党组书记章剑华作专题讲座。县委书记、县人大常委会主任詹立风，县委副书记、县长潘建华等县委中心组成员到场听取讲座。县委常委、宣传部部长张蓉蓉主持专题讲座。

★14日上午，南通市江海文化研究会如东分会在县行政中心揭牌，随着如东分会的成立，江海文化研究工作实现了全市覆盖。县委常委、宣传部部长张蓉蓉出席活动。

★14日下午，南通军分区机关干部在军分区司令员徐国安、政委苏西群的带领下，到如东县参观苏中四分区反“清乡”斗争史料展。县领导吴风俊、张栩龙、蒋树建陪同参观。

★14日，如东县召开基层服务型党组织建设推进会，总结工作成效，部署下阶段工作。县委副书记周建飞对全县基层服务型党组织建设工作给予肯定。会上，县委常委、组织部部长任新峰传达了全市基层服务型党组织建设推进会的主要精神。

★15日，如东县举行“如东商会之家”揭牌仪式，县委常委、组织部部长任新峰，县委常委、宣传部部长张蓉蓉共同为“如东商会之家”揭牌。县政协副主席、县工商联主席桑健表示，工商联将更好地担负起企业发展服务员的角色，通过组织开展一系列学习交流活动，使商会作用得到进一步巩固和放大。

★16日上午，如东县举办南通市小学入学仪式示范观摩活动，与会代表现场观摩了宾山小学升旗仪式、一年级新生“开笔礼”和“学文明礼仪，做美德少年”主题队会。市委宣传部副部长、市文明办主任陈冬梅及县领导张蓉蓉、唐国均、姜晓静、桑健参加活动。

★16日，市政协副主席陆玉明率队到如东县，专题调研“优化资源配置，加快中心镇建设”工作。副县长蒋树建向陆玉明介绍了如东县市级中心镇建设情况。县政协副主席桑圣权陪同调研。

★17日，副县长蒋树建带领县环保、安监、市场监督管理等单位负责人，开展电镀企业整治督查行动。

★18日，县委、县政府在南通市中小学生素质教育实践基地举行苏中四分区反“清乡”斗争史料展开展仪式。市委副书记陈斌出席开展仪式并讲话，县委书记、县人大常委会主任詹立风致辞。市委原书记、市人大常委会原主任、新四军老战士朱剑和青少年代表先后发言。开展仪式由县委副书记周建飞主持。市老领导、老同志、新四军老战士及家属代表，市委常委、南通军分区政委苏西群，县政协主席陈建华，县人大常委会副主任、党组副书记陈昌龙，县领导张蓉蓉、吴风俊、张栩龙、唐国均、姜晓静、桑健出席开展仪式。

★18日，市委副书记陈斌深入如东县园区、企业、社区等基层一线，重点调研党的建设和精神文明建设，对如东县经济社会发展成就给予充分肯定。县委书记、县人大常委会主任詹立风，县委副书记周建飞，县领导任新峰、杨中坚、张蓉蓉、张栩龙参加了调研活动。

★19日，由县委宣传部、县级机关党工委、文广新局、文联、文广传媒中心联合承办的全县纪念抗日战争胜利 70 周年合唱展演在如东高级中学海韵馆举行。县委书记、县人大常委会主任、县人武部党委第一书记詹立风等县四套班子领导出席并参加合唱展演。

★19 日下午，县委、县政府召开全县重点外贸企业座谈会。县委副书记周建飞，副县长王智发表重要讲话。

★19 日晚，“江海明珠灵秀南通”2015 中国南通江海国际旅游节开幕式暨南通旅游攻略、摄影大赛颁奖晚会在南通更俗剧院举行。江苏省旅游局、江苏省沿海办、上海国际旅游度假区及周边城市旅游界代表、境外旅行商、百家新闻媒体记者等 600 多位嘉宾应邀参加。副县长姜晓静参加开幕式。

★20 日上午，中国如东第十六届国际风筝会 2015 年国际风筝邀请赛暨“小洋口旅游杯”江苏省风筝精英赛拉开帷幕。国家体育总局社会体育指导中心业务三部副主任、中国风筝协会秘书长张秀丽宣读命名如东县为“中国风筝之乡”的文件，国家体育总局社会体育指导中心副主任王玉龙授牌；省体育局副局长颜争鸣为小洋口旅游度假区“江苏省风筝放飞基地”授牌。县委书记、县人大常委会主任詹立风，县委常委、沿海经济开发区党工委书记张栩龙分别接牌。县委副书记周建飞在开幕式致辞，副县长姜晓静主持开幕式。国家体育总局，省、市体育局相关负责人，县领导张蓉蓉、唐国均、桑健出席开幕式。

★20 日下午，南通市委常委、宣传部部长章树山，副市长单晓鸣等领导带领参加江海国际旅游节的 600 多位嘉宾到如东县参观、考察。县领导张蓉蓉、张栩龙、桑圣权陪同参观。

★20 日，省人大常委会副主任许仲梓在市人大常委会副主任程静，县人大常委会副主任、党组副书记陈昌龙等陪同下，到如东县就省人大重点建议办理工作听取基层意见。在随后的交流会上，副县长姜晓静向许仲梓一行介绍了如东县建设基层医疗卫生服务平台的情况，县人大常委会副主任唐国均参加活动。

★21 日至 24 日，由县委组织部（人才办）主办，寰球人才交流中心承办的如东县人才工作者培训班在上海财经大学举办。县委常委、组织部部长任新峰出席开班仪式。

★22 日，县委副书记周建飞带领县文明办、市场监督管理局、住建局、交通运输局、公安局等单位负责人，对“六城联创”工作进行第一次督查。县委常委、宣传部部长张蓉蓉主持会议。县领导沈峻峰、杨小军、姜晓静、程军出席会议。

★22 日，县人大常委会召开第 60 次主任会议，听取并审议全县公立医院综合改革的情况。副县长姜晓静代表县政府作《关于如东县公立医院综合改革的情况报告》。县人大常委会副主任沈更生、冯力如、唐国均出席会议。

★22 日，沿海经济开发区（洋口镇）人大组织 20 多名镇人大代表和环保专家，对 2015 年一季度环保执法中发现的问题的整改落实情况进行现场督办。县人大常委会副主任沈更生参加活动。

★22 日下午，副县长蒋树建带领消防、安监、民政、海洋与渔业、公安、农机等单位负责人，分别前往曹埠镇、南通外向型农业综合开发区和丰利镇，开展安全生产检查。

★23 日上午，县政协召开“新的管理体制下加强全县食品安全监管”对口协商座谈会。县政协主席陈建华、副县长许金标出席会议。县政协副主席陆茵主持会议。

★23 日，县十四届政协召开第二十一次常委会，为编制“十三五”规划建言献策。县委常委、常务副县长沈峻峰通报如东县“十三五”规划编制工作的相关情况。县委副书记周建飞、县政协副主席桑健、余科、吴鼎皋、陆茵出席会议，县政协主席陈建华主持会议。

★在 23 日召开的洋口港一类口岸对外开放省级预验收会议，一致同意洋口港一类口岸对外开放通过省级预验收。县委常委、洋口港经济开发区党工委书记于立忠、副县长王智参加会议。

★23 日下午，县委宣传部开展关于落实全市推动文化建设迈上新台阶工作会议精神的学习交流活动，并就全县纪念抗日战争胜利 70 周年合唱比赛（展演）进行总结。县委常委、宣传部部长张蓉蓉出席会议并讲话。

★24 日，县委书记、县人大常委会主任詹立风带领相关镇区负责人赴盐城市大丰区考察学习旅游业发展和港口开发建设工作。县委副书记周建飞，县领导于立忠、张蓉蓉、张栩龙、姜晓静参加考察学习。

★24 日至 25 日，副县长蒋树建带领县农委、市场监督管理、公安等部门负责人和执法人员，联合开展节前肉品市场综合检查。

★25 日下午，县委召开全县领导干部警示教育大会。县委书记、县人大常委会主任詹立风作重要讲话。县委副书记周建飞主持会议。县委常委、纪委书记杨中坚作警示教育报告。县四套班子领导出席会议。

★25 日下午，河海大学副校长、工程院院士王超到如东县，调研农村沟渠生态水资源保护与水质改善情况，副县长蒋树建陪同调研。

★25 日，如东县召开农村土地承包经营权确权登记颁证工作推进会。副县长蒋树建出席会议。

★日前，县人大常委会副主任、党组副书记陈昌龙带领常委会部分组成人员，前往县公安局，专题调研执法规范化建设。副县长、县公安局局长程军向陈昌龙一行详细汇报了如东公安执法规范化建设情况。县人大常委会副主任沈更生、冯力如、唐国均参加调研。

★28 日，副市长单晓鸣带领市沿海办、海洋与渔业局、旅游局等部门负责人到如东县调研沿海开发项目建设情况，并检查海洋渔业、沿海旅游安全情况。县委副书记、县长潘建华汇报如东县今年以来沿海开发项目建设情况。县领导于立忠、张栩龙、王智陪同调研和检查。

★28 日，扶海青年电商创业孵化基地成立，商务部中国电商委执行秘书长吴声和县委副书记、县长潘建华共同为基地揭牌。

★29 日下午，县第十六届人大常委会召开第二十九次会议。县人大常委会副主任、党组副书记陈昌龙主持会议。常务副县长沈峻峰宣读《县政府关于提请于海杰等同志职务任免的议案》，县人大常委会副主任冯力如、唐国均出席会议。

★30 日，全国第二个烈士纪念日，如东县党政军和社会各界代表怀着无比崇敬的心情，在苏中四分区反“清乡”斗争资料陈列馆隆重举行烈士公祭活动，缅怀先烈事迹，告慰先烈英灵。詹立风代表公祭人员整理了花篮缎带。县委副书记周建飞主持公祭仪式，县四套班子领导参加了公祭仪式。

★30 日，南通海关副关长、如东海关筹建工作组组长黄毅与副县长王智在洋口港经济开发区签署合作协议，对如东海关成立前的有关问题进行明确落实。南通海关相关部门负责人、县领导于立忠、如东海关筹建组有关人员参加活动。

★30 日下午，副县长王智带领县安监、商务、消防等相关部门负责人，到高新区检查节前安全生产工作。

10 月

★4 日上午，全县 2015 金秋房产展览交易会在县规划展览馆广场举行。县委常委、政法委书记杨小军致辞。县委常委、常务副县长沈峻峰宣布如东县 2015 金秋房产展览交易会开幕。县委常委、宣传部部长张蓉蓉，县人大常委会副主任沈更生参加活动。

★11 日，县食品安全委员会办公室、县教育局和县市场监督管理局在马塘中学联合举办食品安全进校园“食品安全法”知识竞赛活动。县人大常委会副主任唐国均参加活动。

★12 日上午，县委、县政府召开全县重点工作督查推进会，研究部署扶贫帮困和当前各项重点工作。县委书记、县人大常委会主任詹立风主持会议并讲话。县委副书记、县长潘建华通报了 1 至 9 月份全县重点工作推进情况，并就四季度全县重点工作的推进提出要求。县委副书记周建飞宣读季度竞赛考核结果。会议观看了全县扶贫帮困工作督查专题片，听取了副县长蒋树建关于全县扶贫帮困工作的情况通报。县四套班子领导出席会议。

★12 日，如东县召开重点外贸企业座谈会，县委副书记、县长潘建华，副县长王智参加会议。

★13 日上午，县政协组织部分政协常委、相关部门负责人和镇村代表对“一号建议案”办理中期情况进行专题协商。县政协主席陈建华主持会议，并代表县政协提出了“一号建议案”跟踪调研中梳理出的 10 个制约政策落实的瓶颈问题和 22 条针对性的意见建议。县领导任新峰、张蓉蓉、姜晓静、蒋树建、桑健、陆茵出席会议。

★13 日下午，全县公安机关召开迎接省级文明城市年度测评动员会，要求以“公安职责范围不失 0.1 分”为基本要求，全面完成各项创建任务。县委常委、宣传部长张蓉蓉，副县长、公安局局长程军参加会议。

★9 月 28 日和 10 月 13 日，如东县分两个阶段召开基层党建“一镇一域一品”工作现场推进会。县委常委、组织部部长任新峰出席会议。

★14 日，县委书记、县人大常委会主任詹立风带领县发改委、商务局等相关部门负责人前往丰利镇和曹埠镇调研，深入了解当前经济社会发展和“十三五”谋划工作。副县长蒋树建、王智参加调研活动。

★14 日下午，全县城管系统召开文明城市创建动员大会，对文明城市创建工作进行动员部署，确保城管部门负责的工作在考核中不失 0.1 分，圆满通过江苏省文明城市的复检验收。县委常委、政法委书记杨小军，县委常委、宣传部部长张蓉蓉出席会议。

★15 日上午，海安县人大常委会副主任章曙东一行到如东县，考察学习县人大常委会在街道、园区设立人大工委的相关工作。县人大常委会副主任唐国均陪同考察。

★15 日下午，县政协主席陈建华与部分政协委员在县安监局调研。陈建华一行听取了副县长许金标和县安监局负责人关于 2015 年以来全县安全生产工作情况和下一步工作计划的汇报。县政协副主席桑健、余科参加了调研。

★15 日下午，县人大召开“问项目”视察交流会，总结交流 2015 年以来人大代表“问项目”活动开展情况，研究部署今后工作。县人大常委会副主任、党组副书记陈昌龙，县人大常委会副主任沈更生、冯力如、唐国均出席会议。

★15 日下午，县人大常委会召开党组（扩大）会议，传达全省县乡人大工作和建设座谈会精神，县人大常委会副主任、党组副书记陈昌龙主持会议。县人大常委会党组成员、主任会议成员、县人大各工作机构全体人员、各镇区（街道）人大主席（工委主任）、部分人大代表参加会议。

★15 日，如东县召开专题会议，对全县秋季秸秆禁烧禁抛与综合利用工作进行全面安排，同时就畜禽粪污治理百日行动进行动员。县委常委、组织部部长任新峰，县委常委、政法委书记杨小军，副县长蒋树建参加会议。

★16 日，全市安全生产工作暨化工企业危险物品警示标牌现场推进会在如东县召开，会上，如东县就“三项行动”全覆盖、危险化学品专项整治和燃气安全工作情况作交流汇报。市政府副市长黄爱军一行到企业检查工作。

★16 日上午，如东县召开全县扶贫帮困工作推进会，部署“扶贫日”系列活动及今后扶贫帮困工作。县委常委、组织部部长任新峰，县委常委谭玉贵，副县长蒋树建出席会议。

★16 日下午，如东县市场监督管理系统召开“六城联创”推进会暨省级文明城市年度测评迎查动员大会，部署文明城市创建工作。县委常委、宣传部部长张蓉蓉参加动员大会。

★16 日，参加三季度全市沿海开发项目推进观摩点评会的与会人员到如东县观摩沿海开发工作，县委副书记、县长潘建华，县领导于立忠、张栩龙陪同参观。

★16 日，如东县专题召开县级机关结对社区志愿服务落实推进会，进一步部署县级机关党员干部挂钩社区提供志愿服务，参与创建，合力做好省级文明城市测评迎查工作。县委副书记周建飞、县委常委、人武部长吴风俊出席会议。

★17 日上午，如东县召开全县服务业项目招商暨冲刺四季度工作推进会。会上，有 8 个服务业项目签约，总投资超 10 亿元。县委副书记周建飞、副县长王智主持会议，县政协副主席陆茵出席会议。

★17 日下午，如东经济开发区联合普华永道咨询（深圳）有限公司上海分公司举办投资环境推介会。县委副书记周建飞致辞，副县长王智参加会议。

★17 日，县委中心组举办“行政程序规范及实践”专题讲座。省政府法制办副主任高建新作专题报告。县委副书记、县长潘建华等县委中心组成员听取了讲座。县委常委、政法委书记杨小军主持讲座活动。

★17 日，马塘镇第十届全民运动会在马塘小学拉开帷幕。县委常委、政法委书记杨小军出席开幕式。

★18 日上午，如东县召开老干部经济社会发展形势通报会，通报 2015 年以来全县经济社会事业发展情况。县委副书记周建飞，县委常委、常务副县长沈峻峰，县委常委、组织部部长任新峰出席会议。

★18 日上午，县委副书记周建飞带领县文明办、高新区等部门负责人到如东高新区锦绣社区督查省级文明城市创建工作，为即将到来的 2015 年省级文明城市年度测评把关。

★19 日，如东县 105 岁高龄老人欧阳祯的“中国梦幸福梦——欧阳祯百岁人生圆梦书法展”在县文化馆隆重举办。副县长蒋树建参观展览并致辞，高度称赞老人老骥伏枥的艺术创新精神。

★20 日下午，副市长赵闻斌带领市农委、农机、粮食等部门负责人到如东县调研农业结构调整情况。副县长蒋树建陪同调研。

★20 日下午，如东县专题召开省级文明城市创建推进会，总结交流近期重点工作推进情况，并就下一阶段迎查准备工作展开讨论。县委副书记周建飞在听取情况后指出，全县迎接省级文明城市年度测评动员大会召开以来，两区及各相关部门各级领导十分重视，创建意识日渐强化，挂钩对接快速推进，实际工作有序展开，阶段成效开始显现。县委常委、宣传部部长张蓉蓉主持会议，县领导杨中坚、杨小军、余科出席会议，并就相关工作开展提出具体意见。

★20 日，如东县老年大学、老科协联合为 2015 年满 70 岁和 80 岁的老年大学在籍学员和老科协会员祝寿，赠发生日蛋糕，并举行游艺活动。县委常委、组织部部长任新峰出席活动。

★20 日，县委宣传部、如东江海义工联合会一同组织开展“牵手咱爸咱妈，弘扬孝道文化”如东人看如东主题参观活动。县委常委、宣传部部长张蓉蓉参加活动。

★21 日，国家能源局副局长刘琦一行在省能源局局长张世祥的陪同下考察如东县风电产业发展情况。县委副书记、县长潘建华陪同考察。

★21 日上午，如东经济开发区颐养福利中心举行揭牌仪式，将探索“五保老人”医养结合、集中供养新模式。县委常委、组织部部长任新峰，副县长蒋树建参加仪式。

★21 日，县人大常委会副主任、县侨联主席沈更生到栟茶镇栟南村、新庄村，开展“村村到、户户访”调研走访活动。

★22 日上午，南通市人大到如东县专题视察“绿色南通”决议贯彻执行情况。副市长赵闻斌汇报全市造林绿化工作进展以及下一步工作打算。县委副书记、县长潘建华从提高思想认识、加强编制规划、创新投入机制、强化行政推动、实行长效管护等方面介绍了如东县造林绿化的情况。市人大常委会党组副书记、副主任王向红充分肯定了南通市及如东县造林绿化的成果，认为举措扎实、思路清晰、目标明确。市人大常委会副主任程静，县人大常委会党组副书记、副主任陈昌龙，县领导于立忠、冯力如、蒋树建参加活动。

★23 日上午，县委副书记周建飞带领县文明办、城管、高新区等部门负责人，先后前往锦绣社区、民主社区、古池社区展开实地督查。

★23 日至 25 日，“青春建功、电商有为”如东县青年电商创业产品展在县规划展览馆东侧广场开展。县委常委、组织部部长任新峰在开幕式上致辞。

★23 日上午，丹阳市人大常委会副主任蒋明辉率团到如东县，就“十三五”规划编制及初审工作进行考察交流。冯力如陪同考察团参观了洋口港综合服务中心。

★24 日上午，县领导张蓉蓉、唐国均、姜晓静分别带领县商务局、县文明办等部门负责人，督查省级文明城市创建工作。

★23 日至 25 日，“青春建功、电商有为”如东县青年电商创业产品展在县规划展览馆东侧广场开展。县委常委、组织部部长任新峰参加开幕式。

★26 日，县人大常委会副主任、党组副书记陈昌龙一行到县市场监督管理局，调研该局成立后的运行情况和全县食品安全管理工作。县人大常委会副主任沈更生、冯力如参加调研。

★28 日上午，县委组织部、县关工委联合召开专题会议，学习贯彻习近平总书记关于做好关心下一代工作的重要指示精神，以及省市专题会议要求，推动全县关心下一代工作不断创新发展。县委常委、组织部部长任新峰，副县长姜晓静参加会议。

★28 日下午，省人大常委会副主任刘永忠一行，在市人大常委会副主任程静的陪同下，到如东县检查《江苏省耕地质量管理条例》执法情况。县委副书记、县长潘建华，县人大常委会副主任、党组副书记陈昌龙，县人大常委会副主任冯力如陪同检查。

★28 日，副县长、公安局长程军带领相关部门负责人深入街道社区、城区主干道等督查文明城市创建工作。

★29 日上午，县人大常委会召开第 62 次主任会议。县人大常委会副主任、党组副书记陈昌龙，县人大常委会副主任沈更生、冯力如、唐国均出席会议。

★29 日上午，县领导任新峰、杨中坚带领县住建、城管、消防大队等部门负责人赴新光社区召开协调会，共同解决该社区在文明城市创建中的难点问题。

★29 日上午，如东县召开全县窗口行业单位创建迎查推进会。县委常委、宣传部部长张蓉蓉参加会议。

★29 日，如东县召开海启高速公路（如东段）推进会。县委常委、政法委书记杨小军出席会议。

★30 日，市政协副主席陈德新率队到如东县，就 2016 年全市政协工作思路与安排等相关情况开展调研。县政协主席陈建华陪同调研。会上，县政协副主席桑健、余科、吴鼎皋、陆茵分别围绕协商课题选择、沿海开发、提案工作、民主监督制度等作了交流发言。

★30 日下午，县委中心组召开“三严三实”专题教育严以用权专题第一次集体交流研讨会。县委书记、县人大常委会主任詹立风主持会议，并就下阶段专题教育活动进行部署。会上，詹立风、陈昌龙、杨小军、张蓉蓉、程军、余科等县委中心组成员分别作交流发言。处级以上领导干部、县委中心组全体成员参加交流研讨活动。

★31 日上午，县六城联创督查组相关负责人分别前往县城部分社区督查省级文明城市创建工作。在古池社区，副县长许金标听取了挂钩社区单位的创建工作汇报，对前期工作取得的成绩表示肯定。

11 月

★1 日下午，深圳市江苏如东商会正式成立。县委书记、县人大常委会主任詹立风在成立大会上发表讲话。副县长王智在会上作了如东投资环境说明，县政协副主席、工商联主席桑健参加会议。

★2 日下午，全省党报党刊发行工作电视电话会议召开。省委常委、宣传部部长王燕文出席会议并讲话。县委常委、宣传部部长张蓉蓉在如东分会场收看收听了电视电话会议。

★3 日晚上，由县文广新局主办的如东县原创歌舞音画专场演出《情系南黄海》在如东高级中学海韵馆举行，县领导姜晓静、桑健观看演出。

★6 日至 8 日，第九届中国如东沿海经济合作洽谈会暨首届科技人才节上，县委书记、县人大常委会主任詹立风，县委副书记、县长潘建华亲自挂帅县委人才工作领导小组，关心过问和谋划推进人才工作。县委常委、组织部部长任新峰参加活动。

★6 日下午，县委常委、宣传部部长张蓉蓉带领县文明办、县创建办、县教育局等部门负责人深入县城部分学校，督查教育系统文明城市创建工作。

★7 日上午，第九届中国如东沿海经济合作洽谈会暨首届科技人才节隆重开幕。江苏省科技厅副厅长蒋跃建，市委常委、组织部部长张兆江，县委书记、县人大常委会主任詹立风在开幕式上致辞，县委副书记、县长潘建华主持开幕式。县委常委、常务副县长沈峻峰和上海人才服务中心主任楼莉莎共同启动上海人才服务网如东频道上线。副县长许金标作如东创新创业发展环境及政策推介。

★7 日下午，由上海市欧美同学会，县委、县政府主办的第八届长三角海归创新创业圆桌会议在如东县召开。县委副书记、县长潘建华出席会议。县委常委、常务副县长沈峻峰主持会议并讲话。县领导任新峰、冯力如、桑健参加会议。

★7 日，2015 国家“千人计划”专家如东行活动在沿海经济开发区拉开帷幕，化学化工专业委员会领导组织专家进行项目推介、路演。县委副书记周建飞主持活动并致辞。县委常委，沿海经济开发区、小洋口旅游度假区党工委书记张栩龙推介了沿海经济开发区产业及科技人才优势。

★7 日，如东县召开第九届中国如东沿海经济合作洽谈会暨首届科技人才节科技成果发布会。县委常委、常务副县长沈峻峰主持。

★7 日下午，参加第九届中国如东沿海经济合作洽谈会暨首届科技人才节的嘉宾们，在副县长许金标的陪同下，参观如东城市规划馆、洋口港经济开发区、如东经济开发区和如东高新区。

★8 日上午，第九届中国如东沿海经济合作洽谈会暨首届科技人才节举行揭牌、颁奖、签约仪式。詹立风、潘建华、陈昌龙、沈峻峰、任新峰、许金标等县领导出席。县委副书记周建飞主持揭牌、颁奖、签约仪式。

★8 日上午，第九届中国如东沿海经济合作洽谈会暨首届科技人才节新闻发布会在雷迪森大酒店举行。发布会上，县委常委、组织部部长任新峰从创新驱动引领如东发展、如东科技人才工作以及本届海洽会活动情况等 3 个方面作新闻发布。发布会由县委常委、宣传部部长张蓉蓉主持。

★10 日上午，如东县举行惠天然•锦绣府邸小区垃圾分类启动仪式。县委常委、宣传部部长张蓉蓉参加启动仪式。

★10 日下午，县人大常委会副主任、党组副书记陈昌龙，副主任冯力如一行，到高新区调研“十二五”规划执行情况与“十三五”规划编制情况。

★11 日，县人大召开县镇（区）人大工作座谈会，各镇（区）人大（工委）及县人大各委室负责人分别交流明年工作思路以及对全县人大工作建议、意见。县人大常委会副主任、党组副书记陈昌龙主持会议。县人大副主任沈更生、冯力如、唐国均参加会议。

★11 日上午，副县长蒋树建带领县住建局、环保局等部门负责人，实地察看了如东三益鸿生污水处理有限公司、港城中通道污水管网建设现场、洋口港污水处理有限公司等地，详细了解如东县达标尾水排海工程推进情况，以及推进中遇到的困难和问题。

★11 日下午，江苏省建设厅省级城市管理示范路创建验收组到如东县检查验收县城友谊西路示范路创建工作。县委常委、常务副县长沈峻峰陪同验收。

★12 日上午，县委、县政府召开全县重点工作督查推进会。县委书记、县人大常委会主任詹立风主持会议并讲话。会上，县委副书记周建飞总结点评了全县重点工作推进情况。县四套班子领导出席会议。

★12 日，国家质检总局组织预审组到如东县，对洋口港一类口岸开放进行验收前检查预审。通过现场检查和听取情况汇报，一致同意洋口港一类口岸对外开放通过国家质检总局预审。会上，副县长王智汇报了洋口港一类口岸对外开放工作情况。县委常委、洋口港经济开发区党工委书记于立忠参加活动。

★12 日下午，如东县举行中小企业公共服务平台暨公共信用系统平台启动仪式，向 12 家单位授予企业服务联盟成员证书。县委常委、宣传部部长张蓉蓉参加启动仪式。

★12 日，如钢——阿克苏•诺贝尔战略合作签约仪式暨如钢乌克兰独家代理商授牌仪式在南通雷迪森大酒店举行，副县长王智出席签约仪式。

★13日下午，全县相对集中行政许可权改革试点工作动员大会召开。会上，县行政审批局正式挂牌。县领导沈峻峰、任新峰共同为该局揭牌。

★14日上午，县委书记、县人大常委会主任詹立风带队督查省级文明城市创建工作，县委副书记周建飞主持督查推进会。县领导沈峻峰、杨小军、张蓉蓉、程军、许金标及相关部门负责人交流汇报了创建迎查推进工作。

★17日，洋口港一类口岸对外开放正式通过国家验收。县委书记、县人大常委会主任詹立风、县委副书记周建飞，县领导沈峻峰、于立忠、王智参加验收工作。

★17日，县委副书记周建飞带领县创建办、城管局、市场监督管理局、住建局、商务局、公安局等单位负责人，督查县城农贸市场和废品收购点创建工作。副县长许金标参加督查活动。

★18日上午，在县城乐天玛特门口举行“公共自行车服务系统开通仪式”。县委常委、常务副县长沈峻峰致辞。县委常委、宣传部部长张蓉蓉主持仪式，县人大常委会副主任沈更生参加活动。

★18日下午，县委召开全县基层党建工作督查推进会。县委书记、县人大常委会主任詹立风出席会议并讲话。县委副书记周建飞主持会议。县委常委、组织部部长任新峰就推进当前基层党建工作进行部署。县政协主席陈建华，县人大常委会副主任、党组副书记陈昌龙，县领导沈峻峰、张蓉蓉、吴风俊、蒋树建出席会议。

★18日下午，县人大常委会副主任唐国均带领县司法局、县人大常委会组成人员、县政府办相关负责人，视察如东县“六五”普法工作。

★20日上午，县人大常委会召开第63次主任会议，听取县政府关于全县城市规划建设管理情况的工作报告。县委常委、常务副县长沈峻峰代表县政府作关于城市规划建设管理情况的工作报告。县人大常委会副主任、党组副书记陈昌龙发表重要讲话。会议由县人大常委会副主任沈更生主持，县人大常委会副主任冯力如、唐国均出席会议。

★20日，第三届全国基层党建创新论坛暨基层党建创新最佳和优秀案例颁奖仪式在人民日报社隆重举行，如东县“开展114惠民服务行动，打造服务型农村基层党组织”荣获最佳案例，县委常委、组织部部长任新峰应邀出席颁奖仪式。

★20日，县委、县政府召开专题会议，总结企业创新与国际化美国研修班学习成果及全县企业战略规划编制成果，进一步引导骨干企业强化形势研判，转变发展观点，创新商业模式，优化发展战略，全面提升企业核心竞争力。县委常委、宣传部部长张蓉蓉出席会议。副县长许金标主持会议。

★20日下午，如东县在上海举办2015如东（上海）现代农业推介会，县委副书记周建飞在推介会上致辞，副县长蒋树建主持推介会。

★22日，中国民族品牌影响力论坛在北京钓鱼台国宾馆举行。江苏宾城电力建设有限公司董事长曹柄成、总经理曹杰，受到第十届全国政协副主席李蒙的亲切接见。

图为第十届全国政协副主席李蒙会见董事长曹炳成

★24日，南通市政协主席联席会议在如东县召开。市政协主席王德忠，副主席陆玉明、陈德新、秦剑平，市政协秘书长、副秘书长、各专委会主任，如东县政协主席陈建华及南通其他县（市、区）政协领导参加会议。

★24日上午，县委副书记周建飞带领县文明办、城管局、市场监督管理局等部门负责人，前往碧霞市场、中心市场、城南市场、昆仑市场、烟墩桥市场、党校等地实地督查，并测评打分。

★24日上午，县委常委、常务副县长沈峻峰带领县政府办、县纪委相关负责人走进“如东县政风行风热线”直播室，该节目对2015年以来热线工作中的部分热点话题进行了专题回访沈峻峰对节目进行了点评。

★24日上午，县政府办、县委宣传部、县商务局联合召开新闻发布会，副县长王智出席发布会并讲话。

★26日，如东县召开固废规范化管理培训暨环保重点工作推进会。副县长蒋树建主持会议，县领导周建飞、沈更生、桑圣权参加会议。

★26日上午，南通市第十五届老干部门球联谊赛暨第四届县（市）级门球比赛在如东县老干部活动中心门球馆举行。副县长姜晓静致开幕词，并为县老干部活动中心门球馆揭牌。

★26日下午，省人大代表省直南通、扬州、泰州组到如东县视察洋口港经济开发区发展情况。省政协原副主席、党组原副书记张九汉，省人大常委会秘书长、党组成员、机关党组书记吕振霖参加视察。县委副书记周建飞，县人大常委会副主任、党组副书记陈昌龙，副县长王智陪同视察。

★26 日下午，市人大常委会副主任程静带领考察组到如东县视察洋口港开发建设工作。县人大常委会副主任沈更生、唐国均参加活动。

★26 日，县商务局召开海关政策及业务座谈会，副县长王智，如东海关筹建组组长黄毅、副组长杨剑，及全县 30 多家进出口企业参加座谈会。

★27 日，县第十六届人大常委会召开第三十次会议。会议听取并审议县委常委、常务副县长沈峻峰志代表县政府所作的关于代表议案建议办理和常委会决议决定执行及审议意见落实情况的工作报告。县人大常委会副主任、党组副书记陈昌龙主持会议。县人大常委会副主任沈更生、冯力如、唐国均出席会议。副县长许金标列席会议。

★28 日，如东县最大的医药化工投资项目、浙江海正集团跨省建设的第一个项目——海正如东生产基地正式建成运行。运行典礼仪式上，县政协主席陈建华宣布海正如东生产基地建成运行。县委副书记周建飞出席运行典礼并讲话。县委常委、沿海经济开发区党工委书记、小洋口旅游度假区党工委书记张栩龙主持运行典礼，县领导张蓉蓉、王智出席典礼。

★28 日上午，如东县创新研究会第一届第四次代表大会暨会员发明成果发布会召开。副县长蒋树建对创新研究会取得的成绩给予肯定。

★29 日上午，如东县创新研究会第一届第四次代表大会暨会员发明成果发布会召开。县人大常委会副主任沈更生参加发布会。

★30 日，如东县召开专题会议，就迎查相关重点工作进行再部署、再动员。县委常委、宣传部部长张蓉蓉主持会议，县委副书记周建飞、副县长、公安局局长程军出席会议。

★30 日下午，县人大常委会副主任、党组副书记陈昌龙带领县人大执法检查组一行，对 2015 年水污染防治法执法检查中存在的突出问题整改情况进行督查，县人大常委会副主任沈更生参加督查。

12 月

★1 日下午，如东县召开全市林业绿化暨冬春水利工作会议。会上，副县长蒋树建汇报如东县绿化造林和农村水利工程建设的有关情况。县委常委、常务副县长沈峻峰，县委常委、洋口港经济开发区党工委书记于立忠陪同参观。

★1 日下午，如东高新区召开文明城市创建迎查冲刺任务交办会。县委常委、宣传部部长张蓉蓉参加会议。

★1 日，副县长、县道路交通安全委员会主任、公安局局长程军带领公安、公路管理、328 国道沿线镇（区）等部门与单位负责人赴 328 国道实地调研指导道路安全隐患排查整治工作。

★2 日下午，“2015 年度如东县突发环境事件应急演练”在沿海经济开发区南通联膦化工有限公司举行。副县长蒋树建担任应急演练总指挥。

★3 日，省委统战部副部长、省民委主任、省宗教事务局局长李国华到如东县调研统战工作。县委书记、县人大常委会主任詹立风陪同调研。李国华还前往兵房天主教堂、洋口港经济开发区等地调研，并慰问了少数民族同胞。县领导杨中坚、于立忠、吴鼎皋陪同调研。

★3 日至 4 日，洋口港经济开发区专题举办石材金融和产业发展论坛，邀请 48 位石材行业专家，以及已经入驻洋口港石材城的 14 家石材企业负责人，共话合作之机，共商发展之策，共同推进洋口港石材产业跨越发展。县委常委、洋口港经济开发区党工委书记于立忠向来宾们详细介绍了洋口港得天独厚的区位优势，以及石材产业战略定位、发展空间和产业规划。

★4 日上午，省事业单位登记管理局局长赵献安及省市编办相关领导到如东县召开事业单位信用等级评价试点工作会议。县委常委、组织部部长任新峰出席会议。

★4 日下午，县委中心组召开“三严三实”专题教育严以用权专题第二次集体交流研讨会。县委书记、县人大常委会主任詹立风主持会议，并就深入推进专题教育活动提出要求。县委副书记、县长潘建华，县政协主席陈建华，县领导沈峻峰、杨中坚、于立忠、张栩龙、冯力如、分别作交流发言。县领导唐国均、许金标、吴鼎皋作补充发言。

★4 日，南京金陵酒店管理有限公司与如东县小洋口旅游度假区合作签约仪式在金蛤岛温泉度假村举行。县委常委、沿海经济开发区、小洋口旅游度假区党工委书记张栩龙，副县长姜晓静、县政协副主席陆茵参加活动。

★6 日下午，由 31 家风电装备制造企业、风电发电企业、相关科研院校和协作单位联合发起的全国首家风电行业产业联盟正式成立。县委书记、县人大常委会主任詹立风出席联盟成立大会并讲话，县委副书记、县长潘建华主持联盟成立大会。县领导周建飞、张蓉蓉、张栩龙、冯力如、许金标、陆茵出席活动。

★7日，县委副书记周建飞带领相关部门负责人督查文明城市创建工作。县领导张蓉蓉、程军参加活动。

★7日上午，栟茶小学举行“侨商爱心行动”捐助仪式，江苏省侨联机关党委副书记李佳、南通市侨联主席吴亚军，县领导任新峰、沈更生等出席捐助仪式。

★7日下午，县侨联在袁庄镇举行“美国思源扶贫济困助学金”发放仪式，县人大常委会副主任沈更生出席仪式并讲话。省侨联副主席、省侨商总会常务副会长镇翔，省侨联机关党委副书记李佳，南通市侨联主席吴亚军，县领导任新峰参加活动。

★8日上午，如东县召开花木盆景协会成立大会。成立仪式上，县人大常委会副主任冯力如和中国盆景乐园网站站长郑志林为县花木盆景协会揭牌。副县长蒋树建，县政协副主席桑圣权出席活动。

★9日上午，县委书记、县人大常委会主任詹立风带队督查省级文明城市创建迎查工作。县委副书记周建飞，县领导张蓉蓉、程军参加督查活动。

★10日，省委宣传部副部长、省委外宣办主任司锦泉到如东县调研。县委书记、县人大常委会主任詹立风向调研组一行介绍了如东县经济社会发展情况。市委宣传部常务副部长、市外宣办主任陈慧宇，县委副书记周建飞，县委常委、宣传部部长张蓉蓉陪同参观。

★10日上午，县委书记、县人大常委会主任詹立风主持召开全县重点工作督查推进会。会上，县委副书记周建飞通报了1至11月份全县重点工作完成情况。县四套班子领导出席会议。

★10日，县人大常委会副主任、县侨联主席沈更生看望了加拿大农业部高级官员刘树华博士。

★10日，四川省三台县党政代表团在该县人大常委会主任李蜀光、县政协主席苏才华的带领下到如东县学习、考察精细化工产业发展经验。副县长许金标陪同考察。

★13日，中国狮子联合会江苏博爱之都服务队在如东县举办“携手同行，让爱温暖更多人”电动车捐赠活动，副县长蒋树建参加活动。

★15至16日，广州复大肿瘤医院总院长徐克成携同镇江市人大常委会原副主任、镇江农科所原所长、党委书记赵亚夫一行到如东考察，计划在家乡岔河镇建立生态农业项目。副县长蒋树建陪同考察。

★15日至16日，县工商联企业家主席（会长）赴泰州学习考察。县领导许金标、桑健参加活动。

★16日下午，省人大常委会党组书记、常务副主任蒋定之，省人大常委会副主任、党组成员赵鹏一行到如东县调研指导洋口港开发建设工作，县委书记、县人大常委会主任詹立风陪同调研。县人大常委会副主任、党组副书记陈昌龙，县委常委、洋口港经济开发区党工委书记于立忠参加活动。

★17日上午，如东县召开落实党风廉政建设责任制情况汇报暨市管领导班子、省管市管领导干部年度考核述职测评会。会上，市检查考核组组长、市委常委、纪委书记庄中秋对如东县党风廉政建设责任制落实推进工作进行动员部署。县委书记、县人大常委会主任詹立风代表县委作履行党风廉政建设主体责任情况报告，代表县委领导班子作述职述廉、述法述安报告，并进行个人述职。县委常委、纪委书记杨中坚汇报了县纪委、监察局履行监督责任情况，并作个人述职。

★17日下午，南京海关党组成员、政治部主任张毅东率工作组到如东县进行预验收。南通海关党组书记、关长方柏坚，县委书记、县人大常委会主任詹立风陪同验收。县委副书记周建飞，县领导沈峻峰、王智参加活动。

★17日，县政协文体组委员围绕如东县生态旅游发展情况，开展专题视察活动。县政协副主席桑健参加视察活动。

★18日上午，县委中心组举行学习报告会，深入学习贯彻中共十八届五中全会和省委十二届十一次全会精神。省委宣讲团成员、省政府研究室主任郑焱作专题讲座。县委书记、县人大常委会主任詹立风等县委中心组成员到会听取讲座。县委常委、宣传部部长张蓉蓉主持报告会。

★19日，县食品行业协会成立，苏农鲜食电商平台同时开通。县委副书记周建飞、副县长王智分别在协会成立仪式和电商平台开通仪式上讲话。县领导冯力如、蒋树建、许金标、桑健出席活动。

★19日上午，如东县举办《情系南黄海》——李建淮摄影作品研讨会。县委常委、宣传部部长张蓉蓉参加研讨会并发表讲话，南通市人大常委会原副主任张小平、汤桑林，县人大常委会副主任唐国均参加会议。

★19日下午，县委书记、县人大常委会主任詹立风主持召开县委“十三五”规划《建议》征求意见座谈会，县委副书记周建飞，县领导于立忠、张栩龙出席会议。

★21日上午，省教育厅副厅长朱卫国到如东县河口镇景安初级中学，就学校课堂教学改革的相关情况进行调研。县委常委、宣传部部长张蓉蓉，副县长姜晓静陪同调研。

★22 日，县政协召开十四届二十二次常委会。县委常委、常务副县长沈峻峰通报县政府关于县政协十四届四次会议提案的办理情况，副县长蒋树建通报县政府关于县政协 2015 年度“一号建议案”的办理情况。县政协主席陈建华主持会议。副县长姜晓静，县政协副主席桑健、余科、桑圣权、陆茵参加会议。

★22 日下午，如东县召开首届十佳社会组织公益服务项目评审会，对前期进入候选的 15 个公益服务项目进行了评审。县委常委、宣传部部长张蓉蓉对参加评审的 15 个公益服务项目进行了点评，并宣布评选结果。

★22 日，如东县召开 334 省道如东东段征拆动员会，标志着这项工程全面启动。副县长许金标发表重要讲话。

★23 日下午，县人大常委会召开第 65 次主任会议，专题听取县交通运输局关于全县交通基础设施建设和管理情况的工作报告。副县长许金标认为，如东县突出抓好工程管理、交通惠民、作风建设等各项工作，交通运输行业发展态势平稳。县人大常委会副主任、党组副书记陈昌龙指出，今年如东县交通工作再创绩效新高，交通规划、项目审批、资金保障等方面实现新突破，重点项目推进尤为突出，主干线路网不断完善，农村公路提档升级。会议由县人大常委会副主任沈更生主持，县人大常委会副主任唐国均参加会议。

★23 日，由市旅游局主办，小洋口旅游度假区承办的江苏旅游新干线区域旅游合作联席会议在如东县小洋口举行。县领导张栩龙、姜晓静出席会议。

★24 日，中共如东县委十三届九次全体（扩大）会议召开。全会由县委常委会主持，县委书记詹立风讲话。全会听取和讨论詹立风代表县委常委会所作的工作报告，审议通过《中共如东县委关于制定如东县国民经济和社会发展第十三个五年规划的建议》和《中共如东县委十三届九次全体（扩大）会议决议》。县委副书记、县长潘建华就《中共如东县委关于制定如东县国民经济和社会发展第十三个五年规划的建议（草案）》作说明。县委委员、候补委员出席会议。县纪委委员、不是县委委员的县人大、县政府、县政协领导成员，县法院院长、县有关方面负责人、原县四套班子老领导和享受地市级待遇的老干部代表列席会议。

★24 日，为期三天的江苏省职业院校技能大赛石油化工类在如东中专拉开帷幕，省教育厅巡视员杨湘宁深入如东中专赛点视察比赛，副县长姜晓静陪同视察。

★26 日，国家安全教育中学示范基地建设总结交流会在如东县召开。十一届全国政协副主席、中国政策科学研究会国家安全政策委员会名誉会长李金华，中国政策科学研究会国家安全政策委员会会长赵天民出席会议并讲话。中国政策科学研究会国家安全政策委员会秘书长俞源主持会议。中国政策科学研究会国家安全政策委员会副秘书长薛崇民、中国教育学会副秘书长马建华出席会议。县委书记、县人大常委会主任詹立风到会致辞。县政协主席陈建华，县领导张蓉蓉、吴凤俊参加活动。

★28 日，由县委宣传部、县文联、县文广新局联合主办的第二届青蓝工程书法首展暨颁奖仪式在县文化馆举办。县政协副主席桑健出席活动并为获奖者颁奖。

★29 日上午，县总工会召开十六届三次全委（扩大）会议，县委常委、组织部部长任新峰出席会议。

★29 日下午，县人大召开十六届三十一次常委会议。县人大常委会副主任、党组副书记陈昌龙主持会议。县人大常委会副主任沈更生、冯力如出席会议。县委常委、常务副县长沈峻峰列席会议。

★29 日下午，省、市领导以及评审团成员对栟茶老镇区进行了现场踏勘。县委常委、常务副县长沈峻峰对各位领导和专家的到来表示欢迎并致辞。

★30 日上午，如东县召开 2015 年度宣传思想文化工作改革创新奖评审会，来自各镇区和宣传文化系统单位报送的 18 个改革创新项目参加评选。县委常委、宣传部部长张蓉蓉，以及县委办、政府办、宣传部、文明办、社科联、互联网新闻中心班子成员担任评委。

★31 日上午，如东县召开反腐倡廉建设情况通报会，向社会各界通报一年来全县反腐倡廉建设情况。部分县人大代表、政协委员、老干部代表、特邀监察员、企业家代表、群众代表、新闻媒体代表和纪委委员等 100 多人出席会议。县委常委、纪委书记杨中坚通报一年来全县反腐倡廉建设情况。

★31 日下午，县委副书记、县长潘建华带领相关部门负责人，专程检查沿海经济开发区企业安全生产情况。县领导张栩龙、许金标陪同检查。

★31 日下午，副县长王智带领县安监局、商务局、消防大队等部门负责人，到华润苏果、如东海洲大饭店、县城黄山路与富春江路交界处的中石油加油站检查安全生产工作。

★31 日，副县长许金标带领县安监局和市场监督管理局等单位负责人，分别对人员密集场所的广隆超市和城南农贸市场等重点单位和部位，开展安全生产检查。

荣誉集锦 Rongyu jijin

荣誉集锦

如东县委、人大、政府、政协荣誉摘要

表 1

荣誉名称	获奖单位	授予单位	授予时间
南通市发展民营经济先进单位	如东县	中共南通市委员会、南通市人民政府	2011．01
全市开放型经济工作先进单位	中共如东县委员会、如东县人民政府	中共南通市委员会、南通市人民政府	2011．01
南通市旅游项目建设目标考核先进单位	如东县人民政府	南通市人民政府办公室	2011．01
全省政务信息工作先进单位	如东县人民政府办公室	江苏省人民政府办公厅	2011．02
南通市社会治安综合治理和长安法治建设先进集体	如东县	中共南通市委员会、南通市人民政府	2011．02
南通市工业经济工作先进单位	如东县人民政府	南通市人民政府	2011．02
南通市服务业工作先进单位	如东县人民政府	南通市人民政府	2011．02
南通市农村居民社会养老保险全覆盖先进单位	如东县人民政府	南通市人民政府	2011．02
南通市质量工作绩效考核先进单位	如东县人民政府	南通市人民政府	2011．03
南通市固定资产投资、重大项目和江海联动开发目标考核先进单位	如东县人民政府	南通市人民政府	2011．03
全市政府信息公开工作考核优秀单位	如东县人民政府	南通市人民政府	2011．03
全市应急管理工作先进集体	如东县人民政府	南通市人民政府	2011．03
省政府门户网站内容保障工作先进单位	如东县人民政府办公室	江苏省人民政府办公厅	2011．06
南通市信访工作目标管理先进单位	中共如东县委员会、如东县人民政府	中共南通市委员会、南通市人民政府	2011．06
行政权力网上公开透明运行工作先进集体	如东县人民政府法制办公室	南通市人民政府	2011．06
2006--2010 年全省法制宣传教育先进县（市、区）	如东县	中共江苏省委员会、江苏省人民政府	2011．07
中国长寿之乡	如东县	中国老年学会	2011．05
中国优质河蟹苗种第一县	如东县	中国渔业协会河蟹分会	2011．10
中国南通港口经济洽谈会组织工作先进单位二等奖	如东县人民政府	中共南通市委员会、南通市人民政府	2011．11

续表1－1

荣誉名称	获奖单位	授予单位	授予时间
全国农村社区建设实验全覆盖	如东县	民政部	2011．12
全国农业标准化示范县（示范产品：生猪）	如东县	农业部	2011．12
2011年度江苏省土地执法模范县	如东县	江苏省国土资源厅	2011．12
江苏省文蛤产业基地	如东县	江苏省海洋与渔业局	2011
全国科技进步考核先进县	如东县	科技部	2011
全国科普示范县	如东县	中国科协	2011
国家绿色能源示范县	如东县	国家能源局、财政部、农业部	2011
中国民间艺术之乡（绘画）	如东县	文化部	2011
建筑强县	如东县	江苏省人民政府	2011
省人口协调发展先进县	如东县	江苏省人民政府	2011
生猪产业大县	如东县	江苏省农业委员会	2011
江苏省平安农机示范县	如东县	江苏省农机局、江苏省安监局	2011
江苏省土地执法模范县	如东县	江苏省国土资源厅	2011
江苏省“无小耳朵社区”先进县	如东县	江苏省广电局	2011
省师资队伍建设先进县	如东县	江苏省教育厅	2011
省人民防空先进城市	如东县	江苏省国防动员委员会	2011
全省能源工作先进单位	如东县人民政府	江苏省发改委	2011
江苏省文明城市	如东县	中共江苏省委员会、江苏省人民政府	2012．01
民政工作先进单位	如东县人民政府	南通市人民政府	2012．01
南通市安全生产先进集体	如东县人民政府	南通市人民政府	2012．01
南通市农业农村工作综合工作考核奖二等奖	如东县	中共南通市委员会、南通市人民政府	2012．02
南通市社会管理创新（长安法治建设）工作先进县	如东县	中共南通市委员会、南通市人民政府	2012．02
南通市人力资源和社会保障重点工作获奖单位	如东县人民政府	南通市人民政府	2012．02
南通市工业经济工作先进单位	如东县人民政府	南通市人民政府	2012．02
2010--2011年度全国平安渔业示范县（市、区）	如东县	农业部、国家安全监督总局	2012．02
法治县（市、区）创建工作先进单位	如东县	中共江苏省委员会、江苏省人民政府	2012．03
全省粮食生产先进单位	如东县	江苏省人民政府	2012．03
南通市服务业工作先进单位	如东县人民政府	南通市人民政府	2012．03
南通市旅游工作先进集体	如东县人民政府	南通市人民政府	2012．04
省政府门户网站内容保障工作先进单位	如东县人民政府办公室	江苏省人民政府办公厅	2012．04
2011年度江苏省优秀政府网站	如东县人民政府办公室	江苏省人民政府办公厅	2012．04

续表 1－2

荣誉名称	获奖单位	授予单位	授予时间
南通市固定资产投资、重大项目和沿海开发、沿江开发目标管理考核先进地区、先进单位	如东县、如东县人民政府	南通市人民政府	2012．05
南通市政府信息公开工作考核优秀单位	如东县人民政府	南通市人民政府	2012．05
南通市优秀政府网站建设单位	如东县人民政府办公室	南通市人民政府办公室	2012．05
全市推进新兴产业发展目标管理考核先进单位	如东县人民政府	南通市人民政府	2012．05
南通市信息工作先进集体二等奖	中共如东县委办公室、如东县人民政府办公室	中共南通市委办公室、南通市人民政府办公室	2012．06
2011 年度平安县（市、区）	如东县	江苏省综治委	2012．07
全国粮食生产先进县	如东县	农业部	2012．12
全省第一批“亩产吨粮县”	如东县	江苏省农业委员会	2012．12
全国农业标准化示范县	如东县	农业部	2012
国家可再生能源建筑应用示范县	如东县	财政部、住建部	2012
第 12 届全国县域经济基本竞争力百强县	如东县	全国县域经济竞争力评价中心	2012
省财政收入增收表彰单位	如东县	江苏省人民政府	2012
省住房保障体系建设综合试点示范县	如东县	江苏省住房和城乡建设厅、江苏省财政厅、江苏省民政府厅	2012
省文化工作先进县	如东县	江苏省人社厅、江苏省文化厅、江苏省公务员局	2012
省农业综合开发先进县	如东县	江苏省农业资源开发局	2012
省土地执法模范县	如东县	江苏省国土资源厅	2012
省能源工作先进单位	如东县	江苏省发改委	2012
省平安渔业示范县	如东县	江苏省海洋局、江苏省安监局	2012
中国最佳生态休闲旅游目的地	如东县	中国营销学会生态旅游度假养生分会、中国旅游热线、中国县域经济协会	2012
创建无小耳朵先进县	如东县	江苏省广播电影电视局	2012
江苏省现代农业特色产业基地	如东县	江苏省农业委员会	2012
森林资源管理先进县	如东县	江苏省林业局	2012
全省政务信息工作先进单位	如东县人民政府办公室	江苏省人民政府办公厅	2013．01
财政收入增长较快贡献较大质量较好市县	如东县	江苏省人民政府	2013．01
2012 年度江苏省土地执法模范县	如东县	江苏省国土资源厅	2013．01
全省 2012 年农业开发先进县	如东县	江苏省农业资源开发局	2013．01
2003 年至 2012 年绿色江苏建设突出贡献奖	如东县	江苏省绿化委员会	2013．02
全省兽医工作先进县	如东县	江苏省农业委员会	2013．02

续表 1－3

荣誉名称	获奖单位	授予单位	授予时间
南通市农业农村工作综合工作考核二等奖；财政投入农业先进单位	如东县	中共南通市委员会、南通市人民政府	2013．02
南通市开发型经济利用外资工作先进单位	中共如东县委员会、如东县人民政府	中共南通市委员会、南通市人民政府	2013．02
南通市人力资源和社会保障重点工作获奖单位	如东县人民政府	南通市人民政府	2013．02
南通市新型工业化先进单位	如东县人民政府	南通市人民政府	2013．02
南通市引江区域供水工程建设先进单位	如东县人民政府	南通市人民政府办公室	2013．03
信息工作先进集体	中共如东县委办公室、如东县人民政府办公室	中共南通市委办公室、南通市人民政府办公室	2013．03
南通市质量工作绩效考核先进单位	如东县人民政府	南通市人民政府	2013．04
省政府门户网站内容保障工作先进单位	如东县人民政府办公室	江苏省人民政府办公厅	2013．04
2012 年度江苏省优秀政府网站	如东县人民政府办公室	江苏省人民政府办公厅	2013．04
全市优秀政府网站建设单位	如东县人民政府办公室	南通市人民政府办公室	2013．05
2012 年度平安市、平安县（市、区）	如东县	江苏省综治委员会	2013．06
2012 年度南通市社会管理创新（长安法治建设）先进集体	如东县	中共南通市委员会、南通市人民政府	2013．06
2012 年度文化产业发展速度先进地区	如东县	南通市委文化改革与发展领导小组办公室	2013．08
全国义务教育发展基本均衡县（市、区）	如东县	国务院教育督导委员会	2013．12
江苏省卫生应急示范县	如东县	江苏省卫生厅	2013．12
中国建筑之乡	如东县	中国建筑业协会	2013
全国科技进步先进县	如东县	科技部	2013
全国平安渔业示范县	如东县	农业部、国家安全生产监督管理总局	2013
住房保障体系建设示范县	如东县	江苏省财政厅、江苏省住建厅、江苏省民政厅	2013
创建无“小耳朵”先进县	如东县	江苏省广电局	2013
2013 年度江苏省土地执法模范县	如东县	江苏省国土资源厅	2014．01
实施妇女儿童发展规划（2011-2015 年）示范县（市、区）	如东县	江苏省人民政府妇女儿童工作委员会	2014．01
2013 年度南通市社会管理综合治理（平安建设）先进县（市、区）	如东县	南通市综治委	2014．02
2013 年度江苏省优秀政府网站	如东县人民政府办公室	江苏省政务公开和政务服务领导小组	2014．05
2013 年度全市政府信息公开优秀	如东县人民政府办公室	南通市人民政府	2014．06
2013 年度全市优秀政府网站	如东县人民政府办公室	南通市人民政府办公室	2014．06

续表 1-4

荣誉名称	获奖单位	授予单位	授予时间
2012--2013 年法治县（市、区）创建先进单位	如东县	中共江苏省委员会、江苏省人民政府	2014．07
中国南美白对虾第一县	如东县	中国水产流通与加工协会	2014．08
中国条斑紫菜第一县	如东县	中国水产流通与加工协会	2014．08
2014 中国最佳海滨旅游城市	如东县	世界旅游可持续发展研究会	2014．08
2013 年度南通市法治建设先进县（市）区	如东县	中共南通市委员会、南通市人民政府	2014．08
全国平安农机示范县（区、市）	如东县	农业部、国家安全监督总局	2014．12
江苏省慢性病综合防治示范县	如东县	江苏省卫计委	2014．12
消除疟疾标准县	如东县	江苏省血地防办	2014．12
南通市文化产业绩效考核评比发展速度先进地区	如东县	南通市文化改革发展领导小组办公室	2014．12
2014-2016 年度中国民间文化艺术之乡	如东县	文化部	2014
国家生态县、国家生态文化建设示范区	如东县	环保部	2014
全国县域经济与县域基本竞争力百强县	如东县	全国县域经济基本竞争力评价中心	2014
2013--2014 年度全省基层党员冬训工作示范县	如东县	江苏省委宣传部	2014
江苏省卫生应急示范县	如东县	江苏省卫生厅	2014
省金融生态优秀县	如东县	江苏省金融稳定工作小组	2014
省级创业型城市	如东县	江苏省人社厅	2014
2014 年度全省绿化造林成效显著县	如东县	江苏省绿化委员会、江苏省林业局	2015．01
南通市安全生产先进集体	如东县人民政府	南通市人民政府	2015．02
2014 年度全省福利彩票销售先进县(市)	如东县	江苏省福利彩票发行中心	2015．02
全国法治县（市、区）创建活动先进单位	如东县	全国普及法律常识办公室	2015．03
2014 年度全省基层党员冬训工作示范县（市、区）	如东县	江苏省委宣传部、江苏省委组织部	2015．05
2014 年度全省政府网站测评优秀	如东县人民政府办公室	江苏省人民政府办公厅	2015．05
2012--014 年度江苏省文明城市	如东县	江苏省文明委	2015．06
2012--2014 年平安铁路示范县(市、区)	如东县	江苏省综治委铁路护路联防工作组	2015．08
江苏省村级“四有一责”先进县（市、区）	如东县	江苏省委组织部、江苏省委农村工作领导小组办公室、江苏省财政厅等	2015．08
最美中国•绿色生态、休闲度假旅游目的地城市	如东县	新华网	2015．08
江苏省智能农业示范县	如东县	江苏省农业委员会	2015．10

续表1-5

荣誉名称	获奖单位	授予单位	授予时间
2015年度全市政府网站测评优秀	如东县人民政府办公室	南通市电子政务工作协调小组办公室	2015．12
全国平安渔业示范县	如东县	农业部、国家安全监管总局	2015
国家知识产权强县工程试点县	如东县	国家知识产权局	2015
中国风筝之乡	如东县	国家体育总局	2015
2014--2016年度中国民间文化艺术之乡	如东县	文化部	2015
2015最美中国休闲旅游度假旅游目的地城市	如东县	第三届旅游业融合与创新论坛	2015
法治县创建工作先进单位	如东县	中共江苏省委员会、江苏省人民政府	2015
江苏省财政收入增收和质量提升表彰单位	如东县	江苏省人民政府	2015
江苏省发展现代高效农业成果显著县	如东县	江苏省农委、江苏省海洋渔业局、江苏省财政厅	2015
江苏省电子商务示范县	如东县	江苏省财政厅、江苏省商务厅	2015
江苏省慢性病综合防控示范县	如东县	江苏省卫计委	2015
省级公共体育服务示范区	如东县	江苏省体育局	2015
2014年度全省农产品质量安全绩效评价第一等次	如东县	江苏省农委、江苏省财政厅	2015
第十三届江苏名特优农产品（上海）交易双考双评县最佳展团	如东县	江苏名特优农产品交易会组委会办公室	2015
2015年度全省福利彩票销售先进县（市）	如东县	江苏省福利彩票发行中心	2016．02
2015年度全市政府信息公开工作先进单位	如东县人民政府办公室	南通市人民政府办公室	2016．03
2015年度全市政务信息工作先进单位	如东县人民政府办公室	南通市人民政府办公室	2016．03
2015年度全省政府网站测评优	如东县人民政府办公室	江苏省人民政府办公厅	2016．05
2015年度平安县（市、区）	如东县	江苏省综治委	2016．08
《人民与权力》杂志通联先进集体	如东县人大常委会	江苏省人大常委会研究室	2013
2011年度全市政协工作先进集体	如东县政协办公室、如东县政协经济科技委员会	政协南通市委员会	2011．12
2011年度长安如东建设（综治、法治）先进集体	如东县政协办公室	中共如东县委员会、如东县人民政府	2012．01
2011年度机关整体目标考核先进单位	如东县政协办公室	中共如东县委员会、如东县人民政府	2012．01
2011年度洋口港开发建设先进集体三等奖	如东县政协办公室	中共如东县委员会、如东县人民政府	2012．02
2011--2012年度文明单位标兵	如东县政协办公室	中共如东县委员会、如东县人民政府	2012．12
全市政协工作先进集体	如东县政协办公室、提案委员会	政协南通市委员会	2012．12
人民满意机关	如东县政协办公室	中共如东县委员会、如东县人民政府	2013．02

续表1－6

荣誉名称	获奖单位	授予单位	授予时间
老干部工作先进集体	如东县政协办公室	中共如东县委员会、如东县人民政府	2013．11
全市政协工作先进集体	如东县政协城建法制委员会、学习文史委员会	政协南通市委员会	2013．12
人民满意机关	如东县政协办公室	中共如东县委员会、如东县人民政府	2014．02
《如东大观》获评南通市第十二届哲学社会科学研究优秀成果三等奖	如东县政协	南通市人民政府	2014．09
南通市政协机关“同心缘杯”乒乓球邀请赛优秀组织奖	如东县政协机关	南通市政协机关工会	2014．10
全市政协工作先进集体	如东县政协经科委员会、城建法制委员会	政协南通市委员会	2014．12
2014年度人民满意机关	如东县政协办公室	中共如东县委员会、如东县人民政府	2015．02
全市政协工作先进集体	如东县政协办公室、教卫文体委	政协南通市委员会	2015．12
人民满意机关	如东县政协办公室	中共如东县委员会、如东县人民政府	2016．01
全国科技进步考核先进个人	詹立风	科技部	2011
全国县（市）科技进步考核先进个人	詹立风	科技部	2013
全国县（市）科技进步考核先进个人	潘建华	科技部	2013
全国县（市）科技进步考核先进个人	张栩龙	科技部	2013
全国归侨侨眷先进个人	沈更生	中国侨联、国务院侨办	2013

上图为如东县委、人大、政府、政协部分奖牌

如东县政府信息中心荣誉摘要

表 2

荣誉名称	获奖单位	授予单位	授予时间
南通市行政权力网上公开透明运行工作先进集体	如东县政府信息中心	南通市政府	2011
2014 年度江苏省信息系统优秀成果二等奖	如东县政府信息中心	江苏省信息中心	2015. 01

如东县机关事务管理局荣誉摘要

表 3

荣誉名称	获奖单位	授予单位	授予时间
2011 年度机关事务管理先进单位	如东县机关事务管理局	南通市市级机关事务管理局	2012. 02
2011 年度南通市公共机构节能管理目标责任考核先进奖	如东县机关事务管理局	南通市公共机构节能工作领导小组	2012. 02
江苏省公共机构节能示范单位	如东县行政中心（如东县机关事务管理局）	江苏省省级机关事务管理局、江苏省经济和信息化委员会	2013. 12
2014 年度全县文明城市创建工作先进集体	如东县机关事务管理局	如东县委、县政府	2015. 02
2012--2014 年度文明城市创建工作先进集体	如东县机关事务管理局	如东县委、县政府	2015. 02

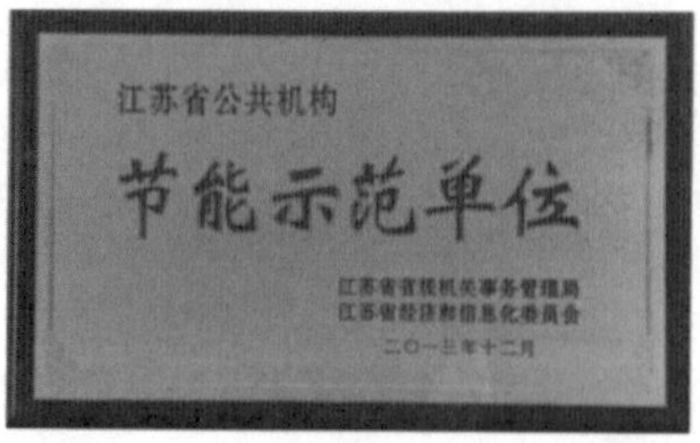

上图为如东县机关事务管理局部分奖牌

如东县信访局荣誉摘要

表 4

荣誉名称	获奖单位	授予单位	授予时间
2011 年全省信访系统先进集体	如东县信访局	江苏省人社厅、江苏省信访局	2011.03
2010 年信访工作目标管理先进单位	如东县委、县政府	南通市信访工作领导小组	2011.04
2005--2010 年全市信访工作目标管理先进单位	如东县委、县政府	南通市委、市政府	2011.06
2011 年全省信访工作先进单位	如东县委、县政府	江苏省信访工作领导小组	2012.02
2011 年度全市信访工作绩效考核先进单	如东县委、县政府	南通市信访工作领导小组	2012.02
2011 年全市“信访积案化解攻坚年”活动先进单位	如东县委、县政府	南通市信访工作领导小组	2012.02
2012 年全省信访工作绩效考核优秀单位	如东县委、县政府	江苏省信访工作领导小组	2013.04
2012 年全市信访工作绩效考核综合先进单位	如东县委、县政府	南通市信访工作领导小组	2013.04
2012 年全市信访维稳工作先进单位	如东县委、县政府	南通市信访工作领导小组	2013.04
2013 年全省信访工作绩效考核嘉奖单位	如东县委、县政府	江苏省信访工作联席会议	2014.03
2013 年全市信访工作绩效考核优秀单位	如东县委、县政府	南通市信访维稳工作领导小组	2014.04
2014 年度全市信访工作综合先进单位	如东县委、县政府	南通市信访工作维稳工作领导小组	2015.02
2014 年度全市信访积案化解工作先进单位	如东县委、县政府	南通市信访工作维稳工作领导小组	2015.02
2015 年度全省信访工作先进单位	如东县委、县政府	江苏省信访工作联席会议	2016.02
2015 年度全市信访工作先进单位	如东县委、县政府	南通市信访工作联席会议	2016.02

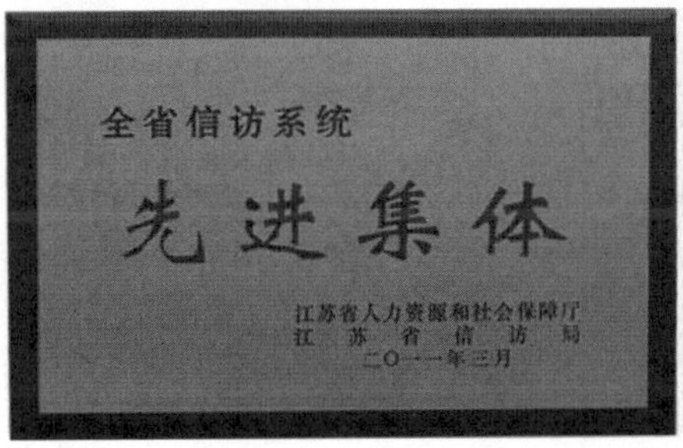

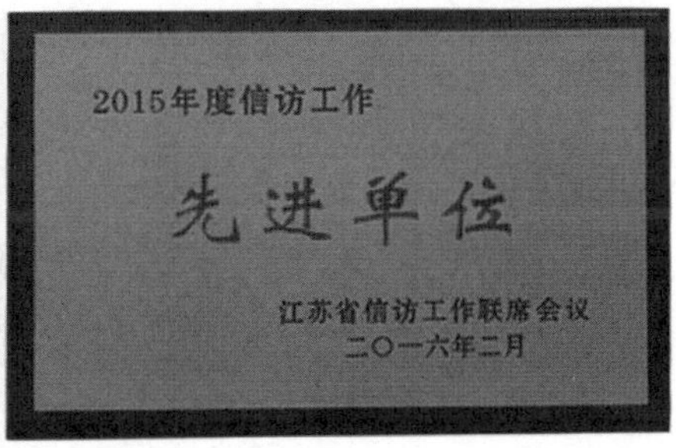

上图为如东县信访局部分奖牌

中共如东县委党史工作办公室荣誉摘要

表5

荣誉名称	获奖单位作（作品）	授予单位	授予时间
第三届江苏省年鉴特等奖	《如东年鉴（2014）》	江苏省人民政府办公厅	2015.03
2015年度人民满意机关	县委党史办	县委、县政府	2016.01
南通市2015年度史志工作先进集体	县委党史办	南通市委党史办	2016.02
全县修志先进集体	县地方志办公室	县人民政府	2016.05
全国地方志优秀成果（年鉴类）一等奖	《如东年鉴（2014）》	中国地方志指导小组	2016.07

如东县档案局(档案馆)荣誉摘要

表6

荣誉名称	获奖单位	授予单位	授予时间
全面小康社会建设先进集体	如东县档案局（档案馆）	中共如东县委员会、如东县人民政府	2011.01
2009-2010年度文明单位	如东县档案局（档案馆）	中共如东县委员会、如东县人民政府	2011.02
全省档案宣传工作先进集体三等奖	如东县档案局（档案馆）	江苏省档案局	2011.07
南通市首届档案文化精品一等奖	如东县图书馆《刘宝泰函稿》	南通市档案局	2011.08
南通市首届档案文化精品二等奖	掘港镇人民政府《掘港镇志》	南通市档案局	2011.08
南通市首届档案文化精品三等奖	如东县广播电视台《海军发祥地》、如东县图书馆《如东民间文化丛书》、如东政协《如东大观系列丛书》	南通市档案局	2011.08
南通市首届档案文化精品优秀奖	掘港镇人民政府《掘港地名寻踪》《掘港宗教史话》《掘港风情》如东县交通运输局《春满大交通》如东县旅游局《诗画如东》如东县教育局《扶海越江勇立潮头》如东县图书馆《如东县图书馆志》如东高级中学《文化立校手册》《名校足音·如歌岁月》如东县档案局《重大项目档案工作服务手册》《如东县民生档案查阅指南》如东县人民法院《如东县人民法院志》	南通市档案局	2011.08
全省档案文化精品三等奖	如东县图书馆《刘宝泰函稿》如东县教育局《平民教育家姚止平》如东县掘港镇人民政府：掘港历史文化丛书《掘港镇志》《掘港风情》《掘港地名寻踪》《掘港宗教史话》	江苏省档案局	2011.12

续表6-1

荣誉名称	获奖单位	授予单位	授予时间
全市档案工作先进集体	如东县档案局（档案馆）	南通市人力资源和社会保障局、南通市档案局	2011.12
2011年度南通市档案工作综合考核评比优秀单位	如东县档案局（档案馆）	南通市档案局	2012.01
2011年度社会事业工作先进集体	如东县档案局	中共如东县委员会、如东县人民政府	2012.01
2011年度创建文明城市先进单位	如东县档案局	中共如东县委员会、如东县人民政府	2012.01
全省档案宣传工作先进集体三等奖	如东县档案局（档案馆）	江苏省档案局	2012.08
2012年度南通市档案工作先进集体	如东县档案局（档案馆）	南通市档案局	2012.12
2011--2012年度文明单位	如东县档案局（档案馆）	中共如东县委员会、如东县人民政府	2013.02
国家二级档案馆	如东县档案馆	国家档案局	2013.07
2013年度人民满意机关	如东县档案局	中共如东县委员会、如东县人民政府	2014.01
2013年度沿海开发及洋口港开发建设工作先进集体	如东县档案局	中共如东县委员会、如东县人民政府	2014.01
巾帼文明岗	如东县档案局（档案馆）	南通市“巾帼建功”活动领导小组	2014.03
2014年度档案宣传工作三等奖	如东县档案局（档案馆）	江苏省档案局、江苏省档案学会	2014.09
南通市第二十六届科普宣传周活动先进集体	如东县档案局（档案馆）	南通市全民科学素质工作领导小组	2014.11
2015年”档案-与你相伴”国际档案日征文活动组织奖	如东县档案局（档案馆）	国家档案局	2015.10
2015年度档案宣传工作三等奖	如东县档案局（档案馆）	江苏省档案局、江苏省档案学会	2015.09
2015年度人民满意机关	如东县档案局	中共如东县委员会、如东县人民政府	2016.01

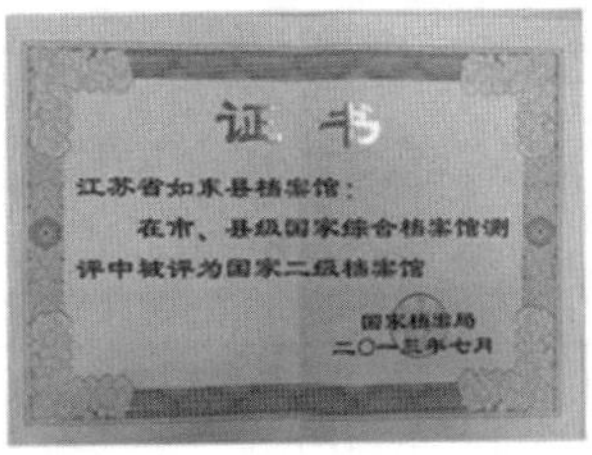

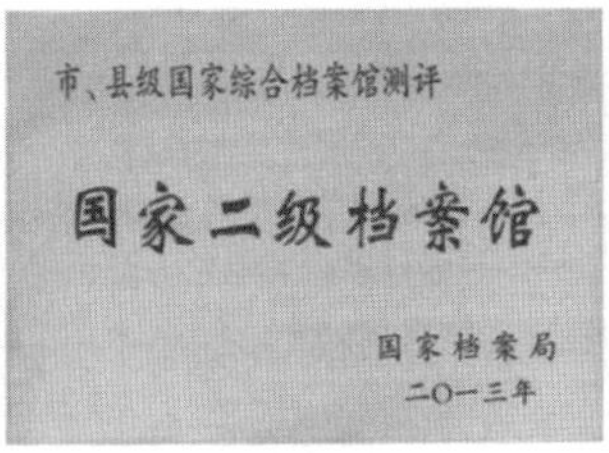

上图为如东县档案局（档案馆）部分奖牌

中共如东县委组织部荣誉摘要

表 7

荣誉名称	获奖单位	授予单位	授予时间
机关整体目标考核先进单位	如东县委组织部	如东县委、县政府	2011.01
建设全面小康社会先进集体	如东县委组织部	如东县委、县政府	2011.01
2010年全省市县组织工作创新创优成果	如东县委组织部	江苏省委组织部	2011.01
2010年全省市县组织工作优秀创新创优成果	如东县委组织部	江苏省委组织部	2011.01
法制宣传教育先进集体	如东县委组织部	如东县委、县政府	2011.02
洋口港开发建设先进集体	如东县委组织部	如东县委、县政府	2011.02
信访工作先进集体	如东县委组织部	如东县委、县政府	2011.05
2011年全市组织工作优秀创新创优成果	如东县委组织部	南通市委组织部	2012.01
2010—-2012年全市“创先争优建功立业”先进基层党组织	如东县委组织部机关党总支	南通市委组织部	2012.06
省级青年文明号	如东县级机关党工委	共青团江苏省委	2012
《构建非公企业党建“融和工作法”》在第二届全国基层党建创新典型案例评选中被评为优秀案例	如东县委组织部	中国浦东干部学院、人民网、中国组织人事报社、上海组织人事报社	2013.06
省级巾帼文明岗	如东县干部档案管理中心	江苏省妇女联合会省城镇妇女“巾帼建功”活动领导小组	2013
“情境党课”让党员分享理论大餐荣获全省“强基固本走进大众---推进马克思主义大众化创新案例”	如东县级机关党工委	江苏省委宣传部	2013
全市组织系统“讲重作”活动先进集体	如东县委组织部	南通市委组织部	2013.01
全省组织部门信息工作先进单位二等奖	如东县委组织部	江苏省委组织部	2014.03
企业党建宣传教育示范基地	如东县委组织部	国资委企业党建参考报社	2014
非公企业党组织书记培训优秀单位	如东县委组织部	江苏省委组织部	2014
2014年度党《党建研究》工作二等奖	如东县委组织部	中组部党建研究杂志社	2014.09
“114”模式打造服务型基层党组织经验入选全国“党的群众路线工作法100例”	如东县委组织部	人民网、中国组织人事报等	2014.12
如东县人才办《如何引得凤来仪---“新药研制中心”项目落户如东高新区的实践与启示》入选全国基层人才工作创新案例	如东县委组织部、人才办	中国人才杂志社	2015.09
“我身边的优秀共产党员”微视频获全市二等奖	如东县委组织部	南通市委组织部	2015

续表7-1

荣誉名称	获奖单位	授予单位	授予时间
全县13家远程教育示范站点、13名优秀站点管理员获评全市党员干部现代远程教育“双百”典型	如东县委组织部	南通市委组织部	2015
6部党员教育片参加全市第十四届党员教育电视片评选获奖	如东县委组织部	南通市委组织部	2015
“开展114惠民行动，打造服务型农村基层党组织”获第三届全国基层党建创新最佳案例	如东县委组织部	中组部	2015.11
全国巾帼文明岗	如东县委组织部干档中心	全国妇联	2015.03
省级“青年文明号”	如东县级机关党工委	共青团江苏省委	2015
2015年度党《党建研究》工作二等奖	如东县委组织部	中组部党建研究杂志社	2015.09

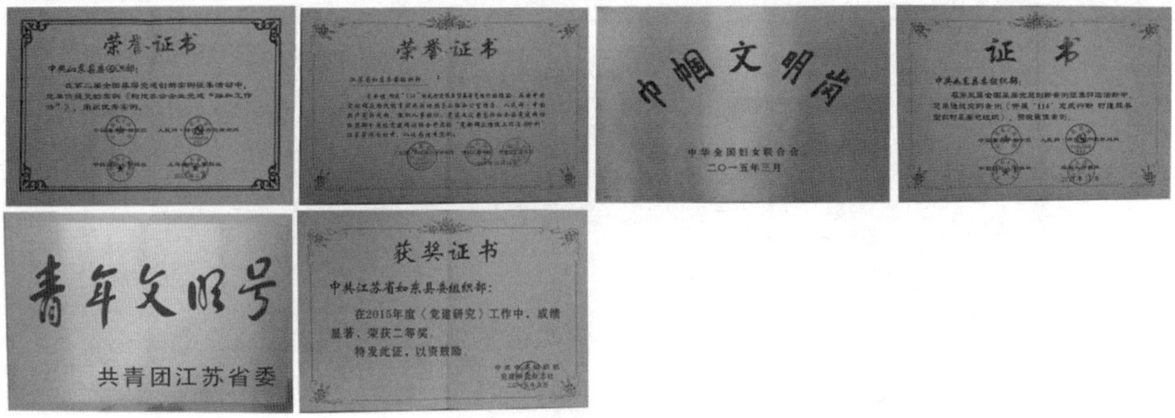

上图为如东县委组织部部分奖牌

中共如东县纪律检查委员会（监察局）荣誉摘要

表8

荣誉名称	获奖单位	授予单位	授予时间
南通市行政权力网上公开透明运行工作先进集体	如东县监察局	南通市政府	2011.06
2011年南通市纪检监察先进集体	如东县纪委、监察局	南通市委、市政府	2011.08
2011年度《华东之窗》信息工作先进单位	如东县纪委、监察局	中纪委	2012.03
南通市工程建设领域项目信息公开和诚信体系建设先进集体	如东县纪委、监察局	南通市治理工程建设领域突出问题工作领导小组	2012.03
2011年全省纪检监察信息工作三等奖	如东县纪委、监察局	江苏省纪委	2012.04
2012年度全市纪检监察案件检查工作先进集体	如东县纪委、监察局	南通市纪委、市监察局	2013.02
2012年度全市纪检监察机关查办有影响案件办案集体	如东县纪委、监察局	南通市纪委、市监察局	2013.02

续表8-1

荣誉名称	获奖单位	授予单位	授予时间
2012年度《华东之窗》信息工作先进单位	如东县纪委、监察局	中纪委	2013.03
2013全省纪检监察信访举报工作先进单位	如东县纪委、监察局	江苏省纪委、省监察厅	2013.03
2013全市“审理业务技能大比武”先进集体团体季军	如东县纪委、监察局	南通市纪委、市监察局	2013.04
2011—2012年度南通市文明单位	如东县纪委、监察局	南通市委、市政府	2013.10
2013年度南通市反腐倡廉宣传教育工作先进集体特别贡献单位	如东县纪委、监察局	南通市纪委、监察局	2014.07
2014年度南通市党风廉政宣传教育工作先进集体	如东县纪委、监察局	南通市纪委、监察局	2015.07
全国科技进步考核先进个人	如东县纪委书记刘才盛	科技部	2011

上图为如东县纪律检查委员会（监察局）部分奖牌

中共如东县委老干部局荣誉摘要

表9

荣誉名称	获奖单位	授予单位	授予时间
省老干部工作部门信息工作先进集体	如东县委老干部局	江苏省委老干部局	2011
市老干部工作先进集体	如东县委老干部局	南通市委、市政府	2011

如东县总工会荣誉摘要

表10

荣誉名称	获奖单位	授予单位	授予时间
全国工会宣传通讯工作先进集体	如东县总工会	全国总工会	2011
全国工会财务先进单位	如东县总工会	全国总工会	2011
2011年度江苏省工会新闻舆论宣传工作先进集体	如东县总工会	江苏省总工会	2011
省培训先进集体	如东县总工会	江苏省总工会	2011
省总财务经审工作先进集体	如东县总工会	江苏省总工会	2011
全国工会“职工书屋”示范点	如东县总工会	全国总工会	2012

续表10-1

荣誉名称	获奖单位	授予单位	授予时间
全国工会宣传通讯工作先进集体	如东县总工会	全国总工会	2012
南通市女职工工作先进集体	如东县总工会女职工委员会	南通市总工会	2013.05
全省工会新闻宣传优秀单位	如东县总工会	江苏省总工会	2013.09
工人先锋号	如东县工人文化宫	江苏省总工会	2014.04
“中国梦·江海风”“舞动江海”广场舞大赛优秀组织奖	如东县总工会	南通市委宣传部、市级机关党工委、市文广新局、市总工会、市广播电视台	2014.09
全国宣传通讯工作先进个人	如东县总工会办公室主任何	全国总工会	2012

上图为如东县总工会部分奖牌

共青团如东县委荣誉摘要

表11

荣誉名称	获奖单位	授予单位	授予时间
团属报刊宣传工作先进单位	共青团如东县委	共青团江苏省委	2011
少先队“手拉手”互助活动贡献奖	如东县少工委	江苏省少工委	2011
省级青年文明号	共青团如东县委	共青团江苏省委	2012
第八届江苏省少儿书信文化活动优秀组织奖	共青团如东县委	江苏省少年儿童书信文化活动组委会	2013.05
第八届江苏省少儿书信文化活动优秀组织奖	如东县少工委	江苏省少年儿童书信文化活动组委会	2013.05
2013年度全省团属报刊宣传工作先进单位	共青团如东县委	共青团江苏省委	2013.08
全省青年商会建设成就奖	共青团如东县委	共青团江苏省委	2013.11
江苏省希望工程“圆梦行动”优秀组织奖	共青团如东县委	江苏省青少年发展基金会、江苏省希望工程办公室	2014.08
南通市未成年人思想道德建设工作先进集体	共青团如东县委员会	南通市精神文明建设指导委员会	2014.05
第十届江苏省少儿书信文化活动优秀组织奖	中国共产主义青年团如东县委员会	共青团江苏省委、江苏省教育厅、江苏省少工委、中国邮政集团公司江苏省分公司	2015.05

续表11-1

荣誉名称	获奖单位	授予单位	授予时间
2015年度全省团属报刊宣传工作先进单位	共青团如东县委	共青团江苏省委	2015.08
2015年南通市主题动漫动画、微视频创作评选活动优秀组织奖	如东团县委	中共南通市委宣传部、共青团南通市委员会、南通市文学艺术界联合会	2015.10
2015年南通市主题动漫动画、微视频创作评选活动微视频类一等奖	如东团县委《爱，打了个盹》	中共南通市委宣传部、共青团南通市委员会、南通市文学艺术界联合会	2015.10
2015年《开学第一课》观后作品征集比赛优秀组织奖	如东县少工委	共青团南通市委、南通市教育局、少先队南通市工作委员会	2015.11
如东县人民满意单位	共青团如东县委	中共如东县委员会、如东县人民政府	2016.01
南通市创建中学中职共青团工作“六个一”团建项目先进单位	如东团县委	共青团南通市委	2015.12
2015年度南通市优秀志愿服务项目	“传递书香，共同成长”阅读志愿服务项目	共青团南通市委	2016.03
第十一届江苏省少儿书信文化活动优秀组织奖	如东团县委	共青团江苏省委、江苏省教育厅、江苏省少工委、中国邮政集团公司江苏省分公司	2016.04
“爱鸟护鸟行动”引领少先队环境教育被评为全市少先队工作优秀创新项目奖	如东县少工委、如东县掘港小学	共青团南通市委、南通市教育局、南通市少工委	2016.06
“微爱助力，点亮留守童年”获2015年度全省共青团运用新媒体引导青年创新案例二等奖	南通市如东团县委	共青团江苏省委	2016.06
“微爱助力，点亮留守童年”获2015年度全省共青团运用文化产品引导青年创新案例三等奖	南通市如东团县委	共青团江苏省委	2016.06

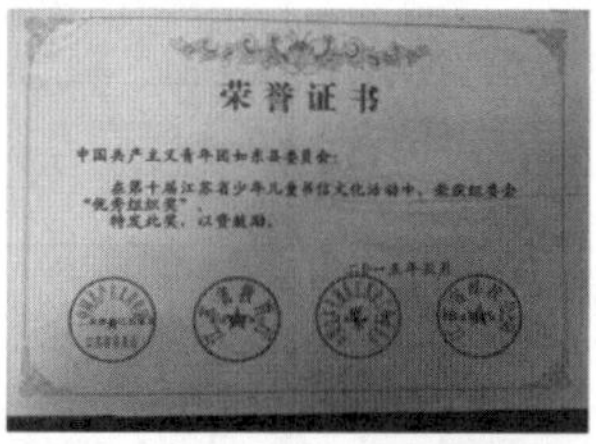

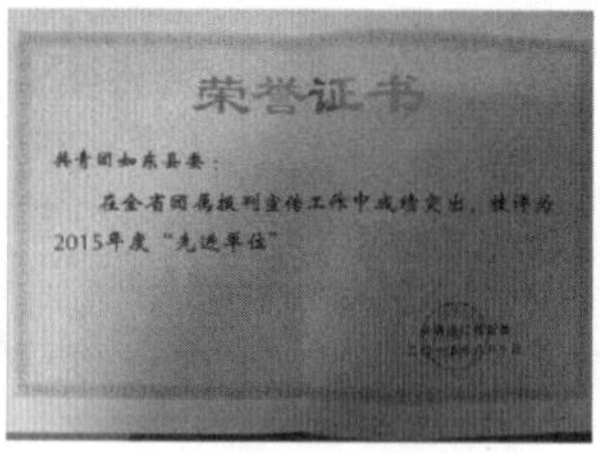

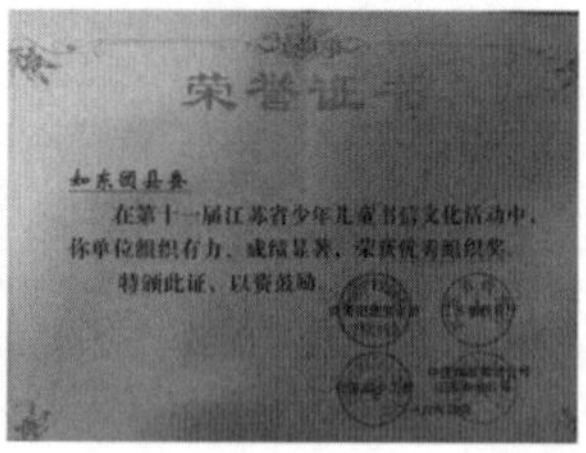

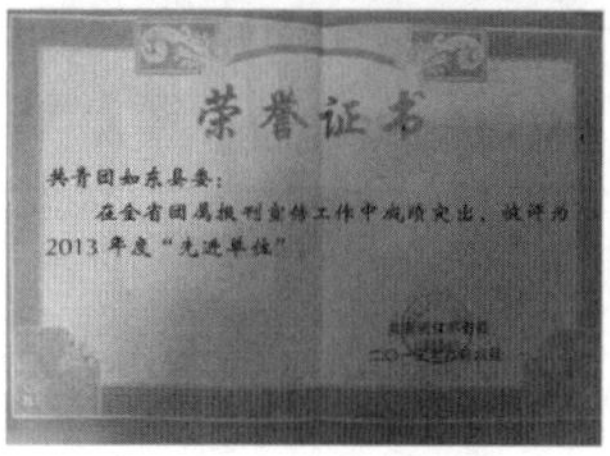

上图为共青团如东县委部分奖牌

如东县妇女联合会荣誉摘要

表12

荣誉名称	获奖单位	授予单位	授予时间
江苏省婚姻家庭纠纷调解工作先进集体	如东县婚姻家庭纠纷调解中心	江苏省妇女联合会	2012.11
南通市妇联系统先进集体	如东县妇女联合会	南通市人力资源和社会保障局、南通市妇女联合会	2013.02
江苏省“三八”红旗集体	如东县妇女联合会	江苏省妇女联合会	2013.12
2013年度《莫愁》杂志宣传工作先进单位	如东县妇女联合会	江苏省妇女联合会	2013
南通市维护妇女权益工作先进集体	如东县妇女联合会	南通市妇女联合会	2014.08
巾帼建功先进集体	如东县妇女联合会	江苏省妇女联合会、江苏省“巾帼建功”活动领导小组	2015.03
南通市维护妇女权益示范岗	如东县妇女联合会	南通市妇女联合会	2015.12

上图为如东县妇女联合会部分奖牌

中共如东县委宣传部荣誉摘要

表 13

荣誉名称	获奖单位	授予单位	授予时间
建设全面小康社会工作先进集体	如东县委宣传部	中共如东县委、如东县人民政府	2011.01
机关整体目标考核先进单位	如东县委宣传部	中共如东县委、如东县人民政府	2011.01
2010 年度宣传信息工作先进单位	如东县委宣传部	南通市委宣传部	2011.02
第二届南通市县（市）区宣传思想工作改革创新奖	如东县委宣传部报送的《组织“强项目、调结构、促转型”百企行》	南通市委宣传部	2011.02
第二届南通市县（市）区宣传思想工作改革创新奖	如东县委宣传部、如东县文明办报送的《精心培植文明创建典型品牌》	南通市委宣传部	2011.02
第二届南通市县（市）区宣传思想工作改革创新奖	如东县委宣传部报送的《强化舆情信息报送 服务各级领导决策》	南通市委宣传部	2011.02
2010 年洋口港开发建设工作先进集体	如东县委宣传部	中共如东县委、如东县人民政府	2011.02
2010--2011 年度全省农村党员冬训工作创新项目二等奖	如东县委宣传部报送的《“冬训大集”助农惠农促发展》	江苏省委组织部、江苏省委宣传部	2011.05

续表13-1

荣誉名称	获奖单位	授予单位	授予时间
2009---2010年度信访工作先进集体	如东县委宣传部	中共如东县委、如东县人民政府	2011.05
2011年度社会管理创新先进集体	如东县委宣传部	中共如东县委、如东县人民政府	2012.01
第三届南通市县（市）区宣传思想工作改革创新奖	县委宣传部、县文明办《开展“不给别人添麻烦”公民文明素质提升行动》	南通市委宣传部	2012.02
第三届南通市县（市）区宣传思想工作改革创新奖	县委宣传部、县社科联《精心打造“扶海大学堂”学习品牌》	南通市委宣传部	2012.02
2011年度法制宣传教育先进集体	如东县委宣传部	中共如东县委、如东县人民政府	2012.02
第十二届精神文明建设“五个一工程“优秀作品奖	如东县委宣传部报送的歌曲《如意东方》	中宣部	2012.09
南通市“濠滨夏夜”广场文艺汇演中获组织奖、优秀节目奖	如东县及选送的歌伴舞《如意东方》、杂技《对手技巧·力量》	南通市委宣传部、南通市文广新局	2012.11
南通市第二十四届科普宣传周活动先进集体	如东县社科联	南通市全民科学素质工作领导小组	2012.11
南通市第五届精神文明建设“五个一工程”优秀组织工作奖	如东县委宣传部	南通市委宣传部	2013.01
南通市第五届精神文明建设“五个一工程”作品奖	如东县委宣传部报送的广播剧《渔歌醉人》	南通市委宣传部	2013.01
南通市第五届精神文明建设“五个一工程”特别荣誉奖	如东县委宣传部报送的歌曲《如意东方》	南通市委宣传部	2013.01
南通市第五届精神文明建设“五个一工程”荣誉奖	如东县委宣传部报送的图书《姥娘》	南通市委宣传部	2013.01
南通市第五届精神文明建设“五个一工程”作品奖	如东县委宣传部报送的歌曲《踩金蛤》	南通市委宣传部	2013.01
南通市第十二届、十三届“优秀影片进校园”活动组织奖	如东县文明办	市文明办、市教育局、市文广新局	2013.01
南通市社科联系统“课题研究先进奖”	如东县社科联	南通市社科联	2013.01
南通市社科联系统“社科普及工作先进奖”	如东县社科联	南通市社科联	2013.01
南通市社科联系统“先进社科联奖”	如东县社科联	南通市社科联	2013.01
第四届南通市县（区）宣传思想工作改革创新奖	如东县委宣传部报送的《如东县以机制创新实现精品生产新突破》	南通市委宣传部	2013.02
第四届南通市县（区）宣传思想工作改革创新奖	如东县委宣传部报送的《如东草台剧院深受老百姓追捧》	南通市委宣传部	2013.02
2012年度“人民满意机关”	如东县委宣传部	中共如东县委、如东县人民政府	2013.02
全市“我学习，我践行”社会主义核心价值观网络知识竞赛优秀组织奖	如东县委宣传部	南通市委宣传部	2013.09
全国“先进社科组织”	如东县社科联	全国大中城市社科联工作会议主席团	2013.09

续表13-2

荣誉名称	获奖单位	授予单位	授予时间
“童声里的中国”南通市首届“江海天籁”中小学生合唱比赛优秀组织奖	如东县文明办	南通市委宣传部、南通市文明办、南通市教育局	2013.11
2013年度江苏政务微博最佳应用奖	@如东发布	新浪微博、新浪江苏	2014.01
2013年度人民满意机关	如东县委宣传部	中共如东县委、 如东县人民政府	2014.01
第五届南通市县（市）区宣传思想工作改革创新奖	如东县委宣传部、如东县互联网新闻中心报送的《如东首届网络美食文化节》	南通市委宣传部	2014.01
第五届南通市县（市）区宣传思想工作改革创新奖	如东县委宣传部、如东县文明办报送的《全民参与 寻找“最美如东人”》	南通市委宣传部	2014.01
第五届南通市县（市）区宣传思想工作改革创新奖	如东县委宣传部报送的《十支助农惠民服务小分队传递冬训正能量》	南通市委宣传部	2014.01
“中国梦•江海风---江海之声合唱艺术节”优秀组织奖	如东县委宣传部	江海之声合唱艺术组委会	2014.06
2013---2014年度全省基层党员冬训工作示范县	如东县委宣传部	江苏省委宣传部、江苏省委组织部	2014.07
学习运用《时事报告》开展形式教育工作中成绩突出	如东县委宣传部	中宣部宣传教育局中宣部时事报告杂志社	2014.08
南通市美德基金捐赠活动优秀组织奖	如东县文明办	南通市美德基金会	2014.09
江苏省第九届精神文明建设“五个一工程”优秀作品奖	如东县委宣传部报送的歌曲《幸福回家》	江苏省委宣传部	2014.10
江苏省第九届精神文明建设“五个一工程”优秀作品奖	如东县委宣传部报送的广播剧《山那边，海这边》	江苏省委宣传部	2014.10
江苏省第九届精神文明建设“五个一工程”优秀作品奖	如东县委宣传部报送电视纪录片《 麦收》	江苏省委宣传部	2014.10
江苏省第九届精神文明建设“五个一工程”优秀作品奖	如东县委宣传部报送图书《 消失》	江苏省委宣传部	2014.10
南通市第六届精神文明建设“五个一工程”荣誉奖	如东县委宣传部报送的广播剧《山那边，海这边》	南通市委宣传部	2014.12
南通市第六届精神文明建设“五个一工程”荣誉奖	如东县委宣传部报送的图书《消失》	南通市委宣传部	2014.12
南通市第六届精神文明建设“五个一工程”荣誉奖	如东县委宣传部报送的歌曲《幸福回家》	南通市委宣传部	2014.12
南通市第六届精神文明建设“五个一工程”入选作品奖	如东县委宣传部报送的杂技剧《海上升明月》	南通市委宣传部	2014.12
南通市第六届精神文明建设“五个一工程”入选作品奖	如东县委宣传部报送的歌曲《大海风车谣》	南通市委宣传部	2014.12

续表13-3

荣誉名称	获奖单位	授予单位	授予时间
南通市第六届精神文明建设“五个一工程”入选作品奖	如东县委宣传部报送的广播剧《最后的摆渡人》	南通市委宣传部	2014.12
南通市第六届精神文明建设“五个一工程”荣誉奖	如东县委宣传部报送的电视纪录片《麦收》	南通市委宣传部	2014.12
南通市第六届精神文明建设“五个一工程”优秀组织工作奖	如东县委宣传部	南通市委宣传部	2014.12
2013年度南通市文化产业统计工作先进单位	如东县委宣传部	南通市文化改革发展领导小组办公室	2014.12
2014年江苏外宣优秀稿件	如东县委宣传部报送的《讲好“小故事”，传播好形象——如东县对接重点电视栏目开展特色外宣的实践》	江苏省委对外宣传办公室、江苏省人民政府新闻办公室	2015.01
第六届南通市县（市）区宣传思想工作改革创新奖	如东县委宣传部、如东县文明办报送的工作项目《四在如东（礼在如东、孝在如东、信在如东、美在如东）》	南通市委宣传部	2015.02
第六届南通市县（市）区宣传思想工作改革创新奖	如东县委宣传部报送的工作项目《组建“百姓宣讲团”打造教育新平台》	南通市委宣传部	2015.02
2014年度人民满意机关	如东县委宣传部	中共如东县委、如东县人民政府	2015.02
2012---2014年度省文明城市创建工作先进集体。	如东县委宣传部	中共如东县委、如东县人民政府	2015.02
南通市社科联系统“社科普及工作先进”	如东县社科联	南通市社科联、江苏省社会科学院南通分院、南通市社会科学院	2015.02
2014年度全县文明城市创建工作先进集体	如东县委宣传部	中共如东县委、如东县人民政府	2015.02
2014年度南通市优秀志愿服务项目	如东县“朗诵，走进心灵”志愿服务社区行	南通市文明办	2015.03
南通市网络文明传播工作优秀组织奖	如东县文明办	南通市文明办	2015.04
南通市未成年人文明礼仪风采大赛“组织奖”	如东县文明办	南通市文明办、南通市教育局、共青团南通市委、南通市妇联、南通机关工委、南通广播电视台	2015.04
2014年度全省基层党员冬训工作创新项目	如东县委宣传部报送的《“四学四强”助推冬训接地气惠民生》	江苏省委组织部、江苏省委宣传部	2015.05
先进基层党组织	如东县委宣传部党总支	中共如东县委	2015.06
学习运用《时事报告》开展形势教育工作成绩突出	如东县委宣传部	中宣部宣传教育局、中宣部时事报告杂志社	2015.09
南通市“志愿江海　文明南通”网络知识竞赛优秀组织奖	如东县文明办	南通市文明办	2015.12

续表13-4

荣誉名称	获奖单位	授予单位	授予时间
全国社科工作先进个人	如东县社科联主席张新华	全国大中城市社科联工作会议主席团	2014

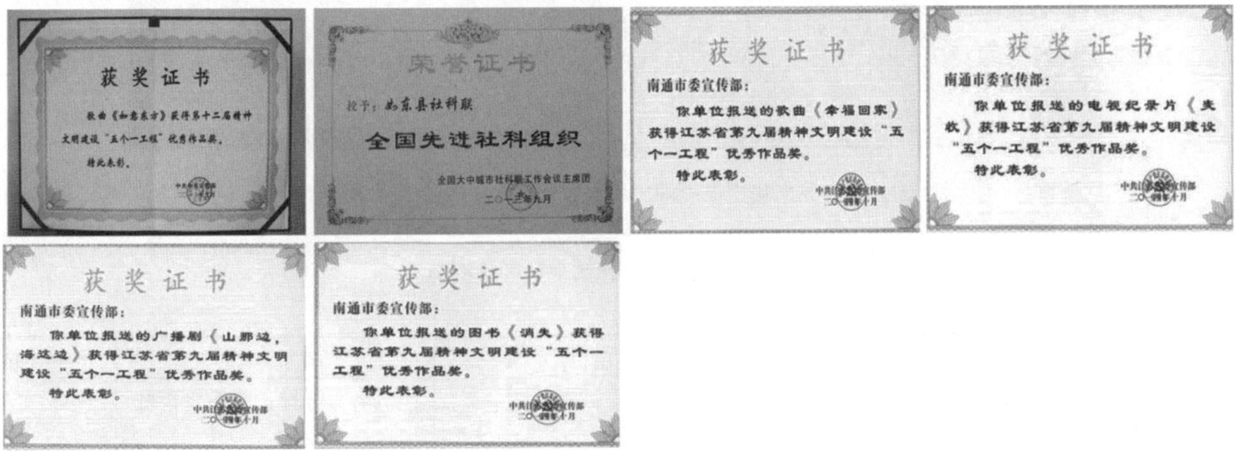

上图为如东县委宣传部部分奖牌

如东县文化广电新闻出版局（版权局、旅游局）荣誉摘要

表 14

荣誉名称	获奖单位	授予单位	授予时间
二级文化馆	如东县文化馆	文化部	2011
2012 年度江苏省无“小耳朵”先进县创建工作先进单位	如东县文广新局	江苏省广播电影电视局	2012.12
2011 年度旅游基础设施及旅游重点项目管理先进单位	如东县旅游局	江苏省发改委、江苏省旅游局	2012
全省文化市综合执法先进单位	如东县文化行政综合执法大队	江苏省文化厅	2012
2012 年度江苏省“扫黄打非”工作先进单位	如东县文化行政综合执法大队	江苏省“扫黄打非”工作领导小组	2013.01
国家一级图书馆	如东县图书馆	文化部	2013
省文化市综合执法技能大比武组织奖	如东县文化行政综合执法大队	江苏省文化厅	2013
2014--2015 年度南通市宣传思想工作先进集体	如东县文化广电新闻出版局	中共南通市委宣传部	2016.02
2011--2015 年全市普法工作先进单位	如东县文化馆	中共南通市委宣传部、南通市法制宣传教育工作领导小组办公室、南通市司法局	2016.11
国际魔术师	如东县杂技艺术学校杂技演员丁洋	国际魔术协会	2012
第九届中国杂技金菊奖第六次全国魔术比赛金奖	南通市少年杂技团魔术团副团长丁洋	中国文联、中国杂技家协会	2015
第九届中国杂技金菊奖第六次全国魔术比赛铜奖	南通市少年杂技团朱程程	中国文联、中国杂技家协会	2015

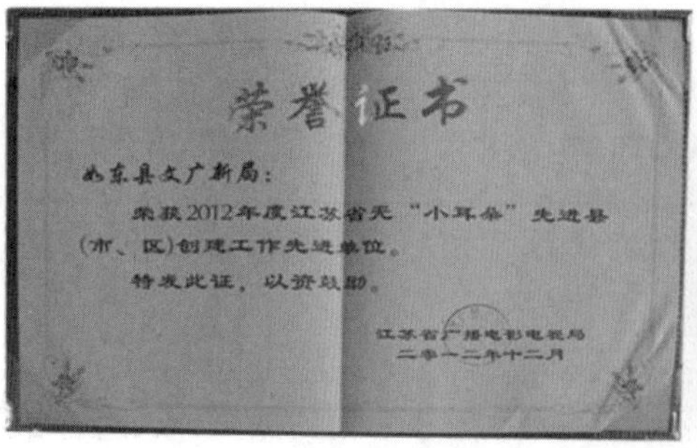

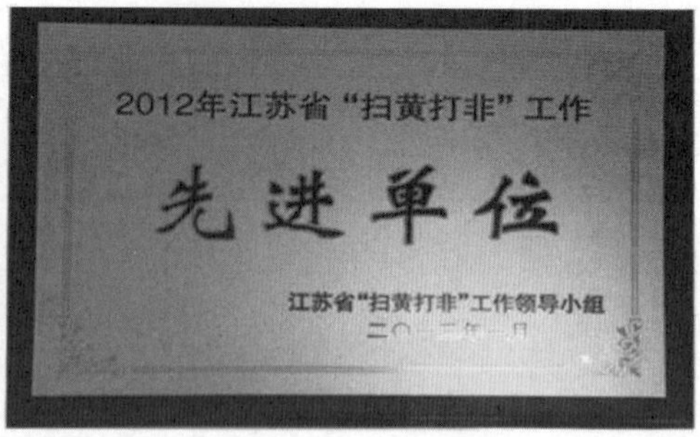

上图为如东县文化广电新闻出版局（版权局、旅游局）部分奖牌

如东县教育局（体育局）荣誉摘要

表 15

荣誉名称	获奖单位	授予单位	授予时间
2008--2010 年全省内部审计先进集体	如东县教育局	江苏省审计厅、江苏省内部审计协会	2011.10
2006--2010 年全省教育系统法制宣传教育先进单位	如东县教育局	江苏省委宣传部、江苏省司法厅等	2011.12
江苏省全民科学素质工作先进单位	如东县教育局	江苏省委组织部、宣传部，省教育厅	2011
体育工作先进集体	如东县体育局	江苏省体育局	2011
2011 年南通市纪检监察先进集体	如东县教育纪工委（监察室）	南通市委、市政府	2011
社会治安综合治理和长安法治建设先进单位	如东县教育局	南通市委、市政府	2011
第六届中国青少年艺术节优秀组织单位	如东县青少年宫	文化部民族民间艺术发展中心等	2011
江苏省优秀少先队集体	如东县马塘小学	共青团江苏省委、省教育厅	2011
江苏省教育人才工作先进单位	如东县教育局	江苏省教育厅	2012.12
全国科普教育基地	如东县教育局、南通市中小学素质教育实践基地	中国科协	2012
省学生军训工作先进集体	如东县教育局	江苏省军区、省教育厅	2012
省招飞工作先进单位	如东县教育局	江苏省高招委、南空政治部	2012
省全民健身工作先进单位	如东县体育局	江苏省体育局	2012
江苏省教研先进集体	如东县教育局	江苏省中小学教学研究室	2013.02
2013 年度全省社会教育通讯报道先进集体	如东县教育局	江苏省社会服务指导中心	2013.12
"苏教国际杯"江苏省第 13 届中学生作文大赛（初中组）优秀组织奖	如东县教育局	江苏省教育厅	2013.12
"苏教国际杯"江苏省第 13 届中学生作文大赛（高中组）优秀组织奖	如东县教育局	江苏省教育厅	2013
第 25 届国际科学与和平周全国中小学生（江苏）金钥匙科技竞赛一等奖	如东县教育局	江苏省教育厅、省科学技术厅	2013

续表15-1

荣誉名称	获奖单位	授予单位	授予时间
第二十五届国际科学与和平周全国中小学生（江苏）金钥匙科技竞赛青少年科技教育先进单位	如东县教育局	江苏省教育厅、省科学技术厅	2013
第八届江苏省少儿书信文化活动组织奖	如东县教育局	江苏省儿童少年书信文化活动组委会	2013
201--2012南通市文明单位	如东县马塘小学	南通市委、市政府	2013
2014年江苏省中小学“师陶杯”教育科研论文评选组织奖	如东县教育局	江苏省教育科学研究院	2014.11
第十一届江苏美境行动评选活动优秀组织奖	如东县教育局	江苏美境行动评选活动组织委员会	2014.11
2009--2014年全国风筝运动先进单位	如东县体育局	中国风筝协会	2014
省业余训练先进单位	如东县体育局	江苏省体育局	2014
群众体育工作先进单位	如东县体育局	江苏省体育局	2014
国家义务教育质量监测实施县级优秀组织单位	如东县教育局	教育部	2014
省社会教育宣传报道先进集体	如东县教育局	江苏省社会教育服务指导中心	2014
全国优秀科普教育基地	南通市中小学素质教育实践基地	中国科协	2014
“十二五”环保科普工作先进集体	南通市中小学素质教育实践基地	中国环境科学学会	2014
国家环保科普基地	南通市中小学素质教育实践基地	环境保护部、科技部	2014
省级法治文化建设示范点	如东县青少年法制教育基地	江苏省委宣传部、江苏省司法厅等	2014
省级社科普及示范基地	南通未成年人社会实践基地	江苏省社科联	2015
江苏省基础教育青年教师教学基本功大赛二等奖。	如东县教育局	南通市教育局	2015.05
全国县级义务教育质量监测先进单位	如东县教育局	教育部	2015
省促进义务教育均衡发展先进集体	如东县教育局	江苏省教育厅	2015
“十二五”环保科普工作先进个人	南通未成年人社会实践基地主行潘卫成	中国环境科学学会	2015

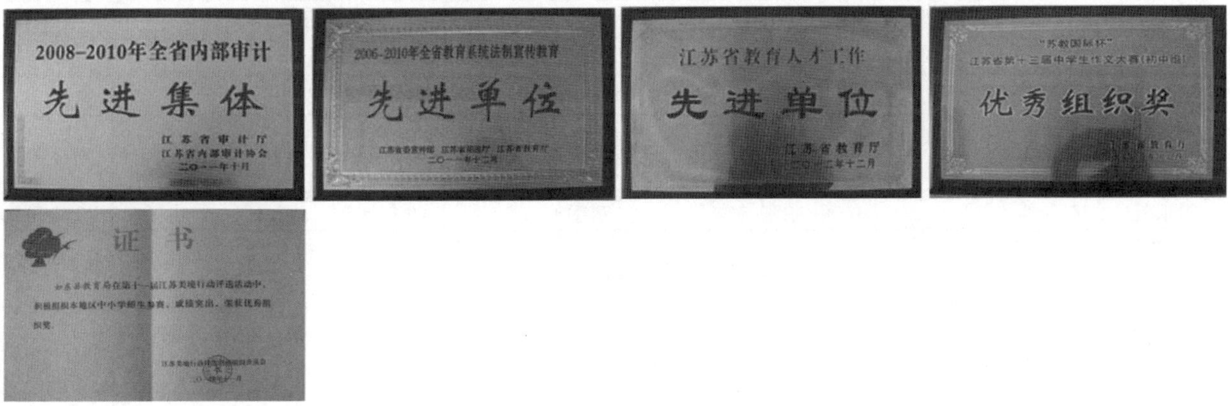

上图为如东县教育局（体育局）部分奖牌

如东县文化广电传媒中心荣誉摘要

表 16

荣誉名称	获奖单位	授予单位	授予时间
2010 年度宣传思想工作先进集体	如东县文化广电传媒中心	如东县委	2011.01
2010 年度建设全面小康社会工作先进集体	如东县文化广电传媒中心	如东县委	2011.01
2010 年度社会事业工作先进集体	如东县文化广电传媒中心、掘港镇广播电视服务站	如东县委、县政府	2011.01
2010 年度机关整体目标考核先进单位	如东县文化广电传媒中心	如东县委、县政府	2011.01
2010 年度全县新型农村合作医疗工作先进集体	如东县文化广电传媒中心	如东县政府	2011.01
2010 年度长安如东建设先进集体	如东县文化广电传媒中心	如东县委、县政府	2011.01
2010 年度洋口港开发建设先进集体	如东县文化广电传媒中心	如东县委、县政府	2011.02
2010 年度人口与计划生育工作先进集体	如东县文化广电传媒中心	如东县委、县政府	2011.02
2009--2010 年度县文明单位标兵	如东县文化广电传媒中心、丰利镇广播电视服务站	如东县委、县政府	2011.02
2009--2010 年度县文明单位	马塘、洋口、岔河、掘港、大豫、拼茶、双甸、袁庄、长沙、丰利、新店广播电视服务站	如东县委、县政府	2011.02
2010 年全省广播电视技术维护先进集体	如东县广播电视台运维部、岔河镇广播电视服务站	南通市文化广电新闻出版局	2011.02
2010 年度全市优秀乡镇广播电视站	掘港镇广播电视服务站	南通市文化广电新闻出版局	2011.02
2010 年度南通市对外宣传工作先进集体	如东县文化广电传媒中心	南通市委宣传部	2011.02
2010 年南通市广播电视技术维护先进集体	如东县文化广电传媒中心技术科	南通市文化广电新闻出版局	2011.02
2010 年度南通市电视新闻报道（广播）先进单位	如东县广播电视台	南通市文化广电新闻出版局	2011.02
2010 年度南通市广播电视宣传管理先进单位	如东县广播电视台总编室	南通市文化广电新闻出版局	2011.02
2009--2010 年度信访工作先进集体	如东县文化广电传媒中心	如东县委、县政府	2011.05
2010 年度生态环境保护和建设先进集体	如东县文化广电传媒中心	如东县委、县政府	2011.05
如东县先进基层党组织	如东县文化广电传媒中心	如东县委	2011.06
南通市第十七届优秀广告作品评比广播（公益）类铜奖	如东县文化广电传媒中心	江苏省南通工商行政管理局、南通市广告协会	2011.10
南通市第十七届优秀广告作品评比影视（商业）类铜奖、	如东县文化广电传媒中心	江苏省南通工商行政管理局、南通市广告协会	2011.10
2006--2010 年江苏省全民科学素质工作先进集体	如东县文化广电传媒中心	江苏省科学技术协会、江苏省委组织部	2011.11

续表16-1

荣誉名称	获奖单位	授予单位	授予时间
2009--2010年度南通市文明单位	如东县文化广电传媒中心	南通市委、市政府	2011.12
2011年度长安如东建设先进集体	如东县文化广电传媒中心	如东县委、县政府	2012.01
十一五期间人口和计划生育先进集体	如东县文化广电传媒中心	如东县委、县政府	2012.01
2011年度机关整体目标考核先进单位	如东县文化广电传媒中心	如东县委、县政府	2012.01
2011年度社会事业工作先进集体	如东县文化广电传媒中心	如东县委、县政府	2012.01
2011年度生态县创建工作先进集体	如东县文化广电传媒中心	如东县委、县政府	2012.01
2011年度创建文明城市先进集体	如东县文化广电传媒中心	如东县委、县政府	2012.01
2011年度全县双拥工作先进集体	如东县文化广电传媒中心	如东县政府	2012.01
南通市优秀广播电视站	苴镇广播电视服务站	南通市文化广电新闻出版局	2012.01
2011年度江苏省广播电视技术维护先进集体	如东县文化广电传媒中心运维部	江苏省广播电影电视局	2012.01
2011年度江苏省广播电视技术维护优秀乡镇广播电视站	双甸镇广播电视服务站	江苏省广播电影电视局	2012.02
”十一五“期间有线电视村村通先进集体	如东县广播电视台	江苏省广播电影电视局、江苏省发改委等	2012.02
2011年度全市广播电视安全播出先进集体	如东县文化广电传媒中心节目播出部	南通市文化广电新闻出版局	2012.02
2011年度全市广播电视技术维护先进集体	如东县文化广电传媒中心运维部	南通市文化广电新闻出版局	2012.02
2011年度培训工作先进集体	如东县文化广电传媒中心	南通市文化广电新闻出版局	2012.02
2010--2011年度南通市宣传思想工作先进集体	如东县文化广电传媒中心	南通市委宣传部	2012.02
2011年度南通市广播电视（电视）新闻报道先进单位	如东县文化广电传媒中心	南通市文化广电新闻出版局	2012.02
南通市有线电视数字化整体转换工作先进集体	如东县文化广电传媒中心	南通市有线电视数字化整体转换工作领导小组	2012.02
2011年度南通市对外宣传工作先进集体	如东县文化广电传媒中心	南通市委宣传部	2012.02
2011年度全县人口和计划生育工作先进集体	如东县文化广电传媒中心	如东县委、县政府	2012.02
2011年度新型农村合作医疗工作先进集体	如东县文化广电传媒中心	如东县政府	2012.02
2011年度承办政协委员提案先进单位	如东县文化广电传媒中心	如东县委、县政府	2012.02
2011年度洋口港开发建设先进集体	如东县文化广电传媒中心	如东县委、县政府	2012.02
对十八大安全播出先进集体	如东县广播电视台	南通市文化广电新闻出版局	2012.12
2011--2012年度文明单位标兵	如东县文化广电传媒中心	如东县委、县政府	2012.12
省有线数字电视整体转换先进集体	如东县广播电视台	江苏省广播电影电视局	2012
2012年度全市文广新系统培训工作先进集体	如东县文化广电传媒中心	南通市文化广电新闻出版局	2013.01

续表16-2

荣誉名称	获奖单位	授予单位	授予时间
2012年度全市优秀广播电视站	掘港镇广播电视服务站	南通市文化广电新闻出版局	2013.02
2012年度人民满意机关	如东县文化广电传媒中心	如东县委、县政府	2013.02
2012年度南通市广播电视安全播出先进集体	如东县广播电视台节目播出部	南通市文化广电新闻出版局	2013.03
2012年度南通市对外宣传先进集体	如东县广播电视台	南通市委宣传部	2013.03
2012年度双拥工作先进集体	如东县文化广电传媒中心	如东县政府	2013.03
2012年度沿海开发及洋口港开发建设先进集体	如东县文化广电传媒中心	如东县委	2013.04
南通市三八红旗集体	如东县文化广电传媒中心客服部	南通市妇联	2013.06
2012年度电视新闻通联工作三等奖	如东县广播电视台	南通市广播电视台	2013.06
2011--2012年度南通市文明单位	如东县文化广电传媒中心	南通市委、市政府	2013.10
2013年度南通市广播电视新闻报道（广播）先进单位	如东县广播电视台	南通市文化广电新闻出版局	2013.10
2013年度平安法治建设先进集体	如东县文化广电传媒中心	如东县委、县政府	2014.01
2013年度沿海开发及洋口港开发建设工作先进集体	如东县文化广电传媒中心	如东县委、县政府	2014.01
2013年度南通市电视新闻通联工作先进集体	如东县广播电视台	南通市广播电视台	2014.07
南通市2013--2014年度新闻工作先进集体	如东县文化广电传媒中心报纸新闻部	南通市新闻工作者协会	2014.10
2012--2014年度省文明城市创建工作先进集体	如东县文化广电传媒中心	如东县委、县政府	2015.01
2014年度全县文明城市创建工作先进集体	如东县文化广电传媒中心	如东县委、县政府	2015.02
2013---2014年度县文明单位标兵	如东县文化广电传媒中心	如东县委、县政府	2015.03
2013---2014年度县文明单位	苴镇广播电视服务站、掘港广播服务站、曹埠广播电视服务站、岔河广播电视服务站、袁庄广播电视服务站	如东县委、县政府	2015.03
2014年度南通市电视新闻通联工作三等奖	如东县广播电视台	南通市广电传媒集团	2015.12
2015国庆特别报道”点赞江海“优秀作品鼓励奖	如东县广播电视台	南通市广电传媒集团	2015.12

上图为如东县文化广电传媒中心部分奖牌

如东县卫生和计划生育委员会荣誉摘要

表 17

荣誉名称	获奖单位	授予单位	授予时间
全省人口计生系统先进集体	如东县人口计生委	江苏省人社厅、江苏省计生委	2011
全省人口计生系统信访工作先进集体	如东县人口计生委	江苏省计生委	2011
市“十一五”人口计生工作先进集体	如东县人口计生委、如东县卫生	南通市委、市政府	2011
整体目标管理先进单位、社会事业先进部门	如东县卫生局 、县第三人民医院 、掘港镇卫生所	如东县委、县政府	2012.01
十一五期间南通市妇女儿童工作先进集体	如东县卫生局	南通市人民政府	2012.02
全市深化医改工作先进单位	如东县卫生局	南通市医改办、南通市卫生局	2012.02
全市卫生工作先进集体	如东县卫生局	南通市医改办 、南通市卫生局	2012.02
全市卫生防病与卫生应急先进集体	如东县疾病预防控制中心	南通市医改办卫生局	2012.02
全市卫生应急比武三等奖	如东县卫生局	南通市医改办卫生局	2012.02
全县人口和计划生育先进	如东县卫生局	如东县委	2012.03
农村改厕先进集体	如东县卫生局	如东县政府	2012.03
争先创优优秀服务品牌	如东县卫生局爱心天使服务	如东县委	2012.06
甲等妇幼保健所	如东县妇幼保健所	江苏省卫生厅	2012.11
江苏省示范乡镇卫生院	兵房中心卫生院	江苏省卫生厅	2012.11
人口计生服务示范单位	如东县人口计生协会	南通市人口和计划生育委员会	2012.12
全省“阳光计生行动”示范单位	如东县人口计生委	江苏省人口计生委	2012
全省“人口计生窗口服务示范单位”	如东县人口计生委	江苏省人口计生委	2012
2012 年度江苏省健康教育工作健康素养项目优秀监测点	如东县疾病预防控制中心	江苏省疾病预防控制中心	2013.01
江苏省诚信计量示范单位	第四人民医院 、马塘医院	江苏省质量技术监督局	2013.01
“十一五”期间全县人口和计划生育工作先进集体	如东县卫生局	如东县委	2013.01
食品安全先进集体	如东县卫生局	如东县政府	2013.01
农村改厕先进集体	如东县卫生局	如东县政府	2013.02
全市妇幼保健优秀奖	如东县妇幼保健所	南通市卫生局	2013.03
全市农村合作医疗先进集体	如东县新农合办	南通市卫生局、南通市新农合办	2013.03
江苏省乡镇卫生院示范中医科	马塘医院	江苏省卫生厅、江苏省中医药局	2013.11
江苏省示范乡镇卫生院	苴镇中心卫生院、双甸中心卫生院	江苏省卫生厅	2013.12
全市基层卫生和妇幼保健工作先进集体	如东县卫生局	南通市卫生局	2014.03

续表17-1

荣誉名称	获奖单位	授予单位	授予时间
江苏省示范乡镇卫生院	马塘医院	江苏省卫计委	2014.12
2013--2015年度文明单位	县第四人民医院、县妇幼保健所、县卫校 县第二人民医院、苴镇中心卫生院	如东县委	2015.03
省级巾帼文明岗	县妇幼保健所	江苏省妇联	2015.03
江苏省乡镇卫生院示范中医科	丰利镇中心卫生院	江苏省卫生计生委、省中医药管理局	2015.07
江苏省乡镇卫生院示范中医科建设单位	兵房镇中心卫生院	江苏省卫生计生委、省中医药管理局	2015.08
江苏省爱婴医院	丰利医院、马塘医院	江苏省卫生计生委办公室	2015.11
南通市卫生计生监督技能竞赛获奖集体	如东县卫生计生委	南通市卫生计生委	2015.11
南通市首届幸福家庭活动优秀项目	如东县计生协会	南通市卫生计生委	2015.12
全市疾病预防控制系统传染病防治技能竞赛先进	如东县卫生计生委	南通市卫生计生委	2015.12
爱婴医院	丰利镇中心卫生院	世界卫生组织联合国儿童基金会、国家卫生计生委	2015.12
全国避孕药具不良反应监测工作先进集体	县计划生育指导站	国家卫生计生委计划生育药具不良反应管理中心	2015.12
江苏省公共机构节能示范单位	如东县卫生计生委	江苏省机关事务管理局、经信委	2015.12
江苏省示范村卫生室	掘港镇芳泉村卫生室 、马塘镇潮南村卫生室 拼茶三星村卫生室 、洋口楼窑村卫生室	江苏省卫生计生委	2015.12
人民满意机关、洋口港一类口岸开放工作先进集体、 “六城联创”先进集体	如东县卫生计生委	如东县委、县政府	2016.01
2015年科学就医知识竞赛优秀组织奖	县疾病预防控制中心	江苏省疾控中心 、省健康教育协会 、省预防医学会	2016.01
“中国好人榜”好人	如东县第四人民医院总护士长汪菊民	中央文明办	2012
全国妇幼健康服务先进个人	如东县妇幼保健所副所长康爱琴	国家卫计委	2014

上图为如东县卫生和计划生育委员会部分奖牌

如东县科学技术协会荣誉摘要

表 18

荣誉名称	获奖单位	授予单位	授予时间
全国科普惠农兴村先进单位	如东县文蛤协会	中国科协、财政部	2011.06
江苏省科普惠农兴村先进单位	如东县高档雄蚕茧生产技术推广应用基地	江苏省科协、江苏省财政厅	2011.07
全国农村专业技术协会先进集体	如东县苴镇河蟹业协会	中国农村专业技术协会	2011.12
江苏省科普惠农兴村先进单位	如东县新店镇新联小尾寒羊养殖科普示范基地	江苏省科协、江苏省财政厅	2013.09
2012 年度省科普宣传先进集体	如东县科协	江苏省科协	2013
江苏省科普惠农兴村先进单位	如东县狼山鸡协会	江苏省科协、江苏省财政厅	2015.09

上图为如东县科学技术协会部分奖牌

中共如东县委党校荣誉摘要

表 19

荣誉名称	获奖单位	授予单位	授予时间
江苏省“十一五”行政机关公务员培训工作优秀组织奖	如东县人社局、中共如东县委党校	江苏省公务员局	2011.04
先进办学单位	中共如东县委党校	南通市函授学院	2011.12
南通市“十一五”公务员培训工作先进集体	中共如东县委党校	南通市委组织部、南通市人力资源和社会保障局	2011.12
机关整体目标考核先进单位	中共如东县委党校	中共如东县委员会、如东县人民政府	2012.01
2010--2011 年思想政治教育先进函授站	中共如东县委党校	河海大学	2012.04
全市理论宣传先进集体	中共如东县委党校	南通市委宣传部	2012.08
2013--2014 年度如东县文明单位	中共如东县委党校	中共如东县委员会、如东县人民政府	2015.03

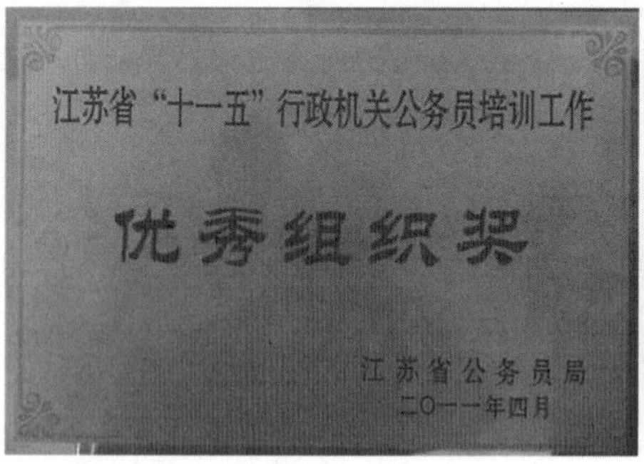

上图为如东县委党校部分奖牌

如东县人民医院荣誉摘要

表 20

荣誉名称	获奖单位	授予单位	授予时间
巾帼文明示范岗	如东县人民医院（120 急救服务中心）	江苏省妇女委员会、江苏省城镇妇女“巾帼建功”活动领导小组	2011.03
先进基层党组织	如东县人民医院	中共南通市卫生局党组	2011.06
2010--2011 年度卫生工作先进集体	如东县人民医院	南通市卫生局	2012.02
医德医风建设先进集体称号	如东县人民医院	南通市卫生局	2012.04
2012 年度全国医院感染横断面调查组织先进单位	如东县人民医院	卫生部全国医院感染监测网 、全国医院感染监控管理培训基地	2012.12
南通市党建工作示范点	如东县人民医院	南通市委组织部	2013.06
2010—2012 年度江苏省文明单位	如东县人民医院	江苏省精神文明建设指导委员会	2013.10

续表20-1

荣誉名称	获奖单位	授予单位	授予时间
2011--2012年度南通市文明单位	如东县人民医院	中共南通市委、南通市人民政府	2013.10
省巾帼文明岗	如东县人民医院神经外科护理组	江苏省“巾帼建功”“双学双比”活动领导小组	2013
2011--2014年度全省临床检验质量管理先进单位优良奖	如东县人民医院	江苏省临床检验中心	2015.03
南通市五四红旗团委	如东县人民医院	共青团南通市委	2015.05
2015年度江苏省诚信计量示范医院	如东县人民医院	江苏省质量技术监督局	2015.10
2013--2014年度南通市文明单位	如东县人民医院	中共南通市委员会、南通市人民政府	2015.12
“十二五”期间全市卫生应急工作先进集体	如东县人民医院	南通市卫生和计划生育委员会	2016.03
2013--2015年度江苏省文明单位	如东县人民医院	江苏省精神文明建设指导委员会	2016.09

上图为如东县人民医院部分奖牌

如东县中医院荣誉摘要

表21

荣誉名称	获奖单位	授予单位	授予时间
省中医院中医药文化建设示范单位	如东县中医院	江苏省中医药局	2013
全国中医院系统“创先争优”先进个人	如东县中医院院长王爱民	国家中医药管理局	2012

如东县疾病预防控制中心荣誉摘要

表22

荣誉名称	获奖单位	授予单位	授予时间
2010年江苏省农村饮用水监测先进集体	如东县疾病预防控制中心	江苏省疾病预防控制中心	2010.12
2012年度江苏省健康教育工作健康素养项目优秀监测点	如东县疾病预防控制中心	江苏省疾病预防控制中心	2013.01
2011年全市疾病预防控制与卫生应急工作先进集体	如东县疾病预防控制中心	南通市卫生局	2012.03

续表22-1

荣誉名称	获奖单位	授予单位	授予时间
2012 年度健康教育工作先进集体	如东县疾病预防控制中心	南通市疾病预防控制中心	2013.03
2015 年科学就医知识竞赛优秀组织奖	如东县疾病预防控制中心	江苏省疾病预防控制中心、江苏省健康教育协会、江苏省预防医学会	2016.01
2015 年度江苏省重点职业病监测与职业健康风险评估工作先进单位	如东县疾病预防控制中心	江苏省疾病预防控制中心	2016.03
“十二五”期间全市疾病预防控制工作先进集体	如东县疾病预防控制中心	南通市卫生和计划生育委员会	2016.03

上图为如东县疾病预防控制中心部分奖牌

如东县卫生监督所荣誉摘要

表 23

荣誉名称	获奖单位	授予单位	授予时间
2006-2010 年全县法制宣传教育先进集体	如东县卫生监督所	如东县委、县政府	2011.12
“十一五”期间全市卫生监督工作先进集体	如东县卫生监督所	南通市卫生局、市人力资源和社会保障局	2011.03
2010 年度优秀行政执法处罚案卷（二等奖）	如东县卫生监督所	南通市卫生监督所	2011.07
全市卫生监督技能大赛三等奖	如东县卫生监督所	南通市卫生局	2012.12
2009—2010 年度文明单位	如东县卫生监督所	南通市委、市政府	2011.12
南通市 2010—2011 年度卫生工作先进集体	如东县卫生监督所	南通市卫生局	2012.02
全市卫生监督体系建设先进单位	如东县卫生监督所	南通市卫生局	2012.03
全市卫生监督专项整治工作先进集体	如东县卫生监督所	南通市卫生局	2012.03
江苏省卫生监督体系建设工作达标单位	如东县卫生监督所	江苏省卫生监督体系建设评估工作小组	2012.03
2011-2012 年度文明单位标兵	如东县卫生监督所	如东县委、县政府	2012.12
2011-2012 年度南通市文明单位	如东县卫生监督所	南通市委、市政府	2013.10
江苏优秀诚信先进单位	如东县卫生监督所	江苏有线数字电视电影频道	2013
先进基层党组织	如东县卫生监督所	中共如东县委员会	2014.07
江苏省学校食堂餐饮安全监管主题征文优秀奖	如东县卫生监督所	江苏省药监局	2012.12
档案工作达到《江苏省机关团体企业事业单位档案工作规范》三星级标准	如东县卫生监督所	江苏省档案局	2014.12
2013—2014 年度文明单位标兵	如东县卫生监督所	如东县委、县政府	2015.02

中共如东县委统战部荣誉摘要

表24

荣誉名称	获奖单位	授予单位	授予时间
机关整体目标考核先进单位	如东县委统战部	如东县委、县政府	2011.01
长安如东建设（综治、法治）先进集体	如东县委统战部	如东县委、县政府	2011.01
2010年度统战工作先进单位	如东县委统战部	南通市委统战部	2011.02
2010年度全市统战宣传工作三等奖	如东县委统战部	南通市委统战部	2011.02
2006--2010年全县法制宣传教育先进集体	如东县委统战部	如东县委、县政府	2011.10
全市统战宣传工作先进单位三等奖	如东县委统战部	南通市委统战部	2012.02
2012年度《中国统一战线》宣传先进单位	如东县委统战部	中央统战部宣传办、中国统一战线杂志社	2012
人民满意机关	如东县委统战部	如东县委、县政府	2013.02
2013年度《中国统一战线》宣传先进单位	如东县委统战部	中央统战部宣传办、中国统一战线杂志社	2013
全市统战工作先进单位	如东县委统战部	南通市委统战部	2014.02
2013年度全市统战宣传工作一等奖	如东县委统战部	南通市委统战部	2014.02
2014年度《中国统一战线》宣传先进单位	如东县委统战部	中央统战部宣传办、中国统一战线杂志社	2014
人民满意机关	如东县委统战部	如东县委、县政府	2015.02
先进基层党组织	如东县委统战部	如东县委	2015.06
2015年度《中国统一战线》宣传先进单位	如东县委统战部	中央统战部宣传办、中国统一战线杂志社	2015

上图为中共如东县委统战部部分奖牌

如东县工商联荣誉摘要

表25

荣誉名称	获奖单位	授予单位	授予时间
信息宣传工作先进集体	如东县工商联	江苏省工商联	2011.12
争先创优先进单位	如东县工商联	南通市工商联	2012.01
机关整体目标考核先进单位	如东县工商联	中共如东县委员会、如东县人民政府	2012.01
争先创优先进单位	如东县工商联	南通市工商联	2013.01
服务委员企业先进单位	如东县工商联	政协如东县委员会	2013.01

续表25-1

荣誉名称	获奖单位	授予单位	授予时间
人民满意机关	如东县工商联	中共如东县委员会、如东县人民政府	2013.02
南通市工商联系统信息工作先进单位	如东县工商联	南通市工商联	2013.01
先进集体	如东县工商联	南通市工商联	2013.12
全市工商联系统信息工作先进单位	如东县工商联	南通市工商联	2013.12
2013年度构筑非公经济舆论阵地先进单位	如东县工商联	中华工商时报社	2013.12
人民满意机关	如东县工商联	中共如东县委员会、如东县人民政府	2014.01
南通市工商联系统先进集体	如东县工商联	南通市工商联	2015.01
省“五好工商联”	如东县工商联	江苏省工商联	2015
省工商联组织商会先进集体	如东县化工行业商会	江苏省工商联	2015

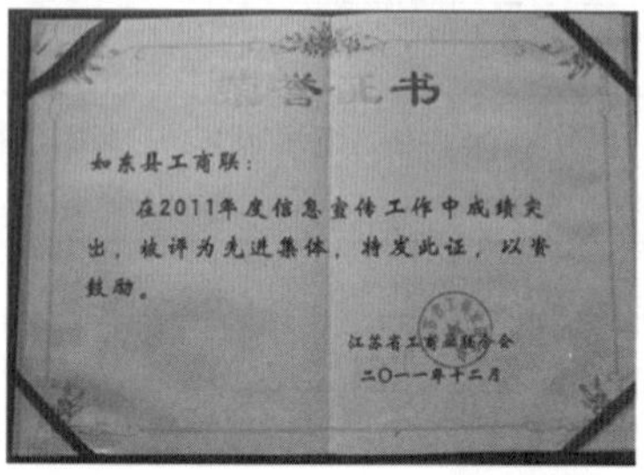

上图为如东县工商联部分奖牌

如东县侨联荣誉摘要

表26

荣誉名称	获奖单位	授予单位	授予时间
全省侨联海外联谊工作先进单位	如东县侨联	江苏省侨联	2013

中共如东县委政法委荣誉摘要

表27

荣誉名称	获奖单位	授予单位	授予时间
全省政法系统优秀基层党组织	如东县委政法委党支部	江苏省委政法委	2011

如东县公安局荣誉摘要

表28

荣誉名称	获奖单位	授予单位	授予时间
全国拘留所收容教育所教育工作社会化先进单位	如东县拘留所	公安部监管局	2011.11
先进基层党组织	如东县公安局	南通市委	2011.06
2007--2009年度江苏省文明行业	如东县公安局	江苏省精神文明建设指导委员会	2011

续表28-1

荣誉名称	获奖单位	授予单位	授予时间
二等功	如东县公安局曹埠派出所	江苏省公安厅	2011
2006--2010年全市法制宣传教育先进单位	如东县公安局	南通市委、市政府	2011
全省公安机关“亮剑行动”成绩突出集体	如东县公安局经侦大队	江苏省公安厅	2012.02
全省公安机关十八大安保工作成绩突出集体	如东县公安局网安大队	江苏省公安厅	2013.02
2012年度全省执法质量优秀单位	如东县公安局	江苏省公安厅	2013.03
集体二等功	如东县公安局马塘派出所	江苏省公安厅	2013.04
全省公安政工信息调研工作先进集体	如东县公安局政治处	江苏省公安厅	2013
全省“清剿火患”战役成绩突出派出所	如东县公安局河口派出所	江苏省公安厅	2013
2010--2012年度江苏省文明单位	如东县公安局、如东县公安局洋口派出所	江苏省公安厅	2014.04
集体二等功	如东县公安局治安大队	江苏省公安厅	2014.09
公安边防部队执法示范单位	小洋口边防派出所	公安部边防局	2014
全省警务保障“四级同创”示范基层单位	洋口派出所	江苏省公安厅	2014
省“青少年维权岗”	新店派出所	江苏省公安厅、共青团江苏省委	2014
2014年度全省卷烟打假工作先进集体	如东县公安局经侦大队	省烟草专卖局、省公安厅	2015.03
2015年度县级公安局综合考核优胜公安局	如东县公安局	南通市公安局	2016.02
省级执法优秀公安局	如东县公安局	江苏省公安厅	2015
全国优秀人民警察	如东县公安局特巡警大队二中队中队长陈卫兵	公安部	2012
公安边防部队执法标兵	环港边防派出所所长杨勇	公安部巡防局	2014

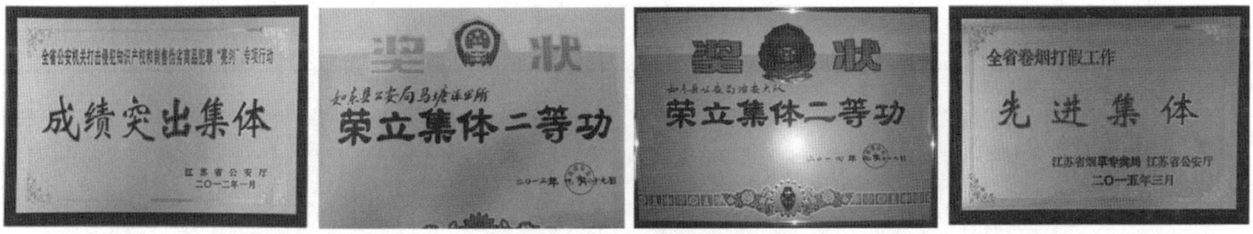

上图为如东县公安局部分奖牌

如东县人民法院荣誉摘要

表29

荣誉名称	获奖单位	授予单位	授予时间
全省法院涉诉矛盾纠纷化解工作先进集体	如东县人民法院执行局	江苏省高级人民法院	2011.12
全国青年文明号	如东县人民法院栟茶人民法庭	最高人民法院、团中央	2011
首批“全省诉讼服务中心示范单位”	如东县人民法院	江苏省高级人民法院	2011
全省法院诉讼服务中心建设工作先进集体	如东县人民法院	江苏省高级人民法院	2011

续表29-1

荣誉名称	获奖单位	授予单位	授予时间
全省法院信息化工作先进单位	如东县人民法院	江苏省高级人民法院	2011
学习陈燕萍先进集体	如东县人民法院栟茶人民法庭	江苏省高级人民法院	2011
2009--2010 年度南通市文明单位	如东县人民法院	南通市委、南通市政府	2011
集体二等功	如东县人民法院	江苏省高级人民法院	2012.03
法治文化建设示范点	如东县人民法院	南通市依法治市领导小组	2012.05
全省法院化解涉拆进京访工作先进集体	如东县人民法院	江苏省高级人民法院	2012
全省法院廉洁司法示范庭	如东县人民法院立案庭、如东县人民法院栟茶人民法庭	江苏省高级人民法院	2012
首批“人民法庭诉讼服务站示范点”	如东县人民法院栟茶人民法庭	江苏省高级人民法院	2012
社会管理创新（长安建设）先进单位	如东县人民法院	南通市委、市政府	2012
2010--2012 年度江苏省文明单位	如东县人民法院	江苏省精神文明建设指导委员会	2013.01
2012 年度全省人民法庭优秀司法建议	洋口港人民法庭	江苏省高级人民法院	2013
全省法院 2012 年度优秀司法建议	如东县人民法院	江苏省高级人民法院	2013
省“青少年维权岗”	如东县人民法院少年法庭	共青团江苏省委、江苏省高级人民法院	2014
2014--2015 年荣记集体二等功	如东县人民法院	江苏省高级人民法院	2016.01
省法院第九届“金法槌”优秀案例三等奖	如东县人民法院	江苏省高级人民法院	2015
网络舆情引导工作先进个人	如东县人民法院研究室主任戴健	最高人民法院	2011
积案清理工作先进个人	如东县人民法院执行局执行员季超	最高人民法院	2014

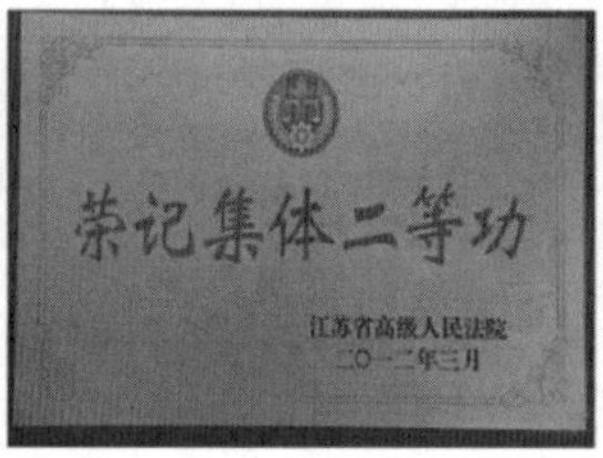

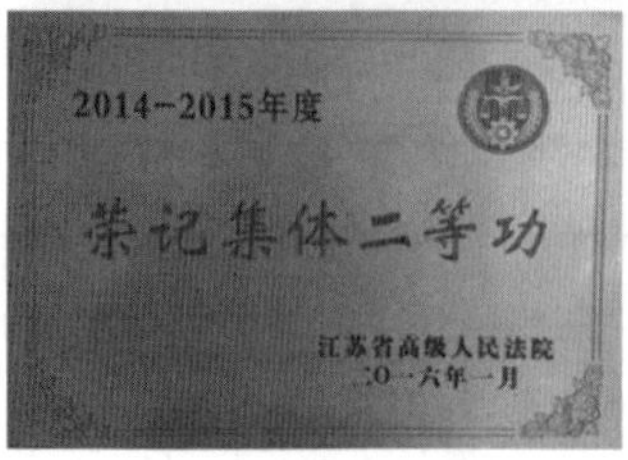

上图为如东县人民法院部分奖牌

如东县人民检察院荣誉摘要

表30

荣誉名称	获奖单位	授予单位	授予时间
全市检察机关政工信息工作先进单位	如东县人民检察院	南通市人民检察院政治部	2011.01
2010年洋口港开发建设工作先进集体三等奖	如东县人民检察院	中共如东县委员会、如东县人民政府	2011.02
全省检察机关“十佳”、“优秀”检察建议和案例分析	如东县人民检察院	江苏省人民检察院	2011.08
全市检察机关司法警察体能技能培训和达标考核综合考评第二名	如东县人民检察院	南通市人民检察院	2011.11
全市检察机关第九届检察业务技能竞赛活动第四名	如东县人民检察院	南通市人民检察院	2011.11
全市检察机关反贪业务技能竞赛先进单位	如东县人民检察院反贪局	南通市人民检察院	2011.11
2011年度综合考评进步奖	如东县人民检察院	南通市人民检察院	2011.12
全市档案工作先进集体	如东县人民检察院	南通市人力资源和社会保障局、南通市档案局	2011.12
全市检察机关公文写作竞赛活动团体总分第一名	如东县人民检察院	南通市人民检察院	2011.12
文明接待示范窗口	如东县人民检察院	最高人民检察院	2011
全国检察宣传先进单位	如东县人民检察院	最高人民检察院、检察日报社	2011
2011年度全县机关整体目标考核先进单位	如东县人民检察院	中共如东县委员会	2012.01
2011年政法工作先进集体	如东县人民检察院	中共如东县委	2012.02
2011年度南通市社会管理创新（长安建设）先进单位	如东县人民检察院	中共南通市委、南通市人民政府	2012.02
南通市“未成年人零犯罪社区（村）”创建工作先进集体	如东县人民检察院	南通市社会管理综合治理委员会、南通市综治委预防青少年违法犯罪工作领导小组、 南通市关心下一代工作委员会	2012.03
全市检察机关民事行政检察业务论辩大赛团体二等奖	如东县人民检察院	南通市人民检察院	2012.05
2010--2012年全市创先争优先进基层党组织	如东县检察院机关党总支	中共南通市委组织部	2012.06
2010--2012年创先争优党员示范窗口	县检察院检调对接工作局	中共如东县委	2012.06
全国检察机关“两房”建设先进集体	如东县人民检察院	最高人民检察院	2012.07
全国检察机关司法警察编队管理示范单位	如东县人民检察院法警大队	最高人民检察院政治部	2012.08
2012年全市检察机关司法警察业务技能培训和达标考核单位综合警务技能考核平均成绩第二名、贯彻落实第三次全国司法警察工作会议精神理论学习测试平均成绩第二名	如东县人民检察院	南通市人民检察院	2012.11

续表30-1

荣誉名称	获奖单位	授予单位	授予时间
2012年度全市检察机关反贪业务技能竞赛先进单位	如东县人民检察院反贪局	南通市人民检察院	2012.11
2012年度先进检察院	如东县人民检察院	南通市人民检察院	2012.12
全国文明接待室	如东县人民检察院	最高人民检察院	2012
省五四红旗团支部	如东县人民检察院团支部	共青团江苏省委	2012
2012年度学习型党组织建设先进集体、长安法治建设先进集体、维护社会稳定先进集体	如东县人民检察院	中共如东县委	2013.02
2012年度人民满意机关	如东县人民检察院	中共如东县委	2013.02
2012年度检察工作成绩突出记集体三等功	如东检察院司法警察大队 如东检察院职务犯罪预防科	南通市人民检察院	2013.03
全市检察机关执法办案风险评估预警处置工作先进集体	如东县人民检察院	南通市人民检察院	2013.03
2012年度全市检察机关办公室工作先进单位	如东县人民检察院	南通市人民检察院	2013.04
2012年度南通市社会管理创新（长安法治建设）先进单位	如东县人民检察院	中共南通市委	2013.06
全省涉检信访工作先进单位	如东县人民检察院控告申诉检察科	江苏省人民检察院	2013.07
南通市检察机关2013年度检察文化理论研讨活动优秀成果一等奖	如东县人民检察院	南通市人民检察院	2013.10
2013年度全市先进检察院	如东县人民检察院	南通市人民检察院	2013.12
2010--2012年度江苏省文明单位	如东县人民检察院	江苏省精神文明建设指导委员会	2013
省廉政文化建设示范点	如东县人民检察院	江苏省纪委	2013
全省检察机关涉检信访工作先进单位	如东县人民检察院	江苏省人民检察院	2013
全省检察机关十佳警示教育基地	如东县人民检察院	江苏省人民检察院	2013
2013年度省院信息直报点先进单位	如东县人民检察院办公室	江苏省人民检察院办公室	2014.01
2013年度党建工作先进集体、纪检监察工作先进集体、建设学习型党组织先进单位、平法法治建设先进集体	如东县人民检察院	中共如东县委、如东县人民政府	2014.01
2013年度全市检察机关信息工作先进单位	如东县人民检察院	南通市人民检察院	2014.02
2013年全市检察机关行装信息工作先进单位	如东县人民检察院	南通市人民检察院	2014.02
2013年度基层平安创建、法治建设工作先进集体	如东县人民检察院检调对接工作局、县检察院预防科	中共如东县委、如东县人民政府	2014.02
检察机关司法警察辅助人员考评优秀单位	如东县人民检察院	南通市人民检察院	2014.05
江苏省检察机关先进集体	如东县人民检察院	江苏省人民检察院	2014.09
全市检察机关第十二届检察业务技能竞赛团体得分第三名	如东县人民检察院	南通市人民检察院	2014.10

续表30-2

荣誉名称	获奖单位	授予单位	授予时间
全市检察机关司法警察手枪射击竞赛团体得分第一名	如东县人民检察院	南通市人民检察院	2014.10
全省检察机关先进集体	如东县人民检察院	江苏省人民检察院、江苏省人力资源和社会保障厅、江苏省公务员局	2014.10
2014年度全市先进检察院	如东县人民检察院	南通市人民检察院	2014.12
全国检察宣传先进单位	如东县人民检察院	最高人民检察院、检察日报社	2014
全国文明接待室	如东县人民检察院	最高人民检察院	2014
检察机关集体二等功	如东县人民检察院职务犯罪预防科	江苏省人民检察院	2015.01
2014年全市检察机关行装信息工作先进单位	如东县人民检察院	南通市人民检察院	2015.01
2014年度省院信息直报点先进单位	如东县人民检察院	江苏省人民检察院	2015.01
2014年度检察工作成绩突出记集体三等功	如东县人民检察院未成年人刑事检察科	南通市人民检察院	2015.02
2014年度党建工作先进集体、纪检监察工作先进集体、建设学习型党组织先进单位、平安法治建设先进集体、法治宣传教育先进集体	县检察院机关党委、派驻检察院纪检组、县检察院党组、县检察院、县检察院（刑法、刑诉法学研究会）	中共如东县委、如东县人民政府	2015.02
2013--2014年度如东县文明单位标兵	如东县人民检察院	中共如东县委、如东县人民政府	2015.03
2014年度基层法治建设工作先进集体	如东县人民检察院办公室	中共如东县委、如东县人民政府	2015.03
如东县国家生态县创建先进集体	如东县人民检察院	中共如东县委	2015.05
全县先进基层党组织	如东县人民检察院机关党委	中共如东县委	2015.06
全市检察机关司法警察男警1000米、女警800米竞赛团体第三名	如东县人民检察院发警大队	南通市人民检察院	2015.11
全省先进基层检察院	如东县人民检察院	江苏省人民检察院	2015
全省检察文化建设先进集体	如东县人民检察院	江苏省人民检察院	2015

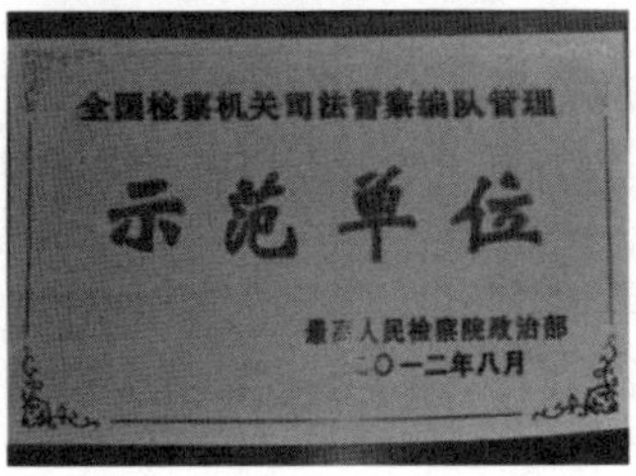

上图为如东县人民检察院部分奖牌

如东县司法局荣誉摘要

表31

荣誉名称	获奖单位	授予单位	授予时间
南通市全民法律知识大赛三等奖	如东县司法局	南通市依法治市领导小组办公室	2011.09

续表31-1

荣誉名称	获奖单位	授予单位	授予时间
2006--2010年全市法制宣传教育集体二等功	如东县司法局	南通市委、南通市人民政府	2011.09
全省刑释解教人员安置帮教工作先进集体	如东县司法局	江苏省综治委特殊人群管理工作领导小组	2011.11
江苏省优秀司法局	如东县司法局	江苏省司法厅	2011.12
2006--2010年全省法制宣传教育先进单位	如东县司法局	江苏省委宣传部、省司法厅、省法宣办	2011
2010年度全省司法行政系统信息工作先进集体	如东县司法局	江苏省司法厅	2011
先进基层党组织	如东县律师协会总支部	南通市委、市政府	2011
2011年度信息调研工作先进集体	如东县司法局	南通市司法局	2012.02
南通市党建工作示范点	如东县司法局律师总支部	中共南通市委组织部	2013.06
全省法律服务“四万”工程优秀组织奖	如东县司法局	江苏省司法厅	2013
2012年度南通市社会管理创新（长安法治建设）先进单位	如东县司法局、县社会矛盾纠纷调查处中心	南通市委、市政府	2013
南通市维护妇女权益工作先进集体	如东县司法局	南通市妇女联合会	2014.08
全省“六五”普法中期先进集体	如东县司法局	省法制宣传工作领导小组	2014.09
全省刑满释放人员安置帮教工作先进集体	如东县司法局	省综治委特殊人群管理工作领导小组	2014.12
2013--2014年度江苏省“青少年维权岗”	如东县法律援助中心	共青团江苏省委、江苏省司法厅	2014.11
集体二等功	如东县司法局	江苏省司法厅	2015
集体三等功	如东县司法局“法润如东春风行动”	江苏省司法厅	2015
省级公证规范化建设先进单位	如东县司法局公证处	江苏省司法厅	2015
2010年上海世博会安保工作先进个人	如东县司法局副局长秦忠	司法部	2011
全国人民调解能手	如东县司法局副局长、县社会矛盾调处中心副主任成晓祥	司法部	2012

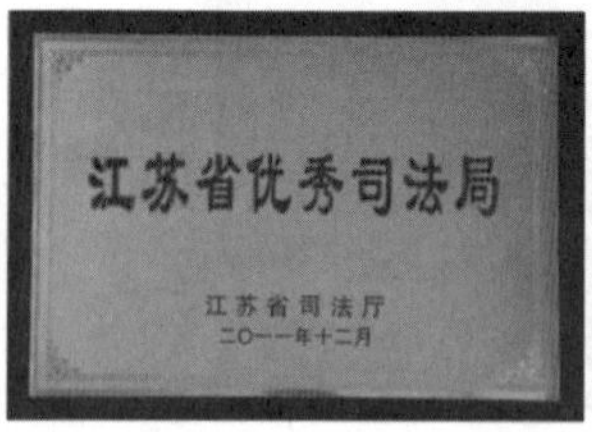

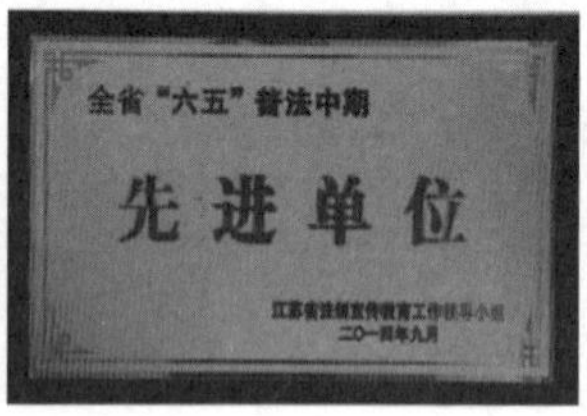

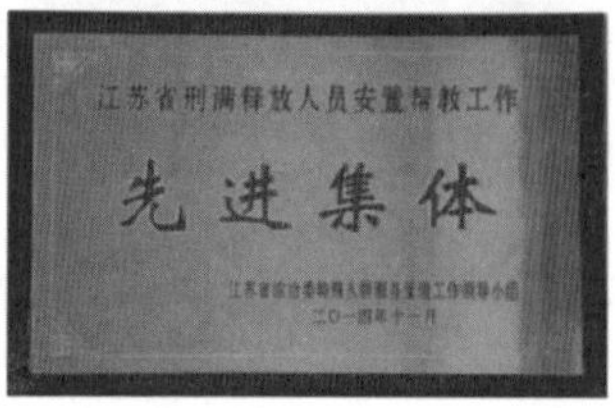

上图为如东县司法局部分奖牌

如东县民政局荣誉摘要

表32

荣誉名称	获奖单位	授予单位	授予时间
全省第九届村委会换届选举工作先进单位	如东县民政局	江苏省民政厅	2011.10
文明单位	如东县民政局	南通市委、南通市政府	2011.12
全市民政宣传工作先进集体	如东县民政局	江苏省民政厅	2011.12
清明节扫墓工作突出单位	西郊公墓	民政部	2011
全国民政系统行风建设示范单位	如东县婚姻登记处	民政部	2011
2009--2010年度南通市文明单位	如东县民政局	南通市委、南通市政府	2011
全省民政系统先进集体	如东县民政局	江苏省人社厅	2012.08
2011--2012年度省行风建设示范单位	如东县民政局	江苏省民政厅	2012.09
全省民政系统争先创优先进集体	如东县民政局	江苏省民政厅争先创优领导组	2012.10
全市民政系统先进集体	如东县民政局	南通市人社区、南通市民政局	2013.01
2011--2012年度文明单位	如东县民政局	南通市委、南通市政府	2013.10
全省退役士兵教育培训工作先进单位	如东县民政局	江苏省民政厅、省教育厅、省财政厅、省人社厅、省农委、省军区政治部	2013
2013年度全省民政宣传工作先进集体	如东县民政局	江苏省民政厅	2014.01
2013年度“安康关爱行动”优秀组织奖	如东县民政局	南通市老龄委、中国人寿南通分公司	2014.02

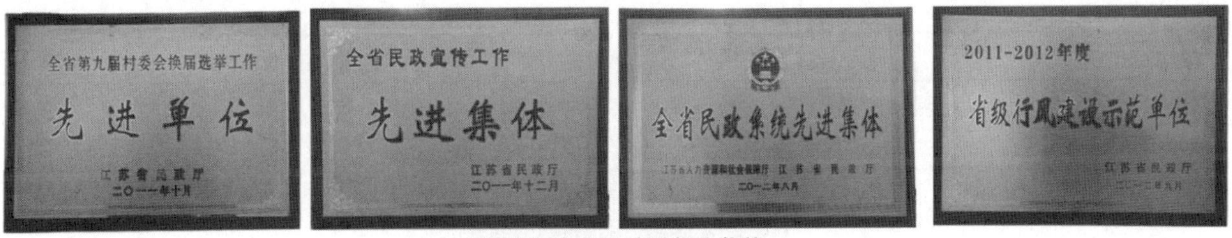

上图为如东县民政局部分奖牌

如东县残疾人联合会荣誉摘要

表33

荣誉名称	获奖单位	授予单位	授予时间
全省基层残疾人组织先进集体	如东县掘港镇残疾人联合会	江苏省残疾人联合会	2012.04
2011年度全市残疾人就业保障金征管工作先进单位	如东县残疾人联合会	南通市残疾人联合会、江苏省南通地税局	2012.08
2012年度全省残疾人组织建设“强基育人”工程先进集体	如东县残疾人联合会	江苏省残疾人联合会	2013.03
2013年度按比例安排残疾人就业工作先进单位	如东县残疾人联合会	江苏省残疾人工作委员会	2014.03
2013年度按比例安排残疾人就业工作先进集体	如东县残疾人联合会	南通市残疾人工作委员会	2015.02

如东县发展和改革委员会荣誉摘要

表34

荣誉名称	获奖单位	授予单位	授予时间
全省中小企业服务体系建设先进单位	如东县经信委	江苏省经信委	2011
全省工业经济运行监测先进单位二等奖	如东县经信委	江苏省经信委	2011
新型工业化考评先进单位	如东县经信委	南通市政府	2011
节能降耗先进单位	如东县经信委	南通市政府	2011
市老干部工作先进集体	如东县发改委	南通市委、市政府	2011
全国价格监测系统先进单位	如东县物价局	国家发改委	2012
全省价格系统先进集体	如东县物价局	江苏省人社厅、省物价局、省公务员局	2012
2012--21014年度省经信系统依法行政法治机关创建示范单位	如东县经信委	江苏省经信委	2012
全省工中小企业创新工程推进工作先进单位	如东县经信委	江苏省经信委	2012
全省工业经济运行监测先进单位一等奖	如东县经信委	江苏省经信委	2012
全省工业经济新增长点培育工作先进单位	如东县经信委	江苏省经信委	2012
教育培训工作先进单位	如东县经信委	江苏省经信委	2012
2011--2012年度南通市文明单位	如东县发改委	南通市委、市政府	2013
全国农产品成本调查工作优秀集体	如东县物价局	国家发改委	2014
省价格工作先进单位	如东县物价局	江苏省物价局	2014
省级特色产业集群	如东风电产业集群	江苏经信委	2015
南通市第二批新型工业化特色产业示范基地	风力发电及风电装备产业基地	南通市政府	2015

如东县沿海地区发展办公室荣誉摘要

表35

荣誉名称	获奖单位	授予单位	授予时间
2014年度沿海开发工作先进集体	如东县沿海地区发展办公室	江苏沿海地区发展领导小组办公室	2015.04
2015年度沿海开发工作先进集体	如东县沿海地区发展办公室	江苏沿海地区发展领导小组办公室	2016.05

上图为如东县沿海地区发展办公室部分奖牌

如东县铁路办公室荣誉摘要

表36

荣誉名称	获奖单位	授予单位	授予时间
2011 年度全省铁路工作先进集体	如东县铁路办公室	江苏省铁路办公室	2012.02
2012 年度全市铁路前期工作先进集体	如东县铁路办公室	南通市铁路办公室	2012.12
2012 年度全市铁路工程建设先进集体	如东县铁路办公室	南通市铁路办公室	2013.01

如东县政务服务中心荣誉摘要

表37

荣誉名称	获奖单位	授予单位	授予时间
南通市行政权力网上公开透明运行工作先进集体	如东县行政服务中心	南通市政府	2011
2011 年服务工业经济先进单位	如东县政务服务中心	如东县委、县政府	2012.01
2011 年生态县创建工作先进集体	如东县政务服务中心	如东县委、县政府	2012.01
江苏省精神文明建设先进集体	如东县政务服务中心	江苏省精神文明建设指导委员会	2013
江苏省文明单位	如东县政务服务中心	江苏省精神文明建设指导委员会	2013
2011--2012 年度南通市文明单位	如东县政务服务中心	南通市委、市政府	2013
2013--2014 年度文明单位标兵	如东县政务服务中心	如东县委、县政府	2015.02
2014 年度服务项目建设先进单位	如东县政务服务中心	如东县委、县政府	2015.05
2014 年先进基层党组织	如东县政务服务中心	中共如东县委员会	2015.06
2013--2014 年度南通市文明单位	如东县政务服务中心	南通市委、市政府	2015.12
2015 年度服务民营经济先进部门	如东县政务服务中心	如东县委、县政府	2016.02
全国组织机构代码工作二十周年先进个人	如东县政务服务中心质监窗口朱恬亿	全国组织机构代码管理中心	2011

如东县商务局（口岸办、粮食局）荣誉摘要

表38

荣誉名称	获奖单位	授予单位	授予时间
全省粮食系统先进集体	如东县粮食局	江苏省粮食局	2011
全省粮食工作创新创优鼓励奖	如东县粮食局	江苏省粮食局	2011
全省粮食流通监督检查工作先进单位	如东县粮食局	江苏省粮食局	2011
省粮食行业先进协会	如东县粮食行业协会	江苏省粮食行业协会	2011
全省粮食系统先进集体	如东县粮食局	江苏省粮食局	2012
全省粮食监督检查先进集体	如东县粮食局	江苏省粮食局	2012
全省百家农民满意粮食收购企业	栟茶粮食储备库、岔河粮食储备库	江苏省粮食局	2012
全省粮食流通监督检查工作示范单位	如东县粮食局	江苏省粮食局	2013

续表38-1

荣誉名称	获奖单位	授予单位	授予时间
省内部审计工作优胜单位	如东县粮食局	江苏省粮食局	2013

如东县科技局（知识产权局）荣誉摘要

表39

荣誉名称	获奖单位	授予单位	授予时间
2012年度江苏省知识产权宣传培训工作先进单位	如东县知识产权局	江苏省知识产权局	2013
全国科技进步考核先进个人	如东县科技局局长沈滨	科技部	2011
全国县（市）科技进步考核先进个人	如东县科技局副局长、党组成员陈洪	科技部	2013

如东县地震局荣誉摘要

表40

荣誉名称	获奖单位	授予单位	授予时间
2011年全省强震动观测资料评比优秀奖	如东县地震局	江苏省地震局	2012
2013年度全省县市防震减灾工作优秀单位	如东县地震局	江苏省地震局	2013
全省防震减灾综合评比优秀单位	如东县地震局	江苏省地震局	2014

如东县人力资源和社会保障局荣誉摘要

表41

荣誉名称	获奖单位	授予单位	授予时间
江苏省“十一五”行政机关公务员培训工作优秀组织奖	如东县人社局	江苏省公务员局	2011.04
市“十一五”人口计生工作先进集体	如东县人力资源和社会保障局	南通市委、市政府	2011
2012年度全省劳动人事示范仲裁院	如东县劳动人事争议仲裁院	江苏省人社厅、省劳动人事争议仲裁委员会	2012.12
2013年度公共人力资源市场功能建设五星级单位	如东县劳动就业管理中心	江苏省人社厅	2013.12
优质服务示范窗口	如东县劳动保障监察大队	江苏省人社厅	2014.04
全省2014年二季度区县12333综合服务评价满意率第一	如东县人社局	江苏省人社厅	2014.07
社会保险业务档案管理优秀单位	如东县人社局城乡居民社会养老保险管理中心、劳动就业管理中心	江苏省人社厅办公室	2014
基层宣传工作先进单位	如东县人社局	人社部办公厅	2014
省人社系统先进集体	如东县劳动人事争议仲裁院	江苏省人社厅	2015.01

续表41-1

荣誉名称	获奖单位	授予单位	授予时间
统计工作30年以上先进个人	如东县人力资源和社会保障局养老保险科副科长吴金龙	国家统计局	2012

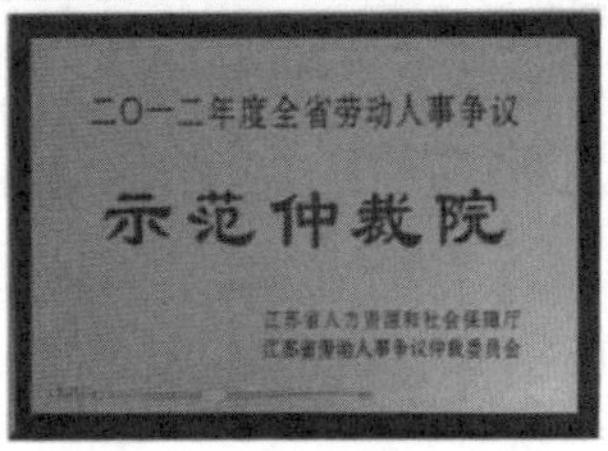

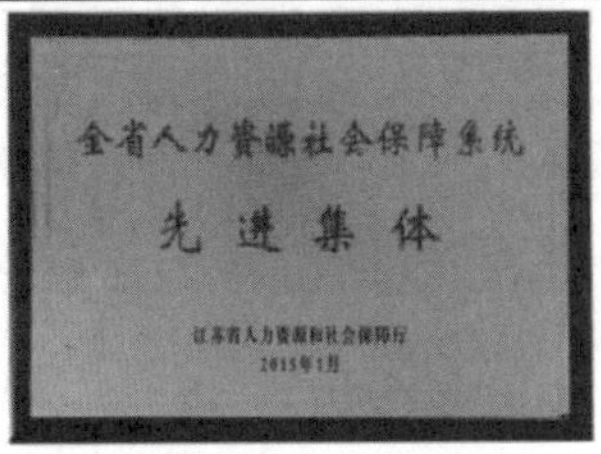

上图为如东县人力资源和社会保障局部分奖牌

如东县安全生产监督管理局荣誉摘要

表42

荣誉名称	获奖单位	授予单位	授予时间
2010年度省安全监督管理系统先进单位	如东县安全生产监督管理局	江苏省安监局	2011
2011年度全省输油气管道安全安全生产先进集体	如东县安全生产监督管理局	江苏省安监局	2011
全省职业病危害重点行业专项整治工作先进单位	如东县安全生产监督管理局	江苏省安监局	2012
2011--2012年度南通市文明单位	如东县安全生产监督管理局	中共南通市委、南通市人民政府	2013.10
省级依法行政示范点（二0一二～二0一三）	如东县安全生产监督管理局	江苏省全面推进依法行政工作领导小组	2013
省烟花爆竹安全生产监督管理工作表现突出集体	如东县安全生产监督管理局	江苏省安监局	2014
全国职业病防治知识竞赛优胜单位奖	如东县安全生产监督管理局	国家安全监管总局办公厅、中华全国总工会办公厅	2015.01
“中嘉联合杯”《中华人民共和国安全生产法》知识竞赛中获“优秀组织奖”	如东县安全生产监督管理局	国家安监总局、工人日报社	2015.06
全省非煤矿山及冶金等工贸行业安全生产工作先进集体	如东县安全生产监督管理局	江苏省安监局	2016.01
2015年度江苏省安全生产宣传工作先进单位	如东县安全生产监督管理局	江苏省安监局、江苏省煤矿安全监察局	2016.03
2011年度全国安全生产监管监察先进个人	如东县安全生产监督管理局局长张必如	国家安全生产监督管理总局	2011

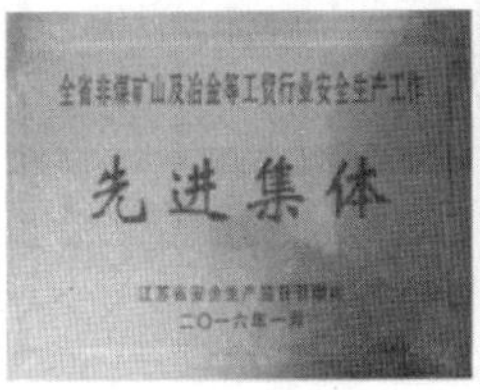

上图为如东县安全生产监督管理局部分奖牌

如东县统计局荣誉摘要

表43

荣誉名称	获奖单位	授予单位	授予时间
项目建设先进单位	如东县统计局	如东县委、县政府	2011.01
脱贫攻坚帮扶工作先进集体	如东县统计局	如东县委、县政府	2011.01
服务业发展先进单位	如东县统计局	如东县委、县政府	2011.01
民营经济重点工作服务先进单位	如东县统计局	如东县委、县政府	2011.01
全面小康社会建设部门百分制目标考核先进单位	如东县统计局	如东县委、县政府	2011.01
长安如东建设（综治、法治）先进集体	如东县统计局	如东县委、县政府	2011.01
统计工作目标责任制考核第一名	如东县统计局	南通市统计局	2011.05
第六次全国人口普查先进集体	如东县人口普查领导小组办公室	江苏省人口普查领导小组办公室	2011.12
服务业工业经济先进单位	如东县统计局	如东县委、县政府	2012.01
服务业工作先进部门	如东县统计局	如东县委、县政府	2012.01
民营经济重点工作先进部门	如东县统计局	如东县委、县政府	2012.01
学习型党组织建设先进单位	如东县统计局党组	如东县委、县政府	2012.01
创建文明城市先进单位	如东县统计局	如东县委、县政府	2012.01
长安如东建设（综治、法治）先进集体	如东县统计局	如东县委、县政府	2012.01
全国一体化住户调查先进集体	如东县统计局	国家统计局	2012.12
联网直报企业统计规范化创建示范单位	如东县统计局	江苏省统计局	2012.12
江苏省第二次RD资源清查国家级先进集体	如东县统计局	国家统计局	2012.12
县级统计局规范化创建达标单位	如东县统计局	江苏省统计局	2012.12
人民满意机关	如东县统计局	如东县委、县政府	2013.02
服务工业经济先进单位	如东县统计局	如东县委、县政府	2013.02
服务业工作先进集体	如东县统计局	如东县委、县政府	2013.02
省级文明城市长效管理先进集体	如东县统计局	如东县委、县政府	2013.02
长安法治建设先进集体	如东县统计局	如东县委、县政府	2013.02
沿海开发及洋口港开发建设工作先进集体	如东县统计局	如东县委、县政府	2014.01
服务工业经济先进单位	如东县统计局	如东县委、县政府	2014.01
推进新兴产业发展先进单位	如东县统计局	如东县委、县政府	2014.01
服务业工作先进部门	如东县统计局	如东县委、县政府	2014.01
服务民营经济先进部门	如东县统计局	如东县委、县政府	2014.01
全县宣传思想工作先进集体	如东县统计局	如东县委、县政府	2014.01
平安法治建设先进集体	如东县统计局	如东县委、县政府	2014.01
江苏省全国第三次经济普查先进集体	如东县经济普查办公室	江苏省全国第三次经济普查领导小组	2014.12
文明城市创建工作先进集体	如东县统计局	如东县委、县政府	2015.02

续表43-1

荣誉名称	获奖单位	授予单位	授予时间
沿海开发及洋口港开发建设工作先进集体三等奖	如东县统计局	如东县委、县政府	2015.02
服务工业经济先进单位	如东县统计局	如东县委、县政府	2015.02
工业经济部门竞赛先进单位三等奖	如东县统计局	如东县委、县政府	2015.02
推进新兴产业发展先进单位	如东县统计局	如东县委、县政府	2015.02
服务业统计工作先进单位	如东县统计局	如东县委、县政府	2015.02
流通经济工作先进单位	如东县统计局	如东县委、县政府	2015.02
服务民营经济先进部门	如东县统计局	如东县委、县政府	2015.02
平安法治建设先进集体	如东县统计局	如东县委、县政府	2015.02
县级统计局规范化建设示范单位	如东县统计局	江苏省统计局	2015.12

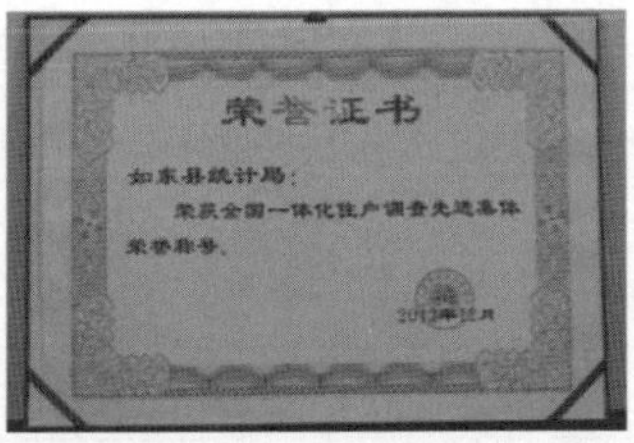

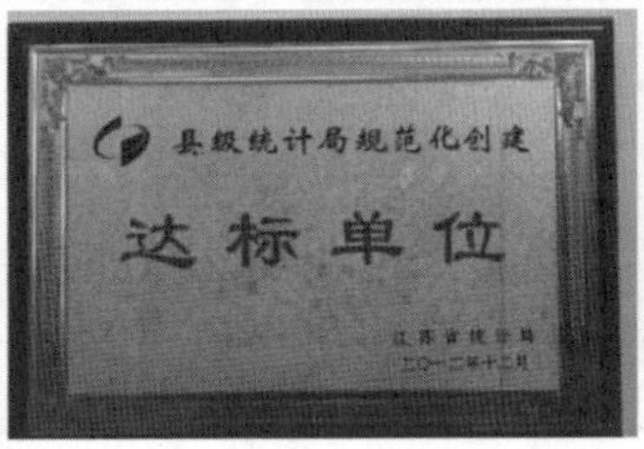

上图为如东县统计局部分奖牌

如东县市场监督管理局荣誉摘要

表44

荣誉名称	获奖单位	授予单位	授予时间
江苏省质量技术监督系统2011年度2012年依法行政示范点	如东县质监局	江苏省质监督局	2011
江苏省质量技术监督系统先进单位	如东县质监局	江苏省质监督局	2011
省巾帼文明岗	如东县工商局登记注册科	江苏省妇女联合会	2011
省工商行政管理系统文明工商分局	如东县工商局城东分局、马塘分局	江苏省工商局	2011
省级依法行政示范点	如东县药监局	江苏省全面推进依法行政工作领导小组办公室	2011
全省药监系统创建文明行业先进集体	如东县药监局	江苏省药监局	2011
法治南通建设先进单位	如东县质监局、药监局	南通市委、市政府	2011
2009--2010年度文明行业	如东县质监局、如东工商系统	南通市委、市政府	2011
南通市文明行业	如东县药监局	中共南通市委、南通市人民政府	2011

续表44-1

荣誉名称	获奖单位	授予单位	授予时间
市“十一五”期间食品安全工作先进集体	如东县工商局	南通市人民政府	2011
南通市第二届十佳社科团体	如东工商局工商学会	南通市委宣传部、市人力资源和社会保障局、市哲学社会科学界联合会	2012.10
全省食品药品监管系统创先争优活动先进基层党组织	如东县药监局党支部	江苏省质监督局党组	2012
整治利用合同格式条款侵害消费者合法权益专项行动先进单位	如东县工商局	江苏省工商联	2012
全市工商系统“打假维权工作”先进单位	如东县工商局	南通工商局	2013.03
2010--2012年度江苏文明单位	如东县质监局、如东县工商局、如东县药监局	江苏省精神文明建设指导委员会	2013
2011--2012年度南通市文明单位	如东县质监局	南通市委、市政府	2013
市文明行业、市文明单位	如东县药监局	南通市委、市政府	2013
2013--2014年度江苏省质量技术监督系统依法行政示范点	如东县质监局	江苏省质监督局	2013
江苏省工商系统廉政文化建设示范点	如东县工商局	江苏省工商局	2013
2012年度南通市社会管理创新（长安法治建设）先进单位	如东县工商局	南通市委、市政府	2013
全国消协组织先进集体	如东县消费者协会	全国消协组织	2015
2013--2015年度江苏省文明单位	如东县工商局	江苏省精神文明建设指导委员会	2016.09
全国工商行政管理系统优秀工商行政管理人员	如东工商局局长、党组书记沈卫华	国家工商总局	2013

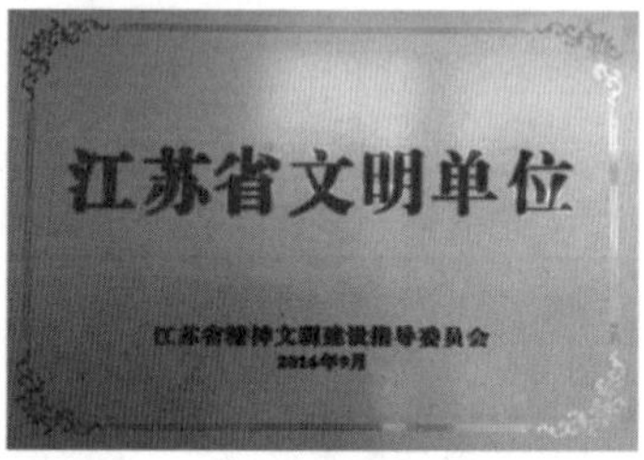

上图为如东县市场监督管理局部分奖牌

如东县供电公司荣誉摘要

表45

荣誉名称	获奖单位	授予单位	授予时间
2010年度物资工作先进集体	如东县供电公司	江苏省电力公司	2011.01
2010年度电力建设功臣集体	如东县供电公司	江苏省电力公司	2011.01
2010年度电费回收先进单位	如东县供电公司	江苏省电力公司、江苏省电力工会	2011.01

续表45-1

荣誉名称	获奖单位	授予单位	授予时间
2011年度机关企事业单位治安保卫工作先进集体	如东县供电公司	南通市公安局	2011.03
2010年度变电运行劳动竞赛先进集体	如东县供电公司	江苏省电力公司	2011.03
2010感动电力团队提名奖	如东县供电公司共产党员服务队	中国电力报社、中国电力报刊协会	2011.03
先进基层党组织	中共如东县供电公司委员会	中共南通市委员会	2011.06
结对创先 先进基层党组织	如东县供电公司	江苏省电力公司委员会	2011.06
先进基层党组织	如东县供电公司	中共南通市委员会	2011.06
南通供电公司2011年职工消防运动会团体第四名	如东县供电公司	南通供电公司工会	2011.11
2009--2010年度文明行业	如东县供电公司	南通市人民政府	2011.12
南通供电系统2011年度安全生产标兵单位	如东县供电公司	江苏省电力公司、南通供电公司	2012.01
2011年度先进集体	如东县供电公司	江苏省电力公司	2012.01
“四好”领导班子	如东县供电公司	中共南通供电公司委员会	2012.01
文明单位标兵	如东县供电公司	南通供电公司	2012.01
如东县域检修分公司被评为南通供电公司2011年度“红旗变电站”创建劳动竞赛团体第二名	如东县供电公司	南通供电公司、南通供电公司工会委员会	2012.01
如东县域检修分公司110kV恩民变评为2011年度“红旗变电站”创建劳动竞赛单项第一名	如东县供电公司	南通供电公司、南通供电公司工会委员会	2012.01
南通市廉政文化示范点	如东县供电公司	中共南通市委员会	2012.01
江苏省档案工作五星级	如东县供电公司	江苏省档案局	2012.02
新闻宣传工作先进单位	如东县供电公司	江苏省电力公司	2012.03
2010--2012年度江苏省文明单位	如东县供电公司	江苏省精神文明建设指导委员会	2013.01
南通供电系统2012年度安全生产先进单位	如东县供电公司	江苏省电力公司南通供电公司	2013.01
档案工作等级评定工作中，表现突出，被授予先进单位	如东县供电公司	江苏省电力公司	2013.02
亚青保电先进集体	如东县供电公司	江苏省电力公司	2013.09
2011--2012年度南通市文明单位	如东县供电公司	南通市人民政府	2013.10
2010--2012年度江苏省文明单位	如东县供电公司	江苏省精神文明建设指导委员会	2013.10
2013年度农网“百佳”工程	如东县供电公司石北线联络江双线工程	国家电网公司	2013
江苏省工人先锋号	如东县供电公司运维站二次系统检修班	江苏省总工会	2013
江苏省电力公司2013年度协同办公推广应用先进单位	如东县供电公司	江苏省电力公司	2014.01
电网先锋党支部标兵	如东县供电公司	中共南通供电公司委员会	2014.06

续表45-2

荣誉名称	获奖单位	授予单位	授予时间
2014年度品牌建设工作先进单位	如东县供电公司	国网南通供电公司	2015.03
全国实施用户满意工程先进单位	如东县供电公司	中国质量协会	2015

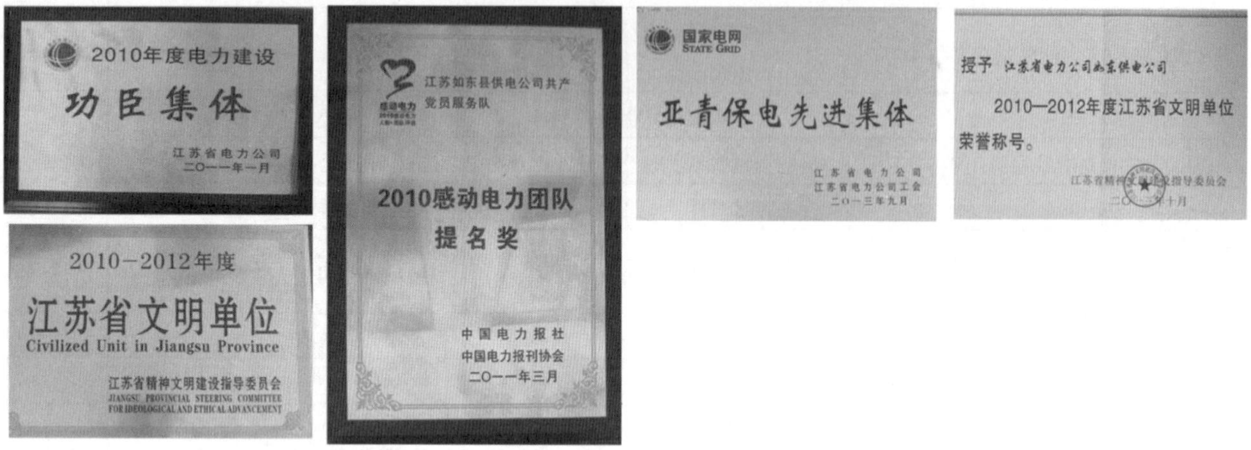

上图为如东县供电公司部分奖牌

中国电信股份有限公司如东分公司荣誉摘要

表46

荣誉名称	获奖单位	授予单位	授予时间
十佳文明服务示范品牌	中国电信如东分公司	中共如东县委员会、如东县人民政府	2010.12
2010--2011年度江苏省价格诚信单位	中国电信如东分公司	江苏省物价局	2011.12
先进基层党组织	中国电信如东分公司	中共如东县委员会	2012.06
2010--2012年度江苏省文明单位	中国电信如东分公司	江苏省精神文明建设指导委员会	2013.06
2011--2012年度南通市文明单位	中国电信如东分公司	中共南通市委、南通市人民政府	2013.10
2013年度南通市消费者满意单位	中国电信如东分公司	南通市消费者协会	2013.12
2013年度人民满意机关	中国电信如东分公司	中共如东县委员会、如东县人民政府	2014.01
2014年度江苏省价格诚信单位	中国电信如东分公司	江苏省物价局	2015.01

上图为中国电信股份有限公司如东分公司部分奖牌

中国邮政集团公司江苏省如东县分公司荣誉摘要

表47

荣誉名称	获奖单位	授予单位	授予时间
南通市文明行业	如东县邮政系统	中共南通市委、南通市人民政府	2011
“中国好人榜”助人为乐好人称号	如东县邮政局98名“雷锋”邮政投递员群体	中央宣传部、中央文明办主办、中国文明网承办	2012.07
善行有您　美德佑您----“中国好人”“雷锋”邮政投递员	如东县邮政局	江苏省文明办、江苏省美德基金会	2012
“雷锋”邮政投递员入选“江苏好人榜”	如东县邮政局	江苏省文明办	2013.01
2011年度先进集邮协会	如东县集邮协会	江苏省集邮协会	2012.05
创先争优活动“先进党组织”称号	如东县邮政局党委	南通邮政局党委	2012.10
市级青年文明号	如东县邮政局	共青团南通市委	2012.11
模范职工之家	如东县邮政局工会	江苏省邮政公司、中国邮电工会江苏省邮政委员会	2013.01
南通市第35次文明新风典型荣誉名称	如东县邮政局“文明信使”群体	南通市精神文明建设指导委员会	2013.03
第一届江苏省“敬老文明号”	如东县邮政局“文明信使”群体	江苏省老龄工作委员会	2013.08
荣获首届南通市“敬老文明号”	如东县邮政局“文明信使”群体	南通市老龄工作委员会	2013.10
2011--2012年度南通市文明单位、文明行业	如东县邮政局	中共南通市委、南通市人民政府	2013.10
2010--2012年度江苏省文明单位、文明行业（七连冠）	如东县邮政局	江苏省精神文明建设指导委员会	2013.10
2013年度南通市优秀志愿服务项目	如东县志愿者服务总站邮政志愿者工作站	南通市精神文明建设指导委员会	2014.02
2013年度先进集邮协会	如东县集邮协会	江苏省集邮协会	2014.05
先进基层党组织	如东县邮政局党委	中共如东县委	2014.07
全省邮政“一创两争”先进基层党组织	如东县邮政局党委	江苏省邮政公司党组	2014.07
省邮政投递优质服务示范窗口	如东县邮政局栟茶邮政支局投递班	江苏省邮政公司	2014
省先进基层党支部	如东县邮政局兵房支局党支部	江苏省邮政公司党组	2014
2015年度南通邮政系统十佳营业优质服务示范窗口	如东县邮政公司	南通市邮政公司、工会	2015.11
2015年度南通邮政系统十佳投递优质服务示范窗口	如东县邮政公司	南通市邮政公司、工会	2015.11
2013--2014年度南通市文明单位(行业)	如东县邮政公司	中共南通市委、南通市人民政府	2015.12

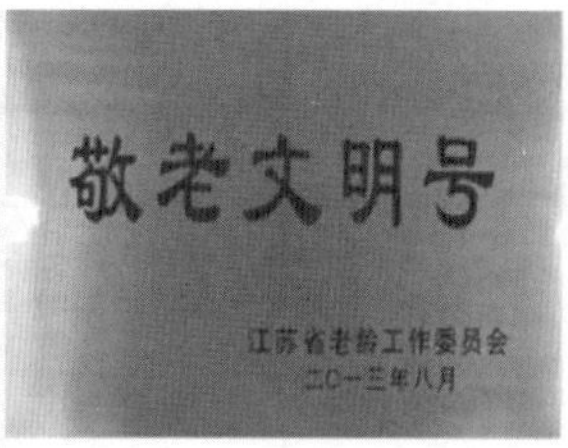

上图为中国邮政集团公司江苏省如东县分公司部分奖牌

中共如东县委农村工作办公室荣誉摘要

表48

荣誉名称	获奖单位	授予单位	授予时间
2009-2010 年度信访工作先进集体	中共如东县委农村工作办公室	如东县委、县政府	2011.05
2010-2011 年度农业科普宣传工作先进集体	中共如东县委农村工作办公室	江苏省农业委员会	2011.09
推进农产品加工集中区建设被评为“2011 年度全市农办系统创先争优工作奖”	中共如东县委农村工作办公室	中共南通市委农村工作办公室、南通市政府农村工作办公室	2012.01
推进创建群众满意服务窗口单位被评为“2011 年度全市农办系统创先争优工作奖”	中共如东县委农村工作办公室	中共南通市委农村工作办公室、南通市政府农村工作办公室	2012.01
2011 年度农办工作综合考核一等奖	中共如东县委农村工作办公室	中共南通市委农村工作办公室、南通市政府农村工作办公室	2012.01
2011 年度农业农村工作综合考评二等奖	中共如东县委农村工作办公室	南通市委、市政府	2012.02
江苏省第七届农民运动会特殊贡献奖	中共如东县委农村工作办公室	南通市委农办、市农民体育协会	2012.08
2011-2012 年度农业科普宣传工作先进集体	中共如东县委农村工作办公室	江苏省农业委员会	2012.09
全县先进离退休干部党组织	县委农办机关老干部党支部	如东县委、县政府	2013.11
议案建议办理工作中获“优秀承办单位”	中共如东县委农村工作办公室	如东县人大常委会	2013.12
议案建议办理工作中获“优秀承办单位”	中共如东县委农村工作办公室	如东县人大常委会	2014.12
第八届江苏省农民合作社产品展销会最奖组织奖	中共如东县委农村工作办公室	江苏省农民合作社产品展销会组委会	2014.12
承办政协委员提案先进协办单位	中共如东县委农村工作办公室	如东县人民政府、政协如东县委员会	2015.01

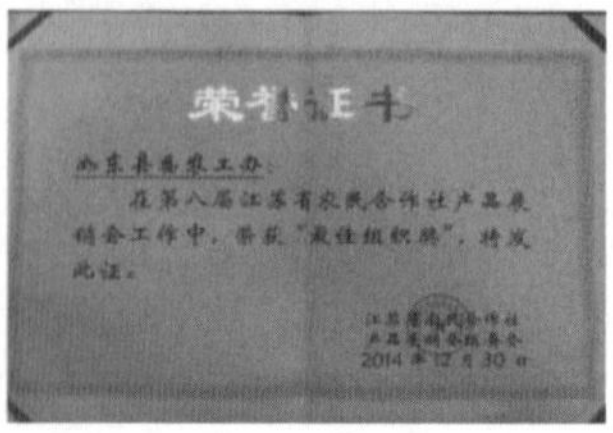

上图为中共如东县委农村工作办公室部分奖牌

如东县农业委员会荣誉摘要

表49

荣誉名称	获奖单位	授予单位	授予时间
2010 年度全省耕地质量建设与管理工作先进单位	如东县土肥站	江苏省农委	2011
市“十一五”期间食品安全工作先进集体	如东县农委	南通市政府	2011
市“十一五”环境保护工作先进单位	如东县农委	南通市委、市政府	2011
“十一五”期间全市统计工作先进集体	如东县农委	南通市政府	2011
全省农经农业系统工作效能考评先进单位	如东县农委	江苏省农委	2011
全省推进畜牧规模养殖工作先进集体	如东县农委	江苏省农委	2011
2010 年度全省粮棉油高产增效创建工作先进单位	如东县农委	江苏省农委	2011
2010 年度全省农民培训工作先进单位	如东县农委	江苏省农委	2011
全省动物卫生监督行政处罚案卷评查一等奖	如东县动物卫生监督所	江苏省农委办公室	2012
全省农业行政处罚优秀案卷	如东县农业行政执法大队	江苏省农委办公室	2012
农资监管宣传工作先进单位	如东县农业行政执法大队	江苏省农业行政执法总队、省农业产业发展研究中心	2012
蚕种管理先进单位	如东县蚕桑指导站	江苏省蚕种管理站	2012
省万名科技专家兴农富民工程优秀示范项目	如东县蚕桑指导站	江苏省科学技术协会	2012
省种畜禽管理先进单位	如东县畜牧兽医站	江苏省农委	2012
全省农技推广服务先进单位	如东县马塘畜牧兽医站	江苏省人社局、农委、公务员局	2012
群众满意的窗口服务单位	如东县掘港畜牧兽医站	江苏省农委	2012
全省蚕桑管理工作先进单位	如东县蚕桑指导站	江苏省蚕种所、江苏省农委农业局	2013
全省作物栽培工作先进单位	如东县作物栽培指导站	江苏省作栽站	2013
省种子工作先进单位	如东县种子管理站	江苏省农委	2013
市第二十五届科普宣传周先进集体	如东县农业委员会、如东县蚕桑指导站、如东县农业技术推广中心	南通市全民科学素质工作领导小组	2013
市全国科普日活动先进集体	如东县农业委员会	南通市科协	2013
市动物防疫员防疫技能竞赛团体二等奖	如东县农业委员会	南通市农委、南通市人社局、南通市总工会	2013
市农技推广服务先进集体	如东县农业技术推广中心、如东县畜牧兽医站、掘港镇畜牧兽医站	南通市人社局、南通市农委	2013
市农作物病虫害专业化统防统治工作先进集体	如东县植保植检站	南通市植保站	2013

续表49-1

荣誉名称	获奖单位	授予单位	授予时间
市新农药新技术推广工作先进集体	如东县植保植检站	南通市植保站	2013
市粮油高产攻关竞赛二等奖	如东县作物栽培指导站	南通市农委	2013
市科学技术进步二等奖	如东县蚕桑指导站	南通市政府	2013
市农技推广二等奖	如东县作物栽培指导站	南通市政府	2013
市农技推广三等奖	如东县家畜改良站、如东县作物栽培指导站	南通市政府	2013
市优秀“厂会协作”项目三等奖	如东县蚕桑学会	南通市发改委、南通市经信委、南通市科协	2013
市农产品质量检测工作先进单位	如东县农产品质量检测中心	南通市农委	2013
市农产品质量安全工作先进单位	如东县农产品质量检测中心	市农检中心	2013
市植保系统目标考核工作一等奖	如东县植保植检站	南通市植保站	2013
2013年度江苏省科学技术奖二等奖（落羽杉属树木杂交新品种选育和推广）	如东县海堤林业管理站	江苏省人民政府	2014
主持完成的《新型高效蚕桑技术集成创新与应用》项目获省农业丰收一等奖	如东县蚕桑指导站	江苏省农业委员会	2014
主持完成的《超级稻南粳44及机插精确定量栽培技术推广应用》项目获省农业丰收二等奖	如东县作物栽培指导站	江苏省农业委员会	2014
江苏省科技进步二等奖—落羽杉属树林杂交新品种选育和推广	如东县海堤林业管理站	江苏省人民政府	2014.01
全省挂县强农富民工程绩效考评突出单位	如东县农委	江苏省农委	2015
如东县农业技术推广中心	第七届江苏省农业技术推广三等奖	江苏省政府	2015
江苏省农业广播电视学校如东县分校	第七届江苏省农业技术推广三等奖	江苏省政府	2015
江苏省“一村一品一店”示范村	如东县马塘镇徐庄村	江苏省农委	2015
江苏省农业电子商务示范单位	如东县玉兰飘香家庭农场	江苏省农委	2015
江苏省智能农业示范园区	江苏省如东县现代农业产业园区	江苏省农委	2015
《高效安全蚕桑生产新技术集成与推广》获2014-2015年度省农业丰收奖二等奖	如东县蚕桑指导站	江苏省农委	2015
《精准高效养蚕技术集成创新与应用》获2014-2015年度省农业丰收奖二等奖	如东县蚕桑指导站	江苏省农委	2015
全省“送科技、比服务、促增收”表现突出单位	如东县农委科教科	江苏省农委办公室	2015
2014年度全省打击侵犯品种权和制售假劣种子行为专项行动成效显著单位	如东县农委	江苏省农委办公室	2015
第八届“神园杯”江苏优质水果评比金奖	如东县岔河镇成人校	江苏省园艺学会、江苏省园艺技术推广站	2015
第八届“神园杯”江苏优质水果评比金奖	如东县春之韵葡萄园	江苏省园艺学会、江苏省园艺技术推广站	2015

续表49-2

荣誉名称	获奖单位	授予单位	授予时间
全省农民教育培训工作先进集体	江苏省农业广播电视学校如东县分校	江苏省农广校、江苏省农民培训中心	2015
《如东县生猪重大疫病防控组合技术推广》获市政府农业科技推广一等奖	如东县畜牧兽医站	南通市政府	2015
《稚蚕人工饲料共育技术集成创新与应用》获市政府农业科技推广二等奖	如东县蚕桑指导站	南通市政府	2015
《夏秋叶菜安全抗逆栽培技术集成与推广》获市政府农业科技推广二等奖	如东县栽培指导站	南通市政府	2015
《水稻螟虫性诱测报与防治新技术集成与推广应用》获市政府农业科技推广三等奖	如东县植保植检站	南通市政府	2015
"如东兆盈畜牧有限公司使用未经无害化处理的餐厨废弃物喂养畜禽案"获全市农业行政处罚案卷评查竞赛优秀案卷	如东县农业行政执法大队	南通市农委	2015
全市粮食增产模式攻关竞赛一等奖	如东县作物栽培指导站、如东县马塘镇农业服务中心	南通市农委	2015

上图为如东县农业委员会部分奖牌

如东县水务局荣誉摘要

表50

荣誉名称	获奖单位	授予单位	授予时间
全省水利先进单位	如东县水务局	江苏省水利厅	2012
南通市农村水利建设十佳单位	如东县水务局	南通市委、市政府	2014

如东县农业机械管理局荣誉摘要

表 51

荣誉名称	获奖单位	授予单位	授予时间
"十一五"江苏省农机教育培训与职业技能鉴定先进单位	如东县农业机械管理局	江苏省农业机械管理局	2011.03

续表51-1

荣誉名称	获奖单位	授予单位	授予时间
江苏省农业技术推广奖	如东县农机化技术推广服务站	江苏省人民政府	2011.04
省农业机械推广机构规范化建设首批达标站	如东县农机化技术推广服务站	江苏省农业机械管理局	2011
安全生产工作先进单位	如东县农业机械管理局	如东县人民政府	2012.01
2011年度南通市农机安全生产先进单位	如东县农业机械管理局	南通市农业委员会	2012.02
2011年度全市农机化工作综合考核一等奖	如东县农业机械管理局	南通市农业委员会	2012.02
法治建设先进集体	如东县农业机械管理局	中共如东县委员会、如东县人民政府	2012.02
全省农机化工作先进单位	如东县农业机械管理局	江苏省农业机械管理局	2012
安全生产工作先进单位	如东县农业机械管理局	如东县人民政府	2013.01
全国农机安全监管知识竞赛优秀个人	如东县农业机械管理局监理所副所长季蔚	农业部农机化管理司	2011

上图为如东县农业机械管理局部分奖牌

如东县海洋与渔业局荣誉摘要

表52

荣誉名称	获奖单位	授予单位	授予时间
全国科普惠农兴村先进单位	如东县海洋与渔业局	中国科协、财政部	2011.06
海洋环境保护先进单位	如东县海洋与渔业局	国家海洋局东海分局	2011
江苏省科学技术奖三等奖	如东县渔业技术推广站	江苏省政府	2011
2011年洋口港开发建设先进集体二等奖	如东县海洋与渔业局	如东县委、县政府	2012.02
省级依法行政示范点	如东县海洋与渔业局	江苏省全面推进依法行政工作领导小组	2012
海域协管先进单位	如东县海洋与渔业局	江苏省“两沙”管委会	2012
海域安全管理先进单位	如东县海洋与渔业局	江苏省“两沙”管委会	2012
全省渔业互助保险先进单位	如东县海洋与渔业局	江苏省渔业互助保险协会	2012

续表52-1

荣誉名称	获奖单位	授予单位	授予时间
安全管理先进单位	如东县海洋与渔业局渔政执法大队	江苏省“两沙”管委会	2012
省海域动态监督优秀单位	如东县海洋与渔业局海域使用动管中心	江苏省海洋与渔业局	2012
2012 年度食品安全工作先进集体	如东县海洋与渔业局	如东县人民政府	2013.01
江苏省第二届“中海达杯”海洋测绘技能比赛三等奖	如东县海洋与渔业局	江苏省人社局、海洋与渔业局	2013.09
2013 年度沿海开发及洋口港开发建设规划审批贡献奖一等奖	如东县海洋与渔业局	如东县委、县政府	2014.01
2015 年度江苏省海洋综合管理先进单位	如东县海洋与渔业局	江苏省海洋与渔业局	2016.01
2015 年度两沙海域协管先进单位	如东县海洋与渔业局	江苏省蒋家沙竹根沙海域管理委员会	2016.02

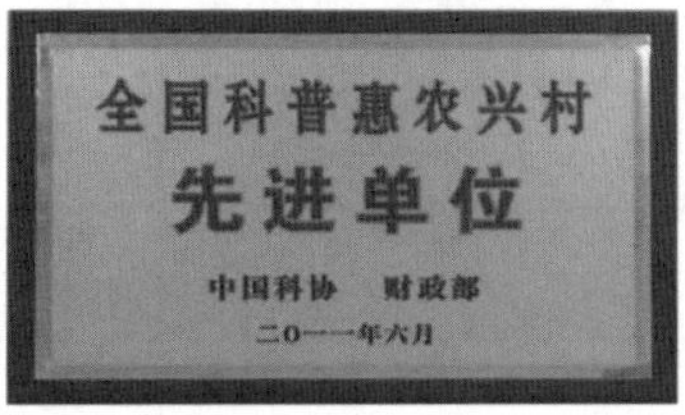

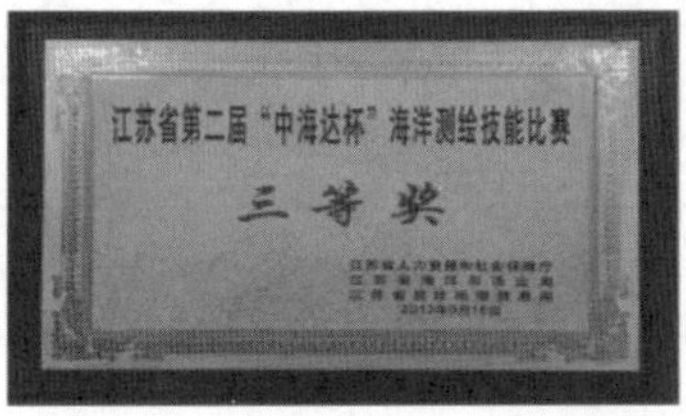

上图为如东县海洋与渔业局部分奖牌

如东县农业资源开发局荣誉摘要

表 53

荣誉名称	获奖单位	授予单位	授予时间
全市 2011 农业开发机制创新先进单位	如东县农业资源开发局	南通市农业资源开发局	2012.03
全市 2011 农业开发系统目标考核一等奖	如东县农业资源开发局	南通市农业资源开发局	2012.03
全市 2011 农业综合开发优秀项目	如东县农业资源开发局	南通市农业资源开发局	2012.03
全省 2012 农业开发宣传信息先进单位	如东县农业资源开发局	江苏省农业资源开发局	2013.04

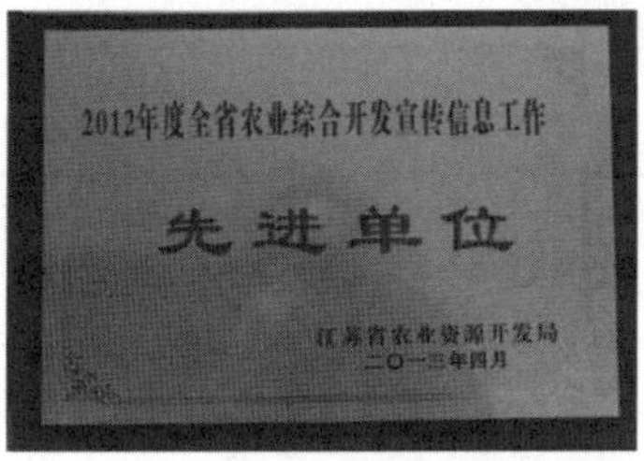

上图为如东县农业资源开发局部分奖牌

如东县供销合作总社荣誉摘要

表 54

荣誉名称	获奖单位	授予单位	授予时间
2010 年度江苏省供销合作社系统为农服务社建设优胜单位	如东县供销合作总社	江苏省供销合作总社	2011.01
2011 年度江苏省供销系统农民专业合作社示范社建设优胜单位	如东县供销合作总社	江苏省供销合作总社	2012.02
2011 年度江苏省供销合作社系统基层社“三位一体”（自主经营实体、为农服务载体、合作经济组织联合体）建设优胜单位	如东县供销合作总社	江苏省供销合作总社	2012.02
2011 年度江苏省供销合作社系统为农服务社建设优胜单位	如东县供销合作总社	江苏省供销合作总社	2012.02
省级农资经营示范店	如东供合农资连锁有限公司大豫分公司、如东县农业生产资料有限公司古坝分公司、洋口供销社有限责任公司	江苏工商行政管理局、江苏省农业委员会、江苏省放心消费创建活动办公室	2012
市农业和农村工作先进集体	如东县供销合作总社	南通市委、市政府	2012
2012 年度江苏省供销合作社系统“农产品市场建设”优胜单位	如东县供销合作总社	江苏省供销合作总社	2013.01
2012 年度江苏省供销合作社系统“三位一体”（自主经营实体、为农服务载体、合作经济组织联合体）建设优胜单位	如东县供销合作总社	江苏省供销合作总社	2013.01
江苏省级农资经营示范店	靖海供销有限公司、洋口供销社有限公司	江苏省工商局、江苏省农委、江苏省放心消费创建活动办公室	2013
全省系统“新网工程建设”优胜单位	如东县供销合作总社	江苏省供销合作总社	2013
2012 年度南通市为农服务社建设先进单位	如东县供销合作总社、如东供合农资连锁有限公司	南通市委、市政府	2013
2011-2012 年度南通市文明单位	如东县供销合作总社	南通市委、市政府	2013
2014 年度江苏省供销合作社系统“创新工作”优胜单位	如东县供销合作总社	江苏省供销合作总社	2015
2015 年度江苏省供销合作社系统电子商务示范县级社	如东县供销合作总社	江苏省供销合作总社	2016

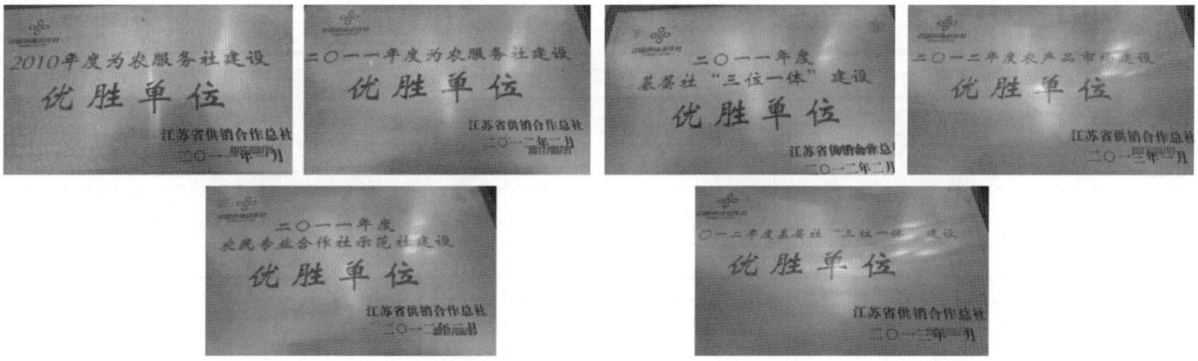

上图为如东县供销合作总社部分奖牌

如东县住房和城乡建设局荣誉摘要

表 55

荣誉名称	获奖单位	授予单位	授予时间
南通市城乡建设系统 2010 年度法制宣传教育工作先进单位	如东县住房和城乡建设局	南通市城乡建设局	2011.01
2010 年度“房屋安全管理先进集体”	如东县住房和城乡建设局	南通市住房保障和房产管理局	2011.02
2011 年度“房屋安全管理先进集体”	如东县住房和城乡建设局	南通市住房保障和房产管理局	2012.03
2012 年度南通建筑业管理先进单位	如东县住房和城乡建设局	南通市城乡建设局	2013.01
2012 年度江苏省住房保障工作先进单位	如东县住房和城乡建设局	江苏省住房和城乡建设厅	2013.02
2012 年度“房产管理工作先进集体”	如东县住房和城乡建设局	南通市住房保障和房产管理局	2013.03
2012 年度全省建筑行业管理先进单位	如东县住房和城乡建设局	江苏省住房和城乡建设厅	2013.04
2012 年度南通市社会管理创新（长安法治建设）先进单位	如东县住房和城乡建设局	南通市委、市政府	2013
2012 年度白蚁防治工作先进单位	如东县白蚁防治站	江苏省白蚁防治协会	2013
2013 年度江苏省白蚁防治行业先进单位	如东县白蚁防治站	江苏省白蚁防治协会	2013
青年文明号争创集体	如东县住房和城乡建设局	共青团南通市委	2014.09

如东县城管局荣誉摘要

表 56

荣誉名称	获奖单位	授予单位	授予时间
省住建系统和谐劳动关系模范企业	如东县环卫处	江苏省住房和城乡建设厅	2011
全省首届城管行政执法典型案例评析三等奖	如东县城市管理局	江苏省法制办	2011
青园北路获省城市市容管理示范路称号	如东县城市管理局	江苏省住房和城乡建设厅	2011

续表56-1

荣誉名称	获奖单位	授予单位	授予时间
江苏省城管系统文化建设年活动二等奖	如东县城市管理局	江苏省住房和城乡建设厅	2011
2009--2010 年度南通市文明单位	如东县城市管理局、如东县环卫处	南通市委、市政府	2011
2011 年度创建文明城市先进单位	如东县城市管理局	中共如东县委员会 如东县人民政府	2012.01
2011 年度全省城市管理行政执法工作先进集体	如东县城市管理局	江苏省全面推进依法行政工作领导小组 江苏省人民政府法制办公室	2012.01
全省住建系统行政执法队伍规范化建设先进集体	如东县城市管理局	江苏省住房和城乡建设厅	2012.05
2011--2012 年度南通市文明单位	如东县城市管理局	中共南通市委 南通市人民政府	2013.10
2013--2014 年度南通市文明单位	如东县城市管理局	中共南通市委 南通市人民政府	2015.12
2015 年度“六城联创”工作先进集体	如东县城市管理局	中共如东县委 如东县人民政府	2016.01
2015 年度“人民满意”机关	如东县城市管理局	中共如东县委 如东县人民政府	2016.01
争优创新先进基层工作者	如东县环卫处新区保洁所副所长尹秀红	中国城市环境卫生协会	2015

上图为如东县城管局部分奖牌

如东县环境保护局荣誉摘要

表 57

荣誉名称	获奖单位	授予单位	授予时间
2011 年度环境信访工作先进集体	如东县环保局	江苏省环保厅	2012.12
十八大反腐倡廉理论知识竞赛三等奖	如东县环保局	南通市环保局	2013.11
江苏省务实工期团支部（总支）	如东县环保局	共青团江苏省委	2014.05
通过江苏省机关团体事业单位档案工作规范三星级复查	如东县环保局	江苏省档案局	2014.12

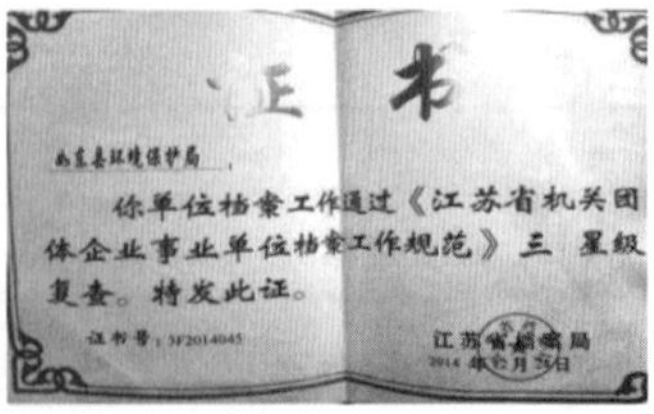

上图为如东县环境保护局部分奖牌

如东县国土资源局荣誉摘要

表 58

荣誉名称	获奖单位	授予单位	授予时间
全省地籍管理先进单位	如东县国土资源局	江苏省国土资源厅	2011
2007--2009 年度江苏省创建文明行业工作先进行业	如东县国土资源局	江苏精神文明建设指导委员会	2011
2006--2010 全市法制宣传教育工作先进集体	如东县国土资源局	中共南通市委员会	2011
2009--2010 年南通市文明行业	如东县国土资源局	中共南通市委员会	2011
2009--2011 年南通市文明单位	如东县土地资产储备开发中心	中共南通市委员会	2011
2012--2013 年度全省国土资源系统推进依法行政工作先进单位	如东县国土资源局	江苏省国土资源厅	2014.08
全省国土资源系统财务管理先进单位	如东县国土资源局	江苏省国土资源厅	2014
全省国土资源系统预防职务犯罪工作先进集体	如东县国土资源局	江苏省国土资源厅	2014
2013--2014 年度文明行业	如东县国土资源局	中共如东县委员会、如东县人民政府	2015.02
2014--2015 年度全省国土资源信访工作先进集体	如东县国土资源局	江苏省国土地资源厅	2016.01

如东县交通运输局荣誉摘要

表 59

荣誉名称	获奖单位	授予单位	授予时间
全国交通运输系统先进单位	如东县交通运输局	交通部	2011
南通市行政权力网上公开透明运行工作先进集体	如东县交通运输局	南通市政府	2011
2009--2010 年度南通市文明单位	如东县第二中心交通管理所	南通市委、市政府	2011
创先争优科学发展争一流先进基层党组织	如东县交通运输局	中共江苏省委组织部	2012.06
工人先锋号	如东县交通运输局	江苏省总工会	2013.01
全省交通运输行业作风建设 2011-2012 年度优秀单位	如东县交通运输局	江苏省交通运输厅	2013.01
2011--2012 年度南通市文明单位	如东县交通运输局、县公路管理站、县地方海事处、县运输管理处、南通汽运集团如东分公司	中共南通市委、南通市人民政府	2013.10
临海高等级公路工程第一阶段劳动竞赛先进集体	如东县交通运输局	江苏省交通运输厅	2013.10
2012 年度全省地方海事船检工作先进集体	如东县地方海事处	江苏省地方海事局	2013

续表59-1

荣誉名称	获奖单位	授予单位	授予时间
临海高等级公路工程建设勤廉先进单位	如东县交通运输局	江苏省交通运输厅	2014.07
省工人先锋号	如东县交通工程有限公司	江苏省总工会	2015
南通市文明单位	如东县交通运输局	中共南通市委、南通市人民政府	2015
南通市安全生产目标管理先进单位	如东县交通运输局	中共南通市委、南通市人民政府	2015

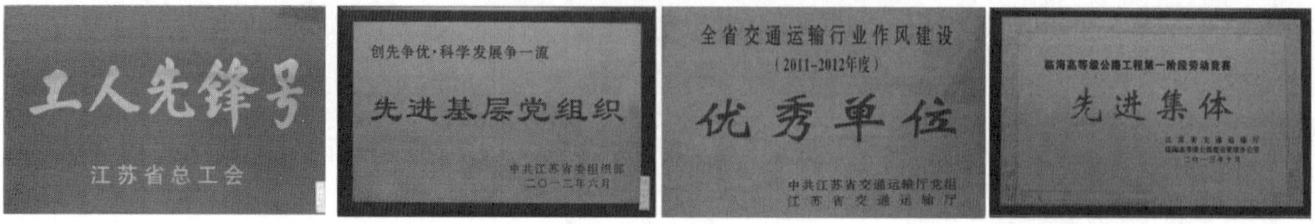

上图为如东县交通运输局部分奖牌

如东县航道管理站荣誉摘要

表60

荣誉名称	获奖单位	授予单位	授予时间
2011--2012年度南通市文明单位	如东县航道管理站	南通市委、市政府	2013.10
2013--2014年度如东县文明单位标兵	如东县航道管理站	如东县委、县政府	2015.03
2014年度全省航道系统创先争优先进基层单位	如东县航道管理站	江苏省交通运输厅航道局	2015

如东县财政局荣誉摘要

表61

荣誉名称	获奖单位	授予单位	授予时间
2010年度财政投入农业先进单位	如东县财政局	中共南通市委员会、南通市人民政府	2011.01
2010年度农业综合开发资金决算工作三等奖	如东县财政局	江苏省财政厅	2011.08
2011年度全省法治财政建设先进单位	如东县财政局	江苏省财政厅	2011.12
市“十一五”人口计生工作先进集体	如东县财政局	南通市委、市政府	2011
2011年度财政收入增收表彰单位	如东县财政局	江苏省人民政府	2012.01
2011年洋口港开发建设先进集体一等奖	如东县财政局	中共如东县委员会、如东县人民政府	2012.02
2011--2012年度南通市文明单位	如东县财政局	中共南通市委、南通市人民政府	2013.10
通过《江苏省机关团体企业事业单位档案工作规范》三星级复查	如东县财政局	江苏省档案局	2013.12
财政收入增收表彰单位、财政收入质量提升表彰单位	如东县财政局	江苏省人民政府	2013
江苏省法治财政建设先进单位	如东县财政局	江苏省财政厅	2013

续表61-1

荣誉名称	获奖单位	授予单位	授予时间
县级基本财力保障机制建设先进单位	如东县财政局	江苏省财政厅	2013
全省预算绩效管理工作先进单位	如东县财政局	江苏省财政厅	2013
全省社保工作综合考评三等奖	如东县财政局	江苏省财政厅	2013
农业综合开发资金决算编报二等奖	如东县财政局	江苏省财政厅	2013
财政支农资金改革创新先进单位	如东县财政局	江苏省财政厅	2013
2014年度全县文明城市创建工作先进集体	如东县财政局	中共如东县委员会、如东县人民政府	2015.02
2015年度人民满意机关	如东县财政局	中共如东县委员会、如东县人民政府	2016.01
省法治财政标准化建设示范点单位	如东县财政局	江苏省财政厅	2015
2010--2015年度全省财政系统先进集体	如东县财政局岔河财政所	江苏省人社厅、省财政厅	2015

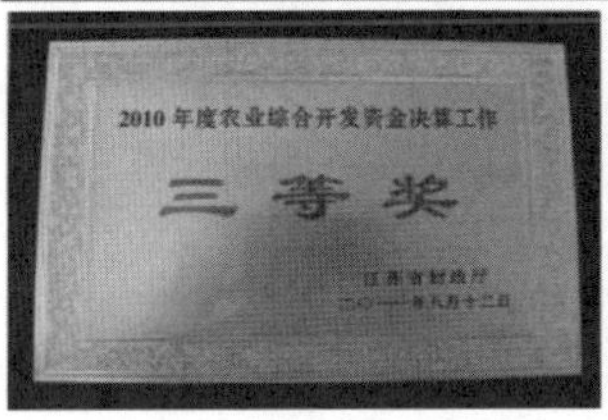

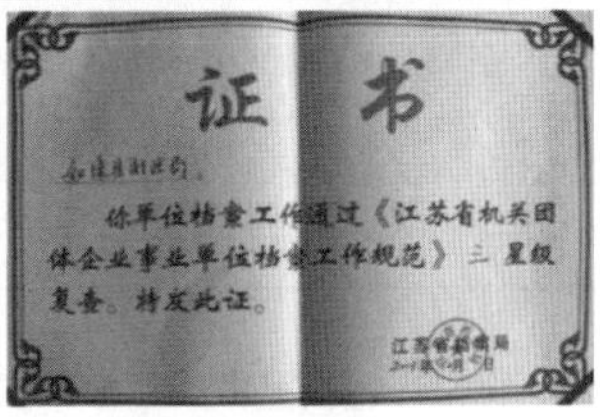

上图为如东县财政局部分奖牌

如东县国家税务局荣誉摘要

表62

荣誉名称	获奖单位	授予单位	授予时间
2007--2009年度江苏省文明行业	如东县国税局	江苏省精神文明建设指导委员会	2011.01
全国巾帼文明岗	如东县国家税务局办税服务厅	中华全国妇女联合会、全国妇女“巾帼建功”活动领导小组	2011.04
2009--2010年度南通市文明行业	如东县国税局	中共南通市委员会、南通市人民政府	2011.12
南通市文明单位	如东县国税局第一至第八税务分局、稽查局	中共南通市委员会、南通市人民政府	2011
江苏省文明单位	如东县国税局第四税务分局	江苏省精神文明建设指导委员会	2011
江苏省精神文明先进单位	如东县国税局第一、第三税务分局	江苏省精神文明建设指导委员会	2011
2006--2010年法制宣传教育先进单位	如东县国税局第四税务分局	中共南通市委员会、南通市人民政府	2011
南通市优秀青年团体	如东县国税局青年志愿者服务队	共青团南通市委	2012.05
南通市关爱留守流动儿童“十佳爱心单位”	如东县国税局	南通市精神文明指导委员会	2013.05

续表61-2

荣誉名称	获奖单位	授予单位	授予时间
2010--2012年度江苏省文明单位	如东县国税局、如东县国税局第一税务分局	江苏省精神文明建设指导委员会	2013.12
模范职工小家	如东县国税局第五税务分局	江苏省总工会	2013
省巾帼文明岗	如东县国税局第二税务分局办税服务厅	省“巾帼建功”“双学双比”活动领导小组	2013
南通市廉政文化建设示范系统	如东县国税局	中共南通市纪委	2015.07
南通市模范职工小家	如东县国税局工会委员会	南通市总工会	2015.12
2014--2015年度南通市“巾帼文明岗”	如东县国税局财务科	南通市“巾帼建功”活动领导小组	2016.03
2012年1月份“我推荐、我评议身边好人”见义勇为 “中国好人榜”	如东县国税局副主任科员桑万璜	中央文明办	2012.01
2013年2月份“孝老爱亲”类“中国好人榜”	于亚军	中央文明办	2013.02

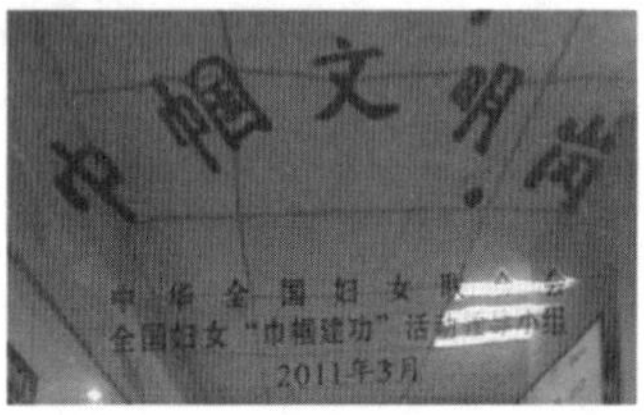

上图为如东县国家税务局部分奖牌

江苏省南通市如东地方税务局荣誉摘要

表63

荣誉名称	获奖单位	授予单位	授予时间
2010--2011年度省级依法行政示范点	江苏省南通市如东地方税务局	江苏省全面推进依法行政工作领导小组办公室	2010.01
巾帼文明岗	江苏省南通市如东地方税务局	如东县妇女联合会	2011.03
南通市五四红旗团委	江苏省南通市如东地方税务局	共青团南通市委	2011.05
模范职工之家	江苏省南通市如东地方税务局工会	江苏省总工会	2011.10
2010年度全国五四运动红旗团支部	江苏省南通市如东地方税务局团支部	共青团中央	2011
全国巾帼文明岗	江苏省南通市如东地方税务局纳税服务局办税服务厅	全国妇联、全国妇女巾帼建功活动领导小组	2011
省巾帼文明岗	江苏省南通市如东地方税务局第五税务分局	江苏省妇联	2011
2006--2010年全省法制宣传教育先进单位	江苏省南通市如东地方税务局	江苏省委宣传部、司法厅、法宣办	2011

续表63-1

荣誉名称	获奖单位	授予单位	授予时间
2009--2010年度南通市群众满意十佳基层站所	江苏省南通市如东地方税务局第二税务分局	南通市委、市政府	2011
2009--2010年度南通市文明单位	如东县地税局、如东县地税局第一至第六税务分局、稽查局	中共南通市委员会、南通市人民政府	2011
南通市文明行业	江苏省南通市如东地方税务局	中共南通市委员会、南通市人民政府	2011
2011年度南通地税系统青年文明号	江苏省南通市如东地方税务局	江苏省南通地方税务局、共青团南通市委	2012.01
2011年度机关整体目标考核先进单位	江苏省南通市如东地方税务局	中共如东县委员会、如东县人民政府	2012.01
2011年度财政工作先进集体	江苏省南通市如东地方税务局	中共如东县委员会、如东县人民政府	2012.01
2011年度行政服务工作先进单位	江苏省南通市如东地方税务局	中共如东县委员会、如东县人民政府	2012.01
南通市地税系统2011年度绩效考核优良单位	江苏省南通市如东地方税务局	江苏省南通地方税务局	2012.01
2011年度服务工业经济先进单位	江苏省南通市如东地方税务局	中共如东县委员会、如东县人民政府	2012.01
2011年度服务业工作先进部门	江苏省南通市如东地方税务局	中共如东县委员会、如东县人民政府	2012.01
2011年全县双拥工作先进单位	江苏省南通市如东地方税务局	如东县人民政府	2012.01
2011年度长安如东建设（综治、法治）先进集体	江苏省南通市如东地方税务局	中共如东县委员会、如东县人民政府	2012.01
2011年度创新项目特别贡献奖	江苏省南通市如东地方税务局	江苏省南通地方税务局	2012.01
2011年度法制宣传教育先进集体	江苏省南通市如东地方税务局	中共如东县委员会、如东县人民政府	2012.02
2011年洋口港开发建设先进集体三等奖	江苏省南通市如东地方税务局	中共如东县委员会、如东县人民政府	2012.02
2011年度如东县政务信息先进单位	江苏省南通市如东地方税务局	如东县人民政府	2012.03
2010--2012年全市创先争优先进基层党组织	江苏省南通市如东地方税务局	中共南通市委组织部	2012.06
为民服务创先争优 优秀服务品牌	江苏省南通市如东地方税务局	中共如东县委员会	2012.06
2012年度“江苏省五四红旗团委创建单位”	江苏省南通市如东地方税务局团委	共青团江苏省委	2012.07
2011--2012年度文明行业	江苏省南通市如东地方税务局	中共如东县委员会、如东县人民政府	2012.12
如东县党务公开示范点	江苏省南通市如东地方税务局	如东县党务公开工作领导小组	2012.12
南通市创建全国双拥模范城“五连冠”爱国拥军模范单位	江苏省南通市如东地方税务局	南通市、市政府、军分区	2012

续表63-2

荣誉名称	获奖单位	授予单位	授予时间
南通市地税系统2012年度绩效考核优良单位	江苏省南通市如东地方税务局	江苏省南通地方税务局	2013.01
2012年度最佳创意项目	江苏省南通市如东地方税务局	江苏省南通地方税务局	2013.01
2012年度南通地税系统青年文明号	江苏省南通市如东地方税务局	江苏省南通地方税务局	2013.01
2012年度南通地税系统文明单位	江苏省南通市如东地方税务局	江苏省南通地方税务局	2013.01
2011--2012年度江苏省青年文明号	江苏省南通市如东地方税务局稽查局	共青团江苏省委	2012
2011年度江苏省创建群众满意基层站所示范单位	江苏省南通市如东地方税务局第二税务分局	江苏省人民政府纠正行业不正之风办公室	2012
2011--2012年度如东县文明行业荣誉名称	江苏省南通市如东地方税务局	中共如东县委员会、如东县人民政府	2013.02
2012年度“人民满意机关”	江苏省南通市如东地方税务局	中共如东县委员会、如东县人民政府	2013.02
2012年度全县双拥工作先进集体	江苏省南通市如东地方税务局	如东县人民政府	2013.03
党建工作示范点	江苏省南通市如东地方税务局	中共如东县委组织部	2013.06
2011--12年度南通市文明单位	江苏省南通市如东地方税务局、第一至第七税务分局、稽查局	中共南通市委、南通市人民政府	2013.10
2010--2012年度江苏省文明单位	江苏省南通市如东地方税务局、稽查局	江苏省精神文明建设指导委员会	2013
2012年度南通市社会管理创新（长安法治建设）先进单位	江苏省南通市如东地方税务局	中共南通市委、南通市人民政府	2013
2012年度预防职务犯罪工作先进单位	江苏省南通市如东地方税务局	中共南通市委、南通市人民政府	2013
2013年度人民满意机关	江苏省南通市如东地方税务局	中共如东县委员会、如东县人民政府	2014.01
2013年度沿海开发及洋口港开发建设工作先进集体三等奖	江苏省南通市如东地方税务局	中共如东县委员会、如东县人民政府	2014.01
2013年度南通地税系统文明单位	江苏省南通市如东地方税务局	江苏省南通市地方税务局	2014.01
巾帼文明岗	江苏省南通市如东地方税务局	南通市“巾帼建功”活动领导小组	2014.03
江苏省妇女“双学双比”竞赛活动先进集体	江苏省南通市如东地方税务局	江苏省妇女联合会、江苏省妇女“双学双比”竞赛活动领导小组	2014.03
2013年“全国公益微税收”宣传推广活动三等奖	江苏省南通市如东地方税务局	国家税务总局办公厅、中国税务报社	2014.03
2013年度税收宣传工作先进单位	江苏省南通市如东地方税务局	江苏省南通市地方税务局	2014.04
第九届全国税收动漫大赛“税收动漫宣传片”二等奖	江苏省南通市如东地方税务局	国家税务总局办公厅、中国税务报社	2014.06
先进基层党组织	江苏省南通市如东地方税务局	中共如东县委员会	2014.07

续表63-3

荣誉名称	获奖单位	授予单位	授予时间
南通市法制文化作品动漫类三等奖	江苏省南通市如东地方税务局	南通市法制宣传教育工作领导小组办公室、南通市司法局	2014.08
2014年“风尚南通”微电影大赛二等奖	江苏省南通市如东地方税务局	中共南通市委宣传部、共青团南通市委等	2014.12
依法行政示范单位	江苏省南通市如东地方税务局	江苏省地方税务局	2014
省安排残疾人就业工作优秀单位	江苏省南通市如东地方税务局	江苏省人民政府残疾人工作委员会	2014
省“维护妇女权益示范岗”	江苏省南通市如东地方税务局一分局	江苏省妇联	2014
省希望工程“圆梦行动”十周年先进集体	江苏省南通市如东地方税务局四分局	江苏省青少年发展基金会、省希望工程办公室	2014
2014年人民满意机关	江苏省南通市如东地方税务局	中共如东县委员会、如东县人民政府	2015.02
2014年度南通地税系统优秀创新项目二等奖	江苏省南通市如东地方税务局	江苏省南通地方税务局	2015.02
2014年度南通地税系统绩效考核优良单位	江苏省南通市如东地方税务局	江苏省南通地方税务局	2015.02
2013--2014年度文明行业	江苏省南通市如东地方税务局	中共如东县委员会、如东县人民政府	2015.02
2014年度南通地税系统文明单位	江苏省南通市如东地方税务局	江苏省南通市地方税务局	2015.02
2014年度南通地税系统青年文明号集体	江苏省南通市如东地方税务局	江苏省南通市地方税务局	2015.02
巾帼文明岗	江苏省南通市如东地方税务局	江苏省妇女联合会、江苏省城镇妇女“巾帼建功”活动领导小组	2015.03
2014年度税收宣传工作先进单位	江苏省南通市如东地方税务局	江苏省南通市地方税务局	2015.03
先进基层党组织	江苏省南通市如东地方税务局	中共如东县委员会	2015.06
南通地税系统“江海情·爱国心”迎国庆合唱比赛三等奖	江苏省南通市如东地方税务局	江苏省南通地方税务局	2015.09
2013--2014年度南通市文明单位	江苏省南通市如东地方税务局	中共南通市委、南通市人民政府	2015.12
2013--2014年度南通市文明单位	江苏省南通市如东地方税务局	中共南通市委员会、南通市人民政府	2015.12
江苏省3A级数字档案室	江苏省南通市如东地方税务局	江苏省档案局	2015.12
2015年人民满意机关	江苏省南通市如东地方税务局	中共如东县委员会、如东县人民政府	2016.01
2015年“六城联创”工作先进集体	江苏省南通市如东地方税务局	中共如东县委员会、如东县人民政府	2016.01
2011--2015年全省普法工作先进单位	江苏省南通市如东地方税务局	中共江苏省委宣传部、江苏省法制宣传教育工作领导小组办公室、江苏省司法厅	2016.08

续表63-4

荣誉名称	获奖单位	授予单位	授予时间
为国家税务总局党校做出积极贡献个人	江苏省南通市如东地方税务局徐斌、潘永东	中共国家税务总局党校	2013.12
入选国家税务总局税务稽查人才库	江苏省南通市如东地方税务局张友益	国家税务总局	2013.07
税务行业标准化建设先进个人	江苏省南通市如东地方税务局丛楠	国家税务总局征管和科技发展司	2015.11
国家税务总局表彰抽调江苏地税人员工作	江苏省南通市如东地方税务局孙峰	国家税务总局督察内审司	2015.12

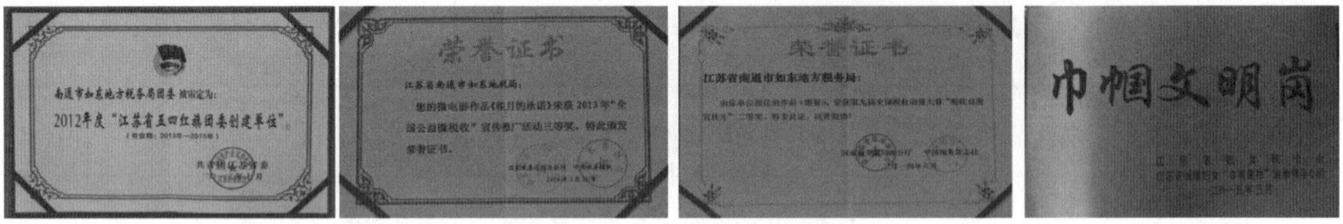

上图为如东县地方税务局部分奖牌

如东县审计局荣誉摘要

表64

荣誉名称	获奖单位	授予单位	授予时间
全省审计通联工作先进单位	如东县审计局	江苏省审计厅	2011.09
全市统一组织审计项目评比--全市义务教育学校绩效工资政策落实情况专项审计第一名	如东县审计局	南通市审计局	2011.03
全市统一组织审计项目评比--全市节能减排专项审计调查第一名	如东县审计局	南通市审计局	2011.03
全市统一组织审计项目评比--汶川地震救灾捐赠资金物资跟踪审计第一名	如东县审计局	南通市审计局	2011.03
全市统一组织审计项目评比--地方债务性专项审计调查第三名	如东县审计局	南通市审计局	2011.03
全市统一组织审计项目评比--南通汽运集团资产负债损益审计第三名	如东县审计局	南通市审计局	2011.03
全市优秀审计项目--如东县农机局原局长顾明如任期经济责任审计	如东县审计局	南通市审计局	2011.11
全市表彰审计项目--如东县大豫镇人民政府财政财务收支决算审计	如东县审计局	南通市审计局	2012.11
全市审计系统内部审计管理先进单位	如东县审计局	南通市审计局	2011.05
《中国内部审计》宣传工作先进单位	如东县内审协会	南通市内审协会	2011.11
洋口港开发建设工作先进集体	如东县审计局	如东县委、县政府	2011.02
脱贫攻坚帮扶工作先进集体	如东县审计局	如东县委、县政府	2012.02
临海高等级公路建设服务先进单位	如东县审计局	如东县人民政府	2011.02

续表64-1

荣誉名称	获奖单位	授予单位	授予时间
全市地方政府性债务审计现场实施先进单位	如东县审计局	南通市审计局	2012.02
全市统一组织审计项目评比--全市普通高中债务审计第一名	如东县审计局	南通市审计局	2012.02
全市统一组织审计项目评比--全市机关事业单位养老保险专项审计调查第一名	如东县审计局	南通市审计局	2012.02
全市统一组织审计项目评比--全市盐业系统资产负债损益审计第二名	如东县审计局	南通市审计局	2012.02
全市统一组织审计项目评比--全市临海高等级公路跟踪审计第二名	如东县审计局	南通市审计局	2012.02
全市优秀审计项目--掘港高级中学原校长王福泉任期经济责任审计	如东县审计局	南通市审计局	2012.06
全市表彰审计项目--袁庄镇财政财务收支审计	如东县审计局	南通市审计局	2012.6
学习型党组织建设先进单位	如东县审计局	如东县委、县政府	2012.01
全省县级审计机关信息化工作先进单位	如东县审计局	江苏省审计厅	2013.03
全省审计通联工作先进单位	如东县审计局	江苏省审计厅	2013.11
南通市公务员职业道德模范集体	如东县审计局	中共南通市委组织部、南通市人社局	2013.04
全市审计机关综合考核二等奖	如东县审计局	南通市审计局	2013.01
全市社会保障资金审计组织工作先进单位	如东县审计局	南通市审计局	2013.01
全市审计信息化工作先进单位	如东县审计局	南通市审计局	2013.03
全市优秀审计项目--如东县农委原主任郭小虎任期经济责任审计	如东县审计局	南通市审计局	2013.06
全市表彰审计项目--如东县经济开发区财政收支决算审计	如东县审计局	南通市审计局	2013.06
沿海开发及洋口港开发建设工作先进集体	如东县审计局	如东县委、县政府	2013.04
全国审计通联工作先进单位	如东县审计局	《中国审计》编辑部、中国时代经济出版社	2014.08
全市审计机关综合考核一等奖	如东县审计局	南通市审计局	2014.01
全市政府性债务审计现场实施先进单位	如东县审计局	南通市审计局	2014.01
内部审计指导工作表彰单位	如东县内审协会	南通市审计局、南通市内审协会	2014.01
全市优秀审计项目--如东县中医院原院长张贵陈任期经济责任审计	如东县审计局	南通市审计局	2014.06
全市统一组织审计项目评比--农业综合开发资金审计第一名	如东县审计局	南通市审计局	2014.03
全市统一组织审计项目评比一全市临海高等级公路跟踪审计第一名	如东县审计局	南通市审计局	2014.03
全省审计系统先进集体	如东县审计局	江苏省审计厅、江苏省人社厅	2015.01

续表64-2

荣誉名称	获奖单位	授予单位	授予时间
全市审计机关综合考核二等奖	如东县审计局	南通市审计局	2015.01
人民满意机关	如东县审计局	如东县委、县政府	2015.01
沿海开发及洋口港开发建设工作先进集体	如东县审计局	如东县委、县政府	2015.02
全县生态环境保护和建设工作先进集体	如东县审计局	如东县委、县政府	2015.02
全县党建工作先进集体	如东县审计局党支部	如东县委、县政府	2015.02
依法行政工作先进集体	如东县审计局	如东县委、县政府	2015.02
内部审计指导工作表彰单位	如东县内审协会	南通市内审协会	2015.03
优秀奖--内部管理干部经济责任审计实践与探讨调研报告	如东县内审协会	南通市内审协会	2015.03
优秀奖--国家审计机关如何加强对内审的指导监督调研报告	如东县内审协会	南通市内审协会	2015.03
全市表彰审计项目--如东县2013年本级预算执行和其他财政收支审计	如东县审计局	南通市审计局	2015.08
全市表彰审计项目--如东县海洋与渔业局原局长任期经济责任审计	如东县审计局	南通市审计局	2015.08
全国审计通联宣传工作先进单位	如东县审计局	《中国审计》编辑部、中国时代经济出版社	2015.11
全省审计通联工作先进集体	如东县审计局	江苏省审计厅	2015.11

上图为如东县审计局部分奖牌

南通市烟草公司如东分公司荣誉摘要

表65

荣誉名称	获奖单位	授予单位	授予时间
2010年度机关企业事业单位治安保卫工作先进集体	南通市烟草公司如东分公司	南通市公安局	2011.03
2010年度宣传报道工作先进集体	南通市烟草公司如东分公司	江苏省烟草专卖局（公司）	2011.03
江苏省放心消费创建活动示范单位	南通市烟草公司如东分公司	江苏省放心消费创建活动办公室	2011.03
2011年度南通烟草系统“创先争优”消防安全技能竞赛团体二等奖	南通市烟草公司如东分公司	南通市烟草专卖局（公司）	2011.12
2009--2010年度文明行业	南通市烟草公司如东分公司	中共南通市委、南通市人民政府	2011.12
省级依法行政示范点	南通市烟草公司如东分公司	江苏省全面推进依法行政工作领导小组	2011
市级“巾帼文明岗”	南通市烟草公司如东分公司	南通市“巾帼建功”活动领导小组	2012.03

续表65-1

荣誉名称	获奖单位	授予单位	授予时间
2011年度全系统卷烟打假破网工作先进集体	南通市烟草公司如东分公司	南通市烟草专卖局（公司）	2012.04
2011年度宣传报道工作先进集体	南通市烟草公司如东分公司	江苏省烟草专卖局（公司）	2012.04
2011年度全系宣传报道工作先进集体	南通市烟草公司如东分公司	南通市烟草专卖局（公司）	2012.05
二0一二年度机关企业事业单位治安保卫工作先进集体	南通市烟草公司如东分公司	南通市公安局	2013.01
2010-2012年度江苏省文明单位	南通市烟草公司如东分公司	江苏省精神文明建设指导委员会	2013
南通市2012年度卷烟打假破网工作突出贡献奖	南通市烟草公司如东分公司	南通市烟草专卖局	2013.02
2012年度宣传报道工作先进集体	南通市烟草公司如东分公司	江苏省烟草专卖局（公司）	2013.04
二0一三年度机关企业事业单位治安保卫工作先进集体	南通市烟草公司如东分公司	南通市公安局	2014.02
2013年度宣传报道工作先进集体	南通市烟草公司如东分公司	江苏省烟草专卖局（公司）	2014.04
南通市道德讲堂示范点	南通市烟草公司如东分公司	南通市精神文明建设指导委员会	2014.05
南通烟草第二届“领航同心杯”职工趣味运动会“团体总分第一名”	南通市烟草公司如东分公司	系统工会委员会	2014.06
2013年度南通市文明交通志愿服务工作先进单位	南通市烟草公司如东分公司	南通市文明办、南通市公安局、南通市交通运输局	2014.02
巾帼文明岗	南通市烟草公司如东分公司	江苏省妇女联合会、江苏省城镇妇女“巾帼建功”活动领导小组	2015.03
2014年度宣传报道工作先进集体	南通市烟草公司如东分公司	江苏省烟草专卖局（公司）	2015.04
南通烟草第三届“领航同心杯”职工趣味运动会总分第一名	南通市烟草公司如东分公司	江苏省烟草公司南通市公司工会工作委员会	2015.06
江苏省档案工作五星级	南通市烟草公司如东分公司	江苏省档案局	2015.06

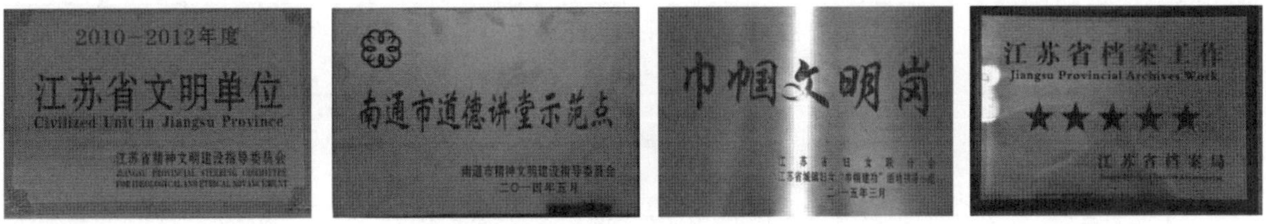

上图为南通市烟草公司如东分公司部分奖牌

江苏银行如东支行荣誉摘要

表66

荣誉名称	获奖单位	授予单位	授予时间
中国银行业协会“五星级网点”	江苏银行如东支行	中国银行业协会	2015

江苏如东农村商业银行股份有限公司荣誉摘要

表 67

荣誉名称	获奖单位	授予单位	授予时间
中国服务小微企业领军银行	江苏如东农村商业银行股份有限公司	中国县域金融年会组委会、经济日报报业集团、中国县域经济报社	2013
中国地方金融 2013 十佳成长性银行	江苏如东农村商业银行股份有限公司	中国县域金融论坛办公室、金融时报社、中国地方金融研究院	2013
江苏省文明单位	江苏如东农村商业银行股份有限公司	江苏精神文明建设指导委员会	2013
最佳服务示范窗口	江苏如东农村商业银行股份有限公司	新华日报、新华社（财经国家周刊）杂志社、江苏省社科院	2013
经营管理目标综合考核优胜单位（二等奖）	江苏如东农村商业银行股份有限公司	江苏省农村信用社联合社	2013
支农资金组织工作先进单位	江苏如东农村商业银行股份有限公司	江苏省农村信用社联合社	2013
风险控制工作先进单位	江苏如东农村商业银行股份有限公司	江苏省农村信用社联合社	2013
电子银行业务先进单位	江苏如东农村商业银行股份有限公司	江苏省农村信用社联合社	2013
审计监督工作先进单位	江苏如东农村商业银行股份有限公司	江苏省农村信用社联合社	2013
科技管理工作先进单位	江苏如东农村商业银行股份有限公司	江苏省农村信用社联合社	2013
信息宣传工作先进单位	江苏如东农村商业银行股份有限公司	江苏省农村信用社联合社	2013
“四抓四促”竞赛活动优胜单位（一等奖）	江苏如东农村商业银行股份有限公司	江苏省农村信用社联合社	2013
201--2012 年度南通市文明单位	江苏如东农村商业银行股份有限公司	南通市委、市政府	2013
中国服务县域经济领军银行	江苏如东农村商业银行股份有限公司	中国县域金融年会组织委员会、经济日报社	2014
最佳文明服务示范窗口	江苏如东农村商业银行股份有限公司	江苏省政府金融工作办公室、中国人民银行南京分行、新华日报社等	2014

中国人寿保险股份有限公司如东支公司荣誉摘要

表 68

荣誉名称	获奖单位	授予单位	授予时间
南通市文明单位	中国人寿保险股份有限公司如东支公司	南通市委、市政府	2015

如东县自来水公司荣誉摘要

表 69

荣誉名称	获奖单位	授予单位	授予时间
江苏住房和城乡建设系统工人先锋号	如东县自来水公司	江苏省建设工会工作委员会	2012.03
南通五一劳动奖状	如东县自来水公司	南通市总工会	2012.04
2011--2012 江苏省诚信承诺联盟百佳示范企业	如东县自来水公司	江苏省消费者协会	2012.09
江苏省城市供水安全保障考核优秀城市	如东县自来水公司	江苏省住房和城乡建设厅	2013.02
城市供水工作先进集体	如东县自来水公司	江苏省住房和城乡建设厅	2013
江苏省五一劳动奖状	如东县自来水公司	江苏省总工会	2014.05
2013--2014 年度诚信单位	如东县自来水公司	江苏省消费者协会	2015.03
江苏省放心消费创建活动示范单位	如东县自来水公司	江苏省放心消费创建活动办公室	2016.03
工人先锋号	如东县自来水公司	中华全国总工会	2016.04

上图为如东县自来水公司部分奖牌

中国移动通信集团江苏有限公司如东分公司荣誉摘要

表 70

荣誉名称	获奖单位	授予单位	授予时间
江苏省“模范职工小家”	中国移动通信集团江苏有限公司如东分公司	江苏省总工会	2011.03
2010 年新闻宣传优秀单位优良奖	中国移动通信集团江苏有限公司如东分公司	中国移动通信集团江苏有限公司南通分公司	2011.03
省巾帼文明示范岗	中国移动通信集团江苏有限公司如东分公司	江苏省妇女联合会、江苏省城镇妇女“巾帼建功”活动领导小组	2011.04
南通市五四红旗团支部	中国移动通信集团江苏有限公司如东分公司	共青团南通市委	2011.05
2010--2011 年南通市价格诚信单位	中国移动通信集团江苏有限公司如东分公司	南通市消费者协会	2011.05

续表70-1

荣誉名称	获奖单位	授予单位	授予时间
省物价诚信单位	中国移动通信集团江苏有限公司如东分公司	江苏省物价局	2011.12
省级标杆班组	中国移动通信集团江苏有限公司如东分公司	中国移动通信集团江苏有限公司 中国移动通信集团工会江苏省委员会	2012.01
2011年度文明行业	中国移动通信集团江苏有限公司如东分公司	中共南通市委南通市人民政府	2012.01
重合同守信用企业	中国移动通信集团江苏有限公司如东分公司	江苏省南通工商行政管理局 南通市企业信用管理协会	2012.11
工人先锋号	中国移动通信集团江苏有限公司如东分公司	南通市总工会	2013.04
江苏省放心消费创建活动先进单位	中国移动通信集团江苏有限公司如东分公司	江苏省放心消费创建活动办公室	2013.06
2012--2013年度四星级团委	中国移动通信集团江苏有限公司如东分公司	中国移动通信集团江苏有限公司南通分公司团委	2013.08
2011--2012年度南通市文明单位	中国移动通信集团江苏有限公司如东分公司	中共南通市委南通市人民政府	2013.12
南通市市级城乡社区体育健身俱乐部	中国移动通信集团江苏有限公司如东分公司	南通市体育局	2013.12
2014年江苏省优秀质量管理小组	中国移动通信集团江苏有限公司如东分公司	江苏省质量管理协会、江苏省总工会、江苏省妇女联合会、江苏省科学技术协会	2014.09
2014年度江苏省价格诚信单位	中国移动通信集团江苏有限公司如东分公司	江苏省物价局	2015.01
巾帼文明岗	中国移动通信集团江苏有限公司如东分公司	江苏省妇女联合会、江苏省城妇女“巾帼建功”活动领导小组	2015.03
2013—2014年度中国移动江苏公司南通分公司企业文化示范单位	中国移动通信集团江苏有限公司如东分公司	中国移动通信集团江苏有限公司南通分公司	2015.06
2013--2014年度南通市文明单位	中国移动通信集团江苏有限公司如东分公司	中共南通市委 南通市人民政府	2015.12
2015--2016年度标杆班组	中国移动通信集团江苏有限公司如东分公司	中国移动通信集团江苏有限公司	2015.12
2014--2015年度南通市价格诚信单位	中国移动通信集团江苏有限公司如东分公司	南通市物价局	2016.01
2013--2015年度江苏省文明单位	中国移动通信集团江苏有限公司如东分公司	江苏省精神文明建设指导委员会	2016.01
2013--2015年度江苏省文明单位	中国移动通信集团江苏有限公司如东分公司	江苏省精神文明建设指导委员会	2016.09

上图为中国移动通信集团江苏有限公司如东分公司部分奖牌

江苏省洋口港经济开发区（长沙镇）荣誉摘要

表 71

荣誉名称	获奖单位	授予单位	授予时间
人民武装部工作先进集体	长沙镇	中共如东县委员会	2011.01
统战工作先进集体	长沙镇	中共如东县委员会	2011.01
人口计生新农村新家庭“五有”示范镇	长沙镇	中共南通市委、南通市人民政府	2011.01
2010 年度海洋渔业安全生产工作综合管理先进集体一等奖	长沙镇人民政府	如东县人民政府	2011.03
“放心肉”工程先进单位	长沙镇人民政府	如东县人民政府	2011.03
民政工作先进集体	长沙镇人民政府	如东县人民政府	2011.03
信访工作先进集体	洋口港经济开发区党工委 、管委会（长沙镇党委、政府）	中共如东县委、如东县人民政府	2011.05
生态环境保护和建设工作先进集体	洋口港经济开发区管委会	中共如东县委、如东县人民政府	2011.05
2005--2010 年度南通市信访工作先进集体	洋口港经济开发区管委会	中共南通市委、南通市人民政府	2011.06
2010 年洋口港规划审批贡献奖特等奖	洋口港经济开发区管委会	中共如东县委、如东县人民政府	2011.02
建设全面小康社会工作先进集体	洋口港经济开发区	中共如东县委、如东县人民政府	2011.01
2010 年新型农村合作医疗先进集体	长沙镇卫海村	如东县人民政府	2011.01
如东县廉政文化示范点	长沙镇卫海村	中共如东县委、如东县人民政府	2011.01
2010 年宣传思想工作先进集体	洋口港经济开发区（长沙镇）	中共如东县委、如东县人民政府	2011.01
2010 年党建工作先进集体	洋口港经济开发区（长沙镇）党工委	中共如东县委、如东县人民政府	2011.02
2010 年洋口港开发建设先进集体一等奖	洋口港经济开发区	中共如东县委、如东县人民政府	2011.02
2010 年法治乡镇（街道）	长沙镇	中共南通市委员会、南通市人民政府	2011.02

续表 71-1

荣誉名称	获奖单位	授予单位	授予时间
2010 年沿海高等级公路建设服务先进单位	长沙镇卫海村	如东县人民政府	2011.02
2010 年安全生产管理先进企业	长沙镇卫海村	如东县人民政府	2011.03
先进村监委	长沙镇卫海村	南通市农村党风廉政建设领导小组	2011.05
先进基层党组织	洋口港经济开发区	中共江苏省委	2011.06
2009--2010 年度文明村	长沙镇北坎村（居）	中共如东县委、如东县人民政府	2011.06
全国先进基层党组织	洋口港经济开发区	中共中央组织部	2011.07
乡镇体育健身示范工程	长沙镇	江苏省体育局	2011.08
项目建设银杯	洋口港经济开发区	中共如东县委、如东县人民政府	2011
兴财杯金杯	洋口港经济开发区	中共如东县委、如东县人民政府	2011
园区综合优胜杯金杯	洋口港经济开发区	中共如东县委、如东县人民政府	2011
园区建设杯金杯	洋口港经济开发区	中共如东县委、如东县人民政府	2011
自来水普及村	长沙镇北坎村（居）	南通市爱国卫生委员会	2011
2011 年度江苏省港口信息宣传工作先进单位	洋口港经济开发区	江苏省交通运输厅港口局	2012.02
2011 年海洋渔业安全生产急救援演练第三名	长沙县人民政府	如东县人民政府	2012.02
2011 年综合管理先进集体一等奖	长沙县人民政府	如东县人民政府	2012.02
2011 年平安渔业示范镇	长沙县人民政府	如东县人民政府	2012.02
双拥模范镇	长沙镇政府	中共南通市委员会	2012.05
兴农杯铜杯	洋口港经济开发区	中共如东县委、如东县人民政府	2012
工业发展杯	洋口港经济开发区	中共如东县委、如东县人民政府	2012
城建杯金杯	洋口港经济开发区	中共如东县委、如东县人民政府	2012
兴财杯金杯	洋口港经济开发区	中共如东县委、如东县人民政府	2012
项目建设杯银杯	洋口港经济开发区	中共如东县委、如东县人民政府	2012
省级“民主法治示范村”“民主法治示范社区”	长沙镇港城社区	江苏省依法治省领导小组	2012
民兵工作先进单位	洋口港经济开发区	南通市委、市政府、军分区	2012
第一届如东县足球联赛季军	洋口港经济开发区		2013.08
江苏省和谐社会建设示范镇	长沙镇政府	江苏省民政厅	2013.12
兴财杯金杯	洋口港开发区（长沙镇）	中共如东县委、如东县人民政府	2013
2012 年度江苏省港口信息宣传工作先进单位	如东县港口管理局	江苏省交通运输厅港口局	2013
省级生态镇	长沙镇	江苏省环保厅	2013
2013 年省级“示范妇女儿童之家”	长沙镇黄海村	江苏省妇联	2013
市级文明村	长沙镇黄海村、卫海村	中共南通市委	2013
2013 年度江苏十大开发区微博	洋口港经济开发区	新浪微博、新浪江苏	2014.01
2013 年度江苏十大开发区微博	洋口港经济开发区	新浪江苏	2014.01

续表71-2

荣誉名称	获奖单位	授予单位	授予时间
2013年综合考核先进单位第二名	洋口港开发区（长沙镇）	如东县人民政府	2014.02
2013年工伤保险覆盖工作先进单位	洋口港开发区（长沙镇）	如东县人民政府	2014.02
2013年城乡居保覆盖序时进度第一名	洋口港开发区（长沙镇）	如东县人民政府	2014.02
2013年城乡居保覆盖超额任务第二名	洋口港开发区（长沙镇）	如东县人民政府	2014.02
江苏省沿海办门户网站信息工作先进单位	洋口港经济开发区	江苏沿海地区发展办公室	2014.12
2014年全县民政综合考评一等奖	洋口港经济开发区	中共如东县委、如东县人民政府	2015.01
2014年全县双拥先进集体	洋口港经济开发区	中共如东县委、如东县人民政府	2015.01
江苏省沿海办门户网站信息工作优秀组织奖	洋口港开发区	江苏沿海地区发展办公室	2015.12
生态文明银杯	洋口港开发区（长沙镇）	中共如东县委、如东县人民政府	2015
服务业发展银杯	洋口港开发区（长沙镇）	中共如东县委、如东县人民政府	2015
兴财杯金杯	洋口港开发区（长沙镇）	中共如东县委、如东县人民政府	2015
城建杯金杯	洋口港开发区（长沙镇）	中共如东县委、如东县人民政府	2015
江苏省民主法治示范村	长沙镇黄海村	江苏省依法治省领导小组	2015
省级示范家庭渔场	长沙镇富盐村葛征家庭渔场	江苏省海洋与渔业局	2015

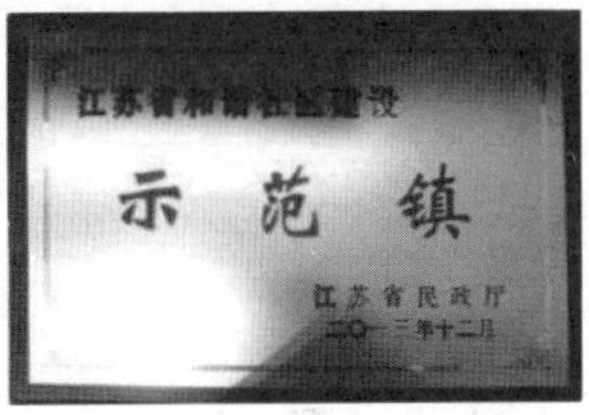

上图为江苏省洋口港经济开发区（长沙镇）部分奖牌

江苏省如东经济开发区（苴镇街道办）荣誉摘要

表72

荣誉名称	获奖单位	授予单位	授予时间
江苏省模范劳动关系和谐工业园区	如东经济开发区	江苏省人力资源和社会保障厅、江苏省总工会	2011．12
全省开发区统计工作先进单位	如东经济开发区	江苏省商务厅	2011
省第二批新农村计划家庭示范镇	苴镇	江苏省计生委	2011
市“十一五”人口计生工作先进集体	苴镇计生服务站	中共南通市委、南通市人民政府	2011
江苏省民主法制治理示范村	如东经济开发区（苴镇）王潭村、金凤村	江苏省依法治省领导小组	2012．02

续表72-1

荣誉名称	获奖单位	授予单位	授予时间
江苏省级科技创业园	如东经济开发区	江苏省科学技术厅	2012．02
南通市农村环境长效管理达标乡镇	如东经济开发区（苴镇）	南通市人民政府	2012．02
中国新能源最具投资价值园区	如东经济开发区	中国国际贸易促进委员会、中国（无锡）组委会	2012．11
江苏省工会工作模范开发区（园区）	如东经济开发区	江苏省总工会	2012．12
省现代农业示范村	苴镇金凤村	江苏省政府	2012
全省千优基层团组织	苴镇源河南美白对虾专业合作社团支部	共青团江苏省委	2012
省高新技术创业服务中心	新宇科技创业园	江苏省科学技术厅	2012
省开发区统计工作先进单位	如东经济开发区	江苏省商务厅	2012
南通市安全生产先进园区	如东经济开发区	南通市人民政府	2012
南通市党建工作示范点	如东经济开发区	中共南通市委员会组织部	2013．06
南通市新型工业化特色产业基地（生命安全防护用品特色产业）	如东经济开发区	南通市人民政府	2013．12
省级循环化改造示范试点园区	如东经济开发区	江苏省发改委、省财政厅	2013
省级知识产权试点园区	如东经济开发区	江苏省商务厅、省知识产权局	2013
第三次全国经济普查先进集体	如东经济开发区	江苏省第三次全国经济普查领导小组	2014．12
省工会工作模范开发区（园区）	如东经济开发区	江苏省总工会	2014
省级生态工业园区	如东经济开发区	江苏省发改委、省商务厅、省科技厅	2014
南北挂钩共建园区	如东经济开发区、宜兴如江工业园区	江苏省发改委、省商务厅	2014
省先进制造业基地	如东经济开发区	江苏省发改委	2014
省放心消费创建活动先进区域（单位）	如东经济开发区	江苏省放心消费创建活动办公室	2014
南通市法治乡镇	如东经济开发区（苴镇）	中共南通市委、南通市人民政府	2014
2013--2014年度南通市文明单位	如东经济开发区	中共南通市委、南通市人民政府	2015．12
2015年铁路护路联防示范乡镇（街道）	如东经济开发区	南通市综治委铁路护路联防专硕工作组	2015．12
省级电子商务示范园区	如东经济开发区电子商务产业园	江苏省商务厅	2015

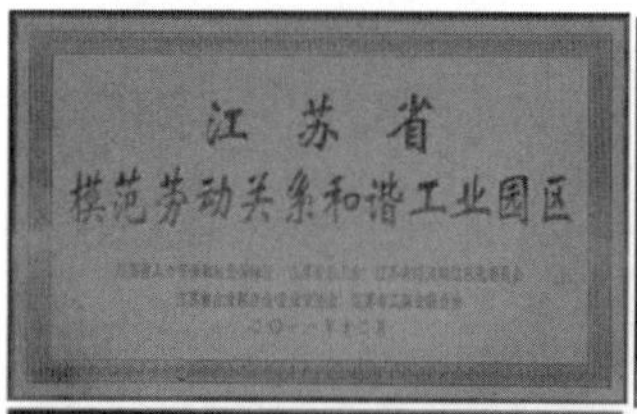

上图为江苏省如东经济开发区（苴镇街道办）部分奖牌

表 73

江苏省如东沿海经济开发区(小洋口旅游度假区、洋口镇)荣誉摘要

荣誉名称	获奖单位	授予单位	授予时间
在南通市第二十三届科普宣传周活动中被评为先进集体	如东县洋口镇人民政府	南通市全民科学素质工作领导组	2011.01
2010 年度推进高效农业规模化先进单位	如东县洋口镇人民政府	中共南通市委员会、南通市人民政府	2011.01
2010 年度开展农村劳动力资源调查先进乡镇	如东县洋口镇人民政府	中共南通市委员会、南通市人民政府	2011.01
江苏省特色产业集群（农药产业）	如东沿海经济开发区	江苏省经济和信息化委员会	2011.07
“十一五”全国石油和化工行业节能减排优秀服务单位	如东沿海经济开发区	中国石油和化学工业联合会	2011.08
南通市新型工业化特色产业基地（化工新材料产业·如东县）	如东沿海经济开发区	南通市人民政府	2011.09
江苏省新型工业化示范基地	如东沿海经济开发区	江苏省经济和信息化委员会	2011
法治南通建设先进单位	如东沿海经济开发区	中共南通市委员会、南通市人民政府	2011
2011 年度特色工业园区	如东沿海经济开发区	南通市人民政府	2012
南通市 2011 年度安全生产先进园区	如东沿海经济开发区管委会	南通市人民政府	2012.01
农村水利建设“十佳”单位	如东县洋口镇人民政府	中共南通市委员会、南通市人民政府	2012.02
耕地保护与土地整理复垦“十佳”乡镇	如东县洋口镇人民政府	中共南通市委员会、南通市人民政府	2012.02
2010--2012 年全市创先争优先进基层党组织	如东沿海经济开发区	中共南通市委组织部	2012.06
江苏省功能性高分子材料特色产业基地	如东沿海经济开发区	江苏省发展和改革委员会	2012.12
全省和谐社区建设示范村(洋口镇周新庄)	如东县洋口镇人民政府周新庄村	江苏省民政厅	2012.12
沿海经济开发区化工行业商会“村企共建实现双赢”被评为南通市 2012 年度行业商会优秀服务品牌	如东沿海经济开发区化工行业商会	南通市工商联（总商会）	2013.01
江苏省特色景观旅游名镇	如东县洋口镇人民政府	江苏省住房和城乡建设厅、江苏省旅游局	2013.01
2011--2012 年度南通市文明乡镇	如东县洋口镇人民政府	中共南通市委员会、南通市人民政府	2013.10
在2013年度老区宣传工作中荣获三等奖	江苏省如东老促会洋口分会	中国老区建设促进会	2013.10
在南通市第二十五届科普宣传周活动中被评为先进集体	如东县洋口镇人民政府	南通市全民科学素质工作领导组	2013.11
南通市 2013 年度行业商会优秀服务品牌	如东沿海经济开发区化工行业商会	南通市工商联（总商会）	2013.12
沿海经济开发区化工行业商会 2013 年度被评为南通市先进商会组织	如东沿海经济开发区化工行业商会	南通市工商联（总商会）	2013.12

续表73-1

荣誉名称	获奖单位	授予单位	授予时间
第三批江苏省创新型试点乡镇	如东县洋口镇人民政府	江苏省科学技术厅	2013.12
江苏省发展散装水泥示范乡镇	如东县洋口镇人民政府	江苏省经济和信息化委员会	2013.12
如东县刘环村特色样板示范村	如东县洋口镇刘环村	江苏省住房和城乡建设厅、江苏省财政厅等	2013.12
在南通市第二十六届科普宣传周活动中被评为先进集体	如东沿海经济开发区	南通市全民科学素质工作领导小组	2014.11
江苏省科普示范村	如东县洋口镇古坳村	江苏省科学技术协会	2014.12
江苏省卫生镇	如东县洋口镇人民政府	江苏省爱国卫生运动委员会	2014.12
江苏省住房保障和保障性安居工程建设劳动竞赛先进单位	如东县新天地投资发展有限公司	江苏省住房和城乡建设系统职工劳动竞赛活动领导小组	2015.01
如东沿海经济开发区2014年度南通市质量先导区称号	如东沿海经济开发区	南通市人民政府	2015.02
2014年度江苏省五四红旗团委	如东沿海经济开发区团工委	共青团江苏省委	2015.05
江苏省风筝放飞基地	江苏省如东小洋口旅游度假区	江苏省风筝协会	2015.09
中国风筝之乡	江苏省如东小洋口旅游度假区	中国风筝协会	2015.09
“寻梦·2015中国最美村镇”评选中国最美村镇奖（文明风尚）	如东县洋口镇人民政府	上海第一财经传媒有限公司；中国最美村镇评选活动组委会	2015.10
全国文明渔港	洋口中心国家渔港	农业部、安监总局	2015
江苏省民主法治示范村	洋口镇池塘头村	江苏省依法治省领导小组	2015
江苏省水美村庄	洋口镇刘环村	江苏省水利厅	2015
南通市安全生产先进乡镇（街道、园区）	如东沿海经济开发区管委会	南通市人民政府	2015
全国无偿献血奉献奖铜奖	如东沿海经济开发区农村工作局员工陆美权	卫生部、中国红十字会	2015
全国无偿捐献血干细胞奖奉献奖	如东沿海经济开发区安监局科员杨石磊	卫生部、中国红十字会	2015

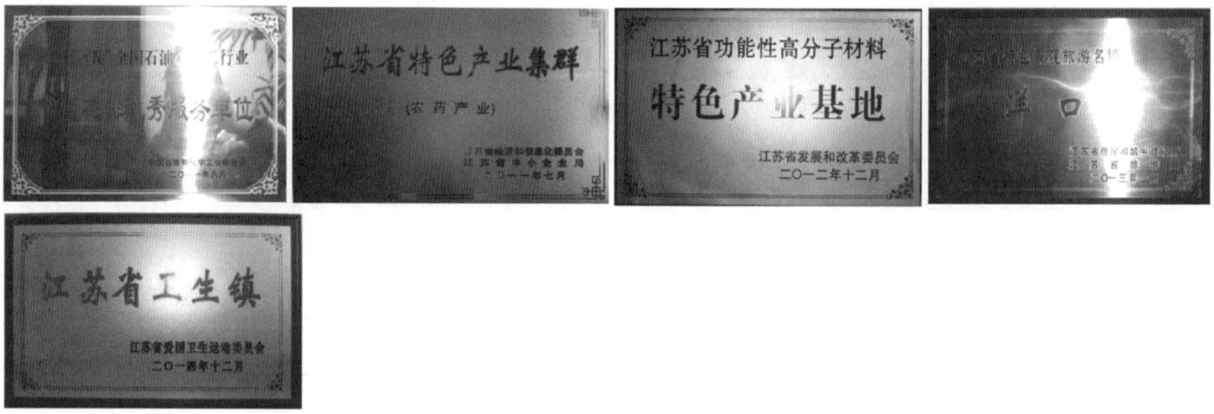

上图为江苏省如东沿海经济开发区（小洋口旅游度假区、洋口镇）部分奖牌

如东循环经济产业园（大豫镇）荣誉摘要

表 74

荣誉名称	获奖单位	授予单位	授予时间
先进基层党组织	大豫镇党委	如东县委	2011.06
2011 年度老区宣传工作优秀奖	如东县老促会大豫镇分会	中国老区建设促进会	2011.06
《江苏省机关团体企业事业单位档案工作规范》二星级标准	大豫镇政府	江苏省档案局	2011.12
第三批社会主义新农村建设档案工作示范镇	大豫镇	江苏省档案局	2011
全省人口和计划生育优质服务示范站	大豫镇计划生育中心服务站	江苏省人口和计划生育委员会	2011
“兴农杯”考核银杯	大豫镇	如东县委、县政府	2011
省现代渔业示范村	大豫镇东港村	江苏省海洋与渔业局	2011
2006--2010 年全市法制宣传教育先进单位	大豫镇丁家店村	南通市委、市政府	2011
市“十一五”人口计生工作先进集体	大豫镇计划生育中心服务站	南通市委、市政府	2011
2011 年度新型农民合作组织建设先进单位	大豫镇	南通市委、市政府	2012.02
江苏省放心消费创建活动示范单位	大豫镇	江苏省放心消费创建活动办公室	2012.03
南通市“平安家庭”创建活动示范点	大豫镇妇联	南通市维护妇女儿童合法权益联席会议暨“平安家庭”创建活动领导小组	2012.05
江苏省五四红旗团委	大豫镇团委	共青团江苏省委	2012.05
2012 年度老区宣传工作优秀奖	如东县老促会大豫镇分会	中国老区建设促进会	2012.05
“园区综合保障杯”考核夺杯单位银杯	如东循环经济产业园	如东县委、县政府	2012
“服务业发展杯”考核夺杯单位银杯	如东循环经济产业园	如东县委、县政府	2012
“城建杯”考核夺杯单位银杯	如东循环经济产业园	如东县委、县政府	2012
全国民主法治示范村	大豫镇丁家店村	司法部	2012
全国综合减灾示范社区	大豫镇丁家店村	国家减灾委员会	2012
省社会主义新农村建设先进村	大豫镇东港村	江苏省委农村工作领导小组	2012
2011--2012 年度南通市文明乡镇	大豫镇	南通市委、市政府	2013.10
“园区综合优胜杯”考核金杯	如东循环经济产业园	如东县委、县政府	2013
“工业发展杯”考核金杯	如东循环经济产业园	如东县委、县政府	2013
“服务业发展杯”考核金杯	如东循环经济产业园	如东县委、县政府	2013
“城建杯”考核金杯	如东循环经济产业园	如东县委、县政府	2013
全国农民专业合作社示范社	如东县崔氏蔬菜专业合作社	中华全国供销合作总社	2013
“生态文明杯”考核金杯	如东循环经济产业园	如东县委、县政府	2014
省级生态村	大豫镇强民村	江苏省环保厅	2014

续表74-1

荣誉名称	获奖单位	授予单位	授予时间
省水美村庄	大豫镇徐征村	江苏省水利厅	2014
省民主法治示范村	大豫镇徐征村	江苏省依法治省领导小组	2014
省现代渔业示范村	大豫镇九龙村	江苏省海洋与渔业局	2014
市村庄环境整治工作先进单位	大豫镇	南通市委、市政府	2014
江苏省循环经济教育示范基地	如东循环经济产业园	江苏省发改委、省教育厅、省财政厅、省旅游厅	2015
江苏省卫生镇	大豫镇	江苏省爱国卫生运动委员会	2015
江苏省发展散装水泥示范乡镇	大豫镇	江苏省经信委	2015
“民生杯”考核金杯	如东循环经济产业园	如东县委、县政府	2015
全国农民合作社加工示范单位	如东东海蔬菜种植专业合作社	农业部	2015
省民主法治示范村	大豫镇马家店村	江苏省依法治省领导小组	2015
荣誉名称	获奖单位	授予单位	授予时间
先进基层党组织	大豫镇党委	如东县委	2011.06

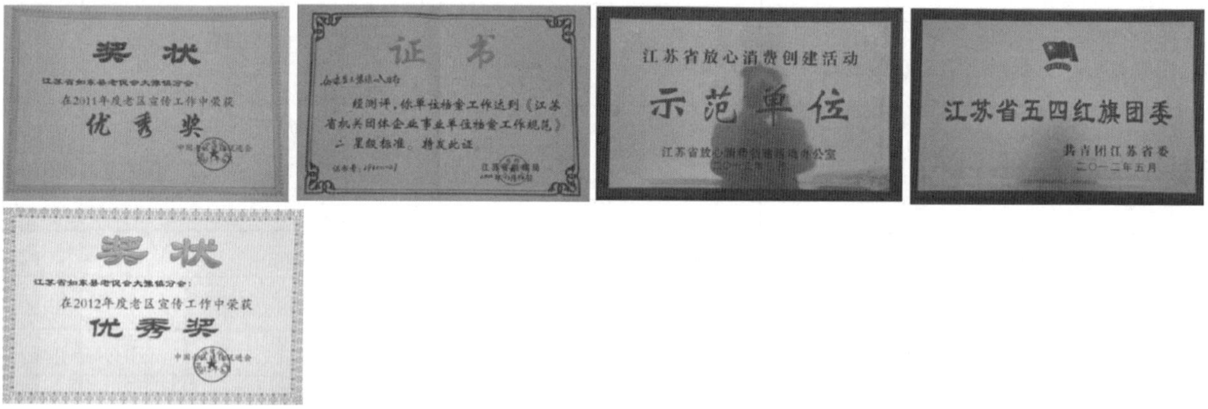

上图为如东循环经济产业园（大豫镇）部分奖牌

南通外向型农业综合开发区荣誉摘要

表75

荣誉名称	获奖单位	授予单位	授予时间
最具农业投资价值区	南通外向型农业综合开发区	中国县域现代农业发展高层组委会	2013
最具魅力休闲乡村	南通外向型农业综合开发区、近海村	江苏省农委	2013
市级文明村	南通外向型农业综合开发区何丫村、近海村	中共南通市委	2013
全国一村一品示范村镇	南通外向型农业综合开发区何丫村	农业部	2014
江苏省民主法治示范村	南通外向型农业综合开发区环东村	江苏省依法治省领导小组	2014

续表75-1

荣誉名称	获奖单位	授予单位	授予时间
沿海开发及洋口港开发建设规划审批贡献奖（三等奖）	南通外向型农业综合开发区	如东县委、县政府	2015.02
农业农村工作、为农服务先进集体	南通外向型农业综合开发区海洋渔业办公室	如东县委、县政府	2015.02
最具农业投资价值区	南通外向型农业综合开发区	中国县域现代农业发展高层组委会	2013
最具魅力休闲乡村	南通外向型农业综合开发区、近海村	江苏省农委	2013

江苏省如东高新技术产业开发区（掘港街道办、城中街道办）荣誉摘要

表76

荣誉名称	获奖单位	授予单位	授予时间
2006—10年全市法制宣传教育先进镇（街道）	掘港镇	中共南通市委、南通市人民政府	2011.09
2009-2010年度文明社区	古池社区、青园社区	中共南通市委、南通市人民政府	2011.12
《江苏省机关团体企业事业单位档案工作规范》二星级标准	青园社区	江苏省档案局	2011.12
省级充分就业示范社区	范堤社区	江苏省人力资源和社区保障厅	2011
社会治安综合治理先进集体	掘港镇	江苏省委、省政府	2011
全省关心下一代先进集体	掘港镇	江苏省关心下一代委员会、江苏省精神文明建设指导委员会办公室	2011
新农保经办管理服务示范乡（镇）	掘港镇	江苏省人力资源和社区保障厅	2011
江苏省“十一五”计划生育药具优质服务先进集体	掘港镇计生站	江苏省人口和计划生育委员会	2011
先进基层党组织	掘港镇	中共南通市委	2011
市“十一五”人口计生工作先进集体	掘港镇、掘港镇计生站	中共南通市委、南通市人民政府	2011
南通市“十一五”水利工作先进集体	掘港镇	中共南通市委、南通市人民政府	2011
南通市民营经济十强乡镇	掘港镇	中共南通市委、南通市人民政府	2011
2011年度绿化造林先进单位	掘港镇	中共南通市委、南通市人民政府	2011
2011年度农村水利建设先进单位	掘港镇	中共南通市委、南通市人民政府	2011
2011年度推进高效农业机械化先进单位	掘港镇	中共南通市委、南通市人民政府	2011
南通市星级司法所	掘港镇	南通市司法局	2012.02
2011年度南通市法治乡镇（街道）	掘港镇	中共南通市委、南通市人民政府	2012.02
2011年度南通市社会管理创新（长安建设）先进乡镇（街道）	掘港镇	中共南通市委、南通市人民政府	2012.02
南通市维护妇女权益示范岗	掘港镇	南通市妇女联合会	2012.03
二０一一年农村环境长效管理工作“达标乡镇”	掘港镇	南通市人民政府	2012.03
江苏省地震安全示范社区	范堤社区	江苏省地震局	2012.05

续表76-1

荣誉名称	获奖单位	授予单位	授予时间
南通市体育明星村（社区）	范堤社区	中共南通市委农村工作办公室、南通市体育局、南通市文化广电新闻出版局	2012.06
江苏省群众满意的窗口服务单位先进窗口	如东县掘港镇农技站	江苏省农业委员会	2012.07
南通市地震安全社区	碧霞社区、古池社区	南通市防震减灾工作联席会议办公室	2012.12
江苏省和谐社区建设示范村	古池社区	江苏省民政厅	2012.12
2008-2011绿色社区	古池社区	江苏省环境保护委员会办公室	2012
南通市优秀科普示范社区	三元社区	南通市全民科学素质工作领导小组	2012
南通市科普示范社区	三元社区	南通市全民科学素质工作领导小组	2012
省先进基层党组织	掘港镇党委	江苏省委组织部	2012
省住宿设施先进集体	掘港镇政府	江苏省旅游局、省统计局	2012
省三星级档案工作先进集体	掘港镇政府	江苏省档案局	2012
全省百强乡镇（街道）团组织	掘港镇团委	共青团江苏省委	2012
省青年文明号	掘港镇计生站	共青团江苏省委	2012
省“十佳劳动保障监察示范网格”	掘港镇人力资源和社会保障所	江苏省人力资源和社会保障厅	2012
全省千优基层团组织	掘港镇大学生干部联谊会团支部	共青团江苏省委	2012
服务业工作重点镇	掘港镇	南通市人民政府	2012
二0一二年创省级乡村公路管理养护及安保工程示范镇	如东县掘港镇	江苏省交通厅公路管理局	2013.02
2013年省级“示范妇女儿童之家”	掘港镇古池社区	江苏省妇联	2013
江苏省科普示范镇	掘港镇	江苏省科协	2013
江苏省科普示范社区	掘港镇三元社区	江苏省科协	2013
江苏省科普示范村	掘港镇十里墩村、五总村	江苏省科协	2013
全省为农服务社样板社	如东县周店为农服务社	江苏省供销合作总社	2013
四星级农家书屋	掘港镇掘西村农家书屋	江苏省新闻出版局	2013
优秀校外教育辅导站	三元社区	中共南通市委、南通市人民政府	2014.01
江苏省城市管理示范社区	友好社区	江苏省住房和城乡建设厅	2014.03
南通市未成年人思想道德建设工作先进集体	三元社区	南通市精神文明建设指导委员会	2014.05
先进基层党组织	三元社区	中共如东县委员会	2014.07
第三次全国经济普查省级先进集体	如东县掘港镇经普办	江苏省第三次全国经济普查领导小组	2014.12
江苏省城市管理示范社区	城中街道新光社区	江苏省住房和城乡建设厅	2014

续表76-2

荣誉名称	获奖单位	授予单位	授予时间
江苏省三星级康居示范村	城中街道新光社区	江苏省住房和城乡建设厅	2014
南通市农业科学技术推广奖	如东县掘港镇农业服务中心	南通市人民政府	2015.01
二0一四年市农村环境长效管理示范乡镇	如东县掘港镇	南通市农村环境长效管理办公室	2015.03
江苏省民主法治示范社区	城中街道新光社区	江苏省司法厅、民政厅	2015.06
江苏省民主法治示范村	掘港街道掘西村	江苏省依法治省领导小组	2015
南通市先进村（社区）党组织	城中街道新光社区	中共南通市委组织部	2015.06
南通市文明社区	范堤社区	中共南通市委、南通市人民政府	2015.12
江苏省优秀家长学校	古池社区	江苏省妇女联合会 江苏省教育厅	2015.12
南通市文明社区	锦绣社区	中共南通市委、南通市人民政府	2015.12
2014年江苏省节水型社区	锦绣社区金顺凤凰城	江苏省水利厅、江苏省发展和改革委员会	2015
江苏省节水型社区	友好社区	江苏省水利厅、江苏省发改委	2015
江苏省地震安全示范社区	掘港街道港南社区	江苏省地震局	2015
全国文明村	如东高新区港南村	中央文明办	2015
江苏省水美村庄	掘港街道丁字岸村	江苏省水利厅	2015
全市“服务型统计建设最佳团队”	如东县掘港镇统计站	南通市统计局	2016.02
南通市餐饮服务诚信示范街区	如东县盛世华城街区	南通市食品安全办公室、南通市文明办	2016.04
“2015年南通市1%人口抽样调查”先进集体	如东县掘港镇统计站	南通市人口抽样调查领导小组办公室	2016.07
2015年江苏省节水型社区	锦绣社区名居花苑	江苏省水利厅、江苏省发展和改革委员会	2016.08
全国科普惠农兴村带头人	掘港镇农业服务中心张勤	中国科协、财政部	2012.06

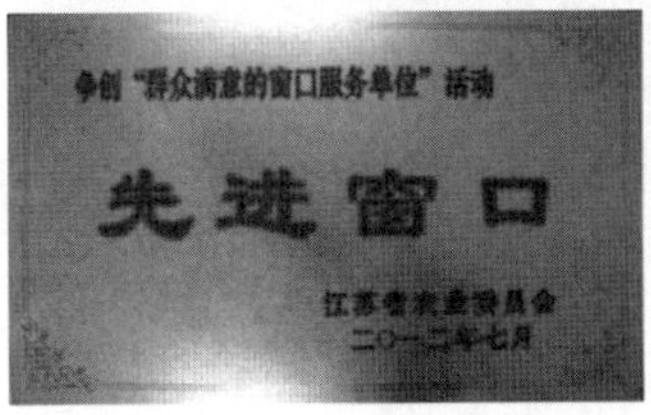

上图为江苏省如东高新技术产业开发区（掘港街道办、城中街道办）部分奖牌

如东县栟茶镇荣誉摘要

表77

荣誉名称	获奖单位	授予单位	授予时间
国家级生态乡镇	栟茶镇	环保部	2011.10
江苏省卫生镇	栟茶镇	江苏省爱国卫生运动委员会	2011.12

续表77-1

荣誉名称	获奖单位	授予单位	授予时间
省级平安农机示范乡镇	栟茶镇	江苏省农机局、安监局	2011
全省千优基层团组织	栟茶陈湾肥羊农民专业合作社团支部	共青团江苏省委	2012
南通市中心镇	栟茶镇	南通市委、市政府	2013.03
江苏省非物质文化遗产	花鼓（浒澪花鼓）	江苏省政府公布、省文化厅颁发	2013.07
中国特色镇旅游新干线试点镇	栟茶镇	中国特色镇发展论坛组织委员会办公室	2013.12
2013年省级“示范妇女儿童之家”	栟茶镇竹园村	江苏省妇联	2013
中国历史文化名镇	栟茶镇	住建部、国家文物局	2014
全国重点镇	栟茶镇	住建部、国家发改委	2014 .03
侨法宣传角	栟茶镇茗海社区	国务院侨务办公室	2014
2015年现代最具魅力乡镇	栟茶镇	现代快报社	2015.10
全国大学生生态文明教育实践基地	栟茶镇	中国高校生态文明教育工作协作组、中国特色镇发展论坛组织委员会办公室	2015
江苏省民主法治示范村	栟茶镇三星村	江苏省依法治省领导小组	2015
江苏省水美村庄	栟茶镇江安村	江苏省水利厅	2015
江苏省一级文化站	栟茶镇文化站	江苏省文化厅	2015

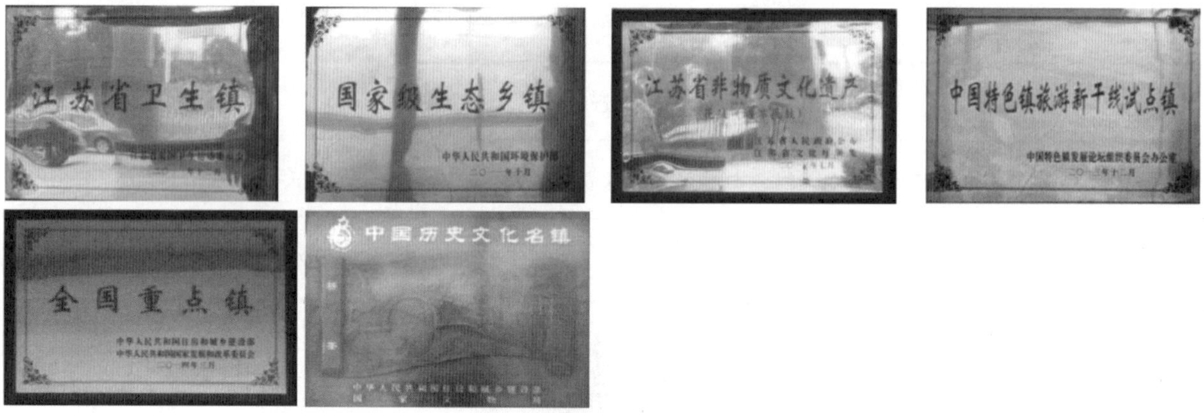

上图为如东县栟茶镇部分奖牌

如东县丰利镇荣誉摘要

表78

荣誉名称	获奖单位	授予单位	授予时间
全市老干部工作先进集体	丰利镇人民政府	南通市委、市政府	2011.12
全省人口和计划生育优质服务示范站	丰利镇计生服务站	江苏省计生委	2011
全省优秀国土资源所	丰利国土资源所	江苏省国土厅	2011
市“十一五”人口计生工作先进集体	丰利镇计生服务站	南通市委、市政府	2011
全市纪检监察先进集体	丰利镇纪委	南通市委、市政府	2011

续表 78-1

荣誉名称	获奖单位	授予单位	授予时间
南通市老年人体育工作先进集体	丰利镇人民政府	南通市老年人体育协会	2012.12
江苏老年人体协工作示范乡镇	丰利镇人民政府	江苏省老年人体育协会	2012.12
全市老干部“夕阳映海，晚霞更生辉”主题实践活动先进集体	丰利镇人民政府	中共南通市委组织部、中共南通市委宣传部、中共南通市委老干部局、南通市人力资源和社会保障局、南通市精神文明建设指导委员会办公室	2012.12
镇综合保障杯	丰利镇人民政府	如东县委、县政府	2013
工业发展杯（银杯）	丰利镇人民政府	如东县委、县政府	2013
兴财杯（铜杯）	丰利镇人民政府	如东县委、县政府	2013
江苏省文明乡镇	丰利镇	江苏省精神文明建设指导委员会	2013
省级科普惠家服务站	丰利镇月河科普惠家服务站	江苏省科协	2013
科普惠农工作先进集体	丰利镇蚕业生产协会	江苏省科协、省财政厅	2014
兴财杯（银杯）	丰利镇人民政府	如东县委、县政府	2015
2015 年度老区宣传工作三等奖	如东县老促会丰利分会	中国老区建设促进会	2015.06
江苏省民主法治示范村	丰利镇九和村	江苏省依法治省领导小组	2015

上图为如东县丰利镇部分奖牌

如东县马塘镇荣誉摘要

表 79

荣誉名称	获奖单位	授予单位	授予时间
耕地保护与土地整理复垦“十佳”乡镇	马塘镇	中共南通市委办公室	2011
全省人口和计划生育优质服务示范站	马塘镇计生服务站	江苏省计生委	2011
市“十一五”人口计生工作先进集体	马塘镇计生服务站	南通市委、市政府	2011
南通市老干部工作先进集体	马塘镇	南通市委、市政府	2011
2012 年江苏省生态村	马塘镇潮北村	江苏省环境保护厅	2012.05
全国农民专业合作示范社	马塘镇富民农机服务合作社	农业部	2012
全国一村一品示范村镇	马塘镇	农业部	2013
2010--2012 年度江苏省文明乡镇	马塘镇	江苏省文明委	2013
2011--2012 年度南通市文明乡镇	马塘镇	南通市文明委	2013

续表79-1

荣誉名称	获奖单位	授予单位	授予时间
南通市第二十五届科普宣传周先进集体	马塘镇	南通市科协	2013
全市为农服务社建设先进单位	马塘镇	南通市委、市政府	2013
江苏省民主法治示范村	马塘镇马北村	江苏省委、省政府	2013
南通市民主法治示范村	马塘镇许楼村	南通市委、市政府	2013
2010--2012年度江苏省文明村	马塘镇马西村	江苏省文明委	2013
2011--2012年度南通市文明村	马塘镇马西村	南通市文明委	2013
全国农机合作社示范社	马塘镇富民农机服务合作社	农业部	2013
2013年省级“示范妇女儿童之家”	马塘镇马西村	江苏省妇联	2013
省农业龙头企业	南通博爱面粉有限公司	江苏省政府	2013
2011--2014年度江苏省社会治安综合治理先进集体	马塘镇	江苏省委、省政府	2014
江苏省民主法治示范村	马塘镇许楼村	江苏省委、省政府	2014
南通市“青年文明号”争创集体	马塘镇司法所	共青团南通市委	2014
江苏省卫生镇	马塘镇	江苏省卫生厅	2014
江苏省卫生村	马塘镇马南村、七里镇村、马北村、许楼村	江苏省爱国卫生运动委员会	2015
江苏省示范村卫生室	马塘镇潮南村卫生室	江苏省爱国卫生运动委员会	2015
南通市第27届科普宣传周先进集体	马塘镇	南通市全民科学素质工作领导小组	2015
南通市数字化预防接种门诊	马塘镇卫生所	南通市卫生局	2015
南通市青年文明号	马塘镇司法所	共青团南通市委	2015
优秀基层党组织	马塘镇长路村党总支	南通市委组织部	2015
全国先进司法所	马塘镇司法所	司法部	2015.11
2014--2015年度江苏省优秀司法所	马塘镇司法所	江苏省司法厅	2016.01
2013--2015年度江苏省文明乡镇	马塘镇	江苏省精神文明建设指导委员会	2016.09
2011--2015年全市普法工作先进镇(街道)	马塘镇	中共南通市委宣传部	2016.11

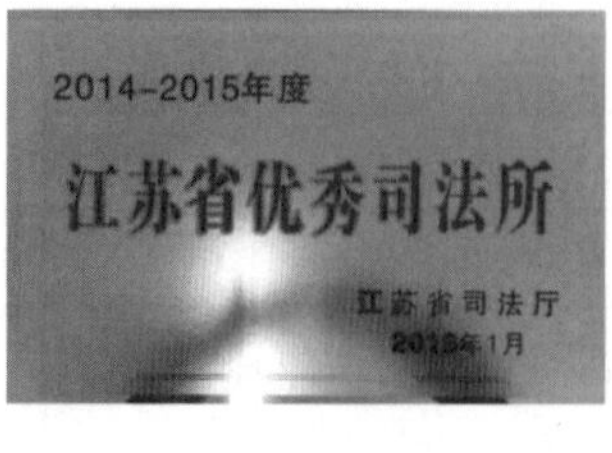

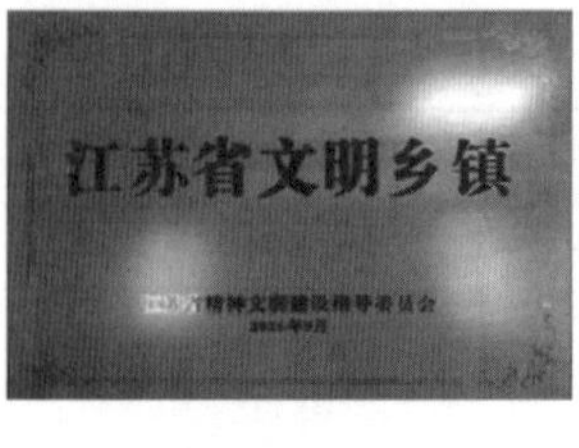

上图为如东县马塘镇部分奖牌

如东县曹埠镇荣誉摘要

表 80

荣誉名称	获奖单位	授予单位	授予时间
市人民满意国土所	如东县国土局曹埠国土所	南通市政府	2011
2011--2012 年度文明镇	曹埠镇	如东县委、县政府	2012.12
“兴财杯”金杯	曹埠镇财政所	如东县委、县政府	2012
江苏省三星级康居乡村	曹埠镇上漫社区 9 组	江苏省村庄环境整治推进工作领导小组办公室、省住房和城乡建设厅	2013.08
2010--2012 年度南通市文明乡镇	曹埠镇	南通市委、市政府	2013.10
2010--2012 年度江苏省文明乡镇	曹埠镇	江苏省精神文明建设指导委员会	2013.10
全省农民专业合作社示范社	如东县欣埠秸秆专业合作社	江苏省供销合作总社	2013
五星级农家书屋	曹埠镇上漫社区农家书屋	江苏省新闻出版局	2013
江苏省社会主义新农村建设示范村	曹埠镇上漫社区	江苏省委农村工作领导小组	2014.01
江苏省民主法治示范村	曹埠镇冯桥村	江苏省依法治省领导小组	2014.05
全国综合减灾示范社区	曹埠镇上漫社区	国家减灾委员会、民政部	2014.12
全国农民合作社示范社	曹埠镇双羊蔬菜专业合作社	农业部、国家发改委、财政部、水利部国家税务总局、国家工商总局、全国供销合作总社等	2014
省级生态镇	曹埠镇	江苏省环保厅	2014
省五星级示范农家书屋	曹埠镇上漫社区	江苏省新闻出版局	2014
省四星级农家书屋	曹埠镇下漫社区农家书屋	江苏省新闻出版局	2014
省级示范妇女儿童活动中心	曹埠镇妇女儿童活动中心	江苏省妇儿工委办	2014
江苏省二星级康居乡村	曹埠镇堤南社区、甜水村	江苏省村庄环境整治推进工作领导小组办公室	2014
省劳动保障监察示范网格	曹埠镇	江苏省劳动监察总队	2014
文明村	曹埠镇冯桥村	如东县委、县政府	2015.02
南通市先进村（社区）党组织	曹埠镇下漫村	南通市委组织部	2015.06
江苏省科普示范乡镇	曹埠镇	江苏省科学技术协会	2015.12
省三星级康居示范村	曹埠镇上漫社区	江苏省住房和城乡建设厅	2015
省农家书屋提升工程试点工作先进镇	曹埠镇	江苏省新闻出版局	2015

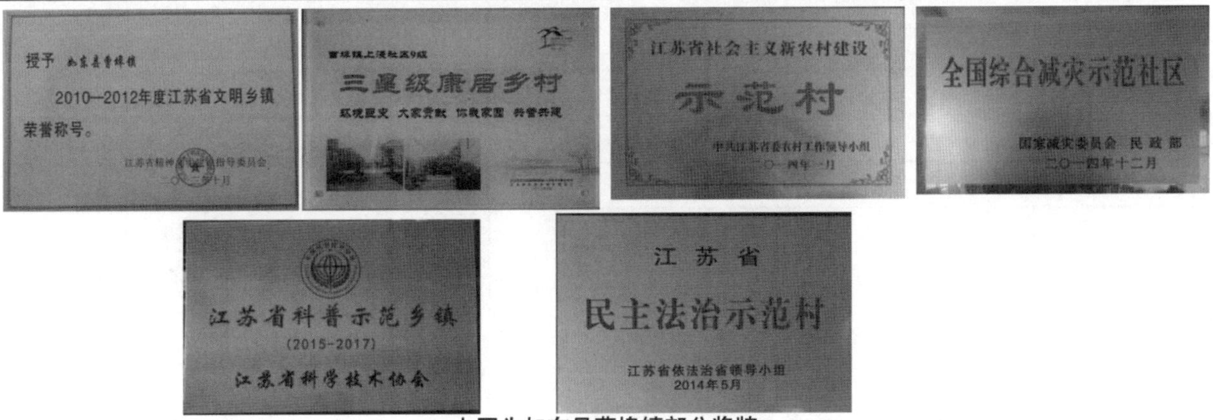

上图为如东县曹埠镇部分奖牌

如东县岔河镇荣誉摘要

表 81

荣誉名称	获奖单位	授予单位	授予时间
全省人口和计划生育优质服务示范站	岔河镇计生服务站	江苏省计生委	2011
第六次人口普查先进集体	岔河镇人口普查领导小组办公室	江苏省统计局、省人口普查领导小组办公室	2011
江苏省五四红旗团委	岔河镇团委	共青团江苏省委	2011
省级四星级合作社	岔河镇惠农农机服务专业合作社	江苏省农机局	2011
省级“平安农机”示范合作社	岔河镇惠农农机服务专业合作社	江苏省农机局	2011
江苏省“平安家庭”创建活动示范社区	岔河镇迎春社区	江苏省妇女儿童合法权益联席会议暨省“平安家庭”创建领导组	2011
江苏省“新农村新家庭计划”示范村（居）	岔河镇迎春社区	江苏省计划和生育委员会	2011
省小企业创业示范基地	银河小企业创业基地	江苏省政府	2011
市“十一五”人口计生工作先进集体	岔河镇、岔河镇计生中心服务站	南通市委、市政府	2011
2006--2010 年全市法制宣传教育先进镇（街道）	岔河镇	南通市委、市政府	2011
“五有五星示范镇”	岔河镇	南通市政府	2011
社保工作先进集体	岔河镇人力资源和社会保障所	南通市政府	2011
先进基层党组织	岔河镇古坝社区	南通市委、市政府	2011
全国社区教育示范乡镇	如东县岔河镇	国家社区教育委员会	2012. 11
全国 100 家农民专业合作社青年示范社	岔河镇陆港畜禽专业合作社	团中央办公厅、农业部办公厅	2012
全省首批公共文化服务体系示范区	岔河镇	江苏省文化厅、财政厅	2012
人口与计划生育依法行政示范镇	岔河镇	江苏省人口计生委	2012
农业综合开发先进单位	岔河镇	江苏省农业综合开发资源局	2012
全省千优基层团组织	岔河镇陆港畜禽专业合作社团支部	共青团江苏省委	2012
全国学习型社区示范乡镇	如东县岔河镇	中国社区教育专业委员会	2013. 12
省标准化居民学校	岔河镇古坝社区	江苏省教育厅	2013
省高水平农科教结合示范基地	岔河镇古坝社区	江苏省教育厅	2013
全国重点镇	岔河镇	住房城乡建设部、国家发改委、财政部、国土资源部、农业部、民政部、科技部	2014
江苏省卫生镇	岔河镇	江苏省卫生厅	2014

续表81-1

荣誉名称	获奖单位	授予单位	授予时间
高水平农科教结合富民示范基地	岔河镇	江苏省教育厅	2014
江苏省民主法治示范村	岔河镇启秀村、振河村	江苏省依法治省领导小组	2015
江苏省水美村庄	岔河镇南桥村	江苏省水利厅	2015
江苏省公共文化服务体系示范区（乡镇级）	岔河镇	江苏省文化厅、财政厅	2015
江苏省党员冬训工作示范镇	岔河镇	江苏省委组织部、省委宣传部	2015

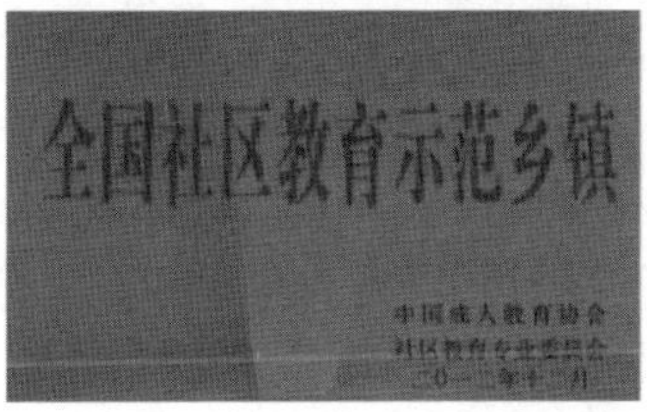

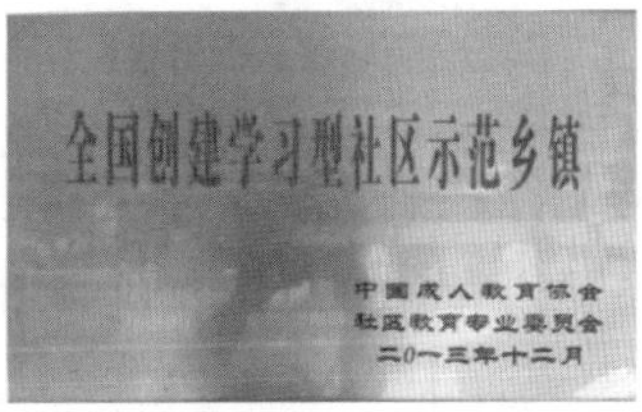

上图为如东县岔河镇部分奖牌

如东县新店镇荣誉摘要

表82

荣誉名称	获奖单位	授予单位	授予时间
工业发展杯铜杯	新店镇	中共如东县委、县政府	2011.02
项目建设杯铜杯	新店镇	中共如东县委、县政府	2011.02
镇综合优胜杯铜杯	新店镇	中共如东县委、县政府	2011.02
创新杯铜杯	新店镇	中共如东县委、县政府	2011.02
全县“十一五”期间食品安全工作先进集体	新店镇	如东县人民政府	2011.03
先进基层党组织	新店镇党委	中共如东县委员会	2011.06
2010年“征兵工作先进单位”	新店镇	如东县人民政府、如东县人民武装部	2011.10
镇综合优胜杯银杯	新店镇	中共如东县委、县政府	2012.02
开放杯银杯	新店镇	中共如东县委、县政府	2012.02
兴农杯铜杯	新店镇	中共如东县委、县政府	2012.02
项目建设杯银杯	新店镇	中共如东县委、县政府	2012.02
工业发展杯银杯	新店镇	中共如东县委、县政府	2012.02
兴财杯银杯	新店镇	中共如东县委、县政府	2012.02
镇综合保障先进单位铜杯	新店镇	中共如东县委、县政府	2012.02
中国县域产业集群竞争力100强	新店镇健身器械产业集群	中国产业集群专业委员会、中国产业集群研究院	2012.08
中国产业集群经济示范镇	新店镇	中国产业集群专业委员会、中国产业集群研究院	2012.08
南通市先进基层组织	如东县新店镇商会	南通市工商联（总商会）	2013.01
2012年度南通市民营经济发展先进乡镇（街道）	新店镇	中共南通市委员会、南通市人民政府	2013.02

续表82-1

荣誉名称	获奖单位	授予单位	授予时间
镇综合优胜杯金杯	新店镇	中共如东县委、县政府	2013.02
镇综合保障杯金杯	新店镇	中共如东县委、县政府	2013.02
项目建设杯铜杯	新店镇	中共如东县委、县政府	2013.02
开放杯银杯	新店镇	中共如东县委、县政府	2013.02
创新杯铜杯	新店镇	中共如东县委、县政府	2013.02
南通市五四红旗团委	新店镇团委	共青团南通市委	2013.05
江苏省卫生镇	新店镇	江苏省爱国卫生运动委员会	2013.12
南通市先进商会组织	如东县新店镇商会	南通市工商联（总商会）	2013.12
2013年省级“示范妇女儿童之家”	新店镇新联村、祝套村	江苏省妇联	2013
兴财杯铜杯	新店镇	中共如东县委、县政府	2014.02
开放杯铜杯	新店镇	中共如东县委、县政府	2014.02
项目建设杯银杯	新店镇	中共如东县委、县政府	2014.02
民生杯铜杯	新店镇	中共如东县委、县政府	2014.02
生态文明杯铜杯	新店镇	中共如东县委、县政府	2014.02
先进基层党组织	新店镇党委	中共如东县委员会	2014.07
如东县关心下一代工作先进集体	新店镇	中共如东县委、县政府	2014.10
2009--2014年度全市关心下一代工作先进集体	新店镇	中共南通市委员会、南通市人民政府	2014.10
南通市工会工作模范乡镇（街道）	新店镇	南通市总工会	2014.12
通过《江苏省机关团体企业事业单位档案工作规范》二星级复查	新店镇	江苏省档案局	2014.12
江苏省民主法治示范村	新店镇月池村	江苏省依法治省领导小组	2014
省级生态村	新店镇曹庵村	江苏省环保厅	2014
开放杯银杯	新店镇	中共如东县委、县政府	2015.02
综合保障先进单位铜杯	新店镇	中共如东县委、县政府	2015.02
创新杯银杯	新店镇	中共如东县委、县政府	2015.02
项目建设杯铜杯	新店镇	中共如东县委、县政府	2015.02
工业发展杯铜杯	新店镇	中共如东县委、县政府	2015.02
第一批全国农村优秀学习型乡镇	新店镇	中国成人教育协会、农村成人教育专业委员会	2015
全国综合减灾示范社区	新店镇汤园社区	国家减灾委、民政部	2015
江苏省民主法治示范村	新店镇双虹桥村	江苏省依法治省领导小组	2015
省巾帼电子商务示范村	新店镇双虹桥村	江苏省妇联、江苏省“双学双比”领导小组	2015
省农村电子商务示范村	新店社区	江苏省商务厅	2015
全国农村科技致富女能手	新店镇新联村副主任、团支部书记田敏	全国妇联	2013

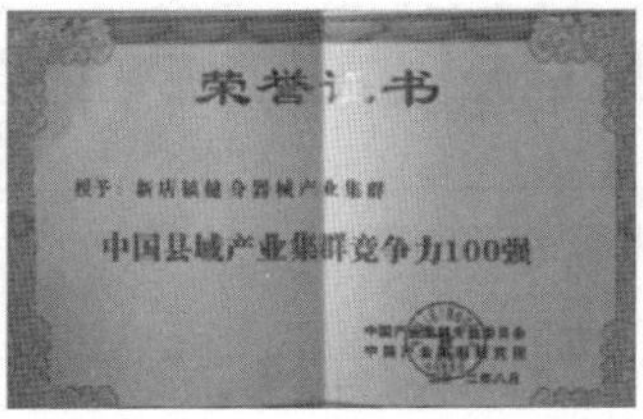

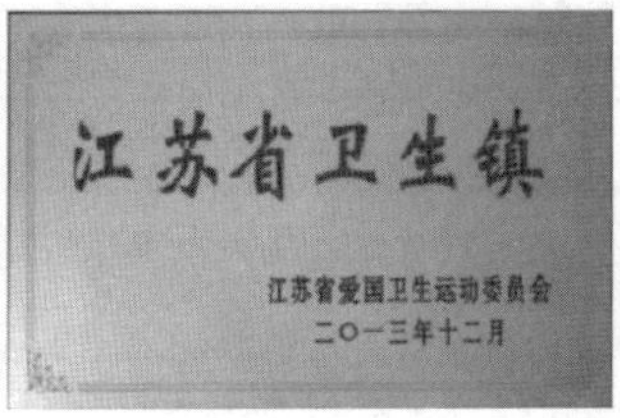

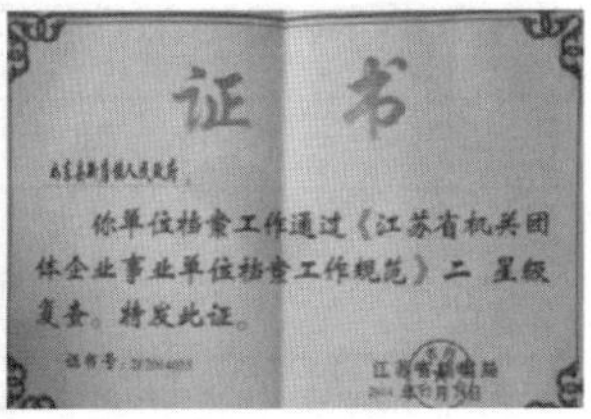

上图为如东县新店镇部分奖牌

如东县双甸镇荣誉摘要

表 83

荣誉名称	获奖单位	授予单位	授予时间
2011 年度老区宣传工作优秀奖	江苏省如东县老促会双甸镇分会	中国老区建设促进会	2011.06
“五好”离退休干部党支部	如东县双甸镇	中共江苏省委组织部、中共江苏省委老干部局	2011.06
如东县老区开发、扶贫开发先进集体	双甸镇老区分会	如东县人民政府	2011.11
全国农作物病虫害专业化统防统治示范组织	双甸植保专业合作社	农业部	2011
全国综合减灾示范社区	双甸镇高前社区	国家减灾委、民政部	2011
全省人口和计划生育优质服务示范站	双甸镇计生服务站	江苏省计生委	2011
全省计划生育协会镇级先进单位	双甸镇计生协会	江苏省计划生育协会	2011
省优秀司法所	双甸镇司法所	江苏省司法厅	2011
江苏省管理民主示范村	双甸镇高前村	江苏省民政厅	2011
先进基层党组织	双甸镇党委	南通市委、市政府	2011
2012 年度老区宣传工作三等奖	江苏省如东县老促会双甸镇分会	中国老区建设促进会	2012.05
人口和计划生育基层群众自治示范村区	双甸镇高前村	国家人口和计划生育委员会、中国计划生育协会	2012
2012 年度南通市优秀乡镇（街道）综合文化站	双甸镇综合文化站	南通市文化广电新闻出版局	2013.02
2013 年度老区宣传工作三等奖	江苏省如东县老促会双甸镇分会	中国老区建设促进会	2013.10
2013 年省级“示范妇女儿童之家”	双甸镇镇东村	江苏省妇联	2013
江苏省文明乡镇	双甸镇	江苏省精神文明建设指导委员会	2013
江苏省文明村	双甸镇高前村	江苏省精神文明建设指导委员会	2013
江苏省村庄环境整治工作先进集体、江苏省村庄环境整治“三星级康居乡村”	双甸镇高前村	江苏省村庄环境整治推进工作领导小组	2013
江苏省卫生镇	双甸镇	江苏省爱国卫生教育委员会	2013

续表83-1

荣誉名称	获奖单位	授予单位	授予时间
江苏省社区居民学校	双甸镇高前村	江苏省教育厅	2013
2014年度老区宣传工作优秀奖	江苏省如东县老促会双甸镇分会	中国老区建设促进会	2014.02
全国乡镇综合文化站评估定级一级文化站	双甸镇综合文化站	江苏省文化厅	2014.03
江苏省公共文化服务体系示范区	双甸镇综合文化站	江苏省文化厅 江苏省财政厅	2014.07
全国农民合作社示范社	如东县朝阳畜牧专业合作社	农业部、国家发改委、财政部、水利部国家税务总局、国家工商总局、全国供销合作总社等	2014
江苏省民主法治示范村	双甸镇高前村	江苏省依法治省领导小组	2014
江苏省卫生村	双甸镇宗奎村	江苏省爱国卫生委员会	2014
江苏省社会主义新农村建设示范村	双甸镇高前村	江苏省农村工作领导小组	2014
江苏省“平安家庭”创建活动示范社区（村）	双甸镇星光社区	江苏省维护妇女儿童合法权益联席会议暨“平安家庭创建活动”领导小组	2014
国华中学招生工作先进集体	如东县扶贫开发协会双甸镇分会	江苏省扶贫基金会、省扶贫开发协会	2014
全省离退休干部先进集体	如东县双甸镇老干部党总支	中共江苏省委组织部、中共江苏省委老干部局	2015.02
在2015年度老区宣传工作中荣获三等奖	江苏省如东县老促会双甸镇分会	中国老区建设促进会	2015.06
2015年度如东县“兴财杯”金杯	如东县双甸镇财贸办	如东县人民政府	2016.01
双甸镇人民政府征兵工作先进单位	如东县双甸镇	如东县人民政府 如东县人民武装部	2016.07
2009-2016年南通市老区建设扶贫开发先进集体	如东县双甸镇	南通市老区开发促进会、南通市扶贫开发协会	2016.08
第一批全国农村优秀学习型村居	双甸镇高前村	中国成人教育协、农村成人教育专业委员会	2015
省水美村庄	双甸镇星光居委会、宗奎村	江苏省水利厅	2015
江苏省公共文化服务体系示范区（乡镇）	双甸镇	江苏省文化厅、省财政厅	2015

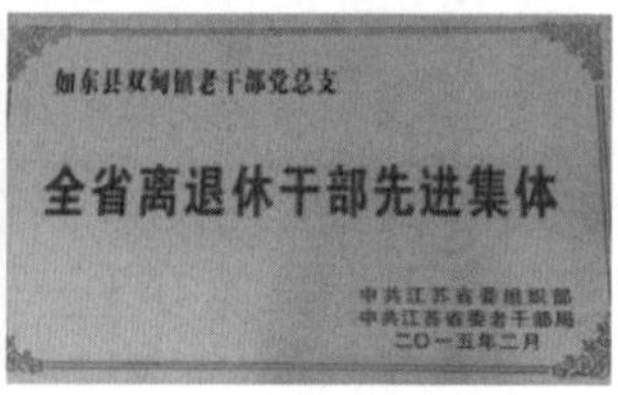

上图为如东县双甸镇部分奖牌

如东县河口镇荣誉摘要

表 84

荣誉名称	获奖单位	授予单位	授予时间
省级平安农机示范乡镇	河口镇	江苏省农机局、安监局	2011
2011 年度应税销售特别贡献单位	河口镇	中共如东县委、如东县人民政府	2012.01
2011 年度民营经济发展先进镇	河口镇	中共如东县委、如东县人民政府	2012.01
2011 年度社会事业工作先进镇	河口镇	中共如东县委、如东县人民政府	2012.01
2011 年度生态县创建工作先进集体	河口镇	中共如东县委、如东县人民政府	2012.01
全省千优基层团组织	河口农机服务合作社团支部	共青团江苏省委	2012
南通市民营经济发展先进乡镇	河口镇	南通市政府	2012
省创新型乡镇	河口镇	江苏省科学技术厅	2012
2012 年度“工业发展杯”铜杯	河口镇	中共如东县委、如东县人民政府	2013.02
2012 年度“开放杯”铜杯	河口镇	中共如东县委、如东县人民政府	2013.02
2012 年度“创新杯”银杯	河口镇	中共如东县委、如东县人民政府	2013.02
第四批省级巾帼来料加工示范基地	河口镇手工钩织加工基地	江苏省妇联	2013
江苏省民主法治示范村	河口镇双港村、十里村	江苏省依法治省领导小组	2013
2013 年度综合考核“综合优胜杯”银杯	河口镇	中共如东县委、如东县人民政府	2014.01
2013 年度“兴财杯”金杯	河口镇	中共如东县委、如东县人民政府	2014.01
2013 年度“开放杯”金杯	河口镇	中共如东县委、如东县人民政府	2014.01
2013 年度“工业发展杯”银杯	河口镇	中共如东县委、如东县人民政府	2014.01
2013 年度南通市工会工作模范乡镇	河口镇工会委员会	南通市总工会	2014.12
江苏省卫生镇	河口镇	江苏省卫生厅	2014
江苏省水美村庄	河口镇十里桥	江苏省水利厅	2014
2014 年度镇工业集中区建设先进单位	河口镇	中共如东县委、如东县人民政府	2015.02
2014 年度物流工作先进单位	河口镇	中共如东县委、如东县人民政府	2015.02
2014 年度民营经济发展工作先进镇	河口镇	中共如东县委、如东县人民政府	2015.02
2014 年度组织工作先进集体	河口镇党委	中共如东县委、如东县人民政府	2015.02
2014 年度纪检监察工作先进集体	河口镇党委	中共如东县委、如东县人民政府	2015.02
2014 年度学习型党组织先进单位	河口镇党委	中共如东县委、如东县人民政府	2015.02
2014 年度社会事业工作先进镇	河口镇	中共如东县委、如东县人民政府	2015.02
2014 年度平安法治建设先进集体	河口镇	中共如东县委、如东县人民政府	2015.02
2013--2014 年度文明村（居）	烈士陵村、双港村、荷园村、花园头居委会	中共如东县委、如东县人民政府	2015.03
省级为农服务社样板社	河口镇双港为农服务社	江苏省供销合作总社	2015
南通市安全生产等乡镇（街道、园区）	河口镇政府	南通市政府	2015
2015 年度“综合优胜杯”铜杯	河口镇	中共如东县委、如东县人民政府	2016.01
2015 年度“综合保障先进单位”金杯	河口镇	中共如东县委、如东县人民政府	2016.01
2015 年度“开放杯”铜杯	河口镇	中共如东县委、如东县人民政府	2016.01
2015 年度“项目建设杯”金杯	河口镇	中共如东县委、如东县人民政府	2016.01

续表84-1

荣誉名称	获奖单位	授予单位	授予时间
2015年度“工业发展杯”金杯	河口镇	中共如东县委、如东县人民政府	2016.01
2015年度“创新杯”金杯	河口镇	中共如东县委、如东县人民政府	2016.01
2015年度“民生杯”铜杯	河口镇	中共如东县委、如东县人民政府	2016.01
2015年度“生态文明杯”铜杯	河口镇	中共如东县委、如东县人民政府	2016.01
江苏省优秀司法所	河口镇司法所	江苏省司法厅	2016.1
2015年度江苏省五四红旗团委	河口镇团委	共青团江苏省委	2016.05
全国关心下一代工作先进个人	河口镇龙坝村校外辅导员缪立新	中国关工委	2015

上图为如东县河口镇部分奖牌

如东县袁庄镇荣誉摘要

表85

荣誉名称	获奖单位	授予单位	授予时间
二〇一〇年度依法行政工作先进集体	袁庄镇	中共如东县委员会、如东县人民政府	2011.01
建设全面小康社会工作先进集体	袁庄镇	中共如东县委员会、如东县人民政府	2011.01
二〇一〇年度宣传思想工作先进集体	袁庄镇	中共如东县委员会	2011.01
全县“十一五”期间食品安全工作先进集体	袁庄镇	如东县人民政府	2011.03
江苏省民主法治示范村	袁庄镇戴南村	江苏省依法治省领导小组	2011.03
2010年度生态环境保护和建设工作先进集体	袁庄镇人民政府	中共如东县委员会、如东县人民政府	2011.05
2006--2010年全县法制宣传教育先进镇	袁庄镇	中共如东县委员会、如东县人民政府	2011.10
全市关心下一代工作示范村	袁庄镇铁果门村	南通市关工委	2011.10
全省计划生育协会村级先进单位	袁庄镇铁果门村计生协会	江苏省计划生育协会	2011
二〇一一年全县民政综合考核先进单位	袁庄镇人民政府	如东县人民政府	2012.01
全国环境优美镇	袁庄镇	国家环保部	2012.02
南通市民主法治村	袁庄镇赵港村	南通市依法治市领导小组	2012.02

续表85-1

荣誉名称	获奖单位	授予单位	授予时间
江苏省民主法治示范村	袁庄镇时桥村	江苏省依法治省领导小组	2012.02
南通市民主法治村	袁庄镇竹园村	南通市依法治市领导小组	2012.02
先进基层党组织	袁庄镇铁果门村	中共如东县委员会	2012.06
2011--2012年度文明村	袁庄镇戴南村	中共如东县委员会、如东县人民政府	2012.12
江苏省卫生村	袁庄镇铁果门村	江苏省爱国卫生运动委员会	2012.12
二〇一二年度食品安全工作先进集体	袁庄镇	如东县人民政府	2013.01
全市三好标兵竞赛优秀组织奖	袁庄镇铁果门村	南通市文明办、关工委等	2013.04
江苏省民主法治示范村	袁庄镇竹园村	江苏省依法治省领导小组	2013.05
江苏省和谐社区建设示范村	袁庄镇竹园村	江苏省民政厅	2013.12
2010--2012年度江苏省文明村	袁庄镇竹园村	江苏省精神文明建设指导委员会	2013
2013年省级“示范妇女儿童之家”	袁庄镇铁果门村	江苏省妇联	2013
优秀校外辅导站	袁庄镇铁果门村	中共南通市委员会、南通市人民政府	2014.01
全市三好标兵竞赛评选活动优秀组织奖	袁庄镇关工委	南通市文明办、关工委等	2014.03
江苏省民主法治示范村	袁庄镇铁果门村	江苏省依法治省领导小组	2014.05
先进基层党组织	袁庄镇孙庄村	中共如东县委员会	2014.07
如东县关心下一代工作先进集体	中共如东县袁庄镇委员会	中共如东县委员会、如东县人民政府	2014.10
如东县关心下一代工作先进集体	袁庄镇赵港村关工委	中共如东县委员会、如东县人民政府	2014.10
2009--2014年度全市关心下一代工作先进集体	中共如东县袁庄镇委员会	中共南通市委员会、南通市人民政府	2014.10
二〇一四年度江苏省卫生村	袁庄镇孙庄村	江苏省爱国卫生运动委员会	2014.12
民营经济发展工作明星村	袁庄镇孙庄村	中共如东县委员会、如东县人民政府	2015.05
江苏省民主法治示范村	袁庄镇赵港村	江苏省依法治省领导小组	2015.06
四星级示范农家书屋	袁庄镇铁果门村	南通市文广新局	2015.12
2015年度江苏省卫生村	袁庄镇竹园村	江苏省爱国卫生运动委员会	2015.12
江苏省水美村庄	袁庄镇铁果门村	江苏省水利厅	2015
省级为农服务社样板社	袁庄镇铁果门为农服务社	江苏供销合作总社	2015
2015年度四星级示范农家书屋	袁庄镇戴南村	南通市文化广电新闻出版局	2016.01
2015年度四星级示范农家书屋	袁庄镇铁果门村	南通市文化广电新闻出版局	2016.01
“新农杯”铜杯	袁庄镇	中共如东县委员会、如东县人民政府	2016.01

续表85-2

荣誉名称	获奖单位	授予单位	授予时间
民营经济发展工作明星村	袁庄镇海河滩村	中共如东县委员会、如东县人民政府	2016.02
2015年全县双拥工作先进集体	袁庄镇人民政府	中共如东县委员会、如东县人民政府	2016.02

上图为如东县袁庄镇部分奖牌

江苏省如东中等专业学校荣誉摘要

表86

荣誉名称	获奖单位	授予单位	授予时间
语言文字规范化示范学校	江苏省如东中等专业学校	江苏省语言文字工作委员会、江苏省教育厅	2011.04
江苏省职业教育技能教学研究基地	江苏省如东中等专业学校	江苏省教育厅	2012
2011年优秀通讯员单位	江苏省如东中等专业学校	江苏省职教学会德育工作委员会	2012.02
2011--2012学年度教材服务工作先进单位	江苏省如东中等专业学校	江苏广播电视大学、江苏城市职业学校	2012.04
高技能人才摇篮奖	江苏省如东中等专业学校	江苏技能状元大赛组委会	2012.08
江苏省职业教育德育特色学校、江苏省高水平示范性中等职业学校	江苏省如东中等专业学校	江苏省职教学会德育工作委员会	2012.12
省先进班集体	江苏省如东中等专业学校（09综合高中5班）	江苏省教育厅、共青团江苏省委	2012
江苏省四星级中等职业学校	江苏省如东中等专业学校	江苏省教育厅	2013.01
省职业教育技能教学研究基地	江苏省如东中等专业学校	江苏省教育厅	2013.01
江苏省平安校园	江苏省如东中等专业学校	江苏省教育厅、江苏省综治办、江苏省公安厅	2013.05
江苏城市职业学院2012--2013年度优秀团支部(总支)	江苏省如东中等专业学校	江苏城市职业学院团委	2013.05
全国职业院校技能大赛化工设备维修项目一等奖	如东第一职业教育中心校	全国职业院校技能大赛组委会	2013.06
江苏省职业院校技能大赛先进单位	江苏省如东中等专业学校	江苏省教育厅	2013.09
全省办学系统2012年度招生工作先进集体	江苏省如东中等专业学校	江苏广播电视大学、江苏城市职业学院	2013.10
“2013年江苏省中小学优秀校园网站评比”活动职教组壹等奖	江苏省如东中等专业学校	江苏省教育管理信息中心、江苏省电化教育馆	2013.10

续表86-1

荣誉名称	获奖单位	授予单位	授予时间
第十届全国中等职业学校“文明风采”竞赛优秀组织奖	江苏省如东中等专业学校	全国中等职业学校“文明风采”竞赛组织委员会	2013.12
第八届江苏职业教育论坛征文优秀组织奖	江苏省如东中等专业学校	江苏省教育科学研究院、江苏省职业技术教育学会	2013.12
第五届江苏省中等职业学校“文明风采”大赛优秀组织奖	江苏省如东中等专业学校	江苏省中等职业学校文明风采竞赛组织委员会	2013.12
“寻找中国管理与信息化三好生暨第七届‘用友杯’全国大学生会计信息化技能大赛”省赛二等奖	江苏省如东中等专业学校	工业和信息化部人才交流中心	2013
江苏省优秀教育成果二等奖	江苏省如东中等专业学校	江苏省教育厅	2013
江苏省先进班集体	江苏省如东中等专业学校	江苏省教育厅、共青团江苏省委	2013
建筑工程施工专业被评为省品牌专业	江苏省如东中等专业学校	江苏省教育厅职社处	2013
江苏省首届职业院校微电影 校园电视台主持人大赛活动优秀组织奖	江苏省如东中等专业学校	江苏省职业技术教育学会德育、工会委员会、江苏影视传媒职业教育集团、江苏省电影家协会	2014.07
第六届江苏省职业教育创新大赛优秀组织奖	江苏省如东中等专业学校	江苏省教育厅、江苏省科学技术厅、江苏省知识产权局、江苏省精神文明建设指导委员会办公室、江苏省科学技术协会、中国共产主义青年团、江苏省妇女联合会	2014.08
第六届江苏省中等职业学校“文明风采”大赛优秀组织奖	江苏省如东中等专业学校	江苏省中等职业学校文明风采竞赛组织委员会	2014.09
江苏省职业学校技能大赛石油化工类专业优胜奖	江苏省如东中等专业学校	江苏省职业学校技能大赛组委会	2014.1
纪念江苏自觉考试制度实施30周年优秀考点	江苏省如东中等专业学校	江苏省高等教育自觉考试委员会	2014.10
第十一届全国中等职业学校“文明风采”竞赛优秀组织奖	江苏省如东中等专业学校	全国中等职业学校“文明风采”竞赛组织委员会	2014.11
第十一届全国中等职业学校“文明风采”竞赛 “中华才艺”表演一等奖	江苏省如东中等专业学校《如东跳马夫》	全国中等职业学校“文明风采”竞赛组织委员会	2014.11
第十一届全国中等职业学校“文明风采”竞赛优秀作品网络展示人气评选最佳网络人气奖	江苏省如东中等专业学校《如东跳马夫》	全国中等职业学校“文明风采”竞赛组织委员会、北京新浪互联信息服务有限公司	2015.01
2014年办学系统学生技能竞赛优秀组织奖	江苏省如东中等专业学校	江苏城市职业学院	2015.06
中国机器人大赛一等奖	江苏省如东中等专业学校	中国自动化学会机器人竞赛工作委员会	2015.10
江苏省高水平现代化职业学校	江苏省如东中等专业学校	江苏省教育厅、江苏省财政厅	2015.11

续表86-2

荣誉名称	获奖单位	授予单位	授予时间
2015年度集团工作先进集体	江苏省如东中等专业学校	江苏影视传媒职业教育集团	2016.01
“江苏省第二届职业院校‘中文寰汇杯’微电影校园电视台主持人大赛”优秀组织奖	江苏省如东中等专业学校	江苏省职业技术教育学会德育工作委员会、江苏影视传媒职业教育集团、江苏省电影家协会	2016.01
2015年度江苏省优秀中职学校共青团组织	江苏省如东中等专业学校	共青团江苏省委、江苏省教育厅	2016.02

上图为江苏省如东中等专业学校部分奖牌

江苏省如东高级中学荣摘要

表87

荣誉名称	获奖单位	授予单位	授予时间
江苏省健康促进学校 铜奖	江苏省如东高级中学	江苏省卫生厅	2011.04
2007—2009年度江苏省文明单位	江苏省如东高级中学	江苏省精神文明建设委员会	2011.06
江苏省依法治校示范校	江苏省如东高级中学	江苏省教育厅	2011.12
未成年人阳光网络实践基地	江苏省如东高级中学	江苏省精神文明建设指导委员会办公室等	2012.03
江苏省第八届“启秀杯”中学生棋类锦标赛高中围棋团体第一名	江苏省如东高级中学	江苏省教育厅	2013.07
江苏省第八届“启秀杯”中学生棋类锦标赛高中团体总分第三名	江苏省如东高级中学	江苏省教育厅	2013.07
2010--2012年度江苏省文明单位	江苏省如东高级中学	江苏省精神文明建设指导委员会	2013.10

续表 87-1

荣誉名称	获奖单位	授予单位	授予时间
第二十七届“国际科学与和平周”全国中小学生（江苏地区）金钥匙科技竞赛团体赛二等奖	江苏省如东高级中学	江苏省教育厅等	2013.11
江苏省如东高级中学经测评，单位档案工作达到《江苏省机关团体企业事业单位档案工作规范》	江苏省如东高级中学	江苏省档案局	2013.12
江苏省学校体育先进学校	江苏省如东高级中学	江苏省教育厅	2013
全国亿万学生阳光体育冬季长跑活动优秀学校	江苏省如东高级中学	全国亿万学生阳光体育运动领导小组	2013
江苏师范大学教育部教育协同创新中心项目示范学校	江苏省如东高级中学	教育部教育协同创新中心	2013
表彰江苏省首届基础教育教学成果奖获奖者（成果名称：重点高中综合性课堂教学研究）	江苏省如东高级中学	江苏省教育厅	2014.03
空军招飞工作先进单位	江苏省如东高级中学	江苏省高等学校招生委员会	2014.09
苏派名校联盟学校	江苏省如东高级中学	江苏省教育等	2014
江苏省健康促进学校铜牌	江苏省如东高级中学	江苏省卫生厅	2014
全国教育信息化创新应用先锋学校	江苏省如东高级中学	中国教育报刊社等	2015.04
全国教育信息化创新应用先锋学校	江苏省如东高级中学	中国教育报刊社等	2015.05
2014--2015学年度全国中小学校园文学写作大赛写作教学示范单位	江苏省如东高级中学	中国当代文学研究会校园文学委员会	2015.07

上图为江苏省如东高级中学部分奖牌

江苏省栟茶高级中学荣誉摘要

表 88

荣誉名称	获奖单位	授予单位	授予时间
2010 年度江苏省平安校园	江苏省栟茶高级中学	江苏省教育厅、江苏省综治办、江苏省公安厅	2011.05
第二十三届“国际科学与和平周”全国中小学生(江苏地区)金钥匙科技竞赛青少年科技教育先进学校(集体)	江苏省栟茶高级中学	江苏省教育厅、江苏省科学技术协会、江苏省精神文明建设指导委员会办公室、江苏省科学技术厅、全国中小学生(江苏地区)金钥匙科技竞赛组委会	2011.10
江苏省依法治校示范校	江苏省栟茶高级中学	江苏省教育厅	2011.12
江苏省文明单位	江苏省栟茶高级中学	江苏省委、省政府	2011
全国青少年“辉煌的五年”读书教育活动特别奖	江苏省栟茶高级中学	全国青少年读书教育活动组织委员会	2012.07
全国中小学阳光体育运动入围案例	江苏省栟茶高级中学	教育部体育卫生与艺术教育司	2012.12
江苏省国家教育考试标准化考点	江苏省栟茶高级中学	江苏省教育考试院	2012.12
省绿色学校	江苏省栟茶高级中学	江苏省环保厅、省教育厅	2012
省青少年科技教育先进学校	江苏省栟茶高级中学	江苏省教育厅、省科协	2012
江苏省体育传统项目学校(2013--2016 年)	江苏省栟茶高级中学	江苏省教育厅、江苏省体育局	2013.01
校网站在“2013 年江苏省中小学优秀校园网站评比”活动中荣获高中组贰等奖	江苏省栟茶高级中学	江苏省教育管理信息中心、江苏省电化教育馆	2013.10
2010--2012 年度江苏省文明单位	江苏省栟茶高级中学	江苏省精神文明建设指导委员会	2013.10
江苏省健康促进学校金奖	江苏省栟茶高级中学	江苏省爱国卫生运动委员会	2013.12
江苏师范大学教育部教育协同创新中心项目示范学校	江苏省栟茶高级中学	教育部教育协同创新中心	2013
省体质健康促进学校	江苏省栟茶高级中学	江苏省教育厅、省体育局	2013
国家安全教育示范基地	江苏省栟茶高级中学	中国政策科学研究会、国家安全政策委员会	2014.05
第二十六届“国际科学与和平周”全国中小学生(江苏地区)金钥匙科技竞赛团体二等奖	江苏省栟茶高级中学	江苏省教育厅、江苏省科学技术协会、江苏省精神文明建设指导委员会办公室、江苏省科学技术厅、全国中小学生(江苏地区)金钥匙科技竞赛组委会	2014.11
江苏省“十三五”学生体质健康监测点校	江苏省栟茶高级中学	江苏省教育厅	2015
江苏省研究生工作站	江苏省栟茶高级中学	江苏省教育厅、江苏省科学技术厅	2015.07

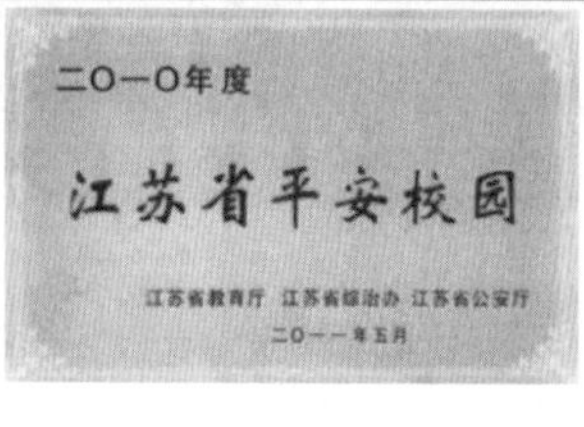

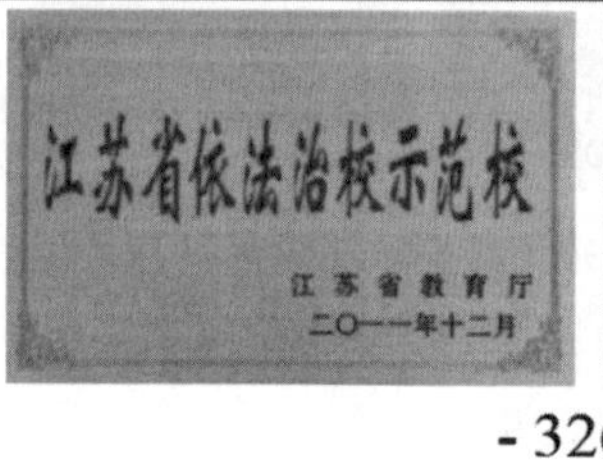

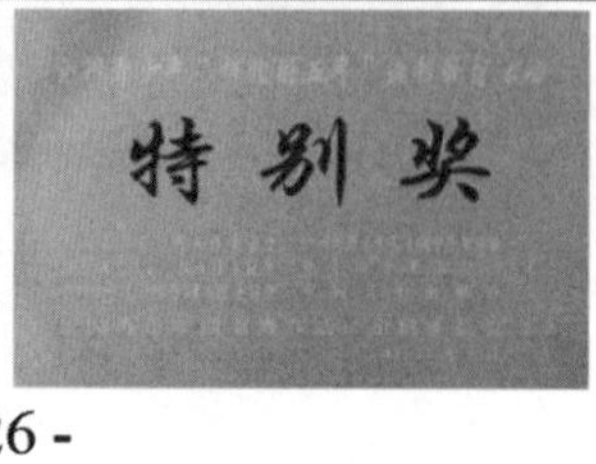

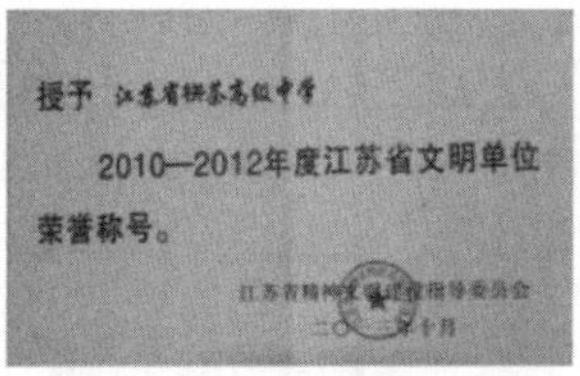

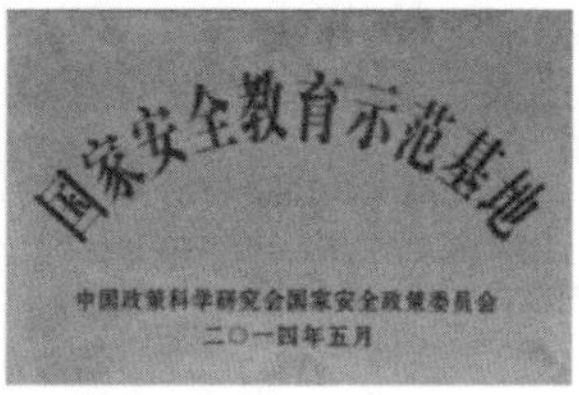

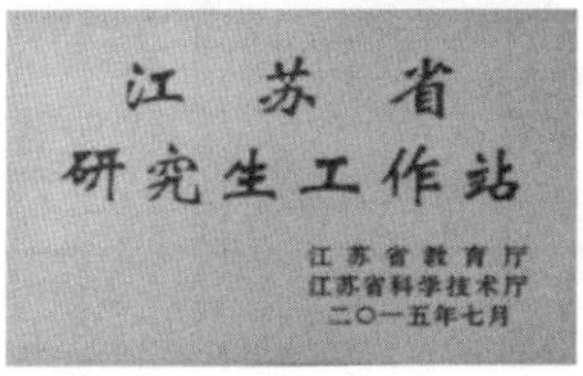

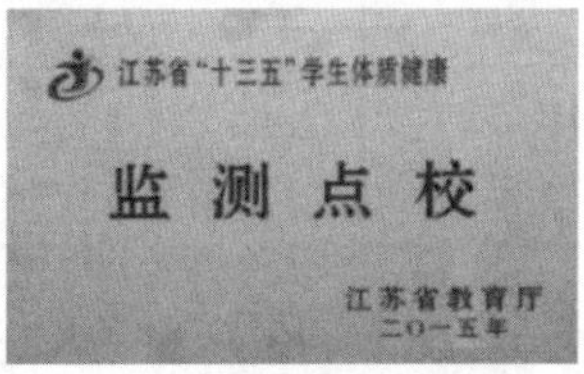

上图为江苏省栟茶高级中学部分奖牌

如东县马塘中学荣誉摘要

表 89

荣誉名称	获奖单位	授予单位	授予时间
江苏省传统体育项目学校	如东县马塘中学	江苏省教育厅江苏省体育局	2013. 01
绿色学校	如东县马塘中学	江苏省环境保护厅、江苏省教育厅	2013. 03
“祖国在我心中”全国国家版图知识竞赛优秀组织奖	如东县马塘中学	教育部	2013
2011-2012 年度南通市	如东县马塘中学	南通市委、市政府	2013
工人先锋号	如东县马塘中学	中华全国总工会	2014. 04
省青少年科技教育先进学校	如东县马塘中学	江苏省教育厅、江苏省科协、江苏省科技厅	2014
省健康促进金牌学校	如东县马塘中学	江苏省教育厅、省卫生厅	2015

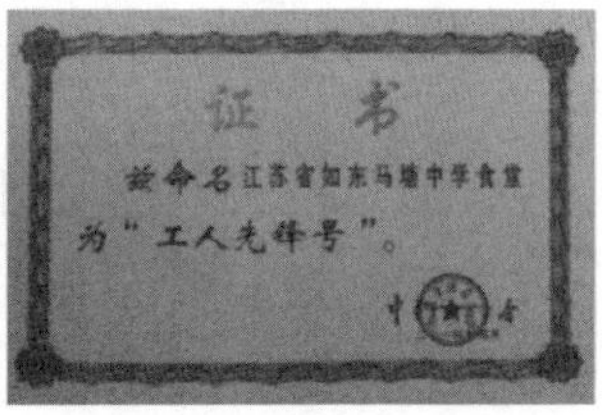

上图为如东县马塘中学部分奖牌

如东县掘港高级中学荣誉摘要

表 90

荣誉名称	获奖单位	授予单位	授予时间
健康促进学校铜奖	如东县掘港高级中学	江苏省卫生厅	2011
江苏省平安校园	如东县掘港高级中学	江苏省教育厅	2012. 04
全国作文教学先进单位	如东县掘港高级中学	中国教育学会语文教学专业委员会	2014. 05

续表90-1

荣誉名称	获奖单位	授予单位	授予时间
江苏省青少年田径锦标赛高中组第七名	如东县掘港高级中学	江苏省青少年田径锦标赛组委会	2014.07
江苏省青少年田径锦标赛高中组团体总分第五名	如东县掘港高级中学	江苏省青少年田径锦标赛组委会	2015.05
舞蹈《成长》江苏省第五届中小学艺术展演活动中学甲组三等奖	如东县掘港高级中学	江苏省教育厅	2015.09

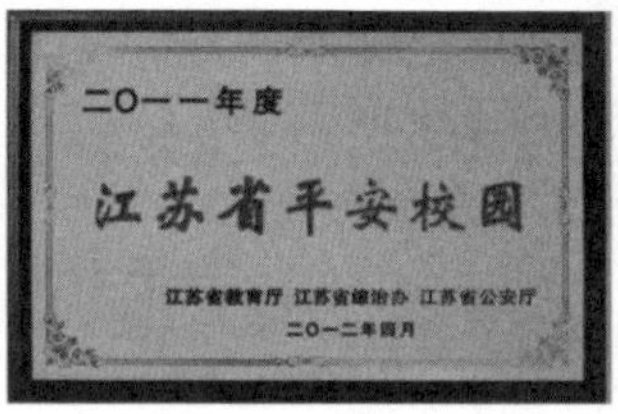

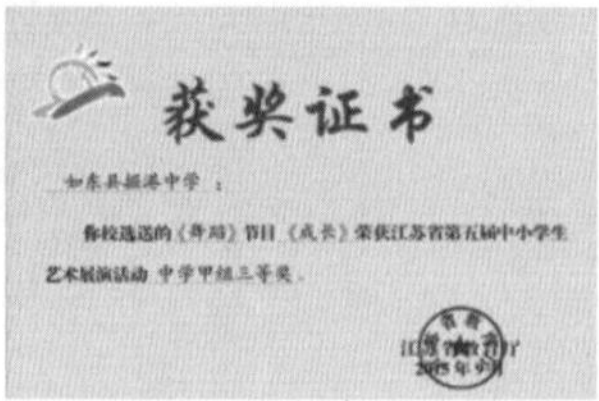

上图为如东县掘港高级中学部分奖牌

如东县实验中学荣誉摘要

表91

荣誉名称	获奖单位	授予单位	授予时间
江苏省健康促进学校银奖	如东县实验中学	江苏省卫生厅、江苏省教育厅	2011.04
江苏省教科系统“模范职工之家”	如东县实验中学化学教研组	江苏省教育科技工会	2011.05
“2011年江苏省中小学校优秀校园网站评比”活动初中组一等奖	如东县实验中学	江苏省教育管理信息中心、江苏省电化教育馆	2011.08
第二十三届”国际科学与和平周”全国中小学生金钥匙科技竞赛青少年科技教育先进学校	如东县实验中学	江苏省教育厅等	2011.10
作品《低碳生活，就在一米之外》获得金奖	如东县实验中学	中央电化教育馆	2011.11
第二十四届”国际科学与和平周”全国中小学生金钥匙科技竞赛青少年科技教育先进学校	如东县实验中学	江苏省教育厅等	2012.10
工人先锋号	如东县实验中学	江苏省教育科技工会	2013.03
合唱作品《小龙舟》荣获第6届江苏省少儿艺术节表演艺术类金奖	如东县实验中学	江苏省文化厅、江苏省教育厅等	2013.10
第二十五届“国际科学与和平周”全国中小学生金钥匙科技竞赛团体赛一等奖	如东县实验中学	江苏省教育厅等	2013.10
江苏省青少年科学工作室	如东县实验中学	江苏省科学技术协会、江苏省教育厅	2013.11
江苏省书法水平等级证书优秀学校	如东县实验中学	江苏省书法水平等级证书考试工作委员会、江苏省教育考试院	2013.12

续表91-1

荣誉名称	获奖单位	授予单位	授予时间
2011--2012 南通市文明单位	如东县实验中学	南通市委、市政府	2013
第二十六届”国际科学与和平周”全国中小学生金钥匙科技(初三学生 CESL 活动）竞赛青少年科技教育先进学校	如东县实验中学	江苏省教育厅等	2014.04
第二十六届”国际科学与和平周”全国中小学生(江苏地区)金钥匙科技竞赛活动---初三学生 CESL 活动中，荣获团体特等奖	如东县实验中学	全国中小学生（江苏地区）金钥匙科技竞赛组委会、江苏省教育学会	2014.06
“2014 年江苏省中小学校优秀校园网站评比”活动初中组一等奖	如东县实验中学	江苏省教育管理信息中心、江苏省电化教育馆	2014.10
第二十六届”国际科学与和平周”全国中小学生金钥匙科技竞赛青少年科技教育先进学校(集体)	如东县实验中学	江苏省教育厅等	2014.11
江苏省健康促进学校金奖	如东县实验中学	江苏省卫生厅、江苏省教育厅	2014.12
江苏省科学教育特色学校	如东县实验中学	江苏省科协、江苏省教育厅	2014
“撑起一把心灵保护伞--关爱留守儿童促进健康成长项目”被评为江苏省“最佳公益社工服务项目”	如东县实验中学	江苏省妇女联合会	2015.03
第 27 届“国际科学与和平周”全国中小学生金钥匙科技竞赛团体赛二等奖	如东县实验中学	江苏省教育厅等	2015.11
第二十七届“国际科学与和平周”全国中小学生金钥匙科技竞赛青少年科技教育先进学校（集体）	如东县实验中学	江苏省教育厅等	2015.11
全国青少年校园足球特色学校	如东县实验中学	中华人民共和国教育部	2015.12
江苏省优秀家庭教育指导服务机构	如东县实验中学	江苏省妇女联合会、江苏省教育厅	2015.12
全国优秀教师	如东县实验中学徐娟	教育部	2014

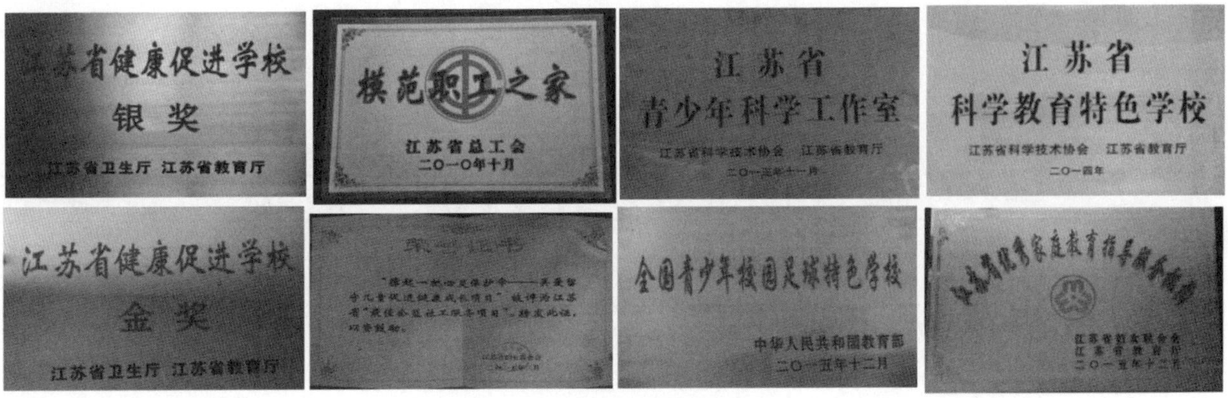

上图为如东县实验中学部分奖牌

如东县丰利中学荣誉摘要

表 92

荣誉名称	获奖单位	授予单位	授予时间
江苏省健康促进学校铜奖	如东县丰利中学	江苏省卫生厅、江苏省教育厅	2011.05
2007--2009 年度江苏省精神文明建设工作先进单位	如东县丰利中学	江苏省精神文明建设指导委员会	2011.05
2010 年度江苏省平安校园	如东县丰利中学	江苏省教育厅、江苏省综治办、江苏省公安厅	2011.05
全国青少年“辉煌的五年”读书教育活动优秀组织奖	如东县丰利中学	国家关工委、团中央等	2012.07
中国体育彩票捐赠 江苏省青少年奥林匹克体育俱乐部	如东县丰利中学	江苏省体育局	2013.01
江苏省青少年奥林匹克体育俱乐部	如东县丰利中学	江苏省体育局	2013
模范职工小家（高三年级工会小组）	如东县丰利中学	江苏省总工会	2013
南通市文明单位	如东县丰利中学	南通市委、市政府	2013
江苏省健康促进学校银奖	如东县丰利中学	江苏省卫生厅、江苏省教育厅	2014.03
档案工作三星级单位	如东县丰利中学	江苏省档案局	2014.12

上图为如东县丰利中部分奖牌

如东县岔河中学荣誉摘要

表 93

荣誉名称	获奖单位	授予单位	授予时间
江苏省平安校园	如东县岔河中学	江苏省教育厅、江苏省综治办、江苏省公安厅	2011.05
第二十四届“国际科学与和平周”全国中小学生（江苏地区）金钥匙科技竞赛科技教育先进学校	如东县岔河中学	江苏省教育厅、科学技术协会、精神文明建设指导委员会办公室、科学技术厅、竞赛组委会	2012.10
2014 年江苏省健身秧歌大赛总决赛青年组二等奖	如东县岔河中学	江苏省体育总会	2014.10

续表93-1

荣誉名称	获奖单位	授予单位	授予时间
档案工作通过“江苏省机关团体企业事业单位档案工作规范”二星级复查	如东县岔河中学	江苏省档案局	2014.12
省健康促进金牌学校	如东县岔河中学	江苏省教育厅、省卫生厅	2015

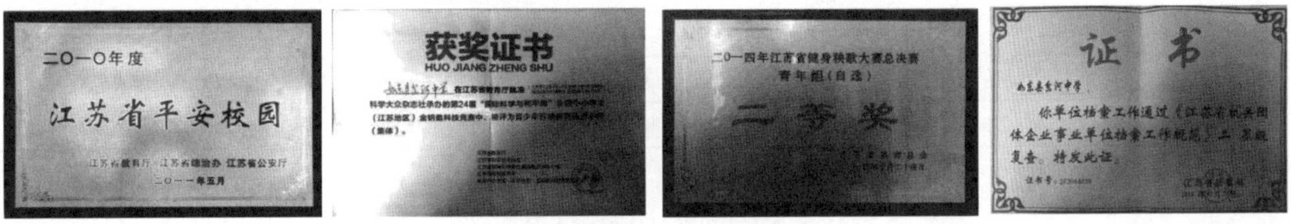

上图为如东县岔河中学部分奖牌

如东县双甸中学荣誉摘要

表94

荣誉名称	获奖单位	授予单位	授予时间
江苏省平安校园	如东县双甸高级中学	江苏省教育厅、江苏省综治办、江苏省公安厅	2011.05
江苏省健康促进银奖学校	如东县双甸中学	江苏省教育厅办公室、江苏省卫生和计划生育委员会办公室	2015.03
全国优秀科技辅导员	如东县双甸中学周海峰	中国地理学会	2011

如东县实验小学荣誉摘要

表95

荣誉名称	获奖单位	授予单位	授予时间
江苏省健康促进学校银奖	如东县实验小学	江苏省卫生厅、江苏省教育厅	2011.01
《打拐》荣获省中小学生自我保护情景剧大赛三等奖	如东县实验小学	江苏省未成年人不会委员会、共青团江苏省委、省教育厅、公安厅、卫生厅、少工委等	2011.02
《打拐》荣获江苏省中小学自我保护情景剧大赛优秀剧本奖	如东县实验小学	江苏省未成年人保护委员会、共青团江苏省委、省教育厅、省公安厅、省卫生厅、省少工委等	2011.02
新教育实验学校	如东县实验小学	新教育研究院	2011.05
在江苏省教育厅批准科学大众杂志社承办的第二十三届“国家科学与和平周”全国中小学生（江苏地区）金钥匙科技竞赛中，被评为青少年科技教育先进学校（集体）	如东县实验小学	江苏省教育厅、江苏省科学技术协会、江苏省精神文明建设指导委员会办公室、省科学技术厅、全国中小学生（江苏地区）金钥匙科技竞赛组委会	2011.10
《非常完美》荣获第八届中国中小学校园电视校园微型剧金奖	如东县实验小学	中央电化教育馆、中国教育电视协会	2011.11
《徜徉英语世界　放飞璀璨童心》获第八届中国中小学校园电视校园专题类银奖	如东县实验小学	中央电化教育馆、中国教育电视协会	2011.11

续表95-1

荣誉名称	获奖单位	授予单位	授予时间
在2011年江苏省中小学校园心理剧目评选活动中，选送的作品《拥抱阳光》，荣获特等奖	如东县实验小学	江苏省“做一个有道德的人”主题实践活动办公室、江苏教育报刊总社	2011.12
江苏省书法水平等级证书考试优秀学校	如东县实验小学	江苏省书法水平等级证书工作委员会、江苏省教育考试院	2012.03
工人先锋号	如东县实验小学	江苏省教育科技工会	2012.09
江苏省体育传统项目学校（2013-2016）	如东县实验小学	江苏省教育厅、江苏省体育局	2013.01
江苏省青少年奥林匹克体育俱乐部	如东县实验小学	江苏省体育局	2013.01
第三批省级语言文字规范化示范校	如东县实验小学	江苏省语言文字工委会、江苏省教育厅	2013.03
模范职工之家	如东县实验小学	江苏省总工会	2013.04
第八届江苏省少年儿童书信文化活动团体奖	如东县实验小学	江苏省少年儿童书信文化活动组委会	2013.05
在江苏省中小学“我家幸福年”电子报、手抄报评比大赛中组织有力，成绩突出	如东县实验小学	江苏教育报刊总社	2013.06
全国新教育实验优秀实验学校	如东县实验小学	新教育研究院 新教育实验总课题组	2013.07
“尼尼潘达”2013年江苏省青少年阳光体育联赛、江苏省小学生体育田径夏令营、体育道德风尚奖	如东县实验小学	体育联赛大会组委会	2013.07
在组织和辅导第十三届“星星河”全国少年儿童美术书法摄影大赛暨大型画集《中国少年儿童美术书法摄影作品》（第16卷）参选作品中荣获集体一等奖	如东县实验小学	中国青少年研究会	2013.08
第五届“童声里的中国·放飞中国梦”少儿合唱比赛中，荣获二等奖	如东县实验小学	江苏省文明办 江苏省教育厅 江苏省团委 省妇联 省文联 省广电总台	2013.11
校园专题《播种习惯 收获美好》荣获金奖	如东县实验小学	中国教育电视协会 中央电化教育馆	2013.11
校园文艺《拥抱阳光》，荣获金奖	如东县实验小学	中国教育电视协会 中央电化教育馆	2013.11
2013年江苏省教学成果奖（基础教育类）--由宗雯等完成的艺术教育校本课程，荣获一等奖	如东县实验小学	江苏省教育厅	2013.12
江苏省陶行知研究会实验学校	如东县实验小学	陶研会	2013
2011-2012南通市文明单位	如东县实验小学	南通市委、市政府	2013
实验小学602中队《美丽中国畅想曲》活动，在2013年度少先队活动优秀课评比中被评为一等奖	如东县实验小学	江苏省少工委	2014.02
在组织和辅导第十四届“星星河”全国少年儿童美术书法摄影大赛暨大型画集《中国少年儿童美术书法摄影作品》（第17卷）参选作品中荣获集体一等奖	如东县实验小学	中国青少年研究会	2014.07
荣获2014年度“我是美丽江苏小主人”生态环保活动“优秀组织奖”	如东县实验小学	共青团江苏省委、江苏省教育厅、江苏省环保厅、江苏省少工委	2014.06
全国新教育实验优秀实验学校	如东县实验小学	新教育研究院 新教育实验总课题组	2014.07

续表95-2

荣誉名称	获奖单位	授予单位	授予时间
2014年江苏省体育传统项目学校小学生田径夏令营（苏北赛区）甲组总分第二名	如东县实验小学	大会组委会	2014.07
2014年江苏省体育传统项目学校小学生田径夏令营（苏北赛区）体育道德风尚奖	如东县实验小学	大会组委会	2014.07
荣获“全国第十二届《少儿美术》杯年度艺术展评”全国美术教育先进单位	如东县实验小学	全国第十二届《少儿美术》杯年度艺术展评组委会	2014.10
“2014年江苏省中小学校优秀校园网站评比”活动小学组壹等奖	如东县实验小学	江苏省教育管理信息中心　江苏省电化教育馆	2014.10
第二十六届“国际科学与和平周”全国中小学生（江苏地区）金钥匙 科技竞赛团体赛二等奖	如东县实验小学	江苏省教育厅 省科协 省精神文明建设指导办 省科学技术厅 科技竞赛组委会	2014.11
在江苏省教育厅批准、科学大众杂志社承办的第26届“国际科学与和平周”全国中小学生（江苏地区）金钥匙科技竞赛中，被评为青少年科技教育先进学校（集体）。	如东县实验小学	江苏省教育厅、科协、精神文明委员会、科学技术厅、（江苏地区）金钥匙科技竞赛组委会	2014.11
档案工作通过《江苏省机关团体企业事业单位档案工作规范》三星级复查	如东县实验小学	江苏省档案局	2014.12
全国学校美育先进单位	如东县实验小学	中国教育学会美育专业委员会	2014
荣获2015年意大利米兰世博会江苏省青少年画作征集活动“优秀组织奖”	如东县实验小学	共青团江苏省委 省少工委 省参与世博会工作协调小组办公室	2015.03
在中国教育学会小学教育专业委员会组织的“华东地区第八届优质课展示交流活动”中，荣获最佳组织奖	如东县实验小学	中国教育学会小学教育专业委员会	2015.04
2015年江苏省青少年阳光体育运动联赛 小学生体育传统学校田径夏令营 体育道德风尚奖	如东县实验小学	大会组委会	2015.07
全国新教育实验优秀实验学校	如东县实验小学	新教育研究院 陶研会新教育分会	2015.07
在中陶会2005--2015“四优”评审活动中，被评为全国优秀陶研学校	如东县实验小学	中国陶行知研究会	2015.10
在江苏省教育厅批准、科学大众杂志社承办的第27届“国际科学与和平周”全国中小学生（江苏地区）金钥匙科技竞赛中，被评为青少年科技教育先进学校（集体）	如东县实验小学	江苏省教育厅 省科协 省精神文明建设指导办 省科学技术厅 科技竞赛组委会	2015.11
2013--2014学年度全国新教育实验先进个人	如东县实验小学缪迎秋	新教育研究院	2014.07
全国素质教育先进工作者	如东县实验小学	中国教育管理学会	2014

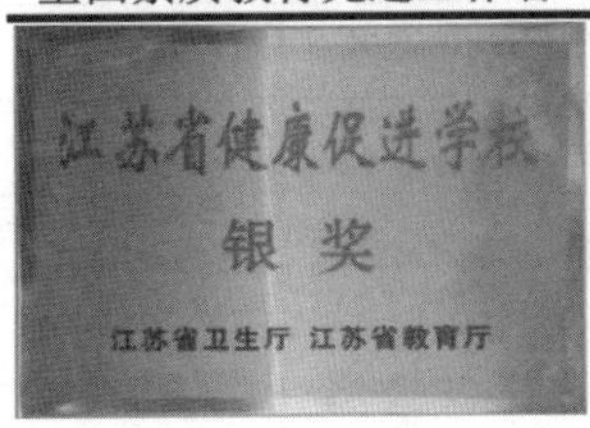

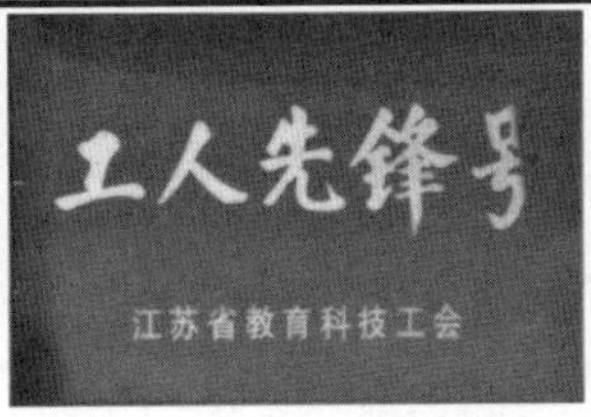

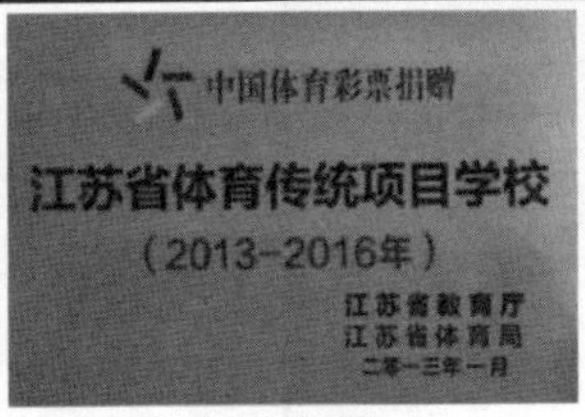

上图为如东县实验小学部分奖牌

如东县掘港小学荣誉摘要

表 96

荣誉名称	获奖单位	授予单位	授予时间
优质诚信办学机构	如东县掘港小学	江苏有线数字电视电影频道《聚焦江苏》栏目推荐	2011.01
江苏省健康促进学校铜奖	如东县掘港小学	江苏省卫生厅、江苏省教育厅	2011.04
江苏省平安校园	如东县掘港小学	江苏省教育厅、江苏省综治办 江苏省公安厅	2011.05
新教育实验学校	如东县掘港小学	新教育研究院	2011.05
在“全国第九届少儿美术杯艺术展评”中荣获全国美术教育先进单位	如东县掘港小学	中国少年儿童造型艺术学会、全国少儿美术教育研究会等	2011.08
江苏省优秀家长学校	如东县掘港小学	江苏省妇女联合会、江苏省教育厅	2011.12
全国百强特色学校	如东县掘港小学	中国教育报刊总社	2011.12
“现代学校联盟行动计划”首批加盟学校	如东县掘港小学	中国教育学会	2011.12
如东县掘港小学档案工作达到《江苏省机关团体企业事业单位档案工作规范》二星级标准	如东县掘港小学	江苏省档案局	2011.12
“牵手党旗下·重走长征路”——赴甘肃会宁红色之旅夏令营纪实被评为优秀活动，并编入《红领巾寻访党的足迹》一书	如东县掘港小学	江苏省少工委	2012.02
中英气候课堂项目学校	如东县掘港小学	气候变化教育全国教师培训中心	2012.05
苏派名校联盟学校	如东县掘港小学	江苏省教育厅、江苏教育报刊总社	2012.12
第六届中小学师生书法（写字）展示赛荣获优秀团体奖	如东县掘港小学	江苏省教育学会书法专业委员会	2012.12
2013 年金钥匙·“校园之间”智力竞技活动优秀组织奖	如东县掘港小学	江苏省教育厅	2013.04
第八届江苏省少年儿童书信文化活动团体奖	如东县掘港小学	江苏省少年儿童书信文化活动组委会	2013.05
江苏省小学英语教材实验基地	如东县掘港小学	江苏省中小学教学研究室	2013.06
江苏省红十字示范学校	如东县掘港小学	江苏省红十字会、江苏省教育厅	2013.09
十二五语文教师专业化试点项目语文教师专业化发展工程基地校	如东县掘港小学	教育部语言文字应用研究所、教育部语文出版社	2013.12
2011-2012 南通市文明	如东县掘港小学	南通市委、市政府	2013
江苏省健康促进学校银奖	如东县掘港小学	江苏省卫生厅、江苏省教育厅	2014.03
全国新教育实验优秀实验学校	如东县掘港小学	新教育研究院、新教育实验总课题组	2014.07
青少年科技教育先进学校	如东县掘港小学	江苏省教育厅、江苏省科学技术厅、江苏省科学技术协会	2014.11

续表96-1

荣誉名称	获奖单位	授予单位	授予时间
《开发校本课程　体验爱的真谛》列入江苏省教育学会网站《2014年江苏省小学课程规划与实施现场观摩研讨活动》交流文章	如东县掘港小学	江苏省教育学会	2014.12
“新体系作文教学研究共同体”联盟学校	如东县掘港小学	新体系作文教学研究共同体学术委员会	2015.03
全国新教育实验优秀实验学校	如东县掘港小学	新教育研究院、中国陶行知研究会新教育分会	2015.07
全国学校毒品预防教育工作先进单位	如东县掘港小学	国家禁毒委员会办公室、教育部	2015.12

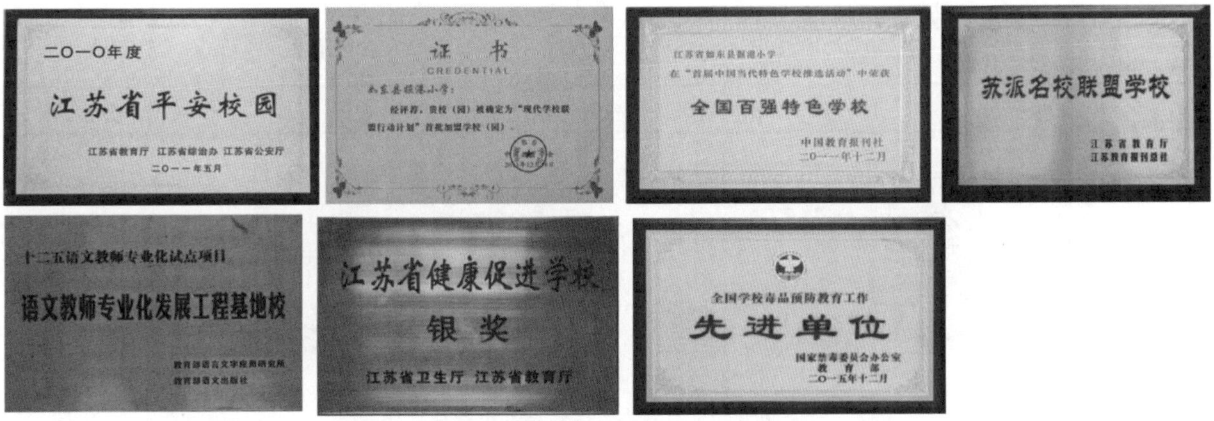

上图为如东县掘港小学部分奖牌

如东县实验幼儿园荣誉摘要

表97

荣誉名称	获奖单位	授予单位	授予时间
新教育实验学校	如东县实验幼儿园	新教育研究院	2011.05
如东县实验幼儿园档案工作通过《江苏省机关团体企业事业单位档案工作规范》二星级复查	如东县实验幼儿园	江苏省档案局	2011.12
全国新教育实验优秀实验学校	如东县实验幼儿园	新教育研究院、新教育实验总课题组	2012.07
百强千优基层团组织	如东县实验幼儿园	共青团江苏省委	2012.12
《幼儿园戏剧综合活动园本课程》获二0一三年江苏省教学成果奖（基础教育类）一等奖	如东县实验幼儿园	江苏省教育厅	2013.12
全国新教育实验优秀实验学校	如东县实验幼儿园	新教育研究院、新教育实验总课题组	2014.07

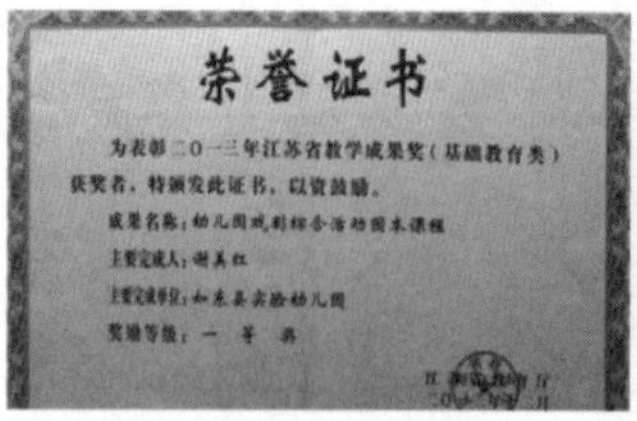

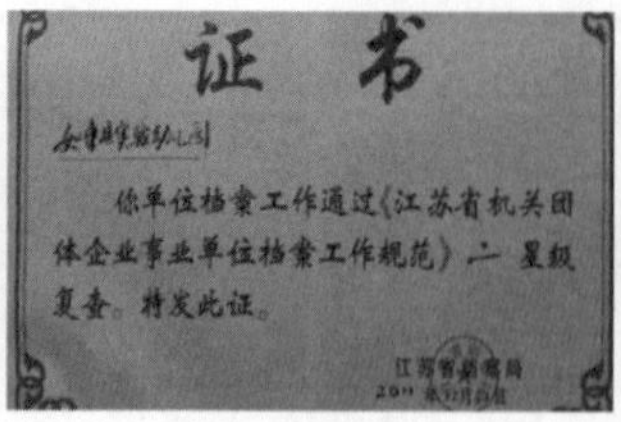

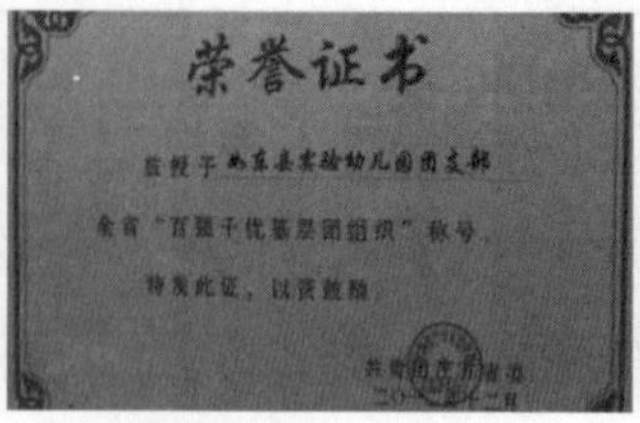

上图为如东县实验幼儿园部分奖牌

如东县逸夫特殊教育学校荣誉摘要

表 98

荣誉名称	获奖单位	授予单位	授予时间
江苏省平安校园	如东县逸夫特殊教育学校	江苏省教育厅	2014.05
江苏省中小学优秀校园网站评比特殊学校组壹等奖	如东县逸夫特殊教育学校	江苏省电化教育馆	2015.11
江苏省平安校园	如东县逸夫特殊教育学校	江苏省教育厅	2014.05

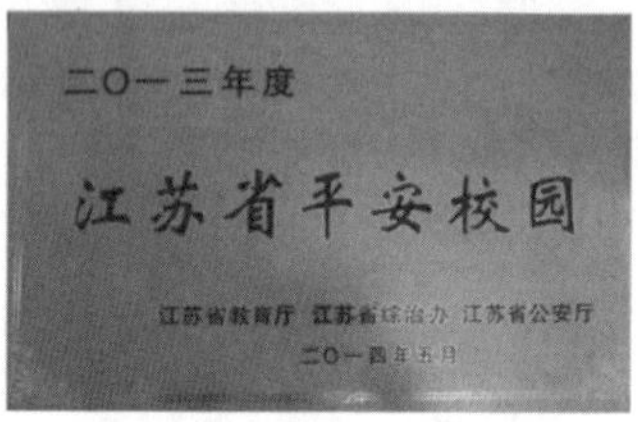

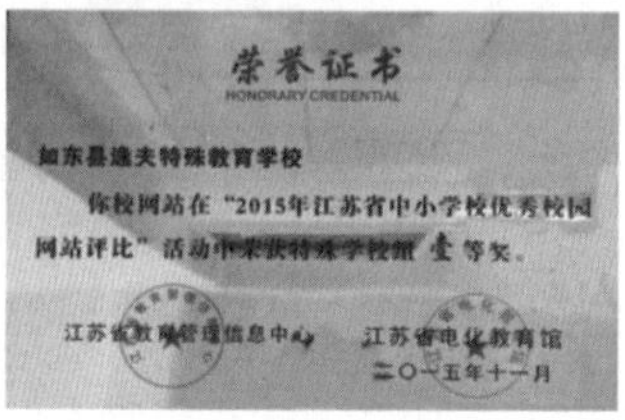

上图为如东县逸夫特殊教育学校部分奖牌

如东县少年业余体育学校荣誉摘要

表 99

荣誉名称	获奖单位	授予单位	授予时间
省县组中小学田径比赛“道德风尚奖”	如东县少年业余体育学校	江苏省体育局	2013
江苏省县级业余训练先进单位	如东县少年业余体育学校	江苏省体育局	2014.08
江苏省群众体育先进集体	如东县少年业余体育学校	江苏省体育局	2014.09

上图为如东县少年业余体育学校部分奖牌

如东县长沙镇教育荣誉摘要

表 100

荣誉名称	获奖单位	授予单位	授予时间
全省城乡社区校外教育优秀辅导站	长沙镇社区教育中心	江苏省精神文明办	2013
江苏省平安校园	如东县长沙镇初级中学、长沙小学	江苏省教育厅、江苏省综治办、江苏省公安厅	2014.05
国华中学招生工作先进集体	如东县长沙镇初级中学	江苏省扶贫基金会、江苏省扶贫开发协会	2014.11
市优秀校外教育辅导站	如东县长沙镇长沙小学	南通市委、市政府	2014
“老少携手千站万人走访抗日老英雄”先进集体	南通市如东县长沙镇长堤村辅导站	江苏省关心下一代工作委员会办公室、阳光少年网活动评委会	2015.12
省书法教育特色学校	如东县长沙镇长沙小学	江苏省教育厅	2015

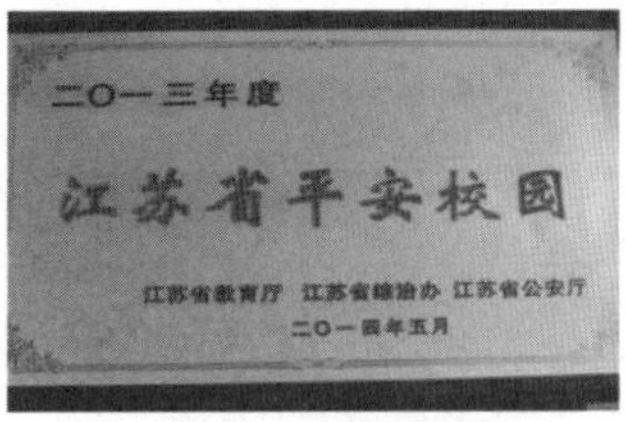

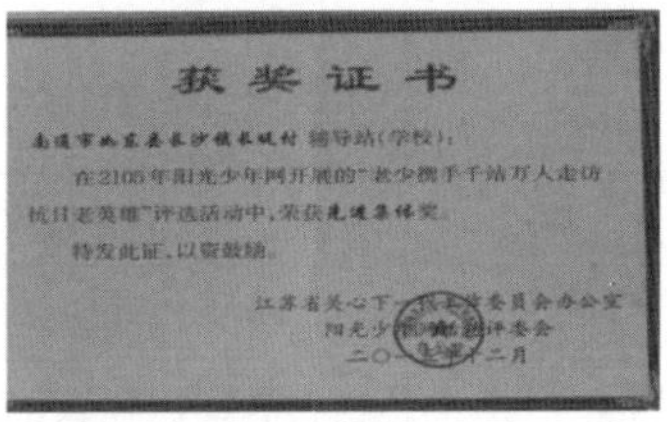

上图为如东县长沙镇教育部分奖牌

如东县苴镇教育摘要

表 101

荣誉名称	获奖单位	授予单位	授予时间
2012 年度江苏省平安校园	如东县苴镇新光初级中学	江苏省教育厅 江苏省综治办	2013.05
江苏省健康促进学校铜奖	如东县苴镇新光初级中学	江苏省卫生厅、江苏省教育厅	2014.03
江苏省平安校园	如东县苴镇小学	江苏省卫生厅、省综治办	2014
如东县苴镇新光初级中学档案工作达到《江苏省机关团体企业事业单位档案工作规范》二星级标准	如东县苴镇新光初级中学	江苏省档案局	2015.12

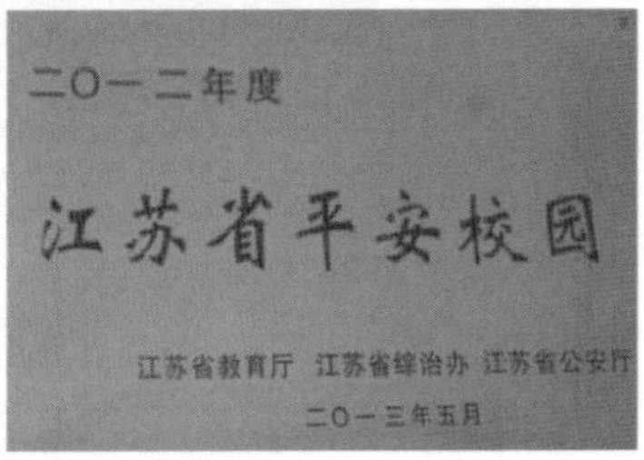

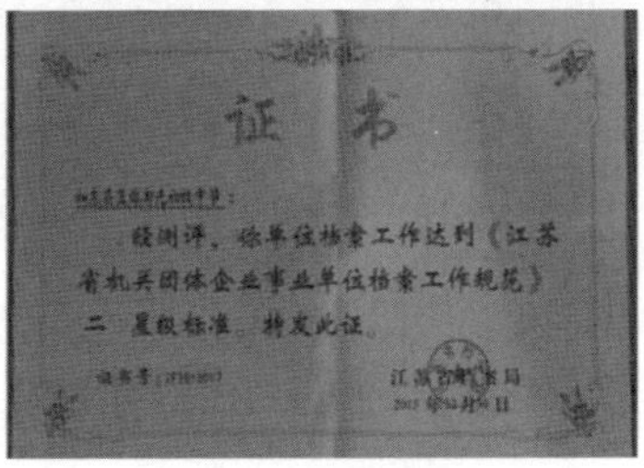

上图为如东县苴镇教育部分奖牌

如东县洋口镇教育荣誉摘要

表 102

荣誉名称	获奖单位	授予单位	授予时间
中小学数字图书馆示范单位	如东县洋口镇古坳初级中学	中国图书馆学会中小学图书馆委员会	2011
省科技教育特色学校	如东县洋口镇新林小学	江苏省教育厅、省科协	2011
江苏省平安校园	如东县洋口镇光荣小学	江苏省教育厅、江苏省综治办、江苏省公安厅	2012.04
全国青少年“未来之星”阳光体育节文化交流展示组织奖	如东县洋口镇光荣小学	国家体育总局、教育部、共青团中央	2012.08
全国作文教学先进单位	如东县洋口镇洋口初级中学	教学与研究杂志社	2012
江苏省青少年科技教育特色学校（十二五期间首批）	如东县洋口镇古坳初级中学	江苏省教育厅等	2013.01
江苏省绿色学校	如东县洋口镇光荣小学	江苏省环境保护厅、江苏省教育厅	2013.03
江苏省第六届中小学网络读书活动团体奖	如东县洋口镇古坳初级中学	教育部办公厅	2013.12
省橡筋动力飞机赛团体二等奖	如东县洋口镇古坳初级中学	江苏省教育厅、省科协	2013
省纸模型飞机赛团体二等奖	如东县洋口镇古坳初级中学	江苏省教育厅、省科协	2013
省电子百拼赛团体二等奖	如东县洋口镇古坳初级中学	江苏省教育厅、省科协	2013
江苏省青少年科技教育四星级先进集体	如东县洋口镇古坳初级中学	江苏省省青少年科技教育协会	2014.01
江苏省平安校园	如东县洋口镇洋口小学	江苏省教育厅	2014.05
江苏省科普教育基地	如东县洋口镇古坳初级中学	江苏省科学技术协会	2014.12
江苏省青少年科技教育四星级先进集体	如东县洋口镇古坳初级中学	江苏省省青少年科技教育协会	2015.02
江苏省平安校园	如东县洋口镇初级中学	江苏省教育厅	2015.05
全国学校体育工作示范学校（全国第一批 100 所学校）	如东县洋口镇古坳初级中学	教育部办公厅	2015.10

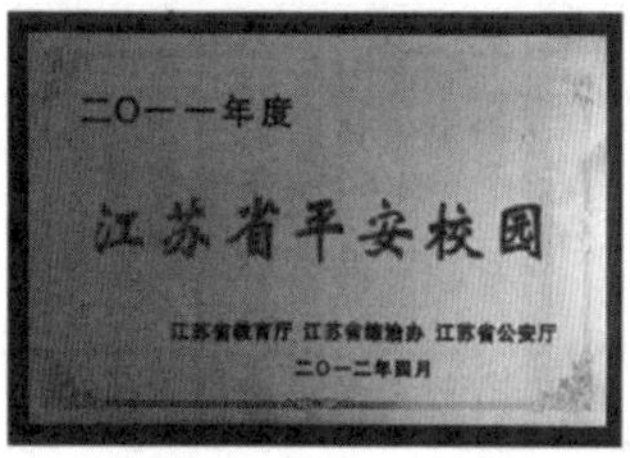

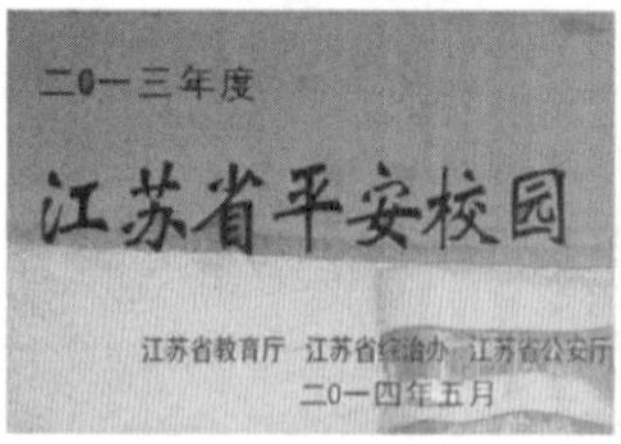

上图为如东县洋口镇教育部分奖牌

如东县大豫镇教育荣誉摘要

表 103

荣誉名称	获奖单位	授予单位	授予时间
2011 年度江苏省平安校园	大豫镇兵房初级中学	江苏省教育厅江苏省综治办江苏省办公厅	2012.04

续表103-1

荣誉名称	获奖单位	授予单位	授予时间
中英气候课堂项目学校	大豫镇桂芝小学	气候变化教育全国教师培训班	2012.05
全国学生绘画书法先进集体	大豫镇豫北小学	中国艺术教育促进会	2012
2012年度江苏省平安校园	大豫镇兵房小学	江苏省教育厅江苏省综治办江苏省办公厅	2013.05
江苏省陶行知研究会实验学校	大豫镇兵房小学	江苏省陶行知研究会	2013
2013年度江苏省平安校园	大豫镇桂芝小学	江苏省教育厅江苏省综治办江苏省办公厅	2014.05
新教育实验优秀学校	大豫镇丁店小学	新教育研究院	2014.07
江苏省健康促进学校铜奖	大豫镇兵房小学	江苏省卫生厅 江苏省教育厅	2014
生活教育实践基地	大豫镇桂芝小学	中国陶行知研究会	2015.04
全国优秀陶研学校	大豫镇桂芝小学	中国陶行知研究会	2015.10

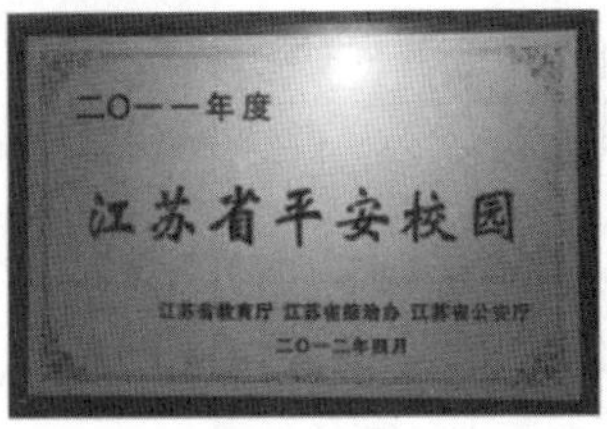

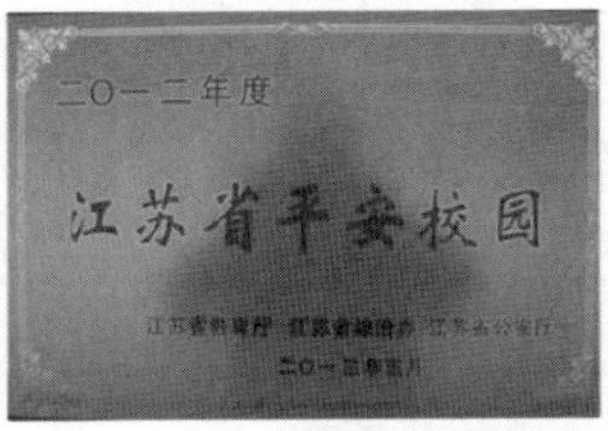

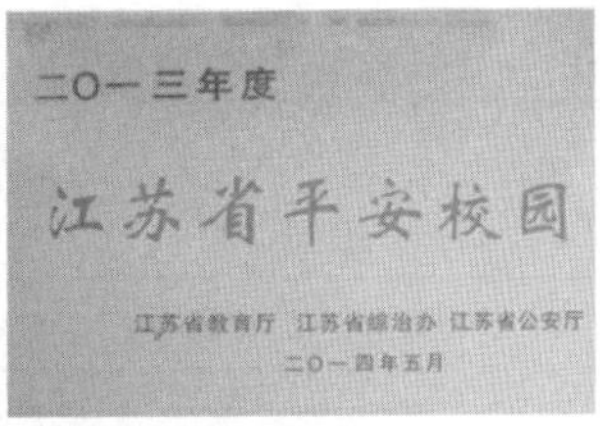

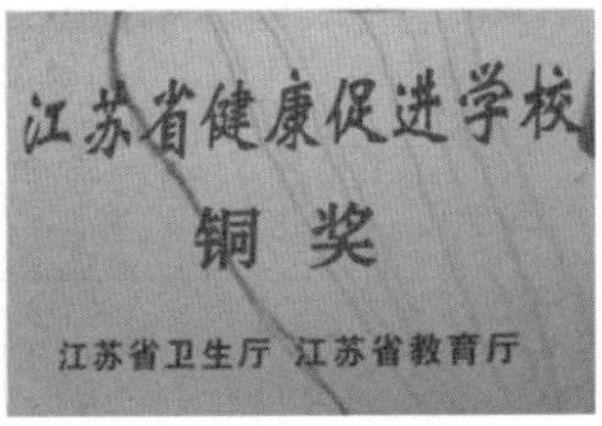

上图为如东县大豫镇教育部分奖牌

如东县掘港镇教育荣誉摘要

表104

荣誉名称	获奖单位	授予单位	授予时间
省平安学校	如东县掘港镇新苗幼儿园	江苏省教育厅综治办公安厅	2011.05
江苏省优秀少先队集体	如东县掘港镇宾山小学502中队	共青团江苏省委、江苏省教育厅、江苏省少工委	2011.10
优秀家长学校	如东县掘港镇童店初级中学	江苏省教育系统关心下一代委员会	2011.12
全国新教育优秀实验学校	如东县掘港镇宾山小学、掘港镇群力幼儿园	新教育研究院	2011
2009--2011南通市普教系统关心下一代工作先进集体	如东县掘港镇宾山小学	南通市教育局	2012.03
2012年江苏省中小学优秀校园网站评比”活动小学组一等奖	如东县掘港镇宾山小学	江苏省教育管理信息中心、江苏省电化教育馆	2012.09
工人先锋号	如东县掘港镇宾山小学	南通市教育工会	2012.12
省“健康促进铜牌学校”	如东县掘港镇童店小学	江苏省卫生厅、省教育厅	2012.12
南通市教育技术工作先进集体	如东县掘港镇宾山小学	南通市教育局	2012
优质诚信办学机构	如东县掘港镇宾山小学	江苏有线数字电视电影频道《聚集江苏》栏目推荐	2012
全国作文教学先进单位	如东县掘港镇童店初级中学	语文教学与研究杂志社	2012

续表104-1

荣誉名称	获奖单位	授予单位	授予时间
全国百佳园所网站	掘港镇群力幼儿园	中国教育管理信息化专业委员会	2012
教学成果奖	掘港镇九总小学	江苏教育厅	2013.02
省“平安校园”	如东县掘港镇童店小学、宾山小学	江苏省教育厅、省综治办、省公安厅	2013.05
2013年金钥匙“校园之间”智力竞技活动优秀组织奖	如东县掘港镇宾山小学	江苏省教育厅、省科协	2013
省“金钥匙”科技竞赛团体一等奖	如东县掘港镇宾山小学	江苏省教育厅	2013
“幼儿园戏剧综合活动园本课程”获江苏省基础教育教学成果一等奖	如东县实验幼儿园	江苏省教育厅	2013
工人先锋号	掘港镇群力幼儿园	南通市教育科技工会	2013
江苏省平安学校	掘港镇幼儿园	江苏省教育厅	2013
南通市教育装备工作先进学校	如东县掘港镇宾山小学	南通市政府	2013
江苏省平安学校	掘港镇九总小学、掘港镇幼儿园	江苏省教育厅、省综治办、省公安厅	2014.05
江苏省二星级档案室	如东县掘港镇童店初级中学	江苏省档案厅	2015.12
全国新教育实验优秀实验个人	如东县掘港镇宾山小学顾新红、黄云	新教育研究院	2012

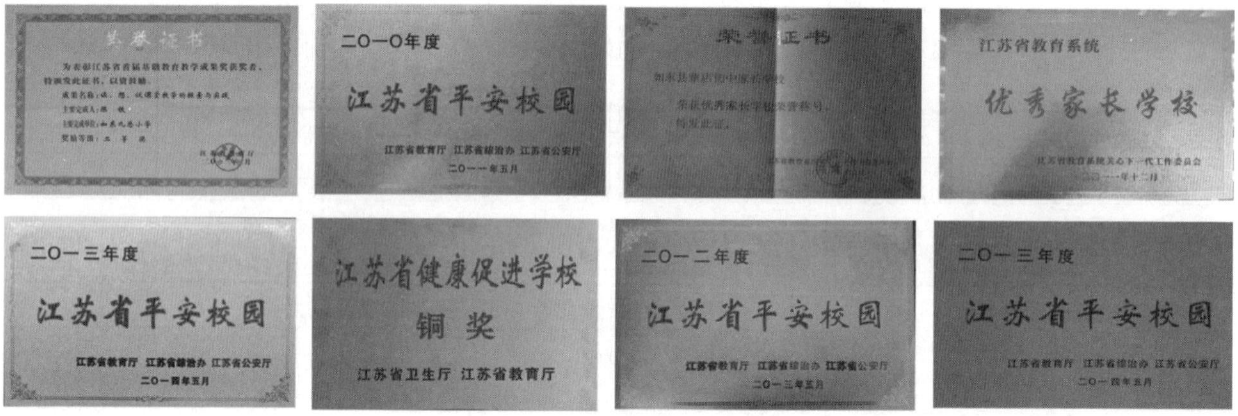

上图为如东县掘港镇教育部分奖牌

如东县栟茶镇教育荣誉摘要

表105

荣誉名称	获奖单位	授予单位	授予时间
省优秀校园网评比二等奖	栟茶镇茗海中学	江苏省电化教育馆	2012
江苏省学生体质健康促进行动试验学校	栟茶镇茗海中学	江苏省教育厅	2013
江苏省平安校园	栟茶镇茗海中学	江苏省卫生厅、省综治办	2014

如东县丰利镇教育荣誉摘要

表 106

荣誉名称	获奖单位	授予单位	授予时间
优秀家长学校	丰利镇丰利小学	江苏省教育系统关心下一代工作委员会	2011.11
全国新教育优秀实验学校	丰利镇丰利小学	新教育研究院	2011
全国新教育实验优秀实验学校	丰利镇凌河小学	新教育研究院	2012
江苏省第十八届珠心算式心算能力比赛壹等伯乐奖	丰利镇丰利小学	江苏省珠算协会	2013.08
全国中小学德育优秀论文优秀组织奖	丰利镇凌河小学	中国教育学会高中教育专业委员会	2013
省科普教育基地	丰利镇社区教育中心	江苏省科技厅、省教育厅、省科协	2014
南通市小学数学珠心算实验小学生能力展示活动优秀组织奖	丰利镇丰利小学	南通市教育科学研究中心	2015.07
全国新教育实验先进个人	丰利镇丰利小学吴晓云、凌河小学张小琴	新教育实验研究院	2011
全国新教育实验先进个人	丰利镇凌河小学刘庆梅	新教育实验研究院	2012

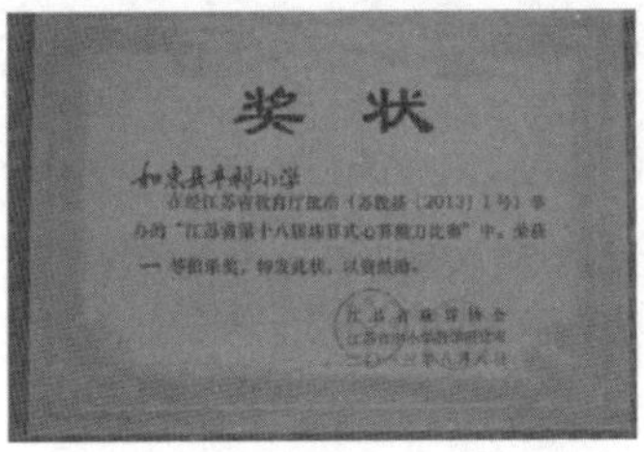

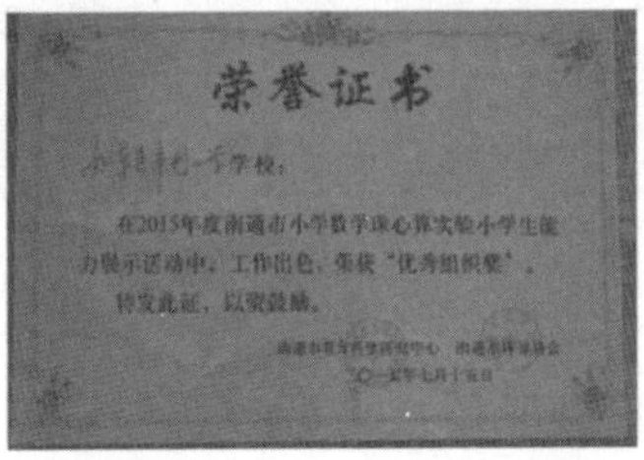

上图为如东县丰利镇教育部分奖牌

如东县马塘镇教育荣誉摘要

表 107

荣誉名称	获奖单位	授予单位	授予时间
2012 年度江苏省平安校园	如东县马塘镇邱陞中学	江苏省教育厅、江苏省综治办、江苏省公安厅	2012.04
江苏省青少年科学教育特色学校	如东县马塘镇邱陞中学	江苏省科协、江苏省教育厅	2012

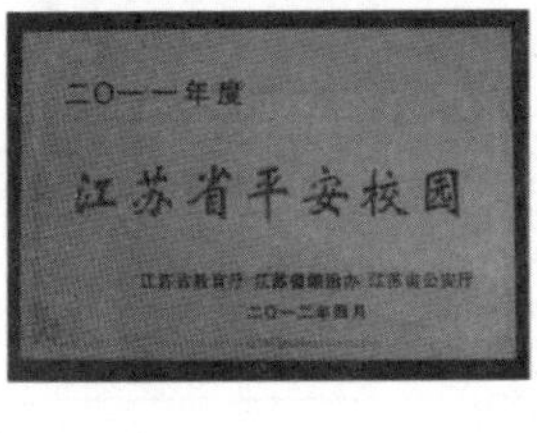

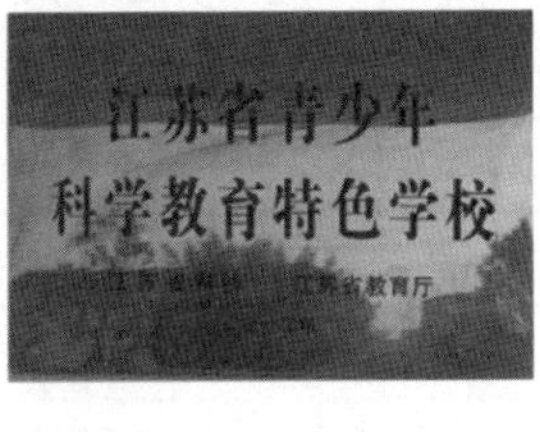

上图为如东县马塘镇教育部分奖牌

如东县曹埠镇教育荣誉摘要

表 108

荣誉名称	获奖单位	授予单位	授予时间
南京国际舞蹈公开赛优秀国际金奖	曹埠镇成人教育中心学校	世界华人舞蹈联合会	2011.05
省级社区教育中心	曹埠镇成人教育中心学校	江苏省社会教育指导中心	2012
江苏省科普教育基地	曹埠镇成人教育中心学校	江苏省科协、省科技厅、省教育厅	2013.12
省标准化居民学校（曹埠镇上漫村居）	曹埠社区教育中心	江苏省教育厅	2013
中国成人教育协会	曹埠镇成人教育中心学校	中国成人教育协会	2014.08
全国作文教学先进单位	曹埠中学	中国教育学会	2014
省健康促进学校先进单位	曹埠中学	江苏省教育厅、省卫计委	2014
省优质幼儿园	曹埠镇饮泉幼儿园	江苏省教育评估院	2014
江苏省社会教育宣传工作先进集体	曹埠镇成人教育中心学校	江苏省社会教育指导中心	2015.03
项目联盟建设优秀单位（2015 年度）	曹埠镇成人教育中心学校	江苏省社会教育指导中心	2016.04
全国中学艺术教育辅导先进个人	曹埠中学教师马晓平	中国艺术教育协会	2014

上图为如东县曹埠镇教育部分奖牌

如东县岔河镇教育荣誉摘要

表 109

荣誉名称	获奖单位	授予单位	授予时间
省优秀健身点	岔河镇社区教育中心	江苏省体育局	2011.02
江苏省平安校园	如东县岔河镇岔河小学	江苏省教育厅	2012.04
省级农科教结合示范基地	岔河镇社区教育中心	江苏省教育厅	2012.05
省标准化居民学校	岔河镇迎春社区居民学校	江苏省教育厅	2012.09
优秀乡土课程评选活动组织奖	岔河镇社区教育中心	江苏省社会教育服务指导中心	2012.09
全国中小学班集体研究优秀组织奖	如东县岔河镇岔河小学	全国中小学班集体研究中心	2013.01
省标准化居民学校	岔河镇古坝社区居民学校	江苏省教育厅	2013.07
江苏省第七届中小学生书法比赛优秀团体奖	如东县岔河镇古坝小学	江苏省教育学会	2013
省高水平农科教结合富民示范基地	岔河镇社区教育中心	江苏省教育厅	2014.02
2014 年金钥匙智力竞技活动优秀组织奖	如东县岔河镇岔河小学	江苏省教育厅	2014.04
江苏省“健康促进学校”银奖	如东县岔河镇岔河小学	江苏省教育厅	2014.05
省标准化居民学校	岔河镇龙发村居民学校	江苏省教育厅	2014.05
学校 3 个课程获全国社区教育微课程优秀奖	岔河镇社区教育中心	中国社区教育专业委员会	2014.10

续表109-1

荣誉名称	获奖单位	授予单位	授予时间
燕川姐妹学习园：全国社区教育优秀品牌活动项目	岔河镇社区教育中心	中国社区教育专业委员会	2014.11
档案工作通过《江苏省机关团体企业事业单位档案工作规范》二星级复查	如东县岔河镇岔河小学	江苏省档案局	2014.12
全国教育系统先进工作者	岔河社区教育中心校长常永兰	人力资源和社会保障部、教育部	2014
燕川姐妹学习园：全国社区教育优秀品牌二等奖	岔河镇社区教育中心	中国社区教育专业委员会	2015.01
省标准化居民学校	岔河镇南桥村居民学校	江苏省教育厅	2015.01
省社区教育宣传工作先进集体提名奖	岔河镇社区教育中心	江苏省社会服务中心	2015.03
江苏省第九届金钥匙“校园之间”智力竞技活动（总决赛）中，获团体一等奖	如东县岔河镇岔南小学	江苏省教育厅、省科学技术厅	2015.05
省老年远程教育音像教材二等奖	岔河镇社区教育中心	江苏省社会服务中心	2015.06
省老年远程教育音像教材三等奖	岔河镇社区教育中心	江苏省社会服务中心	2015.06
第八届“神园杯”江苏优质水果金奖	岔河镇社区教育中心	江苏省园艺技术推广站	2015.10
《葡萄栽培管理技术》获全国特色教材奖项	岔河镇社区教育中心	中国老年大学协会远程教育工作委员会	2015.11
《葡萄产业链的延伸》获全国特色教材奖项	岔河镇社区教育中心	中国老年大学协会远程教育工作委员会	2015.11
省示范老年学校	岔河镇社区教育中心 岔河镇老年学校	江苏省老年大学协会	2015.12
省社区教育宣传工作先进集体	岔河镇社区教育中心	江苏省社会服务中心	2015.12

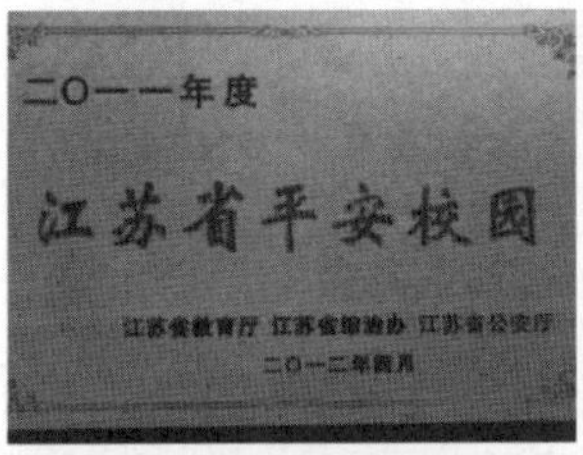

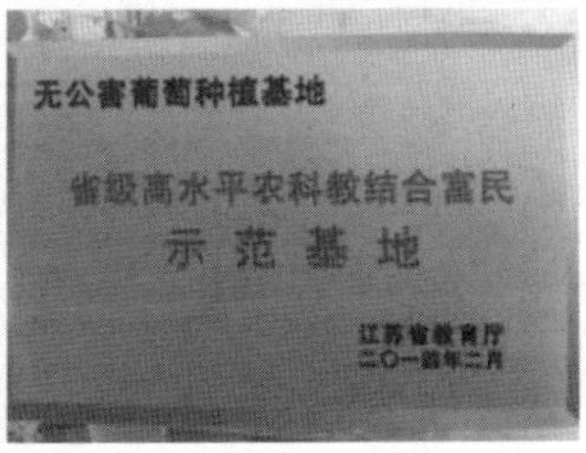

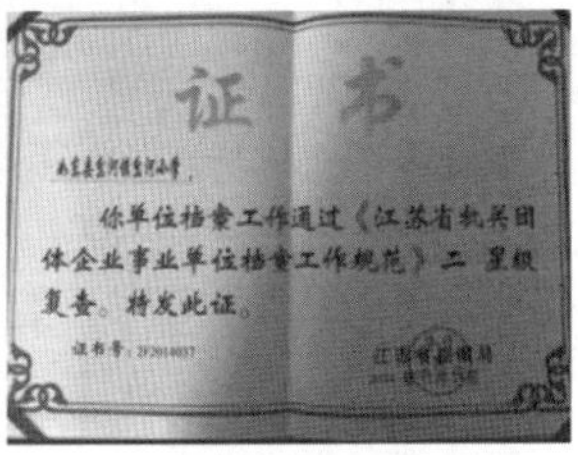

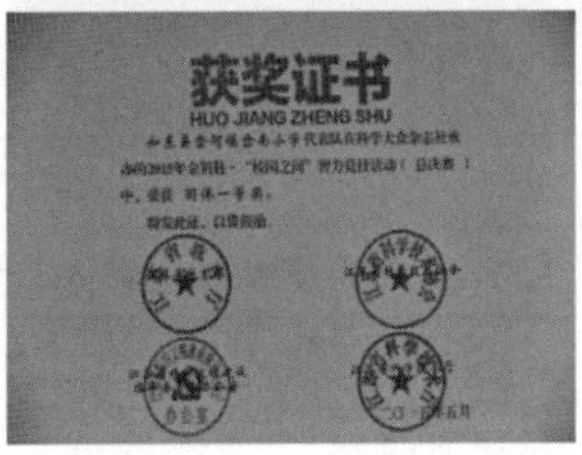

上图为如东县岔河镇教育部分奖牌

如东县新店镇教育荣誉摘要

表110

荣誉名称	获奖单位	授予单位	授予时间
中国重点射箭运动学校	新店镇利群小学	中国射箭学会	2013
全国新教育实验优秀实验学校	新店镇利群小学	新教育研究院	2013
江苏省平安校园	新店镇新店初中	江苏省教育厅	2013

续表110-1

荣誉名称	获奖单位	授予单位	授予时间
江苏省平安校园	新店镇新店小学	江苏省卫生厅、省综治办	2014
省社会教育宣传工作先进集体	新店镇成人学校	江苏省社会教育服务指导中心	2015

如东县双甸镇教育荣誉摘要

表111

荣誉名称	获奖单位	授予单位	授予时间
省级社区教育中心	双甸社区教育中心	江苏省教育厅	2011.01
《抖空竹》获省三等奖	双甸社区教育中心	江苏省成协、省社指办	2011.10
省社区教育示范社区	双甸社区教育中心	江苏省成人教育协会	2011
省级第一批标准化居民学校	双甸镇高前村居民学校	南通市教育局	2012.09
江苏省装备现代化建设实验学校	如东县双甸镇双甸小学	江苏省教育厅	2012
省级第二批标准化居民学校	双甸镇星光社区居民学校	南通市教育局	2013.07
优秀团体奖	如东县双甸镇石甸小学	江苏省教育学会书法专业委员会	2013.12
江苏省标准化居民学校	双甸镇星光居委会	江苏省教育厅	2013
江苏省健康促进学校　银奖	如东县双甸镇双甸小学	江苏省教育厅	2014.03
江苏省平安校园	如东县双甸镇双南小学	江苏省教育厅	2014.05
省级第三批标准化居民学校	双甸镇双南社区居民学校	南通市教育局	2014.05
江苏省平安校园	如东县双甸镇双甸小学	江苏省教育厅江苏省综治办、江苏省公安厅	2014.05
江苏省“青马车寨”杯武术比赛团体第三名	如东县双甸镇双甸小学	江苏省武术协会	2014.05
首批全国老年远程教育先进收视点	双甸社区教育中心	中国老年大学协会、远程教育委员会	2014.10
第二届“超新星快乐作文大赛”优秀组织奖	江苏省南通市如东县石甸小学	中国少年文摘杂志社	2014.11
省级第四批标准化居民学校	双甸镇德银村居民学校	南通市教育局	2014.12
江苏省二星级档案单位	如东县双甸镇双甸小学	江苏省档案局	2014.12
省级第五批标准化居民学校	双甸镇中心村居民学校	南通市教育局	2015.05
江苏省“电子百拼”比赛团体一等奖	如东县双甸镇双甸小学	江苏省教育厅	2015.11
全国青少年校园足球特色学校	如东县双甸镇双甸小学	中华人民共和国教育部	2015.12
第一批全国农村优秀学习型村居	双甸镇高前村	中国成协农村成教委员会	2015.12
全国科教园丁	如东县双甸镇双甸小学尤勇军	中央教育研究所	2011

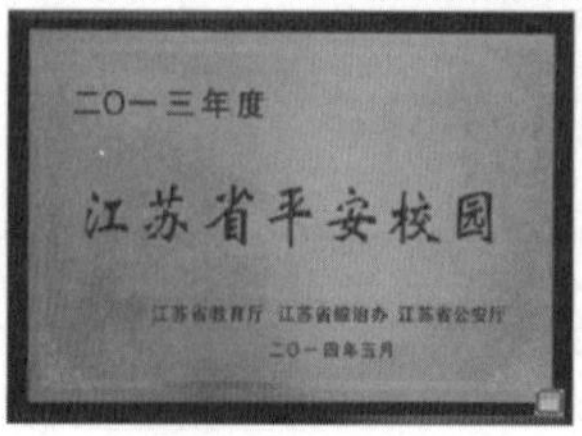

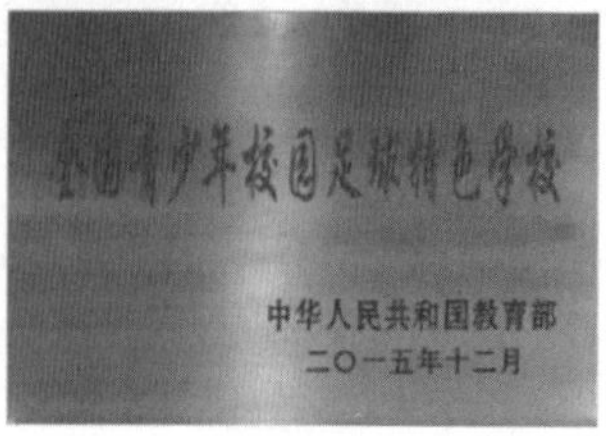

上图为如东县双甸镇教育部分奖牌

如东县河口镇教育荣誉摘要

表 112

荣誉名称	获奖单位	授予单位	授予时间
江苏省初中联盟学校	如东县河口镇于港初级中学	江苏教育报刊总社、初中生世界编辑部	2011.03
江苏省绿色学校	如东县河口镇于港初级中学	江苏省环境保护厅、江苏省教育厅	2011.04
江苏省健康促进学校铜奖	如东县河口镇于港初级中学	江苏省卫生厅、江苏省教育厅	2011.05
江苏省平安校园	如东县河口镇于港初级中学	江苏省教育厅、江苏省综治办、江苏省公安厅	2011.05
国民语文应用能力实验校	如东县河口镇景安初级中学	教育部语言文字应用管理司、国家语言文字工作委员会、语言文字报刊社	2012.12
江苏省巾帼文明岗	如东县河口镇于港初级中学	江苏省妇联、江苏省城镇妇女“巾帼建功”活动领导小组	2013.03
2012 年度江苏省平安校园	如东县河口镇景安初级中学	江苏省教育厅、江苏省综治办、江苏省公安厅	2013.05
江苏省健康促进学校银奖	如东县河口镇于港初级中学	江苏省卫生厅、江苏省教育厅	2014.03
江苏省十佳诚信办学机构	如东县河口镇于港初级中学	江苏省广播电视总台	2014
江苏省平安校园	如东县河口镇河口小学	江苏省卫生厅、省综治办	2014
省级标准化社区教育中心	如东县河口镇社区教育中心	江苏省教育厅	2014
省绿色学校	如东县河口镇景安初级中学	江苏省环境保护厅、江苏省教育厅	2015.01
江苏省青少年科技教育协会团体会员	如东县河口镇景安初级中学	江苏省青少年科技教育协会	2015.12
工人先锋号	如东县河口镇于港初级中学	江苏省教育科技工会	2015
江苏省教育工作先进集体先进基层党组织	如东县河口镇景安初级中学	江苏省教育厅、中共江苏省委教育工委	2016.06
全国新教育实验先进个人	如东县河口镇于港小学薛晓丽	新教育实验研究院	2011

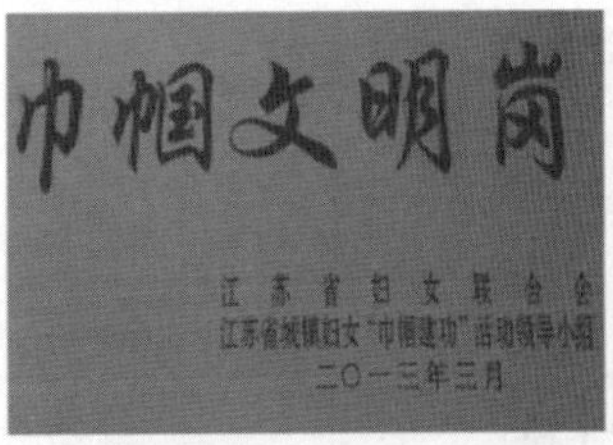

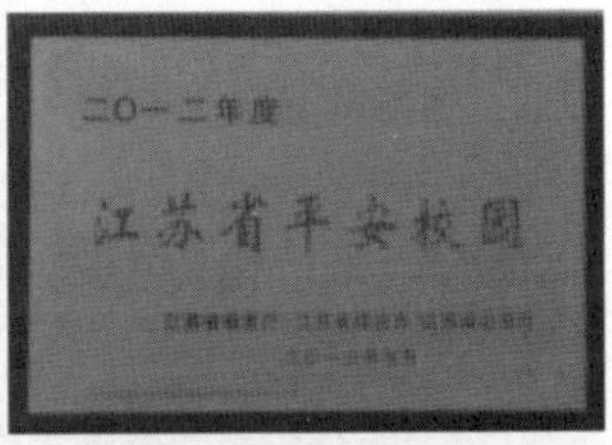

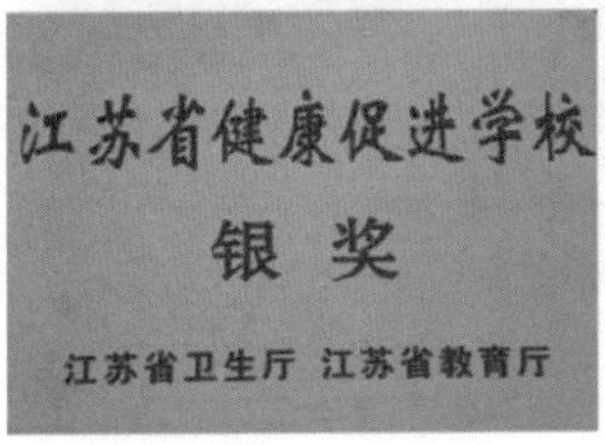

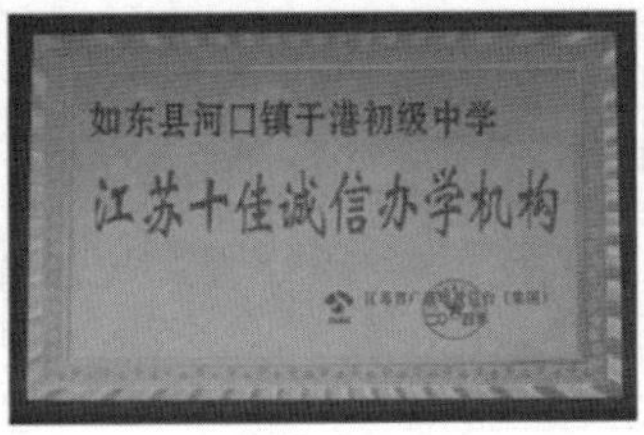

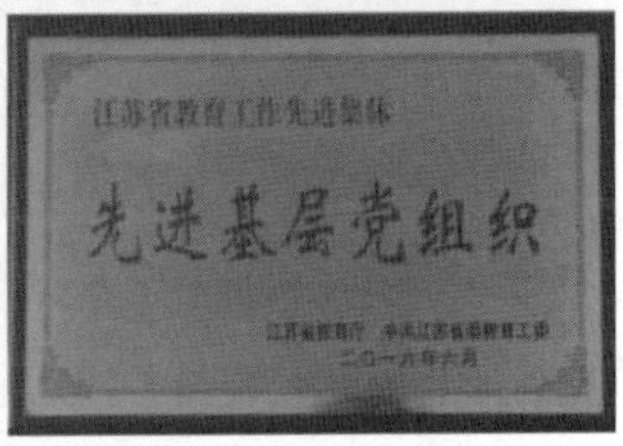

上图为如东县河口镇教育部分奖牌

如东县袁庄镇教育荣誉摘要

表 113

荣誉名称	获奖单位	授予单位	授予时间
2010 年江苏省平安校园	袁庄初中	江苏省教育厅	2011.05
江苏省第三届行知杯组织奖	先民初中	江苏省行知研究会	2011.10
全国新教育优秀实验学校	袁庄初中	新教育研究院	2011
江苏省平安校园	先民初中	江苏省平安校园	2012.04
全国青少年“辉煌的的五年”读书教育活动特别奖	先民小学	共青团中央	2012.07
国民语文应用能力实验校	先民小学	教育部语言文字应用管理司	2012
全国作文大赛集体奖	毅夫小学	中国教育学会小学语文教学研究会	2012
江苏省“工人先锋号”荣誉名称	先民初中	江苏省教育科技工会	2013.04
江苏省优秀少先队集体	先民小学	江苏省教育厅	2013.10
第十三届江苏省青少年电子百拼竞赛团体二等奖	袁庄初中	江苏省教育厅	2013.10
江苏省第二十届青少年科技模型竞赛团体一等奖	袁庄初中	江苏省教育厅	2013.11
江苏省健康促进学校铜奖	袁庄小学	江苏省教育厅	2013.12
江苏省健康促进学校铜奖	袁庄初中	江苏省教育厅、江苏省卫生厅	2014.03
江苏省第二十一届青少年科技模型竞赛 3D 创意模型团体一等奖	袁庄初中	江苏省教育厅	2014.03
江苏省平安校园	袁庄小学	江苏省教育厅	2014.03
江苏省健康促进学校铜奖	袁庄小学	江苏省教育厅	2014.04
江苏省第二十一届青少年科技模型竞赛 3D 创意模型团体二等奖	袁庄初中	江苏省教育厅	2014.10
江苏省 2014 年青少年科技竞赛电子百拼团体三等奖	袁庄初中	江苏省教育厅	2014.10
青少年科技教育先进学校	袁庄小学	江苏省教育厅	2014.11
江苏省健康促进学校银奖	先民小学	江苏省教育厅	2014
江苏省青少年科技教育先进学校	袁庄小学	江苏省教育厅　省科学技术协会	2015.01
江苏省健康促进学校银奖	袁庄小学	江苏省教育厅　江苏省卫生厅	2015.03
读报知识竞赛最佳组织奖	新民小学	江苏凤凰教育出版社	2015.03
江苏省第十五届青少年电子技师认定比赛（疯狂毕加索）团体一等奖	袁庄初中	江苏省教育厅	2015.10
江苏省第十六届青少年电子技师认定比赛（电子百拼）团体二等奖	袁庄初中	江苏省教育厅	2015.10

续表113-1

荣誉名称	获奖单位	授予单位	授予时间
第二十七届金钥匙科技竞赛团体二等奖	袁庄小学	江苏省教育厅、 省科学技术协会	2015.11
青少年科技教育先进学校	先民小学	江苏省教育厅	2015.11

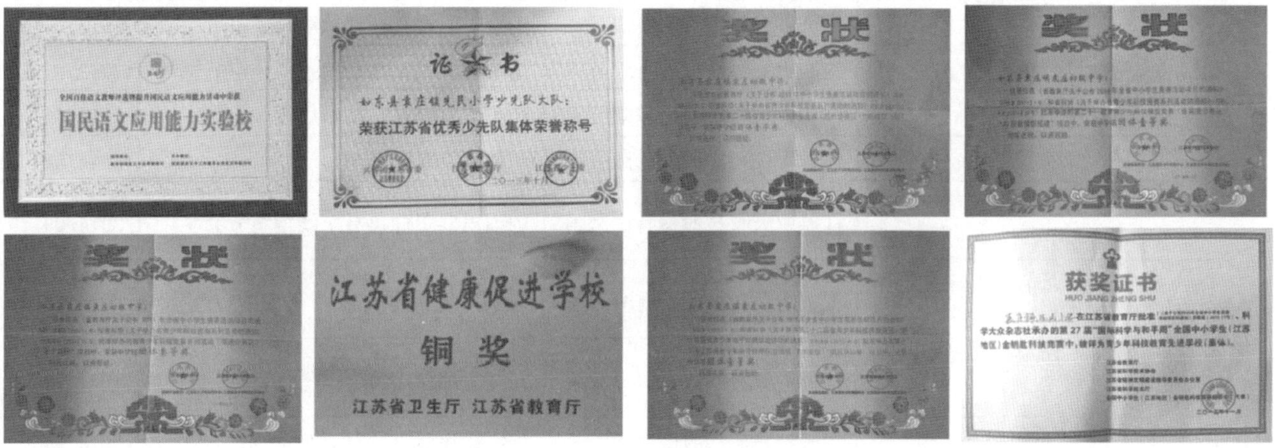

上图为如东县袁庄镇教育部分奖牌

江苏中天科技股份有限公司荣誉摘要

表114

荣誉名称	获奖单位	授予单位	授予时间
2010 年度全县工业纳税二十强企业第一名	中天科技集团有限公司	中共如东县委员会、如东县人民政府	2011.01
劳动保障管理工作诚信单位	江苏中天科技股份有限公司	如东县人力资源和社会保障局	2011.02
产业突出贡献企业	中天科技集团有限公司	中国通信企业协会通信电缆光缆专业委员会	2011.11
中国民营企业 500 强第 298 位	中天科技集团有限公司	中华全国工商业联合会	2012.08
中国民营制造业企业 500 强第 207 位	中天科技集团有限公司	中华全国工商业联合会	2012.08
2012 年度江苏省科学技术奖	中天科技集团有限公司	江苏省人民政府	2012.10
2012 年中国光通信最具综合竞争力企业十强	江苏中天科技股份有限公司	亚太光通信委员会	2012.11
2012 年中国光纤光缆最具竞争力企业十强	江苏中天科技股份有限公司	亚太光通信委员会	2012.11
第五批国家级创新型试点企业	中天科技集团有限公司	科技部、国资委、全国总工会	2012
2013 年中国电子元件百强企业	中天科技集团有限公司	中国电子元件行业协会	2013.07
2013 年中国电子元件行业成长性十强	中天科技集团有限公司	中国电子元件行业协会	2013.10
2013 年中国光纤光缆最具竞争力企业十强	江苏中天科技股份有限公司	亚太光通信委员会	2013.11
2013 年中国光通信最具综合竞争力企业十强	江苏中天科技股份有限公司	亚太光通信委员会	2013.11

续表114-1

荣誉名称	获奖单位	授予单位	授予时间
2013年中国光通信最佳技术创新奖	江苏中天科技股份有限公司	亚太光通信委员会	2013.11
江苏名牌产品	江苏中天科技股份有限公司	江苏名牌战略推进委员会	2013.12
守合同重信用企业	中天科技集团有限公司	国家工商行政管理总局	2013
国家认定企业技术中心	江苏中天科技股份有限公司	国家发展改革委、科技部、财政部等	2013
江苏省高新技术企业	江苏中天科技股份有限公司	江苏省财政厅、技术厅等	2014.06
2014年中国电子信息百强企业	江苏中天科技股份有限公司	工业和信息化部	2014.07
2014年中国线缆行业最具竞争力企业十强	江苏中天科技股份有限公司	中国电器工业协会电线电缆分会	2014.09
2014年中国光通信最具综合竞争力企业十强	江苏中天科技股份有限公司	亚太光通信委员会	2014.11
2014年中国光纤光缆最具竞争力企业十强	江苏中天科技股份有限公司	亚太光通信委员会	2014.11
华东地区（江苏）海缆动员中心	中天科技海缆有限公司	国家国民经济动员办公室	2014.11
江苏省地标型企业	中天科技集团有限公司	江苏省苏商发展促进会	2014.11
AAA级企业信用等级	江苏中天科技股份有限公司	中国电子元件行业协会	2014.12
江苏省优秀民营企业	江苏中天科技股份有限公司	中共江苏省委员会、江苏省人民政府	2014
2014年度市长质量奖	江苏中天科技股份有限公司	南通市人民政府	2015.01
江苏省管理创新示范企业	江苏中天科技股份有限公司	江苏省经济和信息化委员会	2015.01
安全生产工作先进单位	江苏中天科技股份有限公司	如东县人民政府	2015.01
项目建设（投入产出）典型企业	江苏中天科技股份有限公司	中共如东县委员会、如东县人民政府	2015.05
海峡两岸光通信发展交流突出贡献企业	江苏中天科技股份有限公司	海峡两岸光通信产业联盟	2015.06
中国民营企业制造业500强139位	中天科技集团有限公司	中华全国工商业联合会	2015.08
中国民营企业500强第221位	中天科技集团有限公司	中华全国工商业联合会	2015.08
通信行业第十二届企业管理现代化创新三等成果	江苏中天科技股份有限公司	通信行业企业管理现代化创新成果审定委员会	2015.11
通信光电缆最具影响力企业	江苏中天科技股份有限公司	中国电子元件行业协会光电线缆及光器件分会	2015.11
2015年中国光纤光缆最具竞争力企业十强	江苏中天科技股份有限公司	亚太光通信委员会	2015.11
2015年中国光通信最具综合竞争力企业十强	江苏中天科技股份有限公司	亚太光通信委员会	2015.11
2015年中国光通信最佳技术创新奖	江苏中天科技股份有限公司	亚太光通信委员会	2015.11
江苏省示范智能车间	江苏中天科技股份有限公司	江苏省经济和信息化委员会、江苏省财政厅	2015.12
江苏省专利金奖	江苏中天科技股份有限公司	江苏省知识产权局	2015.12
2015年中国电子元件百强企业	中天科技集团有限公司	中国电子元件行业协会	2015

续表114-2

江苏省AAA级质量信用企业	江苏中天科技股份有限公司	江苏省质量技术监督局	2015
2015年中国电子信息百强企业	江苏中天科技股份有限公司	中国电子信息行业联合会	2015
国家技术创新示范企业	江苏中天科技股份有限公司	工业和信息化部、财政部	2015
南通市工业企业融合创新示范企业	中天宽带技术有限公司	南通市人民政府	2015
中国企业自主创新十大人物	薛济萍	中国企业评价协会	2012

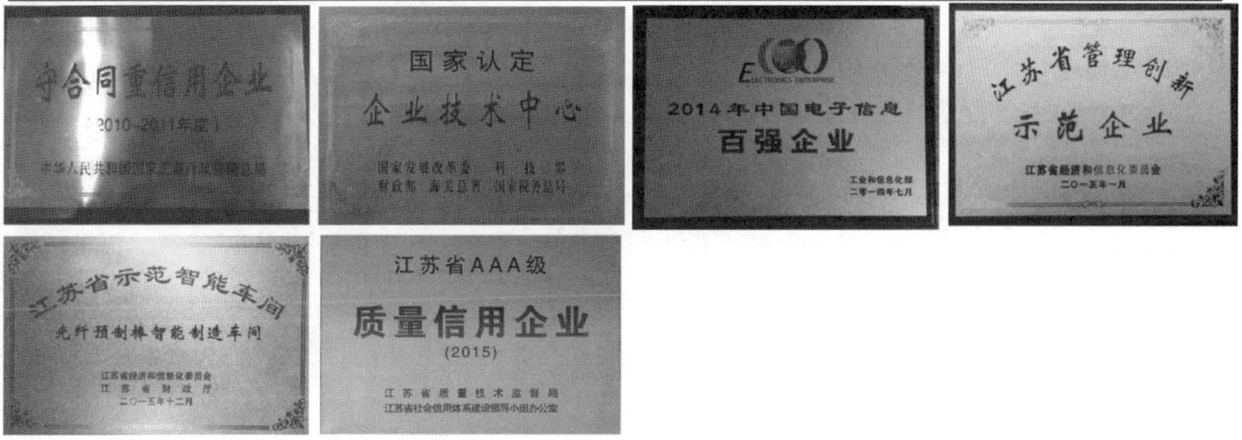

上图为江苏中天科技股份有限公司部分奖牌

江苏海力风电设备科技有限公司荣誉摘要

表115

荣誉名称	获奖单位	授予单位	授予时间
2012年南通市科学技术进步奖	江苏海力风电设备科技有限公司	南通市人民政府	2012.10
江苏省首台（套）重大装备产品	江苏海力风电设备科技有限公司	江苏省经济和信息化委员会	2013.08
国家重点新产品	江苏海力风电设备科技有限公司	科学技术部、环境保护部、商务部、国家质量监督检验检疫总局	2014.10
2014年度江苏机械工业科技进步奖	江苏海力风电设备科技有限公司	江苏省机械行业协会	2014.12
江苏名牌产品	江苏海力风电设备科技有限公司	江苏省名牌战略推进委员会	2014.12
江苏省著名商标	江苏海力风电设备科技有限公司	江苏省工商行政管理局	2015.12

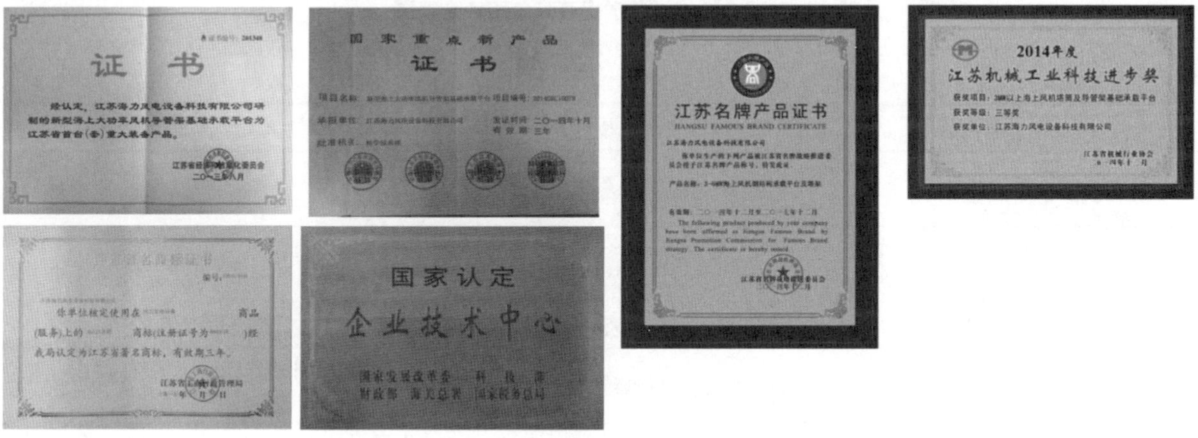

上图为江苏海力风电设备科技有限公司部分奖牌

江苏海宝电池科技有限公司荣誉摘要

表116

荣誉名称	获奖单位	授予单位	授予时间
2011年度工业经济十强企业	江苏海宝电池科技有限公司	中共如东县委员会、如东县人民政府	2012.02
2011-2012年度文明单位	江苏海宝电池科技有限公司	中共如东县委员会、如东县人民政府	2012.12
如东县AAA级守法诚信企业	江苏海宝电池科技有限公司	江苏省南通工商行政管理局	2013.07
南通市知名商标	江苏海宝电池科技有限公司	江苏省南通工商行政管理局	2013.12
中国能源动力2013年度电动车电池行业十大最具影响力品牌	江苏海宝电池科技有限公司	中国能源网络电视台	2014
铅酸蓄电池分会第八届理事会理事单位	江苏海宝电池科技有限公司	中国电器工业协会	2015.04
全国商品交易市场品牌建设十大功勋人物	江苏海宝电池科技有限公司	中国市场学会批发市场发展委员会	2015.04
2014年度50强工业企业	江苏海宝电池科技有限公司	中共如东县委员会、如东县人民政府	2015.05
2014年度中国电池行业百强企业	江苏海宝电池科技有限公司	中国化学与物理电源行业协会	2015.05
2014年度项目建设（投入产出）典型企业	江苏海宝电池科技有限公司	中共如东县委员会、如东县人民政府	2015.05
先进会员单位	江苏海宝电池科技有限公司	中国电池工业协会	2015.05
中国环保联合会会员单位	江苏海宝电池科技有限公司	中华环保联合会	2015.09
2015年度军民融合先进单位	江苏海宝电池科技有限公司	军民融合（北京）装备技术研究院	2015.12

江苏金太阳油脂有限责任公司荣誉摘要

表117

荣誉名称	获奖单位	授予单位	授予时间
省科技型中小企业（第四批）	江苏金太阳油脂有限责任公司	江苏省人民政府	2011
省食品行业优秀品牌企业	江苏金太阳油脂有限责任公司	江苏省食品工业协会	2015

南通辉煌彩色钢板有限公司荣誉摘要

表118

荣誉名称	获奖单位	授予单位	授予时间
江苏省科技型中小企业	南通辉煌彩色钢板有限公司	江苏省经济和信息化委员会、江苏省中小企业局	2011．10
中国驰名商标	南通辉煌彩色钢板有限公司	中华人民共和国国家工商行政管理总局商标局	2012
2011年度南通市质量标兵企业	南通辉煌彩色钢板有限公司	南通市质量强市工作领导小组	2013.02
2012--2013年度守合同重信用企业	南通辉煌彩色钢板有限公司	中华人民共和国国家工商行政管理总局	2013
江苏省质量信用AAA级企业	南通辉煌彩色钢板有限公司	江苏省质量技术监督局、江苏省社会信用体系建设领导小组办公室	2013

续表118-1

荣誉名称	获奖单位	授予单位	授予时间
江苏省信息化与工业化融合试点企业	南通辉煌彩色钢板有限公司	江苏省经济和信息化委员会	2013
模范职工小家	南通辉煌彩色钢板有限公司	江苏省总工会	2015. 12
2013--2014年度南通市文明单位	南通辉煌彩色钢板有限公司	中共南通市委员会、南通市人民政府	2015. 12

上图为南通辉煌彩色钢板有限公司部分奖牌

南通大东有限公司荣誉摘要

表119

荣誉名称	获奖单位	授予单位	授予时间
“十一五”全市节能工作先进集体	南通大东有限公司	南通市节能工作先进集体	2011.08
“绉纱圈状纺织面料”获高新技术产品认定证书	南通大东有限公司	江苏省科学技术厅	2011.08
参赛作品《茶道》在愉悦杯第六届中国家纺时尚产品大赛中获得银奖	南通大东有限公司	中国家用纺织品行业协会	2011.09
2011年金茉莉杯质量管理先进方法应用成果发布会二等奖（壳聚糖/棉混纺螺旋毛巾色花控制）	南通大东有限公司	南通市质量技术监督局	2011.10
汉麻双层双面功能纺织面料获高新技术产品认定	南通大东有限公司	江苏省科学技术厅	2011.10
2010--2011年度中国纺织服装企业竞争力500强	南通大东有限公司	中国纺织工业协会	2011.10
江苏省科技型中小企业	南通大东有限公司	江苏省经济和信息化委员会、江苏省中小企业局	2011.10
如东县光彩之星	南通大东有限公司	中共如东县统战部、如东县工商联	2011.11
如东县优秀中国特色社会主义事业建设者	南通大东有限公司	如东县委统战部、如东经信委等	2011.11

续表119-1

荣誉名称	获奖单位	授予单位	授予时间
壳聚糖抗菌毛圈面料获高新技术产品认定	南通大东有限公司	江苏省科学技术厅	2011.12
第五批南通市节能减排科技创新示范企业	南通大东有限公司	南通市科学技术局	2011.12
江苏省外商投资企业协会常务理事会单位	南通大东有限公司	江苏省外商投资企业协会	2011.12
“DD”牌获南通市知名商标	南通大东有限公司	南通工商行政管理局	2011.12
工业企业纳税二十强	南通大东有限公司	中共如东县委员会、如东县人民政府	2012.01
安全生产工作先进企业	南通大东有限公司	如东县人民政府	2012.01
如东县光彩之星	南通大东有限公司	中共如东县统战部、如东县工商联	2012.01
如东县优秀中国特色社会主义事业建设者	南通大东有限公司	如东县委统战部、如东县经信委等	2012.01
2010年度南通市质量标兵企业	南通大东有限公司	南通市质量强市工作领导小组	2012.01
DD牌获南通名牌产品	南通大东有限公司	南通市名牌战略推进委员会	2012.01
2011年度如东县劳动保障诚信企业	南通大东有限公司	如东县人力资源和社会保障局	2012.02
织造车间获江苏省工人先锋号	南通大东有限公司	江苏省总工会	2012.04
“DD”中国驰名商标	南通大东有限公司	国家工商总局	2012.05
江苏省五星级数字企业	南通大东有限公司	江苏省经济和信息化委员会、江苏省中小企业局	2012.06
学法用法示范企业	南通大东有限公司	如东县宣传部等	2012.07
高新技术企业	南通大东有限公司	江苏省科学技术厅、财政厅等	2012.08
江苏省厂务公开民主管理先进单位	南通大东有限公司	江苏省厂务公开协调小组	2012.09
玄幻扑克在亚光杯第七届中国家纺时尚产品大赛中获金奖	南通大东有限公司	中国家用纺织品行业协会	2012.09
龙祥富贵在亚光杯第七届中国家纺时尚产品大赛中获优秀奖	南通大东有限公司	中国家用纺织品行业协会	2012.09
尚品在张謇杯2012年中国国际家用纺织产品设计大赛中荣获优秀奖	南通大东有限公司	中国家用纺织品行业协会	2012.09
中国纺织服装行业竞争力500强（第98名）	南通大东有限公司	中国纺织工业联合会	2012.10
质量管理先进方法一等奖	南通大东有限公司	南通市质量技术监督局	2012.10
质量管理先进方法三等奖	南通大东有限公司	南通市质量技术监督局	2012.10
纺织行业统计工作优秀集体荣誉名称	南通大东有限公司	中国纺织工业联合会	2012.12
文明单位标兵	南通大东有限公司	中共如东县委员会、如东县人民政府	2012.12
南通市中小企业成长之星	南通大东有限公司	南通市经信委、南通市中小企业局	2012.12
南通市中小企业信息化五星级数字企业	南通大东有限公司	南通市经济和信息化委员会、南通市中小企业局	2012

续表119-2

荣誉名称	获奖单位	授予单位	授予时间
中小企业信息化五星级数字企业	南通大东有限公司	南通市经济和信息化委员会、南通市中小企业局	2012
南通市质量标兵企业	南通大东有限公司	南通市质量强市工作领导小组	2013.02
如东县劳动保障诚信示范企业	南通大东有限公司	如东县人力资源和社会保障局	2013.03
印染车间周军班组获2012年度江苏省“安康杯”竞赛优胜班组	南通大东有限公司	江苏省总工会、江苏省安全生产监督管理局	2013.03
全国工人先锋号（马塘西厂织造车间）	南通大东有限公司	全国总工会	2013.04
“高湿强无捻再生纤维素纤维纺织面料”获高新技术产品认定证书	南通大东有限公司	江苏省科学技术厅	2013.05
南通市信用管理示范企业	南通大东有限公司	南通市经济和信息化委员会、南通市社会信用体系建设领导小组	2013.07
如东县旅游商品定点生产企业	南通大东有限公司	如东县旅游业发展管理委员会	2013.07
江苏省民营科技企业	南通大东有限公司	江苏省民营科技企业协会	2013.07
年度家用纺织品行业统计工作优秀集体	南通大东有限公司	中国家用纺织品行业协会	2013.07
如东县守法诚信企业3A级	南通大东有限公司	如东县企业守法诚信委员会	2013.07
南通市民营企业文化建设示范单位	南通大东有限公司	南通市市委宣传部、南通市统战部、南通市工商业联合会	2013.10
《低碳生活》在张謇杯•2013年中国国际家用纺织产品设计大赛中荣获“中国家纺品牌产品文化概念奖”	南通大东有限公司	中国家用纺织品行业协会、中国国际贸易促进委员会纺织行业分会、法兰克福展览有限公司、南通市人民政府	2013.10
江苏省工业设计示范企业	南通大东有限公司	江苏省经济和信息化委员会	2013.12
DD牌获江苏省著名商标	南通大东有限公司	江苏省工商行政管理局	2013.12
艾森牌毛巾获江苏省名牌产品	南通大东有限公司	江苏省名牌战略推进委员会	2013.12
中国家纺行业社会责任报告先导企业	南通大东有限公司	中国家用纺织品协会	2014.01
全国纺织行业优秀质量管理小组活动成果三等奖	南通大东有限公司	中国纺织工业协会、中国财贸轻纺烟草工会全国委员会	2014.07
2013--2014年度中国家纺最具科技创新奖	南通大东有限公司	中国纺织报社等	2014.08
爱心零距离红十字博爱基金捐赠	南通大东有限公司	如东县红十字会	2014.08
2014年度50强工业企业	南通大东有限公司	如东县人民政府	2015.01
DD牌获江苏省重点培育和发展的国际知名品牌	南通大东有限公司	江苏省商务厅	2015.03
江苏省工业设计大赛入围奖	南通大东有限公司	江苏省经济和信息化委员会	2015.10
中国家纺家居最具精品品质奖	南通大东有限公司	中国纺织品商业协会	2015.11
公司工会南通市十佳模范职工之家	南通大东有限公司	南通市总工会	2015.12
高档生态毛巾智能生产车间获南通市示范智能车间	南通大东有限公司	南通市人民政府办公室	2015.12

续表119-3

荣誉名称	获奖单位	授予单位	授予时间
公司工会获南通市五一劳动奖状	南通大东有限公司	南通市总工会	2015.12
《邂逅话语》在张謇杯2015年中国国际家用纺织品产品设计大赛中获中国家纺品牌电商产品设计奖	南通大东有限公司	中国家用纺织品行业协会、中国国际贸易促进委员会纺织行业分会、法兰克福展览有限公司、南通市人民政府	2015
《sweet Love》在张謇杯2015年中国国际家用纺织品产品设计大赛中获中国家纺品牌电商产品设计奖	南通大东有限公司	中国家用纺织品行业协会、中国国际贸易促进委员会纺织行业分会、法兰克福展览有限公司、南通市人民政府	2015
《蝴蝶花间》在张謇杯2015年中国国际家用纺织品产品设计大赛中获中国家纺品牌电商产品设计奖	南通大东有限公司	中国家用纺织品行业协会、中国国际贸易促进委员会纺织行业分会、法兰克福展览有限公司、南通市人民政府	2015
《荷・和》在张謇杯2015年中国国际家用纺织品产品设计大赛中获中国家纺品牌电商产品设计奖	南通大东有限公司	中国家用纺织品行业协会、中国国际贸易促进委员会纺织行业分会、法兰克福展览有限公司、南通市人民政府	2015
全国劳动模范	周杨	国务院	2015

江苏都市牧歌绒业股份有限公司荣誉摘要

表120

荣誉名称	获奖单位	授予单位	授予时间
3A资信等级企业	南通牧绒王羊绒制品有限公司	江苏远东国际评估咨询有限公司	2012
3A资信等级企业	南通蕾丝妮针织服饰有限公司	江苏远东国际评估咨询有限公司	2012
江苏省消费者协会2012-2013年度推荐商品	南通蕾丝妮针织服饰有限公司	江苏省消费者协会	2013.03
3A资信等级企业	南通牧绒王羊绒制品有限公司	江苏远东国际评估咨询有限公司	2013
3A资信等级企业	南通蕾丝妮针织服饰有限公司	江苏远东国际评估咨询有限公司	2013
3A资信等级企业	南通牧绒王羊绒制品有限公司	江苏远东国际评估咨询有限公司	2014
3A资信等级企业	南通蕾丝妮针织服饰有限公司	江苏远东国际评估咨询有限公司	2014
2014年10强工业企业	南通牧绒王羊绒制品有限公司	中共江苏省如东经济开发区工作委员会、江苏省如东经济开发区管理委员会	2015.02
2014年50强工业企业	南通牧绒王羊绒制品有限公司	中共如东县委员会、如东县人民政府	2015.05
2014年50强工业企业	江苏都市牧歌绒业股份有限公司	中共如东县委员会、如东县人民政府	2015.05

汇鸿（南通）安全用品有限公司荣誉摘要

表121

荣誉名称	获奖单位	授予单位	授予时间
2011-2012年度文明单位	汇鸿（南通）安全用品有限公司	中共如东县委员会、如东县人民政府	2012.12
南通名牌产品	汇鸿（南通）安全用品有限公司	南通市名牌战略推进委员会	2013.02
安全生产标准化三级企业	汇鸿（南通）安全用品有限公司	如东县安全生产监督管理局	2013.08

续表121-1

荣誉名称	获奖单位	授予单位	授予时间
南通市知名商标	汇鸿（南通）安全用品有限公司	南通工商行政管理局	2013.12
南通市企业工程技术研究中心	汇鸿（南通）安全用品有限公司	南通市科学技术局	2014.05
2014年度50强工业企业	汇鸿（南通）安全用品有限公司	中共如东县委员会、如东县人民政府	2015.05
高新技术产品认定	汇鸿（南通）安全用品有限公司	江苏省科学技术厅	2015.06
2015年度集约用地先进企业	汇鸿（南通）安全用品有限公司	中共如东县委员会、如东县人民政府	2016.02
2015年度50强工业企业	汇鸿（南通）安全用品有限公司	中共如东县委员会、如东县人民政府	2016.02

上图为汇鸿（南通）安全用品有限公司部分奖牌

如东县铁链厂有限公司荣誉摘要

表122

荣誉名称	获奖单位	授予单位	授予时间
安全生产工作先进企业	如东县铁链厂有限公司	南通市人民政府	2011

江苏利田科技股份有限公司荣誉摘要

表123

荣誉名称	获奖单位	授予单位	授予时间
先进基层党组织	江苏利田科技股份有限公司	中共如东县委员会	2011. 06
国家火炬计划项目	江苏利田科技股份有限公司	科学技术部火炬高技术产业开发中心	2011. 08
2011年度工业经济规模50强企业	江苏利田科技股份有限公司	南通市人民政府	2011
江苏省重合同守信用企业	江苏利田科技股份有限公司	江苏省人民政府	2012. 08
2012年度南通市中小企业成长之星	江苏利田科技股份有限公司	南通市经济和信息化委员会、南通市中小企业局	2012. 12
模范职工之家	江苏利田科技股份有限公司	江苏省总工会	2013. 04
科技进步奖	江苏利田科技股份有限公司	中国感光学会辐射固化专业委员会	2013. 05
2011-2012年度南通市文明单位	江苏利田科技股份有限公司	中共南通市委员会；南通市人民政府	2013. 10

续表123-1

荣誉名称	获奖单位	授予单位	授予时间
南通市知名商标	江苏利田科技股份有限公司	江苏省南通工商行政管理局	2013．12
江苏省著名商标	江苏利田科技股份有限公司	江苏省工商行政管理局	2015．05

上图为科田科技股份有限公司部分奖牌

江苏宇迪光学股份有限公司荣誉摘要

表124

荣誉名称	获奖单位	授予单位	授予时间
模范职工之家	江苏宇迪光学股份有限公司	全国总工会	2011
先进基层党组织	江苏宇迪光学股份有限公司	中共南通市委员会	2011

亚振家具股份有限公司荣誉摘要

表125

荣誉名称	获奖单位	授予单位	授予时间
全国轻工行业新媒体传播创新奖	亚振家具股份有限公司	人民网舆情监测室与中国轻工业信息中心	2015

南通万豪建材科技有限公司荣誉摘要

表126

荣誉名称	获奖单位	授予单位	授予时间
南通市AAA级重合同守信用企业	南通万豪建材科技有限公司	江苏省南通市工商行政管理局、南通市企业信用管理协会	2011.10
南通“十一五”发展散装水泥工作先进集体	南通万豪建材科技有限公司	南通市城乡建设局	2011.10
南通市建材行业优秀企业	南通万豪建材科技有限公司	南通市散装水泥与预拌混凝土协会	2012.02
如东县文明单位	南通万豪建材科技有限公司	中共如东县委员会、如东县人民政府	2012.02

续表126-1

荣誉名称	获奖单位	授予单位	授予时间
南通市劳动关系和谐企业	南通万豪建材科技有限公司	南通市人力资源和社会保障局、南通市经济和信息化委员会、南通市总工会、南通市工商业联合会	2013.09
模范职工之家	南通万豪建材科技有限公司	如东县总工会	2013.10
江苏省守合同重信用企业	南通万豪建材科技有限公司	江苏省工商行政管理局	2013.11
江苏省民营科技企业	南通万豪建材科技有限公司	江苏省民营科技企业协会	2014.05
南通市建材行业优秀企业	南通万豪建材科技有限公司	南通市散装水泥与预拌混凝土协会	2015.02
江苏省水泥企业优秀化验室	南通万豪建材科技有限公司	江苏省建材行业协会	2015.05

精华制药集团南通有限公司荣誉摘要

表127

荣誉名称	获奖单位	授予单位	授予时间
高新技术企业	精华制药集团南通有限公司	江苏省科技厅、江苏省财政厅、江苏省国税局、江苏省地税局	2015.10
南通市精华抗肿瘤药物工程技术研究中心	精华制药集团南通有限公司	南通市科学技术局	2015.12
南通市信用管理示范企业	精华制药集团南通有限公司	南通市经济和信息化委员会、南通市社会信用体系建设领导小组办公室	2015.12
2015年南通市科学技术进步奖	精华制药集团南通有限公司	南通市人民政府	2015.12
南通市信用管理示范企业	精华制药集团南通有限公司	南通市经济和信息化委员会、南通市社会信用体系建设领导小组	2015
2015年度安全生产工作先进单位	精华制药集团南通有限公司	如东县人民政府	2016.01
2015年度50强工业企业	精华制药集团南通有限公司	中共如东县委员会、如东县人民政府	2016.02

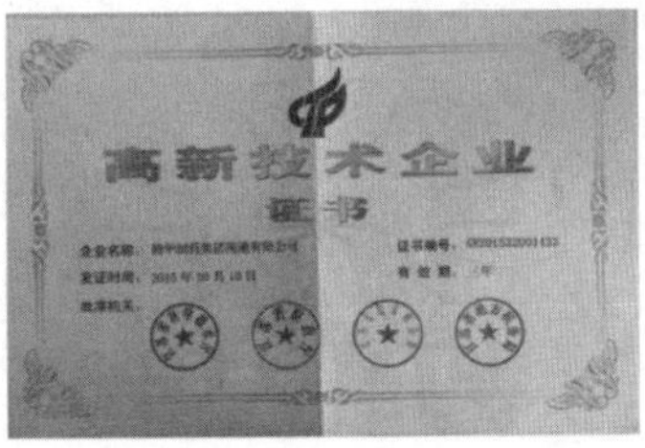

上图为精华制药集团南通有限公司部分奖牌

南通巴大饲料有限公司荣誉摘要

表128

荣誉名称	获奖单位	授予单位	授予时间
省中小企业创新能力建设示范企业	南通巴大饲料有限公司	江苏省人民政府	2011

江苏禾本生化有限公司荣誉摘要

表 129

荣誉名称	获奖单位	授予单位	授予时间
2011 年度安全先进企业	江苏禾本生化有限公司	如东县人民政府	2012.01
2012 年度安全文化示范企业	江苏禾本生化有限公司	如东县人民政府	2013.01
南通市 AAA 级重合同守信用企业	江苏禾本生化有限公司	南通工商行政管理局、南通市企业信用管理协会	2014.01
2014 年安全先进单位	江苏禾本生化有限公司	如东县人民政府	2015.01
2014 年度 50 强工业企业	江苏禾本生化有限公司	中共如东县委员会、如东县人民政府	2015.05
2016 年度 50 强工业企业	江苏禾本生化有限公司	中共如东县委员会、如东县人民政府	2016

江苏三美化工有限公司荣誉摘要

表 130

荣誉名称	获奖单位	授予单位	授予时间
江苏省民营科技企业	江苏三美化工有限公司	江苏省民营科技企业协会	2014.05
安全生产标准化二级企业	江苏三美化工有限公司	江苏省安全生产监督管理局	2014.12
2014 年度 50 强工业企业	江苏三美化工有限公司	中共如东县委员会、如东县人民政府	2015.05
高新技术企业	江苏三美化工有限公司	江苏省科学技术厅、江苏省财政厅、江苏省国家税务局、江苏省地方税务局	2015.10
2015 年度 50 强工业企业	江苏三美化工有限公司	中共如东县委员会、如东县人民政府	2016.02
2015 年度江苏省安全文化建设示范企业	江苏三美化工有限公司	江苏省安全生产监督管理局、江苏煤矿安全监察局	2016.06

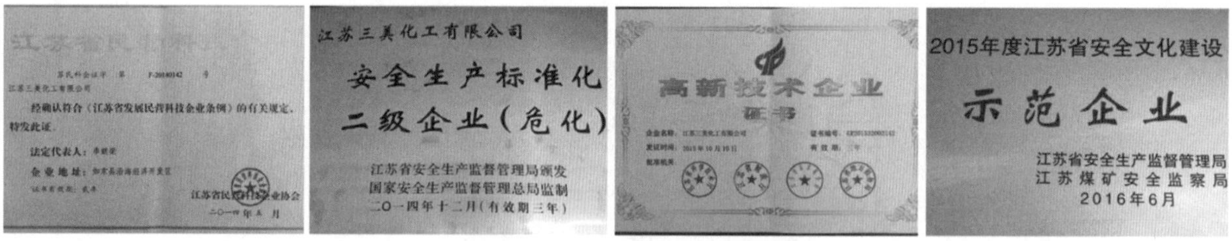

上图为江苏三美化工有限公司部分奖牌

南通亿能彩钢板有限公司荣誉摘要

表 131

荣誉名称	获奖单位	授予单位	授予时间
高新技术产品	南通亿能彩钢板有限公司	江苏省科学技术厅	2012.05
江苏省民营科技企业	南通亿能彩钢板有限公司	江苏省民营科技企业协会	2012.12

续表131-1

荣誉名称	获奖单位	授予单位	授予时间
江苏省企业信用管理贯标	南通亿能彩钢板有限公司	江苏省社会信用体系建设领导领导小组办公室	2013.12
高新技术企业	南通亿能彩钢板有限公司	江苏省科技厅、江苏省财政厅、江苏省国税局、江苏省地税局	2014.10
江苏省著名商标	南通亿能彩钢板有限公司	江苏省工商行政管理局	2014.12
江苏名牌	南通亿能彩钢板有限公司	江苏省名牌战略推进委员会	2015.12
江苏省信息化与工业化融合试点企业	南通亿能彩钢板有限公司	江苏省经济和信息化委员会	2015

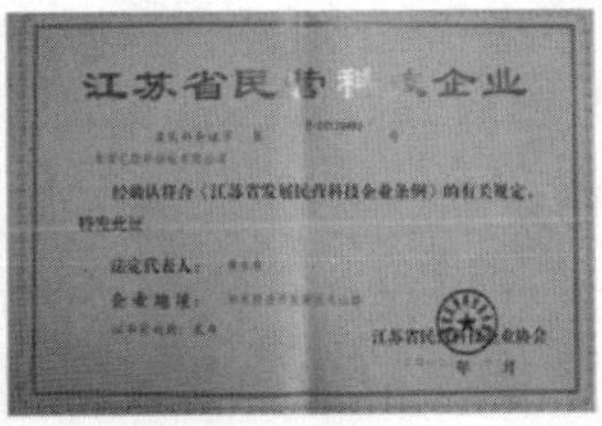
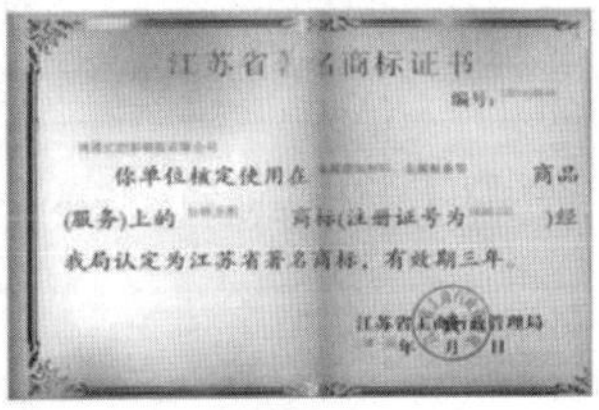

上图为南通亿能彩钢板有限公司部分奖牌

江苏苏通茧丝绸有限公司荣誉摘要

表132

荣誉名称	获奖单位	授予单位	授予时间
如东县标准化良好行为企业（3A级）	江苏苏通茧丝绸有限公司	江苏省人民政府	2011
省著名商标	江苏苏通茧丝绸有限公司	江苏省人民政府	2011
省著名产品（银兰牌生丝）	江苏苏通茧丝绸有限公司	江苏省人民政府	2011

江苏顺通建设集团有限公司荣誉摘要

表133

荣誉名称	获奖单位	授予单位	授予时间
中国民营企业500强	江苏顺通建设集团有限公司	中华全国工商业联合会	2012
全国建筑业先进企业	江苏顺通建设集团有限公司	中国建筑业协会	2012
“鲁班”奖突出贡献奖	江苏顺通建设集团有限公司	中国施工企业管理协会	2012

续表133-1

荣誉名称	获奖单位	授予单位	授予时间
省建筑业百强企业	江苏顺通建设集团有限公司	江苏省住房和城乡建设厅、江苏省统计局、江苏省商务厅	2012
全国建筑业优秀企业家	曹国祥	中国建筑业协会	2012

江苏新源建筑工程有限公司荣誉摘要

表134

荣誉名称	获奖单位	授予单位	授予时间
“鲁班”奖突出贡献奖	江苏新源建筑工程有限公司	中国施工企业管理协会	2012
省建筑业最具成长性百强企业	江苏新源建筑工程有限公司	江苏省建筑行业协会	2012
中国工程建设优秀（高级）职业经理人	胡学明	中国施工企业管理协会	2012
中国工程建设优秀（高级）职业经理人	葛政新	中国施工企业管理协会	2012

南通光华建筑工程有限公司荣誉摘要

表135

荣誉名称	获奖单位	授予单位	授予时间
“鲁班”奖突出贡献奖	南通光华建筑工程有限公司	中国施工企业管理协会	2012
中国工程建设优秀（高级）职业经理人	俞光武	中国施工企业管理协会	2012

南通五建控股集团有限公司荣誉摘要

表136

荣誉名称	获奖单位	授予单位	授予时间
全国建筑业先进企业	南通五建建设工程有限公司	中华建筑业协会	2012
“鲁班”奖突出贡献奖	南通五建建设工程有限公司	中国施工企业管理协会	2012
省建筑业百强企业	南通五建建设工程有限公司	江苏省住房和城乡建设厅、江苏省统计局、江苏省商务厅	2012
中国工程建设优秀（高级）职业经理人	胡斌	中国施工企业管理协会	2012

南京医药南通健桥有限公司荣誉摘要

表137

荣誉名称	获奖单位	授予单位	授予时间
省服务业创新示范企业	南京医药南通健桥有限公司	江苏省发改委	2015

万通建设集团有限公司荣誉摘要

表 138

荣誉名称	获奖单位	授予单位	授予时间
“鲁班”奖突出贡献奖	万通建设集团有限公司	中国施工企业管理协会	2012

南通江东物流有限公司荣誉摘要

表 139

荣誉名称	获奖单位	授予单位	授予时间
省服务业创新示范企业	南通江东物流有限公司	江苏省发改委	2015

南通北渔人和水产有限公司荣誉摘要

表 140

荣誉名称	获奖单位	授予单位	授予时间
省食品行业优秀品牌企业	南通北渔人和水产有限公司	江苏省食品工业协会	2015

江苏海云轩家纺有限公司荣誉摘要

表 141

荣誉名称	获奖单位	授予单位	授予时间
江苏名牌产品	江苏海云轩家纺有限公司	江苏省名牌战略推进委员会	2014
南通名牌产品	江苏海云轩家纺有限公司	南通市名牌战略推进委员会	2014
江苏省著名商标	江苏海云轩家纺有限公司	江苏省工商行政管理局	2015
ISO 9001 质量管理体系	江苏海云轩家纺有限公司	方圆认证集团有限公司	2015
ISO 14001 环境管理体系	江苏海云轩家纺有限公司	方圆认证集团有限公司	2015

南通水鑫织造有限公司荣誉摘要

表 142

荣誉名称	获奖单位	授予单位	授予时间
文明单位	南通水鑫织造有限公司	如东县人民政府	2011
安全生产先进单位	南通水鑫织造有限公司	如东县人民政府	2014
安全生产先进单位	南通水鑫织造有限公司	如东县人民政府	2015

南通瑶华纤维有限公司荣誉摘要

表 143

荣誉名称	获奖单位	授予单位	授予时间
省科技型中小企业（第四批）	南通瑶华纤维有限公司	江苏省人民政府	2011

图书在版编目（CIP）数据

大事如东：回眸“十二五”/如东县档案局（馆）编. -- 北京：方志出版社，2017.6
ISBN 978-7-5144-2445-4

Ⅰ.①大… Ⅱ.①如… Ⅲ.①如东县-地方史-大事记-2011-2015 Ⅳ.①K295.34

中国版本图书馆CIP数据核字(2017)第137665号

大事如东：回眸“十二五”

编　　者：如东县档案局（馆）
责任编辑：梅中英
出 版 人：冀祥德
出 版 者：方志出版社
　　地址　北京市朝阳区潘家园东里9号（国家方志馆4层）
　　邮编　100021
　　网址　http://www.fzph.org
发　　行：方志出版社发行中心
　　电话（010）67110500
经　　销：
印　　刷：南通市崇川区广源彩印厂
开　　本：889×1194　1/16
印　　张：23
字　　数：815千字
版　　次：2017年6月第1版　2017年6月第1次印刷
印　　数：0001～1150册
ISBN 978-7-5144-2445-4　定价：150.00元

江苏联合职业技术学院如东分院
如东开放大学
江苏省如东中等专业学校

潘建华书记与 Bodo Teubert 先生为中德如东职业教育培训中心揭牌

学校顺利通过视导，被确定为江苏省高水平现代化职业学校

学校位于如东县城经济开发区，校园占地面积 400 余亩，环境优美，设施先进。学校集高等、中等职业教育、成人学历教育、社区教育及实用技能培训等为一体，是国家重点职中、省四星级中等职业学校，江苏省首批高水平现代化职业学校。学校先后获得“江苏省德育特色学校”、“江苏省课程改革试验学校”、“江苏省平安学校”等 100 多项荣誉称号，办学业绩先后被《光明日报》、《新华日报》等 30 多家新闻媒体报道。

2016 年，学校事业发展又取得新突破。学校技能大赛再攀新高，工业分析检验项目成为学校第三个获国赛金牌的项目；学校获得省赛 6 个一等奖，金牌数位居全市第一。在 2016 年第 27 届江苏省职业教育创新大赛和“挑战杯彩虹人生”全国职业学校创新创效创业大赛中，学校连续四年荣获全国文明风采大赛“优秀组织奖”。校学生会被团省委评为“优秀学生会”，学校被确认为全省中学共青团工作“六个一”团建项目师范学校。在 2016 年世界机器人比赛、中国机器人大赛和省第七届大学生机器人大赛中，均获一等奖，持续参赛为开设机器人专业积累了实践经验，为企业培养了智能制造操作人才。学校在中欧合作办学方面多点突破，与德国东勃兰登堡 bbw 教育中心、奥地利经济发展局、意大利拉齐奥大区商会合作；学校与优秀的本地上市公司成功合作，为他们提供技术与人才支撑；积极开展现代学徒制试点工作，我县被省教育厅认定为全省四个现代化学徒制试点区域之一。

省教育厅沈健厅长与我校获得省“十佳”称号的毕业生缪敏杰合影

在中国机器人大赛上荣获二金二银

选手再夺全国技能大赛金奖

江苏省如东

开拓奋进的领导班子

如东高级中学创建于1938年，1980年1 0月经省人民政府确认为省首批重点中学，2000年4月经省教育厅确认为国家级示范性普通高中，2004年平转为省首批四星级普通高中。

学校全面、协调、可持续发展的成绩令人瞩目：①生态型德育彰显特色，形成“课程渗透一环境熏陶一活动体验一管理保证一科研提升”的德育工作运行机制；②科研推进课程改革，形成“源于生态课堂、借于课题载体、善于合作探究、重于实践检验”的校本教科研运行机制；③铸魂立根提升素质，形成“以德立身、以才立业、善于合作、乐于奉献”的教职工队伍建设运行机制；④科学发展高位走强，形成“依法治校、以德育人、民主管理、示范引领”的学校管理运行机制。学校先后获得“江苏省模范学校”、“江苏省绿色学校”、“江苏省学校体育工作先进单位”、“全国五四红旗团委”等省市级以上荣誉50余项，蝉联“江苏省文明单位”称号，2009年学校被国家人力资源和社会保障部、教育部评为“全国教育系统先进集体”，“十二五”期间，学校先后被评为“现代学校联盟行动计划”首批加盟学校，南通市首批教师专业发展优质学校，南通市文明单位等，学校申报江苏省情境英语课程基地获准通过并建成投入使用。

学校坚持立德树人，德育、教学并举方针，以“让师生成就最好的自己”为办学目标，以深入开展党的群众路线教育实践活动为抓手，以“办人民满意教育”为己任，以生态课堂实践为重点，以精致高效管理为抓手，着力构建高效课堂模式，以全面提升质量为目标，努力构建以生态型德育、生态型课堂、生态型学校自然环境、生态型师生课余生活为主要内容的生态型校园文化体系，加强师德师风建设，同心协力，锐意进取，在建设“人文性、生态

高级中学

、"数字化"现代化特色名校进程中取得了良好办学业绩，赢得社会广泛赞誉。

恢复高考以来，学校高考成绩持续高位走强，高考本科上线率连年稳居省重点中学前列。学校先后有五次夺得江苏省高考状元。分别是范茹986 年省理科状元）、沈小春（1998 年省文科状元）、季小莉（1999 省文科状）、刘诗雨（2011 省理科状元）、李云飞（2016 省理科状元）。近五年中还有峰（2010 市文科第一名）、沈然（2012 市文科第一名）、陈刘旻（2013 市文科一名）、孙筱纯（2015 市理科第一名）等多名同学分别夺得南通市状元。

"十二五" 期间，学校先后获得江苏省文明单位、江苏省依法治校示范、江苏省学校体育先进学校、江苏省未成年人阳光网络实践基地、苏派名联盟学校、江苏省健康促进学校铜牌、江苏省首届基础教育教学成果奖、国亿万学生阳光体育冬季长跑活动优秀学校（全国亿万学生阳光体育运领导小组）、江苏省空军招飞工作先进集体、江苏省学生军训工作先进单、首届全国教育信息化创新应用先锋学校光荣称号、全国中小学校园文学作大赛写作教学示范单位、南通市先进基层党组织等 40 余项荣誉称号，省内外产生了较大影响。

省市领导视察学校

李云飞　　2016 年江苏省高考理科状元

情境英语课程基地迎来外国友人

学生社团活动——物理兴趣小组实验

参加江苏省文明礼仪大赛获一等奖

军歌嘹亮军训会操

浩瀚学海

德馨楼之春

江苏省栟茶高级中学

学校位于南黄海之滨、栟运河畔，1928 年创建，现为省四星级普通高中。学校占地 204 亩，建筑面积近 8 万平米，现有教学班 55 个，学生近 3000 名，教职工 300 余人，其中高、中级教师 200 余人，有全国优秀教师、省市劳动模范、特级教师、师德标兵、市县学科带头人、骨干教师 150 多人。2000 年以来，学校本二上线率稳定在 90% 左右，全国 985 高校录取 800 余人，近 20 名学生录取清华北大，3 名学生获县高考状元，高考综合成绩持续居全省同类学校前列。现为南通市九个高考学科基地之一。以普通生源创以高考优异成绩为核心的办学业绩，被省内外同行誉为“栟中现象”。

八秩风雨育桃李，继往开来谱华章。走过八十八个春秋的栟茶高级中学将继续以“办人民满意的教育”为宗旨，努力培育具有“爱国之情操、感恩之情怀、乐群之情商”和“守法之正义、诚信之仁义、担当之道义”的有情有义栟中人，科学打造新时期下的平民栟中、文化栟中、幸福栟中，为实现“树起全国农村普通高中的一面旗帜”的“十三五”宏伟目标而努力奋斗！

如东县县委书记潘建华来学校视察

学校举行“优学课堂”项目攻关主持人聘任仪式

栟中第十八届校园文化艺术节闭幕式暨学生社团成果展演

江苏省高中监测点校体育现场推进会

如东县掘港高级中学

学校注重养成教育。成立学生行为习惯养成指导小组，建立全员育人考核制度。根据各年级段学生特点制定《学生综合素质评价量化考核细则》，让学生自觉规范自身言行，学生懂得尊重、学会合作，逐步养成良好行为习惯。

学校以教学工作为中心，加强教学管理。强化行政人员听课制度，引导教学和教研管理创新。高考本一、本二上线人数均超额完成县局指标，获“高中教学成果金奖”“高中教学培优工作金奖”等8块奖牌，高分层取得新突破，学业水平测试通过率99.2%，各年级成绩进步明显。

学校创新教师管理制度，在县高中行政例会作专题介绍。2016年，有3名教师被评为县学科带头人，8名教师被评为县骨干教师，7名教师被评为县教坛新秀。语文组被评为县优秀教师群体，高二英语备课组被评为县教育系统“青年教师示范岗”。1名教师被评为南通市教育系统“五一巾帼标兵”，1名教师获县教育系统第四届“十佳青年教师”提名奖,1名教师被评为县教育系统第四届“优秀青年教师”,多名教师在市县教学比赛中获奖。

加强校本研修，3个省陶研课题通过中期检查，多个市县课题研究有序进行。2014年发表论文30余篇，组织老师参加各类征文比赛活动，多篇文章获省市等级奖。2名教师分别被评为如东县“教科研先进个人”、“先进读书人物”。学校先后获得南通市体育先进学校、南通市依法治校示范学校、南通市长安校园、如东县文明单位、如东县德育先进学校、如东县教育系统“工人先锋号”，如东县A级食堂等称号。学校顺利通过省“三星级”高中复审。

教学楼

校园一景

文体活动

教研活动

如东县马塘中学

县委书记潘建华来校视察工作

校长：丛杰

如东县马塘中学创建于1951年，位于美丽的如泰河畔，1998年评为市重点高中，2001年评为省重点普通高中，2009年4月评为省四星级普通高中。

学校现有64个教学班，3000多名学生，340多名在岗教职工，其中省正高、特级教师，市县名教师，学科带头人和骨干教师139人，有120多位教师在省、市、县优质课观摩评比中获奖。

学校走内涵发展之路，重视校园文化建设，以“晓塘文化”为根基，形成了“修德固本、人文立校、善学日新、文明化人”的办学理念，着力打造“责任教育”、“人文校园”特色品牌。是江苏省高中物理课程基地、南通市高中数学学科基地。

学校着力打造精品课堂，提升育人品位。以“问题导学、灵动课堂”教学模式为抓手，让学生在自主探究中主动发展，素质教育成果丰硕，数千名学生在各级各类竞赛中获奖，校刊《晓塘》报获“全国优秀校报校刊”称号，办学水平居全省同类学校前列，高考连年辉煌，先后有300多学生考取清华、北大、复旦、人大、交大、浙大、南大等名牌学校，本科上线率名列全省前茅，赢得了很高的社会声誉。

学校先后获得全国工人先锋号、江苏省德育先进学校、江苏省健康促进金牌学校、江苏省爱国卫生先进集体、江苏省法制教育工作先进集体、江苏省科技教育先进集体、江苏省最佳中学生团校、江苏省模范家长学校、南通市文明单位等100多项殊荣。

县委副书记、县长沈峻峰来校调研

县委宣布我校校长、党委书记任命决定

共绘学校事业发展美好蓝图

八届二次教职工代表大会

南通市课堂教学改革样板培育学校高中课改推进会

隆重召开党委成立大会

第八届“晓塘辩论赛”汇报演出

第八届“晓塘读书节”汇报演出

上海科技馆十八岁成人宣誓仪式

2016 年南通市四星级普通高中学生军训汇报展演

2016 年市四星级普通高中学生战斗歌曲演唱汇报展演

晓塘之韵 -2016 马塘中学金秋歌会

江苏省物理课程基地

如东县实验中学

教师诗歌朗诵

教师节给老师送花以及贺卡

串场河畔书声朗朗，庠序之教星熠苏中。承载着如东中学之厚重文化，挥就出崭新纪元之初始新篇。

全国政协常委朱永新教授题写的“学会超越，追求卓越”，激励着实中师生不断谱写教育新篇；国家教育部基础教育司王定华司长的褒扬，奋发着实中师生日日求新。

“享受幸福而完整的教育”是实中的教育理想，“学会超越，追求卓越”是实中的学校精神，“以人为本，以德为先，注重基础，强化创新，培养有可持续发展潜能的初中生”是实中的办学理念。

学校逐步形成了以“自主学习、多元探究、引领提升”的“协进课堂”为内核的课堂文化；以“溢香书廊”为标志的连廊文化与书香教室相映成趣的环境文化；以少年军校、青年团校、“莫愁新父母”学校、科技节、读书节、歌咏节、体育节、艺术节等活动为载体的“三校五节”的隐性课程，以“知农园”为园地的亲农课程、“学生乒乓球馆”为园地的乒乓课程、“图书馆”为园地的名著导读课程、“社会实践基地”为园地的南黄海文化课程等显性校本课程，显性课程和隐性课程共同构建了学校特有的课程文化；以“三生教育”“四个学会”“八个从头做起”、青春之友工作室等构建了多元的德性文化；以校园博客促进教师专业成长为课题，构建了和谐自主的教师文化；以“星级师生评选”等师生评价改革，构建了创新的管理文化。

军 训

2011年整合原掘港镇天一学校，2013年整合原掘港镇第一中学，2014年筹建开发区新校区，均衡配置教育资源，优质发展区域教育，学校的探索得到县市教育主管部门的充分肯定。

运动会开幕

红五月合唱

青春仪式

运动会开幕

足球操

如东县新区初级中学

领导视察

新生入学仪式

如东县新区初级中学是如东县委县政府2014年确立的“全县十大工程”，从2014年11月开工建设以来，在上级主管部门的大力支持下，在施工单位、监理单位、县建设中心的通力协作下，整个工程于2016年8月全面竣工。

新建的新区初级中学占地80亩，31600建筑平方米，一个年级12个班共36个班级规模。整个学校设计起点高，施工要求严，监管水平到位。学校学生教室、宿舍、食堂及公共活动场所等方位环境监控检测报告已于2015年11月公布，完全合格。

新区初级中学建设的着力点在于学校的素质教育，在于如东的全国教育品牌。学校全力打造了按照全省一类标准以上建设的各种实验室和专用教室：全县初中第一个录播教室（微格教室）、历史专用教室、地理教室、生化探究室、物理探究室、书法教室、美术教室，综合实践课程我们安排了3D专用教室、机器人专用教室、航海（船模、海模、车模）专用教室，还有高档学生舞蹈室、乒乓球室，全省最高建筑质量塑胶跑道和室内篮球馆。

学校现有教师89人，其中县市级骨干教师、学科带头人19人，共有初一初二两个年级学生近千人。学校坚持以人才培养为中心，确立科学的以生为本、特色制胜、协调发展的全面质量观，突出融通性、创新型和开放式的人才培养特色，力图让全体师生学会超越，追求卓越。

面向未来，这所教学设施完备、人员配备精干、文化氛围浓郁的崭新学校将以高昂的斗志，饱满的热情，乘风破浪，向着成为“学生向往、家长放心、社会满意”的品牌学校的目标奋勇前行！

合作学习

家长会

会 操

运动会表演

新生入学仪式互换信件

操 场

教学楼

图书馆

如东县茗海中学

如东县茗海中学，位于千年古镇 茶镇。占地面积40000多平方米，校舍建筑面积21838平方米；运动场13340平方米，教育教学设施齐全。学校现有28个教学班，1600多名学生，教职工100余人，拥有、市、县教学骨干多人。教育教学质量不断提高，连续三年被评为如东县教育质量优等学校；荣获“中国青少年素质发展示范基地”、“南通市青少年行为规范示范学校”、“南通市模范家长学校”、“南通市文明单位”、“如东县教育管理先进学校”等称号。

2008年8月搬入新校区后，学校以校园文化建设为切入口，强化常规管理，加速校园绿化、美化、香化、知识化的进程，设置了橱窗、报栏、常规管理情况公告栏、以名人名言、校友寄语为主要内容的灯箱；放大制作了《中学生日常行为规范》、《中小学生守则》和校训，完善了各种规章制度，精心创设了各室及饭堂、宿舍的文化氛围；同时，在人防为主的基础上，加强技防，安装了校园监控系统，实施24小时全方位监控。

教师节活动

学校秉承精致管理的优良传统，弘扬校风育人的办学特色，坚持实施素质教育，促进学生全面发展，“阳光体育”活动正常开展，音乐、器乐、绘画、书法等方面的特长生在各级竞赛中屡屡摘金夺银。

学生公寓

庆国庆展风采

秋季运动会

跑操比赛

江苏省南通未成年人社会实践基地

江苏省南通未成年人社会实践基地（南通市中小学生素质教育实践基地）位于如东小洋口旅游度假区，是南通市教育局与如东县人民政府合作共建的一所公办基地，规划965亩、投资5亿元。基地目前已完成465亩、投入2.6亿元的建设任务，属省内规模较大、运行较佳的基地，全国知名。

基地以“立德树人，实践育人”为己任，面向广大青少年设置了思想道德、环境生态、科普劳技、生命生存、国防民防五大课程板块，涵盖200多个活动项目。基地着力场馆建设，以“苏中地区抗日反清乡斗争资料陈列馆”为龙头，以滩涂围垦、法制教育、生命安全等多个展馆为支撑，引社会教育资源入园，满足青少年全面发展需求，寓教于乐。基地力求凸显海文化，配有海鸟保育、贝壳工艺、海鲜烹饪、南通风筝等30多个专用活动室，以及海星湖、月亮岛、海洋大道、海韵园、海碧园、海博园、学农区、拓展区、镭战区、水上演艺台等多个配套活动场所。

基地可满足2500名师生食宿及活动，开办16年来公益化接待未成年人300多万人·天，深受师生家长及社会的肯定，先后荣获国家环保科普基地、全国科普教育基地、国家级学校安全教育示范基地、省文明单位、省教育系统先进集体等数十项荣誉称号，已成为南通（如东）教育的一张靓丽名片。

蒲公英助力留守儿童成长公益活动

毕业墙

生态环保实践活动

拓展项目：毕业墙

野外生存

国防教育

丰利中学

薛步青题

如东县丰利中学创办于 1956 年的丰利中学，由于全县布局调整，2016 年最后一届高考再创辉煌，生均总分 325. 55 分，本科上线 175 人，本科上线率 67. 3%，创历史最高，获得县高中教学多项金、银奖，学校连续两年被评为绩效考核优秀单位。2016 年秋季起由完全中学转型为初级中学，学校紧紧锁定“创建最优质学校，办人民满意教育，让每位学生成才”的办学目标，秉持“以人为本、文化立校，以德为先、全成养成，以情为源、整体和谐”的办学理念，弘扬“敬业奉献、团结协作、奋力拼搏”的丰中精神，追求“尚德、崇文、超越”的核心价值理念，学校教育教学水平不断提升，2016 年学校获得义务教育办学水平综合评估质量银奖。9 月被评为如东县“十二五”期间教育工作先进集体。

学校全面贯彻教育方针，严格执行管理规范，加强教师队伍建设，认真做好师德主题教育活动。大力推进素质教育，积极实施课程改革，努力构建高效课堂，积极推动课堂教学改革，落实以“动 · 力”课堂为主要模式，积极开展“小组合作”学习，打造真学课堂，多次对县内外开课，受一致好评。

学校从“以人为本、文化立校”的办学理念出发，以课程为载体，不断挖掘、整合区域和学校的教育资源，积极创造并逐步形成以生态文化为核心，以环保教育、健康教育、和谐教育为主要内容的绿色教育特色。学校注重“特色教育”发展，倡导绿色行为，组织绿色行动，美化绿化环境，增强绿色观念，推进“以爱心开启学生绿色人生”的特色教育活动，不断丰富“绿色教育”内涵，“绿色教育”已成为全体师生员工的共识。

近几年，在上级领导和社会各界的关怀支持下、全体教职工的努力下，学校获得江苏省精神文明建设工作先进单位、江苏省平安校园、第九批省绿色学校称号、江苏省健康促进学校银奖、省模范职工小家等 11 项省级荣誉称号。学校先后被评为南通市文明单位称号、首批南通市教师专业发展优质学校、南通市教育系统先进集体、南通市教育装备工作优秀学校、南通市绿色学校示范学校、未成年人思想道德建设工作先进集体等 30 多项市级荣誉称号。

师德主题教育

入学教育大会

跑操比赛

如东县岔河中学

如东县岔河中学创建于60年来，以“尚德崇实、立校树人”为办学理念，秉承“厚德笃行”校训，形成了“团结、奋进、求实、创新”的校风；“严、实、活、韧”的教风；“勤、实、活、恒”的学风，先后荣获“全国青少年校园足球特色学校”、“江苏省德育先进学校”、“江苏省绿色学校”、“江苏省模范职工之家”、“江苏省平安校园”、“江苏省冬锻炼先进学校”、“南通市最安全学校”等荣誉。

学校以“阳光足球”和“百草园”文学社团、“集邮”为特色项目，带动其它社团全面开花。学校高分通过“全国青少年校园足球特色学校”阶段考核评估。校足球队参加2016年南通市青少年足球联赛总决赛，获得市一等奖，学校被评为南通市“2016年校园足球竞赛优胜学校”。文学社成员参加省、市县多项征文比赛，多人获奖；在省初中化学CESL竞赛活动中，十多人获省级奖。在“七彩语文杯”江苏省第九届中小学生硬笔、软笔书法展示赛中多人获特等奖、一等奖。朗诵、美术、航模、音乐、舞蹈等社团在省、市、县比赛中均取得优秀成绩。

2016年，学校转型为县直初中，学校在新形势下在全县率先实施“分层走班”教学改革，承办县“分层走班”教学研讨会，多次接待市外教育考察团交流考察。学校初步实现了学生进得来、留得住、学得好、教育教学质量稳步上升的良好局面。

如东县“分层走班”教学研讨会在岔河中学举行

奖状

岔河中学获 2015～2016 学年度高中教学成果金奖。

特发此状，以资鼓励。

如东县教育局

二〇一六年八月

2016年岔河中学高考获得县十项大奖。图为高中教学成果金奖奖状

全国青少年校园足球特色学校

中华人民共和国教育部

二〇一五年十二月

全国青少年校园足球特色学校

任校长代表学校在南通市足球颁奖典礼上领奖

“校园足球联赛”扬名南通市足球颁奖典礼

县教育局长李建国到校调研

如东县双甸中学

学校创办于1952年，地处如东西大门，如泰运河徜徉其阳、省334线掠过其阴，是如东西部重要的交通枢纽。学校于1999年评为南通市重点高中，2004年转评为江苏省二星级普通高中，2010年晋升为江苏省三星级普通高中。2016年完成了高中向初中教育的转型工作。

学校秉持“讲责任重和谐、讲方法重效率、讲质量重过程”的办学理念，在“诚智”校训的引领下，逐步形成“严谨、博学、笃行”的教风，“求实、自主、创新”的学风和“善学、力行、谐和”的校风。学校坚持以改革促进发展，以质量充实内涵，以文化提升品位，以特色打造品牌，取得了突出的成效。学校先后被评为“江苏省平安校园”、“江苏省健康促进银奖学校”、“南通市教育系统先进集体”、“南通市义务教育现代化学校”、“南通市数字化校园”、“南通市贯彻《学校体育卫生工作条例先进》单位”、“南通市最安全学校”、“南通市模范学校”、“南通市安全文明校园”、“南通市德育工作先进学校”、“南通市教育装备工作优秀学校”、“南通市A级食堂”、“南通市长安学校创建先进校”、“南通市依法治校示范校”、“南通市中小学德育工作测评先进集体”、“南通市青少年行为规范示范学校”、“南通市绿色学校”、“如东县‘十二五’期间教育工作先进集体”等省市县荣誉称号300多项。

学校的教育教学质量一直处于省、市、县的前列，还输送了一批走上更高岗位的学校领导和优秀教师：向四星级高中输送了4名校长或总支书记；向县教育局输送了3名教研室主任；从校园中走出了5名省特级教师；向四星级高中输送了50多名骨干教师。

学校迎接县局开学工作督导检查

市教科院专家来校学术讲座

学校承办市级教科研活动

学生参加省作文大赛现场决赛

真学课堂中的合作学习

艺术节系列活动

阳光体育运动会

参加社会实践获“优秀中队”称号

岔河镇教育掠影

岔河小学建立于1906年，2010年喜迁新址。学校借力校园足球，助推学校发展，促进了学生素质的整体提高和学校办学品味的全面提升。中央电视台《新闻直播间》等多家媒体平台对学校开展特色建设进行了报道。学校是教育部命名的“全国青少年校园足球特色学校”。

岔南小学致力打造“阳光校园”，努力践行“阳光教育、阳光人生”的办学理念。 2015年通过了“南通市数字化校园”验收，获“ 如东县义务教育办学水平评估金奖”，先后获得“南通市依法治校先进学校”、“南通市科学教育特色学校”、“南通市优秀教工之家”、“如东县特色学校”、“如东县文明单位”等称号。

古坝小学环境优美，育人氛围恬谧。学校先后或连续被评为“全国少先队红旗大队”、“南通市先进教工之家”、“南通市语言文字规范化示范学校”、“市百优校园网站”、“市绿色学校”，“县文明单位”等。2015年获如东县办学水平综合评估银奖，是如东县第二批特色学校。

岔东学校秉承“以文化传承文化，以文化滋养文化”的理念，着力打造“国学经典”和“校园足球”特色。近年来投入400多万元改善办学设施，配齐配足各专业任课老师，努力让农村孩子也能享受到高质量的教育。目前，学校正在积极迎接省教育现代化验收。。

岔北小学入选为“全国足球特色学校” 后，提出“愉悦足球”的发展理念，每生一只足球，每周一节足球课，每日一次足球技能训练，每月一次班级对抗赛，大力推进足球活动。学校在县、镇足球联赛中获得一、二等奖。

岔河镇成人教育中心学校本着“做给农民看、带领农民干、帮助农民赚”的原则，以自办的省级高水平农科教结合无公害葡萄示范富民基地为载体，辐射带动1200多户；以学校组建的燕川姐妹学习园为平台，分区域、层次、行业免费为农村妇女进行实用技能培训。2012、2013年在南通市内率先成功创建成全国社区教育示范乡镇、全国学习型社区示范街镇。

洋口镇教育掠影

体验科学 放飞梦想
——如东县洋口镇古坳初级中学简介

树木葱茏的如东县林场东首、新林中轴线中心河西岸坐落着一所闻名省内外的学校，它就是江苏省示范初中—如东县洋口镇古坳初级中学。学校创建于1959年，占地面积36900m²，总建筑面积10200m²。现有10个教学班，380名学生，40名专任教师。

学校秉承“求真、求精、求实、求新”的办学理念，恪守“厚德、至善、尚美、创新”的校训，倡导“勤奋、踏实、文明、上进”的校风，坚持“科学、严谨、务实、认真”的教风，弘扬“自强、刻苦、严格、求真”的学风。学校连续多年被评为如东县教育质量优等学校、南通市文明单位。

近年来，学校坚持特色发展，航模科技特色教育如火如荼，硕果累累：2010年学校斩获“江苏省科普教育基地”称号，2013年，学校被评为十二·五期间首批“江苏省科学教育特色学校”。2014年荣膺“江苏省四星级科技教育先进学校”，2015年古坳初中被表彰为全国体育工作示范学校，2016年承办了第四届全国中小学课堂教学创新成果博览会分会场活动。

德育为先育新蕾 内涵发展谱新篇
——如东县洋口镇光荣小学简介

如东县洋口镇光荣小学坐落于逶迤的范公堤南隅，有着60多年的办学历史。学校占地面积17689平方米，建筑面积4981平方米。学校拥有12个教学班，学生320人，教职员工30人，其中市、县骨干教师7人。

学校本着“盈育特色，内涵发展”的办学理念，大力发展特色教学：排球项目全市闻名，男排多次参加省、市、县级比赛，均获得冠、亚军等好成绩；“星火”德育以课程为抓手，以活动为载体，努力使学生形成健全的人格，拥有阳光的心态。

学校先后荣获“全国五小公民道德建设先进单位”、“江苏省平安校园”、“江苏省绿色学校”、“南通市最安全学校”、“南通市体育传统项目学校”、“南通市体育特色学校”、“南通市语言文字规范化示范学校“、“如东县文明单位”、“如东县质量优等学校”、“如东县体育业余训练先进集体”等荣誉称号。

弘扬海洋文化 润泽花样童年
——如东县洋口镇洋口小学简介

座落于南黄海之滨的洋口小学，创建于1948年，1995年学校易地新建，占地20416平方米。学校现有12个教学班，498名学生，39名教职工。

六十余载的办学历史，积淀了学校深厚的文化底蕴。学校以“以人为本，彰显特色，和谐发展”为办学理念，以“胸怀像大海一样宽广，知识像大海一样渊博，体魄像大海一样刚健，创新像大海一样奔涌”为育人目标，以“诚·恒”为校训，弘扬海洋文化，润泽花样童年。近几年来，学校厚积薄发，进一步拓展艺术教育的阵地，生成了“以艺术教育为突破口，全面实施素质教育”的办学特色。

全国读书育人特色学校、江苏省实验小学、江苏省绿色学校、江苏省平安校园、南通市文明单位、南通市模范学校、南通市艺术特色学校、如东县教育工作先进集体、如东县办学水平评估金奖学校等80多项荣誉的获得，使学校成为南黄海之滨的一颗璀璨的明珠。

科技教育扬风帆 特色办学促远航
——如东县洋口镇新林小学简介

美丽的南凌河畔，蓊郁的林场北隅，坐落着一方育人的摇篮—如东县洋口镇新林小学。学校始建于1928年，占地面积17716平方米。学校现有12个教学班，近500师生。

学校坚守着“以人为本，发展个性，彰显特色”的办学理念，全体师生高擎科技创新教育的灯盏，以课堂教学、课外活动、教育科研为途径，全面推进学校科技育人特色，科技教育从最初的“特色项目”到目前的“学校特色”，正向着“学校文化”的方向迈进。经过不断的探究与构建，开发出科技特色活动课程，并初步形成了具有校本特色的科技教育评价体系。

卓有成效的科技教育推动了学校的特色发展，扩大了学校的影响效度。学校纵横码兴趣组组队参加国家级比赛获得团体第一名，航模兴趣组多次代表南通市参加省级青少年科技航模大赛，并连续六年蝉联团体第一名。学校被评为江苏省航模训练基地，并被授予“江苏省科技特色学校”、“南通市科技特色学校”，“南通市科普教育基地”等称号。

实施生活化教育 打造现代化学校
——如东县洋口镇初级中学简介

洋口镇初级中学坐落在南黄海之滨的洋口镇新坝村，始建于1949年。学校占地总面积21971平方米，总建筑面积8442平方米。学校现有教学班6个，学生242人，教职工33人。

学校以“诚、勤、恒”为校训，形成了“团结、民主、踏实、进取”的领导作风，“团结、拼搏、厚积、有恒”的校风，“创新、务实、严谨、求精”的教风，“踏实、多问、善思、创新”的学风。学校以“生活化教育”为核心，积极实施教育现代化工程，努力打造优质均衡的乡村教育，学校的办学品位不断提升。

近几年来，学校先后获全国作文教学先进学校、江苏省平安校园、江苏省青少年科技教育先进学校、江苏省健康促进学校（银奖）、南通市语言文字规范化示范学校、南通市依法治校示范学校、南通市教育现代化学校、县文明单位、县德育工作先进学校、县艺术教育特色项目学校等30多项殊荣。

如东县洋口镇古坳初级中学

体验科学　放飞梦想

树木葱茏的如东县林场东首、新林中轴线中心河西岸坐落着一所闻名省内外的学校，它就是江苏省示范初中—如东县洋口镇古坳初级中学。学校创建于1959年，占地面积36900m^2，总建筑面积10200m^2。现有10个教学班，380名学生，40名专任教师。

学校秉承“求真、求精、求实、求新”的办学理念，恪守“厚德、至善、尚美、创新”的校训，倡导“勤奋、踏实、文明、上进”的校风，坚持“科学、严谨、务实、认真”的教风，弘扬“自强、刻苦、严格、求真”的学风。学校连续多年被评为如东县教育质量优等学校、南通市文明单位。

近年来，学校坚持特色发展，航模科技特色教育如火如荼，硕果累累：2010年学校斩获“江苏省科普教育基地”称号，2013年，学校被评为十二·五期间首批“江苏省科学教育特色学校”。2014年荣膺“江苏省四星级科技教育先进学校”，2015年古坳初中被表彰为全国体育工作示范学校，2016年承办了第四届全国中小学课堂教学创新成果博览会分会场活动。

如东县河口镇景安初级中学

领导关怀

领导关怀

景安初中创建于1959年，是一所以苏中著名耙齿陵战役中牺牲的吴景安烈士命名的学校。学校布局精致，草木丰茂，占地3.2万平方米。

学校办学理念前卫，办学水平先进。开创“创客教育”“问题伴学”等教学改革，已成功申报江苏省项目实验。《江苏教育报》《中国教师报》等报刊杂志进行了专题报道，2015年以来，已有22个省近2万人次来校观摩学习。学生参加各类比赛取得市以上特等奖、一等奖达20多人次。尤其是在亚洲选拔中获得一等奖，收到了去美国参加国际大赛的通知。学校连续多年中考成绩高位走强，连年被评为如东县教育质量先进单位、南通市文明单位、江苏省教学创新特色学校、江苏省首批教育现代化示范初中、江苏省平安校园、江苏省绿色学校等。

校园一角

如东县河口镇于港初级中学

如东县河口镇于港初级中学始创于1948年。学校现有15个教学班，学生469人，教职工53人，专任教师45人，其中高级教师10人，中级教师30人，县级以上名校长、名教师、学科带头人、骨干教师15人。

学校秉承“为学生谋发展，为家长谋幸福”的办学理念，以“诚毅”为校训，以“育名生、出名师、创名校”为办学目标，全面打造“诚信”特色，不断加大“诚信养德、诚信立教、诚信兴校”特色创建步伐。

学校连续30多年中考成绩雄居全县榜首，赢得社会的广泛赞誉。先后获得“江苏省德育先进学校”、“江苏省首批现代化示范初中”、

“江苏省健康促进学校银奖”、“江苏省平安校园”、“江苏省巾帼文明岗”、“江苏省十佳诚信办学机构”、“江苏省教育行业最具社会责任感优秀机构”、“江苏省文明单位”“江苏省工人先锋号”等数十项殊荣。

如东县实验小学

如东县实验小学是一所有着深厚文化积淀和丰富办学经验的百年老校，创建于1906年2月，为江苏省首批实验小学。学校秉承“让儿童成为儿童”的教育思想，恪守“让儿童人人快乐，让教育处处精彩”的办学理念，紧紧抓住教师专业发展和学生全面发展两个基本点，进一步突出改革创新，不断丰富和提升学校教育内涵，打造童心教育特色，促进学生全面、个性发展。

学校占地面积8万平方米，建筑面积4.5万平方米，拥有教学楼、行政楼、师生餐厅、体育馆、地下停车场等场馆，空间布局合理，环境优美怡人，设施完备先进。

学校先后被授予“全国学校艺术教育工作先进单位”、“全国现代教育技术实验学校”、“全国青少年体育工作先进集体”、“江苏省德育先进学校”、“江苏省和谐校园”、“江苏省艺术教育特色学校”、“江苏省模范职工之家”等数十项荣誉称号。

学校办学经验经中央电视台、《新华日报》、《人民教育》等主流媒体报道，产生了广泛的影响。

如东县掘港小学

如东县掘港小学始建于 1906 年，现址掘苴河畔，如东新城区建设的中心，占地面积 70 多亩，拥有教学班 57 个，在校学生近 3000 名，教职工 217 名。学校先后荣获全国艺术教育先进单位、全国青少年体育工作先进集体、全国现代教育技术示范学校、全国读书育人特色学校、全国百强特色学校等十多项国家级荣誉称号。

近几年，学校全面贯彻党的教育方针，坚持“以文化人，儿童至上”的办学理念，提出“让‘爱’从墙上走下来”的办学目标，以“大爱心，微行动”为实施路径，优化教育情境，扎实推进素质教育。先后组建了贝贝艺术团、容和书画社、童心文学社、阳光体育俱乐部等学生社团，定期举行小博士读书节、小龙人体育节、小使者英语节、小海螺艺术节、小海豚数学节、小巧手科技节、小百灵歌咏节等校园节日活动。学校江海小记者团的足迹遍布大江南北，甚至远赴台湾、韩国，学生们在快乐学习文化知识的同时，丰富了自己的兴趣爱好，得到多方面的发展。

学校以课堂教学改革为抓手，坚持在课改实践中锤炼教师队伍，把提高教学效率、促进学生健康成长与不断提升教师的专业水平有机结合，逐步形成了一支覆盖各学科的骨干教师队伍。目前，学校有省特级教师、市县级名教师、学科带头人、骨干教师及教坛新秀近 40 人。

学校在办学探索的过程中，还不断丰富和提升自己的特色内涵。学校以陶行知“爱的教育”思想为核心，将“爱的教育”校本体验课程作为素质教育的重要载体，目前已开发和实施了 30 多种校本体验课程，并已形成生动的校本教材。近一年来，“爱在这里起航——保护勺嘴鹬我们在行动”、“与爱携手共成长”、“老少共话中国梦”等主题系列活动，受到家长和社会的一致好评，并被江苏教育电视台、南通电视台等多家媒体报道。爱的环境，爱的活动，爱的课堂和爱的课程交相辉映，共同打造学校“爱的教育”办学特色。

如东县宾山小学

副县长陈春柳参观校史馆

如东县宾山小学创建于1906年。学校坚持文化立校，特色强校，以“爱众亲仁、乐学笃行”为校训，以“过有滋有味的教育生活”为办学理念，践行“无华、有为”价值观，强化“修身、为学”育人观，追求“知行合一”的校风建设，倡导“潜心启迪智慧、爱心温润心灵”的教风和“学而不厌、锲而不舍”的学风。学校曾获得全国新教育优秀实验学校、江苏省名小学、江苏省老百姓满意的学校、江苏省教育工作先进集体、江苏省实施素质教育先进学校、江苏省青少年科技教育先进学校、江苏省书法教育先进集体、江苏省绿色学校、江苏省优秀家长学校等荣誉称号。

学校是南通市情境教育实验学校，以国家社会科学基金教育学课题《情境教育与儿童创造力发展的实验与研究》和省“十二五”规划课题《运用悦读日志构建生态课堂的实践研究》为抓手，深入开展“情境课堂”教学研究，构建了“自主探究、合作分享、互动生成”的“生态课堂”教学模式。学校也是南通市情感教育实验学校，曾承办全国第七届全国情感教育年会暨中陶会教育与情感文明专委会第二届年会。

学校着力研发了具有校本特色的情境课程。“小红花”艺术课程成果丰硕，被授牌“南通市艺术特色学校”；“三礼德育”课程成为学校靓丽品牌，被《人民日报》等20多家媒体广泛关注和报道；儿童阅读课程丰富多彩，《四季歌吟》《重回汉唐》《诗词歌赋吟重阳》等经典诵读获社会广泛赞誉；新教育成果两次登上国际高峰论坛交流。另外学校的书法特色课程、班本情境小课程、“江海小记者”远足课程都成为特色品牌。

气势恢宏的教学楼

优雅的校园文化

全校师生欢聚操场，以这样的方式庆祝建校110周年

宏伟的校门

如東县馬塘小学

如东县马塘小学始建于 1906 年，1978 年被列为省 14 所重点小学之一，1981 年被定为省第一批实验小学。积极推进新课程改革，坚定不移地走“科研兴校”内涵发展之路，大力彰显和创新教育科研特色，形成了“立足农村、自主研修、集团作战”的科研文化，全面推进了素质教育。

学校先后培养了 3 位省特级教师，3 位省劳动模范，3 位全国优秀教师，7 位全国科研型校长和全国科研型教师，100 多位省市县学科带头人、骨干教师、优秀校长和优秀教育工作者，为县、市输送了 20 多位优秀教育行政管理人才。到目前为止，全校教师在全国各级各类报刊发表文章 4559 多篇，在全国各级各类论文竞赛中获奖 2788 多人次。学校先后研发的“学会生活”综合实践课程、以“艺体教育”为特色的生命成长课程促进了学生发展。到目前为止，学生在全国各级各类报刊杂志发表文章 1970 多篇，在全国各级各类竞赛中获奖 3400 多人次。

百年办学历史，取得了辉煌的办学成果。学校十一次蝉联省“文明单位”，四次蝉联省“模范小学”，四次蝉联“全国模范职工之家”，先后荣获全国“巾帼建功先进集体”、全国“红花集体”、全国“红旗大队”、全国德育工作先进集体、省教育科研先进集体、省“实施素质教育先进集体”、省课改先进集体等数十项省级以上荣誉称号。学校令人瞩目的办学成果产生了广泛的影响。中央教科所有关领导视察学校后赞誉：“马小现象”、“集团军作战”、“全国之最”。《人民日报》、《光明日报》、《中国教育报》、《人民教育》、《新华日报》、《江苏教育》、《江苏教育研究》、《基础教育论坛》等 20 多家报刊先后介绍学校事迹。

2015 年，学校整体搬迁至新校区，开启了发展的新纪元。如今，学校以“仁和”为核心理念，以“行健 日新”为学校校训，贯彻“仁爱 和融”的学校精神，弘扬“领新 笃学”的学校校风，继续促进学校办学品质的提升。

如东县栟茶小学

栟茶小学创建于1902年，距今已有一百多年的历史，是如东县创建最早的一所学校，具有悠久的办学历史和深厚的文化底蕴，受到社会的广泛赞誉。2000年被省教育厅确认为江苏省农村实验小学。现有将近1200名学生，教职工七十多人。教师中本科学历占80%；大专学历占13%，青年教师占60%。

2016年9月，栟茶小学实施整体搬迁。新校区位于五灶港河西侧，兴教路和镇海路交界，周边交通便利。占地面积达54000平方米，总建筑面积18000平方米，总投资上亿元。校园环境优美，设施先进，能满足36个班级教学规模，容纳一千六百多名学生，在全县乡镇小学中堪称一流。一座“百年栟小，人文栟小、现代栟小、特色栟小”正以崭新的面貌展示在世人面前。

如东县河口镇河口小学

活动场景

河口小学创建于1945年2月，始设1个班级，50名学生，校址位于河口镇曹家祠，校名双桥初小。1952年转为公办，1963年为建制完小。1968年学校迁至现址（河口镇花园头居委会）改称“如东县河口小学”，确定河口公社中心小学，1984年经县分批拨款新建校舍，总建总面积达1675平方米。1989年设小学班级6个，至1995年学校顺利通过双高普九验收，办学规模增设为双轨。2000年，学校新建三幢教学主楼，办学条件得到极大改善，并顺利通过省教育现代化验收。2004年顺利通过江苏省农村实验小学验收。现有教学班级13个，学生532人，教职工42人。

近年来，河口小学秉承“以雅立行”的校训，遵循“让学生快乐成长，让教师幸福生活，让学校和谐发展”的办学理念，正以崭新的面貌跨进市县名校行列。

雅行楼

学校大门

如东县河口镇景安小学

如东县河口镇景安小学创办于1946年，曾三迁校址。学校秉承“以人为本，服务至上，共建和谐，追美求真”的办学理念，努力构建“和美”教育品牌。以德育活动为载体，弘扬“和美”特色教育；以课堂教学为载体，研发“和美”特色课堂；以艺术教育为载体，打造“和美”特色艺术；以校园环境为基石，营造诗意“和美”校园。着力打造“环境和谐、管理和谐、教育和谐”的一流校园，培育“品德修养美、文化艺术美、身心健康美”的一流学生。

一年来，学校承办县级以上教育教学活动6次，获得了全国青少年法治知识网络竞赛组织奖、市依法治校先进学校、市暑期培训优秀学校、市数字化校园、市机器人大赛团体一等奖、县文明单位、县教育质量银奖单位等喜人成绩。

如东县河口镇于港小学

如东县河口镇于港小学创办于1984年，前身为于港道士庄小学。2015年，学校在原址整体改扩建。

学校环境雅致宜人。学校建有书启楼、书艺楼。校园绿树掩映，草茂花繁，幽雅迷人。“日育园”内，学生徜徉书海，雕塑林立，高低错落，景点创意别致，各具特色，富有浓郁的文化氛围。教育、教学、实验、电教设备、文化设施、计算机室、阅览室、音美专用教室等设备设施齐全。

教师队伍品高业精。教师队伍素质优良，学历达标，中级职称占教师数70%，县级及以上骨干教师占总数的15%.学校办学方向明确，校风纯正、教学严谨、质量上乘。学校本着“追求卓越、和谐发展、一生奠基”的办学理念，树立“让每一个于小人都体验成功”为核心的价值观,促进学生成才，教师成长，学校发展。“立德、勤勉、启智、创新”的校风，“严勤、求实、进取、高效”的教风，“我能行、我努力、我成功、我快乐”的学风在办学过程中得到发扬。教师潜心于教学，笔耕不辍，每年在各级各类报刊发表或获奖论文近百篇。学校极力打造快乐校园，开展素质教育活动，抓好小事德育，以五个学会为抓手，正常举办校园三大节日——科艺节、体育节、读书节，强化学生的行为习惯养成教育，让学生在

活动中展示才能，通过丰富多彩的校园活动，培养学生兴趣特长，发展学生个性，促进学生全面发展。以“日育”作为学校办学特色渗透在课堂教学和德育管理之中，坚持走内涵发展之路，将写字教学与育人相结合，将新教育实验的推进作为重点之一，学校努力打造书香校园、墨香校园，用教师的言行去感化教育影响每一个孩子，以期达到师生共同成长。

办学业绩硕果盈枝。高位走强的教育教学质量，严谨科学的学校管理，为学校赢得了很多荣誉，《扬子晚报》、《南通日报》、《沿海教育》《教育导刊》等报刊先后介绍学校的办学经验和成果。先后被评为南通市“最安全学校”、“市课题研究优秀项目”、“绿色学校”“市语言规范化示范学校”“市依法治校先进校和示范校”；如东县“文明单位”、“模范学校”、“花园式单位”、“青年文明号”、“星级科研基地”、“中小学合格学校建设‘四配套’工程先进集体”、“艺术教育先进集体”、“非学历考试优秀考点”、“首轮高效课堂验收单位”、“站在烈士墓前”征文组织奖、“平安学校”、“无烟学校”“情境教育实验学校”“质量进步学校”“质量银奖学校”“健康促进学校”。翰墨飘香社团被评为“南通市十佳教职工优秀社团”等。

如东县曹埠镇饮泉小学

饮泉小学座落于曹埠镇南郊，如东县的南大门。学校创办于1907年，学校现有教学班12个，学生369人。专任教师32人，市级骨干教师2人，县级骨干教师2人，县教坛新秀4人。

学校以“每天进步一点点，成就美好的人生”为办学理念，秉承陶行知思想“教人求真，学做真人”，学陶师陶，文化立校，弘扬“艰苦奋斗，团结合作，共求发展”的饮小精神，着力打造润物无声的德育文化、绿色生态的环境文化、浓郁书香的阅读文化、特色“月季”的活动文化、滋润心田的爱心文化、魅力课堂的微笑文化，全面实施素质教育，创建高品位的特色学校。学校先后被评为江苏省陶行知教育思想研究先进集体、江苏省最美行知文化校园、江苏省陶行知实验学校、如东县绿色学校、如东县特色学校等。

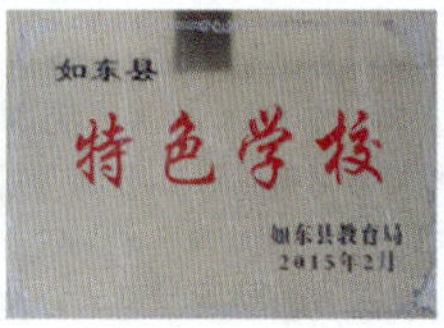

如东县栟茶幼儿园

栟茶幼儿园创立于1927年，至今已历经90个春秋。从上世纪20年代的政府创建，到2004年改制为民办，再到2015年政府回购回归公办，她都秉承优良传统，奋力前行。2008年被评为省优质幼儿园，2015年4月成功申报为江苏省第二期课程游戏化项目建设单位。近年来，先后荣获“南通市先进幼儿园”、“县幼教先进单位”、“县文明单位”、“县模范幼儿园”、“县巾帼文明示范岗”“县先进集体”等荣誉称号。教师参加优秀教育活动展评连续多年蝉联县农村组一等奖，多次获市一等奖。幼儿游戏大赛获县、市一等奖，并为南通市幼儿园游戏专题研讨会提供观摩现场。自制玩具《有趣的渔网》获国家级二等奖。栟茶幼儿园犹如海边幼教沙滩上一颗闪亮的五彩贝，在阳光的照耀下放出夺目的光彩。在“十三五”期间她将和着栟茶教育前进的步伐，向着更高的目标迈进。

2005年月1月，幼儿园自主创设、全员参与的“美丽的海滨小镇”主题系列游戏活动，参加农村幼儿园游戏评比活动，荣获县、市一等奖。

2015年4月，栟茶镇栟茶幼儿园和实验幼儿园结对，经逐级推荐、赴省现场答辩，成功申报为如东县唯一一个省课程游戏化建设项目，并获省财政厅30万奖励资金。

2005年5月，栟茶幼儿园为南通市农村幼儿园游戏研讨会提供现场，来自全市100多名园长、骨干教师来幼儿园观摩全园幼儿的游戏活动，得到与会的市县领导、专业人士的一致好评 。

2010年12月，栟茶幼儿园对县幼儿园法人代表、园长驻点培训班开放了游戏活动现场。同时，园长缪云作了题为“让孩子徜徉在游戏的天堂”的经验介绍。

同样的六一，别样的精彩

2010年8月，栟茶幼儿园自制玩具“有趣的渔网”参加了县、市、省、国家级的自制教玩具比赛，历时四个月，力胜群雄获得省市县一等奖和全国二等奖的好成绩。

如东县实验幼儿园

园长：谢美红

过去五年，如东县实验幼儿园得益于县教育局的正确领导，幼儿园全体教工团结一心，弘扬传统，抢抓机遇，完成了十二五各项指标任务，保教水平持续提升、教师队伍不断优化、教科研究成果颇丰，幼儿园先后获得国家级表彰 1，省级 4 个，市级 3 个，县级 70 多 个——多年蝉联省优课大赛一等奖的是实验幼儿园；男幼师队伍建设引起省内外关注的是实验幼儿园；幼儿课程建设成为省级品牌的是实验幼儿园；（再加一到两个，用排比句式说）……

一、成绩单辛勤汗水铸就教育品牌

品牌业绩 1：教师德艺双馨，连续六年获省优课大赛一二等奖

幼儿园常年组织园本培训，开设“有一说一”主题特色教研活动，教师全员参与省、市级课题研究，不断提升教师专业素养，50 多人次在省市县优课及教学基本功竞赛中获较高奖项奖，自 2000 年起，在江苏省教研室举办的六届幼儿园优秀教育展评活动中，我园是全省唯一的连续获省优课大满贯的幼儿园。近两年与栟茶幼儿园、机关幼儿园申报的课程游戏化项目，分别通过省市答辩，成为两个项目的共建园，同时被省教研室指定为江苏省课程改革试点园。

品牌业绩 2：打造男教师团队，成为省市知名男教师职后培养基地

作为全县首家引进男教师的幼儿园，幼儿园十分注重男教师职后培养，十二五期间，通过专家引领与骨干教师的传帮带等多种途径帮助其提升专业素养，促进了幼儿园男教师专业成长。4 名老师在市县科学、社会及信息技术优课比赛中分获一、二等奖，多人被邀请到泰州、连云港等地上研讨课。男教师团队职后成长研究得到了社会各界的关注，幼儿园成为南通高等师范学校学前教育男教师实习与观摩基地，近三年连续对该校 300 多名男幼师开放实幼男教师教育活动风采展示 2 次，对海南省 250 名来通跟岗培训幼儿园骨干开放半日活动。《幼教博览》、《幼教新视野》、南通电视台等多家媒体纷纷进行宣传报道。我们申报的《农村集镇幼儿园男教师专业成长路径》研究课题获得省精品课题。

品牌业绩 3：园本课程丰富多彩，戏剧课程荣获江苏省教学成果一等奖

幼儿园坚持健康第一，将艺术与体育有机融合，形成了“阳光艺体，和谐育人”的办园特色；注重幼儿的养成教育，构建了四大节活动课程；带领孩子亲近自然、走向社会，形成了“亲亲南黄海”等社会实践系列活动课程；以文字、照片、录像等手法记录孩子的童年生活，创设了以“金色的童年”“成长的足迹”“毕业纪念册”为载体的幼儿发展评价课程。创新开发儿童话剧课程，研发主题活动案例 100 余篇，童话剧本 200 多个，《幼儿园戏剧综合活动园本课程开发研究》2013 年获江苏省教学成果基础教育类一等奖（南通市仅两家幼儿园获此殊荣），2014 年应江苏省教师培训中心之邀录制成 40 分钟的网络课程，成为学前教育管理的培训教材，在全省产生了很好的社会效益，2015 年《幼儿园童话剧活动 36 例》出版。

品牌业绩 4：示范辐射作用大，五年来接受各地观摩几千人次

2014 年与县内 8 家公民办园结为实验幼儿园教学研共同体，共开设讲座 50 多场次，展示教学活动 80 多节，形成了互学共进的良好氛围；选派多名教师赴薄弱园农村园支教，充分发挥骨干教师以点带面的影响作用，五年中对机关幼儿园、少年宫幼儿园、港城幼儿园输送骨干 10 人。正常接待本县幼儿园园长骨干现场观摩和跟岗培训。积极参与“千校万师支援农村教育工程”2014 年与东海县双店、李埝等乡镇结对制定了三年帮扶计划，每学期开展送出去请进来等系列帮扶活动。近五年来接待贵州绥阳、陕西咸阳、河北等省内外专家来宾观摩人次 4000 多人，为各地在园务绩效管理、园本课程开发、教师队伍建设、男教师培养、省优质园创建等方面提供了可资借鉴的优秀做法和生动经验。连续多年接受小庄师范、苏州师范、徐州幼师、南通师范、如皋师范幼师生来园实习指导工作。

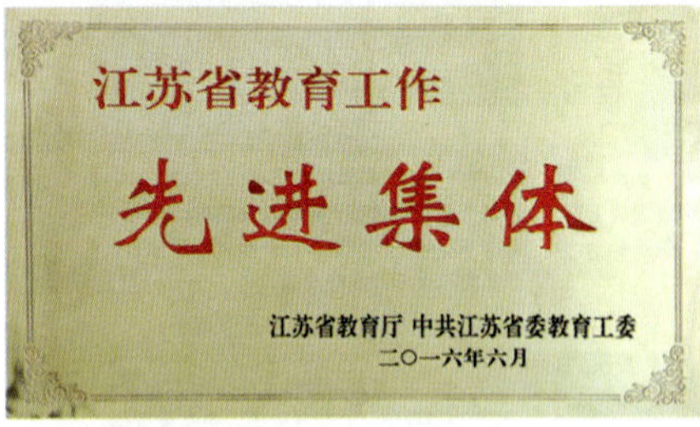

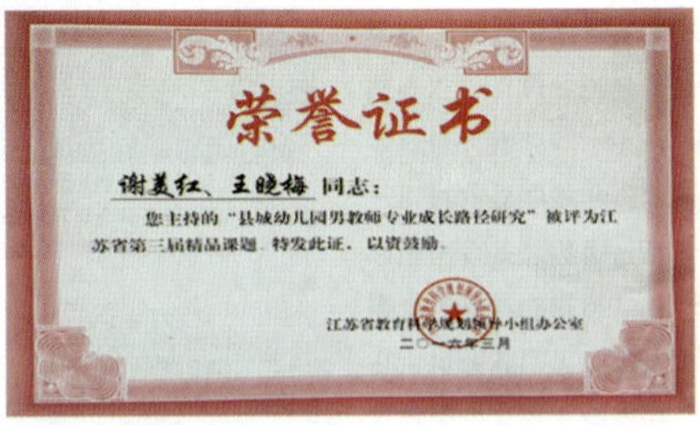

谢美红在县教育行政工作会议上讲话

周云岚金帆杯汇报

石玲玲演讲

如东县青少年宫附属幼儿园

如东县青少年宫附属幼儿园是一所高起点、高规格、高品味的教育局直属幼儿园。座落于环境优美、交通便捷的县城中央广场内。2015年县政府为缓解县城学龄前幼儿入学的压力，推进民生福祉，正式启动少年宫附属幼儿园的建设，于2016年9月正式启用。全园占地2300平方米，建筑面积2200平方米，幼儿园设施齐全，设备先进，目前在园幼儿262人。

全园有教职工34人，专职教师大专以上学历达100%；拥有市“五一巾帼标兵”、“市优秀班主任”、“县骨干教师”、“县优秀教育工作者”等一批专业化、年轻化的教师队伍。

走进幼儿园，映入眼帘的是绿草如茵、小亭流水以及门类各别的户外大型玩具……，智慧的绘本廊、丰收的陈列格、美丽的绘画梯，小巧精致的幼儿园到处充满着温馨、灵动与童趣。

虽然幼儿园面积不大，但拥有丰富的共享资源。走进青少年宫可以接受各种艺术的熏陶，走进图书馆可以徜徉在图书的海洋，走进老干部活动中心可以与爷爷奶奶们一起共享天伦之乐，来到社区的美术教室、乐高馆、蛋糕房……孩子们动手操作，乐趣无限。

展望未来，任重道远，幼儿园将以“唯美生态的教育环境，专业化的师资队伍，一体化的办园模式，精品化的保教质量”为办园目标，以“让教育像呼吸一样自然”的办园理念，以“一切为了孩子”的办园宗旨，以附幼人只争朝夕的精神，敢为人先的锐气，夯实基础，奋力前行。

如东县马塘小学附属幼儿园

整体图

如东县马塘小学附属幼儿园始创办于 1953 年，2017 年 2 月正式乔迁新园，秉承“了解、关爱、尊重、赏识”的教育理念，在仁爱中彰显园所文化，先后被评为“县一类幼儿园”、“省基本实现现代化幼儿园”、“省优质幼儿园”。

新园占地面积 13730 平方米，投入资金 2346 万元，环境优美，设施齐全：各班配有互动一体机、直饮机、电子钢琴等最先进的设施设备；设有幼儿平板专用室、科学发现室、图书室等专用活动室；户外配备大、中型玩具，建有沙坑、种植园、攀爬墙等活动场所，是全县一流的幼儿园。

全园设有 21 个班级规模，拥有一支有爱岗敬业、崇德善学的师资队伍，先后有多人获市县“学科带头人”、“骨干教师”、“教坛新秀”、“市优秀德育工作者”、“县优秀教育工作者”、“县优秀乡村教师”等称号，深受幼儿、家长赞誉。

教学楼

教室及卧室

玩具及教学楼

卫生间

如东县河口镇中心幼儿园

如东县河口镇中心幼儿园创办于 1979 年，1998 年 5 月成为农村幼儿园中首批“南通市一类园”。2004 年 8 月，经民办改制后，充分发挥体制优势，加大了改革步伐和投入力度，办学活力持续迸发，保教质量稳步提升。2013 年 2 月，为了加强学前教育改革，我园成为第一批成功回收的幼儿园。

我园具有良好的自然环境条件，园区绿化面积 1491 ㎡，占总面积的 39%，无有毒植物，带刺植物，达到了净化、美化、儿童化和教育化的标准。幼儿园占地 3851 ㎡，生均 13 ㎡；户外活动场地面积 4.8 ㎡，人均绿化面积 5 ㎡。园内设有沙坑、戏水池，各班均有种植角。

我们一直注重良好职业道德的建设，儿童节，我们开展“亲子同乐”运动会；教师节，我们进行“爱的奉献”演讲比赛……近年来，我园先后涌现了一批受孩子喜欢、家长称赞的德才双馨型教师，有 4 人先后获县、镇级嘉奖。

如东县洋口镇洋口幼儿园

洋口幼儿园新建工程，是在2013年洋口沿海经济开发区政府花费近196万元，回购改制为公办园后，考虑到园舍破败不堪，安全隐患严重，又投资800万元在原址新建的工程。工程建设规模为2899.3平方米。新建工程自2015年7月动工，2016年1月主楼竣工，2016年9月投入使用，副楼自2016年7月份动工，全部工程已经竣工。

目前幼儿园共8个班，在园幼儿270名，教职员工30人。洋口幼儿园新建工程，极大改善了办园条件，园内各个功能室齐全，配套设施到位，生均建筑面积、活动面积、绿化面积和班学额都已经达到省优质园标准。2016年秋季开学，幼儿园两教一保已经到位。

涅槃重生后的洋口幼儿园的全体师生，将沐浴党和政府的温暖阳光，乘着课程游戏化的东风，将海边湿地风情与游戏活动在园所密切融合，把幼儿园打造成真正的“海娃乐园”。

如东县岔河镇红宝石幼儿园

岔河镇红宝石幼儿园于2008年4月评审为江苏省优质幼儿园，2016年8月被县政府认定为普惠性民办幼儿园。

该园自1999年改制以来，其举办者以公德之心和无私情怀，始终秉持“忠诚幼教事业，真诚关爱幼儿”的办园理念和“让幼儿快乐，让家长满意，让社会放心”的办园宗旨，不断加大资金投入，不断完善育人环境，不断优化师资队伍，不断提升办园水平，赢得主管部门和地方党委镇府的普遍赞誉，深得社会各界和幼儿家长的好评。

该园重视校园特色发展。他们除了精心办好日托教育，还于2004年始创办了全县唯一一家全托班，面向全县和周边地区招收留守儿童，为幼儿和小学生提供全托教育服务，深受全托生家长的信赖。

该园近几年先后被评为江苏省百强民办非企业单位，江苏省自律与诚信建设先进单位，江苏省平安校园，南通市最安全学校，南通市社会力量办学先进单位，中国社会组织4A级单位。

如东县岔河镇红宝石幼儿园全托保教大楼照片

如东县岔河镇红宝石幼儿园活动场地全景照片

如东县岔河镇红宝石幼儿园主体建筑外观照片之一

如东县岔河镇红宝石幼儿园主体建筑外观照片之二

南通市少年杂技团
如东县杂技艺术学校

2014年6月15日刘庆生、陈阳洋、李陈骏等十几名演员，创作表演的杂技剧《狂舞竹动》，赴香港海洋公园进行为期2年的演出，至12月底已成功进行了900多场演出，得到观众的一致好评。

2014年10月2日朱程程表演的魔术《梅花三弄》荣获第五届长三角地区“金手杖”魔术大会金奖。

2014年11月8日朱程程表演的魔术《梅花三弄》参加第四届西湖国际魔术大赛荣获舞台类银奖。

2014年10月18日如东县杂技艺校正式挂牌河北吴桥国际杂技艺术学校南通实训基地。从此两家启动学员招生培训、教师交流、学术研究、节目开训、联合参赛及对外交流等方面的全面合作。

2014年10月30日—11月6日张晓慧、朱玲玲、蒋莉莉三位演员随南通市侨联艺术团于赴印尼进行访问演出。

2014年11月杂技剧《海上升明月》获南通市第六届“五个一”工程奖，丁洋被评为南通市十佳优秀文艺工作者。

2015年5月丁洋表演的《变鸽子》、朱程程表演的《梅花三弄》分获中国杂技“金菊奖”金、铜奖，此奖是中国杂技艺术最高奖。

如东县少年杂技艺术学校（江苏省南通市少年杂技培训基地）在原有25名学员的基础上，又新招收了16名新学员，开始了为期6年的正式培训，扩大了杂技人才队伍，成为我团（校）又一新的发展目标。

2016年11月朱明珠表演《纸飞机》获中国杭州西湖国际魔术展演金奖。

副县长陈春柳参加如东县人民医院与上海市胸科医院心胸疾病诊疗协作中心揭牌仪式

如东县人民医院始建于 1949 年，是我县融急救、医疗、科研、教学、康复于一体的一所二级甲等综合性医院。是南通大学、江苏建康职业学院教学医院，同济大学第十人民医院医疗集团加盟医院。2013 年荣获省文明单位称号，先后被评为市县文明单位、市十佳医院、市廉政文化教育示范点等。

医院占地面积 6.18 万平方米，建筑面积 6.47 万平方米，固定资产总值逾 4 亿元，实际开放床位 975 张。现有在编职工 984 人，其中，高级职称 170 人，中级职称 270 人，医学硕士 27 人，在读医学博士 1 人，县第八轮拔尖人才 4 人。

医院设有 35 个临床科室、21 个病区、12 个医技科室、21 个专科门诊。临床、医技科室门类齐全，服务功能日趋完善，神经外科、肿瘤科、心血管内科、普外科、消化内科、骨科为市级临床重点科室，呼吸科为市级临床重点建设专科。开设专家、专科、专病、普通、方便门诊，供病人自主选择。“120”急救中心全天候服务，急救绿色通道体系完备，有强大的人才队伍和先进的诊疗设备做支撑。医院建有介入诊治中心、腔镜诊治中心、肿瘤诊治中心、心血管疾病诊治中心、肝病诊治中心、远程医疗会诊中心、血透中心、体检中心、导医服务中心等，与上海瑞金医院、华山医院、中山医院、第十人民医院、肿瘤医院、胸科医院、红房子妇产科医院、江苏省人民医院、解放军南京总医院、中大医院、南通大学附属医院等单位建立了紧密的协作关系，助推医院业务技术建设和发展。医院拥有直线加速器、磁共振、螺旋 CT、CR、DR、1000 毫安数字成影 X 光机、数字乳腺钼靶机、彩色多普勒、电子胃镜、肠镜、支气管镜等腔镜、全自动生化分析仪、五分类细胞分析仪、化学免疫发光分析仪、高压氧舱、血液透析系统、心电工作站、急危重症抢救仪等高精尖仪器设备。医院始终坚持抓好内涵质量建设，着力提升全员业务素质，尤其在疑难病症诊治、多学科会诊、介入诊疗、微创治疗、肿瘤放化疗及生物治疗等方面取得了进步。

近几年来，如东县人民医院始终坚持“以病人为中心”，大力弘扬“以诚待人、用心工作”的医院精神，精心组织实施“科教兴院、人才强院”发展战略，以三级医院创建为抓手，不断强化内涵建设，促进医疗质量安全持续改进，引领全县医学技术创新发展。在深化医药卫生体制改革的新形势下，医院立足自身实际，不断深化人事和绩效工资分配制度、内部流程管理优化等一系列医院内部运行制度改革，切实提升医院管理水平和服务能力，有效改善群众就医体验。医院全院干部职工团结奋进，负重拼搏，励精图治，扎实工作，正朝着争创三级综合性医院的宏伟目标奋勇迈进。

人民醫院

如东县人民医院举行纪念建党 95 周年暨“两学一做”知识竞赛活动

如东县人民医院院长季学军、党委书记王鹤兵深入马塘镇许楼村，开展“精准帮扶”活动

神经外科课题《经皮脑穿刺活检术的临床应用研究》通过南通市科技项目课题验收

如东县人民医院远程会诊中心与南通市远程会诊中心开通联网

如东县人民医院功能科吴海峰、侯爱勤和检验科沙邓云赶赴新疆伊宁县开展伊宁县全县居民健康体检活动

如东县人民医院举办医院全面质量管理辅导培训班

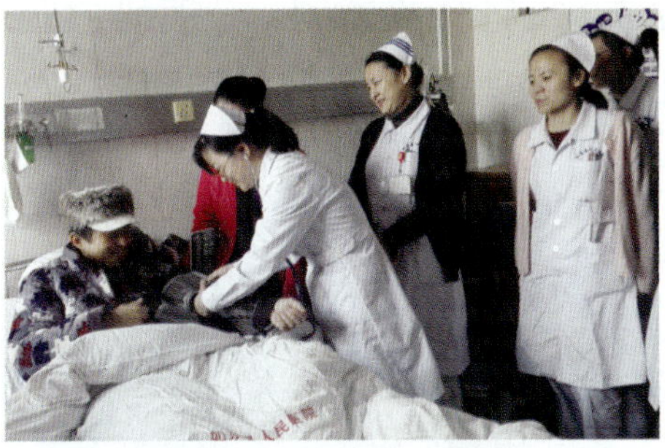

开展疑难病例讨论，护士在给患者查体

医院开展病历质量检查活动

如东县人民医院在文峰广场举办“健康南通服务百姓”义诊活动

如东县人民医院“健康绿洲”志愿者服务队在灯塔社区义诊现场

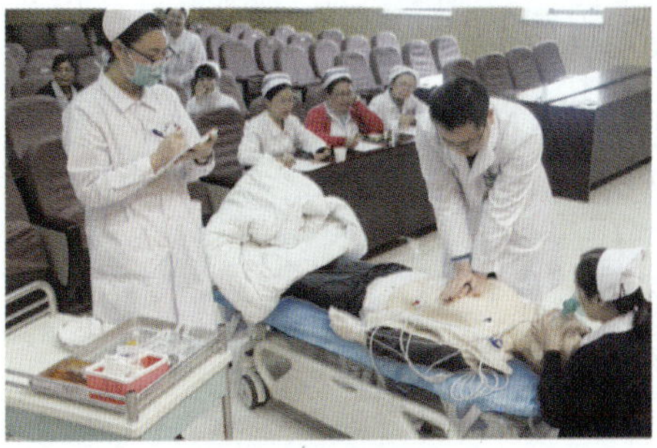

医院举行急救技能大赛

如東縣

如东县中医院创建三级中医院市级预审工作汇报会

如东县中医院始建于1958年8月，经过五十余年的艰苦创业，目前已成为集医疗、教学、科研于一体的县级综合性中医医院，被国家中医药管理局评定为“二级甲等中医医院”、联合国儿童基金会命名为“爱婴医院”、江苏省教委认定为“江苏省高校实习基地”，2016年9月被评为南京中医药大学教学医院。

医院目前占地面积3.42万平方米，建筑面积3.57万平方米，固定资产总值1.56亿元。新医院整体迁建工程在如东县新区总占地面积157亩，以三级医院标准设计施工，总设计床位1000张，一期工程总建筑面积121630平方米，预计在2017年全面投入使用。

医院现有职工640人，其中卫技人员579人，高级卫技人员77人（其中正高19人）。省名中医1人，市名中医5人，医学硕士17人。

医院现设有16个一级临床科室和8个二级临床科室，其中皮肤科、针灸推拿科、心病科、骨伤科为市级重点（建设）专科，肛肠科为省级重点中医专科，脾胃病科为省级基层中医特色专科。

中醫院

近几年来，医院围绕“弘扬医道，精心施治，中西包容，服务众生”的办院理念，以三级乙等中医院创建为抓手，走科技兴院、人才强院、品牌立院之路，使得妇科腔镜、眼科白内障复明、血液透析、肛肠病治疗、小针刀、耳鼻喉科鼻内镜微创、如东县残疾儿童康复等在全县乃至全市都处于领先地位。

五十余载风雨兼程，五十余年薪火相传。中医院人目前正以“团结、奉献、廉洁、敬业”的精神，一路高歌，乘势而上，开拓创新，向着更高、更远、更强的目标不断奋进，将岐黄千秋伟业继承发扬，为中华医学谱写新的辉煌篇章。

心力衰竭中西医结合讨论

如东县中医院医养融合 PPP 项目签约仪式

如东县中医院医养融合 PPP 项目签约仪式

南通市中医重点专科验收工作汇报会

南京中医药大学教学医院评审会

“十二五”省中医重点专科建设项目（肛肠科）验收工作汇报会

全国基层名老中医药专家陈幼清学术经验继承拜师仪式

如东县第二人民医院

院长、书记：於建

该院是一所集医疗、教学、科研为一体的综合性市属二级乙等医院，是公费医疗和新型农村合作医疗定点医院。按现代化医院标准建设的新住院大楼已投入使用。设有内科、外科、妇产科、中医科、康复科、五官科、口腔科等临床科室，同时设置职能科室 8 个，医技辅助科室 8 个，开放床位 159 张。配备 MRI、GE 全身螺旋 CT、DR、日立 7180 全自动生化分析仪、奥林巴斯电子胃镜、肠镜、日本 PENTAX 电子鼻咽喉镜、美国史赛克腹腔镜等。医疗设备齐全，医院科室设置合理、全面。

腹腔镜微创外科：引进先进专业腹腔镜器械，委托省人民医院腹腔镜中心及南通中医院，培养了多名优秀的腹腔镜专科医师，配有腹腔镜专用手术室、麻醉科及护理专业人员。

体检中心：以优惠价承接单位团体体检。中心内设内科、外科、五官科等临床科室，实现血标本、彩超、心电图等医技一站式服务。针对不同的人群设有多种体检套餐。参与体检的医务人员均为医院临床经验丰富的中级职称以上人员。

耳鼻咽喉科：能开展的诊疗项目有：各种听力测试、检查；电子鼻咽喉镜检查、无创眼压仪检查；耳鼻喉良恶性肿瘤的诊断及治疗，尤其是鼻咽癌的病理诊断及治疗；耳鼻咽喉常见手术及微创手术。

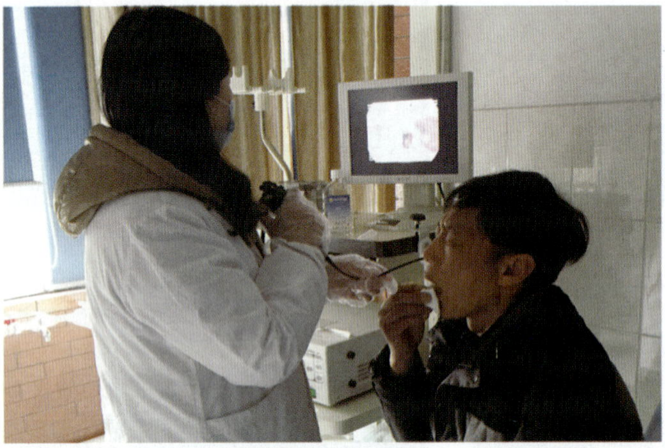

电子鼻咽喉镜

地址：如东县岔河镇交通西路 32 号

电话：0513-80865905

邮箱：rdey84311251@163.com

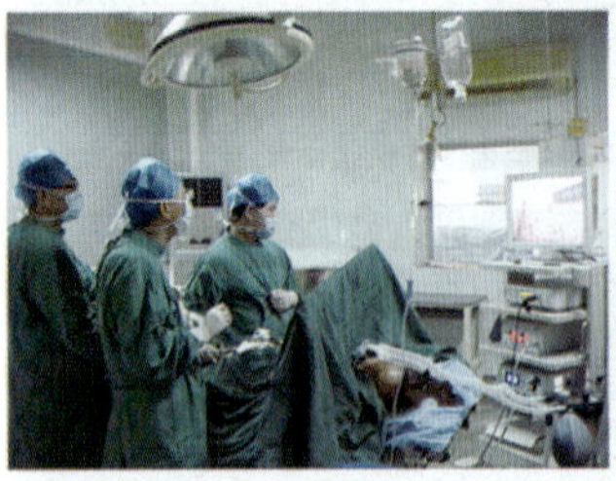

腹腔镜胆囊切除手术中

文明单位

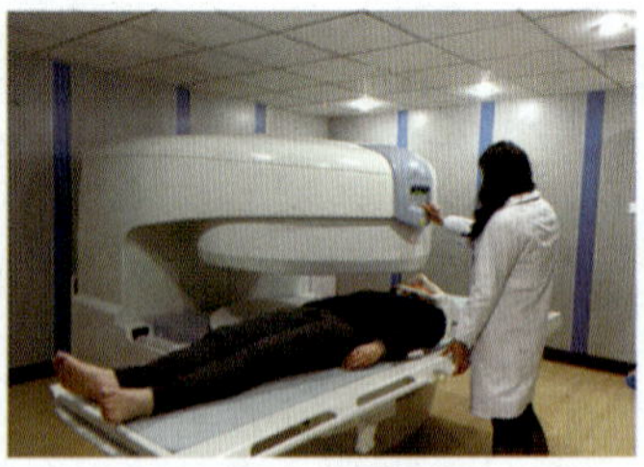

磁共振检查

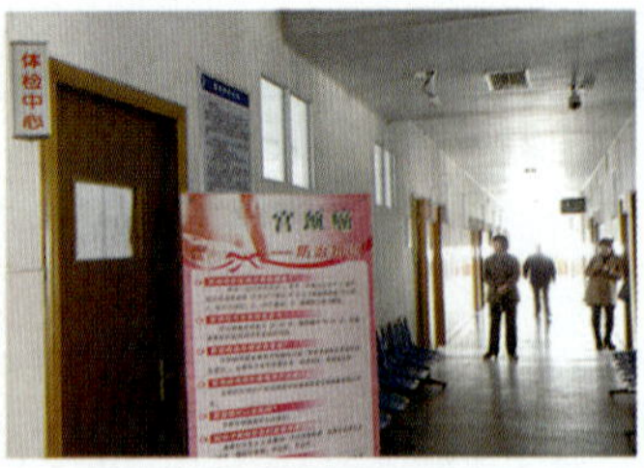

体检中心

如东县第三人民医院

如东县第三人民医院是一所集医疗、预防、保健、康复于一体的“二级乙等”综合性医院、爱婴医院。

医院拥有一支素质较高、结构合理、职责明确的医疗队伍，现有在岗职工222人，其中高级职称52人、中级职称81人、初级职称89人。医院科室设置合理，医疗设备齐全，配备有16排东芝螺旋CT、DR、数字胃肠、日本乳腺钼靶、全自动生化仪、奥林巴斯电子胃镜、肠镜、彩色多勒普B超、妇科利普刀、史塞克腹腔镜、膀胱镜等先进诊疗设备。

医院能开展腹腔镜下腹腔探查胆囊切除等高难度手术及各种疑难危重病的诊断治疗。内、外、妇、儿、眼、耳鼻喉、康复急救、血液透析等学科齐全，正常开展无痛胃镜，无痛人流等。体检中心服务周到、流程合理，时刻为广大人民群众提供优质高效的医疗服务。

现有六个病区，开放床位230张，急诊科能满足急诊和120救护需要。病房宾馆化建设，24小时管道热水供应，洗浴设施齐全。

医院秉承“诚信、求实、创新、奉献”的医院精神，坚持公益性质，始终以病人为中心的服务理念，改善服务态度，规范医疗行为，加强行风建设，切实为群众提供“方便、周到、安全、满意”的服务。行风监督举报电话：0513-84821795

急救中心

护士站

服务大厅

如东县第四人民医院

院长：周俊成

如东县第四人民医院是以专病专科为特长，普通科室齐全的二级医院，是一所辖如东县心理卫生中心、如东县开发区医院、如东县皮肤病医院为一体的县级医院，是南通市第一人民医院的协作医院。精神心理科、皮肤性病科是本地区权威性专科，正常开展内（儿）、外、妇、骨等普通常见疾病诊疗；拥有皮肤水光针美容、心理咨询、脊柱外科、肛肠科等知名专病专科；是如东县职工医疗保险、农村合作医疗定点医疗机构。

医院引进DR、四维彩超、电子胶囊胃镜、全自动生化分析仪、基因检测治疗、水光针美容、CPC睡眠质量评估系统等医疗设备。成立了医院远程会诊中心；在县委县政府关心下，医院的迁址工程已进入施工程序。

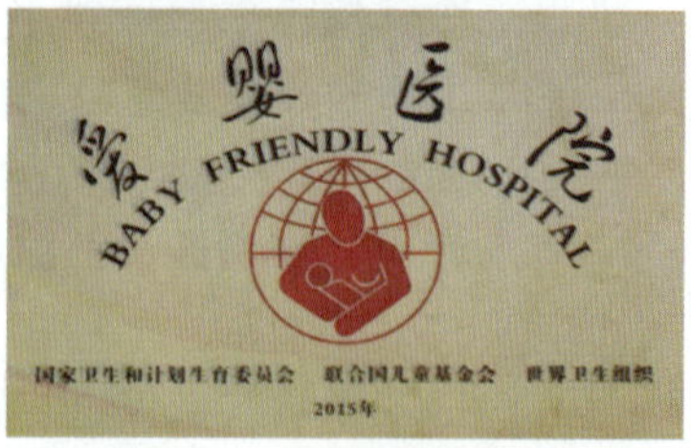

医院多次获得南通市科研成果奖，荣获省、市慢性精神病和麻疯病管理的先进单位，“省残疾人之家”、“省、市巾帼文明示范岗”、“省计量诚信单位”、“市文明单位”等殊荣。

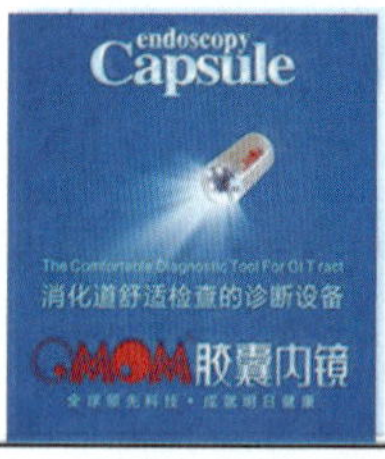

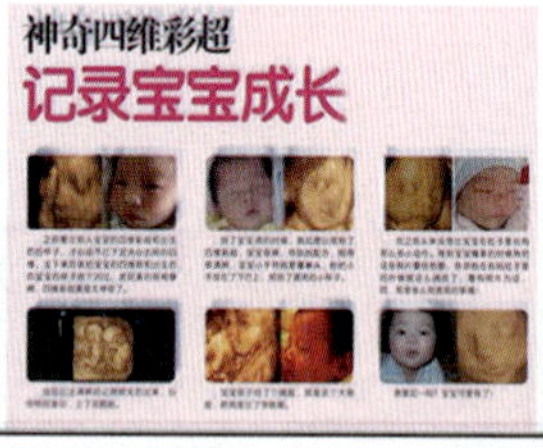

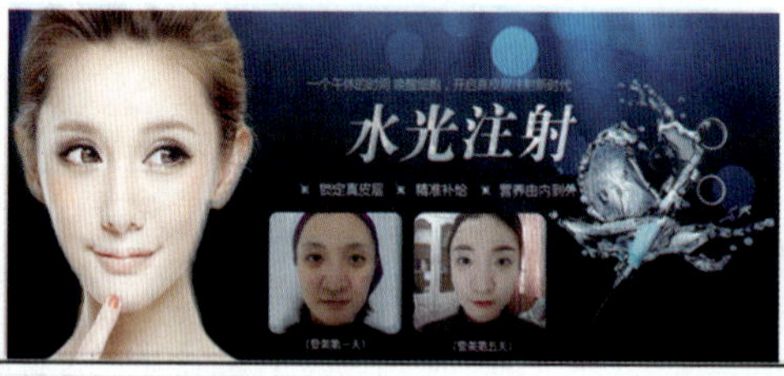

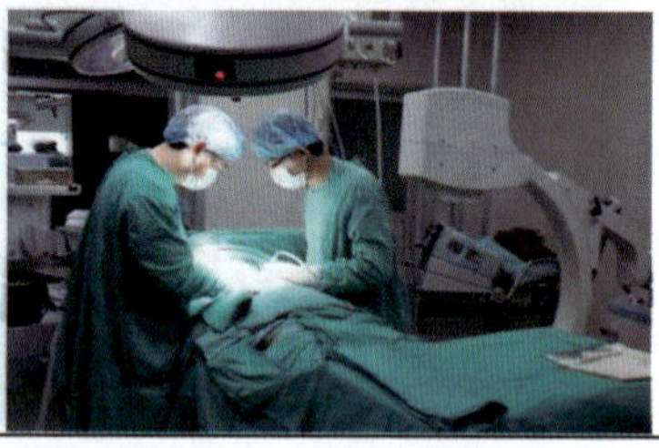

如东县河口镇于港幼儿园

如东县河口镇于港幼儿园是江苏省优质幼儿园，隶属于如东县河口镇镇政府。幼儿园占地面积 3132 ㎡，建筑面积 2021 ㎡，总投资 600 万，保教设施设备现代化。现有 6 个班级，每班两教一保，配有专职保健老师，12 名教师中本科 4 人，大专 7 人，中师 1 人，一级教师 2 人，二级教师 5 人。

幼儿园以“生活教育”为主要理念，以课程游戏化为先导，努力打造“千丝万缕、‘瓶’凡世界、‘箱’亲‘箱’爱、‘布艺’乐乎、大海故乡、田园风情”六个特色教室，让孩子们在六种不同的游戏情境中度过幼儿园时光；提倡“让每一位幼儿和教师都得到发展”，坚持在活动中锻炼教师、发展幼儿，追求全面发展而不是拔尖选优，努力践行“让孩子快乐、家长放心、员工幸福、领导满意”的办园目标！

地址：如东县河口镇关口村 4 组；联系电话：15366368861

如东县双甸中心医院

我院始建于1958年，1996年由双甸镇卫生院与双甸区医院合并为双甸镇中心卫生院，是一家交通便利、环境优美、设施先进、服务温馨的综合性公立一级甲等中心医院、爱婴医院、无红包医院。2013年被命名为江苏省示范乡镇卫生院，也是新型农村合作医疗定点医院。现占地面积9247平方米，核定床位70张，拥有在编在册职工90人，其中卫生专业技术人员81人，高级职称12人，中级职称27人，初级职称38人，工人9人，其它专业人员4人。

医院设有内科、外科、妇产科、中医科、眼科、五官科、口腔科、针灸理疗科、病理科、检验科、放射科、CT室、胃镜室、彩超室、TCD室、手术室等临床医技科室。骨科、妇产科、急诊科是医院重点建设科室。骨伤科、糖尿病专科、疼痛专科、微创颅内血肿清除、神经内科、肛肠科等吸引众多病患就诊。医院拥有目前最先进的16排CT（GE）、平板DR、日本东芝遥控胃肠机、三星麦迪逊彩超、C-臂机、彩色经颅多普勒血液检查仪、电脑牵引仪、电子胃镜、多功能麻醉机、多参数监护仪、心电工作站、心电除颤仪、呼吸机、全自动生化仪、五分类血球计数仪、电解质分析仪等先进设备。

医院在全县首家新建妇产科为独立单元的规范化综合楼，积极谋划筹建综合住院楼，大力推进数字化医院建设，开发使用电子病历、电子处方、体检系统。医院正着力于创建国家级群众满意乡镇卫生院，积极打造看病就医方便经济，医疗服务安全可靠，公共卫生服务可及，内部管理规范有序，镇村居民满意信任的基层现代化公立医院。

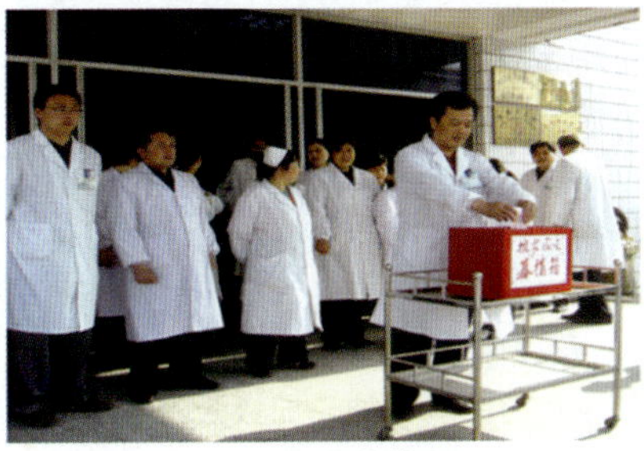

为玉树地震募捐

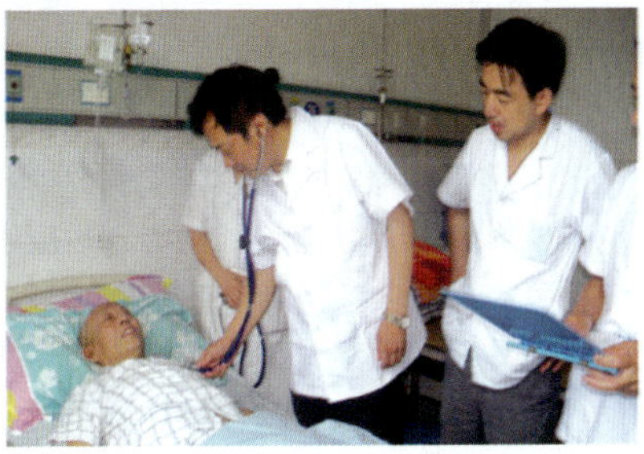

查房

业务学习

如东县苴镇中心卫生院

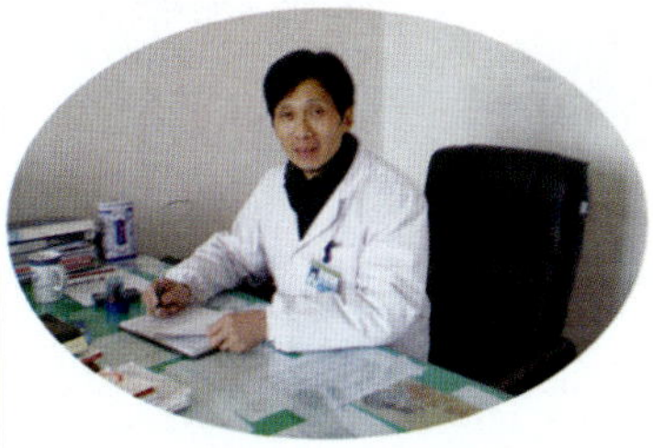

院长 袁亚东

苴镇地处黄海之滨，是革命老区（苏中四分区指挥部所在地）。苴镇中心卫生院创建于1951年，1988年及2002年，苴镇乡卫生院及新光乡卫生院先后并入。苴镇中心卫生院是苴镇地区（如东县经济开发区）唯一一所公立非营利性医疗机构，1995年通过卫生部一级甲等卫生院标准验收的综合性卫生院。医院占地面积8643平方米，建筑面积8193平方米。医院分为医疗康复部和预防保健部，设有临床医疗科、中医科、预防保健科、检验科、药剂科、护理部、影像科、麻醉科、手术室和合作医疗管理办公室等科室。医院有医务人员61人，卫生技术人员59人（其中高级职称5人，中级职称27人）。承担着全镇及周边乡镇基本医疗、预防保健和全镇8所社区服务站的业务指导任务。

医院在加强内部管理的同时，加大设备投入，先后投入DR数字X线机、彩超、电子胃肠镜、全自动生化仪、五分类血球计数仪、手术室设备（手术床、无影灯、麻醉机、心电监护仪等）、病房设施全面更新。加大基础设施建设，先后投入300多万元，完成住院楼改扩建工程和门诊楼改造工程，医院内外环境焕然一新，为老百姓和医务人员提供良好的就医环境和工作环境。医院效益大幅度提升。

市政协领导视察

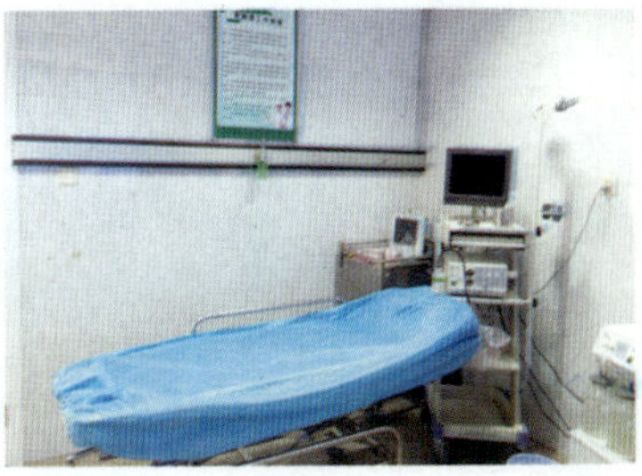

胃镜室

如东县丰利镇中心卫生院
如东县职业病应急救治中心

院长 王锦林

如东县丰利镇中心卫生院（丰利医院）创建于1956年，新址在丰利镇新区，占地面积35亩，医疗用房12000平方米，附属用房1000平方米，环境优美，是一所花园式、宾馆式、现代化医院，承担丰利地区的预防、保健、健康教育、计划生育、医疗、康复等工作，1997年12月我院创建了爱婴医院，2006年与南通大学附属二院建立协作关系，2007年丰利医院被确定为如东县职业病应急救治中心，2012年晋升为二级乙等医院，2012年10月29日初通过江苏省职业健康体检资质认定。2014年建成中医药综合服务区，通过省示范中医科验收。

医院有高级职称22人，中级职称57人，常年聘享受国务院津贴的专家2人。开放床位106张，设有内科、外科、妇产科、传染科、急诊科、中医科等科室，同时设置120急救分站及血透室、ICU等。配备有16排进口螺旋CT、彩超、呼吸机、血透机、24小时动态心电图、彩色经颅多普勒、电子胃镜、肠镜、支气管镜、胸腔镜、电子喉镜、电子测听、声导抗、电脑验光仪、裂隙灯、800测速全自动生化分析仪、五分类血球计数仪、血气分析仪、除颤仪等高精医疗诊断治疗设备。

医院内科能开展胃镜、肠镜检查及镜下治疗，各种复杂心血管疾病的诊治、电复律治疗，呼吸机的使用等；外科能开展多种复杂的普胸外科及脑外科手术，能开展胃癌、食道癌、肺癌等高难度手术，并能开展各种腹腔镜手术；骨科有多名经验丰富的专家，能开展各种复杂的骨伤科手术、处理各种疑难杂症，2012年被评为南通市特色专科；妇产科能开展子宫癌、宫颈癌及卵巢癌的根治手术等；眼科能开展白内障等手术；麻醉科能开展全麻、腰硬联合麻醉、臂丛等麻醉术。

医院始终以“以人为本、救死扶伤”为服务理念，以“竭诚、优质、精心、高效”为医院精神，加强医院管理，不断提高诊疗水平和服务质量，使医院真正成为群众放心、社会认可的现代化医院。

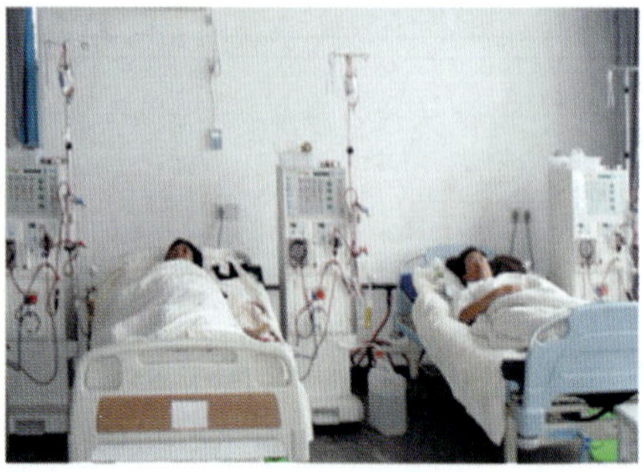

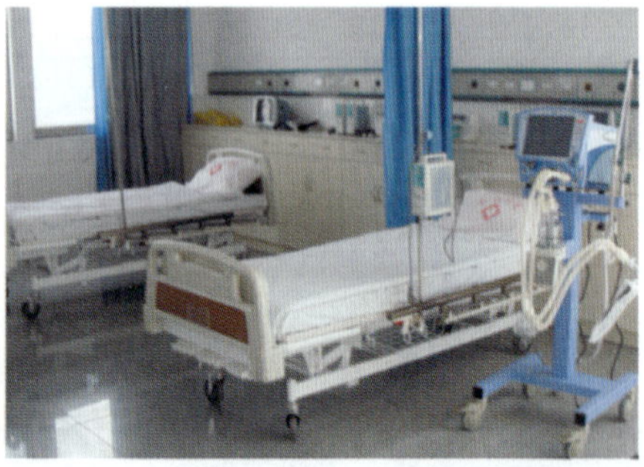

地　　址：丰利镇新建西路
急救电话：87586120 80861781
办 公 室：84581049